BERLIM: 1961

FREDERICK KEMPE

Berlim: 1961

Kennedy, Khruschóv e o lugar mais perigoso do mundo

Tradução
Hildegard Feist

1ª reimpressão

COMPANHIA DAS LETRAS

Grafia atualizada segundo o Acordo Ortográfico da Língua Portuguesa de 1990,
que entrou em vigor no Brasil em 2009.

Título original
Berlin 1961: Kennedy, Khrushchev, and the Most Dangerous Place on Earth

Capa
Kiko Farkas/ Máquina Estúdio

Foto de capa
Léon Herschtritt/ La Collection

Preparação
Mariana Delfini

Índice remissivo
Luciano Marchiori

Revisão
Huendel Viana
Marise S. Leal

Dados Internacionais de Catalogação na Publicação (CIP)
(Câmara Brasileira do Livro, SP, Brasil)

Kempe, Frederick.
  Berlim, 1961 : Kennedy, Khruschóv e o lugar mais perigoso do
mundo / Frederick Kempe ; tradução Hildergard Feist. — 1ª ed. —
São Paulo : Companhia das Letras, 2013.

  Título original : Berlin 1961 : Kennedy, Khrushchev, and the
              Most Dangerous Place on Earth
  ISBN 978-85-359-2285-1

  1. Berlim (Alemanha) — Política e governo — 1945-1990 2.
Berlim, Muro de (1961-1989) 3. Estados Unidos — Relações
internacionais — União Soviética 4. Guerra Fria — História 5.
Kennedy, John Fitzgerald, 1917-1963 6. União Soviética —
Relações internacionais — Estados Unidos I. Título.

13-05070   CDD-943

Índice para catálogo sistemático:
1. Berlim, 1961 : Alemanha : História   943

[2021]
Todos os direitos desta edição reservados à
EDITORA SCHWARCZ S.A.
Rua Bandeira Paulista, 702, cj. 32
04532-002 — São Paulo — SP
Telefone: (11) 3707-3500
www.companhiadasletras.com.br
www.blogdacompanhia.com.br
facebook.com/companhiadasletras
instagram.com/companhiadasletras
twitter.com/cialetras

Para Pam

BERLIM EM 1961

Mar do Norte

DINAMARCA

HOLANDA

Berlim

POLÔNIA

ALEMANHA
ORIENTAL

Bonn

BÉLGICA

CHECOSLOVÁQUIA

LUXEMBURGO

ALEMANHA
OCIDENTAL

FRANÇA

ÁUSTRIA

SUÍÇA

AL

Rebelião no quartel
de Falkenburg

Diretorado de Segurança
de Estado

Setor soviético

do Comunista
Sede da Stasi
e

→ Rota para o quartel-general
do Exército Popular Nacional

0 Milhas   5

0 Quilômetros   5

Alto comissariado soviético

Rio Spree

Fábrica de cabos
de Oberspree

O DE BERLIM
E TELTOW

ALEMANHA
ORIENTAL

el-general de Wünsdorf,
e ocupação soviéticas

© 2011 Jeffrey L. Ward

Sumário

Prefácio

General Brent Scowcroft

Os historiadores têm investigado muito mais profundamente a Crise dos Mísseis de 1962 em Cuba que a Crise de Berlim do ano anterior. Entretanto, apesar de toda a atenção dedicada a Cuba, o que aconteceu em Berlim foi ainda mais decisivo para a configuração da era entre o término da Segunda Guerra Mundial, em 1945, e a unificação alemã e a dissolução da União Soviética, em 1990 e 1991. Foi a construção do Muro de Berlim, em agosto de 1961, que exacerbou a hostilidade mútua da Guerra Fria, que se estenderia por mais três décadas, mantendo-nos presos a hábitos, procedimentos e suspeitas que só desapareceriam junto com o mesmo Muro, em 9 de novembro de 1989.

Ademais, havia uma intensidade especial nessa primeira crise. Segundo William Kaufman, estrategista do governo Kennedy que, do Pentágono, atuou em Berlim e Cuba, "Berlim foi o pior momento da Guerra Fria. A meu ver, embora eu estivesse profundamente envolvido com a Crise dos Mísseis em Cuba, o confronto por Berlim, sobretudo depois da construção do Muro, quando tanques soviéticos e americanos ficaram literalmente frente a frente com as armas apontadas, era uma situação mais perigosa. No meio da semana da Crise dos Mísseis, tínhamos indicações muito claras de que os russos não iam nos levar ao limite. [...] Não era o que acontecia em Berlim".*

Fred Kempe contribui para nosso entendimento crucial dessa época, reunindo a competência narrativa do jornalista, os dotes analíticos do cientista político e a habilidade do historiador em utilizar antigos documentos secretos americanos, russos e alemães para nos dar uma visão única das forças e dos indivíduos que estiveram por trás da construção do Muro de Berlim — a icônica barreira que acabou por simbolizar as divisões da Guerra Fria.

Infelizmente, a história não revela suas alternativas. Contudo, o importante livro de Kempe leva o leitor a refletir sobre aspectos cruciais da Crise de Berlim que levantam questões mais amplas sobre a liderança presidencial americana.

A Guerra Fria poderia ter terminado antes se o presidente John F. Kennedy tivesse conduzido de outra forma suas relações com Nikita Khruschóv? Nas primeiras horas da gestão Kennedy, Khruschóv libertou pilotos americanos capturados, publicou em jornais soviéticos o texto integral do discurso de posse do novo presidente e reduziu a interferência do Estado nas transmissões das rádios *Free Europe* e *Liberty*. Kennedy poderia ter avaliado melhor as possibilidades que estavam por trás das atitudes conciliatórias de Khruschóv? Se Kennedy tivesse tratado Khruschóv de outra forma na Cúpula de Viena, em junho de 1961, o líder soviético teria rejeitado a ideia de fechar a fronteira de Berlim dois meses depois?

Ou, por outro lado, como sugerem alguns: é possível que a aquiescência de Kennedy à construção do Muro, em agosto de 1961, fosse a melhor entre as más alternativas num mundo perigoso?

Essas questões são importantes.

Outra pergunta levantada pela envolvente narrativa de Kempe é se nós, com o tempo, veremos a Guerra Fria de outra maneira. A Guerra Fria não foi simplesmente um impasse com uma União Soviética disposta a dominar o mundo; também foi alimentada por uma série de interpretações equivocadas do que o outro lado pretendia fazer. *Berlim: 1961*, o relato da falta de comunicação e entendimento entre os Estados Unidos e a União Soviética nessa época

---

* Entrevista com o professor William Kaufman, 30/08/1996. National Security Archive, George Washington University. (N. A.)

crucial, nos leva a perguntar se poderíamos ter chegado a resultados melhores se tivéssemos compreendido com mais clareza as forças internas, econômicas, políticas e outras que motivavam a conduta de nossa rival.

Ninguém pode responder com algum grau de certeza. Contudo, levantar essas questões no contexto de *Berlim: 1961* é tão importante para encontrar caminhos no futuro quanto para entender o passado. As páginas que se seguem contêm pistas e advertências particularmente oportunas para o primeiro mandato de outro presidente jovem e relativamente inexperiente, Barack Obama, que, como Kennedy, chegou à Casa Branca com uma agenda de política externa empenhada em enfrentar nossos adversários com maior habilidade e entender com mais segurança o que está por trás de conflitos aparentemente insolúveis a fim de poder resolvê-los melhor.

Conheço um pouco dessas questões e desses desafios porque houve uma época em que tratei com o líder soviético Mikhail Gorbatchóv, quando atuei como consultor de Segurança Nacional na Casa Branca de George H. W. Bush.

Os dois presidentes que lidaram com Gorbatchóv — Bush e Ronald Reagan — eram homens muito diferentes. No entanto, ambos entendiam que, para tentar acabar com a Guerra Fria, não havia nada mais importante que a maneira como se relacionavam com seu colega soviético.

Apesar de rotular os soviéticos de "o Império do Mal", o presidente Reagan participou de cinco encontros com Gorbatchóv e de incontáveis acordos concretos que ajudaram a estabelecer uma relação de confiança entre os dois países. Quando o Muro de Berlim caiu, em 1989, e trabalhávamos para efetuar a unificação alemã, o presidente Bush resistiu a todas as tentações de se vangloriar ou se lamentar. Coerentemente, enviou a mensagem de que ambos os lados venceriam com o fim da Guerra Fria. Observando essa moderação em suas declarações públicas, também evitou dar aos inimigos de Gorbatchóv no Politburo soviético qualquer pretexto para modificar a política que ele implantara ou para derrubá-lo do cargo.

Só podemos imaginar se um Kennedy mais firme ou mais conciliatório poderia ter alterado a história na Berlim de 1961. O que é indiscutível é que os fatos daquele ano congelaram a Guerra Fria numa época em que a ruptura de Khruschóv com o stalinismo poderia ter proporcionado as primeiras possibilidades de um degelo.

Berlim: 1961 nos leva a rever esses acontecimentos sob novas luzes, esmiuçando a natureza fundamental dos Estados Unidos e da União Soviética, o ambiente político em cada um desses países e o papel crucial desempenhado pelo caráter pessoal de seus líderes, e transformando esses elementos nas histórias igualmente importantes de como esses fatores atuaram na Alemanha Oriental e na Alemanha Ocidental.

É um livro empolgante, baseado em farta pesquisa, que convida a pensar, capta a emoção do momento em seu vívido cenário berlinense e desafia o conhecimento convencional sobre um dos anos mais decisivos da Guerra Fria.

Apresentação
O lugar mais perigoso do mundo

Quem possui Berlim possui a Alemanha, e quem controla a Alemanha controla a Europa.[1]

Vladimir Lênin, citando Karl Marx

Berlim é o lugar mais perigoso do mundo. A União Soviética quer executar uma operação nesse ponto doloroso para eliminar esse espinho, essa úlcera [...].[2]

O premiê Nikita Khruschóv ao presidente
John F. Kennedy na Cúpula de Viena, 4 de junho de 1961

CHECKPOINT CHARLIE, BERLIM
SEXTA-FEIRA, 27 DE OUTUBRO DE 1961, 21 HORAS

Não houvera, até então, momento mais perigoso na Guerra Fria.

Sem se deixar intimidar pela noite úmida e repleta de riscos, os berlinenses saíram pelas ruas estreitas que conduziam ao Checkpoint Charlie. Na manhã seguinte, os jornais calculariam seu número em cerca de quinhentos, uma pequena multidão, considerando que eles poderiam ter testemunhado os primeiros disparos de uma guerra termonuclear. Depois de seis dias de tensão crescente, tanques americanos M48 Patton e soviéticos T-54 encontravam-se frente a frente, a pequena distância uns dos outros — dez de cada lado, com mais umas duas dúzias de reserva nas proximidades.[3]

Protegendo-se da garoa apenas com guarda-chuva, jaqueta e capuz, a multidão se empurrava para ter uma visão melhor da Friedrichstrasse, da Mauerstrasse e da Zimmerstrasse, as três ruas cuja junção era a passagem básica entre leste e oeste para veículos militares e civis dos aliados e para pedestres. Algumas pessoas se postaram nos telhados. Outras, incluindo um grupo de fotógrafos e repórteres, debruçavam-se nas janelas de edifícios baixos ainda marcados pelos bombardeios da guerra.

Do local, o repórter da cbs News Daniel Schorr informou a seus ouvintes, com toda a dramaticidade de sua imperiosa voz de barítono: "Esta noite, a Guerra Fria ganhou nova dimensão, com soldados americanos e russos posicionados uns contra os outros pela primeira vez na história. Até agora, o conflito Leste-Oeste tinha se desenrolado através de terceiros — alemães e outros. Hoje, porém, as superpotências se confrontam na forma de dez tanques russos diante de tanques americanos Patton com menos de cem metros de distância entre eles".[4]

A situação era suficientemente tensa para que, quando um helicóptero do Exército americano sobrevoou o campo de batalha, um policial da Alemanha Oriental gritasse, em pânico: "Abaixem-se", e uma multidão obediente se lançasse ao chão, com o rosto por terra. Em outros momentos, reinava uma estranha calma.[5] "A cena é fantástica, quase incrível", Schorr descreveu. "Os soldados americanos estão em seus tanques, comendo sua ração. Atrás dos cordões de isolamento, os berlinenses ocidentais, boquiabertos, observam a cena iluminada por holofotes do lado oriental e compram biscoitos. Os tanques soviéticos estão praticamente invisíveis na escuridão do leste."[6]

Correram rumores de que a guerra era por Berlim. *Es geht los um drei Uhr* ("Vai começar às três da manhã"). Uma emissora de rádio de Berlim Ocidental noticiou que o general reformado Lucius Clay, novo representante especial do presidente Kennedy em Berlim, estava indo para a fronteira, no estilo de Hollywood, para conduzir pessoalmente os primeiros disparos. Segundo outra fonte, o comandante da Polícia Militar americana no Checkpoint Charlie esmurrara um colega da Alemanha Oriental e ambos os lados ansiavam por uma luta armada. Dizia-se ainda que todas as companhias soviéticas estavam marchando para Berlim a fim de acabar com a liberdade da cidade de uma vez por todas. Os berlinenses em geral adoravam um mexerico até nos piores momentos. Como a maioria dos presentes tinha passado por uma, se não por duas guerras mundiais, eles achavam que qualquer coisa podia acontecer.[7]

Clay, que em 1948 comandara a ponte aérea que livrara Berlim Ocidental de um bloqueio soviético de trezentos dias, dera início ao confronto uma semana antes por causa de uma questão que a maioria de seus superiores em Washington não considerava grave o suficiente para provocar uma guerra. Ignorando normas estabelecidas pelas quatro potências, a Polícia de Fronteira da Alemanha Oriental passara a exigir que aliados civis mostrassem sua identidade para entrar no setor soviético de Berlim. Até então, bastavam as placas distintivas de seus veículos.[8]

Convencido por sua experiência pessoal de que os soviéticos só respeitavam os direitos dos ocidentais quando eram contestados em questões mínimas, Clay repudiara a medida e ordenara que escoltas armadas acompanhassem os veículos. Soldados portando fuzis com baioneta e seguidos de tanques americanos ladeavam os veículos que serpenteavam por entre as barreiras de concreto, dispostas em zigue-zague e pintadas de vermelho e branco.[9]

A princípio, a firme atitude de Clay funcionou: os guardas da Alemanha Oriental recuaram. Logo, porém, Khruschóv ordenou aos soldados que aumentassem seu poder de fogo, igualando-o ao dos americanos, e se preparassem para uma escalada, se necessário. Num esforço curioso e, afinal, infrutífero de posteriormente negar tudo, o líder soviético mandou esconder os símbolos nacionais dos tanques e determinou que seus condutores usassem uniforme preto sem insígnias.

Naquela tarde, quando se dirigiram para o Checkpoint Charlie a fim de sustar a operação de Clay, os tanques soviéticos transformaram uma questão de menor importância com os alemães-orientais numa guerra de nervos entre as duas nações mais poderosas do mundo. Reunidos em seus centros de operação de emergência, em lados opostos de Berlim, comandantes americanos e soviéticos calculavam seus passos seguintes e ansiosamente aguardavam ordens do presidente John F. Kennedy e do premiê Nikita Khruschóv.

Enquanto os líderes deliberavam em Washington e Moscou, os ocupantes dos tanques americanos, comandados pelo major Thomas Tyree, nervosamente

avaliavam seus oponentes, postados no outro lado da mais famosa divisão leste-
-oeste. Apenas dois meses e meio antes, em 13 de agosto de 1961, numa dramática operação noturna, soldados e policiais da Alemanha Oriental, com o apoio
dos soviéticos, haviam erguido as primeiras barreiras temporárias de arame
farpado e postos de guarda ao longo da circunferência de 176 quilômetros em
torno de Berlim Ocidental, para conter um êxodo de refugiados que ameaçara
a existência do Estado comunista.

Depois, fortificaram a fronteira com blocos de concreto, argamassa, armadilhas para tanques, torres de guarda e cães. O que o mundo logo conheceria
como o Muro de Berlim foi descrito por Norman Gelb, correspondente local da
Mutual Broadcasting Network, como "o remanejamento urbano mais extraordinário, mais pretensioso de todos os tempos [...] que serpentava pela cidade
como o pano de fundo de um pesadelo". Jornalistas, fotógrafos, líderes políticos, espiões, generais e turistas correram para Berlim a fim de ver a metafórica
Cortina de Ferro de Winston Churchill se materializar.[10]

O que estava claro para todos era que a presença de tanques no Checkpoint
Charlie não era nenhum exercício.[11] Naquela manhã, Tyree fizera seus homens
carregarem todas as armas e acoplarem aos tanques lâminas de escavadeira. Durante exercícios preparatórios para um momento como esse, treinara seus subordinados para entrarem pacificamente em Berlim Oriental pelo Checkpoint Charlie — o que os direitos das quatro potências permitiam — e voltarem passando
por cima do muro que se erguia, desafiando os comunistas a reagirem.

A fim de se aquecer e acalmar os nervos, os condutores dos tanques americanos ligaram os motores, produzindo um rugido aterrador. Mas o pequeno
contingente aliado de 12 mil homens, dos quais apenas 6500 eram americanos,
não teria chance num conflito convencional com os cerca de 350 mil soldados
soviéticos que se encontravam a uma pequena distância de Berlim. Os subordinados de Tyree sabiam que estavam muito perto de uma guerra total que poderia se transformar em um conflito nuclear antes que conseguissem dizer *Auf
Wiedersehen*.

O correspondente da Reuters Adam Kellett-Long, que correra até o Checkpoint Charlie para enviar a primeira reportagem sobre o confronto, pensou, ao
observar um soldado afro-americano ansioso que estava encarregado da metralhadora de um dos tanques: "Se a mão dele tremesse um pouco mais, aquela
metralhadora poderia disparar, e ele daria início à Terceira Guerra Mundial".[12]

Por volta da meia-noite em Berlim, dezoito horas em Washington, os principais consultores de Segurança Nacional de Kennedy se encontraram na Casa Branca para uma reunião de emergência. O presidente estava cada vez mais preocupado, temendo que os acontecimentos fugissem ao controle. Justamente naquela semana, seus estrategistas nucleares haviam concluído detalhados planos de contingência para, se necessário, executar um ataque nuclear preventivo que devastaria a União Soviética e seu poderio militar. Kennedy ainda não aprovara os planos e andara bombardeando os especialistas com perguntas céticas. Mas os cenários fatalistas impressionaram o presidente quando ele se reuniu com McGeorge Bundy, consultor de Segurança Nacional, Dean Rusk, secretário de Estado, Robert McNamara, secretário de Defesa, o general Lyman Lemnitzer, chefe do Estado-Maior das Forças Armadas, e outros funcionários de alto escalão.

De lá, usando uma linha segura, telefonaram para Clay, que estava em sua sala, em Berlim Ocidental.[13] Como lhe haviam dito que Bundy queria falar com ele, o general se surpreendeu ao ouvir a voz de Kennedy.

"Alô, senhor presidente", quase gritou, silenciando abruptamente o burburinho atrás de si.

"Como estão as coisas por aí?", Kennedy perguntou, numa voz que pretendia ser calma e relaxada.

Estava tudo sob controle, Clay lhe assegurou. "Temos dez tanques no Checkpoint Charlie", acrescentou. "Os russos também estão com dez tanques lá, de modo que estamos em pé de igualdade."

Nesse momento, um subordinado entregou-lhe um papel.

"Senhor presidente, tenho de mudar meus números", Clay falou. "Acabo de saber que os russos estão com mais vinte tanques a caminho, o que lhes dá exatamente o total de tanques que temos em Berlim. Assim sendo, vamos mobilizar os outros vinte. Não se preocupe, senhor presidente. Eles empataram com a gente, tanque por tanque. O que, para mim, é uma evidência de que não pretendem fazer nada."

O presidente também podia fazer as contas. Se os soviéticos aumentassem seus números, Clay não teria condições de enfrentá-los. Kennedy observou o rosto ansioso de seus homens. E pôs os pés sobre a mesa, tentando transmitir serenidade a quem temia que as coisas estivessem fugindo ao controle.

"Tudo bem", disse para Clay. "Não fique nervoso."

"Senhor presidente, não estamos preocupados com nossos nervos", o general respondeu, com sua característica franqueza. "Estamos preocupados com os nervos do pessoal aí de Washington."[14]

Meio século se passou desde a construção do Muro de Berlim na metade do primeiro ano do mandato de Kennedy, mas só agora temos distanciamento suficiente e acesso a relatos pessoais, histórias orais e antigos documentos secretos recém-divulgados nos Estados Unidos, na Alemanha e na Rússia para poder falar com mais segurança sobre as forças que determinaram os eventos históricos de 1961. Como a maioria das epopeias, essa é uma história contada melhor através do tempo (o decorrer de um ano civil), do lugar (Berlim e as capitais que selaram seu destino) e, sobretudo, das pessoas.

E poucas relações entre as duas figuras principais de uma época foram mais carregadas psicologicamente ou envolveram personalidades tão contrastantes e com ambições tão conflitantes quanto a relação de John F. Kennedy e Nikita Khruschóv.

Kennedy despontou no cenário mundial em janeiro de 1961, tendo vencido as eleições americanas mais apertadas desde 1916 com uma plataforma de "pôr os Estados Unidos em marcha novamente". Assumiu a presidência depois de dois mandatos do republicano Dwight D. Eisenhower, a quem acusara de ter permitido que os comunistas soviéticos ganhassem uma perigosa vantagem no campo econômico e militar. Era o presidente mais jovem da história do país, um privilegiado americano de 43 anos, criado por um pai multimilionário de ambição ilimitada, cujo filho favorito, Joseph Jr., morrera na guerra. Bonito, carismático, orador brilhante, sofria com problemas que iam da doença de Addison a uma terrível dor nas costas, exacerbada por um ferimento de guerra. Aparentemente confiante, angustiava-se com a incerteza quanto à melhor forma de lidar com os soviéticos. Estava decidido a ser um grande presidente, do calibre de Abraham Lincoln e Franklin Delano Roosevelt, porém se preocupava com o fato de que foi só pela guerra que eles encontraram seu lugar na história. Ele sabia que, nos anos 1960, isso poderia significar uma devastação nuclear.

O primeiro ano de um presidente americano pode ser perigoso, mesmo quando o eleito é mais experiente que Kennedy, pois os fardos de um mundo repleto de riscos são transmitidos de uma administração a outra. E nos primeiros cinco meses de seu mandato, Kennedy causaria a si mesmo vários dissabores, da frustrada invasão da baía dos Porcos à Cúpula de Viena, onde, segundo seu relato, Khruschóv o suplantara e destratara. Mas em nenhum lugar os riscos eram maiores para ele que em Berlim, o palco central da competição entre os Estados Unidos e a União Soviética.

Por temperamento e formação, Khruschóv era o oposto de Kennedy. Esse homem de 67 anos, neto de um servo e filho de um mineiro de carvão, era impulsivo, enquanto Kennedy era indeciso; e bombástico, enquanto Kennedy era comedido. Seu humor se alternava entre a profunda insegurança de um homem que aprendera a ler aos vinte anos e a ousada confiança de alguém que ascendera ao poder contra todas as possibilidades, enquanto seus rivais desapareciam, eram afastados ou mortos. Cúmplice nos crimes de seu mentor Ióssif Stálin, a quem acabou por repudiar depois da morte do ditador, em 1961 Khruschóv hesitava entre sua inclinação para a reforma e para melhores relações com o Ocidente e seu hábito de autoritarismo e confrontação. Estava convencido de que poderia cuidar melhor dos interesses soviéticos através da coexistência e da competição pacíficas com o Ocidente, porém ao mesmo tempo sofria pressões crescentes para intensificar as tensões com Washington e lançar mão de todos os meios necessários para deter o fluxo de refugiados que ameaçava implodir a Alemanha Oriental.

Entre 1949 — quando foi criado o Estado da Alemanha Oriental — e 1961, um em cada seis indivíduos — 2,8 milhões de pessoas — deixara o país na condição de refugiado. Esse total chegava a 4 milhões quando se incluíam os que fugiram da zona de ocupação soviética entre 1945 e 1949. O êxodo estava fazendo o país perder seus filhos mais talentosos e motivados.[15]

Khruschóv ainda por cima corria contra o relógio quando 1961 começou. Teria de enfrentar um crucial Congresso do Partido Comunista em outubro e temia que seus inimigos o tirassem do poder se até lá não tivesse resolvido o problema de Berlim. Quando disse a Kennedy, na Cúpula de Viena, que Berlim era "o lugar mais perigoso do mundo", o que quis dizer foi que era o lugar mais provável para a eclosão de um conflito nuclear entre as superpotências. Sabia que, se falhasse em Berlim, seus rivais em Moscou o destruiriam.

A disputa entre os principais coadjuvantes alemães de Khruschóv e Kennedy era igualmente intensa: o conflito assimétrico entre Walter Ulbricht, líder da Alemanha Oriental, um país combalido com 17 milhões de habitantes, e

Konrad Adenauer, o chanceler da Alemanha Ocidental, uma ascendente potência econômica com 60 milhões de habitantes.

Para Ulbricht o ano seria ainda mais importante que para Kennedy ou Khruschóv. A chamada República Democrática Alemã, como era oficialmente conhecida a Alemanha Oriental, era o trabalho de sua vida, e, aos 67 anos, ele sabia que, sem um remédio radical, o país se encaminhava para o colapso econômico e político. Quanto maior o perigo, mais diligentemente ele atuava no sentido de evitá-lo. Sua influência em Moscou crescia em relativa proporção com a instabilidade do país, por causa dos temores do Kremlin de que o fracasso da Alemanha Oriental tivesse um efeito cascata em todo o império.

Do outro lado da fronteira, na Alemanha Ocidental, o primeiro e único chanceler do país, Konrad Adenauer, aos 85 anos e depois de três mandatos, lutava, ao mesmo tempo, contra a própria mortalidade e contra o adversário político Willy Brandt, prefeito de Berlim Ocidental. O Partido Social-Democrata de Brandt representava para Adenauer o perigo inaceitável da vitória da esquerda nas eleições de setembro. Contudo, o chanceler considerava Kennedy a maior ameaça a seu legado de uma Alemanha Ocidental livre e democrática.

Em 1961, o lugar de Adenauer na história parecia assegurado graças ao ressurgimento da Alemanha Ocidental das cinzas do Terceiro Reich. Porém Kennedy o considerava acabado e achava que seus predecessores americanos contaram demais com ele, negligenciando o estabelecimento de relações mais estreitas com Moscou. Já Adenauer temia que Kennedy não tivesse firmeza suficiente para enfrentar os soviéticos num ano que, a seu ver, seria decisivo.

A história de *Berlim: 1961* é contada em três partes.

A Parte I, "Os atores", apresenta os quatro protagonistas: Khruschóv, Kennedy, Ulbricht e Adenauer, cujo tecido conjuntivo ao longo do ano é Berlim e o papel central da cidade em suas ambições e em seus temores. Os primeiros capítulos focalizam suas motivações e os acontecimentos que preparam o palco para o drama que se segue. Em sua primeira manhã na Casa Branca, Kennedy recebe a notícia da libertação unilateral, por Khruschóv, de pilotos de um avião espião americano capturados pelos soviéticos, e a partir desse momento a trama é conduzida pelas manobras dos dois líderes e pela falta de comunicação entre eles. Enquanto isso, Ulbricht atua nos bastidores para obrigar Khruschóv a agir com firmeza em Berlim, e Adenauer se esforça para conviver da melhor maneira possível com um presidente americano de quem desconfia.

Na Parte II, "A tempestade se forma", Kennedy recua ante a tentativa frustrada de derrubar Castro na baía dos Porcos e vê uma oportunidade de salvar sua política externa ameaçada através de um reforço no armamento e de uma reunião de cúpula com Khruschóv. O êxodo crescente de refugiados da Alemanha Oriental agrava a crise para Ulbricht, que intensifica suas providências para fechar a fronteira de Berlim. Sempre instável, Khruschóv deixa de cortejar Kennedy e passa a sabotá-lo na Cúpula de Viena, onde apresenta um novo e ameaçador ultimato referente a Berlim e finge compreender a fraqueza demonstrada pelo adversário. Kennedy sai da reunião aborrecido com a própria atuação e preocupado em encontrar maneiras de assegurar que Khruschóv não vá colocar o mundo em perigo por avaliar mal a determinação americana.

"O confronto", a terceira e última parte, documenta e descreve a hesitação em Washington e as decisões em Moscou que, na noite de 13 de agosto, resultam na espantosa operação de fechamento da fronteira e suas dramáticas consequências. Kennedy se sente intimamente aliviado com a ação do adversário e espera que os soviéticos se tornem parceiros mais fáceis, uma vez resolvido o problema dos refugiados da Alemanha Oriental. Mas logo descobre que subestimara os potenciais benefícios de um Muro de Berlim. Dezenas de berlinenses tentam fugir, desesperados, e alguns morrem no caminho. No plano internacional, a crise se intensifica; enquanto Washington discute as melhores formas de travar e vencer uma guerra nuclear, Moscou posiciona seus tanques, e o mundo prende a respiração — como faria um ano depois, quando os acontecimentos de 1961 em Berlim levariam à Crise dos Mísseis em Cuba.

A narrativa é entremeada de histórias de berlinenses que sofrem por causa de seu papel involuntário num momento decisivo da Guerra Fria: a sobrevivente de múltiplos estupros cometidos por soviéticos que tenta contar suas desventuras a um povo que só quer esquecer; o lavrador cuja resistência à coletivização da agricultura o leva à prisão; a engenheira cuja fuga para o Ocidente culmina com sua vitória no concurso de Miss Universo; o soldado da Alemanha Oriental cujo salto para a liberdade, por sobre rolos de arame farpado, tirando a arma do ombro, converte-se na imagem icônica da libertação; e o alfaiate que é baleado durante seu nado rumo à liberdade, tornando-se a primeira vítima das ordens de atirar para matar fugitivos.

No início de 1961, era tão impensável que um sistema político construísse um muro para conter seu povo quanto era inconcebível, 28 anos depois, que essa mesma barreira caísse pacificamente, aparentemente da noite para o dia.

Só voltando ao ano que produziu o Muro de Berlim e revisitando as forças e as pessoas envolvidas é que podemos entender realmente o que aconteceu e tentar responder algumas grandes perguntas da história que ficaram sem resposta.

A história deve ver a construção do Muro de Berlim como o resultado positivo da imperturbável liderança de Kennedy — uma forma bem-sucedida de evitar a guerra — ou o Muro foi, ao contrário, a desastrosa consequência de sua falta de firmeza? Kennedy foi surpreendido com o fechamento da fronteira de Berlim ou já a previa e, talvez, até a desejava, porque acreditava que isso poria fim às tensões que poderiam levar a um conflito nuclear? As motivações de Kennedy eram claras e voltadas para a paz ou cínicas e tacanhas, num momento em que outro modo de agir teria livrado dezenas de milhões de europeus orientais de mais uma geração de ocupação e opressão soviética?

Khruschóv era um reformador autêntico, cujos esforços para se aproximar de Kennedy depois de sua eleição eram sinceros (e não reconhecidos pelos Estados Unidos) e visavam a reduzir tensões? Ou era um líder imprevisível, com quem os Estados Unidos nunca poderiam negociar? Khruschóv teria desistido de construir um Muro de Berlim se acreditasse na resistência de Kennedy? Ou o perigo de uma implosão da Alemanha Oriental era tão grande que, para deter o fluxo de refugiados, ele se arriscaria a guerrear, se necessário?

As páginas que se seguem constituem uma tentativa de, com base em novas evidências e novas informações, lançar luz sobre um dos anos mais dramáticos da segunda metade do século xx — enquanto procuramos aplicar suas lições ao turbulento começo do século xxi.

PARTE I
OS ATORES

1. Khruschóv: um comunista com pressa

Temos trinta armas nucleares reservadas para a França, mais que o suficiente para destruir esse país. Estamos reservando mais cinquenta para a Alemanha Ocidental e outras cinquenta para a Inglaterra.[1]

O premiê Khruschóv ao embaixador
americano Llewellyn E. Thompson Jr., 1º de janeiro de 1960

Por mais que o ano velho tenha sido bom, o novo será ainda melhor. [...] Acho que ninguém vai me criticar se eu disser que damos grande importância à melhoria de nossas relações com os Estados Unidos. [...] Esperamos que o novo presidente americano seja como uma lufada de ar fresco dispersando o ar viciado entre os Estados Unidos e a União Soviética.[2]

Khruschóv, um ano depois, no brinde de
Ano-Novo, 1º de janeiro de 1961

KREMLIN, MOSCOU
VÉSPERA DE ANO-NOVO, 31 DE DEZEMBRO DE 1960

Faltavam apenas alguns minutos para a meia-noite, e Nikita Khruschóv tinha motivo para se sentir aliviado com o término de 1960. Tinha mais motivo para se preocupar com o ano que estava para começar, enquanto observava seus 2 mil convidados sob o teto abobadado do salão São Jorge, no Kremlin. Lá fora, a tempestade depositava uma densa camada de neve na praça Vermelha e no mausoléu de seus predecessores embalsamados, Lênin e Stálin. Khruschóv reconhecia que a posição dos soviéticos no mundo, seu próprio lugar na história e — mais importante — sua própria sobrevivência política podiam depender da maneira como ele lidasse com sua tempestade de desafios.

Internamente, Khruschóv sofria as consequências de mais uma colheita precária. Apenas dois anos antes e com considerável estardalhaço, lançara um programa para superar os padrões de vida americanos em 1970, mas não estava conseguindo sequer satisfazer necessidades básicas de seu povo. Numa viagem de inspeção pelo país, constatara praticamente em toda parte falta de moradia, de manteiga, de carne, de leite e de ovos. Seus assessores lhe diziam que eram crescentes as possibilidades de uma revolta de trabalhadores semelhante à que ocorrera na Hungria em 1956 e que ele fora obrigado a esmagar com tanques soviéticos.[3]

Externamente, sua política de coexistência pacífica com o Ocidente, uma controversa ruptura com a noção stalinista do confronto inevitável, tivera de fazer um pouso forçado, quando um foguete soviético derrubou um avião espião americano Lockheed U-2, no mês de maio. Dias depois, provocou o colapso da Cúpula de Paris com o presidente Dwight D. Eisenhower e seus aliados da época da guerra, por não ter obtido uma desculpa pública dos Estados Unidos pela invasão do espaço aéreo soviético. Apontando o incidente como uma evidência do fracasso da liderança de Khruschóv, stalinistas remanescentes no país e na China afiavam os punhais para brandi-los contra ele no XXII Congresso do Partido Comunista da União Soviética. Como o próprio Khruschóv havia usado esses encontros para se livrar de adversários, agora todos os seus planos para 1961 visavam a evitar uma catástrofe no Congresso.

Apesar de todo esse pano de fundo, não havia ameaça maior para ele que o agravamento da situação na Berlim dividida. Seus críticos diziam que ele estava deixando piorar a ferida mais perigosa do mundo comunista. Berlinenses orientais fugiam para o Ocidente num ritmo alarmante. Entre eles, alguns dos mais motivados e competentes industriais, intelectuais, agricultores, médicos e professores do país. Khruschóv gostava de dizer que Berlim era os testículos do Ocidente, que ele podia apertar, quando queria fazer os Estados Unidos estremecerem. Porém a metáfora mais apropriada era que Berlim se tornara o calcanhar de aquiles de Khruschóv e do bloco soviético, o lugar onde o comunismo estava mais vulnerável.[4]

Nenhuma dessas preocupações transparecia em sua festa de Ano-Novo, enquanto ele circulava por entre uma multidão que incluía astronautas, bailarinas, artistas, *apparatchiks* e embaixadores, banhados na luz intensa de seis enormes lustres de bronze e 3 mil lâmpadas. Para eles, um convite para a festa do líder soviético era, por si só, uma confirmação de status. Contudo, estavam mais ansiosos que de hábito, pois John F. Kennedy tomaria posse em menos de três semanas. Sabiam que o tradicional brinde de Ano-Novo de seu líder estabeleceria o tom das relações entre os Estados Unidos e a União Soviética.

Enquanto o relógio Kuranty da torre quinhentista Spasskaya, na praça Vermelha, avançava rumo a suas estrondosas badaladas da meia-noite, Khruschóv gerava calor próprio no salão São Jorge. Apertava a mão de alguns convidados e abraçava outros, quase estourando em seu terno cinzento. Demonstrava a mesma energia que o conduzira ao poder desde seu nascimento como camponês na aldeia russa de Kalinova, perto da fronteira com a Ucrânia, passando por revolução e guerra civil, pelos expurgos paranoicos de Stálin, por uma guerra mundial e pela batalha pela liderança depois da morte de Stálin. A ascensão dos comunistas proporcionara novas oportunidades a muitos russos de origem humilde, mas nenhum deles sobrevivera com tanta habilidade nem chegara tão longe quanto Nikita Sergeyevich Khruschóv.

Como Khruschóv tinha a crescente capacidade de disparar mísseis nucleares contra o Ocidente, compreender seu perfil psicológico se tornou uma ocupação crucial das agências de inteligência americanas. Em 1960, a CIA reunira cerca de vinte especialistas — médicos, psiquiatras e psicólogos — para estudar o líder soviético através de filmes, arquivos da inteligência e relatos pessoais. O grupo chegou a examinar *closes* de suas artérias para avaliar rumores de endurecimento e calcular sua pressão arterial. Num relatório ultrassecreto — que mais tarde chegaria às mãos do presidente Kennedy —, concluíram que, apesar das mudanças de humor, das depressões e das bebedeiras (sob maior controle nos últimos tempos), o premiê mantinha o comportamento coerente de um "oportunista otimista crônico". Concluíram também que Khruschóv era mais um entusiástico ativista que um comunista maquiavélico nos moldes de Stálin, como muitos acreditavam até então.[5]

Outro estudo de personalidade ultrassecreto preparado pela CIA para a nova administração mencionava "a habilidade, a audácia, o senso da oportunidade política, a teatralidade e um certo instinto de jogador" de Khruschóv. Também informava ao recém-eleito Kennedy que por trás das maneiras muitas vezes bufas daquele homem atarracado havia uma "arguta inteligência inata, uma mente ágil, energia, ambição e implacabilidade".[6]

O que a CIA não informou foi que Khruschóv se responsabilizara pessoalmente pela eleição de Kennedy e agora queria sua recompensa. Gabava-se para os colegas de que dera o voto decisivo num dos pleitos mais apertados dos Estados Unidos, negando os pedidos dos republicanos para libertar três aviadores americanos capturados — Francis Gary Powers, o piloto do U-2 abatido, e dois tripulantes de um RB-47 de reconhecimento derrubado pelos soviéticos no mar de Barents, dois meses depois — no auge da campanha eleitoral. Agora ele agia por múltiplos canais para conseguir uma reunião com Kennedy na esperança de resolver o problema de Berlim.

Durante a campanha, suas instruções para seus principais assessores foram claras, demonstrando seu desejo de que Kennedy vencesse e sua antipatia por Richard Nixon, que, como o vice-presidente anticomunista de Eisenhower, humilhara-o em Moscou no chamado Debate da Cozinha sobre as vantagens relativas aos dois sistemas. "Nós também podemos influenciar a eleição presidencial americana!", Khruschóv disse então a seus camaradas. "Nunca daríamos esse presente a Nixon."[7]

Depois da eleição, Khruschóv afirmou que, recusando-se a libertar os aviadores, custara a Nixon as centenas de milhares de votos necessários para a vitória. A uns dez minutos de caminhada da festa de Ano-Novo no Kremlin, os prisioneiros americanos mofavam na Lubyanka, a prisão da KGB, onde o líder soviético os mantinha como um trunfo político a ser negociado em algum momento por algum outro ganho.

Enquanto prosseguia a contagem regressiva para o brinde de Ano-Novo, Khruschóv continuava circulando por entre a multidão mais como um político populista que como um ditador comunista.[8] Embora mantivesse ainda o vigor juvenil, envelhecera com a rapidez de muitos russos, tendo se tornado grisalho aos 22 anos, depois de uma doença grave. Conversando com os camaradas, muitas vezes jogava para trás a cabeça quase calva e ria com prazer de uma de suas próprias histórias, mostrando dentes feios com um vão central e dois pré-molares de ouro. O cabelo curto e branco emoldurava um rosto redondo e animado, com três verrugas, uma cicatriz embaixo do nariz arrebitado, bochechas vermelhas com profundas marcas de riso e olhos escuros e penetrantes. Ele movia as mãos e dizia frases curtas numa voz alta, aguda e anasalada.[9]

Reconhecia muitos rostos e perguntava pelos filhos dos camaradas, chamando-os pelo nome: "Como vai a pequena Tatiana? Como vai Ivanzinho?".[10]

Considerando seu objetivo nessa noite, estava desapontado por não ver entre a multidão o americano mais importante de Moscou, o embaixador Llewellyn "Tommy" Thompson, com quem continuava se dando bem, não obstante o declínio das relações entre os Estados Unidos e a União Soviética. Jane, a esposa de Thompson, explicou que ele estava em casa, sofrendo com úlceras, e pediu desculpa por sua ausência. Também era verdade que o embaixador ainda se ressentia de seu encontro com o líder soviético na reunião do Ano-Novo anterior, quando um Khruschóv embriagado quase declarou a Terceira Guerra Mundial por causa de Berlim.[11]

Eram duas horas da manhã quando Khruschóv, alcoolizado, conduziu Thompson, sua esposa, o embaixador francês e o líder do Partido Comunista italiano para uma antessala recém-construída e curiosamente decorada com uma fonte de água cheia de pedras coloridas de plástico. Então, disse a Thompson que faria o Ocidente pagar caro se não atendesse a suas exigências em relação a Berlim, as quais incluíam a retirada das tropas aliadas. "Temos trinta armas nucleares reservadas para a França, mais que o suficiente para destruir esse país", afirmou, inclinando a cabeça na direção do embaixador francês. E acrescentou que estava reservando mais cinquenta para a Alemanha Ocidental e outras cinquenta para a Inglaterra.

Numa tentativa desastrada de restaurar o bom humor, Jane Thompson perguntou quantos foguetes ele pretendia disparar contra o Tio Sam.

"Isso é segredo", Khruschóv respondeu, com um sorriso maldoso.

Para evitar que a conversa degenerasse, Thompson propôs um brinde à futura Cúpula de Paris com Eisenhower e à possibilidade de melhores relações entre os dois países. Mas Khruschóv apenas reforçou suas ameaças, deixando de lado o compromisso que assumira com Eisenhower de não tomar quaisquer medidas referentes a Berlim antes da reunião de Paris. Thompson só conseguiu encerrar a sessão regada a vodca às seis horas da manhã, quando deixou o Kremlin ciente de que as relações das superpotências dependiam da incapacidade de Khruschóv de, na manhã seguinte, lembrar alguma coisa do que dissera naquela noite.

Na mesma manhã, o embaixador americano enviou um telegrama ao presidente Eisenhower e ao secretário de Estado Christian Herter, transcrevendo os comentários do premiê, porém advertindo que não deviam ser "interpretados ao pé da letra", já que ele estava embriagado. E acrescentou que Khruschóv só queria "fazer-nos ver a seriedade" da situação de Berlim.

Um ano mais tarde, e com Thompson seguro em casa, o líder soviético estava mais sóbrio e mais generoso quando soaram as doze badaladas. Logo depois que os sinos anunciaram a chegada de 1961 e que se acenderam as luzes da árvore de doze metros, no salão São Jorge, ergueu a taça e pronunciou um brinde que seria compreendido como uma direção doutrinária pelos líderes do partido e repetido pelo telégrafo diplomático em todo o mundo.

"Feliz Ano-Novo, camaradas, feliz Ano-Novo! Por mais que o ano velho tenha sido bom, o novo será ainda melhor!"

A sala explodiu em vivas, abraços e beijos.

Khruschóv brindou ritualmente aos trabalhadores, aos camponeses, aos intelectuais, aos conceitos marxistas-leninistas e à coexistência pacífica entre os povos. Num tom conciliador, declarou: "Consideramos o sistema socialista superior, mas nunca tentamos impô-lo a outros Estados".[12]

A sala ficou em silêncio, quando ele passou a falar de Kennedy.

"Caros camaradas! Amigos! Senhores! A União Soviética se esforça de todo modo para ter laços de amizade com todos os povos. Mas acho que ninguém vai me criticar se eu disser que damos grande importância à melhoria de nossas relações com os Estados Unidos, porque, em grande parte, elas determinam outras relações. Gostaríamos de acreditar que os Estados Unidos lutam pelo mesmo objetivo. Esperamos que o novo presidente americano seja como uma lufada de ar fresco dispersando o ar viciado entre os Estados Unidos e a União Soviética."

O homem que um ano antes contara as bombas atômicas que despejaria no Ocidente assumia agora uma pose de pacificador. "Durante a campanha eleitoral", ele prosseguiu, "o sr. Kennedy falou que, se fosse presidente, teria se desculpado com a União Soviética" por ter enviado aviões espiões para sobrevoarem seu território. Acrescentou que queria deixar "esse lamentável episódio no passado e não voltar a mencioná-lo. [...] Acreditamos que, votando no sr. Kennedy e contra o sr. Nixon, os americanos mostraram que desaprovam a política da Guerra Fria e o agravamento das relações internacionais".

Khruschóv ergueu a taça, novamente cheia. "À coexistência pacífica entre as nações!"

Vivas.

"À amizade e à coexistência pacífica entre todos os povos!"

Vivas ensurdecedores. Mais abraços.

A escolha da linguagem era estudada. O uso repetitivo do termo "coexistência pacífica" era, ao mesmo tempo, uma declaração de intenções em relação a Kennedy e uma mensagem de determinação a seus rivais comunistas. Ao reconhecer os limites econômicos dos soviéticos e as novas ameaças nucleares, em seu famoso discurso secreto no XX Congresso do Partido Comunista de 1956, Khruschóv introduzira a noção de que os Estados comunistas podiam coexistir e competir pacificamente com os Estados capitalistas. No entanto, seus opositores eram favoráveis a um retorno às ideias stalinistas mais agressivas de revolução mundial e preparativos mais ativos para a guerra.

No alvorecer de 1961, os fantasmas de Stálin representavam para Khruschóv um perigo muito maior que qualquer ameaça do Ocidente. O que Stálin lhe deixara, depois de sua morte, em 1953, foi uma União Soviética combalida, com 209 milhões de habitantes e dezenas de nacionalidades espalhadas por um sexto da superfície terrestre. As batalhas da Segunda Guerra Mundial consumiram um terço da riqueza do país e ceifaram 27 milhões de vidas, ao mesmo tempo que destruíram 17 mil cidades e 70 mil aldeias.[13] Sem falar nos milhões de pessoas que Stálin havia matado por meio de uma escassez provocada e com seus expurgos paranoicos.[14]

Khruschóv acusava Stálin de ter dado início a uma Guerra Fria desnecessária e cara antes de a União Soviética conseguir se recuperar da devastação. Condenava-o, em especial, pelo bloqueio de Berlim em 1948, quando o ditador subestimou a determinação americana e superestimou a capacidade dos soviéticos numa época em que os Estados Unidos ainda detinham o monopólio nuclear.[15] O resultado foi o fim do embargo por parte do Ocidente, a criação, em 1949, da Otan e da Alemanha Ocidental e o compromisso americano de permanecer na Europa por mais tempo. A União Soviética pagou um preço alto, porque, na opinião de Khruschóv, Stálin "não pensou bem".

Tendo acenado para Kennedy com a paz em seu brinde de Ano-Novo, um Khruschóv ainda sóbrio às duas da madrugada chamou Hans Kroll, o embaixador da Alemanha Ocidental, para uma conversa particular. Considerava esse alemão de 62 anos o embaixador ocidental mais importante depois do ausente Thompson e tinha com ele muito mais afinidade pessoal do que com o enviado americano, já que Kroll era fluente em russo e, como muitos alemães de sua geração, estava convencido de que, nos planos cultural, histórico e, potencialmente, político, seu país estava mais próximo de Moscou que de Washington.

Juntamente com o vice-premiê Anastas Mikoyan e Alexei Kossiguin, membro do Presidium, Khruschóv e Kroll se dirigiram para a mesma antessala onde, um ano antes, o líder soviético ameaçara Thompson. Naquela ocasião, Kroll deixara a celebração em sinal de protesto depois que Khruschóv usara o brinde para condenar a Alemanha Ocidental como "revanchista e militarista".

Agora, porém, Khruschóv estava sedutor e chamou um garçom para servir champanhe da Crimeia a Kroll. Enquanto saboreava um suave vinho tinto da Armênia, explicou ao embaixador que não estava tomando vodca e outras bebidas fortes por ordem do médico. Kroll adorava essas conversas pessoais com o premiê e, nesses momentos, costumava se aproximar dele fisicamente e falar aos cochichos para ressaltar sua intimidade.

Kroll nasceu quatro anos depois de Khruschóv na cidade prussiana de Deutsch Piekar, que em 1922 seria cedida à Polônia. Aprendeu a falar russo quando, ainda menino, pescava no rio que dividia os impérios germânico e tsarista. Seus dois primeiros anos como diplomata em Moscou remontavam à década de 1920, quando a Alemanha pós-Primeira Guerra Mundial e a nova União Soviética comunista, dois dos países mais injuriados do planeta, firmaram o Tratado de Rapallo, que rompeu com seu isolamento diplomático e formou um eixo contra o Ocidente e contra o Tratado de Versalhes.[16]

Segundo Kroll, as hostilidades europeias só terminariam com um acordo que melhorasse o relacionamento entre a Alemanha Ocidental e a União Soviética — "os dois países mais poderosos da Europa". Ele agia nesse sentido desde que liderara o departamento do comércio leste-oeste do ministério da Economia, em 1952, quando a Alemanha Ocidental tinha apenas três anos de existência. Por causa de suas convicções, muitas vezes entrou em conflito com os Estados Unidos, que continuavam muito cautelosos, considerando que uma relação amistosa demais poderia abrir caminho para uma Alemanha Ocidental neutra.

Khruschóv era grato a Kroll porque, no outono, ele conseguira fazer Konrad Adenauer, o chanceler da Alemanha Ocidental, aprovar novos acordos econômicos com o mundo comunista, inclusive o acordo comercial entre as duas Alemanhas, interrompido meses depois. Embora a Alemanha Oriental fosse satélite dos soviéticos, Khruschóv considerava a Alemanha Ocidental muito mais importante para a economia de seu país, porque lhe dava acesso a maquinaria e tecnologia modernas, bem como a empréstimos em moeda forte.

Assim, ergueu a taça num brinde ao que chamou de extraordinária reconstrução da República Federal da Alemanha no pós-guerra. E disse a Kroll que esperava que o chanceler Adenauer usasse seu crescente poderio econômico e sua maior independência dos Estados Unidos para se distanciar de Washington e aprimorar ainda mais suas relações com Moscou.

Depois Kossiguin pediu permissão a Kroll para também erguer a taça. "O senhor é o embaixador de todos os alemães", disse-lhe, refletindo a opinião de Khruschóv de que a União Soviética estaria muito mais bem servida se tivesse como aliados os alemães-ocidentais, com todos os seus recursos, ao invés dos incômodos alemães-orientais, com suas constantes necessidades econômicas e seus produtos de qualidade inferior.

Khruschóv então temperou essa sedução com uma ameaça: "O problema da Alemanha precisa ser resolvido em 1961". Acrescentou que perdera a paciência com a recusa dos americanos em negociar uma alteração no status de Berlim que lhe permitisse deter o fluxo de refugiados e assinar um tratado de paz com a Alemanha Oriental. Mikoyan informou a Kroll que "certos círculos" de Moscou estavam pressionando Khruschóv de tal modo que ele não conseguiria resistir por muito mais tempo e logo teria de tomar providências em relação a Berlim.

Kroll entendeu que Mikoyan se referia ao que os círculos do partido soviético chamavam de o "lobby de Ulbricht",[17] um grupo fortemente influenciado pelas reclamações cada vez mais estridentes do líder alemão-oriental contra Khruschóv, que, a seu ver, não estava defendendo o Estado socialista da Alemanha com vigor suficiente.

Mais afável depois de tantos cumprimentos e tanto champanhe, o embaixador reconheceu que o premiê vinha tendo extraordinária paciência com Berlim. Advertiu-o, porém, de que, se alterasse unilateralmente o status quo da cidade, provocaria uma crise internacional e talvez até um conflito armado com os Estados Unidos e o Ocidente.

Khruschóv discordou. Pouco lhe importava que o Ocidente reagisse com "uma comoção passageira". "Ninguém no mundo declararia guerra por causa de Berlim ou da questão alemã", assegurou. Ciente de que Kroll relataria a conversa aos americanos e a seus superiores, afirmou que preferia um acordo negociado a uma ação unilateral de sua parte, mas enfatizou: "Vai depender de Kennedy".

Às quatro horas da manhã, encerrou a reunião e, acompanhado de Kroll, Kossiguin e Mikoyan, atravessou o salão, onde a multidão parou de dançar e abriu caminho para eles.

Nem mesmo um diplomata experiente como Kroll conseguia saber qual das frequentes ameaças de Khruschóv devia ser levada a sério. No entanto, a maneira como ele acabara de abordar a questão de Berlim o convenceu de que o novo ano assistiria a um confronto por causa do problema. Kroll exporia sua opinião a Adenauer — e, através dele, aos americanos. Não tinha dúvida de que Khruschóv concluíra que os riscos da inação estavam se tornando maiores que os perigos da ação.

Contudo, a maneira como o ano transcorreria — com cooperação ou confronto — dependia do dilema que estava no âmago das ideias de Khruschóv sobre Berlim.

Por um lado, o líder soviético tinha a certeza de que não poderia enfrentar uma competição militar ou uma guerra contra os americanos. Estava empenhado em negociar uma coexistência pacífica com os Estados Unidos e procurava se aproximar do novo presidente americano na esperança de negociar um acordo sobre Berlim.

Por outro lado, sua reunião com o embaixador Kroll demonstrara a crescente pressão exercida sobre ele para que resolvesse o problema de Berlim antes que isso se tornasse uma ameaça maior para o império soviético e, no curto prazo, para sua própria liderança.

Por esse motivo, Khruschóv era um comunista com pressa.

E esse não era seu único problema com Berlim. Os berlinenses o desprezavam, abominavam os soldados soviéticos, estavam cansados da ocupação. Suas lembranças do pós-guerra eram só as ruins...

A *história do estupro de Marta Hillers*

EM ALGUM LUGAR DA SUÍÇA
JANEIRO DE 1961

O único consolo de Marta Hillers era ter se recusado a assinar o extraordinário manuscrito em que ela relatava meticulosamente a conquista soviética de Berlim na fria primavera de 1945. Essa foi uma época em que sua vida — como a de dezenas de milhares de mulheres e meninas berlinenses — se transformara num pesadelo de medo, fome e estupro.[18]

Publicado pela primeira vez na Alemanha em 1959, o livro retratava uma das piores atrocidades cometidas por militares.[19] Segundo estimativas extraídas dos registros de hospitais, entre 90 mil e 130 mil berlinenses foram estupradas nos últimos dias da guerra e nos primeiros dias da ocupação soviética. Dezenas de milhares de outras mulheres sofreram a mesma violência em outros lugares da zona soviética.

Hillers esperava que seu livro fosse bem recebido por um povo que queria que o mundo soubesse que ele também havia sido vítima da guerra. No entanto, os berlinenses reagiram com hostilidade ou com silêncio. O mundo ainda sentia pouca compaixão por qualquer dor causada aos alemães, que infligiram tanto sofrimento ao resto do planeta. As berlinenses que tinham passado por essa humilhação não queriam recordá-la. E para os berlinenses era doloroso demais lembrar que não conseguiram proteger suas esposas e filhas. O começo de 1961 foi uma época de complacência e amnésia na Alemanha Oriental e em Berlim Oriental, e havia pouco motivo para se transtornar com uma história que ninguém podia mudar e não tinha estômago para digerir.

Talvez a reação dos alemães não fosse surpresa para Hillers, considerando a vergonha que ela mesma demonstrara ao assinar suas memórias, *Uma mulher em Berlim: Diários dos últimos dias de guerra*, apenas como "Anônima". Ela as publicara só depois de se casar e mudar para a Suíça. O livro não circulara nem fora resenhado na Alemanha Oriental, e apenas alguns exemplares foram contrabandeados para a zona comunista em malas repletas de revistas de moda ocidentais e outras publicações de cunho mais escapista. Em Berlim Ocidental, as memórias da Anônima venderam mal, e os críticos a acusavam ou de propaganda anticomunista, ou de manchar a honra das alemãs — algo que a autora insistia que os soldados soviéticos haviam feito muito antes dela.

Uma dessas críticas, escondida na página 35 do *Der Tagesspiegel*, de Berlim Ocidental, tinha como título: "UM DESSERVIÇO ÀS BERLINENSES. BEST-SELLER NO EXTERIOR — UM CASO ESPECIAL FALSIFICADO". O que irritou o crítico, que acusava a autora de "desavergonhada imoralidade", era a narrativa inflexível que captava com tanta força o cinismo dos meses do pós-guerra.[20] Julgamentos como o do *Der Tagesspiegel* levaram Hillers a permanecer no anonimato e a proibir novas edições do livro até o fim de sua vida, em 2001, aos noventa anos.

Marta Hillers nunca saberia que, depois de sua morte, o livro seria republicado e se tornaria um best-seller em vários idiomas, inclusive na edição alemã de 2003. Nem teria a satisfação de ver sua história transformada num grande filme alemão, em 2008, e prestigiada pelas feministas em toda parte.

Em 1961, ela estava mais preocupada em fugir dos repórteres que tentavam localizá-la a partir de algumas pistas em suas páginas. O livro revelava que ela era uma jornalista de trinta e poucos anos, havia morado no bairro de Tempelhof, passara tempo suficiente na União Soviética para falar um pouco de russo e era "uma loira pálida, sempre vestida com o mesmo casaco de inverno". Nada disso foi suficiente para identificá-la.

Contudo, na época, nada expressava melhor a atitude dos alemães em relação aos ocupantes de seu país que a essência do livro de Hillers e a aversão dos berlinenses em lê-lo. A relação da Alemanha Oriental com seus ocupantes militares soviéticos — cujo número, em 1961, estava entre 400 mil e 500 mil — era um misto de piedade e pavor, complacência e amnésia.[21] A maioria dos alemães-orientais se conformara com a convivência que parecia permanente. E muitos dos que não se conformaram haviam fugido.

A pena que os alemães-orientais sentiam de seus ocupantes soviéticos, a quem consideravam inferiores, devia-se ao que podiam ver com os próprios olhos: adolescentes subnutridos e sujos, com uniformes imundos, que se agachavam para pegar tocos de cigarro ou trocavam suas medalhas e sua gasolina por qualquer forma de álcool consumível que os ajudasse a esquecer por alguns momentos sua existência miserável.[22]

A piedade também se devia aos alarmes ocasionais que acompanhavam desesperadas tentativas de deserção. Às vezes os soldados adolescentes não conseguiam mais aguentar a brutalidade dos oficiais, os maus-tratos por parte dos colegas, os alojamentos frios e lotados.

Construído no Terceiro Reich ou antes, o quartel abrigava o triplo de homens que Hitler alojara ali. A última fuga ocorrera depois de uma insurreição na véspera de Ano-Novo, quando quatro soldados do quartel de Falkenberg escaparam para Berlim Ocidental e patrulhas de busca soviéticas foram enviadas para vasculhar a fronteira da cidade.[23] Dizia-se que os soldados soviéticos atearam fogo a estábulos e outros locais onde os desertores tinham ido se esconder — queimando os fugitivos vivos junto com os animais.

Isso só aumentou o profundo pavor que os alemães tinham dos soviéticos.

Esse pavor havia crescido em função dos acontecimentos de 17 de junho de 1953, quando tropas e tanques soviéticos sufocaram uma revolta de trabalhadores que, depois da morte de Stálin, sacudira o jovem Estado da Alemanha Oriental até suas frágeis bases. Trezentos alemães-orientais morreram e 4270 foram presos.[24]

No entanto, as raízes mais profundas do terror dos alemães-orientais estavam nos fatos descritos por Hillers. As mulheres tinham motivo para estremecer quando um soldado soviético passava por elas ou quando Walter Ulbricht, o líder da Alemanha Oriental, falava no rádio sobre a duradoura amizade com o povo soviético.

Hillers explicava por que os estrangeiros demonstravam tão escassa compaixão pelo sofrimento das alemãs — e por que muitos alemães se perguntavam se um Deus vingativo não enviara o estupro como um castigo pela má conduta das mulheres. No primeiro dia da ocupação, Hillers escreveu:

Nossa calamidade tem um gosto amargo — de repulsa, doença, insanidade, diferente de qualquer coisa na história. O rádio transmite mais uma notícia sobre os campos de concentração. A coisa mais horrível é a ordem e a economia: milhões de seres humanos transformados em fertilizante, estofo de colchão, sabão, capacho — Ésquilo nunca viu nada parecido.

Ela se desesperava com a estupidez dos líderes nazistas, que, baseando-se na teoria de que soldados embriagados seriam adversários menos perigosos, ordenaram que se deixasse bebida para as tropas soviéticas que avançavam. Sem a embriaguez dos soviéticos, Hilllers escreveu, as berlinenses teriam sofrido a metade dos estupros nas mãos dos russos, que "não são Casanovas inatos" e desse modo "afogaram suas inibições".

Assim ela descreve um dos muitos estupros que sofreu e conta como decidiu buscar proteção.

O homem que está em cima de mim é mais velho, sua barba por fazer é grisalha, e ele cheira a conhaque e a cavalo [...]. Nenhum ruído. Só um involuntário ranger de dentes, quando ele rasgou minha roupa de baixo. A última que eu tinha ainda inteira.

De repente, seu dedo está em minha boca, cheirando a cavalo e a tabaco. Abro os olhos. As mãos de um estranho forçam minhas mandíbulas. Olho no olho. Depois, com grande determinação, ele cospe em minha boca.

Estou prostrada. Não por causa do nojo, mas por causa do frio. Minha espinha está gelada: calafrios percorrem-me a nuca. Sinto-me deslizando e caindo, caindo através dos travesseiros e das tábuas do assoalho. Então é isso que significa afundar no chão.

Mais uma vez, olho no olho. A boca do estranho se abre, dentes amarelos, um na frente está meio quebrado. Os cantos dos lábios se erguem, pequenas rugas se irradiam dos cantos dos olhos. O homem sorri.

Antes de sair, ele tira alguma coisa do bolso das calças, joga-a na mesinha de cabeceira e, sem dizer uma palavra, empurra a cadeira para o lado e bate a porta atrás de si. Um maço amarfanhado de cigarros russos quase vazio. Meu pagamento.

Levanto-me — tonta, nauseada. Minha roupa rasgada cai a meus pés. Cambaleio pelo quarto [...] até o banheiro. Vomito. Meu rosto verde no espelho, meu vômito na pia. Sento-me na borda da banheira, sem ousar me lavar, pois ainda tenho ânsia de vômito e há pouca água no balde.

Foi nesse momento que Marta Hillers tomou sua decisão. Limpou-se um pouco e saiu para a rua, disposta a caçar um "lobo", um oficial soviético de patente mais alta que se tornasse seu protetor. Concluiu que era melhor ser usada muitas vezes só por um russo que por uma sucessão interminável de russos. Como milhões de alemães, estava tentando se conformar com uma ocupação à qual não podia resistir.

Só anos depois os estudiosos tentariam reconstituir todo o horror dessa época. Entre o final do verão e o começo do outono de 1945, pelo menos 110 mil mulheres, dos doze aos 88 anos, foram estupradas. Aproximadamente 40% das vítimas foram estupradas em várias ocasiões. Uma em cada cinco dessas mulheres engravidou, cerca da metade deu à luz, a outra metade recorreu ao aborto, geralmente sem anestesia. Em torno de 5% de todos os bebês nascidos em Berlim no ano seguinte seriam *Russenbabys*. Em toda a Alemanha, o número seria de 150 mil a 200 mil crianças.

Foi quando essas crianças estavam se tornando adolescentes, em 1958, que Khruschóv provocou o que se tornaria conhecido como a Crise de Berlim.

2. Khruschóv: a Crise de Berlim

Berlim Ocidental se transformou numa espécie de tumor maligno do fascismo e do revanchismo. É por isso que optamos pela cirurgia.[1]

Nikita Khruschóv em sua primeira entrevista coletiva à imprensa como premiê, 8 de novembro de 1958

Em seu primeiro ano, o próximo presidente se defrontará com uma questão muito séria, referente a nossa defesa de Berlim, a nosso compromisso com Berlim. Será um teste para nossa coragem e nossa determinação. [...] Enfrentaremos a crise mais grave de Berlim desde 1949 ou 1950.[2]

O senador John F. Kennedy num debate da campanha presidencial com o vice-presidente Richard Nixon, 7 de outubro de 1960

PALÁCIO DOS ESPORTES, MOSCOU
SEGUNDA-FEIRA, 10 DE NOVEMBRO DE 1958

Num palco improvável e diante de uma plateia que de nada desconfiava, Nikita Khruschóv anunciou o que o mundo conheceria como a Crise de Berlim.

Postado no meio do mais novo e grandioso centro de esportes de Moscou, declarou a um grupo de comunistas poloneses que pretendia rejeitar os acordos do pós-guerra que formaram a base da frágil estabilidade europeia. Revogaria o Acordo de Potsdam, assinado com aliados da época da guerra, e alteraria unilateralmente o status de Berlim com o objetivo de eliminar a parte ocidental e retirar da cidade todas as forças militares.[3]

O local onde fez tal declaração, o Palácio dos Esportes, ao lado do Estádio Central Lênin, fora inaugurado com grande estardalhaço dois anos antes como o palco mais moderno para as façanhas atléticas dos soviéticos. Desde então, seu momento mais memorável foi a espantosa derrota dos soviéticos pelos suecos no campeonato de hóquei sobre o gelo de 1957, prejudicado pelo boicote liderado pelos Estados Unidos e por outras potências ocidentais do hóquei em protesto contra a intervenção soviética na Hungria. A derrota ocorreu depois que um jogador da defesa sueca literalmente cabeceou o disco bem na frente do gol, o que lhe valeu uma golfada de sangue e o campeonato.

A plateia polonesa de Khruschóv não esperava tanto drama. Tendo permanecido em Moscou depois de uma celebração do 41º aniversário da revolução bolchevique, esperava a retórica habitual dos incontáveis encontros amistosos entre comunistas. Mas foi estupefata e silenciosa que ouviu Khruschóv afirmar: "Obviamente, chegou a hora de os signatários do Acordo de Potsdam descartarem os remanescentes do regime de ocupação em Berlim e, assim, possibilitarem o estabelecimento da normalidade na capital da República Democrática Alemã".[4]

Os poloneses não foram os únicos a se surpreender.[5] Khruschóv não havia comunicado sua intenção nem aos signatários ocidentais do Acordo de Potsdam, nem a seus aliados socialistas, entre os quais estavam os alemães-orientais. Tampouco pedira a bênção da liderança de seu próprio partido. Só pouco antes do discurso conversou sobre o que planejava com o líder da delegação polonesa, o atônito primeiro-secretário do Partido Comunista Władysław Gomułka. Se estava falando sério, Khruschóv daria início a uma guerra por Berlim, temia Gomułka.

O premiê lhe explicou que agia unilateralmente porque estava cansado da diplomacia berlinense, que não levava a parte alguma. Estava disposto a correr o risco de uma confrontação com o Ocidente e acreditava que tinha mais possibilidades de sucesso que Stálin em 1948, porque agora Moscou acabara com o monopólio americano de armas nucleares. De acordo com um projeto chamado Operação Átomo, dentro de semanas Khruschóv colocaria armas nucleares no território da Alemanha Oriental. Doze mísseis R-5 de médio alcance lhe permitiriam reagir a qualquer ataque nuclear dos americanos à Alemanha Oriental, contra-atacando Londres e Paris — se não Nova York.[6] Sem mencionar essas armas, ainda secretas, Khruschóv disse a Gomułka: "Agora o equilíbrio de forças mudou [...]. Os americanos estão mais perto de nós; nossos mísseis podem atingi-los diretamente".[7] Embora não fosse a verdade literal, ele agora estava em condições de aniquilar aliados europeus de Washington.

Khruschóv não deu detalhes sobre o momento ou a execução de seu novo plano para Berlim porque ainda não os tinha estudado a fundo. O que disse para sua plateia polonesa foi que, de acordo com esse plano, os soviéticos e os aliados ocidentais acabariam retirando todo o seu pessoal militar da Alemanha Oriental e de Berlim Oriental. Ele assinaria um tratado de paz com a Alemanha Oriental e entregaria a esse país todas as funções que os soviéticos exerciam em Berlim, inclusive o controle do acesso a Berlim Ocidental. Depois, os soldados americanos, britânicos e franceses teriam de pedir permissão a Walter Ulbricht, o líder da Alemanha Oriental, para entrar em qualquer parte de Berlim por terra ou por ar. Khruschóv declarou à multidão reunida no Palácio dos Esportes que consideraria como um ataque à União Soviética e ao Pacto de Varsóvia qualquer resistência ao exercício desses novos direitos — que incluíam barrar o acesso aéreo e terrestre a Berlim Ocidental — por parte da Alemanha Oriental.[8]

Sua chocante intensificação da Guerra Fria tinha três fontes.

Acima de tudo, era uma tentativa de chamar a atenção do presidente Eisenhower, que vinha ignorando suas propostas de negociações sobre Berlim. Parecia que, por mais que fizesse, Khruschóv não conseguia conquistar o desejado respeito das autoridades americanas.

Seus rivais no partido diziam, com razão, que os Estados Unidos lhe deram pouco reconhecimento e nenhuma recompensa por uma série de medidas unilaterais que ele tomara para reduzir as tensões da Guerra Fria desde a morte de Stálin. Khruschóv fora além de simplesmente substituir o conceito de guerra inevitável pelo de coexistência pacífica. Também cortara unilateralmente seu efetivo militar, reduzindo-o em 2,3 milhões de homens, entre 1955 e 1958, e retirara tropas soviéticas da Finlândia e da Áustria, abrindo o caminho para a neutralidade desses países. Ademais, encorajara a reforma política e econômica entre satélites soviéticos na Europa oriental.[9]

A segunda fonte de sua impulsiva postura em relação a Berlim era a crescente confiança no poder, depois que, em junho de 1957, frustrara o chamado golpe antipartido contra ele, liderado pelos ex-premiês Vyacheslav Molotov e Georgy Malenkov e por seu ex-mentor Lazar Kaganovich. Eles se insurgiram em parte por causa de sua imprudência em relação a Berlim. Ao contrário de Stálin, Khruschóv não os matou, mas enviou-os para longe do centro do poder, confiando-lhes cargos menores: despachou Molotov para a Mongólia como embaixador, Malenkov para o Cazaquistão como diretor de uma hidrelétrica e Kaganovich para os Urais como administrador de uma pequena fábrica de potássio. Depois, desconfiando de que seu popular ministro da Defesa, o marechal Georgy Zhukov, tramava contra ele, tirou-o do poder.[10]

A fim de justificar sua ousadia em relação a Berlim, quatro dias antes de seu discurso informara à liderança de seu partido que os Estados Unidos já haviam revogado o Acordo de Potsdam, levando a Alemanha Ocidental para a Otan, em 1955, e preparando-se para provê-la de armas nucleares. Depois de expor seu plano de ação, encerrou o encontro sem fazer o Presidium votar assuntos de tal importância, tendo farejado a possibilidade de oposição.

A terceira fonte de seu discurso era Berlim, onde o êxodo de refugiados se acelerava. Embora se sentisse mais seguro no poder, Khruschóv sabia, por experiência pessoal, que problemas na cidade dividida podiam encerrar uma carreira em Moscou. Logo em seguida da morte de Stálin, usara a ameaça da implosão da Alemanha Oriental para ajudar a aniquilar seu rival mais poderoso, o ex-chefe da Polícia Secreta, Lavrentiy Beria, depois que tropas soviéticas sufocaram a revolta de trabalhadores alemães-orientais em 17 de junho de 1953.[11]

Na época, Khruschóv era apenas um candidato improvável entre a liderança coletiva que substituíra o ditador. Era um novato em política externa que via a política alemã basicamente através de uma lente interna.[12] Como parte de seu jogo de poder, Beria conduzira uma campanha por procuração contra o líder stalinista da Alemanha Oriental, Walter Ulbricht, e sua severa política de *Aufbau des Sozialismus*, "construção do socialismo". Para combater a oposição interna e o número crescente de refugiados, Ulbricht optou por aumentar as prisões e a repressão, impor a coletivização da agricultura, acelerar a nacionalização das indústrias, intensificar o recrutamento militar e ampliar a censura. O resultado foi um fluxo ainda maior de refugiados nos quatro primeiros meses de 1953 — 122 mil alemães-orientais, o dobro do ano anterior. Em março, o número chegou a 56 605 — seis vezes o registrado um ano antes.[13]

Numa reunião decisiva da liderança do partido, Beria dissera: "Tudo que precisamos é de uma Alemanha pacífica. Não nos importa que ela seja socialista ou não", nem que seja "unida, democrática, burguesa e neutra".[14] Beria queria negociar com o Ocidente uma substancial compensação financeira para os soviéticos concordarem com uma Alemanha neutra e unificada.[15] Até designara um de seus assessores mais leais para sondar as possibilidades desse tipo de acordo com países ocidentais. "O que vem a ser essa RDA?", perguntara, usando a abreviação do equivocado nome oficial da Alemanha Oriental. "Ela só continua existindo graças às tropas soviéticas, ainda que a chamemos de República Democrática Alemã."

A liderança coletiva pós-Stálin não deu atenção a sua proposta de abandonar a causa socialista na Alemanha Oriental, mas exigiu que Beria corrigisse o que chamou de seus "excessos".[16] Cumprindo ordens dos soviéticos, Ulbricht parou com a coletivização no campo e com as prisões políticas em larga escala, anistiou muitos presos políticos, reduziu a repressão a liberdades religiosas e expandiu a produção de bens de consumo.

Khruschóv teve pouca parte ativa nos debates que levaram a essa abrupta mudança política, mas também não se opôs às reformas. Depois viu o afrouxamento dos controles stalinistas inspirar uma revolta que poderia ter provocado o colapso da Alemanha Oriental se os tanques soviéticos não tivessem interferido.

Pouco mais de uma semana depois da revolta, Khruschóv conduziu Beria à prisão, em 26 de junho. Acusou-o, entre outras coisas, de estar disposto a abandonar o socialismo numa Alemanha conquistada a alto custo humano durante a Segunda Guerra Mundial. No plenário do partido que selou o destino de Beria e deu início aos acontecimentos que resultariam em sua execução, líderes comunistas o tacharam de socialista indigno de confiança e o chamaram de "imundo inimigo do povo que devia ser expulso [do partido] e julgado por traição". O partido considerou sua disposição para abrir mão do socialismo na Alemanha Oriental uma "capitulação direta às forças imperialistas".[17]

Khruschóv extraiu dessa experiência duas lições que jamais esqueceria. Primeiro, aprendeu que a liberalização política na Alemanha Oriental poderia provocar o colapso do país. Segundo, constatou que erros dos soviéticos cometidos em Berlim podiam encerrar uma carreira em Moscou. Três anos depois, em 1956, promoveu sua ascensão ao poder, repudiando os excessos criminosos do stalinismo no XX Congresso do Partido. No entanto, nunca esqueceria a contraditória lição de que foi só a repressão no estilo stalinista que salvou a Alemanha Oriental e lhe permitiu eliminar seu adversário mais perigoso.

Nos primeiros dias depois do seu discurso no Palácio dos Esportes, o presidente Eisenhower decidiu não responder publicamente, esperando, como já tinha acontecido tantas vezes no passado, que a fanfarrice do líder soviético não se traduzisse em ação concreta.[18] Khruschóv não seria ignorado, porém. Duas semanas depois, no Dia de Ação de Graças americano, ele transformou seu discurso sobre Berlim num ultimato que exigiria uma resposta dos Estados Unidos. Havia atenuado algumas de suas exigências para obter o apoio do Presidium numa declaração enviada às embaixadas de todos os governos interessados.

Desistiu de sua ameaça de rejeitar imediatamente as obrigações que o Acordo de Potsdam impusera aos soviéticos. Anunciou que o Ocidente tinha seis meses para negociar com ele e que, ao fim desse prazo, alteraria unilateralmente o status de Berlim. Ao mesmo tempo, reafirmou seu plano de desmilitarizar e neutralizar Berlim Ocidental, que, assim, ficaria fora do bloco soviético e também do Ocidente.

Convocou os correspondentes americanos, que estavam em seus apartamentos em Moscou destrinchando o peru da Ação de Graças, para informar-lhes que também pretendia usar a faca. Em sua primeira entrevista coletiva como premiê, demonstrando a crescente importância que Berlim tinha para ele, disse aos repórteres: "Berlim Ocidental se transformou numa espécie de tumor maligno do fascismo e do revanchismo. É por isso que optamos pela cirurgia".[19]

Referindo-se ao texto da nota diplomática de 28 páginas, acrescentou que fazia treze anos que a guerra terminara e, portanto, estava na hora de aceitar a realidade de dois Estados alemães. A Alemanha Oriental nunca abriria mão do socialismo, assegurou, nem seria absorvida pela Alemanha Ocidental. Em função disso, ele oferecia uma escolha a Eisenhower: dentro de seis meses, ou negociaria com ele um tratado de paz que desmilitarizaria e neutralizaria Berlim Ocidental, ou Moscou agiria unilateralmente para chegar ao mesmo resultado.

Sergei, o filho de Khruschóv, que estava então com 23 anos, temia que ele não estivesse dando a Eisenhower nenhuma alternativa para evitar uma colisão que poderia levar a um conflito nuclear e lhe disse que os americanos nunca aceitariam seus termos. Embora os russos fossem conhecidos como enxadristas, Sergei sabia que, nesse caso — como em tantos outros —, seu pai impetuoso não havia pensado na jogada seguinte.[20]

Khruschóv riu de seus temores: "Ninguém começaria uma guerra por Berlim", garantiu-lhe. Tudo que ele queria era "arrancar a concordância" dos Estados Unidos para dar início a negociações formais sobre Berlim e evitar o exasperante processo diplomático de uma "infindável troca de bilhetes, cartas, declarações e discursos".

Só estabelecendo um prazo apertado, concluiu, poderia levar ambos os lados a uma solução aceitável.

"E se não a encontrar?", Sergei perguntou.

"Vou procurar outro caminho", disse Khruschóv. "Alguma coisa sempre há de aparecer."

Respondendo a dúvidas semelhantes apresentadas por Oleg Troyanovsky, seu velho intérprete e consultor de política externa, parafraseou Lênin, quando explicou que planejava "entrar na briga e depois ver o que acontece".[21]

GABINETE DE KHRUSCHÓV NO KREMLIN, MOSCOU
SEGUNDA-FEIRA, 1º DE DEZEMBRO DE 1958

Alguns dias depois da Ação de Graças, durante uma das reuniões mais extraordinárias entre um líder soviético e um político americano, Khruschóv deixou claro que, no momento, seu ultimato sobre Berlim visava muito mais a chamar a atenção do presidente Eisenhower que a alterar o status da cidade.

Com apenas meia hora de antecedência, chamou a seu gabinete no Kremlin Hubert H. Humphrey, senador de Minnesota em visita a Moscou, para a mais longa reunião que qualquer diplomata ou político eleito americano já tivera com um líder soviético. Programada para terminar dentro de uma hora, a partir das três da tarde, a conversa se estendeu por oito horas e 25 minutos, encerrando-se pouco antes da meia-noite.[22]

Para mostrar que estava a par do que ocorria nos Estados Unidos, Khruschóv falou sobre a política local da Califórnia, de Nova York e de Minnesota, o estado de Humphrey. Brincou sobre "o novo McCarthy" — não o anticomunista Joe, mas o congressista esquerdista Eugene, que mais tarde seria candidato a presidente. Partilhou com o senador um segredo "que nenhum americano conhece" e que era o teste bem-sucedido com uma bomba de hidrogênio soviética de 5 milhões de toneladas, usando apenas um décimo do material fissionável até então necessário para produzir uma explosão de tal magnitude. Falou também sobre a fabricação de um míssil com 14400 quilômetros de alcance, o primeiro capaz de atingir alvos nos Estados Unidos.[23]

Depois de perguntar a Humphrey o nome de sua cidade natal, levantou-se de um salto e traçou um círculo azul em torno de Minneapolis num mapa dos Estados Unidos que estava pendurado na parede — "para eu não esquecer de ordenar a eles que poupem a cidade, quando os foguetes forem disparados". Segundo o senador, Khruschóv era um indivíduo que sofria de insegurança pessoal e nacional, "alguém que saiu da pobreza e da fraqueza para a riqueza e o poder, mas nunca está inteiramente seguro de si mesmo e de seu novo status".[24]

No dia seguinte, ao relatar a reunião para o embaixador Thompson, de modo que ele pudesse transmitir o relato a Eisenhower, Humphrey disse que Khruschóv voltou umas vinte vezes ao tema de Berlim e seu ultimato, que, segundo o premiê, fora resultado de "muitos meses de reflexão". O senador concluiu que o principal objetivo da longa reunião era "impressioná-lo com a posição soviética em relação a Berlim e fazer suas palavras e suas ideias chegarem ao presidente".[25]

Khruschóv usou todo um arsenal de metáforas para descrever a cidade: um câncer, um nó, um espinho, um osso entalado na garganta. Disse que pretendia tossir esse osso, fazendo de Berlim Ocidental uma "cidade livre", desmilitarizada e garantida por observadores das Nações Unidas. A fim de convencer Humphrey de que não estava tentando enganar os Estados Unidos para que entregassem Berlim Ocidental ao controle comunista, lembrou que ordenara pessoalmente a retirada de tropas soviéticas da Áustria em 1955, garantindo, assim, a neutralidade daquele país. Acrescentou que na época explicara a Molotov, ministro do Exterior, que as tropas russas só eram úteis na Áustria se ele pretendesse expandir-se para o oeste, o que não era o caso. Dessa maneira, concluiu, "criou-se uma Áustria neutra e eliminou-se uma fonte de conflito".

Seu argumento era que a conduta dos soviéticos na Áustria devia servir como modelo para Eisenhower no caso de Berlim e como uma garantia quanto ao futuro da cidade. Em função disso, os Estados Unidos, a Grã-Bretanha e a França não precisavam deixar tropas em Berlim. "Vinte e cinco mil soldados ali só têm importância se vocês querem guerra", Khruschóv declarou com voz calma. "Por que manter esse espinho? Uma cidade livre, uma Berlim livre, poderia quebrar o gelo entre a União Soviética e os Estados Unidos."

Resolvido o problema de Berlim, Khruschóv prosseguiu, ele e Eisenhower poderiam aprimorar suas relações pessoais e, juntos, produzir um degelo histórico na Guerra Fria. E, se o presidente americano não gostasse dos detalhes de seu plano para Berlim, ele estava aberto a uma contraproposta. Podia aceitar qualquer sugestão alternativa, desde que não envolvesse a unificação alemã, nem a "liquidação do sistema soviético na Alemanha Oriental". Pela primeira vez, estava estabelecendo suas condições para qualquer negociação sobre Berlim.

Khruschóv passou tão rapidamente da sedução à ameaça que Humphrey se lembrou do tratamento de seu pai para frieira, que consistia em colocar os pés alternadamente em água quente e fria. "Nossas tropas não estão lá para jogar cartas, nossos tanques não estão lá para lhes mostrar o caminho de Berlim", Khruschóv disse abruptamente. "Não estamos brincando." No momento seguinte, porém, seus olhos ficaram marejados, quando ele falou com sentimentalismo sobre a perda de um filho na Segunda Guerra Mundial e sobre sua afeição por Eisenhower. "Gosto do presidente Eisenhower", afirmou. "Não desejamos nenhum mal aos Estados Unidos, nem a Berlim. Você precisa dizer isso ao presidente."

Eisenhower reagiu ao ultimato sobre Berlim exatamente como Khruschóv esperava. Propôs que os ministros do Exterior das quatro potências se reunissem em Genebra e que representantes das duas Alemanhas acompanhassem o encontro na condição de observadores. Depois, embora o progresso na reunião fosse decepcionante, convidou Khruschóv a visitá-lo, transformando-o no primeiro líder do Partido Comunista soviético a pôr os pés nos Estados Unidos.[26]

Khruschóv parabenizou-se, vendo a disposição de Eisenhower para recebê-lo no covil dos capitalistas "como um resultado concreto da pressão que ele vinha exercendo sobre as potências ocidentais em relação a Berlim".[27]

Pareceu-lhe que finalmente obtivera dos americanos o respeito que tanto desejava por ele e por seu país.

A VISITA DE KHRUSCHÓV AOS ESTADOS UNIDOS
15 A 27 DE SETEMBRO DE 1959

À medida que se aproximava a data da viagem, Khruschóv temia cada vez mais que seus anfitriões estivessem planejando uma "provocação", um danoso insulto por ocasião de sua chegada ou durante sua estadia. O que, em Moscou, seus rivais — silenciados por enquanto, mas longe de derrotados — poderiam usar contra ele como evidência de que sua alardeada visita aos Estados Unidos havia sido ingênua e prejudicial aos interesses soviéticos.

Por esse motivo, suas considerações acerca da maneira como negociaria o futuro de Berlim nos Estados Unidos se tornaram secundárias; o que mais lhe interessava agora era analisar todos os aspectos do itinerário para se assegurar de que não sofreria o que chamava de "dano moral".[28] Embora fosse um líder comunista que ostensivamente representava a vanguarda do proletariado, a equipe que o precedera a fim de cuidar dos preparativos para sua visita exigia que ele fosse tratado com a pompa e a circunstância devidas a um chefe de Estado ocidental.

Khruschóv não gostou, por exemplo, quando soube que suas conversas mais cruciais com Eisenhower ocorreriam em Camp David, um lugar que nenhum de seus assessores conhecia e que lhe soava como um *gulag*, um campo de prisioneiros. Lembrou-se de que, nos primeiros anos depois da Revolução, os americanos levaram uma delegação soviética para Sivriada, nas ilhas dos Príncipes turcas, para onde, em 1911, eram despachados, para morrer, os cães de rua de Istambul. Pensando que "os capitalistas nunca perdiam uma oportunidade de constranger ou ofender a União Soviética", temia que "esse Camp David fosse [...] um local onde se deixavam de quarentena as pessoas suspeitas".[29]

Só concordou com o encontro depois que sua equipe nos Estados Unidos investigou e descobriu que o convite para ir a Camp David era uma honraria especial, pois Eisenhower o levaria para uma *dacha*, uma casa de campo, construída por Roosevelt nas montanhas de Maryland durante a Segunda Guerra Mundial. Mais tarde, Khruschóv expressaria vergonha por constatar até que ponto o episódio revelara a ignorância dos soviéticos. Mais importante, porém, era o que revelava sobre a poderosa mistura de desconfiança e insegurança com que ele via cada aspecto de sua relação com os Estados Unidos.

Ignorando o conselho de seu piloto, Khruschóv atravessou o Atlântico num Tupolev Tu-114 que ainda estava em fase de experimentação, não havia passado pelos testes necessários e apresentava microscópicas rachaduras no motor. Apesar dos riscos, Khruschóv insistira nessa aeronave, pois era a única da frota soviética que podia voar até Washington sem escala. Assim, chegaria a seu destino num avião com a maior capacidade de passageiros do mundo, o maior alcance, o melhor empuxo e a maior velocidade de cruzeiro. Por causa de sua decisão, barcos pesqueiros, navios cargueiros e navios-tanque soviéticos se enfileiraram sob a aeronave, entre a Islândia e Nova York, como medida de segurança, caso as fissuras do motor aumentassem e forçassem o piloto a pousar no mar.[30]

Mais tarde, Khruschóv lembraria que seus "nervos estavam tensos", enquanto olhava pela janela, no momento em que o avião se preparava para aterrissar, e refletia sobre o significado mais profundo da viagem: "Finalmente obrigamos os Estados Unidos a admitirem a necessidade de estabelecer contatos mais íntimos conosco […]. Foi um grande progresso, desde a época em que os Estados Unidos nem sequer nos concediam reconhecimento diplomático".

No momento, diante desse propósito nacional mais amplo, Berlim passara para o segundo plano. Khruschóv se deliciava com a ideia de que havia sido o poderio da economia soviética e de suas Forças Armadas, bem como de todo o campo socialista, que levara Eisenhower a buscar melhores relações. "Deixamos de ser uma Rússia devastada, atrasada, analfabeta para nos transformar numa Rússia cujas realizações surpreenderam o mundo".[31]

Para seu alívio e prazer, Eisenhower o recebeu na base aérea de Andrews, nos arredores de Washington, com tapete vermelho e uma salva de 21 tiros. Mais tarde, Khruschóv lembraria que se sentiu "imensamente orgulhoso; e até um pouco comovido. […] Ali estavam os Estados Unidos da América, a maior potência capitalista do mundo, conferindo honrarias ao representante de nossa pátria socialista — um país que, aos olhos dos capitalistas americanos, sempre fora indigno ou, pior, infectado com uma espécie de peste".[32]

Foi mais em função de seu bom humor que de uma estratégia mais ampla para Berlim que, durante seu primeiro encontro com Eisenhower, Khruschóv disse que gostaria de "chegar a um acordo a respeito da Alemanha e, portanto, também a respeito de Berlim". Sem fornecer detalhes, acrescentou: "Não pensamos em tomar medidas unilaterais".[33] Quanto a Eisenhower, chamou de "anormal" a situação de Berlim, termo que o premiê considerou encorajador para as negociações que teriam lugar no final da visita.[34]

A viagem de costa a costa que se seguiu foi marcada por altos e baixos dramáticos que ilustravam os dois lados da complexa relação emocional de Khruschóv com os Estados Unidos: o pretendente ansioso buscando a aprovação da maior potência do mundo e o adversário inseguro atento à mínima ofensa.

O líder soviético e sua mulher, Nina Petrovna, sentaram-se entre Bob Hope e Frank Sinatra durante um almoço na Twentieth Century-Fox, no qual Marilyn Monroe usou seu vestido mais justo, porém se amuou como um menino mimado quando soube que não poderia ir à Disneyland — e se perguntou se haveria cólera ou uma base de lançamento de mísseis no parque de diversões. Viu conspiração na escolha do magnata do cinema Victor Carter para acompanhá-lo por Los Angeles, atribuindo grande parte do que deu errado na cidade às más intenções desse judeu russo, cuja família fugira de Rostov-on-Don.

A viagem quase terminou no primeiro dia na Califórnia por causa de sua resposta a Norris Poulson, o prefeito conservador de Los Angeles, durante um discurso, tarde da noite, num banquete repleto de estrelas. Pensando em marcar pontos políticos localmente, o prefeito se recusara a atender ao pedido de Henry Cabot Lodge Jr. — embaixador americano nas Nações Unidas e companheiro de Khruschóv durante a viagem — para que retirasse de seu discurso algumas frases anticomunistas que o visitante poderia considerar ofensivas. "Levamos doze horas para chegar aqui", Khruschóv replicou, ordenando que o avião estivesse pronto para decolar. "Talvez demoremos menos tempo para voltar."[35]

O apoteótico encontro em Camp David começou mal, com Khruschóv e Eisenhower dedicando dois dias a conversas tensas sobre tudo, desde a ameaça de uma guerra nuclear (o premiê declarou que não a temia) até regras discriminatórias sobre o tipo de tecnologia que Washington poderia vender para Moscou (o premiê disse que não precisava de tecnologia elementar para fabricar sapatos ou salsichas). Eisenhower evitou o fracasso das conversações quando levou seu hóspede para seu rancho, em Gettysburg, e o presenteou com uma rês. Em troca, Khruschóv convidou-o a visitar a União Soviética juntamente com seus netos.[36]

Na manhã seguinte, concordou em desistir de seu ultimato sobre Berlim, desde que Eisenhower se comprometesse a discutir o status da cidade dividida com o objetivo de chegar a uma solução que satisfizesse todos os envolvidos.[37]

Com uma franqueza nada habitual, Khruschóv admitiu que só lançara o ultimato sobre Berlim por causa da "atitude arrogante dos Estados Unidos em relação à União Soviética — atitude que levara os soviéticos a pensar que não havia alternativa". Disse que precisava de um acordo de desarmamento com os Estados Unidos, pois já era difícil alimentar seu país mesmo sem ter de arcar com os custos de uma corrida armamentista. Os dois homens falaram então de seus militares, que, alegando a postura agressiva do país rival, os pressionavam para adquirir mais armas.

As conversações quase fracassaram novamente quando Khruschóv insistiu em um comunicado conjunto para selar seu acordo sobre as negociações de Berlim, mas exigiu que os americanos retirassem a frase "não se estabeleceria um prazo para elas". Depois de uma discussão difícil, Eisenhower aceitou os termos de Khruschóv, desde que, em sua entrevista à imprensa, pudesse anunciar que não haveria ultimato sobre Berlim — o que o premiê confirmaria, se a mídia perguntasse.

O presidente também concordou com o que seu hóspede mais queria: uma reunião das quatro potências em Paris para tratar de Berlim e de questões de desarmamento. O acordo imunizou Khruschóv contra quem dizia que sua política de "coexistência pacífica" com o Ocidente não dera resultados e forneceu uma prova incontestável de que seu modo de agir estava aprimorando a posição da União Soviética no mundo.

Contente com a viagem aos Estados Unidos e a perspectiva de uma reunião de cúpula, em dezembro Khruschóv preventivamente cortou mais 1,2 milhão de homens das Forças Armadas, a maior redução percentual desde a década de 1920. Não alteraram seu otimismo relatos de que Charles de Gaulle, da França, e Konrad Adenauer, da Alemanha, estavam abalando a disposição de Eisenhower para negociar o status de Berlim.

SVERDLOVSK, UNIÃO SOVIÉTICA
DOMINGO, 1º DE MAIO DE 1960

Apenas oito meses depois de sua viagem aos Estados Unidos, o que Khruschóv chamou de o "espírito de Camp David" explodiu sobre Sverdlovsk, nos montes Urais, quando um míssil soviético derrubou um avião espião.

A princípio, Khruschóv celebrou o incidente como um triunfo da tecnologia antiaérea dos soviéticos e um sinal de que a sorte havia mudado. Três semanas antes, sua Defesa Aérea não conseguira abater o avião da CIA, embora soubesse exatamente onde ele estava. Quando perseguia o espião, que voava em grande altitude, um caça soviético MiG-19 caíra em Semipalatinsk, perto de um local secreto de testes nucleares que o U-2 estava fotografando. Dois novos interceptores de alta altitude tampouco alcançaram o U-2 quando ele fotografava a base de mísseis balísticos de Tyumaton.[38]

Até o momento um frustrado Khruschóv guardara segredo sobre as intrusões americanas para não ter de admitir as falhas dos militares soviéticos. Agora que suas forças derrubaram o U-2, ele se pôs a brincar com os americanos, mantendo silêncio sobre o incidente, enquanto a CIA anunciava que um avião desaparecera ao sobrevoar a Turquia — história que mais tarde, constrangida, teria de desmentir.

Contudo, dias depois Khruschóv reconheceu que o incidente com o U-2 era mais perigoso para ele que para os americanos. Inimigos políticos que ele neutralizara depois de frustrar o golpe de 1957 começavam a se reagrupar. Mao Tsé-tung condenou publicamente a bajulação dos americanos por Khruschóv como uma "traição ao comunismo". Figurões do Partido e das Forças Armadas questionavam, em particular, as reduções do pessoal militar. Diziam que Khruschóv estava minando sua capacidade de defender a pátria.

Anos depois, conversando com A. McGhee Harvey, médico americano que tratava de sua filha, o premiê admitiu que o incidente com o U-2 foi um fato decisivo, depois do qual ele "já não detinha pleno controle".[39] A partir disso, teve mais dificuldade para se defender dos que o consideravam fraco demais em face das intenções militaristas e imperialistas dos dúplices americanos.

A princípio, Khruschóv sustentou a reunião de Paris, que, depois de muito empenho de sua parte, ocorreria duas semanas depois do incidente com o U-2 — e seria um momento culminante de seu governo. Aos que o criticavam internamente disse que, se desistissem, só favoreceriam linhas-duras americanos, como Allen Dulles, chefe da CIA, que, argumentou, ordenara os voos para invalidar os genuínos esforços de paz realizados por Eisenhower.

Numa entrevista coletiva à imprensa em 11 de maio, quando faltavam cinco dias para a reunião de cúpula, Eisenhower destruiu o último escudo político de Khruschóv. Para garantir aos americanos que o governo agira com responsabilidade e sob seu total controle, declarou que aprovara pessoalmente o voo de Gary Powers no U-2 — como fizera com todas as outras missões desse tipo. Explicou que tais riscos eram necessários, porque os segredos dos soviéticos não permitiam avaliar por outros meios as intenções e o poderio militar de Moscou. "Estamos chegando ao ponto em que teremos de decidir se nos preparamos para travar uma guerra ou para evitá-la", disse para sua equipe de segurança nacional.[40]

Quando aterrissou em Paris, Khruschóv já havia concluído que, se não conseguisse fazer Eisenhower desculpar-se publicamente, teria de sabotar as conversações. Considerava politicamente mais seguro abandonar a reunião de cúpula que continuar com um encontro destinado ao fracasso. Ademais, a essa altura também estava claro que os Estados Unidos não fariam nenhuma das concessões que ele buscava em relação a Berlim.

Eisenhower não se desculpou pela missão do U-2, mas tentou evitar o malogro da reunião, concordando em suspender os voos. Em mais um passo importante, propôs uma política de "céus abertos" que permitiria a aviões das Nações Unidas monitorarem ambos os países. Khruschóv, porém, nunca poderia aceitar tal proposta, pois só o sigilo resguardava seus exageros sobre a capacidade dos soviéticos.

No que seria a única sessão do encontro, o premiê se ateve à linguagem de uma arenga de 45 minutos que propunha adiar a conferência por seis a oito meses, de modo que ela só fosse retomada depois que Eisenhower deixasse o poder. Também retirou seu convite para o presidente americano visitar a União Soviética. Sem avisar os outros líderes presentes, recusou-se a participar da segunda sessão, no dia seguinte. Juntamente com Rodion Malinovsky, seu ministro da Defesa, foi para o vilarejo francês de Pleurs-sur-Marne — onde Malinovsky estivera durante a Segunda Guerra Mundial — a fim de tomar vinho, comer queijo e falar sobre mulheres. À tarde, voltou a Paris para declarar o fracasso da reunião.[41]

Seu ato público culminante ocorreu numa entrevista coletiva à imprensa que durou quase três horas e na qual ele esmurrou a mesa com tanta força que derrubou uma garrafa de água mineral. Supondo que as vaias subsequentes partiram de repórteres da Alemanha Ocidental, chamou-os de "bastardos fascistas que não liquidamos em Stalingrado". Acrescentou que, se continuassem a incomodá-lo, lhes bateria tanto que não conseguiriam "nem gritar".

Quando falou com os enviados do Pacto de Varsóvia, estava tão transtornado que usou uma piada grosseira para relatar-lhes o desfecho da reunião. Contou-lhes a história triste de um soldado tsarista que sabia reproduzir com flatulências a melodia de "Deus salve a Rússia", mas sofreu um lamentável acidente, quando teve de realizar a façanha sob coação.[42] Para encerrar com chave de ouro, incumbiu os embaixadores de informar aos respectivos governos que suas pressões em Paris também fizeram Eisenhower se borrar todo.

Stanisław Gaevski, embaixador polonês na França, concluiu que o líder soviético "estava um pouco desequilibrado emocionalmente" e desejou que, pelo bem das relações leste-oeste, Khruschóv nunca tivesse ido a Paris.

Apesar de toda a sua histrionice, o premiê tinha muito a perder para abandonar sua política de "coexistência pacífica" com os americanos. Desistira de Eisenhower, mas não dos Estados Unidos. O U-2 arruinara o encontro, mas ele não o deixaria desestabilizar seu governo.[43]

Na volta para Moscou, parou em Berlim Oriental, onde trocou sua carranca de Paris por um sorriso de pacificador. Originalmente, deveria falar para uma multidão de 100 mil pessoas na praça Marx-Engels, mas depois do fiasco de Paris, os líderes da Alemanha Oriental transferiram o discurso para as quatro paredes mais seguras do Werner-Seelenbinder-Halle, onde o visitante se dirigiu a um seleto grupo de 6 mil comunistas fiéis.

Para surpresa de diplomatas americanos que esperavam vê-lo explorar a crise, ele demonstrou inesperada paciência, parecendo disposto a aguardar a eleição do novo presidente americano. "A situação requer tempo", declarou, acrescentando que as perspectivas de uma solução para Berlim haveriam de "amadurecer melhor".[44]

Depois disso, iniciou os preparativos para seu retorno aos Estados Unidos em circunstâncias totalmente distintas.

A BORDO DO *BALTIKA*
SEGUNDA-FEIRA, 19 DE SETEMBRO DE 1960

As mornas boas-vindas num cais deteriorado de Nova York demonstravam quanta coisa havia mudado desde sua grande recepção pelo presidente Eisenhower na base aérea de Andrews, um ano antes. Ao invés de voar no mais avançado avião de passageiros fabricado pelos soviéticos, que estava no hangar passando por reparos, Khruschóv viajou no *Baltika*, um navio alemão de 1940 que os soviéticos tomaram como parte da indenização de guerra.[45]

Para compensar o incômodo e enviar uma mensagem de solidariedade aos camaradas comunistas, escolhera como companheiros de travessia os líderes da Hungria, da Romênia, da Bulgária, da Ucrânia e da Bielorrússia. Durante o trajeto, sofreu violentas mudanças de humor. Ora lutava contra a depressão e temia que a Otan afundasse seu navio desprotegido; ora insistia alegremente com Nikolai Podgorny, chefe do partido ucraniano, para que distraísse os passageiros com uma *gopak*, dança nacional em que o executante movimenta as pernas vigorosamente na posição de cócoras.

Quando o navio se aproximou da costa americana, um marinheiro soviético pulou no mar, com a evidente intenção de buscar asilo. Khruschóv deu de ombros: "Logo ele vai descobrir quanto custa e como é viver em Nova York". Outras afrontas o esperavam. Manifestantes da Associação Internacional dos Estivadores o receberam no porto com enormes cartazes de protesto. O mais memorável: AS ROSAS SÃO VERMELHAS, AS VIOLETAS SÃO AZUIS, STÁLIN CAIU MORTO, VOCÊ NÃO VAI CAIR?[46]

Khruschóv ficou furioso. Sonhava chegar como os primeiros descobridores da América, sobre os quais havia lido quando era menino. Mas o boicote dos sindicalistas obrigou os tripulantes do *Baltika* e um punhado de diplomatas soviéticos inexperientes a atracar a embarcação no dilapidado píer 73. "Mais um golpe sujo dos americanos contra nós", o premiê reclamou.[47]

A única coisa boa foi seu controle sobre a mídia soviética. Gennady Vasiliev, correspondente do *Pravda*, enviou uma reportagem falando de uma multidão alegre (não havia ninguém) que se aglomerava no cais, numa radiosa e ensolarada manhã (estava chovendo).[48]

Nada disso diminuiu a energia de Khruschóv. Durante sua estada, ele propôs, inutilmente, que um trio formado por um ocidental, um comunista e um líder não alinhado assumisse o lugar de Dag Hammarskjöld, secretário-geral das Nações Unidas, que morreria no ano seguinte em um acidente de avião na África. Propôs também a transferência da sede da organização para a Europa, talvez para a Suíça. No último dia de sua visita, num gesto icônico que seria a principal lembrança dessa viagem preservada pela história, tirou o sapato em protesto contra a referência de uma delegação filipina a nações submetidas ao comunismo e bateu-o em sua tribuna na ONU.[49]

Em 26 de setembro, apenas uma semana depois de sua chegada, o *The New York Times* informou que, de acordo com uma pesquisa nacional, Khruschóv se convertera no centro das atenções da campanha presidencial e contribuíra para que a política externa se tornasse a principal preocupação dos eleitores americanos, que agora avaliavam qual dos candidatos — Richard Nixon ou o senador John F. Kennedy — mais estaria à altura do líder soviético.[50]

Khruschóv estava decidido a usar sua considerável influência com mais sabedoria que em 1956, quando a louvação de Adlai Stevenson, candidato favorito dos soviéticos, pelo premiê Nikolai Bulganin ajudara a chapa vitoriosa Eisenhower-Nixon.[51] Em público, Khruschóv apostava nos dois lados, explicando que ambos os candidatos "representam os grandes negócios americanos […] como nós, russos, dizemos, são botas do mesmo par: qual é melhor, a bota esquerda ou a direita?". Quando lhe perguntavam qual era seu predileto, respondia: "Roosevelt".[52]

Nos bastidores, porém, trabalhava pela derrota de Nixon. Em janeiro de 1960, saboreando vodca, frutas e caviar, Mikhail Menshikov, embaixador soviético nos Estados Unidos, perguntara a Adlai Stevenson como Moscou poderia ajudar a derrotar Nixon. Era melhor que a imprensa soviética o elogiasse ou o criticasse — e em que aspectos?[53] Stevenson respondeu que não esperava ser candidato — e rezou para que a notícia da proposta soviética nunca vazasse.[54]

Ambos os lados, contudo, reconheciam o potencial de Khruschóv para influir na votação, de propósito ou por acaso, e cada um deles procurava ganhar seu apoio.

O republicano Henry Cabot Lodge Jr., que se aproximara do premiê durante sua primeira viagem aos Estados Unidos, foi a Moscou em fevereiro de 1960 para convencê-lo de que poderia trabalhar com Nixon, de cuja chapa acabaria fazendo parte. "Quando o sr. Nixon estiver na Casa Branca, estou certo — tenho absoluta certeza — de que irá preservar e talvez até aprimorar nossas relações", assegurou-lhe. E pediu-lhe que se mantivesse neutro, entendendo que qualquer endosso só custaria votos a Nixon.[55]

No outono, a administração Eisenhower intensificara seus apelos para que Khruschóv libertasse Gary Powers e os aviadores do RB-47 derrubado sobre o Ártico. Mais tarde, Khruschóv lembraria que se recusara, pois a eleição estava tão próxima que qualquer gesto desse tipo poderia alterar o resultado. "Como vimos, agimos acertadamente", diria. Considerando a margem de vitória, ponderou que "o menor movimento para qualquer lado teria sido decisivo".[56]

Os democratas também procuravam influenciá-lo. W. Averell Harriman, ex-embaixador do presidente Roosevelt em Moscou, recomendou, através do embaixador Menshikov, que Khruschóv fosse firme em relação aos dois candidatos. A maneira mais segura de eleger Nixon era enaltecer Kennedy em público, explicou. O momento da reunião, menos de um mês antes da eleição e enquanto o premiê ainda se encontrava nos Estados Unidos, demonstrava que os democratas reconheciam sua influência eleitoral.

Cauteloso em público, Khruschóv era franco com seus subordinados. "Pensamos que teríamos mais esperança de aprimorar as relações entre soviéticos e americanos com John Kennedy na Casa Branca." Aos colegas dizia que o anticomunismo de Nixon e sua ligação com "aquele demônio das trevas [senador Joe] McCarthy, a quem ele deve sua carreira", mostrava que "não tínhamos nenhum motivo para ver com bons olhos a perspectiva de Nixon presidente".[57]

Embora a retórica da campanha de Kennedy fosse agressiva em relação a Moscou, a KGB a atribuía menos à convicção que ao oportunismo político e à influência de seu pai, o anticomunista Joe. Khruschóv aplaudiu quando Kennedy propôs negociações para proibir testes nucleares e afirmou que teria pedido desculpas pelas incursões do U-2, se fosse presidente, quando elas ocorreram. Mais importante, Khruschóv acreditava que poderia suplantar Kennedy, que, segundo seu ministério do Exterior, provavelmente não possuía "as qualidades de uma pessoa excepcional". No consenso do Kremlin, o jovem americano privilegiado era um peso leve, sem a experiência necessária para exercer a liderança.[58]

Os candidatos continuavam cobrindo Khruschóv de atenções, enquanto ele monitorava a campanha de ambos em sua suíte na Missão Soviética, na esquina da 68th Street com a Park Avenue, uma mansão da virada do século construída para o banqueiro Percy Pyne, em cuja sacada o premiê ocasionalmente aparecia.[59] No primeiro debate Kennedy-Nixon num estúdio de televisão de Chicago, em 26 de setembro — o primeiro debate presidencial transmitido ao vivo —, Kennedy começou falando diante de 60 milhões de espectadores americanos sobre a estada de Khruschóv em Nova York e "nossa luta com sr. Khruschóv pela sobrevivência".

O debate deveria girar em torno de questões nacionais, porém Kennedy demonstrou preocupação ao afirmar que a União Soviética estava produzindo "o dobro de cientistas e engenheiros que produzimos", enquanto os Estados Unidos continuavam pagando mal seus professores e financiando mal suas escolas. Declarou que faria melhor que Nixon em manter o país à frente dos soviéticos em termos de educação, assistência médica, construção de moradias e força econômica.

No segundo debate sobre política externa, em 7 de outubro, em Washington, os candidatos se concentraram em Khruschóv e Berlim. Kennedy predisse que o novo presidente se defrontaria, "em seu primeiro ano, com uma questão muito séria, referente a nossa defesa de Berlim, a nosso compromisso com Berlim. Será um teste para nossa coragem e nossa determinação".[60] Afirmou que o presidente Eisenhower deixara o poderio americano enfraquecer e garantiu que, se eleito, pediria ao Congresso que apoiasse um reforço militar, porque, na primavera ou no inverno, "enfrentaremos a crise mais grave de Berlim desde 1949 ou 1950".

Durante a campanha, Adlai Stevenson o aconselhara a evitar discussões sobre Berlim, porque seria "difícil dizer qualquer coisa muito construtiva sobre a cidade dividida sem comprometer futuras negociações". Assim, Kennedy falou de Berlim apenas na metade de uma dúzia de discursos. Contudo, diante de uma audiência nacional era impossível evitar o tema, principalmente depois que Khruschóv dissera a correspondentes das Nações Unidas que queria que os Estados Unidos participassem de uma reunião de cúpula sobre o futuro de Berlim, a realizar-se logo depois das eleições — e antes de uma Assembleia Geral da onu sobre o assunto, marcada para abril.[61]

Por ocasião do terceiro debate, em 13 de outubro, Frank McGee, da NBC News, perguntou aos candidatos se agiriam militarmente para defender Berlim. A resposta de Kennedy foi a expressão mais clara de sua posição sobre Berlim durante a campanha presidencial: "Mr. McGee, temos um direito contratual de estar em Berlim, resultante das conversações em Potsdam e da Segunda Guerra Mundial e reforçado por compromissos diretos do presidente dos Estados Unidos [...] e por numerosas nações da Otan. [...] É um compromisso que temos de cumprir para proteger a segurança da Europa ocidental, e, portanto, no que se refere a essa questão, creio que nenhum americano tem qualquer tipo de dúvida. Espero que nenhum membro da comunidade de Berlim Ocidental tampouco tenha dúvida. Estou certo de que os russos também não têm dúvida.

Vamos cumprir nosso compromisso de manter a liberdade e a independência de Berlim Ocidental".[62]

Apesar de toda a aparente convicção de Kennedy, Khruschóv percebeu a possibilidade de um acordo. Kennedy falava de direitos contratuais em Berlim, mas não de responsabilidade moral. Não estava fazendo a habitual conclamação dos republicanos para libertar nações subjugadas. Não estava sequer sugerindo que a liberdade devesse se estender a Berlim Oriental. Falava de Berlim *Ocidental,* e só de Berlim *Ocidental.* Falava de Berlim como uma questão técnica e legal, pontos que poderiam ser negociados.

Contudo, antes de poder testá-lo, Khruschóv tinha de pôr sua casa em ordem e neutralizar crescentes desafios em duas frentes — a China e a Alemanha Oriental.

MOSCOU

SEXTA-FEIRA, 11 DE NOVEMBRO DE 1960

Era compreensível que, a princípio, o Ocidente subestimasse a importância do maior encontro de líderes comunistas já ocorrido no mundo, considerando que ele basicamente se caracterizava por duas semanas de discursos tediosos e redundantes pronunciados por integrantes de 81 delegações procedentes de várias partes do planeta. Nos bastidores, porém, Khruschóv agia para neutralizar a ameaça que Mao Tsé-tung representava para sua liderança no mundo comunista — e para ganhar apoio dentro do partido para um novo esforço diplomático junto ao presidente eleito Kennedy.[63]

Estrategistas soviéticos especializados em política externa tinham como prioridades a aliança com a China e a coexistência pacífica com o Ocidente, nessa ordem. Andrei Gromyko, ministro do Exterior, dissera que seria um erro perder Pequim sem ganhar nada seguro dos Estados Unidos, mas foi exatamente o que aconteceu ao longo de 1960. A embaixada soviética em Pequim informou a Khruschóv que os chineses estavam usando o incidente com o U-2 e o fracasso da Cúpula de Paris para, "pela primeira vez", opor-se "direta e abertamente" à política externa do premiê.[64]

Mao se opunha à política externa de coexistência pacífica defendida por Khruschóv e queria uma postura mais agressiva em relação a Berlim e no mundo em desenvolvimento. A delegação chinesa fora a Moscou decidida a ganhar maior apoio do Kremlin para movimentos de libertação nacional e para vários esquerdistas — da Ásia e da África à América Latina.[65]

Agora que as relações com os Estados Unidos se deterioraram, algumas autoridades soviéticas achavam que Khruschóv devia adotar uma estratégia mais ousada em relação aos chineses. O que apenas poucas sabiam era que a animosidade pessoal entre Khruschóv e Mao tornava isso impossível.

Segundo seu próprio relato, Khruschóv antipatizara com Mao já por ocasião de sua primeira visita, em 1954, para o quinto aniversário da República Popular. Queixara-se de tudo, desde as intermináveis rodadas de chá verde ("Não posso tomar tanto líquido") até o que considerava uma cortesia bajuladora e insincera de seu anfitrião. Mao se recusara de tal modo a cooperar durante suas conversações que, ao voltar para Moscou, Khruschóv concluiu: "O conflito com a China é inevitável".

Um ano depois, quando Konrad Adenauer, chanceler da Alemanha Ocidental, expressou preocupação com uma aliança sino-soviética, Khruschóv descartou essa possibilidade e falou de suas próprias preocupações com a China: "Pense nisso. Eles já são 600 milhões, e todo ano nascem mais 12 milhões [...]. Temos de fazer alguma coisa pelo padrão de vida de nosso povo, temos de nos armar como os americanos [e] temos de estar sempre dando algo aos chineses, que chupam nosso sangue como sanguessugas".[66]

Khruschóv ficara chocado com a disposição do líder chinês para entrar em guerra com os Estados Unidos sem pensar na devastação que o conflito poderia causar. Mao argumentara que, como os chineses e os soviéticos juntos tinham uma população muito maior, sairiam vitoriosos. "Seja qual for o tipo de guerra — convencional ou termonuclear —, nós a ganharemos", garantira. "Podemos perder mais de 300 milhões de pessoas. E daí? Guerra é guerra." Usando o que para Khruschóv era o termo mais chulo para designar a relação sexual, Mao lhe dissera que os chineses simplesmente produziriam mais bebês que nunca para substituir os mortos. O líder soviético concluiu que ele era "um lunático num trono".[67]

Quando Khruschóv repudiou Stálin e seu culto da personalidade, em 1956, as relações ficaram mais tensas. "Eles entenderam as implicações por si mesmos", o premiê declarou, referindo-se aos chineses. "Stálin foi desmascarado e condenado no Congresso por ter mandado matar centenas de milhares de pessoas e por seu abuso do poder. Mao Tsé-tung estava seguindo suas pegadas."[68]

A espiral descendente se acelerou em junho de 1959, quando Khruschóv descumpriu uma promessa de dar aos chineses um protótipo de bomba atômica e, ao mesmo tempo, procurou aprimorar as relações com os americanos. Mao disse a líderes de seu partido que Khruschóv estava abandonando o comunismo para fazer pactos com o demônio.

As relações se deterioraram ainda mais quando Khruschóv voltou à China, pouco depois de sua viagem aos Estados Unidos, em 1959, para celebrar o décimo aniversário da República Popular. Ao invés de simplesmente elogiar a revolução de Mao, ele aproveitou um banquete oficial para se gabar por ter reduzido tensões mundiais no "espírito de Camp David", que criara com Eisenhower.

Na mesma viagem, Mao soprou-lhe no rosto a fumaça do cigarro — embora soubesse que não havia nada que Khruschóv odiasse mais — e caçoou dele pelo que chamou de divagação desorganizada. A pior parte de seus esforços para humilhá-lo se deu numa piscina ao ar livre, onde as discussões prosseguiriam. O campeão de natação Mao mergulhou fundo e deu voltas em torno da piscina, enquanto Khruschóv ficou no raso, chapinhando com a ajuda de uma boia. Depois disso, ao voltar para casa, Mao contou a seu médico que atormentara o visitante como se lhe enfiasse "uma agulha no traseiro".[69]

Khruschóv sabia que tinha caído numa armadilha: "O intérprete está traduzindo, e eu não posso responder como deveria. Foi o jeito que Mao encontrou para se colocar em posição de vantagem. Pois bem, para mim chega. Enquanto nadava, eu estava pensando: 'Vá para o inferno'".[70]

O primeiro sinal de que as coisas entre Mao e Khruschóv piorariam ainda mais ocorrera cinco meses antes, em 20 de junho de 1960, em Bucareste, onde os romenos receberam 51 delegações comunistas nacionais para seu III Congresso do Partido. Dois dias antes do encontro, Khruschóv tinha anunciado que compareceria ao evento, tendo falhado sua tentativa de resolver diferenças com uma delegação chinesa que, a caminho de Bucareste, visitara Moscou. Sua participação transformou um encontro insignificante, provinciano, na guerra mais aberta já ocorrida entre os líderes dos dois Estados comunistas mais poderosos. Para preparar o terreno, Boris Ponomarev, chefe do Departamento Internacional do Comitê Soviético Central, distribuíra entre os participantes do Congresso um "informe" de 81 páginas sobre a posição de Moscou em relação à "avaliação equivocada da atual situação global" feita por Mao. No texto, Khruschóv reafirmava sua intenção de continuar com sua controvertida política de coexistência pacífica com o novo presidente americano.[71]

Com Mao ausente de Bucareste, incumbiu-se do contra-ataque Peng Zhen, o chefe da delegação chinesa e um comunista lendário, que comandara a resistência à ocupação japonesa e a conquista comunista de Pequim em 1948.* Peng surpreendeu a plateia com a ferocidade de seu ataque inédito ao líder soviético, que incluiu a distribuição de cópias da correspondência enviada naquele ano por Khruschóv a Mao. Os delegados ficaram chocados com duas coisas: a linguagem grosseira com que Khruschóv destilava veneno em Mao e a quebra da confidencialidade por parte dos chineses, ao divulgar uma correspondência pessoal.

Numa última sessão fechada, Khruschóv foi de uma violência que os delegados veteranos nunca tinham visto nele. Chamou o ausente Mao de "um Buda que tira suas teorias do nariz" e acusou-o de não cuidar "de outros interesses que não sejam os dele".[72]

Peng revidou, dizendo que agora estava claro que Khruschóv organizara o encontro de Bucareste só para atacar a China. Acrescentou que o premiê não tinha política externa, a não ser para "estar sempre virando a casaca em relação às potências imperialistas".

Khruschóv ficou furioso. Numa atitude impulsiva, emitiu ordens que, da noite para o dia, desfariam laços que os soviéticos levaram anos para estabelecer com os chineses nos campos da economia, da diplomacia e da inteligência. "No breve espaço de um mês", decretou, retiraria 1390 consultores técnicos soviéticos, cancelando 257 projetos de cooperação científica e técnica e interrompendo os trabalhos referentes a 343 contratos. Dezenas de projetos de pesquisa e construção foram suspensos, bem como projetos industriais e de mineração que haviam começado a produzir em caráter experimental.[73]

Apesar de tudo isso, o comunicado de Bucareste fora elaborado para cuidadosamente esconder do Ocidente a verdade sobre a colisão frontal entre líderes do comunismo. O que seria mais difícil de esconder no encontro de novembro em Moscou, que incluía muitos dos mesmos delegados, mas era maior e de nível mais alto.

---

* Na década de 1990, Peng seria considerado um dos "Oito Imortais do Partido Comunista Chinês". (N. A.)

O lobbying intenso de Khruschóv antes do evento e sua bajulação durante a conferência venceram os chineses. Apenas doze delegações, entre as 81 presentes, apoiaram as objeções da China à política de liberalização do comunismo internamente e de coexistência pacífica no exterior, defendida por Khruschóv. Ainda assim, tal oposição à União Soviética era inédita.

Com Mao em Pequim, Khruschóv e Deng Xiaoping, secretário-geral do partido chinês, desentenderam-se atrás de portas fechadas no salão São Jorge. Khruschóv chamou Mao de "fomentador de guerra megalomaníaco". Disse que Mao queria "alguém para pisar em cima [...]. Se vocês querem tanto Stálin, podem ficar com ele — cadáver, caixão, tudo!".[74]

Deng criticou seu discurso, afirmando que ele "evidentemente falou sem saber o que dizia, como ocorre com muita frequência".[75] Foi um insulto pessoal inédito ao líder do movimento comunista em sua própria casa. O novo aliado de Mao, o líder albanês Enver Hoxha, pronunciou o mais violento de todos os discursos, afirmando que Khruschóv chantageara a Albânia e estava tentando levar seu povo à submissão, fazendo-o passar fome por permanecer fiel a Stálin.

No fim, soviéticos e chineses negociaram um cessar-fogo. Os chineses se surpreenderam com o apoio que o premiê ainda conseguia e recuaram, tendo constatado a inutilidade de dividir o movimento comunista num momento tão crucial. Aceitaram, com relutância, a ideia de coexistência pacífica com o Ocidente em troca de maior apoio para os adversários do capitalismo no mundo em desenvolvimento.

Os soviéticos continuariam ajudando a China e, assim, retomariam os trabalhos de 66 dos 155 projetos industriais que tinham iniciado. Porém Mao não obteve o que mais queria: colaboração em tecnologia militar de ponta. Yan Mingfu, seu intérprete, viu o acordo como um mero "armistício temporário. No longo prazo, os acontecimentos já fugiam ao controle".[76]

Com os chineses temporariamente apaziguados, Khruschóv se voltou para a proteção de seu flanco na Alemanha Oriental.

KREMLIN, MOSCOU
QUARTA-FEIRA, 30 DE NOVEMBRO DE 1960

Ulbricht sentou-se reto na cadeira para escutar Khruschóv falar sobre sua estratégia para lidar com Kennedy e Berlim em 1961. Desde outubro, havia mandado três cartas ao líder soviético, criticando-o cada vez mais por não resolver as crescentes dificuldades da Alemanha Oriental e por não demonstrar maior determinação para conter o êxodo de refugiados.[77]

Sem esperança de vê-lo agir em Berlim no curto prazo, tratara de trabalhar unilateralmente para reforçar seu controle sobre a cidade dividida. Determinara que diplomatas alocados na Alemanha Ocidental pedissem permissão às autoridades da Alemanha Oriental para entrar no país ou em Berlim Oriental — e, num incidente de alta visibilidade, essa permissão fora negada a Walter "Red" Dowling, embaixador americano em Bonn. Tal procedimento contrariava diretamente os esforços soviéticos para expandir os contatos diplomáticos e econômicos com Berlim Ocidental e a Alemanha Ocidental. Assim, em 24 de outubro, Khruschóv ordenou a Ulbricht que revogasse as novas medidas relativas à fronteira. Ulbricht obedeceu com relutância, porém as tensões entre ambos continuaram crescendo.

Mikhail Pervukhin, embaixador soviético em Berlim Oriental, informou a Khruschóv e a Gromyko, ministro do Exterior, que Ulbricht vinha ignorando diretivas do Kremlin com frequência cada vez maior.[78] A. P. Kazennov, segundo secretário da embaixada soviética, enviou um telegrama a seus chefes em Moscou, avisando que os alemães-orientais poderiam fechar a fronteira para deter o fluxo de refugiados. Segundo Pervukhin, muitas das medidas de Ulbricht limitando o movimento e a interação econômica entre as duas partes da cidade demonstravam a "inflexibilidade" do líder da Alemanha Oriental.[79]

Ulbricht havia criado um novo Conselho de Defesa Nacional para melhor zelar pela segurança de seu país e se autodesignou para presidi-lo. Em 19 de outubro, o novo conselho discutiu medidas possíveis para fechar a fronteira de Berlim pela qual escapavam tantos refugiados. Embora o Ocidente o visse como um fantoche dos soviéticos, era Ulbricht quem tentava cada vez mais manobrar Moscou.[80]

Em sua carta mais recente, de 22 de novembro, ele reclamara que os soviéticos cruzavam os braços, enquanto a economia da Alemanha Oriental se esfacelava e o fluxo dos refugiados prosseguia. A liberdade de Berlim Ocidental estava se tornando uma causa célebre internacional, e as fábricas dessa parte da cidade estavam abastecendo a indústria de defesa da Alemanha Ocidental. Ulbricht achava que Moscou devia mudar seu procedimento, tendo tolerado "durante anos uma situação nebulosa". Deixar para agir em relação a Berlim só depois que Khruschóv se reunisse com Kennedy equivalia a fazer o jogo dos americanos.[81]

Khruschóv garantiu a um cético Ulbricht que apresentaria a questão de Berlim logo no início da administração Kennedy. Explicou que não queria mais uma reunião das quatro potências, e sim um encontro particular com o presidente eleito, no qual poderia alcançar mais facilmente seus objetivos. Acrescentou que recorreria a mais um ultimato se Kennedy não se mostrasse disposto a negociar um acordo razoável nos primeiros meses de sua gestão.[82]

Embora continuasse desconfiado, Ulbricht se animou com a determinação de Khruschóv em apresentar logo a questão de Berlim. Não obstante, informou ao premiê que suas repetidas promessas de agir em relação a Berlim estavam perdendo a credibilidade. "Nossa população já está dizendo que o senhor só *fala* em tratado de paz, mas não *faz* nada nesse sentido", alertou. "Temos de tomar cuidado." O subalterno alemão-oriental estava repreendendo o patrão soviético.[83]

Queria fazê-lo ver que o tempo se esgotava. "A situação em Berlim se complicou, e não a nosso favor", prosseguiu. Frisou que a economia de Berlim Ocidental se fortalecia rapidamente, como comprovava o fato de uns 50 mil berlinenses orientais cruzarem a fronteira diariamente para ganhar melhores salários no lado ocidental. A tensão na cidade aumentava em proporção com a crescente distância entre o padrão de vida do Leste e o do Oeste.[84]

"Ainda não tomamos as medidas necessárias", Ulbricht lamentou. Disse que também estava perdendo a batalha pelos intelectuais, dos quais um grande número estava cruzando a fronteira. Não podia competir com Berlim Ocidental, onde os professores ganhavam por mês uns duzentos ou trezentos marcos a mais que seus colegas do lado oriental e os médicos ganhavam o dobro. Não tinha como equiparar esses salários, e faltavam-lhe condições para produzir bens de consumo suficientes — ainda que pudesse fornecer a seu povo o dinheiro para adquiri-los.[85]

Khruschóv prometeu-lhe mais assistência econômica.

E deu de ombros. Talvez tivesse de colocar os foguetes soviéticos de prontidão, enquanto trabalhava para alterar o status de Berlim, mas acreditava que o Ocidente não entraria em guerra para salvaguardar a liberdade da cidade. "Felizmente nossos adversários ainda não enlouqueceram; ainda pensam, e seus nervos ainda se mantêm em forma." Khruschóv disse a Ulbricht que agiria uni-lateralmente se Kennedy se recusasse a negociar, "e eles que assistam à própria derrota".[86]

"Em algum momento temos de acabar com essa situação", concluiu com um suspiro exasperado.

3. Kennedy: a formação de um presidente

*Podemos conviver com o status quo em Berlim, mas não podemos to-
mar nenhuma iniciativa para mudá-lo para melhor. Em maior ou
menor grau, os soviéticos e os alemães-orientais podem mudá-lo para
pior, se estiverem dispostos a assumir as consequências políticas.*[1]

Martin Hillenbrand, chefe do setor de
Assuntos Alemães do Departamento de Estado,
em memorando ao presidente Kennedy, janeiro de 1961

*Vamos começar de novo, lembrando a ambos os lados que a civilidade
não é sinal de fraqueza e a sinceridade está sempre sujeita a prova.*[2]

Presidente Kennedy em seu discurso de posse,
20 de janeiro de 1961

SALÃO OVAL, CASA BRANCA, WASHINGTON, D. C.
TERÇA-FEIRA DE MANHÃ, 19 DE JANEIRO DE 1961

O presidente mais velho na história dos Estados Unidos achou que estava na hora de expor a parte mais temível do cargo ao homem mais jovem já

conduzido à Casa Branca. Era a véspera do dia da posse, e em menos de 24 horas o presidente Dwight D. Eisenhower, de setenta anos, entregaria ao senador John F. Kennedy, de 43 anos, a "bola de futebol nuclear", uma pasta com o material necessário para lançar um ataque nuclear, transferindo para ele a maior capacidade de destruição que um único país já possuíra.

E ele a teria num momento em que um erro de cálculo em relação a qualquer um dos numerosos pontos sensíveis de americanos e soviéticos ao redor do mundo — o mais delicado de todos sendo Berlim — poderia desencadear uma guerra nuclear. Eisenhower decidiu ter uma conversa particular com Kennedy para instruí-lo sobre a maneira de conduzir uma guerra — e encerraria a sessão com uma demonstração memorável, usando a parafernália do homem mais poderoso do mundo.

Não sabia se seu sucessor estava pronto para assumir tamanha responsabilidade e se preocupava com isso. Entre amigos, referia-se a ele como "Little Boy Blue", personagem das histórias em quadrinhos engajado na luta contra o crime, ou "aquele garoto metido", quando não o chamava, zombeteiramente, de "aquele jovem gênio". Como comandante supremo de todas as forças aliadas na Europa durante a Segunda Guerra Mundial, Eisenhower conduzira a invasão e a ocupação da França e da Alemanha. Como tenente da Marinha, Kennedy não havia pilotado nada mais importante que uma lancha-torpedeira, uma embarcação tão pequena que era chamada de "barco de mosquito".[3]

Sim, é verdade, ele até fora condecorado como herói de guerra por ter salvado a vida de onze tripulantes, mas só depois que inexplicavelmente deixara um destróier japonês abalroar sua PT-109. Os amigos militares de Eisenhower não engoliram as explicações sobre a "escuridão da noite, a cerração da guerra" e suspeitavam de negligência, porém o episódio nunca foi investigado.

Eisenhower duvidava que Kennedy pudesse ter chegado à presidência sem o dinheiro e a insaciável ambição do pai, Joe.[4] Durante a guerra, o velho Joe pediu a seu primo Joe Kane, com boas relações políticas em Boston, sua cidade, que sondasse a viabilidade eleitoral de seu primogênito e de Jack. Também foi o pai que contou a história da bravura de Jack ao escritor e amigo da família John Hersey. Sua publicação na *Reader's Digest* e depois na *New Yorker* ajudou a lançar a carreira política do rapaz. Um ano depois da sagração de Jack como herói, Joe Jr. morreu em ação, pilotando um bombardeiro numa missão de alto risco. Devia saltar de um Liberator B-24 carregado de explosivos antes que o avião, agora um míssil guiado por controle remoto, continuasse até uma base de bomba V alemã, porém a aeronave explodiu antes. Quem conhecia bem a família se perguntava se sua morte não teria sido, em última análise, o resultado da rivalidade entre irmãos que o pai alimentara ao longo dos anos. Um esforço arriscado de superar o irmão mais novo pode ter custado a vida de Joe Jr.

Kennedy parou diante da Casa Branca às 8h57 daquela manhã fria e nublada, depois de um trajeto de oito minutos desde sua casa em Georgetown — uma rara demonstração de pontualidade da parte de quem habitualmente chegava atrasado.[5] Os jornais da manhã traziam biografias da família Kennedy e retratos de mulheres em elegantes vestidos de baile. A desairosa era Eisenhower terminara. Num tom mais sério, o general Thomas S. Power, chefe do Comando Aéreo Estratégico, anunciou que, pela primeira vez, bombardeiros americanos com armas nucleares realizariam voos ininterruptos para manter o país em constante estado de prontidão para o caso de um ataque surpresa.

Antes da reunião, Clark Clifford, o chefe da equipe de transição de Kennedy e lendário advogado de Washington, enviara a Eisenhower uma lista das questões que o presidente eleito queria discutir, pois poderia ter de enfrentá-las em seus primeiros dias no cargo: Laos, Argélia, Congo, Cuba, República Dominicana, Berlim, conversações sobre desarmamento e testes nucleares, políticas econômica, fiscal e monetária básicas e "uma avaliação das exigências de uma guerra versus capacidades".[6]

Essa era a maneira telegráfica como Kennedy se referia a uma questão sobre a qual se debruçava mais à medida que se aproximava o momento de ocupar o Salão Oval: "Como eu conduziria uma guerra nuclear, se chegássemos a esse ponto". Kennedy não sabia se ele ou seu povo — os eleitores necessários para sua reeleição — estariam dispostos a se comprometer solenemente com a defesa de Berlim, caso tal compromisso envolvesse o risco de uma guerra nuclear que poderia custar a vida de milhões de americanos.

Depois de sua primeira reunião de transição, em 6 de dezembro, Eisenhower havia revisto algumas de suas opiniões negativas a respeito de Kennedy. Disse ao democrata George E. Allen, amigo de Clifford, que estava "mal informado e enganado em relação a esse rapaz. Ele é uma das cabeças mais competentes e brilhantes que já conheci".[7] Embora ainda se preocupasse com a juventude e a inexperiência de seu sucessor, Eisenhower se sentira mais aliviado ao constatar que ele estava ciente dos problemas que enfrentaria.

Já Kennedy estava menos impressionado com "Ike", a quem se referia, entre amigos, como "aquele velho babaca". A seu irmão Bobby, que se tornaria seu secretário de Justiça, disse que achava Eisenhower intelectualmente cansativo e inadequadamente informado sobre questões que deveria conhecer a fundo.[8]

A seu ver, a administração de seu antecessor fizera pouca coisa importante, tendo apenas se mantido à tona em águas perigosas onde os Estados Unidos poderiam afundar. O exemplo mais evidente era o problema de Berlim. Kennedy pretendia realizar feitos maiores, tomando como modelos Abraham Lincoln e Franklin Roosevelt. Comparando-o com Eisenhower, o embaixador francês Hervé Alphand disse que se tratava de um homem com "prodigiosa memória para fatos, números e história, com absoluto conhecimento dos problemas que tinha de discutir [...] com vontade para levar seu país e o mundo a um grande destino — para ser, em outras palavras, um grande presidente".[9]

Essa busca de grandeza esbarrava em dois graves obstáculos: a falta de um apoio amplo, depois da vitória eleitoral mais apertada desde 1886, e o fato de que Lincoln e Roosevelt encontraram seu lugar na história pela guerra, uma perspectiva tenebrosa a ser evitada, pois ela poderia significar um holocausto nuclear.

Kennedy estava perplexo por ter vencido Nixon, a quem considerava pessoalmente desagradável, com pouco menos da metade dos votos. "Como é que eu fui derrotar um cara como ele por apenas 100 mil votos?", perguntou a seu amigo Kenneth O'Donnell, que se tornaria um de seus assessores na Casa Branca.[10]

Tampouco conseguira uma vitória maciça para seu partido. Embora tivessem mantido a maioria no Congresso, os democratas perderam uma cadeira no Senado e vinte na Câmara. Os democratas do sul, que ficaram com a maioria das cadeiras, aliaram-se com os republicanos na defesa de uma linha dura em relação aos soviéticos e a Berlim. Kennedy provavelmente não teria vencido a eleição se, na campanha, não tivesse sido mais agressivo que Nixon no tocante a Moscou.[11] Para polir mais suas credenciais conservadoras antissoviéticas e, talvez, para evitar a divulgação de informações prejudiciais sobre seu passado, também tomara a decisão nada convencional de manter no cargo Allen Dulles e J. Edgar Hoover, diretores, respectivamente, da CIA e do FBI na administração Eisenhower. Uma curiosa semelhança entre ele e Khruschóv vinha à tona: ambos eram persuadidos por seus aliados internos a assumirem uma postura mais de confronto que de conciliação.

Sua magra margem de vitória sobre Nixon levou-o a observar Eisenhower com mais atenção naquele dia, pensando que poderia aprender muito com a maneira calma e tranquilizadora com que seu antecessor ganhara a reeleição e a estima do povo. Kennedy teria de construir sua popularidade pessoal com a maior rapidez possível para enfrentar todos os problemas que o esperavam.

Durante a transição, enquanto recebia informações sobre estratégia nuclear, nada o preocupava mais que o fato de Eisenhower deixá-lo com opções limitadas e inflexíveis em relação à guerra. Se os soviéticos tomassem Berlim, não lhe restariam outras alternativas além de um conflito convencional, que ele invariavelmente perderia, ou de uma guerra atômica, que ele e seus aliados relutariam em travar. Por esse motivo, parecia natural que Berlim encabeçasse sua pauta naquela manhã.[12]

Não obstante, os dois presidentes dispensaram muito maior atenção ao conflito no Laos e ao risco crescente de esse país do Sudeste Asiático cair nas mãos dos comunistas como a primeira pedra de um vasto dominó. Embora a crise em Berlim fosse mais importante, tratava-se de um conflito pendente, sem solução previsível, e, ciente disso, Kennedy investiu suas energias iniciais em outros assuntos.[13]

Um documento preparado para ele pela equipe de transição de Eisenhower recomendava a esse homem que se orgulhava de pensar grande que, no tocante a Berlim, atentasse para as pequenas questões, em tudo, desde os acordos detalhados que asseguravam trânsito livre para e de Berlim Ocidental até uma série de práticas incompreensíveis que, em conformidade com acordos entre as quatro potências, protegiam os direitos dos berlinenses ocidentais e a presença dos aliados.

"A atual tática soviética", dizia o memorando, "consiste em tentar ganhar Berlim enfraquecendo a posição ocidental para tornar difícil para nós demonstrarmos que a verdadeira questão em cada pequeno incidente é a sobrevivência da Berlim livre. Nosso problema imediato é neutralizar essa 'tática do salame'. [...] Temos procurado de todas as formas possíveis convencer os soviéticos de que só lutaremos por Berlim como último recurso." O documento lembrava ao presidente eleito que logo Khruschóv se esforçaria para retomar as conversações sobre Berlim com o objetivo de obter a retirada das tropas ocidentais da cidade.[14]

Quanto à maneira mais eficaz de lidar com tudo isso, o único bom conselho que a equipe de Eisenhower podia dar a Kennedy era manter-se firme. "Até agora ninguém conseguiu encontrar uma fórmula aceitável e negociável para resolver o problema de Berlim sem uma solução para a Alemanha como um todo", dizia o memorando. Naquele momento, os americanos achavam que algum dia a Alemanha devia ser unificada através de eleições livres na Alemanha Ocidental e na Alemanha Oriental — e ninguém acreditava que isso acontecesse logo, se é que aconteceria. Assim, prosseguia o documento, "a principal tática ocidental tem sido ganhar tempo e mostrar a determinação de proteger Berlim Ocidental, enquanto buscamos um caminho para a solução. O problema está, cada vez mais, em convencer a União Soviética de que as potências ocidentais têm a vontade e os meios para manter sua posição".

Martin Hillenbrand, o chefe do setor de Assuntos Alemães do Departamento de Estado, foi mais claro em seu memorando. Ele chefiou uma força-tarefa que Eisenhower estabelecera em Berlim depois do ultimato de Khruschóv em 1958 e diariamente se deparou com pequenos e grandes problemas. A força-tarefa incluiu representantes da maioria das agências do governo americano, bem como os embaixadores francês, britânico e alemão.[15]

"Podemos conviver com o status quo em Berlim, mas não podemos tomar nenhuma iniciativa para mudá-lo para melhor", Hillenbrand escreveu. "Em maior ou menor grau, os soviéticos e os alemães-orientais podem mudá-lo para pior, se estiverem dispostos a assumir as consequências políticas. [...] Por mais que seja imperioso encontrar uma nova maneira de lidar com o problema, os fatos inelutáveis da situação limitam estritamente os procedimentos práticos disponíveis para o Ocidente."[16]

O que várias fontes diziam a Kennedy era que sua empolgante mensagem de mudança, que lhe valera a eleição, não se aplicava a Berlim, onde seus assessores o aconselhavam a defender um status quo insatisfatório. Isso contrariava todos os seus instintos e suas promessas ao eleitorado de enfrentar com criatividade os problemas que a administração Eisenhower não conseguira resolver. Depois de pesar suas opções, Kennedy decidiu deixar Berlim de lado e tratar de questões que lhe pareciam passíveis de soluções mais rápidas.

Assim, sua prioridade quanto a Moscou seria marcar conversações sobre a proibição de testes nucleares, o que ele via como uma medida capaz de estabelecer a confiança necessária para aquecer as frias relações entre americanos e soviéticos. Sua lógica era que, tão logo as relações melhorassem através de negociações sobre armamento, ele poderia retomar o espinhoso assunto. No entanto, isso daria origem ao primeiro e maior desentendimento entre Kennedy e Khruschóv — o ritmo e a prioridade das negociações sobre Berlim.

Mesmo antes de se instalar na Casa Branca, Kennedy estava aprendendo que lidar com a realidade como presidente em exercício era uma coisa muito diferente da retórica linha-dura que empregara como senador e como candidato. Em fevereiro de 1959, pedira à administração Eisenhower que se empenhasse mais em preparar os Estados Unidos para a perspectiva "extremamente séria" de um confronto armado pela liberdade de Berlim Ocidental.[17]

Em agosto do mesmo ano, enquanto preparava o terreno para sua campanha presidencial, declarou-se disposto a usar a bomba atômica para defender Berlim e acusou os soviéticos de tentar expulsar os americanos da Alemanha. "Nossa posição na Europa vale uma guerra nuclear, porque quem é retirado de Berlim é retirado da Alemanha", disse numa entrevista para a televisão, em Milwaukee. "E quem é retirado da Europa é retirado da Ásia e da África, e então será nossa vez. [...] É preciso mostrar a determinação de usar até a última arma."[18]

Num artigo publicado pelos jornais de Hearst horas depois de sua vitória na Convenção Nacional dos Democratas, em junho de 1960, escreveu: "O próximo presidente precisa deixar claro para Khruschóv que não haverá conciliação — não haverá nenhum sacrifício da liberdade do povo de Berlim, nenhuma renúncia a um princípio vital".[19]

No entanto, "mostrar determinação" em Milwaukee como senador em campanha e prometer que não haveria "conciliação" como candidato oficial era uma coisa; usar armas nucleares, sendo presidente, era outra muito diferente. E o poderio nuclear dos soviéticos aumentava — enquanto a superioridade convencional de Moscou ao redor de Berlim continuava esmagadora.

O presidente tinha só 5 mil soldados em Berlim Ocidental, aos quais se somavam 4 mil britânicos e 2 mil franceses — num total de 11 mil soldados aliados —, contra o que a CIA calculava em cerca de 350 mil soldados soviéticos na Alemanha Oriental ou nas proximidades de Berlim.[20]

A última estimativa da Inteligência Nacional — a abalizada avaliação da comunidade de inteligência americana — sobre a capacidade dos soviéticos falava com preocupação em mudar estratégias que poderiam comprometer a posição americana em Berlim no final do primeiro mandato de Kennedy. Previa que os soviéticos superariam a desigualdade estratégica em 1965, reforçando seu arsenal de mísseis balísticos intercontinentais e seus sistemas de defesa nuclear. Dizia que os soviéticos se sentiriam aptos a desafiar o Ocidente em Berlim e outros lugares do mundo.

O documento da CIA alertava Kennedy sobre a natureza instável de Khruschóv, que adotaria como "o padrão da conduta dos soviéticos uma alternância de pressão e anuência". Previa que Khruschóv faria o papel de cortejador no início da administração Kennedy, mas, se isso não funcionasse, intensificaria "a pressão e as ameaças numa tentativa de forçar o Ocidente a negociações em alto escalão e em condições mais favoráveis".[21]

Assim, com Berlim à espera, Eisenhower forneceu a Kennedy informações mais detalhadas sobre o Laos. Uma guerra civil entre os comunistas do Pathet Lao, os monarquistas pró-Ocidente e os neutralistas poderia levar os comunistas ao poder. O perigo era claro: Kennedy talvez tivesse de passar suas primeiras semanas na Casa Branca ocupado com uma luta militar num país pequeno, pobre, sem acesso ao mar e que pouco lhe interessava.[22] A última coisa que ele queria era que sua primeira iniciativa em política externa fosse enviar tropas ao Laos. Preferia que a administração anterior tivesse tratado desse assunto, mas, como isso não aconteceu, queria saber o que seu antecessor pensava a respeito e quais eram os preparativos para uma reação militar.

Eisenhower definiu o Laos como "a rolha na garrafa", um lugar onde os Estados Unidos deviam intervir, ainda que unilateralmente, e não aceitar uma vitória comunista que poderia se espalhar pela Tailândia, pelo Camboja e pelo Vietnã do Sul. "Esse é um dos problemas que lamento deixar para você", desculpou-se. "Talvez precisemos lutar."[23]

Kennedy estava impressionado com a calma com que Eisenhower falava sobre possíveis guerras futuras — e que ficou bem clara em sua aula de cinquenta minutos sobre o uso de armas nucleares. Quase todos os pertences pessoais do velho presidente tinham sido tirados do Salão Oval. Algumas caixas estavam empilhadas nos cantos, e o tapete estava marcado pelo taco de golfe que ele usara ali.[24]

Eisenhower discorreu sobre questões que iam de operações secretas em curso ao tipo de procedimentos de emergência que eram da alçada pessoal do presidente: como reagir a um ataque imediato e autorizar o emprego de armas atômicas. Explicou a Kennedy o livro com códigos e como usar os aparelhos de dentro da pasta que lhe permitiriam lançar um ataque nuclear — a chamada "bola de futebol", mantida sempre a seu alcance.

Na era nuclear, essa foi a conversa mais íntima possível entre um presidente que saía e um que entrava.

Durante a campanha, Kennedy havia dito que Eisenhower permitira uma perigosa defasagem na fabricação de mísseis em relação aos soviéticos. Na ocasião, para consternação do candidato Nixon, o velho presidente não corrigiu Kennedy, preferindo proteger segredos da segurança nacional e não dar ao Kremlin um pretexto para pegar em armas mais depressa.[25]

Agora, ao contrário, calmamente assegurou a seu sucessor que os Estados Unidos ainda detinham uma esmagadora superioridade militar, graças, sobretudo, aos submarinos armados com mísseis nucleares. "Você tem um bem inestimável em Polaris", disse. "Ele é invulnerável."[26]

O Polaris podia alcançar a União Soviética a partir de posições indetectáveis em vários oceanos, explicou. Por causa disso, achava que os soviéticos teriam de estar loucos para correr o risco de uma guerra nuclear. O problema era que eles podiam estar loucos. A julgar pela brutalidade com que os líderes soviéticos trataram seu próprio povo e seus inimigos durante e depois da Segunda Guerra Mundial, talvez a inferioridade nuclear não impedisse comunistas fanáticos de atacarem nas circunstâncias propícias. Eisenhower se referia aos russos mais como animais a ser domados do que como parceiros com quem se pudesse negociar.

Como uma criança mostrando a um novo amigo seu brinquedo favorito, Eisenhower encerrou sua aula com uma demonstração da rapidez com que um helicóptero poderia tirar o presidente de Washington, em caso de emergência.

"Veja isto", disse.

Ergueu o fone de um aparelho especial, discou um número e simplesmente falou: "Broca de opala três". Depositou o fone e sorriu, pedindo ao visitante que olhasse o relógio.[27]

Em menos de cinco minutos, um helicóptero dos Fuzileiros Navais pousou no gramado da Casa Branca, a poucos passos de onde os dois homens estavam. De volta ao gabinete onde seus assessores continuavam reunidos, Eisenhower brincou: "Mostrei a meu amigo como sair daqui às pressas".

Na presença de suas equipes, explicou a seu sucessor que a autoridade do presidente nem sempre seria essa varinha mágica.

Kennedy sorriu. Mais tarde, o assessor de imprensa de Eisenhower comentou que o presidente eleito demonstrou considerável interesse pelo "ensaio". Suas responsabilidades demandavam sobriedade, mas os poderes que ele logo teria eram inebriantes. Ao se afastar, Kennedy olhou com satisfação para o edifício que em breve seria seu lar.

WASHINGTON, D. C.
DIA DA POSSE, SEXTA-FEIRA, 20 DE JANEIRO DE 1961

A neve começou a cair ao meio-dia, pouco depois que Kennedy saiu de sua reunião com Eisenhower. Washington não funcionava bem com mau tempo, nem mesmo em véspera de posse. O trânsito estava confuso. Dois terços da multidão que esgotou os ingressos para o concerto daquela noite no Constitution Hall não compareceram.[28] A National Symphony abriu sua apresentação com meia hora de atraso, porque muitos músicos ficaram presos no trânsito ou bloqueados pela neve. A noite de gala de Frank Sinatra, que reunia um punhado de estrelas, iniciou-se com duas horas de atraso.

Já na manhã clara, fria e ensolarada de 20 de janeiro, um batalhão de soldados com escavadeiras havia removido quarenta centímetros de neve. O céu clareou e ofereceu a luz perfeita para a cerimônia de posse mais planejada e televisionada da história.[29] Cerca de 42 mil metros de fios estavam conectados a 54 circuitos de televisão, cobrindo a cerimônia em 32 locais, do juramento ao último componente do desfile. Cerca de seiscentos telefones extras tinham sido posicionados estrategicamente para uso dos repórteres. A administração Kennedy se diferenciaria da de seus predecessores em muitos aspectos, a começar pelo protagonista: o presidente mais televisionado da história, ao vivo e em cores.

Em várias ocasiões — ao sair de limusine com sua esposa, Jackie, na véspera da posse; ao relaxar na banheira naquela noite; ao tomar o café da manhã no dia seguinte, tendo dormido quatro horas —, Kennedy leu e releu a última versão de seu discurso de posse. Sempre que conseguia um instante livre, familiarizava-se mais profundamente com cada uma das 1355 palavras buriladas em um número de rascunhos e remanejamentos maior que o de qualquer discurso que já havia pronunciado.

Já em novembro, encomendara a Ted Sorensen, seu principal redator, um discurso curto, não partidário, otimista, isento de críticas a seu predecessor e centrado em política externa. No entanto, ao revisar o rascunho — apenas uma semana antes da posse —, ainda achou o texto longo demais e muito voltado para assuntos internos. "Vamos tirar tudo que se refere a questões internas", disse a Sorensen. "De qualquer modo, está comprido demais." E completou: "Quem é que se importa com o salário mínimo?".

A decisão mais difícil era: que mensagem enviar a Khruschóv? Uma guerra nuclear com os soviéticos era impensável, mas negociar uma paz justa parecia impossível. Kennedy havia feito sua campanha alinhado com a ala belicosa de um partido que ainda não resolvera a disputa interna sobre a melhor maneira de lidar com os soviéticos: o entendimento ou o confronto.

Dean Acheson, que havia sido secretário de Estado do presidente Truman, representava os democratas linhas-duras, segundo os quais Khruschóv ainda perseguia o sonho da dominação mundial acalentado por Stálin.[30] Outros democratas — Adlai Stevenson, Averell Harriman, Chester Bowles — viam Khruschóv como um reformador autêntico, cujo objetivo básico era reduzir seu orçamento militar e melhorar as condições de vida dos soviéticos.

O discurso inaugural de Kennedy colocava-o exatamente no meio do debate, ao refletir sua incerteza sobre suas probabilidades de entrar para a história confrontando os soviéticos ou fazendo as pazes com eles. Era essa mesma ambiguidade que, desde a eleição de Kennedy, alimentara sua relutância em responder aos muitos esforços de Khruschóv, através de várias vias, para estabelecer um canal de comunicação privado e marcar uma reunião para breve.

Em 1º de dezembro de 1960, Kennedy indiretamente pedira paciência ao líder soviético através de seu irmão Robert, que, num escritório da transição presidencial, em Nova York, havia se reunido com um agente da KGB que se fazia passar por correspondente do jornal *Izvestia*.[31] Aos 35 anos, Bobby administrara a campanha de Jack e logo seria seu secretário de Justiça, de modo que o agente da KGB não tinha por que duvidar quando ele lhe assegurou que falava pelo irmão.

Ao invés de uma matéria para o jornal, o falso repórter enviou a seus superiores um relatório que provavelmente chegou ao conhecimento de Khruschóv e constituía uma indicação do rumo da política externa na gestão Kennedy. O texto continha várias mensagens. Bobby disse que o presidente eleito daria grande atenção às relações com Moscou e que 1961 poderia ser o ano do acordo sobre a proibição de testes nucleares. Disse ainda que Kennedy também queria se encontrar com Khruschóv e reparar o mal feito às relações entre os dois países no governo de Eisenhower.

Menos encorajadora era a intenção de Kennedy de abordar o assunto Berlim numa data bem posterior à que o premiê desejava. Segundo Bobby, ele precisava de dois ou três meses para se preparar para uma reunião de cúpula. "Kennedy está seriamente preocupado com a situação de Berlim e lutará para encontrar os meios de solucionar o problema de Berlim", afirmava o relatório da KGB. "Contudo, se nos próximos meses a União Soviética o pressionar, ele certamente defenderá a posição do Ocidente."[32]

Não foi o suficiente para dissuadir Khruschóv de continuar insistindo numa reunião para logo. Dias depois, em 12 de dezembro, o embaixador soviético Mikhail Menshikov convidou Bobby para almoçar na embaixada de Moscou em Washington.[33] Chamado de "Mike Sorriso" por funcionários americanos, o embaixador era uma figura engraçada, com sua modesta inteligência e sua enorme autoconfiança. Seu inglês claudicante certa vez resultou num comentadíssimo brinde às mulheres que estavam num coquetel em Georgetown: "Levantem as nádegas!".* Mas as mensagens diretas de Khruschóv que ele transmitia faziam até mesmo seus detratores levarem a sério seus convites.[34]

Menshikov disse a Bobby que os desentendimentos entre os Estados Unidos e a União Soviética muitas vezes se deviam ao fato de os líderes dos dois países confiarem assuntos cruciais a funcionários de médio escalão. Acrescentou que Kennedy e Khruschóv eram indivíduos excepcionais que, juntos, podiam encontrar um modo de contornar suas burocracias para obter resultados históricos. Assim, pediu a Bobby que convencesse o irmão a abraçar a ideia de uma reunião para breve, a fim de que os dois mandatários chegassem a um "entendimento claro e amistoso".[35]

Dois dias depois, Menshikov repetiu a mensagem a Averell Harriman, o americano favorito de Khruschóv, que havia sido embaixador dos Estados Unidos em Moscou na gestão do presidente Franklin Roosevelt. Através de Harrison Salisbury, o bem relacionado correspondente do *The New York Times*, um

---

* Ao invés de dizer "*Bottoms up!*", "Esvaziem os copos" ou "Virem os copos", Menshikov disse "*Up your bottoms!*", ou seja, "Levantem as nádegas". (N. T.)

dia mais tarde Menshikov prosseguiu com sua campanha por uma reunião no curto prazo. "Há mais a ganhar num dia inteiro de conversas particulares e informais entre Khruschóv e Kennedy do que em todos os encontros de subalternos somados", disse ao repórter.[36]

Kennedy era alvo de um lobbying semelhante por parte de Adlai Stevenson, um rival antigo que por duas vezes se candidatara à presidência e agora tentava obter um cargo alto no novo governo. Stevenson ligou para Kennedy, que estava na casa do pai, em Palm Beach, e se ofereceu para ir a Moscou imediatamente depois da posse e conversar com Khruschóv na condição de intermediário. "Acho importante descobrir se ele quer expandir a Guerra Fria", explicou.[37]

Kennedy não mordeu a isca. Stevenson não apoiara sua candidatura antes da convenção dos democratas, e isso provavelmente lhe custou o cargo de secretário de Estado com que o então senador lhe acenara para incentivá-lo. Como se não bastasse, anticomunistas no Congresso viam o ex-governador de Illinois como um apaziguador. E Kennedy não queria conduzir sua política externa na sombra de ninguém. Além disso, Konrad Adenauer, o chanceler da Alemanha Ocidental, deixara claro, através de vazamentos na imprensa, que o que mais o preocupava na nova administração era a perspectiva de que a política externa fosse confiada a alguém leniente em relação a Moscou como Stevenson.[38] Assim, Kennedy nomeou Stevenson embaixador nas Nações Unidas e recusou sua oferta de mediação.

Cansado do lobbying intenso de Khruschóv, Kennedy pediu a seu amigo David Bruce, a quem nomeara embaixador em Londres, que o ajudasse a formular uma resposta para a mão estendida do premiê. Bruce era um diplomata veterano: havia chefiado o serviço de espionagem americano em Londres durante a guerra e fora embaixador de Harry Truman em Paris.

Em 5 de janeiro, depois de muita comida e muita bebida em sua casa, Menshikov entregou a Bruce uma carta sem timbre nem assinatura que continha suas opiniões pessoais. Sua mensagem inequívoca: Khruschóv queria urgentemente uma reunião de cúpula e não mediria esforços para obtê-la.[39]

Segundo Menshikov, Khruschóv acreditava que, na administração Kennedy, os dois países poderiam "resolver diferenças perigosas", porém achava que as tensões só cederiam quando ambos concordassem com um programa de coexistência pacífica. O que girava em torno de "dois problemas pendentes importantes": o desarmamento e "a questão alemã, incluindo Berlim Ocidental". Khruschóv queria se encontrar com Kennedy antes que o presidente eleito se reunisse com Konrad Adenauer, o chanceler da Alemanha Ocidental, e com Harold Macmillan, o primeiro-ministro britânico, o que Menshikov ouvira dizer que ocorreria respectivamente em fevereiro e em março.

Bruce explicou que essas reuniões estavam agendadas para datas mais tardias, porém isso não alterou a mensagem subliminar de Khruschóv: ele esperava que Kennedy abandonasse o protocolo habitual de se consultar com aliados antes de se encontrar com seu adversário. Menshikov informou que Khruschóv estava disposto a acelerar os preparativos para esse encontro através de canais privados ou oficiais. Depois da reunião, o embaixador soviético enviou a Bruce uma cesta cheia da melhor vodca e do melhor caviar de seu país. Dias mais tarde, convidou-o novamente para almoçar e enfatizar sua mensagem.

Apenas nove dias antes da posse, Kennedy procurara George Kennan — a quem nomearia seu embaixador na Iugoslávia — para se aconselhar sobre a maneira de lidar com tanta comunicação da parte dos soviéticos. Desde janeiro de 1959 conversava sobre assuntos soviéticos com Kennan, o lendário ex--embaixador americano em Moscou. Numa carta, elogiara-o por se opor à "extrema rigidez" de Dean Acheson, secretário de Estado do presidente Truman, em relação à União Soviética.[40]

Kennan havia inspirado a política externa americana de "contenção" dos comunistas soviéticos com o longo telegrama que, como diplomata, enviara de Moscou e ao qual se seguiu seu famoso artigo "As fontes da conduta soviética", publicado anonimamente em *Foreign Affairs*, em julho de 1947. Agora, porém, combatia as doutrinas linhas-duras referentes a Moscou que surgiram sob sua inspiração. Achava que os Estados Unidos e seus aliados estavam suficientemente fortes para negociar com Khruschóv e reclamava dos militaristas americanos que interpretaram mal sua posição.[41]

Durante a campanha, recomendou a Kennedy que, como presidente, tratasse de "reforçar as tendências divisórias dentro do bloco soviético, melhorando as relações com Moscou" não através de reuniões de cúpula e acordos formais, mas através de canais de comunicação privados com o governo soviético, tendo em mente concessões recíprocas. "É difícil, mas, repito, não é impossível", assegurou-lhe. Lembrou que tais contatos ajudaram a acabar com o bloqueio de Berlim em 1948 e com a guerra da Coreia. Em agosto de 1960, escreveu-lhe uma carta, aconselhando-o a, se fosse eleito, "agir com rapidez e ousadia nos estágios iniciais de sua gestão, antes de enveredar pelos labirintos de Washington e antes de ser posto na defensiva pela marcha dos acontecimentos".[42]

Kennedy respondeu que concordava com a maior parte das recomendações. No entanto, agora que estava prestes a assumir a presidência, queria conselhos de natureza mais concreta e imediata. Viajando com Kennan de Nova York a Washington a bordo do *Caroline*, seu jato particular, falou-lhe da enxurrada de mensagens dos soviéticos e mostrou-lhe a carta de Menshikov.

Kennan franziu a testa ao lê-la. Pelo estilo formal e árido, concluiu que fora rascunhada no gabinete de Khruschóv e redigida por um círculo mais amplo, que incluía quem era a favor e quem era contra o estreitamento de relações com os Estados Unidos. Contradizendo seu conselho anterior para que Kennedy procurasse abrir logo o diálogo com Moscou, falou que os soviéticos não tinham o direito de pressioná-lo e que ele só devia responder depois da posse. Sugeriu-lhe que, nessa ocasião, se comunicasse em particular com Khruschóv, rompendo com a prática de Eisenhower de tornar públicas quase todas as conversas com o líder soviético.

Quando Kennedy perguntou por que Khruschóv estava tão ansioso para se reunir com ele, Kennan respondeu, com sua perspicácia característica, que o incidente com o U-2 e a crescente intensidade do conflito sino-soviético o enfraqueceram e ele precisava de algum acerto com os Estados Unidos para deter essa tendência. Explicou que, "com sua personalidade e seus poderes de persuasão", Khruschóv "esperava chegar a um acordo com os Estados Unidos e, assim, recuperar o brilho de sua estrela política."[43]

Kennedy considerou essa explicação a mais clara e convincente que já ouvira sobre o comportamento do premiê. Ela coincidia com sua própria opinião de que a política interna influenciava questões de política externa mais do que a maioria dos americanos percebia — mesmo na autoritária União Soviética. Kennedy entendia que Khruschóv estava procurando ajuda para se fortalecer internamente, mas esse não era motivo suficiente para levá-lo a agir antes de estar pronto. Decidiu que Khruschóv podia esperar — e Berlim também.

Assim, o discurso de posse seria sua primeira comunicação com o líder soviético a respeito de Berlim, embora fosse indireta e partilhada com dezenas de milhões de pessoas. A frase mais forte também foi a mais citada nos jornais de Berlim no dia seguinte: "Pagaremos qualquer preço, suportaremos qualquer fardo, enfrentaremos qualquer dificuldade, apoiaremos qualquer amigo, combateremos qualquer inimigo para assegurar a sobrevivência e o sucesso da liberdade".

A retórica elevada escondia a falta de uma diretiva política em relação aos soviéticos. Kennedy estava deixando todas as opções em aberto. Múltiplas versões alteraram apenas as nuances, expressando sua indecisão de modo mais memorável e cortando tudo que, no rascunho de Ted Sorensen, seu redator de discursos, pudesse parecer brando demais.

Uma primeira versão dizia, por exemplo: "Duas grandes nações poderosas não podem seguir nesse rumo imprudente, sobrecarregadas pelos custos assombrosos das armas modernas".

Kennedy não queria qualificar de "imprudente" ou insustentável o rumo dos Estados Unidos. Assim, o texto final removeu essas duas ideias: "Nem podem dois grandes e poderosos grupos de nações conformar-se com a situação atual — ambos os lados sobrecarregados pelo custo das armas modernas".

Um rascunho inicial dizia: "E, se os frutos da cooperação se revelam mais doces que as drogas da suspeita, que ambos os lados se unam para criar uma verdadeira ordem mundial — nem uma Pax Americana, nem uma Pax Russa, nem mesmo um equilíbrio de forças —, mas uma comunidade de poder".

O texto final eliminou a ideia de uma "comunidade de poder" com os comunistas, que os "falcões" do Congresso teriam considerado ingênua: "E, se uma base de cooperação pode empurrar a selva da suspeita, que ambos os lados se unam numa nova tentativa, não num novo equilíbrio de forças, e sim num novo mundo de lei".

Kennedy não mencionou explicitamente nenhum país, nenhum lugar — nem a União Soviética, nem Berlim, nem qualquer outro. O jornal alemão *Die Welt* aplaudiu o "novo vento" que soprava dos Estados Unidos, "forte, mas refrescante. O que nós, alemães, percebemos, porém: nenhuma palavra sobre Berlim!".

Ao invés de citar o nome de Khruschóv, Kennedy falou apenas daqueles que "se tornariam nosso adversário", tendo trocado a palavra "inimigo" por "adversário" por sugestão de Walter Lippmann, um amigo colunista. E propôs projetos de cooperação em potencial: a exploração dos céus e dos mares, a negociação sobre controle de armas e regimes de inspeção e a colaboração no campo da ciência para curar enfermidades.[44]

O discurso continha o suficiente para agradar os linhas-duras americanos. Barry Goldwater, senador do Arizona, aplaudiu com entusiasmo a ideia de pagar qualquer preço pela liberdade. Não tendo feito nenhum progresso no sentido de conseguir para logo uma reunião entre seu chefe e Kennedy, o embaixador soviético Menshikov ouviu o discurso impassível, envolto num casacão cinzento, com um chapéu igualmente cinzento puxado até os olhos e um cachecol branco enrolado no pescoço.

Nesse dia, tão importante quanto suas palavras foi a aparência de Kennedy — o que, na competição pelo apreço global, era mais que um fato superficial. O mundo estava empolgado com o sorriso carismático que iluminava um rosto bronzeado durante as férias na Flórida. O que ninguém percebia eram os problemas de saúde: Kennedy tinha tomado um coquetel de comprimidos para o mal-estar no estômago e a dor nas costas, além de uma dose extra de cortisona para controlar o inchaço decorrente da medicação para a doença de Addison. Quatro dias antes, ao olhar no espelho, ele comentara com sua secretária, Evelyn Lincoln, o impacto do tratamento: "Meu Deus, veja que cara gorda. Se eu não perder dois quilos nesta semana, talvez a gente tenha de cancelar a posse".[45]

Evelyn Lincoln ajudava a monitorar os múltiplos medicamentos de um jovem presidente que, em muitos aspectos, era bem menos saudável que Khruschóv, 23 anos mais velho. Kennedy esperava que os agentes da KGB empenhados em conhecer seu estado de saúde não descobrissem a verdade. Para acabar com rumores sobre suas mazelas, sua equipe colocara dois médicos diante dos jornalistas. E dois dias antes da posse, com base num relatório fornecido pela equipe de Kennedy, a revista *Today's Health* publicou o que veio a ser a mais extensiva cobertura do histórico médico de um presidente americano até então. A reportagem mencionava a "soberba condição física" que, segundo os médicos de Kennedy, tornavam-no "muito capaz de arcar com os fardos da presidência". Ressaltava que o fato de ele ter superado suas muitas mazelas demonstrava sua "férrea resistência". Informava que ele bebia e fumava pouco — apenas charuto, de vez em quando —, ocasionalmente gostava de tomar uma cerveja no jantar e, em termos de coquetel, limitava-se ao daiquiri. Dizia ainda que ele se mantinha em 74 quilos e não seguia nenhuma dieta especial, o que escondia o fato de que seus problemas de estômago o levavam a preferir comidas leves.[46]

Uma leitura mais atenta dava muitos motivos para preocupação. O artigo relacionava males de adulto que incluíam "icterícia, malária, ciática e dores nas costas". Tudo que dizia sobre a doença de Addison, sem chamá-la pelo nome, era que Kennedy "toma medicação oral para a insuficiência adrenal e passa por exames endocrinológicos duas vezes por ano". A reportagem também informava que ele usava sapatos "e até sandálias de praia" meio centímetro mais altos para aliviar a dor nas costas causada pela perna esquerda, ligeiramente mais curta.[47]

Talvez nunca tenha havido na história dos presidentes americanos tamanho contraste entre uma imagem de juventude e uma realidade de doenças. No dia da posse, enquanto os presentes usavam cartola e casaco pesado, Kennedy prestou seu juramento sem casaco nem chapéu. E foi numa tribuna aberta, onde só havia um aquecedor elétrico, que, por mais de três horas, ele assistiu ao desfile de posse na companhia de seu vice-presidente, Lyndon Johnson.

Na manhã seguinte, jornais do mundo inteiro pintaram seu retrato como ele queria. A colunista Mary McGrory, do *Washington Evening Star*, comparou-o a um herói de Hemingway. "Ele venceu uma enfermidade grave. É elegante como um greyhound e encantador como um dia de sol."

Apesar de todo o seu sucesso em influenciar a cobertura da mídia antes da posse, Kennedy logo descobriria que tinha menos influência sobre os atos de Nikita Khruschóv. Em sua primeira manhã no cargo, quando acordou, por volta das oito horas, no Dormitório Lincoln, se deparou com uma pilha de telegramas de congratulações enviados de toda parte do mundo. No alto da pilha, estava a oferta de um presente de posse de Moscou que seria o primeiro passo nas relações entre os Estados Unidos e a União Soviética durante sua gestão. Nas condições adequadas, Khruschóv libertaria os dois pilotos do avião de reconhecimento RB-47 que desde sua captura, no verão anterior, estavam numa prisão soviética.

Era uma apresentação de Kennedy ao mundo da intriga entre as duas potências que girava em torno de Berlim, um lugar onde — ele logo aprenderia — até vitórias aparentes muitas vezes encerravam perigos ocultos.

O Atirador vem do frio

David Murphy, o chefe da CIA em Berlim, tinha sede de histórias de sucesso. Assim, sentiu o coração acelerar quando soube que seu colaborador mais
precioso — um agente polonês que usava o codinome de *Heckenschütze*, ou
Atirador — discara o número secreto que ele lhe dera para emergências nas férias de Natal. Certo de que fora descoberto, o Atirador queria se demitir. "Você
está disposto a dar proteção para mim e para minha esposa?", perguntou.[48]

Murphy havia dito às telefonistas especiais da CIA em Berlim que, se perdessem a chamada do Atirador no número reservado para ele, "voltariam para
casa no próximo barco". A pessoa que ligou só falou que estava transmitindo
uma mensagem de um certo Herr Kowalski, código que deu início a uma série
de respostas preestabelecidas.[49] O Atirador tinha planejado bem seu afastamento. Primeiro, depositara uns trezentos documentos fotografados — que incluíam
os nomes de algumas centenas de agentes poloneses — no oco de uma árvore
perto de sua casa, em Varsóvia. A CIA já havia recolhido o tesouro.

Agora era o começo da tarde de 4 de janeiro, e um alto funcionário da CIA
que chegara de Washington esperava, com outros agentes, no consulado americano em Berlim, aonde o Atirador iria, saindo do frio. O consulado, que era

aberto aos civis, situava-se, convenientemente, ao lado da seção militar de um complexo americano na Clayallee. Murphy providenciara uma sala imponente, com microfones e gravadores, onde o Atirador passaria por seu primeiro interrogatório.

Posteriormente, Murphy lembraria que ele e o subchefe John Dimmer estavam mais tensos que de hábito nesses casos importantes, em parte porque, depois de dois anos recebendo cartas do Atirador — às vezes valiosas, mas em geral indecifráveis —, ninguém conhecia o misterioso agente, nem sabia quem ele de fato era. Além disso, a Base de Operações de Berlim — conhecida em telegramas clandestinos por seu acrônimo, BOB — vinha travando uma batalha perdida na guerra de espionagem mais importante e extensa do mundo, que tinha lugar numa cidade com mais agentes de inteligência estrangeiros e nativos que qualquer lugar do planeta.

A CIA também precisava de uma vitória depois de ter perdido seu único agente infiltrado na inteligência militar soviética, o coronel Pyotr Popov, talvez por descuido.[50] E serviços de espionagem soviéticos e alemães-orientais estavam superando os americanos. Segundo Murphy, o problema se devia ao fato de que a CIA era relativamente nova no ramo da espionagem e muitas vezes combinava a férrea determinação da juventude com a perigosa ingenuidade do não iniciado. Para Murphy, a BOB refletia o caráter americano otimista, nem sempre inteiramente profissional, num momento em que os Estados Unidos assumiam um papel mais global. Berlim era uma cidade onde os espiões de Murphy e os Estados Unidos em geral haviam crescido muito na década e meia que transcorrera desde a Segunda Guerra Mundial.

O maior problema consistia em recrutar talentos locais, e, nesse aspecto, Murphy estava bem atrás da KGB e do ministério da Segurança da Alemanha Oriental. Era muito mais fácil os comunistas infiltrarem-se na sociedade ocidental aberta, manipularem indivíduos-chave e plantarem agentes do que a CIA atuar dentro da Alemanha Oriental de Ulbricht, estritamente controlada e monitorada.

A CIA evoluíra rapidamente, passando do Escritório de Serviços Estratégicos da época da guerra ao primeiro serviço de inteligência civil dos Estados Unidos em tempo de paz. Reunira numa única agência operações clandestinas e análises de inteligência. Comparativamente mais experiente e mais extensa, a KGB era um eficiente serviço de inteligência externa e interna criado durante a

Revolução Russa e aperfeiçoado durante os expurgos de Stálin e a guerra contra a Alemanha nazista. Apesar das lutas da União Soviética pelo poder político, atuava com espantosa continuidade e constantes sucessos.

A preocupação mais imediata de Murphy era com a crescente eficácia da Polícia Secreta da Alemanha Oriental, que, em apenas uma década e meia, estava superando sua predecessora, a Gestapo, e a KGB. Um exército crescente de informantes internos, um sistema de coleta de dados com eficiência germânica e uma vasta rede de agentes em importantes posições ocidentais permitiam que Ulbricht e Moscou frustrassem muitos esforços da CIA antes mesmo de se traduzirem em ação.

Com a BOB operando já em alerta máximo, às 17h30 uma pessoa ligou para informar que Kowalski chegaria dentro de meia hora. A pessoa pediu que a sra. Kowalski recebesse atenção especial — a primeira indicação de que o Atirador não estaria sozinho. Às 18h06, um homem e uma mulher, cada qual carregando pequenas malas, desceram de um táxi de Berlim Ocidental e, apreensivos, caminharam até a porta do consulado, onde foram recebidos prontamente.

Como ocorre com frequência no ramo da espionagem, as coisas não eram o que a princípio pareciam. O Atirador explicou que a mulher não era sua esposa, mas sua amante, e pediu asilo para ela também. Disse que ela não devia assistir ao interrogatório, porque só o conhecia como o jornalista polonês Roman Kowalski. Na verdade, prosseguiu, ele era o tenente-coronel Michael Goleniewski, que até 1958 atuara como subchefe da contrainformação polonesa. Havia sido um agente duplo, relatando não só à CIA, como também à KGB, tudo que os poloneses estivessem escondendo de seus patrões soviéticos.

No dia seguinte, a CIA o levaria num avião militar até Wiesbaden, na Alemanha Ocidental, e dali para os Estados Unidos. Ele forneceria os nomes de incontáveis funcionários e agentes das inteligências polonesa e soviética. Ajudaria a desbaratar um círculo de espiões no Almirantado Britânico, a desmascarar George Blake como espião da KGB na inteligência britânica e a denunciar Heinz Felfe, agente da KGB que servira como chefe da contrainformação da Alemanha Oriental. E apontaria a presença de um espião na inteligência americana, o que era potencialmente mais importante.

Havia apenas um problema: mesmo antes da reunião se encerrar, sinais de doença mental começaram a comprometer a credibilidade de Goleniewski. Ele bebia demais e ouvia discos de velhas canções europeias a todo o volume. Mais tarde diria que era Alexei, filho do tsar Nicolau II, o único sobrevivente da família imperial dos Romanov, e que Henry Kissinger era um espião da KGB. Os agentes da CIA nunca chegariam a um acordo sobre seu verdadeiro papel: de demissionário autêntico ou de provocador soviético.

Kennedy estava entrando num mundo de intrigas e trapaças para o qual lhe faltava a preparação adequada.

4. Kennedy: um primeiro erro

O governo dos Estados Unidos ficou satisfeito com essa decisão da União Soviética e considera que esse gesto do governo soviético remove um sério obstáculo à melhoria das relações entre soviéticos e americanos.[1]

John F. Kennedy sobre a libertação de aviadores americanos pelos soviéticos em sua primeira entrevista coletiva à imprensa, 25 de janeiro de 1961

A cada dia, as crises se multiplicam. A cada dia, sua solução se torna mais difícil. A cada dia, chegamos mais perto da hora do perigo máximo. Devo informar ao Congresso que nossas análises nos últimos dez dias deixam claro que, em cada uma das principais áreas da crise, os acontecimentos estão se precipitando — e o tempo não tem sido nosso amigo.[2]

O presidente Kennedy cinco dias depois, em seu discurso do Estado da União, 30 de janeiro de 1961

Nikita Khruschóv chamou ao Kremlin o embaixador americano em Moscou, Tommy Thompson, às dez horas, duas da madrugada em Washington, onde o presidente Kennedy ainda não havia voltado da festa da posse.[3]

"O senhor leu o discurso de posse?", Thompson perguntou. Khruschóv lhe parecia cansado, como se tivesse passado a noite em claro, e sua voz estava rouca.

Khruschóv respondeu que não só o tinha lido, como pediria aos jornais que o publicassem na íntegra no dia seguinte — algo que nenhum líder soviético jamais fizera com qualquer presidente americano. "*Se* eles concordarem", acrescentou com a risada satisfeita de quem sabia que os editores faziam o que ele mandava.

Com um gesto ordenou ao vice-ministro do Exterior, Vasily Kuznetsov, que lesse a tradução inglesa de um memorando que continha seu presente de posse a Kennedy: "Guiado por um sincero desejo de inaugurar uma nova fase nas relações entre a União Soviética e os Estados Unidos, o governo soviético decidiu ir ao encontro dos desejos dos americanos no tocante à libertação de F. Olmstead e J. McKone, pilotos do avião de reconhecimento RB-47 da Força Aérea dos Estados Unidos".[4]

Kuznetsov informou que os soviéticos também trasladariam aos Estados Unidos o corpo de um terceiro militar que se encontrava no avião derrubado.

Khruschóv escolhera a dedo a maneira e o momento de apresentar a oferta: no primeiro dia da gestão de Kennedy para produzir o máximo impacto e demonstrar ao mundo sua boa vontade para com a nova administração. Entretanto, manteria na prisão o piloto do U-2 Gary Powers, que, ao contrário dos aviadores do RB-47, já havia sido julgado por espionagem em agosto e condenado a dez anos de cárcere. Na cabeça de Khruschóv, os dois casos não poderiam ser mais diferentes. Para ele, o incidente com o U-2 foi uma violação imperdoável do território soviético que o enfraquecera politicamente e o humilhara pessoalmente antes da Cúpula de Paris. Ele cobraria um preço mais alto por Powers em outra ocasião.*[5]

---

* Powers só foi libertado um ano depois, em 10 de fevereiro de 1962, quando foi trocado, na ponte Glienicke, em Berlim Ocidental, pelo coronel Rudolf Abel — codinome do lendário espião russo

Em novembro, pouco depois da eleição de Kennedy, quando um intermediário lhe perguntou como a liderança soviética poderia contribuir para um "recomeço" das relações, o ex-embaixador americano em Moscou, Averell Harriman, sugerira a libertação dos aviadores. Khruschóv já vinha pensando nisso. Os pilotos haviam servido a seu propósito eleitoral. Agora podiam desempenhar um papel diplomático, dando início a uma relação mais positiva entre Estados Unidos e União Soviética.[6]

No memorando, o premiê dizia que queria "abrir uma nova página em nossas relações" e que as diferenças passadas não deveriam interferir em "nosso trabalho conjunto em nome de um bom futuro". Dizia também que libertaria os pilotos tão logo Kennedy aprovasse a minuta da declaração soviética sobre a questão, prometesse evitar futuras violações aéreas do território soviético e assegurasse que os aviadores libertos não seriam usados em propaganda antissoviética. Por fim, deixava claro que, se Kennedy não aceitasse seus termos, levaria os dois homens a julgamento sob acusação de espionagem — como fizera com Powers.[7]

Thompson improvisou uma resposta sem pedir instruções ao presidente, a quem não queria incomodar em sua primeira noite no Dormitório Lincoln. Agradeceu a oferta, mas explicou que os Estados Unidos sustentavam que o RB-47 fora abatido fora do espaço aéreo soviético e, assim, não podiam aceitar termos da minuta da declaração soviética que equivaliam a uma confissão de incursão deliberada.

Khruschóv estava flexível.

"Cada lado é livre para sustentar o que quiser", afirmou. Os Estados Unidos podiam fazer a declaração que bem entendessem.

Depois disso, Thompson e Khruschóv se puseram a discorrer, como faziam com frequência, sobre os méritos de seus respectivos sistemas. Thompson reclamou de um discurso de 6 de janeiro, em que Khruschóv descrevera a luta entre Estados Unidos e União Soviética como um jogo de tudo ou nada entre as classes em luta ao redor do mundo. Ambos, porém, mantinham um tom amistoso que refletia um bom espírito de cooperação.

Khruschóv disse que votaria em Thompson para continuar sendo

William Fischer, cujas façanhas foram de tal ordem que, mais tarde, seu rosto figuraria num selo do correio soviético. (N. A.)

embaixador na gestão de Kennedy, algo que o diplomata queria, mas que ainda não estava decidido. O premiê acrescentou que não tinha certeza de que sua intervenção junto a Kennedy funcionaria.

Thompson riu e admitiu que também tinha suas dúvidas.

Quando recebeu a oferta da libertação dos aviadores, Kennedy ficou desconfiado. Perguntou a McGeorge Bundy, consultor de Segurança Nacional, se havia alguma coisa que ele não estava percebendo. No entanto, depois de avaliar os perigos, concluiu que não podia perder a oportunidade de reconduzir os pilotos ao lar e mostrar resultados tão espetaculares com os soviéticos nas primeiras horas de sua administração. Aceitaria a oferta.[8]

Dean Rusk, o secretário de Estado, enviou a Thompson a resposta positiva do presidente dois dias depois de Khruschóv ter feito a oferta.[9]

Nesse intervalo, o líder soviético tomara unilateralmente outras atitudes conciliatórias. Conforme prometera, fez o *Pravda* e o *Izvestia* publicarem o discurso de posse de Kennedy na íntegra, sem censura — o que incluía os trechos dos quais não tinha gostado. Reduziu a interferência nas transmissões da rádio Voz da América. Permitiu que quinhentos velhos soviéticos se unissem a suas famílias nos Estados Unidos, aprovou a reabertura do teatro judeu de Moscou e deu sinal verde para a criação do Instituto de Estudos Americanos. Autorizou novos intercâmbios de estudantes e decidiu pagar honorários a escritores americanos cujos manuscritos tinham sido pirateados e publicados. A mídia do Estado e do partido noticiou essas medidas e celebrou as "grandes esperanças" de melhores relações acalentadas pelo povo soviético.[10]

Thompson presenciou o deleite de Khruschóv por ter tomado a iniciativa nas relações entre os dois países. Não tinha como saber que logo Kennedy recusaria tais gestos, em parte por causa de uma interpretação equivocada de um telegrama do embaixador.

Esse seria o primeiro erro da administração Kennedy.

NOVO AUDITÓRIO DO DEPARTAMENTO DE ESTADO, WASHINGTON, D. C.
QUARTA-FEIRA, 25 DE JANEIRO DE 1961

Enquanto se preparava para anunciar triunfalmente a libertação dos pilotos americanos na primeira entrevista coletiva de seus cinco dias de gestão, o

35º presidente dos Estados Unidos recebeu uma informação de Moscou que o levou a questionar as verdadeiras motivações do líder soviético. Ansioso para ser útil e visando a preparar o presidente para seu primeiro encontro com a mídia, Thompson enviou-lhe um telegrama no qual chamava a atenção para a linguagem incendiária de um discurso secreto que Khruschóv pronunciara em 6 de janeiro: "Creio que o discurso deve ser lido na íntegra por todos que têm algo a ver com os assuntos soviéticos, já que expõe o ponto de vista de Khruschóv como comunista e como propagandista. Tomado ao pé da letra, trata-se de uma declaração de Guerra Fria, expressa em termos muito mais fortes e explícitos que antes".[11]

O que Thompson não disse foi que não havia nada de novo no chamado discurso secreto, que, na verdade, era pouco mais que um informe tardio a ideólogos e propagandistas soviéticos sobre a conferência dos 81 partidos comunistas no mês de novembro. Dois dias antes da posse de Kennedy, uma versão reduzida saiu no *Kommunist*, publicação do partido, mas passou despercebida em Washington. A conclamação à luta contra os Estados Unidos no mundo em desenvolvimento era menos uma escalada da Guerra Fria, como Thompson sugeria, do que o resultado de um acordo tático com os chineses no sentido de evitar um colapso da diplomacia. Sem conhecimento desse contexto, Kennedy concluiu que Khruschóv estava "mudando o jogo". Achou que havia encontrado a chave para, parafraseando Churchill, desvendar o mistério dentro do enigma de Khruschóv.

Com essa interpretação do discurso, passaria a desvalorizar os gestos conciliatórios do premiê e a desconfiar de todos eles.

A princípio, reagira positivamente às iniciativas de Khruschóv. Os Estados Unidos haviam cancelado a proibição das importações de carne de caranguejo da União Soviética, retomara as conversações sobre aviação civil e acabara com a censura de publicações soviéticas pelo Correio americano. Kennedy também ordenara a oficiais militares de alta patente que abrandassem o tom de sua retórica antissoviética.[12]

Além disso, graças aos relatórios iniciais de seu serviço de inteligência, estava descobrindo que Moscou não era um inimigo tão ameaçador quanto dissera durante a campanha eleitoral. Constatara com detalhes que havia errado, ao apontar uma defasagem na fabricação de mísseis em relação aos soviéticos.

Nada disso, porém, alterou sua convicção de que o discurso de Khruschóv era altamente revelador e visava a ele pessoalmente. Essa mudança em sua maneira de pensar marcaria sua fala no Congresso, mas ele não pretendia expor suas novas opiniões sobre Khruschóv na entrevista coletiva — e ninguém perguntou nada. Os repórteres não esperavam grandes novidades: bastava-lhes participar da primeira entrevista coletiva de um presidente americano transmitida ao vivo para todo o país pelo rádio e pela televisão. Era uma enorme diferença em relação a Eisenhower, que gravava suas entrevistas coletivas e só as liberava depois de editá-las cuidadosamente.

Em função da demanda sem precedentes por parte da mídia, o evento teve lugar no novo auditório do Departamento de Estado, um cavernoso anfiteatro que o *New York Times* qualificou de "acolhedor como uma câmara de execução", com uma vala profunda entre a tribuna elevada do presidente e os repórteres. Kennedy deixou a notícia de Moscou para o fim de seus três anúncios. No dia seguinte, o *Times* informaria que a plateia, atônita, soltou um assobio abafado quando Kennedy comunicou que os aviadores do RB-47, presos e interrogados durante seis meses, já estavam a caminho de casa.

Ele mentiu quando disse que não havia prometido nada em troca da libertação desses homens. A verdade era que havia concordado em estender a proibição aos voos de espionagem sobre o território soviético e em manter os pilotos longe da mídia quando desembarcassem. Kennedy demonstrava calma e satisfação. Seu primeiro confronto público com os soviéticos terminara bem. Sua declaração usava basicamente a mesma linguagem de seu telegrama a Khruschóv: "O governo dos Estados Unidos ficou satisfeito com essa decisão da União Soviética e considera que o gesto remove um sério obstáculo à melhoria das relações com os americanos".[13]

Contudo, entre amigos e conselheiros, Kennedy estava tão preocupado com o discurso de 6 de janeiro que o levava consigo por toda parte e com frequência o lia em voz alta — nas reuniões do Gabinete, nos jantares, em conversas informais —, sempre pedindo comentários ao término da leitura. A conselho de Thompson, distribuíra o discurso entre seus principais assessores, ordenando-lhes que "lessem, sublinhassem, aprendessem e digerissem" a mensagem de Khruschóv.[14]

"Vocês e todo mundo por aqui têm de entendê-lo", repetia. "Esta é nossa chave para lidar com a União Soviética."[15]

O texto falava do apoio do Kremlin a "guerras de libertação ou revoltas populares [...] de povos colonizados contra seus opressores em todo o mundo em desenvolvimento".[16] Dizia que o Terceiro Mundo estava se rebelando e que o imperialismo estava enfraquecendo numa "crise geral do capitalismo". Num dos trechos que Kennedy mais gostava de citar, Khruschóv afirmava: "Venceremos os Estados Unidos com pequenas guerras de libertação. Vamos levá-los à exaustão em todo o planeta, na América do Sul, na África e no Sudeste Asiático". Com relação a Berlim, o líder soviético prometia "erradicar essa farpa do coração da Europa".[17]

Como o discurso fora pronunciado pouco antes de sua posse, Kennedy concluíra, erroneamente, que a mudança na política de Khruschóv visava a testá-lo e, portanto, demandava uma resposta. Thompson reforçara essa conclusão, instruindo-o sobre a maneira de lidar com possíveis perguntas da mídia: "Unicamente de um ponto de vista tático em relação à União Soviética, pode ser vantajoso para o presidente dizer que não entende por que um homem que expressa o desejo de negociar conosco publica, poucos dias antes de sua posse, o que equivale a uma declaração de Guerra Fria e uma determinação de acarretar a ruína do sistema americano."[18]

Era verdade que soviéticos e chineses concordavam com uma política mais ativa e militante em relação ao mundo em desenvolvimento. Christian A. Herter, então secretário de Estado, advertira o presidente Eisenhower de que a reunião comunista emitia "numerosos sinais de perigo que o Ocidente devia levar em consideração, como a resolução de reforçar por todos os meios o poderio e a capacidade de defesa de todo o campo socialista". Entretanto, Herter não viu "nenhuma novidade" na conclamação ritual à manutenção e à intensificação da Guerra Fria.[19]

Eisenhower tinha escutado tanta vociferação de Khruschóv durante seu mandato que não deu ouvidos a essa última versão. Sem essa experiência e confiando nos próprios instintos, Kennedy amplificou o que Eisenhower havia descartado. Assim, deixou de perceber o ponto crucial da reunião comunista, que teria sido muito mais útil para entender a situação de Khruschóv que sua retórica. Herter havia dito a Eisenhower que o mais importante era o sucesso sem precedentes dos chineses em seu desafio à liderança dos soviéticos no mundo comunista — apesar dos quatro meses do lobbying de Moscou para conter as posições de Mao.

O primeiro erro de Kennedy em relação aos soviéticos se devia a vários fatores. O telegrama de Thompson tivera parte nisso. Kennedy também assumira instintivamente uma atitude mais agressiva em relação aos soviéticos por causa da popularidade dessa postura entre os eleitores americanos, da influência anticomunista de seu pai e de sua busca de uma causa que permitisse a união em torno de uma presidência destinada a ser "uma época de grandeza", conforme prometera. Sua visão da história era outro fator. Sua tese defendida em Harvard e publicada em julho de 1940 versava sobre as concessões dos ingleses aos nazistas em Munique; intitulava-se *Por que a Inglaterra dormia*, numa brincadeira com *Enquanto a Inglaterra dormia*, livro de seu herói Churchill.

Kennedy não dormiria para não ser pego de surpresa.

Estava procurando um grande desafio, e Khruschóv parecia oferecê-lo. Não havia revisto formalmente a política americana em relação ao Kremlin, nem convocado uma grande reunião para tratar da melhor maneira de lidar com Khruschóv. Não obstante, estava deixando para trás a estudada ambiguidade em relação aos soviéticos, presente no discurso de posse que pronunciara dez dias antes, e elaborando uma das mensagens mais apocalípticas que um presidente americano já dirigiu ao Congresso.

Começou por listar todos os desafios internos do país, dos sete meses de recessão aos nove anos de receita agrícola decrescente. "Mas todos esses problemas parecem pequenos em comparação com aqueles que se apresentam a nós ao redor do mundo." No rascunho final, que ele mesmo escreveu, dizia: "A cada dia, as crises se multiplicam. A cada dia, sua solução se torna mais difícil. A cada dia, chegamos mais perto da hora do perigo máximo. Devo informar ao Congresso que nossas análises nos últimos dez dias deixam claro que, em cada uma das principais áreas da crise, os acontecimentos estão se precipitando — e o tempo não tem sido nosso amigo".[20]

Novas informações de seu serviço de inteligência nesses dez dias mostraram-lhe que a China e a União Soviética se entendiam cada vez menos, porém, baseado no discurso de 6 de janeiro, Kennedy insistiu que ambas, "pouco tempo atrás, reafirmaram" suas ambições de "dominar o mundo".

E pediu a Robert McNamara, secretário de Defesa, que reavaliasse "toda a nossa estratégia defensiva".

Não poderia ter estabelecido uma relação mais óbvia, retoricamente, com seus heróis Churchill e Lincoln, nessa hora da percepção do perigo. Churchill falara: "Tenho certeza disto: de que vocês só precisam resistir para vencer". Em seu discurso de Gettysburg, Lincoln dissera que a Guerra Civil mostraria se "uma nação concebida na liberdade e fiel à proposição de que todos os homens são iguais [...] consegue resistir por muito tempo".

Colocando-se na mesma posição histórica, Kennedy declarou perante o Congresso e a nação: "Antes que minha gestão chegue ao fim, teremos de mostrar novamente se uma nação organizada e governada como a nossa consegue resistir".

Foi uma retórica memorável baseada numa interpretação equivocada.

KREMLIN, MOSCOU

SEGUNDA-FEIRA, 30 DE JANEIRO DE 1961

Khruschóv ainda estava esperando resposta para seus pedidos de uma reunião com Kennedy quando o discurso do presidente ao Congresso o atingiu com a primeira de várias afrontas, segundo sua interpretação. Dois dias depois, sofreu o que considerou mais uma humilhação: os Estados Unidos lançaram, em caráter de teste, seu primeiro míssil balístico intercontinental Minuteman.

Quatro dias mais tarde, durante uma reunião com a imprensa no Pentágono, McNamara novamente constrangeu Khruschóv — e, ao mesmo tempo, a Casa Branca —, ao classificar como "tolice" a declaração do líder soviético de que estava ampliando sua superioridade sobre os Estados Unidos em matéria de mísseis. Em termos tanto de tecnologia na produção de mísseis quanto de capacidade geral de ataque, os Estados Unidos ainda levavam considerável vantagem. McNamara disse que os dois países tinham mais ou menos a mesma quantidade de mísseis instalados e, embora não mencionasse a superioridade americana — 6 mil ogivas contra cerca de trezentas dos soviéticos —, desmentiu Khruschóv publicamente.[21]

Depois do fracasso da negociação com Eisenhower em 1960, Khruschóv correra grande risco político ao enaltecer abertamente a eleição de Kennedy, libertar os pilotos, tomar outras atitudes conciliatórias e tentar marcar para breve uma reunião com o novo presidente. A reação desdenhosa de Kennedy, o teste com o míssil balístico intercontinental e a declaração de McNamara forneceram munição aos inimigos de Khruschóv, que o acusavam de ingenuidade em relação às intenções dos americanos.

Em 11 de fevereiro, o premiê antecipou seu retorno de uma viagem a regiões agrícolas do país para participar de uma reunião de emergência do Presidium, onde seus rivais exigiram uma mudança na maneira de enfrentar o que viam como a nova militância americana.[22]

Khruschóv tinha de reconsiderar sua estratégia. Não conseguira se encontrar com o novo presidente americano antes que ele definisse sua política em relação a Moscou. Não podia parecer fraco, depois do espantoso discurso de Kennedy ao Congresso. E imediatamente mudou de tom com respeito a Washington, passando a se referir agressivamente ao poderio nuclear dos soviéticos. A mídia soviética também adotou outra postura.

A lua de mel Kennedy-Khruschóv tinha terminado antes de começar. Mal-entendidos estavam azedando as relações entre os dois homens mais poderosos do mundo antes mesmo que Kennedy presidisse sua primeira reunião sobre política soviética.

GABINETE DA CASA BRANCA, WASHINGTON, D. C.
SÁBADO, 11 DE FEVEREIRO DE 1961

Doze dias depois de seu discurso ao Congresso, Kennedy reuniu pela primeira vez os especialistas em assuntos soviéticos para estabelecer as bases de sua política em relação a Moscou. E colocou o carro na frente dos bois.[23]

Não seria o primeiro nem o último presidente americano recém-eleito que se via obrigado a definir o rumo de uma política antes de examiná-la formalmente. Embora sua administração tivesse apenas vinte dias de existência, os que compareceram à reunião — representando tanto uma postura mais rígida quanto uma atitude mais conciliatória no tocante a Moscou — perceberam que os primeiros gestos de Khruschóv e a resposta dura de Kennedy já haviam posto em movimento um trem sacolejante que eles agora esperavam manter nos trilhos.

A tão aguardada reunião lançaria luz sobre a sede de conhecimento de Kennedy e sua indecisão quanto à maneira de lidar com Khruschóv, apesar da aparente clareza de seu discurso. Foram chamados ao Gabinete o vice-presidente, Lyndon Johnson, o secretário de Estado, Dean Rusk, o consultor de Segurança Nacional, McGeorge Bundy, o embaixador Thompson e outros três ex-embaixadores em Moscou: Charles "Chip" Bohlen, que atuava como o especialista em Rússia do Departamento de Estado; George Kennan, agora embaixador na Iugoslávia; e Averell Harriman, "embaixador itinerante".[24]

Os dias que antecederam o encontro produziram muitos telegramas e reuniões preparatórias. Thompson havia sido o mais ocupado de todos, enviando uma série de longos telegramas para instruir o novo governo sobre todos os aspectos de seu maior desafio no campo da política externa. Kennedy resolvera mantê-lo em Moscou, em grande parte por causa de seu acesso a Khruschóv. E agora Thompson ia a Washington pela primeira vez desde que essa decisão fora tomada. Estava encantado de servir a um presidente que não só era democrata como ele, mas também já havia demonstrado que lia seus telegramas muito mais atentamente que Eisenhower.

Aos 56 anos de idade, Thompson não tinha nem o charme de Bohlen, seu predecessor, nem o brilhantismo de Kennan. Mas ninguém punha em dúvida seus conhecimentos ou sua história. Ele ganhara a Medalha da Liberdade de seu país e conquistara a estima dos soviéticos, porque permanecera em Moscou como diplomata durante a fase mais terrível do cerco nazista, depois que o embaixador americano fugira.[25]

Participara de quase toda negociação importante envolvendo os soviéticos, de Potsdam, em julho de 1945, a conversações sobre a independência da Áustria, em 1954 e 1955. Era famoso pelo pulso firme, tanto no pôquer que jogava com o pessoal da embaixada, quanto no xadrez geopolítico que jogava com os soviéticos. Acreditava que estava na hora de Kennedy definir "nossa política básica em relação à União Soviética".

Em particular, criticara Eisenhower por não ter aproveitado os esforços pós-Stálin para aliviar as tensões da Guerra Fria. Concordava com Khruschóv quando o premiê dizia que seus esforços para reduzir as tensões foram inúteis.[26] Em março de 1959, enviou um telegrama a Washington: "Recusamos essas ofertas ou submetemos sua aceitação a condições que ele, como comunista, considera impossíveis". Explicando a decisão de Khruschóv de desencadear a Crise de Berlim no final de 1958, declarou: "Estamos no processo de rearmar a Alemanha e reforçar nossas bases em torno do território soviético. Na opinião dele, nossas propostas para resolver o problema alemão levariam à dissolução do bloco comunista e ameaçariam o regime inclusive na União Soviética".[27]

Nos dias anteriores à reunião de 11 de fevereiro, Thompson teve o cuidado de fornecer informações mais detalhadas e complexas sobre Khruschóv do que as que enviara antes do discurso de Kennedy ao Congresso. Considerava-o o menos doutrinário e o melhor de todos os líderes soviéticos possíveis. "É o mais pragmático de todos e tende a tornar seu país mais normal", escreveu, na linguagem concisa do telegrama diplomático.[28] Sobre a oposição no Kremlin, alertou que Khruschóv podia desaparecer durante a gestão de Kennedy "por causas naturais ou de outra ordem".[29]

Com relação a Berlim, disse que os soviéticos se preocupavam mais com o problema alemão como um todo do que com o destino da cidade dividida. Disse também que o que Khruschóv mais queria era estabilizar os regimes comunistas em toda a Europa oriental, "sobretudo na Alemanha Oriental, que é, provavelmente, a mais vulnerável". Segundo ele, os soviéticos estavam "profundamente preocupados com o potencial militar dos alemães e temiam que a Alemanha Ocidental acabasse entrando em ação, o que os obrigaria a escolher entre uma guerra mundial e a retirada da Alemanha Oriental".[30]

Thompson admitia que era impossível conhecer realmente as intenções de Khruschóv em relação a Berlim, mas achava que o premiê tentaria resolver o problema ao longo de 1961, pois era cada vez mais pressionado pelo regime de Ulbricht, que se sentia ameaçado pelo uso crescente da cidade como rota de fuga e como base para espionagem e propaganda ocidentais. Khruschóv também seria influenciado por outras questões, que iam do tipo de incentivo comercial oferecido por Kennedy à extensão das pressões internas sobre ele. "Estaria disposto a deixar o assunto de lado" até as eleições de setembro, se Kennedy pudesse lhe dar alguma esperança de um progresso real depois disso.[31]

Num telegrama depois de outro, Thompson tentava ministrar ao novo governo um curso intensivo sobre a maneira de lidar com os soviéticos no tocante a Berlim. E competia com outras vozes, que defendiam medidas mais severas contra Moscou. Walter Dowling, o embaixador americano na Alemanha Ocidental, telegrafou de Bonn, recomendando a Kennedy que fosse duro com os soviéticos para mostrar a Khruschóv que não havia "nenhum modo indolor de minar a posição ocidental em Berlim" e que qualquer tentativa nesse sentido envolvia muitos perigos tanto para Moscou, quanto para Washington.[32]

Em Moscou, porém, Thompson aconselhava o governo a conceber melhores métodos não militares de combater o comunismo. Kennedy tinha de assegurar o bom funcionamento do sistema americano, tinha de estar certo de que os Estados membros da aliança ocidental permaneceriam unidos e, mediante ações concretas, tinha de provar ao mundo em desenvolvimento e às ex--colônias que o futuro pertencia aos Estados Unidos, e não à União Soviética. Thompson estava preocupado com erros dos americanos na América Latina numa época em que o desafio chinês obrigava os soviéticos a rever sua "postura revolucionária".

"Estou convencido de que erraríamos, se, desta vez, tratássemos a ameaça comunista basicamente como uma ameaça de natureza militar", escreveu num telegrama que causou impacto em Washington. "Acredito que a liderança soviética já avaliou corretamente o significado do poderio militar atômico e reconheceu que uma grande guerra não é mais um modo aceitável de alcançar seus objetivos. Naturalmente, temos de nos manter calmos e atentos, por motivos óbvios."[33]

Como se contrabalançasse essa posição, em 9 de fevereiro Kennedy anunciou que estava tirando da aposentadoria Dean Acheson, secretário de Estado de Harry Truman, um linha-dura que, depois de anos de experiência, convencera-se de que só com uma política de força era possível lidar com o Kremlin. A mando de Kennedy, um dos mais conhecidos falcões americanos conduziria os estudos da administração sobre Berlim, a Otan e o uso equilibrado de armas convencionais e nucleares em qualquer enfrentamento com os soviéticos. Embora não comparecesse à reunião marcada para dois dias depois de sua nomeação, Acheson logo forneceria o antídoto para a postura mais conciliatória de Thompson.

A reunião de 11 de fevereiro se tornaria um modelo da maneira como o novo presidente tomaria decisões. Ele congregava as melhores cabeças e as deixava soltar faíscas, enquanto as provocava com todo tipo de pergunta. Mais tarde, num relatório ultrassecreto intitulado "O pensamento do líder soviético", Bundy organizou os temas sob quatro rubricas: (1) a condição geral da União Soviética e de sua liderança; (2) atitudes dos soviéticos em relação aos Estados Unidos; (3) políticas e atitudes americanas convenientes; (4) a melhor forma de Kennedy negociar com Khruschóv — esse era o item mais importante.[34]

Bohlen se surpreendeu ao descobrir que, depois de ter sido tão veemente em seu discurso ao Congresso, Kennedy tinha poucos preconceitos sobre a União Soviética. "Nunca ouvi falar de um presidente que quisesse saber tanto", Bohlen comentou. Kennedy não tinha grande interesse pelas arcanas sutilezas da doutrina soviética, mas queria conselhos de ordem prática. "Via a Rússia como um grande e poderoso país, e nós éramos um grande e poderoso país, e parecia-lhe que devia haver algum modo de os dois países conviverem sem que um destruísse o outro."

Os homens diante dele diferiam fundamentalmente em suas posições acerca de Moscou. Bohlen temia que Kennedy subestimasse a determinação de Khruschóv de expandir o comunismo mundial. Kennan tinha dúvidas de que Khruschóv estivesse realmente no comando da União Soviética; disse que remanescentes do stalinismo contrários a negociações com o Ocidente faziam-lhe "considerável oposição" e, assim, Kennedy precisava lidar com o "coletivo".[35] Thompson argumentou que o governo era cada vez mais obra de Khruschóv, embora fosse um empreendimento coletivo. Acreditava que só falhas graves nos assuntos externos ou na produção agrícola ameaçariam o controle político de Khruschóv, que poderia enfrentar um terceiro ano sucessivo de más colheitas.[36]

Afirmou que os Estados Unidos esperavam que, "no futuro", a sociedade soviética se tornasse mais sofisticada e voltada para o consumo. "Essa gente está se aburguesando com muita rapidez", explicou. Baseado em longas conversas com Khruschóv, informou que o premiê estava tentando ganhar tempo para que a economia soviética avançasse nessa direção. "Para isso ele realmente deseja um período de calma nos assuntos externos."

Por esse motivo, continuou, Khruschóv queria muito se encontrar logo com o presidente. Embora tivesse cortado a comunicação com a Casa Branca em função do incidente com o U-2 — um golpe em seu orgulho —, ele agora estava ansioso para seguir em frente. Kennedy devia estar aberto a essa reunião, pois a política externa de Khruschóv dependia muito de sua interação pessoal com seus pares.

Outros assessores se mostraram mais cautelosos, perguntando o que poderia resultar de uma reunião com um governante que chamava os Estados Unidos de "o principal inimigo da humanidade". Bohlen era contra a realização da reunião durante uma sessão da ONU, conforme sugerira Khruschóv, "porque o líder soviético não consegue resistir a uma tribuna".[37] Harriman lembrou que o protocolo exigia que Kennedy se reunisse primeiro com seus aliados.

A data não importava. Kennedy deixou cada vez mais claro aos presentes que queria se encontrar com Khruschóv. Achava que só depois desse encontro poderia revelar o potencial de sua presidência. Como disse a Kenneth O'Donnell, seu assessor e amigo de longa data, "tenho de mostrar-lhe que sabemos ser tão duros quanto ele. Não posso fazer isso mandando mensagens através de outras pessoas. Vou ter de me sentar com ele e deixá-lo ver com quem está lidando".[38] Além disso, outros países — inclusive aliados dos Estados Unidos — estavam sendo cautelosos em questões cruciais para ver como Kennedy e Khruschóv se entenderiam.[39]

Kennedy explicou que não queria uma "cúpula" com todos os principais líderes mundiais, o que só lhe parecia necessário quando havia a ameaça de uma guerra mundial ou quando os governantes estavam dispostos a aprovar acordos importantes alinhavados por seus subordinados. O que ele queria era um encontro pessoal e informal para ter sua própria impressão de Khruschóv e avaliar a melhor maneira de lidar com ele. Queria abrir amplos canais de comunicação com os soviéticos para evitar o tipo de erro que desencadeara três guerras durante sua vida. O que mais temia, na era nuclear, era essa ameaça de erro.

"É meu dever tomar decisões que nenhum consultor nem aliado pode tomar por mim", declarou. Para garantir que essas decisões fossem bem fundamentadas, precisava do tipo de conhecimento profundo e pessoal que só poderia obter do próprio Khruschóv. Ao mesmo tempo, também queria expor ao premiê as posições americanas "com exatidão, com realismo e com abertura para a discussão e o esclarecimento".[40]

Dez dias depois, em 21 de fevereiro, o mesmo grupo de especialistas e autoridades se reuniu novamente, e, dessa vez, todos concordaram que Kennedy devia convidar Khruschóv para uma reunião. O líder soviético sugerira que o encontro se realizasse em março, em Nova York, quando ocorreria uma sessão especial da ONU sobre desarmamento. Mas Kennedy proporia um encontro na primavera numa cidade europeia neutra, como Estocolmo ou Viena. Quando entregasse o convite pessoalmente, Thompson explicaria a Khruschóv que Kennedy precisava de tempo para consultar os aliados.

Em 27 de fevereiro, falando em nome do presidente, Bundy ordenou ao Departamento de Estado que preparasse um relatório sobre o problema de Berlim, abordando os "aspectos políticos e militares da crise e incluindo a possibilidade de negociação sobre a Alemanha entre as quatro potências".[41]

Naquela mesma noite, Thompson desembarcou em Moscou com a carta do presidente. Kennedy precisara das dez semanas de transição desde a eleição e do primeiro mês de gestão para finalmente responder às inúmeras tentativas de Khruschóv em obter uma audiência com ele e aos vários acenos do premiê no sentido de melhorar as relações entre os dois países.

No entanto, quando Thompson ligou para Gromyko, o ministro do Exterior, a fim de agendar a entrega da tão esperada resposta, Khruschóv já não estava interessado. Gromyko explicou que ele tinha de retomar suas viagens pelas regiões agrícolas e, assim, não podia recebê-lo naquela noite nem na manhã seguinte, antes de sua partida. O tom glacial do ministro não poderia ter transmitido a desfeita com maior clareza.[42]

Thompson ressaltou a importância da carta. Disse que, para entregá-la, iria "a qualquer lugar, em qualquer momento". Gromyko falou que não podia garantir nem o lugar, nem o momento. A permanência de Thompson na embaixada de Moscou se devia, em grande parte, a seu alardeado acesso a Khruschóv, de modo que foi envergonhado que ele relatou a situação a Washington.

No dia seguinte, Khruschóv pronunciou em Sverdlovsk um discurso que refletia seu mau humor: "A União Soviética tem os foguetes mais potentes do mundo e todas as bombas atômicas e de hidrogênio necessárias para varrer os agressores da face da Terra".[43]

Uma declaração muito diferente do brinde de Ano-Novo, quando saudou a presidência de Kennedy como "uma lufada de ar fresco" nas relações. A interpretação equivocada de suas intenções por parte de Kennedy e sua reação irritada ao que entendia como desrespeito haviam acabado com uma breve oportunidade de melhorar as relações.

Thompson teria de ir à Sibéria para evitar que as coisas piorassem ainda mais.

E, na Alemanha, a situação não era melhor.

5. Ulbricht e Adenauer: alianças turbulentas

Seja qual for o resultado das eleições, a era Adenauer chegou ao fim. […] É insensato perseguirmos as sombras do passado e ignorarmos a liderança política e o pensamento da geração que agora está alcançando a maioridade.[1]

John F. Kennedy sobre o chanceler da
Alemanha Ocidental, Konrad Adenauer,
em *Foreign Affairs*, outubro de 1957

Berlim Ocidental está vivendo um boom do crescimento. Aumentou o salário dos trabalhadores e funcionários mais do que nós. Criou condições de vida mais favoráveis. […] Só estou dizendo isso porque temos de encarar a realidade e avaliar suas consequências.[2]

Walter Ulbricht, secretário-geral do Partido da
Unidade Socialista da Alemanha Oriental,
numa reunião com o Politburo em 4 de janeiro de 1961

A história registraria que Walter Ulbricht e Konrad Adenauer foram os pais fundadores das duas Alemanhas, homens cujas notáveis diferenças pessoais e políticas acabariam por definir sua era.

Contudo, nas primeiras semanas de 1961, uma importante similaridade pautava suas ações. Ambos desconfiavam dos homens dos quais seus destinos dependiam — Nikita Khruschóv, no caso de Ulbricht, e John F. Kennedy, no caso de Adenauer. No ano que estava começando, nada importava mais para os líderes alemães que manobrar esses indivíduos poderosos e fazer com que seus atos não comprometessem o que cada um via como seu legado.

Aos 67 anos, Ulbricht era um workaholic frio e introvertido que evitava amizades, distanciava-se de seus familiares e seguia sua estrita versão stalinista do socialismo com plena convicção e inabalável desconfiança dos outros. "Ele não era muito querido na juventude, e isso não melhorou com a idade", disse Kurt Hager, um velho companheiro comunista que se tornaria o principal ideólogo do partido. "Era incapaz de entender uma piada."[3]

Pequeno e de postura rígida, Ulbricht considerava Khruschóv ideologicamente incoerente, intelectualmente inferior e pessoalmente fraco. O Ocidente apresentava muitas ameaças, porém nenhuma era mais imediata para a Alemanha Oriental do que aquilo que ele via como pouca firmeza de Khruschóv em proteger a existência de seu país.

Para Ulbricht, a lição da Segunda Guerra Mundial — que ele praticamente passara exilado em Moscou — era que, quando puderam escolher, os alemães se tornaram fascistas. Determinado a nunca permitir que seus concidadãos voltassem a ter esse tipo de livre-arbítrio, Ulbricht os encerrou nos rígidos limites de seu sistema repressivo, mantido por uma Polícia Secreta mais sofisticada que a Gestapo de Hitler. O objetivo de sua vida era a criação e, agora, a salvação de seu Estado comunista de 17 milhões de habitantes.

Aos 85 anos, Adenauer era um homem excêntrico, astuto, mordaz e ordeiro que sobrevivera a todos os estágios caóticos da Alemanha desde o século anterior: o Reich imperial, a primeira unificação do país, a República de Weimar, o Terceiro Reich e a divisão no pós-guerra. A maioria de seus aliados políticos morrera ou saíra de cena, e ele temia que faltassem a Kennedy contexto histórico, experiência política e personalidade para fazer frente aos soviéticos no estilo de Truman e Eisenhower, seus predecessores.

Assim como Ulbricht, Adenauer também desconfiava da natureza dos alemães, porém o remédio que encontrou foi atrelar seu país aos Estados Unidos e ao Ocidente através da Otan e do Mercado Comum Europeu. Mais tarde explicaria que "nossa tarefa consistia em dirimir a desconfiança do Ocidente em relação a nós. Tínhamos de tentar, passo a passo, reconquistar a confiança nos alemães. A precondição para isso [...] era uma afirmação clara e firme de identidade com o Ocidente" e suas práticas econômicas e políticas.[4]

Como o primeiro e, até então, único chanceler da Alemanha Ocidental eleito livremente, Adenauer ajudara a construir, a partir das ruínas nazistas, um Estado vibrante, democrático, de livre mercado, com 60 milhões de habitantes. Tinha como objetivo manter essa construção até o momento em que ela estivesse suficientemente forte para conseguir a unificação em seus próprios termos. No curto prazo, buscava um quarto mandato em setembro com a determinação de um político que se sentia justificado pela história.

Tanto Ulbricht quanto Adenauer eram, ao mesmo tempo, atores principais e dependentes necessitados — conduziam e eram conduzidos pelos acontecimentos —, conforme mostrariam os primeiros dias de 1961.

"GROSSES HAUS", SEDE DO PARTIDO COMUNISTA, BERLIM ORIENTAL
QUARTA-FEIRA, 4 DE JANEIRO DE 1961

Reunido com seu Politburo numa sessão secreta de emergência, Walter Ulbricht coçava o cavanhaque, descontente, contradizendo sua otimista mensagem pública de Ano-Novo, pronunciada apenas três dias antes.

Falando a seus súditos, exaltara o triunfo socialista, o sucesso da coletivização da agricultura, o enriquecimento econômico da Alemanha Oriental e a melhoria da posição do país no mundo. Porém, a situação era séria demais para que ele se arriscasse a contar as mesmas mentiras para sua liderança bem informada, da qual precisava para enfrentar um oponente cujos recursos pareciam se ampliar a cada hora que passava.[5]

"Berlim Ocidental está vivendo um boom do crescimento", reclamou. "Aumentou o salário dos trabalhadores e funcionários mais do que nós. Criou condições de vida mais favoráveis e reconstruiu grande parte dos principais pontos da cidade, enquanto, entre nós, a construção continua lenta." O resultado era que Berlim Ocidental estava "sugando" a mão de obra de Berlim Oriental e muitos dos jovens mais talentosos da Alemanha Oriental estavam estudando em escolas de Berlim Ocidental e vendo filmes de Hollywood em seus cinemas.

Ulbricht nunca havia sido tão claro sobre a estrela ascendente do inimigo e o próprio declínio. "Só estou dizendo isso porque temos de encarar a realidade e avaliar suas consequências", prosseguiu, antes de expor seus planos para um ano no qual desejava deter o fluxo de refugiados, alavancar a economia de Berlim Oriental e proteger o país dos espiões e propagandistas que agiam desde Berlim Ocidental.[6]

Um a um, os membros do Politburo se levantaram para apoiá-lo e apresentar mais motivos de preocupação. Um secretário do partido no bairro de Magdeburg disse que só com uma colheita de emergência conseguira impedir que faltassem árvores de Natal. Os moradores locais atribuíam a escassez de sapatos e têxteis ao fato de o partido direcionar uma produção insuficiente para Karl-Marx-Stadt e Dresden, cidades politicamente mais sensíveis. Erich Honecker, membro do Politburo, lamentou que as atrações do Ocidente estivessem privando de seus melhores atletas o esporte da Alemanha Oriental, pelo qual era responsável; isso constituía uma ameaça para as ambições olímpicas do país. Bruno Leuschner, encarregado do planejamento urbano e sobrevivente de um campo de concentração, informou que a Alemanha Oriental só evitaria o colapso se os soviéticos lhe dessem, de imediato, alguns bilhões de rublos. Acrescentou que acabara de voltar de Moscou, onde os documentos técnicos para calcular o tamanho da ajuda soviética encheram um avião militar de carga Ilyushin Il-14. Paul Verner, chefe do partido em Berlim Oriental e ex--metalúrgico, declarou que não podia fazer nada para deter a fuga contínua dos mais qualificados trabalhadores da cidade.

O retrato que os membros do Politburo pintaram era o de um país caminhando para o colapso inevitável. Eles pouco podiam fazer para evitá-lo, uma vez que grande parte da mão de obra produtiva da Alemanha Oriental estava indo embora. Sua crescente dependência de Berlim Ocidental no tocante a fornecedores só os tornava mais vulneráveis. Karl Heinrich Rau, o ministro encarregado do comércio com o Ocidente, argumentou que não podiam esperar a reunião de Khruschóv com Kennedy para tentar resolver os problemas crescentes. Tinham de agir agora.[7]

Com uma franqueza incomum diante dos correligionários, um exasperado Ulbricht condenou Khruschóv por sua "tolerância desnecessária" para com a situação de Berlim. Sabia que a KGB receberia um relatório sobre o que falasse no Politburo, mas nem por isso deixou de dizer o que pensava. Interessavam-lhe muito menos os perigos do desagrado de Khruschóv que os de sua contínua inação. Ulbricht lembrou aos colegas que havia sido o primeiro a declarar abertamente que Berlim inteira devia ser considerada parte do território da Alemanha Oriental e que só mais tarde Khruschóv acabou concordando com ele.

Mais uma vez teria de tomar a iniciativa, acrescentou.

Só anos depois — graças à liberação de documentos secretos da Alemanha Oriental e da União Soviética —, o Ocidente saberia como os atos de Ulbricht nos primeiros dias de 1961 foram cruciais para determinar tudo que se seguiu. Quando decidiu aumentar a pressão sobre Khruschóv, apesar dos potenciais perigos políticos que corria, ele foi coerente com uma carreira em que repetidamente vencera opositores internos e soviéticos para criar um Estado mais stalinista do que o próprio Stálin imaginara.

Como seu mentor Stálin, Ulbricht era baixinho — 1,60 metro — e tinha uma peculiaridade física que ajudava a definir sua personalidade deformada. Stálin tinha marcas de varíola, mancava e ficara com o braço esquerdo inutilizado em função de uma doença da infância. O defeito de Ulbricht era uma característica voz de falsete, consequência de uma difteria que contraíra aos dezoito anos. Ele expunha suas opiniões mais entranhadas num tom agudo e muitas vezes num dialeto saxão indecifrável, e os ouvintes precisavam esperar que se acalmasse e baixasse uma oitava ou duas. Na década de 1950, suas arengas anti-imperialistas — que em geral ele pronunciava usando um terno amarrotado e uma gravata que não combinava com o conjunto — transformaram-no em objeto de ridículo, em alvo de piadas entre alemães-orientais (em seus momentos de maior ousadia ou embriaguez) e comediantes dos cabarés de Berlim Ocidental. Depois disso, Ulbricht encurtou seus discursos e tratou de usar ternos mais bem passados e gravatas cinzentas. Porém essas mudanças pouco contribuíram para mudar sua imagem pública.[8]

Como Stálin, Ulbricht era fanaticamente organizado, capaz de lembrar nomes de pessoas com suas respectivas lealdades e fraquezas — dados úteis para manipular amigos e destruir inimigos. Não era um grande orador e tampouco irradiava simpatia, o que o impedia de conquistar popularidade, mas ele compensava essas falhas com uma capacidade de organização crucial para administrar um sistema autoritário e centralizado. Embora a Alemanha Oriental fosse bem menor que o império soviético, Ulbricht tinha a mesma aptidão de

Stálin para tomar e manter o poder em condições desfavoráveis e chegar a resultados improváveis.

Também era metódico. Começava o dia sempre com dez minutos de ginástica e em slogans rimados pregava o valor do exercício físico. Nas noites de inverno, antes de patinar com sua esposa Lotte, mandava uma equipe alisar a superfície de seu lago particular para que não apresentasse um arranhão sequer. *Ao contrário* de Stálin, não executou seus inimigos reais ou imaginários, mas nem por isso foi menos firme em sua determinação de impor um sistema bolchevique ao terço da Alemanha arruinada que estava sob ocupação soviética. E o fizera a despeito das instruções de Stálin e de outras autoridades do Kremlin, que, duvidando que seu próprio estilo especial de comunismo vingasse entre os alemães, não se atreveram a impô-lo.[9]

Ulbricht não tinha tais temores. Imaginara a zona de ocupação soviética praticamente no momento em que a Alemanha nazista caiu. Às seis horas da manhã do dia 30 de abril de 1945, horas antes da morte de Hitler, o futuro líder da Alemanha Oriental e outros dez esquerdistas alemães — conhecidos como o *Ulbricht Gruppe* — deixaram o Hotel Lux, onde se instalaram durante a guerra, e tomaram um ônibus. Stálin os encarregara de ajudar a criar um governo provisório e reconstruir o Partido Comunista Alemão.[10]

Quando desembarcaram, Wolfgang Leonhard, o mais jovem do grupo (23 anos), observou que "Ulbricht agia como um ditador" em relação aos comunistas locais, que considerava incapazes de governar a Alemanha do pós-guerra.[11] Ulbricht havia fugido da Alemanha nazista para lutar na Guerra Civil Espanhola antes de se exilar em Moscou e não escondia seu desprezo pelos comunistas alemães que permaneceram no Terceiro Reich porém pouco fizeram para derrubar Hitler — deixando a tarefa para os estrangeiros.

Ulbricht deu uma ideia de seu estilo de comando em maio de 1945, quando recebeu cem comunistas líderes de distrito para transmitir-lhes suas ordens. Vários deles viam como sua missão mais urgente curar as feridas sociais resultantes do estupro de mulheres alemãs por soldados soviéticos. Alguns lhe pediram que autorizasse os médicos a fazer aborto nas mulheres que engravidaram em função dessa violência. Outros queriam que ele condenasse os excessos do Exército Vermelho.

"Quem fica indignado com esse tipo de coisa hoje em dia devia ter se indignado quando Hitler começou a guerra", Ulbricht declarou. "Qualquer concessão a essas emoções está fora de cogitação [...]. Não vou permitir que o debate prossiga. A reunião está encerrada."[12]

Como aconteceria com frequência no futuro, seus opositores permaneceram em silêncio, supondo que ele agia com o beneplácito de Stálin. A verdade era que desde o início Ulbricht sempre ia além das ordens que recebia. Em 1946, quando o ditador soviético lhe pediu que unisse seu Partido Comunista da Alemanha, ou KPD, com o menos doutrinário Partido Social-Democrata, ou SPD, para criar um único Partido da Unidade Socialista, ou SED, Ulbricht expulsou figuras-chave do SPD em número suficiente para garantir sua própria liderança e formar um partido mais dogmático do que Stálin desejara.[13]

Em abril de 1952, Stálin lhe disse: "Embora dois Estados estejam sendo criados na Alemanha, você não deve falar em socialismo por enquanto". Preferia uma Alemanha unificada com todos os seus recursos nacionais, que se sustentasse fora da esfera militar americana, do que um pedaço de país dentro do bloco soviético. Mas Ulbricht tinha seus próprios planos e se empenhou em criar uma Alemanha Oriental separada e stalinista mediante a nacionalização de 80% da indústria e a exclusão dos filhos dos chamados burgueses da instrução superior.[14]

Em julho de 1952, Stálin concordou com seus planos de um período draconiano de coletivização compulsória e maior repressão social. Ulbricht reforçou suas convicções depois da morte do ditador soviético, quando sobreviveu a pelo menos duas tentativas de companheiros liberalizantes para destituí-lo. Ambas ocorreram depois que os soviéticos reprimiram militarmente as revoltas de 1953 na Alemanha Oriental e 1956 na Hungria — inspiradas em reformas que Ulbricht vetara.

Assim como tivera mais determinação que Stálin para criar uma Alemanha Oriental stalinista, Ulbricht também era mais determinado que Khruschóv para proteger sua criação. Falando ao Politburo em 4 de janeiro de 1961, atribuiu 60% das fugas de alemães-orientais às falhas do país. Disse que o partido tinha de resolver os problemas da escassez de moradias, dos salários baixos e das pensões inadequadas e precisava reduzir a semana de trabalho de seis para cinco dias em 1962. Lamentou que 75% dos refugiados tivessem menos de 25 anos, evidência de que as escolas da Alemanha Oriental não estavam preparando os jovens como deviam.

O ato mais importante da sessão de emergência do Politburo consistiu em aprovar sua proposta de criação de um grupo de trabalho do mais alto nível para encontrar meios de deter o fluxo de refugiados. Ulbricht confiou a tarefa a três de seus assessores mais leais, confiáveis e criativos: o secretário de Segurança do partido, Erich Honecker, o ministro do Interior, Karl Maron, e o chefe da Polícia Secreta, Erich Mielke.

Tendo erguido suas barricadas em casa, estava pronto para voltar sua atenção para Khruschóv.

CHANCELARIA FEDERAL, BONN
QUINTA-FEIRA, 5 DE JANEIRO DE 1961

Seguindo a tradição, órfãos católicos e protestantes foram os primeiros a cumprimentar Konrad Adenauer por seu 85º aniversário. Pouco depois das dez horas da manhã, dois meninos fantasiados de anão e uma menina vestida como Branca de Neve entraram no gabinete onde o primeiro e único chanceler da Alemanha Ocidental recebia os visitantes. Um anão usava gorro vermelho, capa azul e calça vermelha; o outro, gorro azul, capa vermelha e calça azul. Os dois se encolhiam atrás de barbas brancas idênticas, enquanto as freiras os conduziam para cumprimentar um dos grandes homens da história alemã, que fungava em decorrência de um persistente resfriado.

Os amigos do chanceler estavam convencidos de que suas preocupações com a vitória de Kennedy agravaram sua doença, contraída antes da eleição, fazendo-a evoluir de resfriado para bronquite e de bronquite para pneumonia. Só agora ele estava se recuperando. Embora tivesse elogiado Kennedy publicamente com falso entusiasmo, em privado Adenauer expressava seu temor de que os americanos tivessem elegido um homem de caráter falho e firmeza insuficiente. O Bundesnachrichtendienst, seu serviço de inteligência, fornecera-lhe relatórios sobre as infidelidades sexuais de Kennedy, uma fraqueza que os comunistas saberiam explorar.[15] Tal comportamento era apenas uma das muitas razões que levaram o velho chanceler a concluir que o novo presidente, 42 anos mais jovem que ele, era "uma mistura de marinheiro e escoteiro católico", ambos indisciplinados e, ao mesmo tempo, ingênuos.[16]

Adenauer sabia que Kennedy não o tinha em alta conta. Que o via como uma relíquia reacionária, cuja considerável influência em Washington limitara a flexibilidade dos americanos nas negociações com os soviéticos. Que torcia por sua derrota, nas próximas eleições, ante seu opositor social-democrata Willy Brandt, o simpático prefeito de Berlim, que, aos 47 anos, apresentava-se como o Kennedy alemão.

O chanceler se defrontava com quatro desafios em 1961: manobrar Kennedy, derrotar Brandt, resistir a Khruschóv e lutar contra o fato inevitável da própria mortalidade. Não obstante, sorriu com prazer quando Branca de Neve e os anões recitaram poesias sobre os animais da floresta e sobre seu amor por ele. As crianças lhe ofereceram presentes feitos em casa, e ele, depois de assoar o nariz, deu-lhes chocolates Sarotti, seus favoritos.[17]

Um dos grandes homens da história alemã seria fotografado ereto e sério entre duas crianças assustadas, vestidas como personagens de um conto dos irmãos Grimm, para ilustrar a reportagem que sairia nos jornais do dia seguinte.

Chame-se isso de a banalidade do sucesso.

O jovem país de Adenauer fortalecia-se mês a mês. A média anual do crescimento da renda per capita na década anterior a 1961 havia sido de 6,5%. Havia pleno emprego, graças a um boom na fabricação de tudo, de carros a ferramentas, e a Alemanha Ocidental era agora o terceiro maior exportador do mundo. Nenhum outro país desenvolvido ia tão bem.[18]

Apesar de toda essa proeza, Adenauer era um herói improvável de contradições por vezes engraçadas. Era um homem extremamente convencional que cantava com prazer as tradicionais canções alemãs sobre cerveja; um católico fervoroso que, como Churchill, fazia, nu, uma sesta no meio do dia; e um anticomunista ferrenho que administrava sua democracia com zelo autoritário. Gostava do poder, mas tirava férias com frequência, quando o stress aumentava demais, e ia para o lago de Como, na Itália. Defendia a integração ocidental tão intensamente quanto temia ser abandonado pelos Estados Unidos. Amava a Alemanha, porém temia o nacionalismo alemão.[19]

Segundo Dean Acheson, seu amigo de longa data e secretário de Estado de Truman, Adenauer era "rígido e inescrutável" e, ao mesmo tempo, adorava um bom mexerico e uma amizade masculina, que começava com cuidado, mas depois cultivava durante anos, ainda que a outra parte desistisse. "Ele se move com lentidão, é econômico nos gestos, fala baixo, sorri pouco e solta uma risadinha, quando acha graça", explicou Acheson, que apreciava sobretudo o humor cortante do amigo, voltado contra políticos que se recusavam a aprender as lições da história. "Deus cometeu um erro grave ao limitar a inteligência do homem, mas não sua burrice", o chanceler costumava dizer-lhe.[20]

Na manhã de seu aniversário, Adenauer se dirigiu rapidamente a seu gabinete, onde receberia os convidados. Um acidente de automóvel em 1917 o deixara com um rosto enrugado, reconstruído cirurgicamente, que parecia mais tibetano que alemão,[21] com maças do rosto altas, olhos puxados (porém azuis) e nariz torto. Alguns comparavam seu perfil ao do índio na moeda americana de cinco centavos.[22]

Seus doze anos no poder já se igualavam, em duração, ao reinado de Hitler, e ele usara esse tempo para desfazer grande parte do mal que seu predecessor causara à Alemanha. Enquanto Hitler incitara ao nacionalismo, ao racismo genocida e à guerra, Adenauer tinha a serena e pacífica consciência de pertencer à Europa, sendo ele o guardião da Alemanha na comunidade de nações civilizadas.

Em 1953, apenas oito anos depois da queda do Terceiro Reich, a revista *Time* o elegeu seu Homem do Ano e chamou a Alemanha de "mais uma vez uma potência [...] o país mais forte do continente, depois da Rússia". Desde então Adenauer reforçou essa reputação, unindo-se à Otan, negociando relações diplomáticas com Khruschóv em Moscou, em 1955, e levando seus democratas-cristãos facilmente à reeleição com maioria absoluta em 1957.[23]

Adenauer estava convencido de que a divisão da Alemanha e de Berlim era mais uma consequência que uma causa da tensão leste-oeste. Assim, achava que a reunificação da Alemanha tinha de passar pela reunificação da Europa como parte da comunidade ocidental e por uma *détente* maior nas relações entre os Estados Unidos e a União Soviética. Em março de 1952, rejeitara a oferta de Stálin para reunificar, neutralizar, desmilitarizar, desnazificar a Alemanha e livrá-la das forças de ocupação.

Seus críticos diziam que esse não era o gesto de um líder visionário, mas a escolha de um político oportunista. E era verdade que esse católico nascido na Renânia provavelmente teria perdido as primeiras eleições da Alemanha, se os prussianos protestantes, que dominavam a Alemanha Oriental, tivessem votado. Sua desconfiança das motivações dos russos era real e coerente. "O objetivo dos russos era evidente", ele explicou depois. "Assim como a Rússia tsarista, a Rússia soviética queria adquirir e subjugar novos territórios na Europa."[24]

A seu ver, foi a falta de determinação dos aliados, depois da guerra, que permitira aos soviéticos engolirem uma grande parte da Alemanha do pré-guerra e instalarem governos subservientes na Europa oriental. Em função disso, a Alemanha Ocidental ficara "entre dois blocos de força com ideais completamente opostos. Tínhamos de escolher um lado ou outro, para não ser pulverizados". Adenauer nunca viu a neutralidade como uma opção e queria ficar do lado que partilhava suas ideias de liberdade política e pessoal.[25]

Nos dois dias da comemoração de seu aniversário, digna mais de um monarca que de um chanceler democrático, ele recebeu governantes europeus, embaixadores, líderes judeus alemães, chefes de partidos políticos, líderes sindicais, editores, industriais, grupos folclóricos em trajes coloridos e seu adversário político Willy Brandt. O arcebispo de Colônia abençoou-o. O ministro da Defesa, Franz Josef Strauss, conduziu uma delegação de generais.[26]

O tempo foi distribuído como parcas rações: vinte minutos para familiares, dez para membros do gabinete e cinco para mortais comuns. Adenauer protestou, furioso, quando, com base em vazamentos de dentro do governo, a imprensa da Alemanha Ocidental informou que a celebração de seu 85º aniversário se estendia por dois dias em função de sua saúde frágil, para lhe dar tempo de se recuperar entre uma visita e outra. O verdadeiro motivo, esclareceu, era que o pessoal do protocolo não poderia encaixar num único dia as multidões que desejavam cumprimentar *Der Alte*, "o Velho", como carinhosamente o chamavam seus compatriotas.

Suas preocupações com Kennedy pairavam como uma sombra sobre toda a celebração. O que mais distinguia a nova administração das gestões de Truman e Eisenhower eram suas atitudes em relação a Adenauer e à Alemanha Ocidental.

Durante a campanha presidencial, Kennedy dissera a respeito do chanceler: "O verdadeiro problema é que ele é velho demais e eu sou jovem demais para podermos nos entender". Na realidade, o problema ia além do fato de Adenauer ter quase o dobro da idade de Kennedy. Mais importantes eram as diferenças de caráter e formação, em função das quais o catolicismo era praticamente o único traço em comum entre eles.[27]

Kennedy nascera rodeado por riqueza e privilégios e na vida adulta cercou-se de glamour e mulheres bonitas. Buscava com impaciência novas ideias e soluções para velhos problemas. Adenauer crescera no lar austero de um rígido funcionário público que sobrevivera à batalha de Königgrätz, o maior confronto militar da Europa até o final do século XIX, que abrira o caminho para a unificação alemã. Adenauer prezava a ordem, a experiência e a reflexão e, ao contrário de Kennedy, não acreditava em dom, instinto, teatralidade.[28]

Eisenhower considerava Adenauer um dos grandes homens da história do século XX, um opositor das tendências nacionalistas e neutralistas dos alemães. Na opinião do ex-presidente, o chanceler ajudara a fornecer a filosofia e os meios para o Ocidente conter o comunismo soviético, argumentando que o maior poderio militar do Ocidente era um pré-requisito para negociações bem-sucedidas com Moscou.

O Conselho de Segurança Nacional de Eisenhower resumiu sua admiração por Adenauer num relatório ultrassecreto entregue à equipe de transição de Kennedy. "O principal fato de 1960 na Alemanha foi um pronunciado aumento na autoconfiança e na independência", dizia a Junta de Coordenação de Operações do CSN, que implementava a política externa em todas as agências americanas. Dizia ainda que a Alemanha Ocidental emergira como Estado nacional e que sua população já não a via como uma construção temporária à espera da unificação. Ao contrário, prosseguia, a Alemanha Ocidental era "sucessora do Reich e a base da Alemanha reunificada do futuro".[29]

O relatório dava pleno crédito "ao governo firme de Adenauer" pela criação de um país tão bem-sucedido que até os obstinados social-democratas abandonaram o socialismo doutrinário e a conciliação com os soviéticos para se dar uma chance nas eleições. Enaltecia a sólida economia da Alemanha Ocidental, sua moeda forte, seus sucessos na exportação e seu mercado interno, que, somados, resultaram numa escassez de mão de obra, apesar do crescimento populacional.

Walter Dowling, embaixador americano em Bonn, também expressou num memorando seu entusiasmo por Adenauer. "Sua autoconfiança, alimentada pela convicção de que os acontecimentos dos últimos anos têm ratificado plenamente seu entendimento das verdades políticas, mantém-se inalterada. Aos 85 anos, ele ainda identifica seu exercício do poder político com o bem-estar e o destino do povo alemão. Considera sua vitória nas próximas eleições necessária para a manutenção da segurança e da prosperidade do país." E o mais importante: "Adenauer continua sendo a influência controladora no centro da vida política, com seus aguçados instintos políticos".[30]

Nada disso alterou a opinião de Kennedy, exposta pela primeira vez num artigo publicado em *Foreign Affairs* no outono de 1957 e lido com preocupação pelas pessoas mais próximas a Adenauer. O então senador por Massachusetts lamentava que a administração Eisenhower, assim como a Truman, se ativesse "a um único governo e a um único partido alemão. Seja qual for o resultado das eleições, a era Adenauer chegou ao fim". Afirmava que a oposição socialista demonstrara sua lealdade ao Ocidente e que os Estados Unidos deviam se preparar para transições democráticas em toda a Europa. "É insensato perseguirmos as sombras do passado e ignorarmos a liderança política e o pensamento da geração que agora está alcançando a maioridade."

Para o Conselho de Segurança Nacional de Eisenhower, Adenauer não era uma sombra da história, mas um homem cuja influência crescera com sua maioria parlamentar ampliada nas eleições de 1957. Com a França de De Gaulle tornando-se mais nacionalista e antiamericana, o CSN via Adenauer como o elo crucial para a continuidade da integração europeia e para o estreitamento das relações transatlânticas.[31] Além disso, Franz Josef Strauss, o ministro da Defesa alemão, empenhara-se em reforçar o poderio militar que fazia da Alemanha Ocidental o maior contingente europeu da Otan, com 291 mil homens, onze divisões e armamentos modernos.

Ao mesmo tempo, contudo, o CSN chamava a atenção para tendências que podiam ameaçar o relacionamento e tensões que podiam se agravar, caso se rompessem os laços pessoais entre os homens que governavam os dois países. Os alemães-ocidentais estavam se cansando de sua divisão, dizia o relatório, e começavam a duvidar do comprometimento de Washington. Temiam que o provável conflito entre os Estados Unidos e a União Soviética tivesse lugar em seu território e por cima de seus cadáveres.

A eleição de Kennedy alimentara os receios de Adenauer de ser abandonado pelos Estados Unidos — receios que se intensificaram depois da morte, em maio de 1959, de seu amigo e fiel aliado John Foster Dulles, secretário de Estado de Eisenhower. O chanceler alemão só conseguia dormir com doses maiores de sonífero. Para ele, os jovens e brilhantes consultores de Kennedy, chamados de "novos arraianos", eram "prima-donas de Harvard", teóricos que "nunca serviram no front político".[32]

Adenauer estava a par das dúvidas de Kennedy a seu respeito. Já em 1951, depois de sua primeira visita política à Alemanha na condição de congressista, Kennedy concluíra que "a figura política mais forte da Alemanha" era o líder social-democrata Kurt Schumacher, e não o chanceler Adenauer.[33] Schumacher, que perdera por pouco as primeiras eleições da Alemanha Ocidental dois anos antes, teria aceito a unificação com neutralidade, proposta por Stálin, e assim renunciado à maior integração da Europa ocidental e à participação na Otan.[34] Acheson considerava-o um "homem amargo e violento", decidido a enfraquecer os laços da Alemanha com o Ocidente.[35] Mesmo depois da morte de Schumacher, em 1952, seus social-democratas continuaram opondo-se à entrada da Alemanha Ocidental na Otan, em 1955.[36]

Não foi a primeira vez que Kennedy se enganou em relação à Alemanha. Viajando como estudante pela Europa em 1937, quatro anos depois que Hitler assumira o poder, ele havia escrito em seu diário: "Fui me deitar cedo [...]. Parece que a impressão geral é que não haverá guerra no futuro próximo e que a França está bem preparada para [enfrentar] a Alemanha. A permanência da aliança entre Alemanha e Itália também é questionável".[37]

O slogan da campanha de Adenauer em 1957 e seu conselho a Eisenhower sobre Berlim eram os mesmos: *Nada de experiências.* No entanto, toda a campanha de Kennedy girara em torno de experimentação; ele acreditava que mudanças fundamentais na sociedade soviética propiciariam negociações mais produtivas. "Deveríamos estar dispostos a correr riscos para provocar um degelo na Guerra Fria", declarou na ocasião, sugerindo uma nova maneira de lidar com os russos que poderia acabar com "a fase gelada de belicosidade [...] da longa Guerra Fria".[38]

Para Adenauer, essa posição era ingênua, e essa opinião se reforçou depois de sua histórica viagem a Moscou, em 1955, para estabelecer relações diplomáticas e libertar prisioneiros de guerra alemães. Ele esperava levar para casa 190 mil prisioneiros de guerra e 130 mil civis alemães dos 750 mil que eram tidos como capturados ou sequestrados e encarcerados.

Nada em sua vida o preparara para as ofensas e as duras conversações que se seguiram. Quando os soviéticos lhe informaram que apenas 9628 "criminosos de guerra" alemães permaneciam nos gulags, Adenauer perguntou onde estavam os outros. "Onde eles estão?", Khruschóv explodiu. "Na terra! Na fria terra soviética!"[39]

Adenauer se viu diante de "um homem que, sem dúvida, era astuto, inteligente e muito hábil, porém, ao mesmo tempo, grosseiro e incontrito. [...] Ele esmurrou a mesa, quase descontrolado. Então eu lhe mostrei o punho, e isso ele entendeu".[40]

Khruschóv levou a melhor, ganhando o reconhecimento da Alemanha Oriental em troca de tão poucos prisioneiros de guerra. Pela primeira vez, Adenauer aceitou a existência de dois embaixadores das duas Alemanhas em Moscou. O esforço físico da viagem causou-lhe uma pneumonia dupla.[41] A condessa Marion Dönhoff, correspondente do *Die Zeit*, escreveu: "A liberdade de 10 mil foi comprada ao preço da servidão de 17 milhões". Charles Bohlen, embaixador americano em Moscou, escreveu: "Trocaram prisioneiros pela legalização da divisão da Alemanha".[42]

Adenauer nunca esqueceu esse episódio desagradável e agora temia que Kennedy se saísse ainda pior com Khruschóv, com muito mais coisas em jogo. Por isso pouco escondera sua preferência por Nixon,[43] a quem até enviou uma carta de condolências depois das eleições: "Só posso imaginar como você está se sentindo". A sugestão era clara: ele partilhava o sofrimento do candidato derrotado.[44]

Contudo, em seu 85º aniversário, o chanceler deixou de lado as preocupações e se deleitou com a adulação de seus admiradores.

O dia começou como ele planejara: com uma missa celebrada por seu filho Paul no hospital Santa Elisabeth, em Bonn, à qual se seguiu um café da manhã com médicos e enfermeiras. Então assistiu a um culto católico em Rhöndorf, um vilarejo de lindas casinhas com jardineiras bem cuidadas do outro lado do Reno, onde se escondera em 1935, fugindo dos nazistas.[45] Oficialmente, Bonn fora escolhida para ser a capital provisória da Alemanha Ocidental para evitar a maior continuidade dessa situação que estaria associada a uma cidade grande. Mas os alemães sabiam que a escolha também condizia com o estilo de vida do chanceler.[46]

Em Bonn, a vida corria como ele gostava — tranquila e organizada. A Crise de Berlim, situada a mais de seiscentos quilômetros de distância, era real, porém Adenauer raramente visitava a cidade, cujos encantos já não o seduziam. Ele dividia a Alemanha em três partes, como a antiga Gália, definidas pela bebida alcoólica favorita: a Prússia era a Alemanha dos bebedores de aguardente; a Baváría, a dos bebedores de cerveja; e a Renânia, a dos bebedores de vinho. E acreditava que só os bebedores de vinho eram sóbrios bastante para governar os demais.

Da janela de sua sala avistavam-se as árvores nuas do inverno e a luminosidade matinal do Reno. A decoração era simples: um velho relógio-armário, uma pintura de um templo grego feita por Winston Churchill, presente pessoal do autor, e a escultura de uma Madona do século XIV, que seu gabinete lhe dera por ocasião de seu 75º aniversário. Rosas que ele mesmo cultivava e colhia ficavam num delicado vaso de cristal, sobre um móvel luzidio, atrás da escrivaninha. Se não fosse político, seria jardineiro, ele dizia aos amigos.

A comemoração de seu aniversário transcorreu de acordo com o mesmo senso de ordem, a não ser quando seus 21 netos entraram em cena e se puseram a brincar, enquanto Heinrich Lübke, o presidente da Alemanha Ocidental, enaltecia a natureza irreversível das realizações de Adenauer. Ludwig Erhard, ministro da Economia, declarou que, graças ao chanceler, o povo alemão retornara à comunidade dos povos livres.

Ao todo, o aniversariante recebeu trezentos convidados e 150 presentes durante os dois dias de comemoração. Nenhuma visita, porém, foi mais reveladora que a de Willy Brandt, prefeito de Berlim, que, aos 47 anos, era o opositor e o oposto de Adenauer. Filho ilegítimo de uma balconista de Lübeck, o esquerdista Herbert Frahm fugira para a Noruega a fim de escapar da Gestapo e lá, por motivos de segurança, trocara seu nome para Willy Brandt. Quando os alemães invadiram a Noruega, ele partiu para a Suécia, onde permaneceu até o fim da guerra.[47]

O fato de estar ali para apresentar seus cumprimentos refletia o avanço da política da Alemanha Ocidental. Os social-democratas tinham concluído que sua plataforma de neutralidade e aproximação dos soviéticos nunca os faria ganhar uma eleição. Assim, na convenção do partido em Bad Godesberg, em 1959, e novamente em novembro de 1960, quando elegeram Brandt como seu líder, reviram seu programa e aceitaram a participação da Alemanha Ocidental na Otan.

Sua guinada para a direita não podia ter sido mais evidente no aniversário de Adenauer.[48] Um ano antes, na mesma data, sua assessoria de imprensa acusara o chanceler de abuso do poder e de autocracia e cinismo no exercício do mais alto cargo do país; e um social-democrata de médio escalão levara cravos para *Der Alte*. Agora, o próprio Brandt compareceu para apertar a mão de Adenauer, a quem Carlo Schmid, líder parlamentar do SPD, entregou pessoalmente 85 rosas vermelhas.

Mas Adenauer não confiava na conversão de Brandt ou de seus socialistas. Considerava o prefeito de Berlim um opositor particularmente traiçoeiro, por causa de seu charme e de suas importantes qualidades políticas e também porque ele representava o centro mais elegível do SPD. Assim, aplicava uma de suas máximas políticas: descrevia seu inimigo mais perigoso como o caráter mais desprezível e questionava as origens e o patriotismo de Brandt.[49] "Agora é preciso ponderar o que pode ser dito sobre o passado de Brandt", advertiu os dirigentes de seu partido. Mais tarde, em outra reunião do partido, afirmou: "Quem quer ser chanceler deve ter caráter e um passado limpo, porque as pessoas têm de confiar nesse indivíduo".[50]

Quando Brandt lhe perguntou se essa competição hostil era realmente necessária, Adenauer respondeu com falsa inocência: "Eu lhe contaria, se tivesse alguma coisa contra você". E continuou conspirando contra ele. Alguns duvidavam que, em sua idade, o chanceler buscasse mais um mandato, porém nada lhe injetava mais energia juvenil que a necessidade de derrotar os socialistas.

Numa entrevista radiofônica de Ano-Novo, Adenauer mostrou que não esperava muito de 1961. Interrogado sobre suas ambições, respondeu: "Eu diria que 1961 terá doze meses. Isso é indiscutível. O que acontecerá nesses doze meses ninguém sabe… Graças a Deus, o ano de 1960 não despejou nenhuma catástrofe sobre nossas cabeças. E queremos trabalhar duro e com empenho em 1961, como antes. Espero que 1961 também seja um ano livre de catástrofes para nós".

Esse era, portanto, seu sonho mais caro: um ano livre de desastres — e com mais tempo para desgastar o bloco soviético através de sua política de força e integração com o Ocidente. Ele estava convencido de que Khruschóv testaria Kennedy em 1961 e de que o futuro da Alemanha estaria em jogo. Numa reunião de gabinete paralela à celebração de seu aniversário, declarou: "Todos nós temos de manter a calma. Ninguém conseguirá isso sozinho. Temos de empreender um esforço comum".[51]

No final da longa comemoração, sua secretária, Anneliese Poppinga, comentou que ele devia estar encantado com tanta adulação.

"Você acha isso mesmo?", ele retrucou. "Quem é velho como eu está sozinho. Todas as pessoas que conheci, todos que amei, minhas duas esposas, meus amigos estão mortos. Não sobrou ninguém. É um dia triste."[52]

Enquanto passava os olhos pelas pilhas de congratulações, falou do estresse do ano que estava começando: as viagens a Paris, Londres e Washington e a necessidade de controlar Brandt e preservar a liberdade de Berlim. "Os velhos são um fardo", afirmou. "Entendo quem fala tanto de minha idade e quer se ver livre de mim. Não se engane com todas as atenções que recebi hoje. A maioria não sabe como estou. Não sabe que tenho tanta saúde. Acha que, aos 85 anos, eu devo estar capengando e com a cabeça ruim."

Depois, deixou os papéis de lado, se levantou e, com um suspiro, disse em seu italiano impecável: "*La fortuna sta sempre all'altra riva*", "A sorte está sempre na outra margem".

Mesmo nos momentos mais sombrios, sabia que, graças ao irreprimível dinamismo de sua economia e à liberdade de seu povo, a florescente República Federal da Alemanha estava ganhando a luta contra o comunismo. Quaisquer que fossem os perigos decorrentes da inexperiência do presidente Kennedy ou do socialismo do prefeito Brandt, nenhum deles se comparava à ameaça existencial com que se defrontava a Alemanha Oriental de Ulbricht: o êxodo de refugiados.

A fuga frustrada de Friedrich Brandt

Friedrich Brandt estava escondido no estábulo da família quando a Volks-polizei da Alemanha Oriental entrou em sua casa. Brandt sabia qual era seu crime: resistir à coletivização de sua propriedade, sustento de sua família ao longo de quatro gerações.[53]

Sua esposa chorava e seu filho Friedel, de treze anos, mantinha-se em ab-soluto silêncio enquanto a polícia revistava cada cômodo, esvaziando gavetas, revirando colchões, desmontando quadros e derrubando prateleiras de livros à cata de provas incriminadoras. Mas a Volkspolizei já tinha a prova necessária na carta que Brandt enviara semanas antes a Wilhelm Pieck, o carpinteiro que se tornara presidente da Alemanha Oriental.

Brandt o considerava um trabalhador íntegro e acreditava que ele protege-ria os lavradores e suas propriedades se soubesse dos excessos da coletivização e do quanto ela custaria para a produção agrícola:

Prezado presidente Pieck:

Representantes do conselho municipal revogaram meu direito de trabalhar a terra, apesar de meus cereais e minha safra se manterem dentro dos mais altos padrões enquanto as batatas estão apodrecendo nos campos em que os agriculto-res coletivizados fizeram a colheita sob a supervisão do mestre lavrador Gläser.

Imploro que me explique por que a polícia confiscou todo o meu material agrícola e levou meus belos cavalos jovens para matá-los. Considero isso um ato criminoso de roubo e suplico sua ajuda e uma investigação desses fatos dentro do menor prazo possível. E, se essa possibilidade já não existe, peço permissão para deixar a RDA e ir viver meus últimos anos em paz e recuperar-me desta terra de injustiça. Por liberdade e unidade!

Friedrich Brandt

Brandt era apenas um dos milhares de alemães-orientais que foram víti-mas dos acelerados esforços para coletivizar a agricultura e concluir a naciona-lização da indústria em conformidade com o segundo plano quinquenal de Ulbricht para 1956-60. Ulbricht se desdobrara para executar o plano stalinista, depois de duas tentativas frustradas de reformadores para destituí-lo e depois que os levantes de 1953 e 1956 mostraram aos líderes soviéticos que o preço de uma liderança liberal na Alemanha Oriental era a dissolução.

Os dois primeiros anos do plano resultaram na criação de impressionantes 6 mil cooperativas agrícolas — logo conhecidas pela abreviação LPG de Land-wirtschaftliche Produktionsgenossenschaft. Para Ulbricht esse número era in-suficiente, pois 75% de todas as terras aráveis ainda pertenciam às 750 mil pro-priedades rurais privadas do país. Assim, em 1958 e 1959, o Partido Comunista despachou bandos de agitadores para diversos vilarejos com a missão de con-vencer os agricultores a aderirem à coletivização "voluntária" por meio de adu-lação e ameaça. No final de 1959, o Estado estabeleceu metas inatingíveis para os proprietários rurais independentes. Depois, o Diretório da Segurança do Estado passou a prender os que resistiam à coletivização.

Brandt era um deles. As 19 mil LPGs e dezenas de outras fazendas estatais já controlavam 90% das terras aráveis e respondiam por 90% de sua produção agrícola. Foi um feito extraordinário de Ulbricht, que, ao mesmo tempo, redu-ziu a meros 9% a participação da empresa privada na produção industrial total. Em contrapartida, dezenas de milhares de empresários e agricultores compe-tentes fugiram do país e as empresas estatais ficaram nas mãos de indivíduos mais qualificados em termos de fidelidade ao partido que em termos de capaci-dade administrativa.

Tendo aterrorizado a família Brandt, a Volkspolizei foi embora antes mesmo de tentar encontrar o suspeito. Para impedir que marido e mulher viajassem ou fugissem para o Ocidente, os policiais retiveram suas identidades, o que equivalia a deixá-los nus num país em que era frequente a verificação de documentos. Mais tarde, eles voltariam para prender Herr Brandt por resistir à coletivização e conspirar para cometer ainda o crime de *Republikflucht*, fuga da república, punido com três anos de cárcere.

Assim, Brandt resolveu sair do país naquela noite, juntando-se às 4 milhões de pessoas que, desde o fim da guerra até 1961, haviam deixado a zona soviética e a Alemanha Oriental. Para evitar possíveis inspeções policiais no transporte público, viajou de bicicleta durante horas até a casa da irmã de sua esposa, em Berlim Oriental, perto de uma ponte sobre o canal Teltow, na fronteira. A cunhada se ofereceu para escondê-lo, mas, depois de uma breve conversa, ele decidiu prosseguir, antes que os postos da fronteira recebessem sua descrição ou a polícia começasse a revistar as casas de seus parentes, na manhã seguinte. Havia boas possibilidades de escapar a um controle de identidade junto com as dezenas de milhares de compatriotas que diariamente cruzavam a fronteira para trabalhar, fazer compras e visitar amigos.

No dia seguinte, quando a irmã lhe contou a decisão de seu marido, Frau Brandt também resolveu fugir com o filho. Foi uma decisão fácil, considerando que a propriedade estava perdida e Herr Brandt provavelmente já se encontrava a salvo no Ocidente. A irmã, com a qual ela se parecia, entregou-lhe seus documentos de identidade para que pudesse viajar. Se fosse pega, diria que os roubara, para proteger a irmã. A vida não fazia sentido para ela sem seu Friedrich.

Quando a polícia a deteve na mesma ponte que o marido provavelmente havia cruzado, Frau Brandt caiu e gritou, tensa; certa de que fora descoberta. Mas estava com sorte, pois os policiais apenas correram os olhos por seus documentos e lhe deram passagem.

Quando ela chegou com o filho ao campo de refugiados de Marienfelde, em Berlim Ocidental, o funcionário encarregado do registro informou-lhe que ali não havia ninguém com o nome ou a descrição de seu marido. Três dias depois, um amigo que abandonara o vilarejo contou-lhe que Friedrich Brandt tinha sido preso antes de cruzar a fronteira. A acusação era a mesma que Ulbricht utilizava com frequência: "ameaça à ordem pública e atividades antissociais". Num toque de ironia, as autoridades forneceram mais uma justificativa para a prisão, alegando que ele insultara a Alemanha Oriental, ao chamá-la, na carta, de "terra de injustiça".

O amigo insistiu com Frau Brandt para que permanecesse no Ocidente, mas ela estava decidida: "O que é que eu vou fazer aqui sozinha com o menino? Não posso deixar Friedrich na prisão, sem ninguém para ajudá-lo".

Na manhã seguinte, ela voltou para casa, esperando arrumar emprego na fazenda coletiva para sustentar a si mesma e ao filho enquanto o marido estivesse preso. Sua breve liberdade deu lugar a anos de silencioso desespero, mãe e filho desaparecendo na cinzenta sociedade da Alemanha Oriental, enquanto aguardavam a libertação de Herr Brandt.

A prisão desse indivíduo constituiu uma pequena vitória para Ulbricht. Mas ele sabia que sem uma ajuda mais decisiva de Khruschóv perderia a guerra maior contra os refugiados.

6. Ulbricht e Adenauer: inversão de papéis

Somos um Estado que foi criado sem ter uma base material — e ainda não a tem — e que se encontra, com as fronteiras abertas, no centro da competição entre dois sistemas mundiais. [...] A florescente economia da Alemanha Ocidental, visível para todo cidadão da RDA, é a principal razão pela qual, nos últimos dez anos, cerca de 2 milhões de pessoas deixaram nossa república.[1]

Walter Ulbricht numa carta ao premiê
Khruschóv, 18 de janeiro de 1961

As sondagens que realizamos indicam que temos de esperar mais algum tempo, até Kennedy se posicionar mais claramente sobre a questão alemã e até o governo norte-americano mostrar com clareza se quer chegar a uma solução mutuamente aceitável.[2]

Khruschóv em sua resposta a Ulbricht,
30 de janeiro de 1961

Walter Ulbricht nunca tinha escrito uma carta tão importante. Embora a marcasse com o termo SECRETO, sabia que o que estava prestes a enviar a Khruschóv também circularia por toda a alta cúpula soviética. Paralelamente, mandaria cópias a outros aliados comunistas que pudessem ajudá-lo a pressionar o premiê.

Escolhera cada palavra daquelas quinze páginas para produzir o máximo impacto. Apenas dois meses depois de sua última reunião em Moscou, mais uma vez perdera a esperança de que Khruschóv resolvesse a situação de Berlim. Recusava-se a ter paciência, como ele lhe pedia, pois seus problemas se avolumavam com muita rapidez e não podiam esperar até o líder soviético testar as relações com Kennedy.

"Desde a declaração do camarada Khruschóv sobre a questão de Berlim Ocidental, em novembro de 1958, passaram-se dois anos", Ulbricht reclamou, embora reconhecesse que o premiê usara esse tempo para convencer mais países de que "é preciso acabar com a situação anormal de Berlim Ocidental". Explicou por que chegara a hora de agir em relação a Berlim e descreveu essa ação. Lembrou que até os adversários de Moscou na Otan sabiam que eram "inevitáveis" as negociações para mudar o status de Berlim Ocidental.[3]

Argumentou que as condições favoreciam os comunistas, porque Adenauer queria evitar um conflito antes das eleições de setembro, e Kennedy faria de tudo para evitar um confronto em seu primeiro ano de governo.

Depois, apresentou o que chamou de "exigências da RDA". Escrevendo mais como governante que como governado, relacionou com detalhes o que esperava de Khruschóv no novo ano. Entre outras coisas, que ele anulasse os direitos dos aliados de ocuparem Berlim Ocidental, conseguisse a redução e, posteriormente, a retirada das tropas ocidentais e garantisse a remoção de emissoras de rádio e serviços de espionagem ocidentais com todas as suas influências subversivas.

Seu catálogo de expectativas era extenso, incluindo pequenas e grandes questões, como a transferência para a Alemanha Oriental de todas as funções estatais em Berlim — do Correio ao controle aéreo — que ainda estavam nas mãos das quatro potências. Ulbricht queria, em especial, controlar todo o

131

acesso aéreo da Alemanha Ocidental a Berlim Ocidental, o que lhe permitiria acabar com os voos regulares e fretados que transportavam dezenas de milhares de refugiados para novos lares e melhores empregos no outro lado da fronteira.

Detendo esse controle, poderia pressionar Berlim Ocidental e, com o tempo, inviabilizá-la como cidade livre e ocidental. Sabia que estava propondo algo parecido com o bloqueio decretado por Stálin em 1948, mas lembrou que, como dizia o próprio Khruschóv, agora a probabilidade de sucesso era maior, porque Moscou eliminara a diferença em relação à superioridade militar do Ocidente e tinha em Kennedy um adversário menos determinado que Truman.

Sobre três questões Ulbricht exigia que Khruschóv tomasse decisões imediatas e as anunciasse publicamente.

Primeiro, queria uma declaração de que Moscou aumentaria a ajuda econômica à RDA para mostrar ao Ocidente que a "chantagem econômica" não surtiria efeito. Segundo, queria marcar uma reunião de cúpula para abril, a fim de reforçar sua posição e a posição de seu país em negociações com o Ocidente. Por fim, queria que o Pacto de Varsóvia se reunisse para que os aliados de Moscou apoiassem a Alemanha Oriental militar e economicamente. Até o momento, reclamou, esses países agiam como observadores inúteis: "Falam sobre esses problemas na imprensa, mas não se sentem envolvidos com eles".

Foram os soviéticos, lembrou, que estabeleceram para a Alemanha Oriental um ponto de partida que agora não lhe permitia defender a posição do Kremlin. "Somos um Estado que foi criado sem ter uma base material — e ainda não a tem — e que se encontra, com as fronteiras abertas, no centro da competição entre dois sistemas mundiais", escreveu.

Na sequência, afirmou que o Kremlin havia prejudicado muito a Alemanha Oriental nos dez primeiros anos do pós-guerra, apoderando-se de recursos econômicos, inclusive de fábricas, através de reparações, enquanto os Estados Unidos construíram a Alemanha Ocidental com o enorme apoio financeiro e os créditos do Plano Marshall.

Na época, admitiu, as reparações talvez se justificassem, considerando todo o sofrimento dos soviéticos durante a guerra e a necessidade de reforçar a posição da União Soviética na liderança do mundo comunista. Agora, porém, era preciso reconhecer que essas medidas prejudicaram a Alemanha Oriental em sua competição com a Alemanha Ocidental. Desde o final da guerra até 1954, prosseguiu, a Alemanha Ocidental recebeu o dobro de investimento per capita da Alemanha Oriental. "Essa é a principal razão pela qual ficamos tão atrás da Alemanha Ocidental em termos de produtividade da mão de obra e padrão de vida."

Em resumo, o que Ulbricht estava dizendo a Khruschóv era: *Você nos colocou nesta situação e tem muito a perder, se não sobrevivermos; portanto, ajude--nos.* Ele também estava aumentando as exigências econômicas que fizera em novembro e que Khruschóv em grande parte aceitara. "A florescente economia da Alemanha Ocidental, visível para todo cidadão da RDA, é a principal razão pela qual, nos últimos dez anos, cerca de 2 milhões de pessoas deixaram nossa república", escreveu, acrescentando que isso também permitia aos alemães--ocidentais exercerem "constante pressão política".[4]

Um operário da Alemanha Oriental precisava trabalhar três vezes mais que seu colega da Alemanha Ocidental para comprar um par de sapatos, *se* conseguisse encontrá-lo. A Alemanha Oriental tinha oito carros para mil pessoas, enquanto a Alemanha Ocidental tinha 67 carros para mil pessoas. A taxa oficial de crescimento de 8% da Alemanha Oriental estava longe da realidade da maioria dos cidadãos, pois os números eram inflados por grandes exportações industriais para os soviéticos, que não faziam nada para atender ao consumo interno. Em 1960, quando a renda per capita dos alemães-ocidentais era o dobro da dos alemães-orientais, o resultado foi um aumento de 32% no número de refugiados, que passou de 140 mil para 185 mil, ou quinhentos por dia.[5]

Por causa de tudo isso, Ulbricht pedia a Khruschóv que reduzisse drasticamente as reparações restantes da Alemanha Oriental à União Soviética e aumentasse o fornecimento de matéria-prima, produtos semimanufaturados e alimentos básicos, como carne e manteiga. Também desejava novos empréstimos de emergência, tendo já pedido a Khruschóv que vendesse ouro para ajudar a Alemanha Oriental. "Se não for possível nos dar esse crédito, não poderemos manter o padrão de vida da população no nível de 1960", informou. "Ficaremos numa situação tão séria em termos de provisões e produção que enfrentaremos graves protestos."[6]

A mensagem era clara: *Se você não nos ajudar agora e com urgência, estaremos ante a perspectiva de mais uma revolta.* Ulbricht sabia que, tendo sobrevivido por pouco à tentativa de golpe que se seguira a Budapeste, Khruschóv não podia ignorar esse aviso.

Ulbricht estava fazendo exigências maximalistas e ameaças de graves consequências caso Khruschóv não agisse. Sua carta podia ofender o premiê, mas essa era a menor de suas preocupações. A inação de Khruschóv podia acarretar o fim da Alemanha Oriental — e o de seu líder.

No mesmo dia, Ulbricht enviou uma mensagem indireta, mas também muito clara através de Pequim.

Não pediu a permissão de Khruschóv nem lhe informou nada antes de despachar para a capital chinesa uma equipe de alto nível, chefiada por Hermann Matern, membro do Politburo e figura leal ao partido. Foi um gesto hostil, considerando que Ulbricht sabia da disputa de Khruschóv com Mao.[7]

O líder soviético só tomou conhecimento da missão graças à inevitável rota de voo através de Moscou. Yuri Andropov, membro do Politburo responsável pelas relações do Partido Socialista, pediu informações sobre a viagem durante a escala da delegação no aeroporto. Matern disse que o propósito da missão era puramente econômico, e Ulbricht sabia que Khruschóv não a desaprovaria num momento em que as necessidades da Alemanha Oriental eram crescentes e o Kremlin reclamava que lhe saía caro satisfazê-las.[8]

Mas tudo que se referia à data e à organização da viagem era político. Na China, o grupo foi recebido pelo vice-premiê Chen Yi, confidente de Mao, comandante comunista lendário durante a Guerra Sino-Japonesa e marechal do Exército de Libertação do Povo. Chen disse a Marten que a China via "muita coisa em comum" entre seu problema de Taiwan e o problema da Alemanha Oriental. Ambos envolviam áreas de "ocupação imperialista" de partes integrantes de países comunistas.[9]

Num desafio direto a Khruschóv, os alemães-orientais e os chineses concordaram em se ajudar mutuamente em seus esforços para recuperar esses territórios. Para os chineses, Taiwan era a frente oriental e Berlim era a frente ocidental de uma luta ideológica global — e Khruschóv estava falhando em ambos como líder comunista mundial. Além disso, Chen prometeu que a China ajudaria a tirar os americanos de Berlim, porque a situação na cidade dividida afetava todas as frentes da luta comunista global.[10]

Ele ainda lembrou aos visitantes que, em 1955, a China comunista bombardeou as ilhas de Quemoy e Matsu, pertencentes a Taiwan, provocando uma crise que levou o Estado-Maior de Eisenhower a considerar a possibilidade de reagir com o uso de armas nucleares. Explicou que isso aconteceu não porque a China quisesse aumentar as tensões internacionais, mas porque Pequim precisava "mostrar aos Estados Unidos e ao mundo inteiro que não concordávamos com o status [de Taiwan]. Também tínhamos de desfazer a impressão de que os Estados Unidos são tão poderosos que ninguém se atreve a agir e todo mundo aceita todas as humilhações que eles impõem".

Estava implícito que agora Berlim demandava a mesma determinação.

O calor do encontro entre os alemães-orientais e os chineses contrastou gritantemente com o frio das relações entre os chineses e os soviéticos. Ulbricht percebera o quanto Khruschóv competia com Mao na reunião que tivera com o premiê em Moscou no mês de novembro e já havia jogado essa cartada com sucesso para obter mais apoio econômico dos soviéticos. Naquela ocasião, Khruschóv declarou que forneceria à Alemanha Oriental o tipo de ajuda econômica que Mao não podia oferecer, criando empresas conjuntas com os alemães-orientais no território soviético — o que Moscou não fizera com nenhum outro aliado. "Nós não somos a China", disse então. "Não temos medo de ajudar os alemães. [...] As necessidades da RDA são nossas necessidades."[11]

Três meses depois, os chineses estavam se tornando um problema cada vez maior para Khruschóv, apesar da trégua aparente negociada com eles em novembro na reunião dos partidos comunistas que se realizara em Moscou. Enquanto os alemães-orientais estavam em Pequim buscando ajuda econômica, os chineses estavam em Tirana incitando Enver Hoxha, o xenófobo líder albanês, a romper com a União Soviética. Participantes do IV Congresso do Partido Comunista Albanês, de 13 a 21 de fevereiro, rasgaram retratos de Khruschóv e os substituíram por retratos de Mao, Stálin e Hoxha. Nunca um líder soviético fora tão humilhado em seu próprio campo.[12]

A tática de Ulbricht de exercer maiores pressões diplomáticas sobre Khruschóv envolvia riscos.

Muito mais poderoso, Khruschóv podia decidir que estava na hora de substituir Ulbricht por alguém mais submisso e obediente. Podia determinar que a missão da China fora longe demais. Porém não tinha boas alternativas, e Ulbricht apostara nisso.

A resposta de Khruschóv chegou às mãos de Ulbricht doze dias depois — por coincidência, na data do discurso de John F. Kennedy ao Congresso. E era surpreendentemente cordata, considerando a petulância do destinatário.[13]

Informava que o Comitê Central "analisou sua carta com toda a atenção" e que os líderes de Moscou concordavam com grande parte do conteúdo. O fato de a carta de Ulbricht ter circulado entre os chefes do partido mostrava que Khruschóv reconhecia a gravidade de suas críticas e a urgência de suas reclamações. O que não o impediu de mais uma vez recomendar-lhe que controlasse sua crescente impaciência.

"No momento, estamos dando início a uma detalhada discussão dessas questões com Kennedy", o premiê escreveu. "As sondagens que realizamos indicam que temos de esperar mais algum tempo, até Kennedy se posicionar mais claramente a respeito da questão alemã e até o governo americano mostrar com clareza se quer chegar a uma solução mutuamente aceitável."

As medidas extremas que Ulbricht sugerira em sua carta eram necessárias "nas atuais circunstâncias", Khruschóv admitiu. "Se não conseguirmos chegar a um entendimento com Kennedy, estudaremos com você o momento de sua implementação."

Ulbricht obteve menos do que queria, porém mais do que julgava provável. Khruschóv novamente aumentaria a ajuda econômica. Também convocaria o Pacto de Varsóvia para discutir a questão de Berlim. Só se recusou a marcar uma reunião de cúpula com o líder da Alemanha Oriental.

Khruschóv aceitou seu diagnóstico do problema e não rejeitou as medidas sugeridas para a solução. Ulbricht podia dar-se por satisfeito: levara as altas esferas do Partido Comunista Soviético a refletir sobre Berlim.

Khruschóv ainda tentava ganhar tempo para persuadir Kennedy. Mas Ulbricht tomara todas as providências necessárias para agir com decisão no momento em que falhassem os esforços do premiê para negociar um acordo sobre Berlim com o novo presidente americano. E estava certo de que falhariam.

Enquanto isso, colocaria sua equipe para pensar nas possibilidades.

Já pairavam nuvens sobre o relacionamento dos Estados Unidos com a Alemanha Ocidental quando Heinrich von Brentano di Tremezzo, ministro do Exterior, entrou no Salão Oval com sua pasta cheia das preocupações de Adenauer.[14]

Os americanos tinham começado a gostar dos alemães-ocidentais, graças à maneira como abraçavam a liberdade. Agora, porém, sua postura em relação a eles novamente se tornava mais negativa, alimentada pelas reportagens sobre o iminente julgamento, em Israel, do criminoso de guerra nazista Adolf Eichmann e pela publicidade em torno do best-seller de William L. Shirer, *Ascensão e queda do Terceiro Reich*, com todos aqueles detalhes sórdidos sobre o passado não tão distante da Alemanha.

No início do ano, o departamento do Exterior da Alemanha Ocidental avisara Adenauer: "Ainda há alguns ressentimentos e suspeitas latentes sob a superfície, prontos para aflorar em função de determinados estímulos".[15] Num encontro da Atlantik-Brücke, instituição criada para aproximar os dois países, o embaixador da Alemanha Ocidental Wilhelm Grewe, exasperado com a mudança de humor, disse para um grupo de jornalistas americanos que eles precisavam "decidir se nos consideram aliados ou nos veem como um país de encrenqueiros".[16]

O informe para a reunião com Brentano alertava o presidente: o visitante expressaria o temor de Adenauer de que a administração Kennedy traísse os interesses da Alemanha Ocidental em Berlim para chegar a um acordo com os soviéticos. Assinado por Dean Rusk, secretário de Estado, lembrava que "os alemães sabem muito bem que aspectos vitais de seu destino estão em mãos alheias". E aconselhava Kennedy a tranquilizar Brentano quanto ao compromisso dos Estados Unidos com a defesa de Berlim, bem como a expor-lhe algumas de suas ideias sobre as possibilidades de negociações com Moscou a propósito de Berlim.[17]

No entanto, à luz da experiência, as autoridades americanas desconfiavam da capacidade dos alemães-ocidentais de guardar segredos. Os serviços de inteligência americanos achavam que seu equivalente na Alemanha Ocidental estava infiltrado e, portanto, não era confiável. "A franqueza é desejável, sobretudo tendo em vista o crônico sentimento de insegurança dos alemães", prosseguia o informe de Rusk, "mas a história mostra que o governo alemão não prima pela discrição".

Os detratores diziam que Brentano — um solteirão de 57 anos que vivia para o trabalho — era pouco mais que o gentil e culto instrumento do voluntarioso Adenauer, e o ministro do Exterior não fazia muito para modificar essa impressão. Adenauer estava decidido a conduzir sua política externa, e nenhum indivíduo independente poderia manter-se por muito tempo no cargo de Brentano. A diferença entre os dois homens estava em sua atitude com relação à vocação europeia da Alemanha. Para Brentano, que pertencia a uma geração mais jovem, a Europa era o destino natural da Alemanha; para Adenauer, a integração com a Europa era mais um meio de suprimir o nacionalismo alemão.[18]

Kennedy deu início ao que seria uma reunião fria, atendo-se ao roteiro. Falou do "apreço do governo americano pela cooperação e pela amizade do governo alemão nos últimos anos". Disse que queria muito se encontrar logo com Adenauer e que esperava que "todos os nossos problemas mútuos se resolvam satisfatoriamente".

Willy Brandt, opositor político de Adenauer, já havia tomado providências para se encontrar com Kennedy em março, antes do chanceler — quebrando o protocolo segundo o qual o chefe de um governo aliado estava acima de qualquer prefeito. Rusk era favorável à visita de Brandt, pois ela serviria para reafirmar "perante o mundo nossa determinação de defender Berlim a todo preço". Queria que a reunião com Adenauer ocorresse logo depois, para não dar a impressão de que Kennedy apoiava Brandt nas próximas eleições — como de fato apoiava.[19]

O presidente assegurou ao ministro que o fato de não ter mencionado Berlim em seu discurso de posse nem em seu discurso ao Congresso — uma omissão muito comentada pela imprensa alemã — não significava, "de modo nenhum, uma diminuição do interesse dos Estados Unidos pela questão de Berlim". Explicou que se omitira para não provocar os soviéticos num momento de relativa calma na cidade. Disse que, nos meses seguintes, Moscou provavelmente voltaria a pressionar em relação a Berlim e pediu a Brentano sugestões para lidar com "as pressões sutis" da melhor forma possível.[20]

O ministro falou que a ausência de Berlim nos dois discursos era tão pouco importante que nem constava da pauta que Adenauer lhe passara. Concordou que não havia motivo para levantar a questão de Berlim, porém ressalvou:

"Temos de abordá-la mais cedo ou mais tarde". E acrescentou: "Os líderes da parte soviética não podem tolerar o símbolo de uma Berlim livre no meio de sua zona vermelha". Os líderes da Alemanha Oriental "farão tudo que estiver em seu poder para instigar a União Soviética a agir com relação a Berlim".

No aspecto positivo, Brentano calculava que 90% dos berlinenses se opunham ao regime da Alemanha Oriental, que, em sua opinião, era o sistema comunista mais rígido da região, depois da Tchecoslováquia. Acreditava que o povo de ambas as Alemanhas era a favor da versão ocidental e, com o tempo, apoiaria a unificação.

Kennedy expressou seu temor de que os soviéticos assinassem unilateralmente um acordo de paz com a Alemanha Oriental e, assim, cerceassem a liberdade de Berlim Ocidental, mantendo o status quo apenas por um curto período de tempo, para apaziguar o Ocidente.

O visitante admitiu que isso era provável, e o anfitrião lhe perguntou o que os aliados na Otan fariam nesse caso.

Brentano expôs-lhe a "política de força" de seu chanceler e disse que os soviéticos hesitariam em "tomar medidas drásticas com relação a Berlim, sabendo que os aliados ocidentais não as tolerariam". Kennedy mantendo-se firme, os soviéticos "podem continuar a ameaçar, porém não agirão por algum tempo ainda". Contudo, Brentano ressalvou, os recentes reveses dos Estados Unidos no Congo, no Laos e na América Latina reforçavam a possibilidade de os soviéticos testarem Kennedy a propósito de Berlim.[21]

Como para provar o que dizia o ministro, Khruschóv aumentou as pressões sobre Adenauer em Bonn.

CHANCELARIA FEDERAL, BONN
SEXTA-FEIRA, 17 DE FEVEREIRO DE 1961

Quando pedia para ver Adenauer com urgência, o embaixador Andrei Smirnov raramente era portador de boas notícias.

Enviado de Khruschóv em Bonn, era ele que, invariavelmente, servia de veículo para as intimidações do líder soviético. Assim, o chanceler já ficou apreensivo com o pedido do embaixador, considerando que coincidia com a visita de seu ministro do Exterior à Casa Branca.

Em geral, Smirnov era um diplomata simpático e cortês, que transmitia o pior dos comunicados com calma e longe dos holofotes. Uma rara exceção ocorreu no mês de outubro, quando se enfureceu com o que Ludwig Erhard, o número dois de Adenauer, disse a uma delegação de duzentos líderes africanos de 24 países, muitos dos quais haviam conquistado a independência recentemente: "O colonialismo foi derrotado, porém pior que o colonialismo é o imperialismo nos moldes comunistas totalitários".[22]

Smirnov levantou-se e, antes de deixar a sala, gritou: "Você fala em liberdade, mas a Alemanha matou 20 milhões de pessoas em nosso país!". Foi uma rara demonstração pública do ressentimento dos russos contra os alemães.

Agora a missão do embaixador era mais amena. Consistia em entregar um memorando de nove itens e 2862 palavras que constituiria a prova mais cabal, na administração Kennedy, de que Khruschóv novamente se tornara belicoso em relação a Berlim. Relatórios da inteligência soviética davam conta das dúvidas do chanceler quanto à confiabilidade de Kennedy, e Khruschóv apostava que Adenauer podia ser mais suscetível aos pedidos dos soviéticos do que havia sido nas gestões dos mais confiáveis Truman e Eisenhower.

"Instalou-se em Berlim Ocidental uma situação inteiramente anormal, que tem sido usada para atividades subversivas contra a República Democrática Alemã, a União Soviética e outros Estados socialistas", afirmava o documento numa linguagem clara e nada diplomática. "Isso não pode continuar. Ou prosseguimos no caminho de um agravamento cada vez mais perigoso das relações entre os países e do conflito militar, ou assinamos um tratado de paz."[23]

Escrito no tom de uma carta pessoal, o texto assegurava que Berlim era a questão mais importante nas relações entre os soviéticos e os alemães. Criticava o movimento popular cada vez mais ruidoso e enfático pela revisão dos acordos do pós-guerra que cederam um terço do território do Terceiro Reich à União Soviética, à Polônia e à Tchecoslováquia. "Se hoje tem fronteiras diferentes das que tinha antes da guerra, a Alemanha só pode culpar a si mesma", concluiu, lembrando a Adenauer que seu país invadira os vizinhos e matara "milhões e milhões".

Embora o documento fosse entregue ao chanceler, sua dura mensagem também se dirigia a Kennedy. Khruschóv declarava com todas as letras que perdera a paciência com o Ocidente. Primeiro, reclamou, os Estados Unidos disseram que discutiriam Berlim depois das eleições americanas; depois, pediram para esperar até Kennedy assumir o cargo; e agora pediam para esperar até as eleições na Alemanha Ocidental.

"Se nos curvarmos, isso pode continuar indefinidamente", Khruschóv escreveu.

E terminou com sua característica mistura de sedução e ameaças. Instou o chanceler a usar "toda a sua influência pessoal e sua grande experiência de estadista" para garantir a paz e a segurança da Europa. Lembrou-lhe, no entanto, que, se a situação se agravasse, a atual correlação de forças militares permitia que a União Soviética e seus amigos se defendessem com todo o poderio necessário.

O texto zombava do apelo da Alemanha Ocidental ao desarmamento num momento em que Adenauer reforçava sua capacidade militar, buscava armas nucleares e tentava transformar a Otan na quarta potência nuclear. Também repudiava a campanha eleitoral do partido do chanceler, que, segundo informações, se concentraria no anticomunismo. "Se realmente é assim, você [...] deve estar ciente das consequências", advertia.

Não fazia nem um mês que tivera início a administração Kennedy, mas Khruschóv já mudara de postura em relação a Berlim. Se o presidente americano não estava disposto a negociar um acordo aceitável, o premiê estava decidido a encontrar outras maneiras de conseguir o que queria.

PARTE II
A TEMPESTADE SE FORMA

7. Primavera para Khruschóv

Berlim Ocidental é um osso entalado na garganta das relações entre soviéticos e americanos. [...] Se Adenauer quer brigar, Berlim Ocidental é um bom lugar para dar início ao conflito.[1]

O premiê Khruschóv ao embaixador
Llewellyn E. Thompson Jr., 9 de março de 1961

Parece mais provável que, neste ano, a União Soviética se encaminhe para uma crise em relação a Berlim. Todo tipo de ação é arriscado e nada promissor. A inação é ainda pior. Não temos escolha. Se for provocada uma crise, uma tática ousada e perigosa pode ser a mais segura.[2]

O ex-secretário do Estado americano,
Dean Acheson, em memorando sobre
Berlim para o presidente Kennedy, 3 de abril de 1961

NOVOSIBIRSK, SIBÉRIA
DOMINGO, 9 DE MARÇO DE 1961

Nikita Khruschóv estava mal de saúde e péssimo de humor.

Com o rosto cinzento, o corpo curvado, os olhos sem brilho, tinha uma aparência tão contrária a sua vivacidade habitual que chocou o embaixador americano Llewellyn "Tommy" Thompson e os dois homens que o acompanhavam: Boris Klosson, jovem consultor político americano, e Anatoly Dobrynin, o principal contato dos Estados Unidos no ministério do Exterior soviético.[3]

Thompson passara dez dias pedindo para ser recebido por Khruschóv a fim de entregar-lhe a primeira carta pessoal do presidente, que incluía o tão esperado convite para uma reunião. Ao conseguir a audiência, teve de viajar quase 3 mil quilômetros para encontrar Khruschóv em Akademgorodok, a vasta cidade da ciência que o premiê mandara construir nos arredores de Novosibirsk, na planície siberiana.[4]

Khruschóv sonhara criar na Sibéria o principal centro de pesquisa científica do planeta, mas, como muitos de seus sonhos, esse também não se realizou plenamente. Naquela semana, ele havia demitido um geneticista de cuja teoria não gostou e ordenara que se cortassem quatro dos nove andares do projeto de uma nova academia para que ficasse mais de acordo com os padrões soviéticos de tamanho. As frustrações com Akademgorodok se somavam a uma crescente lista de insucessos que vinham abalando sua confiança.[5]

A viagem agrícola pelo país o afetara física e emocionalmente, colocando-o frente a frente com os problemas econômicos da União Soviética. A Albânia abandonara publicamente Moscou para prestar lealdade à China — uma preocupante fratura na liderança de Khruschóv sobre o mundo comunista. Patrice Lumumba, aliado de Moscou no Congo, fora assassinado — segundo Khruschóv, por culpa de Dag Hammarskjöld, secretário-geral da ONU.[6]

O mundo capitalista estava se revelando bem mais resistente do que seus propagandistas haviam previsto. A descolonização na África não prejudicara a posição do Ocidente nos países em desenvolvimento tanto quanto seus especialistas imaginaram. Apesar de todos os esforços dos soviéticos para dividir a aliança, a integração da Otan aumentava, e o Bundeswehr [exército] da Alemanha Ocidental expandia seu poderio com tanta rapidez que estava alterando o equilíbrio militar da Europa. Em termos de retórica e de gastos com a Defesa, o presidente Kennedy se mostrava mais anticomunista que Eisenhower. E todo mês o número de alemães-orientais que fugiam para o Ocidente batia novos recordes. Se a sorte de Khruschóv não mudasse logo, seu Congresso do Partido, marcado para outubro, se tornaria uma luta pela sobrevivência.

Confrontado com tantos novos desafios, o premiê só concordara em receber Thompson depois que o embaixador disse ao correspondente do *New York Times* Seymour Topping — e a vários diplomatas de Moscou — que Khruschóv estava ignorando-o num momento em que Kennedy tentava se aproximar. No dia 3 de março, Topping noticiou: Thompson vira fracassarem seus esforços para entregar a Khruschóv uma mensagem crucial de Kennedy, na esperança de tentar "evitar um grave transtorno nas relações", e recebera ordem de "iniciar uma série de conversações preliminares com vistas a substanciais negociações sobre várias diferenças entre o Leste e o Ocidente".[7]

Mesmo depois disso, foi a contragosto que Khruschóv concordou em receber Thompson. Seu consultor Oleg Troyanovsky vira suas grandes esperanças de um recomeço nas relações entre Estados Unidos e União Soviética "esvaírem-se rapidamente" nos quatro meses que se seguiram à eleição de Kennedy. Havia poucos medidores melhores da temperatura entre os dois países que Troyanovsky, o onipresente consultor de Khruschóv que frequentara a Sidwell Friends School, em Washington, enquanto seu pai servia como o primeiro embaixador soviético nos Estados Unidos, em meados da década de 1930. Ele citava Marx e falava gíria americana com igual fluência.[8]

Khruschóv se cansara do jogo de espera de Kennedy, ainda mais tendo perdido a oportunidade de conversar com ele antes que fosse infectado pelo que chamava de preconceito antissoviético de Washington. Pouco menos de um ano depois do incidente com o U-2 e a Cúpula de Paris, não podia falhar em mais um encontro com um presidente americano. Contudo, esse parecia agora o desfecho mais provável de qualquer reunião de cúpula, dada a determinação de Kennedy em adiar as negociações sobre Berlim e insistir na proibição de testes nucleares que os militares soviéticos não queriam. Khruschóv já estava tendo dificuldades com seus comandantes militares por causa de cortes de tropa, e eles resistiriam a quaisquer medidas que restringissem seu desenvolvimento nuclear ou os deixassem expostos a incômodas inspeções.

As visitas a fazendas, a caminho de Novosibirsk, só aumentaram o descontentamento do premiê. Um novo anuário estatístico mostrava que a União Soviética chegara a cerca de 60% do produto nacional bruto dos Estados Unidos, mas certamente era um exagero. Para a CIA esse número estava mais próximo de 40%, e outros especialistas calculavam que o tamanho da economia soviética equivalia a não mais de 25% da americana. A produtividade agrícola correspondia a apenas um terço da americana e estava diminuindo.[9]

Em suas viagens, Khruschóv viu a dura verdade que estava por trás dos relatórios otimistas dos bajuladores provincianos. A deficiência da agricultura soviética se devia ao plantio irregular, às más colheitas e ao péssimo sistema de distribuição que muitas vezes acarretava o apodrecimento das safras. Toda semana, Khruschóv se irritava com mais uma lista de subordinados incompetentes, alguns dos quais adulteravam os números para esconder suas falhas ou admitiam seus erros, mas não os corrigiam. Ao confessar sua incompetência, um secretário do partido chamado Zolotukhin, da capital provinciana de Tambov, à margem do rio Tsna, na região oeste da Rússia, baixou as calças e por três vezes pediu a Khruschóv que o açoitasse.[10]

"Que história é essa de tirar as calças para nos mostrar o traseiro?", Khruschóv rosnou. "Você acha que nos impressiona com isso? Por que haveríamos de manter esse tipo de secretário?"

Numa reunião do partido depois de outra, o premiê repetia que seus subordinados tinham de alcançar os níveis dos Estados Unidos no tocante à economia e à agricultura e superar a produção americana de leite e carne, metas que estabelecera desde sua visita ao país rival em 1959. Quando os camaradas questionavam a comparação com os imperialistas, ele dizia que os Estados Unidos representavam "o estágio mais alto do capitalismo", enquanto a União Soviética estava apenas começando a lançar os alicerces da casa do comunismo — "e nossos tijolos são produção e bens de consumo".[11]

O reconhecimento das deficiências soviéticas inspirou uma sucessão de piadas, enquanto Khruschóv atravessava o país:[12]

P. De que nacionalidade eram Adão e Eva?

R. Soviética.

P. Como é que você sabe?

R. Porque eles andavam nus, só tinham uma maçã para comer e, mesmo assim, estavam no paraíso.

Algumas piadas envolviam o novo presidente americano:

John Kennedy procura Deus e pede: "Dizei-me, Senhor, quantos anos meu povo tem de esperar para ser feliz?".

"Cinquenta anos", é a resposta.

Kennedy chora e vai embora.

Charles de Gaulle procura Deus e pede: "Dizei-me, Senhor, quantos anos meu povo tem de esperar para ser feliz?".

"Cem anos", é a resposta.

De Gaulle chora e vai embora.

Khruschóv procura Deus e pede: "Dizei-me, Senhor, quantos anos meu povo tem de esperar para ser feliz?".

Deus chora e vai embora.

Se já estava azedo quando Thompson chegou, Khruschóv ficou ainda mais mal-humorado ao ler a tradução russa da carta de Kennedy, na qual não encontrou uma única menção a Berlim. Disse que Kennedy precisava entender que ele nunca desistiria de negociar "a questão alemã". Com o tempo, lembrou, conseguira mostrar a Eisenhower que era impossível evitar as conversas sobre Berlim, mas na época os militaristas americanos "deliberadamente arruinaram as relações" com o voo do U-2.[13]

Instruído a evitar o assunto Berlim, Thompson se limitou a informar que Kennedy estava "revendo nossa política em relação à Alemanha e gostaria de discuti-la com Adenauer e outros aliados antes de tirar conclusões".

Cansado do que via como uma tática protelatória e acostumado a ignorar os aliados do Pacto de Varsóvia, Khruschóv rebateu: a nação mais poderosa do mundo não precisava consultar ninguém antes de agir. "Berlim Ocidental é um osso entalado na garganta das relações entre soviéticos e americanos", declarou, e seria necessário um bom tempo para removê-lo. "Se Adenauer quer brigar", acrescentou, "Berlim Ocidental é um bom lugar para dar início ao conflito."

Embora Kennedy não estivesse pronto para negociar Berlim, Khruschóv expôs suas ideias sobre o assunto para que Thompson as transmitisse ao presidente. Prometeu respeitar a liberdade de escolha dos berlinenses ocidentais em relação ao sistema político, mesmo que optassem pelo capitalismo. Ressalvou, porém, que os americanos não deviam tocar no tema da unificação alemã, ainda que os Estados Unidos e a União Soviética viessem a desejá-la com o tempo. Os dois países tinham de deixar de lado a unificação se queriam firmar um tratado que acabasse com a guerra e reconhecesse as duas Alemanhas como Estados soberanos.

Khruschóv assegurou que não expandiria o império soviético para o Ocidente, mas também não abriria mão do que já era seu. Numa voz estudada para sugerir intimidade entre velhos amigos, disse que era seu "sincero desejo" melhorar as relações com Kennedy e eliminar as possibilidades de uma guerra nuclear. Acrescentou, porém, que não podia fazer isso sozinho.

Estava claramente tentando levar Thompson bem além de sua pauta. O embaixador recomendou-lhe que não esperasse uma mudança rápida na posição americana em relação a Berlim e avisou que, se agisse unilateralmente, só agravaria as tensões. "Se há algo que leve os Estados Unidos a aumentar os gastos com armamento, como ocorreu por ocasião da Guerra da Coreia, é a convicção de que os soviéticos estão realmente tentando nos forçar a sair de Berlim", informou.[14]

"O que é que Berlim tem que tanto atrai o Ocidente?", Khruschóv perguntou.

Os Estados Unidos se comprometeram solenemente com os berlinenses, Thompson explicou, e, assim, investiram seu prestígio nacional no destino de Berlim.

Khruschóv argumentou que as potências ocidentais só estavam em Berlim por causa da capitulação da Alemanha na Segunda Guerra Mundial. "Vamos, juntos, criar um status para Berlim Ocidental", propôs. "Podemos registrá-lo na ONU. Vamos criar uma força policial conjunta, com base num tratado de paz protegido pelas quatro potências, ou uma força simbólica das quatro potências que poderia estacionar em Berlim Ocidental." Sua única precondição era que Berlim Oriental ficasse fora desse arranjo, pois o setor soviético da cidade continuaria sendo a capital da Alemanha Oriental em quaisquer circunstâncias.

Como Berlim não tinha importância política para Moscou, Khruschóv repetiu que forneceria aos Estados Unidos todas as garantias que desejassem de que protegeria seu prestígio e respeitaria o sistema político de Berlim Ocidental. Estava disposto a aceitar Berlim Ocidental como a ilha capitalista na Alemanha Oriental, porque, de qualquer modo, em 1965 a União Soviética suplantaria a produção per capita da Alemanha Ocidental e, cinco anos depois, a dos Estados Unidos.[15] Para reforçar a insignificância de Berlim Ocidental acrescentou que, como a população soviética crescia ao ritmo de 3,5 milhões por ano, os

2 milhões de berlinenses ocidentais representavam "uma noite de atividade" para seu país sexualmente ativo.[16]

No papel do advogado do diabo, Thompson argumentou que, mesmo sendo Berlim Ocidental tão insignificante para os soviéticos, "Ulbricht estava muito interessado" e provavelmente não concordaria com Khruschóv no tocante à continuidade de seu sistema democrático e capitalista.

O premiê abanou a mão, como se afastasse um mosquito incômodo, e falou que obrigaria Ulbricht a aprovar o que ele e Kennedy decidissem.

Num esforço para abordar um assunto mais seguro que Berlim, Thompson passou a falar da liberalização do comércio entre seus países. Tinha uma oferta que poderia aquietar Khruschóv. Disse que os Estados Unidos esperavam acabar com todas as restrições à importação de carne de caranguejo da União Soviética.[17]

Ao invés de aceitar a oferta, Khruschóv expressou sua indignação com uma recente decisão americana de cancelar, por motivo de segurança nacional, a venda de máquinas operatrizes avançadas a Moscou. "A União Soviética pode disparar seus foguetes sem as máquinas dos Estados Unidos!", rosnou. Depois reclamou da demora em aprovar a venda de uma fábrica de fertilizantes à base de ureia porque poderia ser usada para produzir armas químicas. Acrescentou que a tecnologia da ureia estava tão disponível que já havia comprado três fábricas da Holanda.[18]

Mas nenhum fertilizante chegava perto da importância de Berlim, e o premiê constantemente retomava o assunto, até que o embaixador se viu obrigado a ceder. Thompson lhe assegurou que Kennedy considerava a situação insatisfatória para ambos os lados, estava "reexaminando todo o problema da Alemanha e de Berlim" e se dispunha a "fazer alguma coisa para ajudar a aliviar a tensão". Repetiu, porém, que não podia expor as opiniões do presidente antes de ele consultar os aliados — o que ocorreria em março e abril, antes da reunião com o premiê.

Kennedy não entendia bem o que estava em jogo em Berlim, Khruschóv lamentou. Se assinassem um tratado pondo fim ao status da cidade no pós-guerra, aliviariam as tensões em todo o mundo. No entanto, se não conseguissem chegar a um acordo em relação a Berlim, suas tropas continuariam a defrontar-se numa situação "não de paz, mas de armistício". Ao contrário de Kennedy, Khruschóv não acreditava que conversações sobre redução de armamento pudessem estabelecer a confiança necessária para abordarem a questão de Berlim. A seu ver, só a retirada das tropas americanas e soviéticas da Alemanha criaria a atmosfera adequada para os cortes de armas.[19]

Depois de tantas semanas tentando marcar uma reunião com Kennedy, agora Khruschóv hesitava. Estava "inclinado a aceitar" o convite para encontrá-lo na primeira semana de maio, dali a dois meses, depois das visitas do britânico Macmillan e do alemão-ocidental Adenauer a Washington e depois de Kennedy se avistar com De Gaulle em Paris. A reunião poderia ser em Viena ou em Estocolmo. Khruschóv preferia Viena, mas não descartava Estocolmo. Quanto à oportunidade de conhecer Kennedy pessoalmente, deu de ombros, comentando que havia cruzado com ele em 1959, quando o então senador chegou atrasado para a visita do líder soviético ao Comitê das Relações Exteriores do Senado. Sem aceitar nem recusar o convite, Khruschóv falou que "seria necessário encontrar um motivo para a reunião".

No final do almoço que se seguiu, ergueu a Kennedy um brinde morno que contrastava gritantemente com sua entusiástica mensagem de Ano-Novo. Dispensou os habituais votos de saúde, pois, "sendo tão jovem, ele não precisa desses votos". Um ano antes, retirara o convite para Eisenhower visitar a União Soviética; agora, lamentava que ainda não chegara o momento de estender a Kennedy e sua família a tradicional hospitalidade soviética.

Naquela noite, Thompson aterrissou no aeroporto Vnukovo, em Moscou, e foi direto para a embaixada, de onde enviou seu relatório a Washington. Embora não tivesse parado ao longo de dezoito horas, estava elétrico.[20]

Nunca tinha visto Khruschóv tão decidido em relação a Berlim, tão determinado a não esperar mais para agir. "Todos os meus colegas diplomatas que discutiram a questão acham que, na falta de negociações, Khruschóv [...] precipitará uma crise de Berlim neste ano", informou.[21]

Uma semana depois, enviou outro telegrama a seus superiores, pedindo-lhes que acelerassem os planos de contingência para qualquer medida dos soviéticos referente a Berlim. As relações entre Moscou e Washington estavam tão estremecidas que Khruschóv poderia achar que tinha muito a ganhar e pouco a perder no tocante a Berlim, escreveu. Porém, acrescentou que o premiê ainda queria evitar um confronto militar com o Ocidente e ordenaria aos alemães-orientais que não interferissem, de nenhum modo, no acesso dos militares aliados à cidade.[22]

O embaixador enumerou as fontes da crescente tensão entre os Estados Unidos e a União Soviética, que se acumularam nas primeiras semanas da administração Kennedy: o Kremlin não tinha interesse na proposta americana de um acordo sobre a proibição de testes nucleares; considerava Kennedy mais belicoso que Eisenhower, com seu orçamento militar aumentado; preocupava-se com os preparativos dos americanos para a guerra de guerrilha nos países em desenvolvimento; e estava descontente com as maiores restrições de Washington à venda de tecnologia de alta precisão para os soviéticos. O que irritava particularmente o Kremlin era o compromisso pessoal e público de Kennedy de apoiar mais a rádio Free Europe, que estava se revelando um instrumento eficaz na prevenção do monopólio dos regimes comunistas sobre a informação. Na África e na América do Sul, os confrontos continuariam e talvez se intensificassem, Thompson escreveu.

Quanto ao possível foco de uma reunião do presidente com o premiê, informou: "A discussão do problema alemão será o ponto principal [para Khruschóv]. Será nessa reunião ou logo depois que o líder soviético definirá sua estratégia em relação a Berlim". O desafio de Kennedy consistiria em convencer o rival de que os Estados Unidos preferiam lutar a abandonar os berlinenses ocidentais. Mas só uma atitude firme não bastaria para evitar o confronto. Thompson previa que Khruschóv forçaria uma decisão antes do Congresso do Partido, em outubro, o que talvez envolvesse "a possibilidade real de uma guerra mundial" e, nesse caso, "voltaríamos a uma relação de Guerra Fria intensificada".

O embaixador reafirmou sua convicção de que os riscos de lidar com Khruschóv deviam ser analisados à luz da realidade: os Estados Unidos não tinham uma boa alternativa. No entanto, apesar de todas as desvantagens, Khruschóv "é, provavelmente, melhor, de nosso ponto de vista, que seu possível sucessor". Portanto, interessava aos Estados Unidos mantê-lo no poder, embora Thompson admitisse que não tinha suficiente conhecimento dos bastidores do Kremlin para dar algum conselho confiável sobre a maneira como Kennedy poderia influenciar as lutas do Partido Comunista.

E acrescentou com extraordinária clarividência: "Se esperamos que os soviéticos deixem o problema de Berlim como está, também devemos esperar que os alemães-orientais fechem o setor da fronteira para deter o que devem ver como a continuação intolerável do fluxo de refugiados através de Berlim".[23]

Com esse pensamento, Thompson pode ter sido o primeiro diplomata americano a prever o Muro de Berlim.

Em seguida, expôs uma estratégia de negociação que os soviéticos poderiam aceitar — e que permitiria a Washington retomar a iniciativa. Sugeriu que Kennedy propusesse a Khruschóv um acordo provisório sobre Berlim, pelo qual as duas Alemanhas teriam sete anos para negociar uma solução mais duradoura. Nesse período e em troca de uma garantia dos soviéticos de que os aliados continuariam tendo acesso a Berlim Ocidental, os Estados Unidos lhes assegurariam que a Alemanha Ocidental não tentaria recuperar territórios orientais que perdera depois da Segunda Guerra Mundial.

Com esse acordo, Thompson explicou, os alemães-orientais conteriam o fluxo de refugiados, o que interessava tanto aos americanos quanto aos soviéticos, pois os números crescentes ameaçavam desestabilizar a região. Como medidas para ganhar confiança o embaixador propôs a redução de atividades secretas ocidentais conduzidas a partir de Berlim e o fechamento da RIAS, a emissora de rádio americana instalada em Berlim Ocidental que transmitia notícias para a União Soviética. Ainda que a oferta fosse rejeitada, o simples fato de ter sido feita permitiria a Kennedy conquistar a opinião pública e dificultaria uma ação unilateral de Khruschóv.

Kennedy discordou do embaixador no tocante à urgência. Ele e seu irmão Bobby começavam a desconfiar que Thompson havia contraído "clientite", a doença do Departamento de Estado, e estava aceitando muito prontamente as posições dos soviéticos. Entre amigos, o presidente admitiu que ainda não entendia Khruschóv. Afinal, em 1958 Eisenhower ignorara o ultimato do líder soviético referente a Berlim e não pagara nada por isso. Kennedy não via por que deveria haver maior urgência agora.

As melhores cabeças da inteligência americana concordavam. O Subcomitê Especial para a Situação de Berlim, parte integrante do Departamento de Inteligência dos Estados Unidos e o maior especialista no assunto entre os espiões, achava "improvável" que Khruschóv intensificasse "as tensões sobre Berlim neste momento". Ele só aumentaria a pressão se achasse que com isso obrigaria Kennedy a participar de conversações de cúpula. E o mais importante: se Kennedy mostrasse que as ameaças dos soviéticos não o impressionavam, Khruschóv não endureceria em relação a Berlim.[24]

Assim, mais uma vez o presidente decidiu que Berlim podia esperar. Dois outros assuntos começavam a demandar sua atenção. Dean Acheson estava prestes a entregar seu primeiro relatório sobre a política de Berlim, que lhe forneceria o antídoto dos falcões contra a postura mais branda de Thompson.

Kennedy também estava cada vez mais interessado numa questão mais próxima. Seus melhores espiões acabavam de reunir as informações necessárias para que exilados treinados e equipados pela CIA invadissem Cuba.

WASHINGTON, D. C.
SEGUNDA-FEIRA, 3 DE ABRIL DE 1961

O secretário de Estado, Dean Rusk, recebeu o relatório de Acheson, a primeira grande reflexão da administração Kennedy sobre a política de Berlim, no dia anterior à chegada do primeiro-ministro britânico, Harold Macmillan, a Washington. Como de hábito, Acheson programara a entrega do documento para produzir o máximo impacto, preconizando uma linha dura no início de uma série de visitas de aliados.[25]

O ponto central era que Kennedy deveria mostrar disposição para lutar por Berlim se queria impedir que os soviéticos dominassem a Europa e, depois, a Ásia e a África. Manejando as palavras como se fossem armas, o ex-secretário de Estado escreveu que, se os Estados Unidos aceitassem "a tomada de Berlim pelos comunistas — mediante qualquer manobra —, não haveria dúvida sobre quem detinha o poder na Europa, e a Alemanha e provavelmente a França, a Itália e o Benelux, fariam os ajustes necessários. O Reino Unido esperaria que algo acontecesse. Não aconteceria nada".

Acheson conhecia Kennedy suficientemente bem para saber que ele confiaria em seu julgamento e partilharia suas suspeitas em relação aos soviéticos. Durante a transição, enquanto procurava alguém para ser seu secretário de Estado, Kennedy pediu conselhos a Acheson, seu vizinho em Georgetown. Com um bando de fotógrafos diante da casa, disse-lhe que, "nos últimos anos, conhecera muita gente que podia ajudá-lo a *tornar-se* presidente, mas bem pouca gente que podia ajudá-lo a *ser* presidente".[26]

O ex-secretário de Estado ajudou a dissuadi-lo de considerar o senador William Fulbright, que, a seu ver, não era "tão firme e sério quanto o cargo exige. Sempre achei que ele tem algumas das qualidades de um diletante". Em seguida, encaminhou o presidente para o homem que acabaria sendo escolhido: Dean Rusk, que, como seu assistente para Assuntos do Extremo Oriente nos anos Truman, ajudara-o a combater a conciliação e a resistir ao comunismo na Ásia. Com relação a outros nomes para compor o gabinete e ocupar embaixadas, aprovou alguns e rechaçou outros, praticando o esporte sangrento de Washington que tanto apreciava. E recusou o convite para ser embaixador na Otan, dizendo que preferia sua liberdade e seus rendimentos de advogado, "sem todos esses estatutos pesando em cima de mim".[27]

No fim, ficou contente por restabelecer sua influência no governo, assumindo um papel-chave na análise de duas das maiores prioridades do país: o futuro da Otan e os temas correlatos do uso de armas nucleares e da defesa de Berlim. Seu lugar na história já estava garantido, graças a sua participação decisiva na criação do Fundo Monetário Internacional, do Banco Mundial e do Plano Marshall. Ele foi o principal idealizador da Otan — contrariando a aversão dos Estados Unidos a alianças que pudessem levá-los à guerra — e com George Marshall concebeu a Doutrina Truman de 1947, que definiu a posição de seu país como "líder do mundo livre", com a missão de combater o comunismo e defender a democracia. Ser chamado de volta era uma agradável confirmação de que sua competência continuava sendo útil e desejada.

Mesmo beirando os 68 anos, Acheson ainda era uma figura cativante. Tão bem vestido quanto era bem informado, gostava de dizer aos amigos que não padecia da falta de autoconfiança que tanto afligia seus opositores. O chapéu-coco, o largo sorriso maroto, os olhos azul-cinzentos e o bigode de pontas reviradas já lhe bastavam para se fazer notar, mas ele ainda se destacava pelas pernas longas, o corpo esguio e o 1,80 metro de altura. Inteligente e intolerante com os tolos, levara para seu novo estudo de Berlim a determinação de suplantar os soviéticos que tanto o distinguira em sua carreira. Foi essa linha dura que criou um laço tão curioso entre ele e o presidente Truman — o filho de um reitor episcopal, formado em Yale e fã de martini, e o político do Meio Oeste franco e direto, sem diploma universitário.[28]

Pouco depois da eleição de Kennedy, Acheson enviara a Truman uma carta sobre suas preocupações com o catolicismo do novo líder. "Você realmente se importa com o fato de Jack ser católico?", perguntou ao ex-presidente, que desdenhosamente chamava Kennedy de "o rapaz". Depois de lembrar-lhe que ele nunca se importara com o catolicismo de De Gaulle e Adenauer, acrescentou: "Ademais, não acho que ele seja um católico muito bom".[29]

Como fora contratado em fevereiro, havia revisto diligentemente todas as opções possíveis para o caso de Berlim. Concordava com Thompson quanto à probabilidade de ocorrer um confronto ao longo do ano, mas só quanto a isso. Aconselhou o presidente a mostrar mais força e abandonar qualquer esperança de uma solução negociada que pudesse levar a uma melhoria da situação. "Todo tipo de ação é arriscado e nada promissor", escreveu. "A inação é ainda pior. Não temos escolha. Se for provocada uma crise, uma tática ousada e perigosa pode ser a mais segura."

Eisenhower rejeitara seu conselho para reagir com mais vigor, reforçando ostensivamente o poderio militar, sempre que Moscou testasse o compromisso dos Estados Unidos com a Europa e Berlim. Acheson, que na época não integrava o governo, esperava ter mais sucesso com Kennedy. Já ganhara o apoio de Rusk e Bundy e ainda podia contar com dois dos mais influentes funcionários encarregados de Berlim: Paul Nitze, do Pentágono, e Foy Kohler, do Departamento de Estado.

Em seu memorando, disse também que a ameaça de uma guerra nuclear talvez já não bastasse para deter Khruschóv no tocante a Berlim — se é que um dia bastara. Explicou que a relutância de Khruschóv em agir até o momento se devia mais a seu desejo de evitar uma ruptura das relações com o Ocidente do que a uma convicção de que os Estados Unidos correriam o risco de uma guerra atômica para defender Berlim. Assim, recomendou a Kennedy um significativo reforço na Europa e, ao mesmo tempo, aconselhou-o a persuadir os aliados, em especial os alemães-ocidentais, a "concordarem de antemão em lutar por Berlim".

Depois, enumerou o que, a seu ver, constituíam os cinco objetivos básicos de Khruschóv em relação a Berlim:[30]

1. Estabilizar o regime da Alemanha Oriental e preparar o terreno para seu reconhecimento internacional.
2. Legalizar as fronteiras orientais da Alemanha.
3. Neutralizar Berlim Ocidental, como um primeiro passo, e organizar sua tomada final pela República Democrática Alemã.
4. Enfraquecer ou destruir a Otan.

5. Desacreditar os Estados Unidos ou pelo menos prejudicar seriamente seu prestígio.

Assim como Adenauer, Acheson estava convencido de que o problema de Berlim só se resolveria com a unificação, e que a unificação só aconteceria num futuro distante e através de uma consistente demonstração de força por parte do Ocidente. Portanto, no momento, não havia acordo com Moscou sobre Berlim que não tornasse o Ocidente mais vulnerável; assim sendo, nenhuma conversa faria sentido.

Berlim era "a chave do poder na Europa", e a disposição para defendê-la era crucial para conter o Kremlin em outros lugares. Qualquer que fosse a linha de ação adotada, o presidente deveria definir "rapidamente os motivos para lutar por Berlim" e fazer os aliados acatarem seus critérios.

E o mais importante: "No momento, devemos nos contentar em manter o status quo em Berlim. Não podemos esperar que Khruschóv aceite menos que isso — e nós também não devemos aceitar menos".

A seguir, o relatório se concentrava nos meios militares mais adequados — dentro da capacidade americana — para deter Khruschóv. Fazia muito tempo que a ameaça de um ataque nuclear era a carta na manga dos Estados Unidos, mas a heresia de Acheson consistia em argumentar que não se tratava de uma capacidade real, pois era "perfeitamente óbvio" para os russos que Washington não arriscaria a vida de milhões de americanos por causa de Berlim. Acheson lembrou que alguns líderes militares propunham, como alternativa, o "uso limitado de armas nucleares — o que significava lançar uma bomba em algum lugar".

E descartou a ideia: "Se jogarmos uma bomba, não terá sido uma ameaça de jogar uma bomba — terá sido jogar uma bomba —, e isso indicará ou que vamos jogar mais, ou que convidamos o outro lado a responder com uma bomba". O que, no caso de Berlim, seria "uma medida irresponsável".

Acheson apresentou então sua proposta, concebida para não deixar dúvida sobre a determinação do Ocidente. Kennedy deveria aumentar substancialmente as forças convencionais na Alemanha, de modo que os soviéticos vissem com mais clareza o compromisso dos Estados Unidos com a defesa de Berlim — o que não poderia ser mais contrário à sugestão de Thompson de aguardar sete anos para que as duas Alemanhas negociassem suas diferenças. Com esse aumento, Acheson explicou, "reforçaríamos nosso compromisso de tal modo que não teríamos como voltar atrás — e, se alguém voltasse atrás, seriam eles".

O ex-secretário de Estado admitiu que não contar tanto com o poder de dissuasão das armas nucleares envolvia riscos, porém acrescentou que essa era "a única maneira de mostrar que não estamos brincando sem fazer algo muito tolo". O que propunha não era reforçar o contingente em Berlim, onde estaria ilhado e seria de pouca serventia, e sim deslocar três ou mais divisões para outro lugar da Alemanha. Propunha ainda mobilizar seis divisões de reservistas e fornecer mais transporte para os novos soldados irem a Berlim numa emergência.[31]

O secretário de Defesa, McNamara, acatou a proposta. Kennedy levou-a suficientemente a sério para usá-la como base para ordenar ao Pentágono uma nova análise das formas de romper um eventual bloqueio de Berlim. Contudo, Acheson sabia que um grupo importante se oporia a suas ideias: os aliados dos Estados Unidos. Os franceses e os alemães seriam contrários a qualquer diluição de um dissuasor nuclear que, a seu ver, era tudo que no longo prazo assegurava o compromisso dos americanos com sua defesa. E os britânicos queriam mais ênfase nas negociações com os soviéticos, o que ia de encontro à posição de Acheson. Como não havia consenso entre os aliados sobre a melhor maneira de defender Berlim, o ex-secretário de Estado aconselhou o presidente a decidir sua estratégia unilateralmente e apresentá-la aos demais como um *fait accompli*.[32]

Antes da reunião com Macmillan, Bundy entregou a Kennedy o relatório de seu amigo Acheson, qualificando-o de "excelente". Recomendou-lhe que mostrasse claramente a seus visitantes britânicos — "brandos" com relação a Berlim — que estava decidido a se manter firme. E, reforçando o ponto de vista de Acheson, lembrou que, no passado, as conversações sobre Berlim fracassaram e não havia motivo para acreditar que agora havia maior possibilidade de sucesso.[33]

Praticamente da noite para o dia, Acheson tomara a iniciativa em relação a Berlim, preenchendo um vazio na administração. E Bundy aconselhou Kennedy a polidamente considerar quaisquer planos que Londres concebesse, mas com a ressalva: "Devemos pressionar os britânicos para que se comprometam a ser firmes na hora da verdade".

O primeiro-ministro Macmillan se surpreendeu quando Kennedy pediu a Acheson que explicasse por que acreditava que, no caso de Berlim, um confronto com os soviéticos era mais provável que um acordo aceitável. Kennedy estava rodeado pela alta cúpula da Segurança Nacional e pelo embaixador americano em Londres, David Bruce. Macmillan levara consigo, entre outros, Sir Alec Douglas-Home, ministro do Exterior britânico. Todos se voltaram para Acheson, cujo desempenho desconcertou os visitantes.[34]

Kennedy não disse se partilhava de sua visão linha-dura, mas Macmillan só podia supor que sim. Acheson começou explicando que não chegara a conclusões finais em seu estudo de Berlim, mas em seguida expôs com precisão o que tinha decidido. O presidente ouviu sem fazer comentários.

Macmillan e Acheson tinham praticamente a mesma idade, e o traje, os maneirismos, as origens anglo-canadenses do ex-secretário de Estado sugeriam compatibilidade cultural em qualquer outro contexto. Entretanto, os dois homens sustentavam opiniões muito diferentes sobre a maneira de lidar com os soviéticos. Macmillan ainda apostava no tipo de conversações de cúpula que Acheson considerava inúteis, como já dissera numa sessão executiva do Comitê das Relações Exteriores, em 1947: "Acho errado acreditar que, em qualquer momento, podemos nos sentar com os russos e resolver problemas".

Acheson enumerou então o que chamou de "semipremissas":[35]

1. Não havia solução satisfatória para o problema de Berlim sem uma solução mais ampla para a divisão da Alemanha. E parecia que esta não ocorreria num futuro próximo.
2. Era provável que os soviéticos forçassem a questão de Berlim ao longo do ano.
3. Não havia solução negociável que pudesse colocar o Ocidente numa posição mais favorável em relação a Berlim do que a que tinha no momento.

Portanto, "devemos encarar o problema e preparar-nos para eventualidades. Berlim é da maior importância. É por isso que os soviéticos insistem. Se o Ocidente falhar, a Alemanha estará fora da aliança".

O presidente não interrompeu a exposição, e nenhum dos presentes se

Mestre e mentor: Ióssif Stálin ao lado de Nikita Khruschóv, chefe do Partido Comunista de Moscou, no aeródromo de Shchelkovo, em 1936.

Khruschóv acena para a multidão em Los Angeles, em 1959, durante a primeira visita oficial de um premiê soviético aos Estados Unidos.

Khruschóv com o presidente Dwight Eisenhower, Nina Khruschóv e Andrei Gromyko, ministro do Exterior soviético, em 1959.

Joseph Kennedy, embaixador americano na Grã-Bretanha, entre os filhos Joe Jr. e John, em Southampton, Inglaterra, em 1938.

Mudança de guarda: Eisenhower dá uma aula ao homem que, no dia seguinte, se tornará o mais jovem presidente americano.

Walter Ulbricht no exílio: o futuro líder da Alemanha Oriental conheceu Khruschóv durante a Segunda Guerra Mundial, quando se exilou na União Soviética. Aqui, Ulbricht (à esq.) e o comunista alemão Erich Weinert (à dir.) tentam convencer os soldados a desertar.

Khruschóv e Ulbricht no v Congresso do Partido da Unidade Socialista, em Berlim Oriental, 1958.

Na época da crise de Berlim, o chanceler Konrad Adenauer, que estava em seu terceiro mandato, era o primeiro e único líder eleito da República Federal da Alemanha.

"Der Alte" posa com órfãos vestidos de Branca de Neve e dois anões na celebração de seu 85º aniversário, em janeiro de 1961.

Como um presente para Kennedy por ocasião de sua posse, Khruschóv libertou os dois pilotos americanos capturados. Aqui, JFK cumprimenta os capitães Freeman B. Olmstead (o segundo, à esq.) e John McKone e suas esposas numa recepção particular.

Kennedy com Dean Acheson, secretário de Estado de Truman, que ele chamou para assessorá-lo em questões relativas a Berlim e à Otan.

Uma história de duas cidades: Berlim Oriental. Mulheres idosas nas janelas de prédios de apartamentos marcados pelos combates da Segunda Guerra Mundial.

Uma loja danificada pela guerra na Alexanderplatz contrasta com a propaganda ao fundo: "Quanto mais forte for a República Democrática Alemã, mais certa é a paz na Alemanha".

Uma história de duas cidades: Berlim Ocidental. Vida noturna na Kurfürstendamm.

Elegantes alemãs-ocidentais diante do Café Kranzler, o bar mais famoso da Ku'damm.

11 de fevereiro de 1961. O presidente Kennedy reúne pela primeira vez seus especialistas em Kremlin para ouvir ideias e sugestões. No sentido horário: Llewellyn "Tommy" Thompson, embaixador na União Soviética; Johnson, vice-presidente; W. Averell Harriman, "embaixador itinerante"; Charles Bohlen, consultor do Departamento de Estado; Dean Rusk, secretário de Estado; JFK; e George Kennan, especialista em assuntos soviéticos.

No final de fevereiro, Kennedy enviou sua primeira carta a Khruschóv através do embaixador Thompson — mas o premiê soviético demorou dez dias para se dignar a recebê-la.

13 de março. Quebrando o protocolo, Kennedy recebe Willy Brandt, o prefeito de Berlim Ocidental e líder da oposição da Alemanha Ocidental, antes de se encontrar com o chanceler Adenauer.

5 de abril. Em Washington, Kennedy caminha com Harold Macmillan durante uma pausa em suas conversações, nas quais o primeiro-ministro britânico se surpreenderia com a linha dura da administração do presidente em relação a Berlim.

15 de abril. Adenauer e Kennedy se elogiam mutuamente numa entrevista coletiva — mas um não confiava no outro.

16 de abril. Johnson oferece um churrasco a Adenauer em sua fazenda, no Texas — e, a caminho do aeroporto, informa-o sobre a operação na baía dos Porcos.

22 de abril. Kennedy e Eisenhower se reúnem em Camp David para discutir o desastre na baía dos Porcos.

Khruschóv percorre a União Soviética numa "viagem agrícola", tentando obter apoio para o Congresso do Partido, a realizar-se em outubro.

Um espião soviético em Hyannis Port. Esta foto rara mostra o agente da inteligência militar Georgi Bolshakov (o segundo à dir.) com JFK, um intérprete e o genro de Khruschóv, Alexei Adzhubei (à dir.). Antes da Cúpula de Viena, Bolshakov passou a atuar secretamente junto a Robert Kennedy como um canal de comunicação entre o presidente e Khruschóv.

Junho de 1961, Washington. Um agravamento do problema nas costas causou muita dor a JFK em Viena. Ele geralmente tomava cuidado para não ser fotografado de muletas.

31 de maio. Crianças recebem Kennedy em Paris, acenando com bandeiras americanas.

O primeiro-casal, vestido para um jantar formal em sua homenagem no palácio Élysée.

3 de junho, Viena. Kennedy e Khruschóv apertam as mãos no primeiro dia de suas históricas conversações.

Tudo começou com sorrisos.

Khruschóv logo passou a
dominar a discussão.

No jantar no palácio
Schönbrunn, Khruschóv
se encantou com Jackie.

Mas o clima das conversações continuou tenso. No fim, Kennedy partiu sentindo-se destratado e derrotado pelo premiê.

atreveu a fazê-lo. Acheson disse que não bastavam negociações e outros remédios não militares — que, como todos sabiam, eram os preferidos dos britânicos. A resposta tinha de ser militar, mas qual seria e em que circunstâncias ocorreria?

Macmillan e Lord Home estavam decepcionados. Numa recente visita a Paris, ouviram De Gaulle — que já estava tentando fazer Adenauer aceitar sua visão da Europa, que excluía os britânicos em caráter permanente — opor-se veementemente a conversações com os soviéticos a respeito de Berlim. Não queriam que Kennedy também a aceitasse.

Aos 67 anos, Macmillan estava cada vez mais convencido de que a maioria das aspirações de Londres em relação ao mundo dependia de sua capacidade de influenciar Washington. O que, por sua vez, dependia da maneira como ele interagisse com o novo presidente americano. Atento estudioso da história, concluíra que os americanos representavam "o novo Império Romano, e nós, britânicos, como os gregos do passado, temos de ensiná-los a avançar. [...] Podemos, quando muito, aspirar a civilizá-los e, ocasionalmente, influenciá-los". Mas Kennedy consentiria em ser a Roma de sua Grécia?[36]

Depois da derrocada política de seu antecessor Anthony Eden em decorrência da crise de Suez, Macmillan apostara na reconstrução de uma "relação especial" com os Estados Unidos através da amizade com o presidente Eisenhower, que remontava à Primeira Guerra Mundial. Na função de "honesto intermediário", fora crucial para convencer Eisenhower a discutir o futuro de Berlim com Khruschóv e vira o fracasso da Cúpula de Paris como uma derrota pessoal, pois implorara ao líder soviético que não abandonasse as conversações.

Foi nesse contexto que reuniu todos os dados possíveis sobre Kennedy para melhor abordar um homem 24 anos mais novo que ele. Ao amigo e colunista Henry Brandon dissera que nunca conseguiria repetir a ligação única que tivera com Eisenhower, um indivíduo de sua geração, com o qual partilhava as duras experiências da guerra. "E agora aí está esse jovem irlandês arrogante", acrescentara.[37]

John Hay "Jock" Whitney, embaixador de Eisenhower em Londres, informara a Macmillan que Kennedy era "obstinado, sensível, implacável e lascivo".[38] Contudo, as diferenças de comportamento entre eles só aflorariam muitos meses depois, quando Kennedy chocou o escocês monógamo e puritano com este comentário: "Não sei como é com você, Harold, mas eu, se fico três dias sem mulher, tenho uma tremenda dor de cabeça".[39]

O que preocupava Macmillan, mais que a idade e as diferenças de caráter, era a possibilidade de que o presidente sofresse a influência do pai anticomunista e isolacionista. Talvez o embaixador americano mais detestado na corte de St. James, Joseph Kennedy aconselhara o presidente Roosevelt a não exagerar no apoio à Grã-Bretanha contra Hitler, pois podia "arcar sozinho com uma guerra em que os aliados contam com a derrota". Assim, Macmillan respirou aliviado quando descobriu que o herói de Kennedy era o intervencionista Churchill — um ponto em comum entre eles.[40]

Para impressionar Kennedy, Macmillan lhe enviara, durante a transição, uma carta em que propunha um "grande plano" para o futuro. Se estabelecera sua relação com Eisenhower a partir das lembranças da guerra, comuns a ambos, decidiu, no dia da eleição de Kennedy, que basearia sua relação com o novo presidente no intelecto. Assim, apresentou-se "como um homem que, apesar da idade avançada, tem ideias jovens e originais".[41]

Redigida com habilidade de editor, a carta afagava a vaidade do destinatário, citando alguns de seus textos, e depois descrevia um futuro perigoso, no qual o "mundo livre" — os Estados Unidos, a Grã-Bretanha e a Europa — só conseguiria vencer o crescente apelo do comunismo com a constante expansão do bem-estar econômico e um propósito comum. Assim, uma cooperação transatlântica mais estreita na criação de políticas monetárias e econômicas era mais importante que alianças políticas e militares.

Macmillan não conseguira, porém, despertar muito entusiasmo por seu "grande plano" entre os aliados. De Gaulle gostou de suas ideias, mas se opunha a seu desejo de incluir a Grã-Bretanha no Mercado Comum Europeu.[42] Menos apoio ainda Macmillan obteve de Adenauer, com quem se reuniu em Londres; e concluiu que a florescente Alemanha Ocidental se tornara "rica e egoísta" demais para entender sua proposta.[43] Antes de recebê-lo em Washington, Kennedy teve de mandar vasculhar a Casa Branca para achar o "grande plano", que não sabia onde havia deixado; encontraram-no no quarto de Caroline, sua filha de três anos.[44]

Apesar de suas preocupações iniciais, já antes da reunião em Washington Macmillan começara a estabelecer com Kennedy uma relação mais estreita do que esperava, resultado da inteligência e da formação de ambos — e dos esforços do primeiro-ministro. Eles também eram parentes por afinidade: Kathleen, irmã de Kennedy, casara-se com um sobrinho de Macmillan. Como Kennedy, Harold Macmillan conhecia a riqueza desde o berço e gostava de sua liberdade para pensar com independência e ser excêntrico. Era elegante e alto, 1,80 metro, sorria com todos os dentes por baixo do bigode e usava ternos feitos sob medida com a mesma naturalidade com que usava a inteligência. Gostara da ênfase de Kennedy na bravura em seu livro *Profiles in Courage* [Perfis de coragem], já que ele mesmo havia sido ferido três vezes na Primeira Guerra Mundial. Por ocasião da batalha do Somme, enquanto esperava por socorro com uma bala na pélvis, lera Ésquilo no original grego.

Para seu alívio, dera-se bem com Kennedy dez dias antes do encontro em Washington, quando o presidente o convidou para ir a Key West, na Flórida, a fim de trocar ideias sobre a maneira de lidar com a crise no Laos. Macmillan o aconselhou a não intervir militarmente no Laos e gostou de vê-lo controlar seus generais — ao invés de *ser controlado* por eles.[45] Gostou também de seu "grande charme [...] e de [sua] leveza. Como tantos americanos são tão enfadonhos, essa é uma agradável mudança".[46]

Contudo, esse começo positivo em Key West só aumentou a preocupação de Macmillan e Lord Home com a belicosidade de Kennedy em relação aos soviéticos, encorajada por Acheson.[47]

Quanto à defesa de Berlim, Acheson achava que os britânicos deviam se concentrar em três alternativas militares: aérea, terrestre e nuclear. Como a opção nuclear era "imprudente e não teria crédito", ele falou principalmente das outras duas. Descartou uma reação por ar, já que "os mísseis [soviéticos] chegaram a um ponto em que nenhuma aeronave consegue sobreviver. [...] Os russos simplesmente abateriam os aviões com seus foguetes".

A seu ver, só havia uma reação possível dos Estados Unidos e aliados no caso de uma investida soviética sobre Berlim: uma ofensiva convencional por terra "para mostrar aos russos que era melhor não fazer nada contra um esforço realmente vigoroso do Ocidente". Para isso seria necessário um significativo reforço militar. Se ocorresse algum tipo de bloqueio a Berlim, as possíveis contramedidas militares sugeridas por Acheson incluíam o envio de uma divisão pela Autobahn para restabelecer o acesso à cidade. E o Ocidente poderia rearmar e reunir os aliados, como fizera durante a Guerra da Coreia.[48]

A um Macmillan que expressava seu ceticismo por meio de sobrancelhas arqueadas e olhares para os lados, Kennedy disse que ainda não tinha analisado a fundo as ideias de Acheson. E admitiu que o plano de contingência para Berlim ainda não era "suficientemente sério", dada a crescente possibilidade de algum tipo de confronto.

Com relação ao envio de uma divisão pela Autobahn, Macmillan argumentou que "seria um grupo muito vulnerável, deslocando-se por um local estreito". Se houvesse algum problema, os militares teriam de deixar a estrada e dispersar-se, o que envolveria uma série de dificuldades. No entanto, ao ser pressionado pelo presidente, o visitante concordou que não seria possível organizar uma nova ponte aérea para Berlim por causa do maior poderio antiaéreo dos soviéticos.

Depois, americanos e britânicos trataram de definir o tipo de planejamento e treinamento militar que lhes permitisse se preparar melhor para contingências relacionadas com Berlim. O secretário Rusk aprovou o planejamento bilateral, mas sugeriu a "rápida" mobilização dos alemães-ocidentais, com sua capacidade militar ampliada e disposição para ajudar a defender Berlim. Lord Home discordou. Os britânicos desconfiavam dos alemães muito mais que os americanos, convencidos de que o serviço de inteligência de Adenauer e outras organizações do governo estavam repletos de espiões. Lord Home estava disposto a discutir o futuro da Alemanha com os americanos, mas não com os alemães.

Queria que os americanos deixassem de lado os aspectos militares e considerassem a possibilidade de estabelecer conversações com o Kremlin sobre Berlim. Lembrou que Khruschóv assumira apenas um compromisso público que limitava sua margem de manobra — acabar com a ocupação de Berlim. Acreditava que o líder soviético poderia "safar-se dessa enrascada" se os aliados assinassem um tratado que mantivesse o status quo da cidade por um prazo de uns dez anos.

"Khruschóv não está numa *enrascada*", Acheson rebateu, "e, portanto, não tem de se safar."

O ex-secretário de Estado não tinha paciência com o que lhe parecia uma fraqueza dos britânicos em relação a Moscou. "Khruschóv não é legalista", advertiu. "Ele quer dividir os aliados. Não vai assinar nenhum tratado que nos ajude. Nossa posição atual é boa e devemos mantê-la." A seu ver, o simples fato de cogitar assinar um tratado com a Alemanha Oriental — que só serviria aos interesses dos soviéticos — "abalaria o ânimo dos alemães".

A tensão entre Home e Acheson era visível.

Depois de um silêncio embaraçoso, Rusk concordou com Acheson em que aceitar esse tipo de tratado equivaleria a "descer uma ladeira escorregadia". Disse que os Estados Unidos tinham de deixar claro que estavam em Berlim em função da guerra, e não "da boa vontade de Khruschóv". E frisou para os britânicos que os Estados Unidos eram uma grande potência e não seriam expulsos de Berlim.

Home chamou a atenção de seus amigos americanos para as mudanças que ocorreriam na opinião pública do Ocidente se Khruschóv propusesse abertamente o que poderia parecer uma modificação razoável no status legal de Berlim e os ocidentais não tivessem nenhuma alternativa para sugerir. A seu ver, era preciso dar uma nova base legal à presença do Ocidente, pois a atual justificativa do "direito de conquista" para a ocupação de Berlim estava "se diluindo".

Talvez "seja nosso poder que está se diluindo", Acheson retorquiu.

Boa parte do mesmo grupo voltou a se reunir na manhã seguinte, mas, para sorte dos visitantes, Acheson teve de cumprir uma missão e não compareceu. Seu espírito, porém, continuou presente. Kennedy perguntou a seus especialistas britânicos e americanos por que Khruschóv ainda não agira em relação a Berlim. O que o segurava?

"É o perigo da reação ocidental?", o presidente quis saber.

Lord Home disse que, em sua opinião, Khruschóv não ficaria "inativo por muito tempo".

O embaixador Charles E. "Chip" Bohlen concordou. O principal especialista em União Soviética do Departamento de Estado, que havia sido embaixador em Moscou entre 1953 e 1957, acreditava que o crescente desafio chinês e as "importunações por parte dos alemães-orientais" estavam obrigando Khruschóv a assumir uma atitude mais agressiva. Não porque os soviéticos se interessassem tanto por Berlim, mas porque concluíram que perder a cidade poderia acarretar o desmoronamento de todo o seu império oriental.

Kennedy reconduziu a discussão para o relatório de Acheson. Se Khruschóv se detinha ante a ameaça de um confronto militar com o Ocidente, "devemos pensar nas maneiras de aumentar essa ameaça. No que se refere a Berlim, não temos posição de barganha. Portanto, devemos encontrar, como Mr. Acheson sugeriu ontem, o modo mais claro possível de colocar a questão para Khruschóv".

Com a volta do espírito de Acheson, o grupo tentou prever o que Khruschóv faria a seguir e como o Ocidente reagiria. Os britânicos achavam que as conversações eram inevitáveis; a maioria dos americanos duvidava que elas servissem para alguma coisa. David Bruce, embaixador de Kennedy no Reino Unido, ex-funcionário do serviço de inteligência e embaixador de Eisenhower na Alemanha Ocidental, disse que os Estados Unidos não podiam abrir mão dos poucos direitos sobre Berlim que ainda lhes restavam. "Não podemos ignorar as consequências que um enfraquecimento em relação a Berlim acarretaria para a Europa Central e a Alemanha Ocidental", advertiu.[49]

Macmillan estava insatisfeito. Suas reuniões com Kennedy se aproximavam do fim, e ele ainda não sabia em que momento o Ocidente responderia aos avanços dos russos no tocante a Berlim. Sem uma definição clara, temia que Kennedy acabasse sendo levado para uma guerra que não queria por uma causa pequena demais e arrastasse os britânicos para as hostilidades.

Discordando de Acheson, Kennedy expressou sua convicção de que a dissuasão nuclear "impede que os comunistas nos envolvam numa grande luta por Berlim". Portanto, concluiu, era necessário manter esse freio ainda "por muito tempo".

Macmillan perguntou o que aconteceria na Alemanha Ocidental depois da morte de Adenauer — se um líder menos decidido permitiria que os soviéticos ganhassem o jogo de Berlim. "Mais cedo ou mais tarde, dentro de cinco ou dez anos, os russos podem oferecer a unificação aos alemães-ocidentais em troca da neutralidade", sugeriu, externando as dúvidas dos britânicos quanto à confiabilidade dos alemães.

Bohlen argumentou que os alemães-ocidentais já não morderiam "a isca da neutralidade" e os soviéticos já não poderiam permitir que o socialismo fracassasse na Alemanha Oriental. Bruce falou que, no momento, o problema maior era que os refugiados da Alemanha Oriental estavam "enfraquecendo tudo que forma a vida normal de um Estado" e lembrou que 200 mil pessoas partiram em 1960, 70% das quais pertenciam a grupos etários vitais.

Um memorando interno sobre a reunião tentou esconder a disputa entre as duas partes. Registrou que os Estados Unidos e o Reino Unido esperavam uma escalada da Crise de Berlim em 1961, concordavam que perder Berlim Ocidental seria catastrófico e acreditavam que os aliados precisavam deixar mais clara para os soviéticos sua determinação em relação à defesa de Berlim.

Também recomendou maior concentração nos planos de contingências militares.[50]

No Jardim das Rosas da Casa Branca, ao sol morno da primavera, Kennedy se postou ao lado de Macmillan e leu uma declaração conjunta de uma página que falava de um "altíssimo grau de acordo quanto a nossa avaliação da natureza dos problemas que enfrentamos". O documento atenuava os consideráveis desentendimentos com uma linguagem piegas, afirmando que os dois homens concordavam sobre "a importância e a dificuldade de estabelecer relações satisfatórias com a União Soviética".[51]

Macmillan obtivera pouca coisa além do endosso de Kennedy aos esforços dos britânicos para entrar no Mercado Comum — parte de seu "grande plano" —, o que era um apoio crucial, considerando a oposição dos franceses. Os dois homens também estabeleceram entre si um elo pessoal através de duas longas conversas particulares.

Apesar disso, o primeiro-ministro não conseguira alcançar muitos de seus objetivos mais importantes. Kennedy se opusera aos esforços da Grã-Bretanha para incluir a China nas Nações Unidas e deixara claro que, ao contrário de Eisenhower, não tinha a intenção de usar Macmillan como um intermediário com Moscou. E, o que era mais importante, os americanos pretendiam marcar uma reunião de cúpula com um líder soviético pela primeira vez em território europeu sem a participação de seus aliados britânicos ou franceses. Kennedy parecia concordar com Acheson: Londres era branda demais com relação a Berlim.

As autoridades britânicas surpreenderam os americanos, deixando vazar para a imprensa que as conversações entre Kennedy e Macmillan foram "duras, tensas", inconcludentes sob muitos aspectos e por certo mais difíceis do que o comunicado sugeria.[52]

E algo muito pior estava por vir.

8. Coisa de amador

> *Os europeus pensavam que estavam vendo um jovem e talentoso ama-*
> *dor lançar um bumerangue, mas, para seu horror, viram-no ser derru-*
> *bado. Acharam incrível que uma pessoa tão inexperiente brincasse*
> *com uma arma tão letal.*[1]
>
> Dean Acheson sobre o fiasco do presidente
> Kennedy na baía dos Porcos, junho de 1961

> *Eu não entendo Kennedy. Como é que ele pode ser tão indeciso?*[2]
>
> O premiê Khruschóv para seu filho Sergei,
> depois do episódio da baía dos Porcos

CASA BRANCA, WASHINGTON, D. C.
SEXTA-FEIRA, 7 DE ABRIL DE 1961

Foi o primeiro dia quente de primavera, a temperatura perfeita para Kennedy caminhar com Dean Acheson pelo Jardim das Rosas da Casa Branca. O presidente sugerira o passeio, explicando que precisava de um conselho urgente. Estava em mangas de camisa, mas o ex-secretário de Estado usava seus habituais paletó e gravata-borboleta, tendo se limitado, como única concessão ao tempo, a tirar o chapéu-coco, que carregava embaixo do braço.[3]

Acheson esperava que Kennedy o interrogasse sobre seus projetos relativos à Otan e a Berlim, já que devia viajar para a Europa no dia seguinte para informar seus progressos aos aliados. No entanto, Kennedy disse que tinha em mente outro assunto, mais urgente. "Vamos nos sentar ao sol", propôs, conduzindo o visitante para um banco de madeira. "Você sabe alguma coisa sobre esse plano de Cuba?"[4]

Acheson respondeu que nem sabia da existência de um plano de Cuba.

Diante disso, Kennedy lhe expôs o plano que estava estudando. Um contingente de 1200 a 1500 exilados cubanos — soldados treinados pela CIA na Guatemala — invadiria a ilha com a cobertura de bombardeiros B-26 pilotados por outros exilados. Uma vez estabelecida uma cabeça de ponte, o contingente receberia um reforço de cerca de 7 mil insurgentes e outros opositores de Castro que já estavam na ilha. Sem usar soldados ou aviões americanos, os Estados Unidos tirariam Fidel Castro do poder e instalariam um regime favorável a eles. O plano fora concebido pela administração Eisenhower e revisto nas primeiras semanas do governo Kennedy, e contava com equipamento, treinadores e planejadores da inteligência americana.

Acheson não escondeu seu espanto. E disse que esperava que o presidente não estivesse falando sério sobre tamanha maluquice.

"Não sei se estou falando sério ou não", foi a resposta. "Mas o plano é esse, e tenho pensado nele, e, nesse sentido, é sério. Ainda não me decidi, mas estou pensando seriamente nisso."

Na verdade, Kennedy já havia dado o sinal verde quase um mês antes, em 11 de março de 1961, e acertara os últimos detalhes em 5 de abril, havia apenas dois dias. Só modificara dois aspectos importantes: alterou o local do desembarque para que a operação fosse menos espetacular e determinou que ela ocorresse perto de um campo de pouso para que tivesse apoio tático de aeronaves. Afora isso, a "Operação Mangusto" se mantinha praticamente a mesma que herdara da administração Eisenhower.

Acheson argumentou que não precisava consultar nenhum especialista para saber que os 1500 cubanos de Kennedy não eram páreo para os 25 mil cubanos de Castro. Comentou que a invasão podia ter consequências desastrosas para o prestígio dos Estados Unidos na Europa e para suas relações com os soviéticos, que provavelmente reagiriam de maneira agressiva em Berlim.[5]

Era, porém, precisamente por causa de Berlim que Kennedy não queria que a participação dos americanos fosse evidente. Não queria dar nenhum pretexto para os soviéticos fazerem algo igualmente drástico em Berlim.

Os dois homens conversaram mais um pouco, e Acheson foi embora sem ter falado de outra coisa que não Cuba. Quando embarcou para a Europa, parou de pensar no assunto, pois achou "a ideia muito louca".[6]

Esperava que cabeças mais sensatas prevalecessem.

RHÖNDORF, ALEMANHA OCIDENTAL
DOMINGO, 9 DE ABRIL DE 1961

O chanceler Konrad Adenauer estava tão preocupado com a maneira como haveria de conduzir sua relação com Kennedy que pediu a seu amigo Dean Acheson que fosse a Bonn ajudá-lo a elaborar uma estratégia dias antes de sua visita aos Estados Unidos.

Multidões de alemães caminhavam sob árvores floridas, ao longo do Reno, quando a Mercedes que transportava Adenauer e Acheson passou por eles a toda velocidade. O chanceler gostava de correr nos carros alemães que se tornaram um sucesso de exportação, e Acheson se agarrava ao banco enquanto o motorista acelerava para acompanhar o jipe batedor.

Um soldado instalado na parte traseira do jipe apontava a direção com sinalizadores. O sinalizador voltado para a direita indicava ultrapassagem pela calçada; voltado para a esquerda, significava que a ultrapassagem seria feita pela contramão. Acheson olhou para Adenauer e sorriu: "O velho estava se divertindo muito".

Um pequeno grupo de vizinhos se reunira para aplaudir a chegada da lendária dupla política à casa do chanceler na cidadezinha de Rhöndorf, à margem do Reno. O anfitrião de 85 anos olhou para a escada em zigue-zague que os levaria até sua porta e disse para o hóspede de 67 anos: "Meu amigo, como você já não é tão jovem como na primeira vez em que nos encontramos, devo recomendar que não suba depressa demais".[7]

"Muito obrigado, senhor chanceler", Acheson respondeu, sorrindo. "Se eu me cansar, posso segurar em seu braço?"

Adenauer riu: "Está brincando comigo?".

"De jeito nenhum", Acheson lhe garantiu, sempre sorrindo. A brincadeira foi um bálsamo para a aflição de Adenauer.

O ex-secretário de Estado passou grande parte do dia acalmando um chanceler "terrivelmente preocupado" com Kennedy. O que Adenauer mais temia era que Kennedy estivesse pretendendo firmar com os russos um acordo de paz que traísse os interesses dos alemães e abandonasse os berlinenses. Mas também se preocupava com o ressurgimento da hostilidade dos americanos contra os alemães, atiçada pelas chocantes revelações de *Ascensão e queda do Terceiro Reich*, o recente livro de William Shirer, e pelo iminente julgamento do criminoso de guerra nazista Adolf Eichmann em Israel.[8]

Outro motivo de apreensão eram as notícias de que Washington estava mudando sua estratégia de dissuasão, passando da confiança nas armas nucleares para a ideia relativamente nova de uma "resposta flexível", o que implicaria uma ênfase maior no armamento convencional em todas as contingências militares envolvendo Berlim. Essa mudança de política podia ter um impacto significativo sobre a segurança dos alemães-ocidentais, mas a administração Kennedy não consultou nem informou Adenauer ou outras autoridades da Alemanha Ocidental.[9]

O chanceler criticou a nova estratégia, sem saber que o ex-secretário de Estado era um de seus principais idealizadores. Estava convencido de que o Ocidente só conseguiria conter Moscou se Khruschóv tivesse certeza de que uma movimentação dos soviéticos em Berlim provocaria uma resposta nuclear devastadora por parte dos Estados Unidos. Temia que Moscou visse qualquer mudança de estratégia como um convite para testar a determinação de Washington. Acheson não disse que discordava, mas duvidava que um presidente americano arriscasse milhões de vidas de seus compatriotas por Berlim — e imaginava que Khruschóv também tivesse isso em mente.

Assim, tratou de tranquilizar Adenauer, assegurando-lhe que Kennedy estava tão decidido quanto seus predecessores a defender a liberdade da Alemanha Ocidental e de Berlim Ocidental. Falou sobre o plano de contingência militar para Berlim elaborado pela administração Kennedy e do ceticismo do presidente em relação às intenções dos russos.

Adenauer suspirou, satisfeito. "Você me tirou um peso do coração."[10]

Ao mesmo tempo, contudo, Acheson teve de desapontá-lo com respeito a um de seus sonhos mais caros. No momento, Kennedy rejeitara o plano de Eisenhower de colocar uma frota de submarinos com mísseis Polaris sob o controle da

Otan, transformando a aliança numa quarta potência militar. Os Estados Unidos, a Grã-Bretanha e a França manteriam seu monopólio.[11] Ao invés disso, Kennedy colocaria cinco ou mais submarinos à disposição da Otan, porém sob o comando de oficiais americanos e com um uso tão restrito e complexo que contrariava o desejo de Adenauer de um dissuasor nuclear mais acessível.[12]

Em suma, o que Kennedy queria no caso de contingências militares em Berlim — refletidas em relatórios enviados de Paris e outros lugares pela KGB — era assegurar-se de que qualquer conflito envolvendo a cidade permanecesse local e não se transformasse numa guerra mundial. Para isso era necessário que os americanos não só deixassem de contar com armas nucleares em qualquer confronto por Berlim, mas também se opusessem à posse de armas atômicas pela Otan.[13]

Adenauer encerrou o dia de maneira típica, convidando o visitante para uma partida de bocha no roseiral. Sem paletó, de mangas arregaçadas, mas de gravata, ele estava simpaticamente formal quando lançou o bolim e depois as bolas maiores, sempre com o objetivo de aproximá-las o máximo possível da bola inicial.

Quando Acheson estava perto da vitória, o chanceler mudou as regras do jogo e começou a jogar as bolas pelas laterais.[14]

E sorriu ante os protestos do adversário: "Você está na Alemanha — e na Alemanha quem dita as regras sou eu".

Acheson também sorriu, ciente de que havia cumprido sua missão. Reduzira a preocupação de seu anfitrião em relação a Kennedy, transmitira-lhe de modo mais palatável qualquer notícia decepcionante que ele pudesse receber em Washington e estabelecera um tom mais promissor para a primeira reunião entre o chanceler e o presidente.

O que fugia a seu controle eram os dois acontecimentos que iriam obscurecer a visita de Adenauer: um histórico lançamento espacial dos soviéticos e o fiasco dos americanos em Cuba.

PENÍNSULA PITSUNDA, UNIÃO SOVIÉTICA
TERÇA-FEIRA, 11 DE ABRIL DE 1961

No dia em que Adenauer embarcou para Washington, Khruschóv se encontrava em Sochi, na península Pitsunda, na costa oriental do mar Negro, onde descansava em sua vila, recebia informes atualizados sobre os planos dos soviéticos de colocar o primeiro homem no espaço na manhã seguinte e cuidava dos preparativos para o XXII Congresso do Partido Comunista, a realizar-se em outubro.[15]

Mais tarde justificaria suas frequentes fugas para Pitsunda dizendo: "A galinha precisa ficar quieta por algum tempo para botar ovo". A metáfora tinha uma conotação negativa, mas ele a explicava de maneira positiva: "Se tenho de chocar alguma coisa, preciso de tempo para chocar direito". Era em Pitsunda que descansava da corrida da história ou escrevia algumas páginas da história. Foi ali, entre suas caminhadas pelo pinheiral e pela praia, que, em 1956, redigiu o discurso em que rompeu com Stálin. Gostava de mostrar aos visitantes suas árvores antigas, muitas das quais receberam nomes de pessoas, sua pequena academia de ginástica e sua piscina envidraçada.[16]

O fato de ter aberto espaço em seus afazeres para receber Helen e Walter Lippmann, o lendário colunista americano de 71 anos, dava bem a medida da importância que atribuía a suas relações com Kennedy. Khruschóv tinha Lippmann em alta conta não só por causa de sua influência nacional e seu acesso a Kennedy, mas também porque suas colunas eram amistosas para com os soviéticos.[17]

No entanto, tendo sido marcada a data do lançamento espacial, o premiê mandou um recado ao jornalista: era preciso adiar o encontro. Lippmann, que estava no aeroporto de Washington, aguardando para voar com destino a Roma, rabiscou a resposta para o embaixador Menshikov: "Impossível".[18]

Quando o casal desembarcou, Khruschóv já havia decidido que o receberia, mas não diria uma palavra sobre o lançamento espacial potencialmente histórico do cosmonauta Yuri Gagarin na manhã seguinte.

Havia antecipado a data do lançamento, originalmente marcada para 1º de maio, depois que um acidente durante um voo simulado, em 23 de março, matou o tenente Valentin Bondarenko, designado para tripular a nave. A pressa dos soviéticos em colocar seu primeiro homem no espaço antes dos americanos provavelmente contribuiu para essa morte, que ocorreu depois que a câmara de treinamento, cheia de oxigênio, se incendiou. Moscou não revelou detalhes. Sequer anunciou a morte do cosmonauta e removeu sua figura de todas as fotografias do time espacial soviético.[19]

Ao invés de abalar Khruschóv, o acidente redobrou sua determinação, levando-o a antecipar o lançamento para 12 de abril. Ele escolheu essa data para que Moscou saísse na frente do Projeto Mercury dos americanos, que em 5 de maio colocaria no espaço o astronauta Alan Shepard. Se o voo fosse bem-sucedido, o premiê não só faria história, como obteria o trunfo político de que tanto precisava. Se a missão falhasse, esconderia todas as evidências do lançamento.

Sem saber desse drama, o casal Lippmann chegou a Sochi às 11h30 e passou as oito horas seguintes caminhando, nadando, comendo, bebendo e conversando.

Lippmann gostava de ter acesso a líderes americanos e mundiais, e nada poderia ser melhor que encontrar a figura máxima do mundo comunista em seu refúgio no mar Negro. Antes de se tornar colunista, Lippmann tinha sido consultor do presidente Woodrow Wilson e em 1919 participara da Conferência de Paz de Paris, que resultou no Tratado de Versalhes. Foi o criador do termo "Guerra Fria" e sugeriu a Washington que aceitasse a nova esfera de influência soviética na Europa. Moscou tinha tanto interesse nele que um grupo de espiões da KGB nos Estados Unidos atuava junto a sua secretária Mary Price para obter informações sobre suas fontes e seus temas favoritos, uma infiltração que o jornalista ainda não descobrira à época.[20]

O alto Lippmann e o atarracado Khruschóv formavam um par contrastante. Contudo, à tarde, numa animada partida de badminton, o competitivo Khruschóv, em dupla com uma robusta funcionária do ministério do Exterior, derrotou os atléticos Lippmann, que se surpreenderam com sua agilidade. Por várias vezes ele fez seus arremessos alguns centímetros acima da rede, mirando a cabeça dos adversários.

No almoço, o vice-premiê Anastas Mikoyan juntou-se ao grupo, e a conversa se estendeu por três horas e meia, concentrando-se de tal modo em Berlim que o colunista, assim como o embaixador Thompson, concluiu que nada era mais importante para o líder soviético que o futuro da cidade dividida.[21]

Antes de embarcar, Lippmann recebera informações básicas da Casa Branca, do Departamento de Estado e da CIA. Estava portanto em condições de realizar algumas sondagens. Perguntou por que Khruschóv considerava tão urgente a questão de Berlim. Por que não negociar uma pausa de cinco ou dez anos, durante a qual os Estados Unidos e a União Soviética poderiam cuidar de outros problemas de seu relacionamento e criar um clima mais propício a um acordo sobre Berlim?

Khruschóv descartou a ideia de mais um adiamento, e Lippmann quis saber o motivo.

Era preciso encontrar uma solução para a Alemanha antes de "os generais de Hitler, com suas doze divisões da Otan, conseguirem armas atômicas da França e dos Estados Unidos", o premiê explicou. Antes que isso pudesse acontecer, ele queria que um tratado de paz confirmasse de uma vez por todas as atuais fronteiras da Polônia e da Tchecoslováquia e garantisse a existência permanente da Alemanha Oriental. Sem isso, a Alemanha Ocidental arrastaria a Otan para uma guerra que teria como objetivo unificar a Alemanha e restaurar sua fronteira oriental.[22]

Lippmann anotava tudo mentalmente, enquanto sua esposa transcrevia palavra por palavra. Ambos tentavam se manter sóbrios jogando fora as consideráveis doses de vodca e vinho armênio que Mikoyan lhes servia numa vasilha que seu anfitrião, num ato de piedade, lhes providenciara.

Por várias vezes, pensando em fazer o recado chegar até Kennedy, Khruschóv expressou sua determinação de "resolver a questão da Alemanha" ao longo do ano. Mais tarde, Lippmann informaria a seus leitores que o premiê estava "firmemente decidido [a lutar por Berlim], talvez irremediavelmente comprometido com o confronto" a fim de conter o fluxo de refugiados e salvar o Estado comunista da Alemanha Oriental.

Khruschóv expressou seu pensamento em três partes, fornecendo mais detalhes do que em sua exposição pública. A reportagem de Lippmann sobre suas conversas lhe valeria um segundo prêmio Pulitzer — e seria publicada em 450 jornais.[23]

Primeiro, o líder soviético queria que o Ocidente aceitasse que "existem de fato duas Alemanhas" que nunca seriam reunidas. Portanto, os Estados Unidos e a União Soviética deviam ratificar, através de tratados de paz, a tripartição da Alemanha em Alemanha Oriental, Alemanha Ocidental e Berlim Ocidental. Isso estabeleceria, por estatuto internacional, o papel de Berlim como "cidade livre". Depois, contingentes simbólicos de soldados franceses, britânicos, americanos e russos e tropas neutras designadas pelas Nações Unidas poderiam garantir o acesso à cidade e sua liberdade. As quatro potências ocupantes assinariam com as duas Alemanhas um acordo que levaria a esse resultado.

Como duvidava que Kennedy aceitasse essa opção, Khruschóv expôs o que chamou de sua "posição alternativa". Aceitaria um acordo provisório que desse aos dois Estados alemães dois ou três anos de prazo para negociarem uma confederação ou alguma outra forma de unificação. Se nesse prazo as duas partes chegassem a um consenso, assinariam um tratado. Se não se entendessem, todos os direitos de ocupação expirariam, e as tropas estrangeiras teriam de se retirar.

Se os Estados Unidos se recusassem a negociar uma dessas duas opções, a "terceira posição" de Khruschóv consistia em assinar com a Alemanha Oriental um tratado de paz que desse a Ulbricht pleno controle sobre todos os acessos a Berlim Ocidental. Se os aliados não concordassem com esse novo papel da Alemanha Oriental, Khruschóv mobilizaria as tropas soviéticas para bloquear por completo a cidade.

A fim de atenuar o impacto dessa ameaça, ele garantiu que não precipitaria uma crise antes de ter a oportunidade de discutir o assunto pessoalmente com Kennedy. Em outras palavras, estava abrindo suas negociações com o presidente através do colunista.

Assumindo informalmente seu papel de conegociador dos Estados Unidos, Lippmann sugeriu o que sabia ser a preferência de Kennedy: que as conversações sobre Berlim fossem suspensas por cinco anos, durante os quais se manteria a situação existente.

Khruschóv fez um gesto de desdém. Trinta meses se passaram desde seu ultimato sobre Berlim, e ele não podia admitir tanta demora; queria que o assunto estivesse resolvido antes do Congresso do Partido, em outubro. Seu prazo final para uma solução era o outono ou o inverno de 1961.

Khruschóv disse ainda que não acreditava que Kennedy estivesse tomando alguma decisão. E resumiu numa palavra as forças que estavam por trás do presidente: Rockefeller. A seu ver, o dinheiro manipulava Kennedy. Apesar de "sua natureza imperialista", os capitalistas podiam ser vencidos pelo bom senso. Se fosse obrigada a escolher entre um acordo mutuamente vantajoso, uma ação unilateral dos soviéticos e uma guerra, a turma de Rockfeller preferiria o acordo.[24]

O líder soviético se declarou disposto a provar que a ameaça nuclear dos americanos não passava de um blefe. "Em minha opinião, não existe no Ocidente nenhum estadista tão estúpido que vá desencadear uma guerra na qual morreriam centenas de milhões de pessoas só porque assinamos um tratado de paz com a RDA estabelecendo um status especial de 'cidade livre' para Berlim Ocidental com seus 2,5 milhões de habitantes. Esse tipo de idiota ainda está para nascer."[25]

No fim, foram os Lippmann que se cansaram e se recolheram. Khruschóv os abraçou fortemente, um depois do outro, quando os visitantes, exaustos e bêbados, se despediram para voltar a seu hotel, na vizinha Garga. Lippmann não viu no premiê sinal do cansaço que o embaixador Thompson tinha visto um mês antes. Nada, porém, lhe daria tanta energia quanto a notícia que ele receberia na manhã seguinte.

PENÍNSULA PITSUNDA, UNIÃO SOVIÉTICA
QUARTA-FEIRA, 12 DE ABRIL DE 1961

Khruschóv só tinha uma pergunta a fazer quando Sergei Korolyov, o lendário construtor de foguetes e diretor do programa espacial soviético, telefonou para lhe dar a boa notícia: "Ele está vivo?".[26]

Sim, Yuri Gagarin estava vivo e, o que era ainda melhor, voltara à Terra em segurança, tendo se tornado o primeiro ser humano a viajar no espaço e o primeiro ser humano a orbitar nosso planeta. Os soviéticos chamaram sua missão de *Vostok*, "Leste", para não deixar dúvida sobre sua supremacia. E alcançaram seu objetivo. Para satisfação de Khruschóv, durante os 108 minutos do voo Gagarin assobiou um tema patriótico, composto por Dmitri Shostakovich em 1951: "A Pátria Mãe ouve, a Pátria Mãe sabe onde seu filho voa no céu". Sob os protestos de líderes militares, um Khruschóv eufórico promoveu Gagarin a major, fazendo-o galgar dois postos na hierarquia.[27]

O premiê não cabia em si de alegria e orgulho. Como ocorrera com a missão Sputnik em 1957, mais uma vez vencera os americanos na corrida espacial. Ao mesmo tempo, demonstrara uma tecnologia de míssil com inequívoca importância militar, considerando os progressos dos soviéticos em termos de poderio nuclear. E o que era mais importante: a *Vostok* lhe proporcionou o trunfo político de que ele tanto precisava antes do Congresso do Partido, em outubro — efetivamente neutralizando seus inimigos.

O *Izvestia*, jornal oficial, dedicou uma edição inteira à façanha. Uma manchete em letras garrafais dizia: GRANDE VITÓRIA, NOSSO PAÍS, NOSSA CIÊNCIA, NOSSA TÉCNICA, NOSSOS HOMENS.

Exultante, Khruschóv disse a seu filho Sergei que organizaria um grande evento para o povo soviético celebrar um verdadeiro herói. Sergei tentou dissuadi-lo de voltar imediatamente a Moscou, pois o ano estressante já lhe custara caro à saúde, mas ele não lhe deu ouvidos. Assim como não ouviu a KGB, que detestava a ideia de multidões que não pudesse controlar totalmente.[28]

Khruschóv ordenou que se realizassem o maior desfile e a maior celebração nacional desde o fim da Segunda Guerra Mundial, em 9 de maio de 1945. Seu sentimento de triunfo era tão intenso que ele espontaneamente saltou para a limusine aberta que conduzia o casal Gagarin pelo Lêninsky Prospekt até a praça Vermelha. Deslocando-se pelas ruas ensolaradas, os dois acenaram juntos para as multidões que subiam em árvores e se debruçavam nas janelas para ver melhor. Os terraços dos edifícios estavam tão lotados que pareciam correr o risco de desabar.[29]

No alto do mausoléu de Lênin, Khruschóv usou o apelido do cosmonauta, ao declarar: "Que todo mundo que anda afiando as garras contra nós saiba [...] que Yurka esteve no espaço, que viu e sabe de tudo". Zombou de quem menosprezava a União Soviética e achava que os russos andavam "descalços e sem roupa". O voo de Gagarin parecia uma confirmação pessoal da liderança de Khruschóv e uma mensagem ao mundo sobre a capacidade tecnológica de seu país. O camponês analfabeto e sem sapato superara Kennedy e seu país muito mais avançado.[30]

Mais de três semanas depois, o Projeto Mercury faria de Alan Shepard o segundo ser humano e o primeiro americano no espaço. A história sempre registraria que Khruschóv e Yurka chegaram lá antes.

WASHINGTON, D. C.
QUARTA-FEIRA, 12 DE ABRIL DE 1961

O momento não poderia ser pior.

Adenauer desembarcou em Washington algumas horas depois que Yuri Gagarin havia pousado no Cazaquistão. E no Salão Oval encontrou-se com um presidente que estava ansioso para se livrar logo dele e continuar cuidando da invasão de Cuba.

O mais constrangedor era que a viagem do chanceler a Washington acontecia cerca de um mês depois da visita de Willy Brandt, o prefeito de Berlim, e de Egon Bahr, orador do senado berlinense. Era praticamente a primeira vez que um presidente americano recém-eleito recebia altos representantes da oposição de um país aliado antes de se encontrar com o líder nacional. Mas essa era a natureza das tensas relações entre Kennedy e Adenauer.

Kennedy havia dito a Brandt que "de todos os legados que a Segunda Guerra Mundial deixou para o Ocidente, Berlim é o mais difícil". E não lhe ocorria, assim como a seu visitante, nenhuma boa solução para o problema. "Teremos de conviver com a situação", concluíra.[31]

Brandt entrou para a lista dos que lhe diziam que Khruschóv provavelmente faria alguma coisa para mudar o status de Berlim antes do Congresso do Partido, marcado para outubro. A fim de testar a determinação do Ocidente, os alemães-orientais e os soviéticos estavam dificultando cada vez mais a movimentação de civis e militares entre os dois lados de Berlim. No caso de um novo bloqueio, Berlim Ocidental tinha estoques de combustível e alimento para seis meses, o que daria tempo para Kennedy negociar uma saída.[32]

O prefeito havia usado seus quarenta minutos no Salão Oval para tentar infundir no presidente uma paixão mais intensa pela causa da liberdade de Berlim. Chamara Berlim Ocidental de uma janela para o mundo livre que mantinha viva a esperança de libertação dos alemães-orientais. "Sem Berlim Ocidental essa esperança morreria", declarou. E acrescenta que a presença americana era a "garantia essencial" da existência da cidade.[33] Ficara aliviado quando Kennedy rejeitou, pela primeira vez, a proposta soviética de conferir a Berlim o status de "cidade livre" protegida pela ONU — proposta que, segundo rumores, o presidente apoiava. Por sua vez, Brandt assegurara a seu anfitrião que o flerte dos social-democratas com a neutralidade sugerida pelos soviéticos era coisa do passado.[34]

Um mês depois, a conversa de Kennedy com Adenauer seria menos agradável. O presidente dirigiu ao chanceler muitas das mesmas perguntas que fizera ao prefeito, porém com resultados menos satisfatórios. Quando quis saber o que os soviéticos poderiam fazer em Berlim ao longo de 1961, Adenauer respondeu: "Qualquer coisa ou nada pode acontecer" e explicou que não era profeta. Lembrou que, quando Khruschóv lançou seu ultimato de seis meses, em novembro de 1958, ninguém esperava tanta paciência de sua parte, e ele ainda não cumprira suas ameaças.[35]

Kennedy perguntou-lhe como os Estados Unidos deveriam reagir se a União Soviética assinasse um tratado de paz com a Alemanha Oriental, supondo que Khruschóv fizesse isso sem alterar o acesso a Berlim.

Adenauer deu uma aula sobre a complexa situação legal da Alemanha. O presidente sabia que ainda não havia um tratado de paz assinado pelas quatro potências e pela Alemanha como um todo? Sabia do "fato pouco conhecido" de que a União Soviética ainda mantinha missões militares em alguns locais da Alemanha Ocidental? Os três aliados lhe haviam pedido que não falasse muito sobre isso, o chanceler esclareceu, pois eles também mantinham postos avançados na Alemanha Oriental para colher informações.[36]

Como o chefe não respondera à pergunta de Kennedy, o ministro do Exterior, Brentano, avaliou as alternativas dos soviéticos. A primeira possibilidade era que decretassem mais um bloqueio de Berlim, o que lhe parecia improvável. A segunda era que transferissem o controle sobre Berlim para a liderança da Alemanha Oriental e dificultassem o acesso à cidade, o que lhe parecia mais provável. Assim, Brentano sugeriu um plano de contingência para essa possibilidade.

Nesse caso, Adenauer assegurou que a Alemanha Ocidental honraria seus compromissos militares com a Otan e defenderia as forças ocidentais contra um ataque dos soviéticos. "A queda de Berlim seria a sentença de morte para a Europa e o mundo ocidental", Brentano completou.

Seguiu-se uma complexa discussão sobre quais partes tinham que direitos legais em quais circunstâncias numa crise envolvendo Berlim. De acordo com a lei internacional, quais eram os direitos da Alemanha Ocidental sobre Berlim? Que direitos ela queria? Que direitos tinham as quatro potências de abastecer e defender os berlinenses? Qual era a essência da garantia da Otan para Berlim? Quando e por quem seria posta em prática? Em que momento o Ocidente recorreria a armas nucleares num conflito por Berlim?

Não era fácil responder essas perguntas, disse Adenauer.

Kennedy ouvia a tradução com impaciência, sem parar de se mexer.

Na opinião do chanceler, a solução para a crise de Berlim consistia em reforçar a divisão da cidade para equipará-la à divisão da Alemanha como um todo. A integração da Alemanha Ocidental ao Ocidente era um pré-requisito para a unificação, pois ajudaria na negociação. Adenauer explicou que a Alemanha Ocidental não tinha interesse em estabelecer conversações bilaterais com os soviéticos. "No grande jogo do mundo", a Alemanha Ocidental era, "afinal, apenas uma peça bem pequena", afirmou. Ele precisava do empenho total dos Estados Unidos para que sua recusa em conversar diretamente com Moscou sobre Berlim funcionasse.

Kennedy estava preocupado com os 350 milhões de dólares gastos anualmente para manter tropas americanas na Alemanha, uma situação que a valorização do marco alemão não contribuía em nada para melhorar. Disse que esse era "um dos principais fatores em nosso balanço de pagamentos". Queria que o chanceler o ajudasse a reduzir os custos na Alemanha e aumentasse suas aquisições de produtos americanos. Não pretendia que Adenauer o ajudasse a diminuir seu orçamento, como se comentara em dezembro, depois da visita de Robert Anderson, secretário do Tesouro de Eisenhower. Porém queria que uma Alemanha Ocidental mais rica desse mais apoio a países menos desenvolvidos, em parte para reduzir esse fardo global dos Estados Unidos. Adenauer concordou com essa e outras medidas econômicas que aliviariam a carga dos Estados Unidos.[37]

A discussão sobre os gastos dos americanos com a segurança da Alemanha Ocidental assinalou uma importante mudança. Kennedy estava pessoalmente menos comprometido com a Alemanha que seus predecessores e além disso acreditava que uma Alemanha mais próspera deveria também ser mais capaz de compensar os custos dos Estados Unidos.

O comunicado dos encontros foi vago sobre os pontos em que os dois líderes concordavam e deixou de lado questões sobre as quais eles diferiam.[38] O correspondente da revista alemã *Der Spiegel* informou que Adenauer ficou profundamente decepcionado com uma visita que em nada contribuiu para dirimir as principais preocupações de Bonn. Disse que as três longas reuniões, que se estenderam por dois dias, "consumiram a força física do chanceler e aniquilaram seus planos políticos". E acrescentou que Adenauer desceu a escada da Casa Branca "visivelmente exausto, o rosto pálido, o corpo arqueado".[39]

Segundo a revista, a administração Kennedy não satisfez o pedido de Adenauer de passar o fim de semana com seu amigo Eisenhower na Pensilvânia. Ao invés disso, "baniu-o" para o Texas, para a "distante fazenda do vice-presidente Johnson".

Apesar do crescente sucesso econômico de seu país, Adenauer estava sofrendo com o declínio de seu prestígio em Washington. Os aliados americanos com quem executara o Plano Marshall, reconstruíra seu país, entrara para a Otan e dobrara os soviéticos já não estavam no poder. Seu aliado mais próximo, John Foster Dulles, havia morrido dois anos antes. Uma dupla de repórteres alemães engoliu a versão da Casa Branca de que Adenauer e Kennedy haviam formado um laço pessoal mais profundo, porém não havia nada que comprovasse isso.

No final da visita, Kennedy saiu para o gramado da Casa Branca, no tempo frio e úmido de abril em Washington, e elogiou o chanceler, a quem dera tão pouco. "A história será muito generosa com ele", falou. "Suas realizações têm sido extraordinárias no sentido de unir as nações da Europa Ocidental e estreitar os laços entre os Estados Unidos e a República Federal."[40]

Adenauer retribuiu os cumprimentos, afirmando que o homem do qual tanto duvidava era um "grande líder", que carregava "enorme responsabilidade pelo destino do mundo livre".

Pouca atenção se deu ao que Adenauer disse no Clube Nacional da Imprensa, quando um repórter lhe fez uma pergunta sobre um muro de concreto que, segundo rumores, poderia ser construído ao longo da Cortina de Ferro. "Na era dos mísseis", o chanceler respondeu, depois de uma breve pausa, "muros de concreto não significam muita coisa."[41]

STONEWALL, TEXAS
DOMINGO, 16 DE ABRIL DE 1961

Ao meio-dia de um domingo ensolarado, Adenauer voou de Washington para Austin, no Texas, com sua filha Libet e o ministro do Exterior, Brentano. Dali, percorreu de helicóptero os quase cem quilômetros que o separavam de Stonewall, cidadezinha de uns quinhentos habitantes onde o vice-presidente Johnson nascera e onde tinha sua fazenda LBJ. Estava trocando um mundo de problemas reais por uma atração quase mítica para os alemães — os vastos espaços americanos e o Velho Oeste, popularizado pelos best-sellers do escritor alemão Karl May (que, aliás, nunca esteve nos Estados Unidos).

A região central do Texas, com suas fazendas e colinas cobertas de árvores, foi colonizada por pioneiros alemães no século XIX, e seus descendentes receberam o *Bundeskanzler* calorosamente, com cartazes que estampavam mensagens como WILLKOMMEN ADENAUER e OLÁ, MEU CHAPA. O padre Wunibald Schneider rezou uma missa especial em alemão na igreja local de São Francisco Xavier.[42]

Na vizinha Fredericksburg, onde muita gente ainda falava alemão, o chanceler declarou, em sua língua materna, que aprendera "duas coisas na vida.

Qualquer um pode se tornar texano, mas um texano nunca pode deixar de ser texano. E a segunda: existe no mundo só uma coisa maior que o Texas: o oceano Pacífico". A multidão adorou, assim como Johnson.[43] Sempre acompanhado por eminentes repórteres alemães, Adenauer estava usando o Texas como um antídoto para suas decepções em Washington e como campanha para as próximas eleições. Embora não gostasse de ser o enviado de Kennedy em missões de menor importância e preferisse estar em Washington para promover sua linha dura em relação a Cuba, Johnson seguiu as instruções do presidente para "bajular" o visitante.[44]

O chanceler estava saboreando uma linguiça num churrasco em duas grandes tendas armadas na margem do rio Pedernales, que atravessava a fazenda LBJ, no mesmo momento em que a Brigada 2506, apoiada pela CIA e carregada de armamentos e provisões, dirigia-se para o sul de Cuba. Johnson colocou-lhe na cabeça um chapéu de cowboy, e Adenauer levantou a aba e posou para uma foto memorável, que seria estampada em todos os principais jornais alemães. Johnson também lhe deu uma sela e esporas e o elogiou por montar bravamente o cavalo da liberdade ao longo da Guerra Fria. Adenauer, entusiasmado, declarou que se sentia plenamente à vontade no Texas.

Na segunda-feira, 17 de abril, quando se dirigiam ao aeroporto, Johnson recebeu um telefonema de Kennedy. Depois de transmitir ao chanceler os cumprimentos do presidente e dizer que ele havia se referido à Alemanha Ocidental como "grande potência", informou-lhe, em voz baixa, que uma revolta tivera início em Cuba, desencadeada por uma invasão de exilados.[45]

Temos de aguardar os acontecimentos, concluiu.

CASA BRANCA, WASHINGTON, D. C.
TERÇA-FEIRA À NOITE, 18 DE ABRIL DE 1961

Com Adenauer em Bonn, Kennedy deixou de lado a crise de Cuba e vestiu um traje de gala para tomar champanhe com congressistas e suas esposas na Casa Branca. Eles adoravam a elegância e o charme que os Kennedy tinham levado para Washington.[46]

A maioria dos convidados não sabia que, na manhã daquele dia, 1400 exilados cubanos, armados e treinados pela CIA na Guatemala, começaram a desembarcar na baía dos Porcos. Tampouco podia saber que a operação estava a caminho do desastre.

Dois dias antes, oito bombardeiros B-26 com insígnias cubanas decolaram de uma base secreta da CIA em Puerto Cabezas, na Nicarágua, e falharam na investida que prepararia o terreno para o ataque. Destruíram apenas cinco dos trinta e tantos aviões de combate de Castro, deixando as embarcações dos invasores vulneráveis antes mesmo de encalharem nos inesperados recifes de coral.[47]

Os caças de Castro afundaram dois cargueiros cheios de munição, alimentos e material de comunicação. Muitos dos invasores desembarcaram no lugar errado, e todos tinham provisões insuficientes. Na manhã de 18 de abril, o consultor de Segurança Nacional, McGeorge Bundy, dera a má notícia a Kennedy: "As Forças Armadas cubanas são mais numerosas, a reação popular é mais fraca e nossa posição tática é mais frágil do que previmos".[48]

Não obstante, a banda dos fuzileiros navais tocou "Mr. Wonderful". Um cantor entoou a letra do sucesso da Broadway, enquanto o casal perfeito, com seus sorrisos perfeitos, descia a escada sob calorosos aplausos.

Jackie dançou com os senadores. Kennedy bateu papo, animado com seus índices de popularidade que ainda ultrapassavam 70%.

Às 23h45, ele se afastou de seus convidados para ir a uma reunião que seria a última chance de salvar a missão de Cuba. Foi uma cena hollywoodiana: o presidente e seu gabinete em traje de gala, discutindo planos de batalha com líderes militares em seus uniformes mais formais, o peito coberto de medalhas. Entrementes, em Cuba, os homens que eles haviam mandado para a luta estavam sendo dizimados. Embora Kennedy tivesse tentado esconder sua participação, recusando-se a usar soldados ou aviões americanos, sua marca estava presente em todo o desastre.

A maioria das altas patentes que se encontravam na sala estava em seus postos em janeiro de 1960, quando Eisenhower aprovara o plano para derrubar Castro. Allen Dulles, 68 anos, diretor da CIA desde a administração Eisenhower, supervisionava a operação. Concebera o primeiro plano, inspirado num golpe de 1954 que, com 150 exilados, pilotos americanos e caças da Segunda Guerra Mundial, derrubara um governo de esquerda na Guatemala. Os homens da CIA envolvidos nesse golpe também trabalharam no plano de Cuba.[49]

A pessoa mais importante presente à reunião era Richard Bissell, o tipo de figura da alta intelectualidade, da classe alta, dos altos segredos que alimentava o fascínio dos irmãos Kennedy pelo mundo dos espiões. O sofisticado ex--professor de economia de Yale era diretor de planos da CIA e participava da operação cubana. Fizera Kennedy rir definindo-se como um "tubarão que ataca homens" quando os dois se conheceram pessoalmente num jantar oferecido ao novo presidente pelos funcionários da CIA no clube Alibi, exclusivamente masculino.[50]

Agora trabalhando para Kennedy, Dulles e Bissell deram os retoques finais a um plano de um conspícuo desembarque anfíbio de cerca de 1400 exilados cubanos. Esperavam que o sucesso da operação desencadeasse uma revolta anticastrista entre 25% da população, segundo cálculos da inteligência americana, instigados por 2500 membros de organizações de resistência e 20 mil simpatizantes.[51]

Kennedy nunca questionara esses números, porém ordenou mudanças que diminuíram as possibilidades de sucesso. Transferiu o local do desembarque, que originalmente seria Trinidad, cidade na costa centro-sul de Cuba, para a baía dos Porcos, argumentando que ali um desembarque noturno seria menos espetacular e haveria menos chance de oposição. Insistira em evitar todo tipo de apoio que se pudesse relacionar com os americanos e reduzira de dezesseis para oito o número dos aviões que se encarregariam do ataque aéreo inicial — mais uma vez para "minimizar a magnitude da invasão". Em suas considerações, levara Berlim em conta: não queria que um envolvimento muito direto dos Estados Unidos na invasão cubana desse a Khruschóv qualquer pretexto para uma ação militar dos soviéticos na cidade dividida.[52]

Suas mudanças de última hora exigiram ajustes tão rápidos que o resultado foi uma série de erros. Ninguém previu os traiçoeiros recifes de coral da baía dos Porcos. Ninguém pensou numa rota de fuga alternativa para os insurgentes, no caso de as coisas darem errado. Também houve muitos vazamentos de informação. O *New York Times* de 10 de janeiro já estampava na primeira página uma manchete de três colunas: EUA AJUDAM A TREINAR FORÇA ANTICASTRISTA EM BASE AÉREA SECRETA NA GUATEMALA. Horas antes da invasão, Kennedy teve de intervir, através do assessor Arthur Schlesinger, para que a revista *New Republic* não publicasse uma reportagem que descrevia com detalhes os planos da invasão cubana.[53]

"Castro não precisa de agentes por aqui", Kennedy reclamou. "Basta ler nossos jornais."

A invasão de 17 de abril provocou uma áspera correspondência entre Kennedy e Khruschóv. No dia 18 de abril, às catorze horas pelo horário de Moscou, ainda sem saber que a operação fracassara, o líder soviético disparou um tiro de advertência na linguagem mais ameaçadora que já havia empregado com o presidente americano. Estabelecendo a relação Cuba-Berlim, alertou: "O armamento militar e a situação política mundial são de tal ordem neste momento que qualquer 'guerrinha' pode provocar uma reação em cadeia em todas as partes do globo".[54]

Sem engolir os desmentidos de Kennedy, disse que não era segredo para ninguém que os Estados Unidos treinaram a força invasora e forneceram os aviões e as bombas. Depois de mencionar as possibilidades de uma "catástrofe militar", avisou: "Não tenha dúvida quanto a nossa posição: daremos ao povo cubano e a seu governo toda a ajuda necessária para repelir um ataque armado a Cuba".[55]

Kennedy respondeu no mesmo dia, por volta das dezoito horas pelo horário de Washington. "Você está muito enganado", escreveu. Depois, enumerou todos os motivos pelos quais os cubanos achavam "intolerável" a perda de suas liberdades democráticas e explicou que isso levara mais de 100 mil refugiados a uma crescente resistência a Castro. Reafirmou o não envolvimento dos americanos e recomendou a Khruschóv que não se intrometesse. "Os Estados Unidos não pretendem intervir militarmente em Cuba", declarou. E, se os soviéticos interferissem, os americanos honrariam suas obrigações de "proteger este hemisfério contra agressões externas".[56]

Com essa correspondência em mente, Kennedy recusou todas as propostas de um maior envolvimento dos Estados Unidos. Rejeitou o argumento de Bissell de que ainda poderia alcançar a vitória se fornecesse urgentemente cobertura aérea limitada aos exilados. Segundo Bissell, bastariam dois jatos do porta-aviões *USS Essex* para derrubar aeronaves inimigas e ajudar a força invasora.

"Não", o presidente falou.[57]

Seis dias antes, irritara-se, quando alguns assessores expressaram dúvidas acerca da missão, mas admitira: "Sei que todo mundo está nervoso com isso". Agora também se irritou, quando as pessoas que o puseram naquela enrascada lhe disseram que não teria sucesso sem ampliar a ação militar de tal modo que mostraria mais claramente a participação dos Estados Unidos.[58]

"No minuto em que eu desembarcar um único fuzileiro naval, estaremos enfiados nisso até o pescoço", explicou a Bissell. "Não posso levar os Estados Unidos para uma guerra e perdê-la." Ademais, não queria outra "Hungria americana", uma situação na qual os Estados Unidos encorajaram uma revolta e, no fim, não fizeram nada para defender os revoltosos. "E é isso que poderia ser, uma tremenda matança. Está entendido, senhores?"

O almirante Arleigh Burke, chefe das Operações Navais, herói da Segunda Guerra Mundial e da Guerra da Coreia, propôs utilizar um destróier para ajudar a brigada cubana, já que o presidente não queria usar aviões de combate. Conhecido como "Burke 31 nós", porque tendia a conduzir seus destróieres a toda a velocidade, agora incitava Kennedy a acelerar. Assegurou-lhe que poderia alterar o rumo da batalha se um destróier acabasse com os tanques de Castro, o que, a seu ver, seria relativamente fácil.[59]

Kennedy se enfureceu: "Burke, eu não quero os Estados Unidos metidos nisso".

"Que inferno, senhor presidente, nós *estamos* metidos nisso", o almirante retrucou, falando no tom de um oficial quatro estrelas com um jovem capitão de uma lancha-torpedeira. Sabia que a indecisão política podia custar vidas e mudar o desfecho de uma luta.

Às 2h45, Kennedy encerrou a reunião de três horas. Aprovou um plano que enviaria seis jatos sem identificação para proteger os B-26 dos exilados, enquanto despejavam provisões e munição. Mas os bombardeiros chegaram uma hora antes da escolta, e os cubanos derrubaram dois deles.[60]

No fim, Castro matou 114 invasores e fez 1189 prisioneiros. Depois de três dias de luta, obteve a rendição do inimigo.

Acheson imediatamente se deu conta do impacto negativo que o fracasso de Kennedy em Cuba teria sobre Khruschóv e sobre os aliados. A seu ver, tratava-se de "uma coisa totalmente impensada e irresponsável".[61]

Em uma fala para os diplomatas do Instituto do Serviço do Exterior, disse: "Os europeus pensavam que estavam vendo um jovem e talentoso amador lançar um bumerangue, mas, para seu horror, viram-no ser derrubado. Acharam incrível que uma pessoa tão inexperiente brincasse com uma arma tão letal".[62]

Ao voltar de sua viagem à Europa, escreveu, desanimado, a seu ex-chefe Truman, referindo-se ao encontro no Jardim das Rosas sem mencionar o nome de Kennedy: "Não consigo imaginar por que nos metemos nessa estúpida aventura cubana. Antes de partir, tomei conhecimento disso e contei a meus informantes que você e eu recusamos sugestões semelhantes envolvendo o Irã e a Guatemala e expliquei por quê. Eu acreditava que essa ideia cubana tinha sido abandonada, como deveria ter sido".[63]

O impacto de Cuba sobre a maneira como os europeus viam Kennedy seria profundo, prosseguiu. "A condução deste governo parece surpreendentemente fraca", lamentou. "Pelo que entendo, foi a simples existência do plano de Eisenhower que determinou sua execução. Tudo que a atual administração fez foi eliminar os elementos de força essenciais para o sucesso. A inteligência não substitui o bom senso. Ao menos no exterior, Kennedy perdeu muito da admiração quase fanática que sua juventude e sua boa aparência despertaram." Washington era "uma cidade triste", onde "o moral no Departamento de Estado está baixíssimo".

Os comentários de Acheson aos diplomatas chegaram aos ouvidos de Kennedy, que pediu uma transcrição fiel da reunião. A partir desse ponto, o ex--secretário de Estado percebeu "um efeito desastroso" sobre a confiança que o presidente tinha nele e uma drástica redução em seu nível de acesso pessoal.

Sua crítica fora dura demais.

MOSCOU

QUINTA-FEIRA, 20 DE ABRIL DE 1961

Khruschóv mal acreditava em sua boa sorte.

Sabia que Kennedy agiria em Cuba e dissera isso ao colunista Lippmann em Pitsunda. Mas nem mesmo em sonho imaginara tamanha incompetência. Em seu primeiro grande teste no exterior, o novo presidente americano ficara bem abaixo das piores expectativas do líder soviético. Demonstrara fraqueza sob fogo. Faltara-lhe firmeza para cancelar os planos de Eisenhower ou personalidade para se apropriar deles e executá-los a contento. Faltara-lhe determinação para levar ao sucesso uma ação tão importante para o prestígio de seu país.[64]

Kennedy não queria dar a seu adversário um pretexto para retaliação em Berlim, porém com seu fracasso lhe fornecera informações preciosas sobre o tipo de homem que governava os Estados Unidos.[65] "Eu não entendo Kennedy", o premiê disse para seu filho Sergei. "Como é que ele pode ser tão indeciso?" Khruschóv comparou negativamente o episódio da baía dos Porcos a sua sangrenta mas ousada intervenção militar na Hungria para garantir a permanência do país na esfera de influência comunista.[66]

Preocupava-o a possibilidade de que Dulles, o chefe da CIA, a quem responsabilizava pelo incidente com o U-2 no ano anterior, tivesse efetuado a invasão para sabotar uma reunião de cúpula entre os Estados Unidos e a União Soviética. Seu egocentrismo era suficiente para levá-lo a pensar que Kennedy poderia ter ordenado o desembarque em Cuba a fim de humilhá-lo em seu aniversário, 17 de abril. No entanto, ao invés de estragar a celebração, o fracasso do rival o brindaria com um presente inesperado.[67]

Os relatórios da KGB sobre Kennedy eram ao mesmo tempo animadores e inquietantes. O aspecto positivo era que a KGB informava desde Londres — aparentemente baseada em fontes da embaixada americana — que, depois do fiasco em Cuba, Kennedy se declarara arrependido de ter mantido no governo republicanos como Dulles, no comando da CIA, e C. Douglas Dillon, no Tesouro. Entretanto, Khruschóv se perguntava o que a operação cubana revelava sobre a presidência do rival. Kennedy detinha realmente o controle ou era manipulado por falcões anticomunistas como Dulles? Seria ele mesmo um falcão? Ou, o que era mais provável, o plano frustrado indicava que Kennedy era, talvez, algo ainda mais perigoso — um adversário incalculável e imprevisível?

Qualquer que fosse a verdade, era indiscutível que a sorte de Khruschóv mudara espetacularmente para melhor no espaço de uma semana. Pouca coisa poderia ter acarretado uma mudança mais sensacional que a combinação do triunfo de Gagarin no espaço e o revés na baía dos Porcos. Apenas seis semanas antes Khruschóv estivera com o embaixador Thompson na Sibéria e expressara sua relutância em aceitar o convite de Kennedy para uma reunião de cúpula.

Agora, porém, com Kennedy tão enfraquecido, estava mais inclinado a aceitá-lo.

Embora sua sorte tivesse mudado muito antes do que ele poderia imaginar, sabia que tinha de agir com maior rapidez ainda. A situação de Berlim continuava inalterada. Toda uma nova geração se dirigia a Berlim, ansiosa para absorver a atmosfera da única cidade do mundo onde podia ver os dois sistemas rivais competirem abertamente e sem mediação.

Khruschóv queria saber aonde tudo isso levaria.

Jörn Donner descobre a cidade

O que levou o jovem escritor finlandês Jörn Donner para Berlim foi sua convicção de que o lugar era mais uma ideia que uma cidade. Por esse motivo, Berlim satisfazia sua sede de aventura e a busca de inspiração de um jeito muito melhor que qualquer das alternativas disponíveis.

A Rive Gauche de Paris tinha Sartre e seus discípulos; a Via Veneto de Roma oferecia sua Dolce Vita; e nada podia competir com o Soho de Londres em termos de aquisição de conhecimentos e diversão. Mas só Berlim podia proporcionar uma janela única para o mundo dividido em que Donner vivia.[68]

Para ele a diferença entre os berlinenses orientais e os ocidentais era puramente circunstancial, e, portanto, ambos serviam como os perfeitos ratos de laboratório para o experimento social mais importante do mundo. Haviam sido os mesmos berlinenses moldados pela mesma história até 1945, quando uma abrupta implantação de sistemas distintos deixou um lado com os vícios decadentes da prosperidade e o outro com as virtudes de uma camisa de força. Sempre estiveram geograficamente espremidos entre a Europa e a Rússia, porém a Guerra Fria transformara esse mapa num drama psicológico e geopolítico.[69]

Vinte anos depois, Donner produziria o filme *Fanny e Alexander*, de Ingmar Bergman, e ganharia quatro prêmios da Academia. No momento, contudo, tinha a ambição de ser um Christopher Isherwood da Berlim de então e, recém-formado pela Universidade de Estocolmo, queria iniciar sua carreira artística registrando a história viva da cidade em sua época.

Goodbye to Berlin, obra de Isherwood, descreve as brigas de rua entre comunistas e nazistas que, na década de 1930, precederam a Segunda Guerra Mundial e o Holocausto. Donner acreditava que sua narrativa não teria menor importância histórica, apesar de mostrar os berlinenses mais como passivos espectadores da alta política.

Os alemães usam pejorativamente o termo "Berliner Schnauze", "focinho berlinense", para designar a irreverente efervescência dos habitantes da cidade, que não se perdeu na ocupação do pós-guerra. O escritor Stephen Spender assim explica a coragem dos berlinenses na Guerra Fria: "Se eles demonstram um peculiar destemor que suscita o pasmo do mundo é porque chegaram ao ponto no extremo do medo em que, estando à mercê do conflito das grandes potências, percebem que não adianta ter medo e, portanto, nada têm a temer".

Na fria umidade do metrô, em Berlim Ocidental, Donner estudava os rostos indiferentes dos berlinenses que estavam no centro de seu drama. Embora o destino da humanidade pudesse ser decidido em sua cidade, eles lhe pareciam curiosamente apáticos, como se a realidade fosse excessiva para que absorvessem.

Mais tarde, Donner revelaria a seus leitores que, ao buscar a metáfora perfeita para a cidade dividida, não conseguiu resistir à imagem do sonâmbulo para descrever a divisão através da natureza contrastante de suas avenidas principais: a Kurfürstendamm, em Berlim Ocidental, e a Stalinallee, em Berlim Oriental.

Como Berlim Ocidental, a Ku'damm (assim chamada pela população local) emergiu do caos do pós-guerra cheia de energia, luzes de neon, lojas de luxo, novos cafés e bares disputando carteiras recheadas. Como Berlim Oriental, a Stalinallee escondia a fragilidade da sociedade com sua imponência neoclássica, que ditava tudo, desde o tamanho de cada apartamento até a largura de seus corredores e a altura de suas janelas. As diretrizes da segurança estatal determinavam com precisão quantos informantes seriam plantados entre quantos moradores.[70]

Em quatro quilômetros de extensão, o coração da Ku'damm abrigava dezessete das joalherias mais caras, dez revendedores de automóveis e os restaurantes mais exclusivos da cidade. Viúvas da guerra mendigavam nas esquinas por onde sabiam que haveriam de passar os cidadãos mais abonados. Um desses pontos se situava bem na frente do showroom de Eduard Winter, onde o homem mais rico de Berlim vendia trinta Volkswagens por dia, quando não estava administrando sua distribuidora de Coca-Cola.

Isherwood, cujo livro deu origem ao filme *Cabaret*, fala da Ku'damm do pré-guerra como um "conjunto de hotéis, bares, cinemas, lojas caras [...] um núcleo cintilante, um diamante falso no lusco-fusco da cidade". A atmosfera da Guerra Fria era bem parecida, embora a reconstrução do pós-guerra tivesse introduzido a arquitetura de concreto e vidro da década de 1950.

O lado mais sórdido da Ku'damm também sobrevivera à guerra. Num bar chamado O Antiquado, Donner viu um empresário de Düsseldorf lamber a orelha de uma garçonete loira, até que ela recuou e a boca do homem tocou-lhe a axila. Berlim era o lugar onde os alemães iam buscar seus prazeres no anonimato e sem hora para acabar, dos bares de travestis a divertimentos mais convencionais. O que acontecia em Berlim ficava em Berlim.

Na Berlim Oriental comunista, Donner encontrou a contrapartida da Ku'damm. Em 1949, quando Stálin completou setenta anos, Ulbricht rebatizou com seu nome a grande Frankfurter Strasse, que permaneceria como Stalinallee até novembro de 1961, embora o ditador já tivesse morrido e sido repudiado por Khruschóv.* No final da Segunda Guerra Mundial, soldados soviéticos enforcaram nazistas nas árvores que ladeavam a rua, geralmente afixando nos corpos sua identificação e a inscrição: AQUI PENDE FULANO DE TAL PORQUE SE RECUSOU A DEFENDER ESPOSA E FILHO.

Ulbricht reconstruiu a rua como Stalinallee para ser uma vitrine do poderio e da capacidade do comunismo, "a primeira via socialista da Alemanha", cujo propósito era fornecer "palácios para a classe trabalhadora". Assim, entre 1952 e 1960 ergueu-se ali uma longa fila de prédios de apartamentos de oito andares no estilo monumental da arquitetura stalinista. As ruínas da guerra deram lugar a apartamentos com pé-direito alto, terraço, elevador, revestimento de ladrilhos, escadas de mármore e — um luxo na época — banheiro em todas as moradias. Para que as paradas militares tivessem espaço suficiente, os construtores fizeram uma avenida arborizada, com seis pistas, noventa metros de largura e dois quilômetros de extensão. A Stalinallee era o palco do desfile anual de 1º de Maio, mas também abrigou a revolta dos trabalhadores de 1953.

---

* Em novembro de 1961, a avenida passou a se chamar Karl-Marx-Allee.

A uma pequena distância da avenida, Donner observava o silencioso desespero dos berlinenses orientais, que sobreviveram à devastação da Segunda Guerra Mundial e mais uma vez se encontravam no lado errado da história. O Raabe-Diele era um dos bares mais antigos de Berlim, situado na Sperlingsgasse, uma rua estreita ainda bloqueada por ruínas da guerra que não tinham sido removidas. O bar tinha apenas três mesas, um balcão, bancos ao longo das paredes e cadeiras simples e velhas.

Sua única proprietária era Frau Friedrich Konarske, de 82 anos, 57 dos quais passara atrás do mesmo balcão. Ela não falava de sua vida triste, mas gostava de conversar com Donner sobre sua clientela, toda masculina, com exceção de uma quarentona tagarela que tomava bebida pura e descrevia as operações que fizera no estômago.

"Dez homens bêbados são melhores que uma mulher meio sóbria", Konarske reclamava.

Dois homens de meia-idade tocavam violão numa mesa perto da janela e entoavam canções sentimentais. Quando se preparavam para ir embora, um corcunda gritou, numa voz esganiçada: "Toquem 'Lili Marlene'. É o que eu quero ouvir. E eu pago uma rodada".

O cliente mais bem vestido do bar — e que, por causa disso, os outros acreditavam que fosse membro do Partido Comunista ou funcionário da segurança estatal — expressou sua objeção, dizendo que a canção era uma das favoritas de Hitler.

O corcunda protestou, zangado: "Como é que é? 'Lili Marlene' era cantada durante a guerra para dar voz — isso mesmo, dar voz — ao desejo de paz dos soldados. Não tem nada a ver com o nazismo". E era verdade: a canção fora escrita durante a Primeira Guerra Mundial pelo soldado Hans Leip quando ia de Berlim para o front russo. O corcunda acrescentou que até os americanos e os ingleses amavam "Lili Marlene".

"É uma melodia universal!", exclamou um jovem embriagado que parecia pugilista, com um nariz grande e chato, orelhas deformadas e dedos amarelos de nicotina. Um depois do outro, todos os clientes de Frau Konarske concordaram, insurgindo-se contra o suposto comunista, porém os cantores ainda hesitaram, pois rebeldias momentâneas podiam resultar em longas penas de prisão.

Encorajado pela bebida, o pugilista ameaçou o homem bem vestido: "Se você não quer escutar, pode ir embora". E se pôs a cantar o primeiro verso sozinho.

Os dois músicos o acompanharam e logo uma voz depois de outra se fez ouvir, até que o bar inteiro estava cantando em torno do homem silencioso que, em seu terno escuro, bebericava sua cerveja.

Frau Konarske ofereceu bebida por conta da casa. Depois levou Donner para ver o pequeno texto emoldurado que estava na parede atrás dela e datava da Segunda Guerra Mundial: IREMOS PARA A MORTE NUS COMO VIEMOS AO MUNDO.

"Você acha que alguém vai ficar em meu lugar quando eu não estiver mais aqui?", perguntou ao desconhecido. "Todos os meus parentes e amigos estão na Alemanha Ocidental. Você acha que eles querem vir para Berlim Oriental e trabalhar num buraco das dez da manhã às duas da madrugada?"

E respondeu a própria pergunta: "Não".

9. Diplomacia perigosa

O governo e o presidente dos Estados Unidos temem que suas capacidades sejam subestimadas pela cúpula soviética.[1]

Robert Kennedy a Georgi Bolshakov,
agente da inteligência militar soviética,
9 de maio de 1961

Berlim é uma ferida purulenta que tem de ser eliminada.[2]

O premiê Khruschóv ao embaixador americano
Llewellyn E. Thompson Jr. sobre o objetivo
da Cúpula de Viena, Moscou, 26 de maio de 1961

WASHINGTON, D. C.
TERÇA-FEIRA, 9 DE MAIO DE 1961

De camisa branca, gravata afrouxada e paletó jogado nos ombros, o secretário de Justiça Robert Kennedy desceu a escada da entrada lateral do Departamento de Justiça na Pennsylvania Avenue e estendeu a mão para o espião soviético Georgi Bolshakov.[3]

"Olá, Georgi, faz tempo que não o vejo", disse, como se reencontrasse um velho amigo, embora tivesse estado com ele apenas uma vez, sete anos antes. A seu lado estava Ed Guthman, repórter ganhador do prêmio Pulitzer que se tornara seu assessor de imprensa e consultor. Guthman arranjara o encontro através do homem que acompanhava o espião, o correspondente do *Daily News* de Nova York, Frank Holeman.

"Vamos caminhar um pouco?", Kennedy perguntou a Bolshakov. Sua informalidade era cativante, considerando o contato insólito que se iniciava. Com um gesto, o secretário ordenou aos dois jornalistas que se mantivessem atrás, enquanto caminhava com o espião até o Washington Mall, envolto na névoa daquela noite de primavera, conversando sobre a revista que Bolshakov editara durante o dia.

Por sugestão de Kennedy, os dois se sentaram num gramado, aspirando o ar perfumado pela grama recém-cortada. Ao fundo erguiam-se, de um lado, o Capitólio, de outro, o monumento a Washington e, logo atrás deles, o portão do Smithsonian Castle. Casais de namorados e pequenos grupos de turistas olhavam para as nuvens escuras que anunciavam uma tempestade.

Bolshakov falou de sua proximidade com Khruschóv e se ofereceu para atuar junto a ele como um contato mais útil e direto que Mikhail Menshikov, o embaixador de Moscou nos Estados Unidos, que, na opinião dos irmãos Kennedy, era um palhaço.

Bobby disse que Jack estava ansioso para se encontrar com Khruschóv e que esperava melhorar a comunicação entre eles antes de sua primeira reunião, para que tudo desse certo. Disse ainda que já sabia das relações de Bolshakov com algumas autoridades soviéticas e que não tinha dúvida de que ele podia desempenhar esse papel, se assim o desejasse. "Seria ótimo se recebessem informações de primeira mão, diretamente de você", acrescentou. "E acho que teriam uma oportunidade de repassá-las a Khruschóv."

Um trovão ribombou e Bobby brincou: "Se um raio me matar, vai sair nos jornais que um espião russo matou o irmão do presidente. Isso poderia provocar uma guerra. Vamos embora". Primeiro, eles andaram depressa e depois se puseram a correr para escapar do aguaceiro. Quando chegaram ao gabinete do secretário, tendo subido em seu elevador privativo, trocaram a camisa molhada por uma camiseta e continuaram conversando, agora num pequeno cômodo com duas poltronas, uma geladeira e uma estante.

Assim teve início uma das relações mais singulares e — mesmo anos depois — parcialmente incompreendidas da Guerra Fria. Desse dia em diante, os dois homens se comunicariam com frequência, em alguns períodos até duas ou três vezes por mês. Quase inteiramente sem registro, grande parte dessa comunicação se perdeu — o que Bobby mais tarde lamentaria. Ele nunca tomou notas dessas conversas e as relatou ao irmão apenas oralmente. Assim, só podemos reconstituí-las através de uma história oral insatisfatória de Robert Kennedy, registros dos soviéticos, recordações parciais de Bolshakov e lembranças de pessoas que, num momento ou em outro, estiveram envolvidas nessa relação.

O presidente havia aprovado o primeiro encontro de Bobby com Bolshakov sem consultar nenhum de seus especialistas em política externa ou em assuntos soviéticos. Depois do episódio da baía dos Porcos, passara a desconfiar mais do serviço de inteligência e do aparato militar, com sua inclinação para atividades clandestinas, e não acreditava em seu desejo de organizar as coisas com o maior cuidado possível para que tudo corresse bem na reunião de cúpula.

Para Khruschóv, no entanto, Bolshakov era mais um peão útil que um jogador importante. Num complexo tabuleiro de xadrez, podia movimentar esse peão para arrancar informações do rival sem revelar seu jogo. Desde o começo, o arranjo era vantajoso para ele. Kennedy podia obter através de Bolshakov apenas o que Khruschóv e outras autoridades lhe transmitissem, enquanto Bolshakov podia tirar muito mais de Bobby, que conhecia tão intimamente o presidente e sua maneira de pensar.

Bolshakov era apenas um dos dois canais que Khruschóv estava utilizando para chegar a Kennedy no começo de maio, e, enquanto altas autoridades soviéticas se valiam de ambos para seu máximo benefício, suas contrapartes americanas sabiam somente do contato formal feito cinco dias antes. Foi então que o ministro do Exterior, Andrei Gromyko, ligara para o embaixador Thompson para comunicar-lhe a resposta de Khruschóv à carta que Kennedy lhe enviara dois meses antes, convidando-o para uma reunião de cúpula.[4]

Gromyko pediu desculpas por Khruschóv não poder expressar seu interesse pessoalmente. Ele estava iniciando mais uma viagem pelas províncias, como parte dos preparativos para o Congresso do Partido a realizar-se em outubro, e só voltaria no dia 20 de maio. Contudo, falando em seu nome, o ministro disse que o premiê "lamentava a discórdia" entre os dois países no tocante à baía dos Porcos e ao Laos.

Numa linguagem cuidadosamente estudada, declarou: "Se a União Soviética e os Estados Unidos não acham que existe entre eles um abismo intransponível, devem tirar disso as conclusões adequadas, a saber, que vivemos no mesmo planeta e, portanto, temos de encontrar as maneiras de resolver problemas e aprimorar nossas relações". Com esse objetivo em mente, agora o premiê estava disposto a aceitar o convite do presidente para a reunião e acreditava que era preciso "construir pontes para unir nossos países".

O que Gromyko queria saber era se o convite "continua válido ou está sendo revisto" depois do que houve na baía dos Porcos. Embora colocasse a pergunta com toda a delicadeza, a mensagem subjacente era grosseira. O que ele realmente estava perguntando era se Kennedy ainda tinha a coragem de se encontrar com Khruschóv depois de atirar no próprio pé em Cuba.

Com isso, a maneira de o líder soviético abordar o americano entrou em sua terceira fase. A primeira havia sido a série de esforços para se reunir com Kennedy logo após a eleição e no início do mandato. A segunda havia sido sua perda de interesse depois da mensagem belicosa do discurso ao Congresso. Agora ele novamente queria a reunião, na qual pretendia usar o que considerava uma vantagem sua para pressionar um adversário enfraquecido.

Thompson desligou o telefone e preparou um telegrama. Imediatamente concluiu que, se o presidente queria evitar uma piora perigosa nas relações, a necessidade da reunião superava de longe os riscos envolvidos. Depois de enviar seu telegrama secreto, às dezesseis horas, o embaixador despachou um relatório de sua conversa com Gromyko, recomendando confidencialmente ao secretário Rusk que convencesse Kennedy a aceitar a mão estendida de Khruschóv. Os críticos diriam que o presidente estava caminhando como uma presa ferida para a armadilha do urso, mas Thompson o aconselhou a revelar publicamente que tinha convidado Khruschóv muito antes da baía dos Porcos e que só agora o líder soviético respondera.[5]

Em seguida, o embaixador expôs seus argumentos a favor da reunião:

A simples perspectiva do encontro levaria os soviéticos a "abordar de maneira mais razoável" questões como o Laos, os testes nucleares e o desarmamento.

Um encontro pessoal seria a ocasião ideal para Kennedy influenciar decisões cruciais do Congresso do Partido, a realizar-se em outubro, que poderiam determinar o relacionamento da superpotência nos anos seguintes.

Como Mao Tsé-tung era contrário a esse tipo de conversação entre Washington e Moscou, "o simples fato de marcar o encontro exacerbará as relações sino-soviéticas".

Por fim, o fato de mostrar ao mundo a disposição de entender-se diretamente com Khruschóv influenciaria a opinião pública de um modo que tornaria mais fácil para Kennedy manter uma posição americana forte em favor da defesa da liberdade de Berlim Ocidental.

Thompson assinalou que, apesar da mudança negativa nas relações com Moscou, Khruschóv continuava querendo negociar com o Ocidente e não abandonara sua doutrina de coexistência pacífica. Embora não gostasse que seus críticos em Washington o rotulassem de defensor de Khruschóv, Thompson lembrou que o líder soviético não dera início ao confronto com o Ocidente no Terceiro Mundo, mas apenas se aproveitara dos reveses dos americanos em Cuba, no Laos, no Iraque e no Congo.

Havia, porém, muita coisa em jogo para Kennedy concordar com a reunião sem estabelecer precondições que testariam em maior profundidade as intenções dos soviéticos — e evitariam novos erros no campo da política externa. Sondagens diplomáticas poderiam indicar se Khruschóv realmente desejava melhorar as relações.

Depois de um dia de reflexão, Kennedy respondeu a Thompson através de Rusk: ainda estava "desejoso" de encontrar o premiê e esperava que isso pudesse acontecer no começo de junho em Viena — o local preferido dos soviéticos. Lamentava não poder definir a data, mas esperava marcá-la antes de Khruschóv voltar a Moscou, em 20 de maio.[6]

Seguiam-se as condições.

Mais importante que tudo, Rusk encarregou Thompson de informar a Khruschóv que não havia boas chances da reunião acontecer se os soviéticos não mudassem sua postura em relação ao conflito no Laos. As conversações de Genebra deviam iniciar-se na semana seguinte, e Kennedy queria acabar com a guerra e estabelecer a neutralidade do Laos. Mas os soviéticos tentavam ganhar tempo, enquanto a luta se acirrava.

O enviado especial Averell Harriman, chefe da delegação americana em Genebra, havia dito a Kennedy que duvidava que Khruschóv aceitasse um Laos neutro, pois os "comunistas em Genebra estão muito seguros e parecem ter certeza de que alcançarão seus objetivos no Laos". Segundo Harriman, os soviéticos estavam trabalhando para colocar os Estados Unidos na inaceitável posição de terem de ir para o encontro antes de conseguir um efetivo cessar-fogo, o que estava longe da situação ideal para um país que pretendia sair satisfeito de uma reunião de cúpula.[7]

Rusk também disse a Thompson que, "por motivos de política interna", o presidente queria que Khruschóv desse algum sinal de que, nas conversações de Viena, se empenharia em chegar a um acordo sobre a proibição de testes nucleares. Queria ainda a garantia de que nenhuma declaração pública em Viena faria referência a Berlim, um assunto que ele não estava disposto a negociar.[8]

Três dias depois, Kennedy testava a mesma mensagem através de seu irmão, que se encontrava, de camiseta, com Bolshakov no Departamento de Justiça.

A data de 9 de maio — feriado nacional em Moscou —, escolhida para seu primeiro encontro furtivo, convinha ao espião. Embora fosse apenas mais um dia útil em Washington, a embaixada soviética estava fechada para que a equipe celebrasse o 16º aniversário da derrota nazista. O que servia ao propósito de Bolshakov de esconder até de seus camaradas mais íntimos o ultrassecreto canal que havia estabelecido para chegar ao presidente.[9]

Ao prosseguir com o contato, o espião desconsiderara a oposição de seu superior imediato, o chefe, ou *rezident*, do serviço de inteligência militar soviético — o GRU — na embaixada. Para esse indivíduo era impensável que um agente de médio escalão estabelecesse o mais importante canal secreto de informação imaginável entre os Estados Unidos e a União Soviética. Afinal, Robert Kennedy era irmão do presidente, seu maior confidente e seu secretário de Justiça, cabendo-lhe, portanto, supervisionar todas as atividades de contra-espionagem do FBI.

O que dava a Bolshakov a segurança necessária para levar a cabo uma missão de tão alto nível era o fato de que o próprio líder soviético lhe dera sua sanção através de seu genro Alexei Adzhubei, editor do jornal *Izvestia* e amigo do espião. Adzhubei o recomendara ao sogro como alguém que podia ajudar a aconselhá-lo por ocasião de sua primeira viagem aos Estados Unidos, em 1959. (Até pouco tempo antes disso, Bolshakov havia servido lealmente ao marechal Georgy Zhukov, condecorado herói de guerra e ministro da Defesa destituído por Khruschóv.)[10]

Bolshakov foi enviado para os Estados Unidos sob o disfarce de funcionário do serviço de informação da embaixada e editor da *USSR*, revista de propaganda soviética publicada em inglês. Era sua segunda estada em Washington; a primeira fora sob o disfarce de correspondente da agência de notícias TASS, em 1951-55.

Para um agente ultrassecreto, Bolshakov se destacava demais como o soviético favorito da sociedade washingtoniana. Esse *bon vivant* de cabelo preto, penetrantes olhos azuis e forte sotaque russo era sociável e gostava de beber. Seus amigos e conhecidos incluíam vários membros do círculo de Kennedy: Ben Bradlee, editor do *Washington Post*; Charles Bartlett, o repórter que apresentara Kennedy a Jacqueline; Kenny O'Donnell, chefe do *staff* presidencial; Ted Sorensen, assessor especial do presidente; e Pierre Salinger, seu assessor de imprensa.

Contudo, o elo mais importante entre Bolshakov e Kennedy havia sido Frank Holeman, jornalista de Washington que fora amigo de Nixon e agora tentava conquistar as boas graças da nova administração. Com seus dois metros de altura, sotaque e modos sulinos, voz grossa, indefectíveis gravata-borboleta e charuto, era chamado pelos colegas de "o Coronel". Embora tivesse apenas quarenta anos de idade, era uma instituição de Washington; cobrira os presidentes Roosevelt, Truman e Eisenhower, assim como agora cobria Kennedy. Sabia que tudo na capital girava em torno de contatos e ele os tinha em toda parte.[11]

Bolshakov usava-o como informante desde quando se conheceram, em 1951, num almoço que a embaixada soviética organizou em homenagem a Holeman. O jornalista conquistara as boas graças de Khruschóv ao frustrar um esforço do Clube Nacional da Imprensa para banir jornalistas soviéticos em represália ao aprisionamento de todo o escritório da Associated Press em Praga pelo governo tcheco. Assim agiu, explicou, porque o clube devia ser um lugar onde todos pudessem "trocar mentiras". Depois foi ainda mais longe, convencendo o clube a aceitar a filiação de um assessor de imprensa soviético que provavelmente era espião.[12]

Quando voltou a Moscou, em 1955, Bolshakov passou o contato de Holeman a seu sucessor no GRU, Yuri Gvozdev, que atuava sob o disfarce de adido cultural. Através de Holeman, que se definia como o "pombo-correio" dos soviéticos, Gvozdev transmitiu uma mensagem crucial: a administração Eisenhower não devia exagerar em sua reação ao ultimato sobre Berlim, em novembro de

1958, porque Khruschóv nunca entraria em guerra por causa da cidade. Ainda através de Holeman, Gvozdev também ajudou a preparar a visita de Nixon à União Soviética, negociando as condições.[13]

Quando substituiu Gvozdev, em 1959, Bolshakov se reaproximou de Holeman, e os dois se tornaram tão amigos que suas famílias muitas vezes se encontravam socialmente. Holeman também era amigo, havia anos, de Ed Guthman, assessor de imprensa do secretário de Justiça, a quem relatava os aspectos mais interessantes de suas conversas com Bolshakov. Por sua vez, Guthman repassava esses relatos a Robert Kennedy.[14] Com a aprovação de Guthman, em 29 de abril Holeman sugeriu ao espião que se entendesse pessoalmente com o secretário de Justiça: "Você não acha melhor tratar diretamente com Robert Kennedy para receber suas informações em primeira mão?".[15]

Dez dias e incontáveis conversas depois, Bolshakov desconfiou que alguma coisa importante estava para acontecer quando Holeman o convidou para almoçar por volta das dezesseis horas.

"Por que tão tarde?", o espião estranhou.

Holeman explicou que tentara falar com ele várias vezes ao longo do dia, mas o funcionário de plantão no feriado lhe disse que Bolshakov estava na gráfica, finalizando a nova edição de sua revista.

Pouco tempo depois, tendo se instalado no canto de um restaurante aconchegante e discreto de Georgetown, Holeman consultou o relógio. Seu convidado quis saber se estava na hora de ele ir embora. "Não, está na *nossa* hora de ir embora", Holeman respondeu. "Você tem um compromisso com Robert Kennedy às dezoito horas."

"Droga", Bolshakov resmungou, olhando para seu terno velho e para os punhos puídos de sua camisa. "Por que você não me falou antes?"

"Está com medo?"

"Com medo, não, mas não estou preparado para um compromisso desses."

"Você está sempre preparado", Holeman riu.

No Departamento de Justiça, Bobby disse ao russo que o presidente estava achando que a tensão entre os dois países se devia, em grande parte, a mal-entendidos sobre as intenções e os atos de um lado e de outro. Com a experiência da baía dos Porcos, o secretário prosseguiu, ele aprendera que era perigoso agir baseado em informações inadequadas; depois, cometera o erro de não demitir imediatamente os responsáveis pela operação.[16]

"O governo e o presidente dos Estados Unidos temem que suas capacidades sejam subestimadas pela cúpula soviética", Bobby falou. A mensagem que ele queria que Bolshakov transmitisse ao Kremlin não poderia ser mais clara: se Khruschóv tentasse testar a determinação de Kennedy, seu irmão não teria outra alternativa senão "adotar medidas corretivas" e ser mais duro em relação a Moscou.[17]

"No momento, o que mais nos preocupa é a situação em Berlim", Bobby explicou. "A importância dessa questão talvez não seja evidente para todos. O presidente acha que novos desentendimentos sobre nossas opiniões a respeito de Berlim poderiam levar a uma guerra." No entanto, ressalvou, era justamente por causa das complicações da situação em Berlim que seu irmão não queria que a reunião de Viena enfocasse um assunto em que seria tão difícil progredir.

O presidente desejava que a reunião servisse para ele e Khruschóv se entenderem melhor, criarem laços pessoais e estabelecerem condições para desenvolver seu relacionamento. Queria acordos autênticos sobre questões como a proibição de testes nucleares. Quanto a Berlim, preferia adiar a adoção de medidas diplomáticas importantes até o momento em que os dois lados tivessem estudado a fundo o assunto.

Para quem ficara sabendo do compromisso duas horas antes, Bolshakov parecia bem preparado para responder. Disse que, se os líderes de seus países se encontrassem, Khruschóv consideraria concessões "substanciais" no tocante a testes nucleares e ao Laos. Não fez comentários sobre a insistência de Bobby em não discutir Berlim na reunião de cúpula, o que seu interlocutor pode ter interpretado, erroneamente, como concordância.

O secretário falou então de um acordo sobre a proibição de testes nucleares. As duas potências negociavam em escalões mais baixos desde 1958, porém o impasse estava na verificação. Os Estados Unidos reivindicavam, sem sucesso, o direito de fazer inspeções em território soviético. Bobby propôs uma concessão unilateral, pela qual seu país cortaria pela metade, de vinte para dez, o número de inspeções anuais a ser feitas em ambos os lados para investigar eventos sísmicos. A condição para esse acordo seria que nenhum lado vetasse a criação de uma comissão internacional para monitorar as reclamações.[18]

Por trás dessa proposta estava o medo crescente de que os soviéticos estivessem cavando buracos tão fundos que conseguissem esconder os testes. Moscou limitara a três o número máximo de inspeções anuais que aceitaria.[19] E queria que qualquer verificação fosse realizada por três pessoas, representando, respectivamente, o bloco soviético, o Ocidente capitalista e o Terceiro Mundo. Os americanos se opuseram, pois isso daria ao representante soviético o direito efetivo de veto. "O presidente não quer que se repita a triste experiência da reunião de Khruschóv com Eisenhower em Camp David e espera que a próxima reunião resulte em acordos concretos", disse Bobby.[20]

No papel de pretendente, Bolshakov não falou nada que levasse seu interlocutor a acreditar que Khruschóv considerava inaceitáveis as precondições de Kennedy para a reunião de cúpula. Só havia um problema: Bolshakov era um simples mensageiro que não podia saber o que Khruschóv pensava tão bem quanto Bobby sabia o que o irmão pensava.

Os riscos do contato Bolshakov-Bobby para os Estados Unidos eram profundos e múltiplos. Bolshakov podia se enganar com relação a Moscou sem saber, enquanto Bobby dificilmente passaria informações falsas e, mesmo que tentasse, tinha menos habilidade para tanto. Além disso, era quase certo que agentes do FBI estavam seguindo o espião. Seus relatos sobre esses encontros podem ter aumentado as suspeitas de J. Edgar Hoover, o chefe do FBI, sobre os Kennedy.

Por fim, Bolshakov não estava autorizado a barganhar, ao contrário de Bobby. E John Kennedy não tinha meios de verificar a confiabilidade do espião, pois pretendia manter os contatos em segredo até depois da Cúpula de Viena, escondendo-os até mesmo de seus principais assessores. Moscou não só controlava o que Bolshakov podia falar, mas também ditava a maneira exata como ele devia abordar um assunto. Se não estivesse preparado para discutir alguma questão, ele devia dizer que ia analisá-la e retomá-la mais tarde.

As mensagens mais importantes que Bolshakov enviou, depois de se encontrar pela primeira vez com Bobby, referiam-se à disposição do presidente para a reunião de cúpula, a seu temor de que Khruschóv o visse como fraco, a sua aversão a negociar o status de Berlim e a seu desejo, acima de tudo, de chegar a um acordo sobre a proibição de testes nucleares. Quanto a Bobby, saiu desse primeiro contato sem maiores informações sobre Khruschóv e com a falsa impressão de que o premiê se dispunha a aceitar as condições estabelecidas pelo presidente.

Depois de cinco horas de conversa, Bobby deu uma carona a Bolshakov. Mantido desperto pela adrenalina, o espião passou a noite acordado e na manhã seguinte enviou a Moscou um relatório completo. Graças a ele, Khruschóv não só sabia muito melhor o que Kennedy esperava obter e o que temia na reunião de cúpula, como o enganara sobre o que os soviéticos se dispunham a aceitar.

Ansioso para chegar a um acordo sobre a Cúpula de Viena, Khruschóv rapidamente tratou de agradar Kennedy, satisfazendo seu desejo de gestos que inspirassem confiança.

Em Genebra, os representantes soviéticos e britânicos que negociavam a situação do Laos encontraram uma fórmula para evitar o agravamento da crise: uma reunião entre doze países, também em Genebra, com o objetivo de pôr fim às hostilidades e estabelecer a neutralidade do Laos.[21]

No mesmo dia, em Tbilisi, na República Soviética da Geórgia, Khruschóv pronunciou um discurso que autoridades do Departamento de Estado consideraram a declaração mais moderada dos soviéticos sobre suas relações com os americanos desde o incidente com o U-2, no mês de maio. Recorrendo ao mesmo estilo que usara ao aceitar o convite para a reunião de cúpula, Khruschóv afirmou: "Embora o presidente Kennedy e eu sejamos homens de polos diferentes, vivemos na mesma Terra. Temos de encontrar uma linguagem comum a respeito de determinadas questões".[22]

Também nesse dia, enviou uma carta a Kennedy, aceitando o convite feito quase dois meses antes para a reunião de cúpula. Não fez menção à proibição de testes nucleares, mas tocou em assuntos nos quais poderiam avançar, como o Laos. Contudo, não estava disposto a deixar Berlim de lado. Disse que não buscava vantagens unilaterais na cidade dividida, mas queria, através da reunião, eliminar uma "perigosa fonte de tensão na Europa".[23]

Agora era a vez de Kennedy.

Não querendo parecer apressado, Kennedy demorou 48 horas para responder. Estava descontente com a omissão de Khruschóv sobre a proibição de testes nucleares e com sua insistência em discutir Berlim. Tampouco lhe agradava o fato de a carta praticamente ignorar suas precondições, transmitidas por

Bobby a Bolshakov. No entanto, apesar de todos os perigos, não lhe restava outra alternativa senão concordar com a reunião.

O discurso do líder soviético em Tbilisi e sua postura em relação ao Laos eram encorajadores. Contudo, a incômoda verdade era que o que poderia ser um dos encontros mais decisivos desde a Segunda Guerra Mundial ocorreria em menos de um mês, e havia pouco tempo para os dois lados chegarem a um acordo sobre o que os diplomatas chamavam de "viabilidades" da reunião. Na opinião de diplomatas veteranos, a pressa do presidente era ingênua.

Kennedy telegrafou aos aliados mais próximos, informando-os da reunião, ciente de que particularmente os alemães e os franceses seriam céticos acerca de seu plano. Ao desconfiado Adenauer escreveu: "Suponho que, como eu, você pensará que, uma vez que ainda não estive com Khruschóv, esse encontro será útil na atual situação internacional. Se ele realmente se realizar, espero informá-lo do conteúdo dessas discussões com Khruschóv, que, imagino, serão bem genéricas".[24]

Os preparativos para o que todos sabiam que seria um encontro histórico — a primeira reunião de cúpula da era da televisão — sucediam-se a pleno vapor. Apesar dos esforços de Kennedy para evitar a questão de Berlim, sua equipe de política externa começava a achar que ela definiria seu primeiro ano de governo muito mais que Cuba, o Laos, a proibição de testes nucleares ou qualquer outro tema.

Em 17 de maio, Henry Owen, do setor de Planejamento de Política do Departamento de Estado, captou o crescente consenso do governo. "De todos os problemas que a administração enfrenta, Berlim me parece o mais sujeito a desastres."[25] Sugeriu que o orçamento de 1963 destinasse mais verba para armas convencionais e para a defesa da Europa, a fim de "aumentar nossa capacidade de lidar com uma crise de Berlim — e, assim, talvez detê-la".[26]

Dois dias depois, em 19 de maio, a Casa Branca anunciou oficialmente o que a imprensa vinha publicando havia alguns dias: o presidente se reuniria com Khruschóv em Viena em 3 e 4 de junho, depois de se encontrar com De Gaulle em Paris.

Comentaristas da Europa Ocidental e dos Estados Unidos se mostraram preocupados: a seu ver, um presidente enfraquecido estava indo para Viena em posição de desvantagem. O semanário intelectual *Die Zeit* comparou Kennedy a um caixeiro-viajante numa fase ruim que esperava melhorar de sorte, negociando diretamente com a concorrência.[27] Em sua análise da opinião europeia, o *Wall Street Journal* disse que o presidente dava a "forte impressão [...] de um país vacilante, tentando desesperadamente recuperar a liderança do Ocidente na Guerra Fria".[28] Segundo o influente diário suíço *Neue Zürcher Zeitung*, a reunião estava sendo mal preparada pelos americanos e Kennedy abandonara seu prerrequisito de que o Kremlin mudasse de atitude antes que qualquer encontro desse tipo tivesse lugar.

Embora Viena fosse, tecnicamente, território neutro, diplomatas europeus ainda consideravam a Áustria muito mais próxima da esfera de influência russa que a alternativa de Estocolmo.[29] "Assim, há a impressão de que Kennedy vai se avistar com Khruschóv no local e no momento escolhidos por Khruschóv", concluiu o *Neue Zürcher Zeitung*. O jornal via um presidente debilitado "correndo a remendar suas alianças e indo obedientemente para a Áustria encontrar o poderoso líder russo".

BERLIM ORIENTAL
SEXTA-FEIRA, 19 DE MAIO DE 1961

Percebendo a mudança do vento a seu favor, o líder da Alemanha Oriental, Walter Ulbricht, deslocava-se com maior segurança em Berlim. O embaixador soviético na Alemanha Oriental, Mikhail Pervukhin, contou ao ministro do Exterior, Gromyko, que Ulbricht, sem a aprovação do Kremlin, estava aumentando a pressão sobre Berlim Ocidental com um controle mais rigoroso da identidade de civis.

"Nossos amigos", o embaixador falou, usando o termo com que Moscou designava seus aliados alemães-orientais, "gostariam agora de estabelecer na fronteira com a democrática Berlim Ocidental um controle que lhes permitisse fechar 'a porta para o Ocidente', como dizem eles, reduzir o êxodo da população e enfraquecer a influência da conspiração econômica contra a RDA, exercida a partir de Berlim Ocidental". Em outras palavras, Ulbricht queria fechar a fronteira com o setor ocidental, o que contrariava a política soviética.[30]

Khruschóv temia que Ulbricht fosse tão longe que levasse os americanos a cancelar a Cúpula de Viena e, assim, pediu a Pervukhin que contivesse o líder da Alemanha Oriental, cada vez mais impaciente e insolente.

O presidente Kennedy começava a desconfiar que estava indo para uma armadilha.

Duas semanas antes da reunião de cúpula, Bobby esteve novamente com Bolshakov, dessa vez num domingo, quando o encontro chamaria menos atenção. Convidou-o para uma conversa de duas horas em Hickory Hill, sua casa de campo em McLean, Virgínia.[31]

O espião lhe explicou a posição dos soviéticos, tendo memorizado, antes da reunião, cinco páginas de informações detalhadas. Possuía uma memória prodigiosa e com sua informalidade mascarava o fato de que ainda não estava familiarizado com seu papel de canal.

Bobby deixou claro que falava pelo presidente. Recomendou a Bolshakov que só ligasse para ele de telefone público e só se identificasse para Ed Guthman, seu secretário e assessor de imprensa. Quando não queria se arriscar, Bolshakov pedia a Holeman que telefonasse e dissesse a Guthman: "Meu cara quer falar com o seu". O secretário garantiu ao espião que só seu irmão sabia desses encontros — e os aprovava.[32]

Em contrapartida, agora um círculo mais amplo de autoridades soviéticas já sabia do papel de Bolshakov, cujos relatórios o GRU repassava para Anatoly Dobrynin, funcionário do ministério do Exterior que liderava a equipe de consultores para as conversações de Viena. Um dos chefes de Bolshakov em Moscou escreveu, admirado, sobre seu encontro de 21 de maio com Bobby Kennedy: "Um membro do governo americano avistar-se com nosso homem e em segredo é uma situação sem precedentes". Moscou estava enviando instruções para sua embaixada e seus agentes da inteligência sobre a maneira de assegurar que as reuniões não chegassem ao conhecimento da imprensa americana e do FBI.[33]

Bobby também se declarou decepcionado por Khruschóv não aventar, na carta ao presidente, a possibilidade de um acordo sobre a proibição de testes nucleares. E propôs uma concessão: Washington aceitaria o trio de inspetores sugerido pelo Kremlin — representando os soviéticos, os ocidentais e os não alinhados —, mas a Rússia não teria o direito de determinar o que podia ser inspecionado.

Bolshakov levou-o a pensar que tinha mais margem de negociação do que realmente tinha. Disse que os soviéticos aceitariam em seu território quinze postos de detecção sem presença humana (os americanos pleiteavam dezenove).

A fim de mostrar a existência de um ponto em comum com Khruschóv, o secretário falou que, em princípio, ele e o irmão concordavam com os soviéticos no tocante ao problema histórico da Alemanha e entendiam seu temor de revanchistas alemães. Informou que, assim como os soviéticos, o presidente também se opunha à ideia de uma Alemanha nuclear tentando recuperar seus territórios orientais. "Meu irmão os enfrentou como inimigos", lembrou. Os dois lados só discordavam quanto às soluções, acrescentou.

Os dois homens continuaram se encontrando até uma semana antes da Cúpula de Viena. Talvez tenha sido por isso que Moscou demorou apenas um dia para responder ao pedido do presidente para que, na capital austríaca, os dois líderes se avistassem mais vezes apenas na presença dos intérpretes.

Contudo, foi só dois dias depois do encontro que antecedeu a Cúpula de Viena que Khruschóv mandou sua mensagem mais clara sobre sua determinação de negociar o futuro de Berlim.

Para isso utilizou o canal oficial do embaixador Thompson em Moscou. Não queria que ninguém se enganasse quanto a sua intenção de impor a questão.

PALÁCIO DOS ESPORTES, MOSCOU
TERÇA-FEIRA, 23 DE MAIO DE 1961

Por coincidência, Khruschóv deixou claro que pretendia abordar a questão de Berlim no mesmo centro de esportes onde desencadeara a Crise de Berlim dois anos e meio antes, diante de uma plateia de comunistas poloneses.

Minutos depois de receber o embaixador Thompson e a esposa em seu camarote numa apresentação especial da American Ice Capades, comentou que já tinha visto espetáculos no gelo suficientes para uma vida inteira e conduziu os recém-chegados até uma sala particular, onde seria servido um jantar, explicando que os convidara para falar sobre Viena.

O embaixador não registrou nada por escrito, porém mais tarde não teria problema em reconstituir a conversa no telegrama que enviou a Washington. Tendo como fundo sonoro música americana, o ruído dos patins riscando o gelo e os aplausos da multidão, Khruschóv transmitiu uma mensagem inequívoca: sem um novo acordo sobre Berlim, agiria unilateralmente, no outono ou no inverno, para entregar o controle da cidade aos alemães-orientais e acabar com todos os direitos da ocupação aliada.[34]

Disse que o desarmamento nuclear, um tema no qual Kennedy insistia, seria impossível enquanto perdurasse o problema de Berlim. Disse também que, se os Estados Unidos recorressem à força para tentar impedir que o Kremlin alcançasse seus objetivos em Berlim, esbarrariam na força da União Soviética. Se queriam guerra, teriam guerra. Thompson já conhecia esse lado ameaçador de Khruschóv, porém agora, faltando poucos dias para a Cúpula de Viena, achou-o ainda mais preocupante.

Contudo, o premiê descartou a possibilidade de um conflito, pois "só um louco haveria de querer guerra, e os líderes ocidentais não são loucos, embora Hitler fosse". Nesse momento, esmurrou a mesa e se pôs a falar dos horrores da guerra, que conhecia muito bem. Não podia acreditar que Kennedy provocasse tamanha catástrofe por causa de Berlim.

Thompson retrucou que era ele, e não Kennedy, quem estava criando o perigo com sua ameaça de alterar a situação de Berlim.

Até podia ser verdade, Khruschóv admitiu, mas, se tivessem início as hostilidades, os americanos é que teriam de cruzar a fronteira da Alemanha Oriental para defender Berlim e desencadear a guerra.

Ao longo do jantar, ele muitas vezes repetiu que já fazia dezesseis anos que a Grande Guerra terminara e que estava na hora de acabar com a ocupação de Berlim. Lembrou que, em seu ultimato de 1958, estabelecera um prazo de seis meses para o cumprimento de suas exigências. "Trinta meses se passaram", reclamou furioso depois que Thompson sugeriu que a situação de Berlim se mantivesse inalterada. Os americanos estavam tentando arranhar o prestígio dos soviéticos, e isso não podia continuar, esbravejou.

O embaixador admitiu que os Estados Unidos não poderiam impedi-lo de assinar um tratado de paz com a Alemanha Oriental, porém a questão importante era se ele usaria isso para interferir no direito de acesso dos americanos a Berlim. Khruschóv estava sondando as possibilidades de adotar uma posição mais dura sobre Berlim na Cúpula de Viena, e Thompson tentava imaginar a provável reação de Kennedy.

Thompson observou que o prestígio dos Estados Unidos estava em jogo no mundo inteiro por causa de seus compromissos com os berlinenses. Ademais, Washington temia que, se cedesse à pressão de Moscou e sacrificasse Berlim, a Alemanha Ocidental e a Europa Ocidental fossem as próximas a cair. "O efeito psicológico seria desastroso para nossa posição", o diplomata acrescentou.

Khruschóv zombou de suas palavras e repetiu o que se tornara seu refrão: Berlim realmente importava pouco para os Estados Unidos e para a União Soviética. Sendo assim, por que se preocupavam tanto com uma mudança no status da cidade?

Se Berlim importava tão pouco, Thompson argumentou, Khruschóv não haveria de correr um risco imenso para ter o controle da situação.

Nesse momento, o líder soviético falou sobre a proposta que pretendia apresentar em Viena: nada impediria que as tropas americanas permanecessem na "cidade livre" de Berlim Ocidental. A única mudança seria que, no futuro, Washington teria de negociar esse direito com a Alemanha Oriental.

O embaixador lhe perguntou que elementos do problema mais o afligiam, sugerindo que talvez fosse a questão dos refugiados. "Berlim é uma ferida purulenta que tem de ser eliminada", Khruschóv limitou-se a responder.

Depois, falou que a reunificação da Alemanha era impossível e que, na verdade, ninguém a queria, nem De Gaulle, nem Macmillan, nem Adenauer. Contou que De Gaulle lhe dissera que a Alemanha não só deveria continuar dividida, como seria ainda melhor que fosse dividida em três partes.

Thompson se viu obrigado a rebater a ameaça para não ser mal interpretado, pois Khruschóv poderia pensar que estava lhe dando sinal verde em relação a Berlim: "Bem, se você usar a força, se quiser barrar nosso acesso e nossas conexões pela força, nós também usaremos a força".

O premiê sorriu e calmamente lhe assegurou que não pretendia usar a força. Apenas assinaria o tratado e acabaria com os direitos que os Estados Unidos obtiveram como "as condições da capitulação".[35]

O telegrama que mais tarde Thompson enviou a Washington sobre a conversa no rinque de gelo não refletia toda a importância do que acabara de escutar. Para Khruschóv, o encontro havia funcionado como um ensaio geral para o que estava por vir. Thompson, porém, reduziu a importância de suas ameaças. Informou que, pela primeira vez, o líder soviético explicara em detalhes como uma divisão permanente da cidade ocorreria sem violar os direitos dos americanos. Repetiu sua convicção de que Khruschóv não imporia a questão de Berlim antes do Congresso do Partido em outubro. E calculou que, em Viena, ele apenas "mencionaria o problema de Berlim numa atmosfera agradável e amistosa".[36]

Não obstante, sugeriu que, na capital austríaca, Kennedy propusesse uma fórmula que permitisse a ambos os lados salvarem as aparências, pois a questão provavelmente teria de ser discutida mais tarde, no mesmo ano. Do contrário, alertou, "a guerra seria uma possibilidade".

No mesmo dia, Kennedy recebeu de Berlim um informe muito diferente. O diplomata E. Allan Lightner Jr., chefe da Missão Americana na cidade, escreveu que Moscou podia "conviver por algum tempo com o status quo de Berlim" e que Khruschóv não programara nenhuma ação. Assim, Kennedy podia contê-lo em Viena, lembrando-lhe que os Estados Unidos estavam decididos a defender a liberdade de Berlim e que "os soviéticos não deviam se intrometer".[37]

Lightner lembrou ainda as consequências de uma demonstração de fraqueza em Viena. "Qualquer indicação de que o presidente está disposto a discutir soluções, concessões ou *modus vivendi* provisórios reduziria o impacto da advertência a Khruschóv sobre as graves consequências de subestimar nossa determinação".

WASHINGTON, D. C.
QUINTA-FEIRA, 25 DE MAIO DE 1961

Como um autor insatisfeito com os primeiros rascunhos de sua obra, Kennedy optou por fazer um segundo discurso do Estado da União em 25 de maio — "um pronunciamento especial à nação sobre necessidades urgentes"—, apenas doze semanas depois do primeiro. Reconhecia, assim, que antes de Viena e depois da baía dos Porcos precisava enviar a Khruschóv uma mensagem que não deixasse dúvidas sobre sua determinação.

Bobby Kennedy usara um de seus encontros com Bolshakov para informar a Khruschóv que a retórica dura do presidente não diminuía em nada sua vontade de cooperar. Mas o canal Bolshakov não era suficiente para transmitir uma mensagem de força que se dirigia tanto ao público interno quanto a Khruschóv.

Falando para os congressistas reunidos e para a nação, em rede nacional de televisão, Kennedy explicou que em "ocasiões extraordinárias" os presidentes americanos pronunciaram um segundo discurso do Estado da União no espaço de um ano. Esta era uma dessas ocasiões. Como os Estados Unidos eram responsáveis pela causa da liberdade no mundo, ele ia expor "uma doutrina da liberdade".

Ao longo de 48 minutos foi interrompido por aplausos dezessete vezes. Enfatizou a necessidade de manter uma economia saudável e comemorou o fim da recessão e o começo da recuperação. Referiu-se ao hemisfério sul como as "terras dos insurgentes" — Ásia, América Latina, África, Oriente Médio — e disse que os adversários da liberdade tinham de ser combatidos "no grande campo de batalha do mundo".

Explicou que a Defesa precisava de mais 700 milhões de dólares para expandir e modernizar as Forças Armadas, superar os soviéticos na corrida armamentista e reorganizar a Defesa Civil com a construção de abrigos contra partículas radioativas. Falou que pretendia recrutar mais 15 mil fuzileiros navais e se concentrar mais no combate à luta de guerrilha no Terceiro Mundo, aumentando o fornecimento de morteiros, helicópteros, veículos blindados e unidades de reserva prontas para entrar em ação. Informou que, no final da década, os Estados Unidos levariam um homem à Lua e o trariam de volta à Terra. Essa era uma corrida na qual ele estava decidido a vencer os soviéticos, que puseram o primeiro satélite e o primeiro homem no espaço.[38]

Faltando apenas nove dias para a Cúpula de Viena, afirmou que o mundo se tornava mais perigoso a cada hora que passava, que os Estados Unidos tinham uma responsabilidade global como defensor da liberdade e que, portanto, deviam aceitar os sacrifícios necessários. Ciente de que não poderia esperar muita coisa de um adversário tão difícil, reservou apenas um parágrafo para a reunião de Viena.

"Não temos nenhuma agenda formal e não entraremos em negociações", declarou.

Reagindo diretamente ao que entendeu como uma advertência da parte de Kennedy, Khruschóv reuniu o Presidium. Como sempre, sua decisão de levar a estenógrafa para a reunião indicava que ia dizer algo importante.[39]

E começou dizendo que Kennedy era "um filho da mãe". Apesar disso, explicou que dava grande importância à Cúpula de Viena, porque a usaria para tratar da "questão alemã". Expôs a solução que pretendia sugerir, usando praticamente as mesmas palavras com que a expusera ao embaixador Thompson.

As medidas que estava propondo para mudar o status de Berlim poderiam desencadear uma guerra nuclear?, perguntou. Sim, respondeu, e passou a explicar por que considerava tal conflito 95% improvável.

Entre os chefes do partido, Anastas Mikoyan foi o único que discordou. Argumentou que Khruschóv subestimava a determinação e a capacidade dos americanos para travar uma guerra convencional por Berlim. Mudando o alvo de seus ataques, que até então visavam mais à Alemanha Ocidental e a Adenauer, Khruschóv disparou: os Estados Unidos eram o país mais perigoso para os soviéticos. Em sua relação de amor e ódio com os Estados Unidos, voltou ao ódio, dando uma clara indicação do que se deveria esperar da Cúpula de Viena.

Repetiu sua convicção, cada vez mais obsessiva, de que, embora fosse se encontrar com Kennedy, eram o Pentágono e a CIA que governavam os Estados Unidos, o que, acrescentou, já havia percebido quando tratara com Eisenhower. Por esse motivo, não podia esperar que os líderes americanos tomassem decisões baseados em princípios lógicos. "É por isso que certas forças podem se levantar e achar um pretexto para entrar em guerra contra nós", concluiu.

Declarou-se pronto para correr o risco de uma guerra, mas ressaltou que sabia como evitá-la. Explicou que os aliados europeus de Washington e a opinião pública mundial impediriam que Kennedy respondesse com armas nucleares a qualquer mudança no status de Berlim. Disse que De Gaulle e Macmillan nunca apoiariam uma opção pela guerra, porque entendiam que os principais alvos nucleares dos soviéticos, considerando o alcance de seus mísseis, estavam na Europa.

"São pessoas inteligentes e compreendem isso", afirmou.

Na sequência, descreveu o que aconteceria em Berlim depois do ultimato de seis meses que pretendia lançar em Viena. Assinaria um tratado de paz unilateralmente com o governo da Alemanha Oriental, à qual entregaria o controle sobre todas as vias de acesso a Berlim Ocidental. "Não entramos em Berlim Ocidental, não decretamos um bloqueio", salientou, evitando dar qualquer pretexto para uma ação militar. "Mostramos que estamos dispostos a permitir o tráfego aéreo, mas com a condição de que os aviões ocidentais aterrissem em aeroportos da RDA [não de Berlim Ocidental]. Não exigimos a retirada das tropas. No entanto, consideramos que elas são ilegais, apesar de que não usaremos métodos violentos para removê-las. Não impediremos a entrega de comida, nem cortaremos outros canais vitais de abastecimento ou assistência. Seguiremos uma política de não violação e não envolvimento nos assuntos de Berlim Ocidental. Portanto, não acredito que o fim do estado de guerra e do regime de ocupação desencadeie uma guerra."

Mikoyan foi o único a tentar mostrar-lhe que a probabilidade de uma guerra era maior do que ele imaginava. Contudo, por uma questão de respeito, calculou-a em pouco mais de 10%, em lugar dos 5% estimados por Khruschóv. "Em minha opinião, eles poderiam começar a agir militarmente sem utilizar armas atômicas", concluiu.

Khruschóv argumentou que Kennedy tinha tanto medo de uma guerra que não reagiria militarmente. Disse que o Presidium talvez tivesse de fazer algumas concessões em relação ao Laos, a Cuba ou ao Congo, onde o equilíbrio convencional era menos claro, mas que, no tocante a Berlim, a superioridade do Kremlin era indiscutível.

Para assegurar que assim continuasse, encarregou Rodion Malinovsky, ministro da Defesa, Matvei Zakharov, chefe do Estado-Maior do Exército soviético, e Andrei Grechko, comandante do Pacto de Varsóvia — que estavam sentados diante dele — de "analisar em profundidade a correlação de forças na Alemanha e ver o que é preciso fazer". Gastaria o que fosse necessário. Antes de mais nada, tinha de reforçar a artilharia e o arsenal básico; depois, tinha de providenciar mais armas, para o caso de haver mais provocações. Ordenou a seus comandantes que, no prazo de duas semanas, apresentassem um plano para executar uma operação em Berlim e expressou sua esperança de, ao cabo de seis meses, ter uma capacidade militar condizente com as palavras duras que pretendia pronunciar em Viena.

Mikoyan advertiu que Khruschóv estava levando Kennedy a uma posição perigosa, onde ele não teria outra alternativa além da reação militar. Sugeriu que Khruschóv continuasse permitindo o pouso de aviões em Berlim Ocidental, o que poderia tornar sua solução para Berlim mais palatável a Kennedy.

O premiê discordou. Lembrou a seus camaradas que a Alemanha Oriental estava implodindo. Milhares de profissionais deixavam o país semanalmente. Se não agissem com firmeza para resolver a situação, não só deixariam Ulbricht ansioso, como levantariam dúvidas em seus aliados do Pacto de Varsóvia, que veriam nisso "incoerência e insegurança de nossa parte".

Olhando para Mikoyan, Khruschóv declarou-se decidido não só a fechar o corredor aéreo, como a abater qualquer avião dos aliados que tentasse aterrissar em Berlim Ocidental. "Nossa posição é muito forte, mas agora teremos de realmente intimidá-los. Por exemplo, se alguma coisa está voando por lá, temos de derrubá-la. Eles podem responder com atos de provocação? Podem… Se pretendemos levar adiante nossa política, e se queremos que ela seja reconhecida, respeitada e temida, temos de ser firmes."

Khruschóv encerrou seu conselho de guerra, perguntando aos demais se achavam que devia trocar presentes com Kennedy em Viena, de acordo com o protocolo habitual.[40]

O pessoal do ministério do Exterior sugeriu que ele desse ao presidente doze latas do mais fino caviar negro e discos de música soviética e russa. Seus assessores sugeriram, entre outros mimos, um aparelho de café de prata para o sr. Kennedy.

"Pode-se trocar presentes mesmo antes de uma guerra", Khruschóv comentou.

HYANNIS PORT, MASSACHUSETTS
SÁBADO, 27 DE MAIO DE 1961

O *Air Force One* decolou da base aérea de Andrews debaixo de chuva com destino a Hyannis Port. Dentro de apenas três dias Kennedy aterrissaria em Paris para se avistar com De Gaulle e ao cabo de uma semana estaria em Viena com Khruschóv. O velho Joe decorara seu dormitório com retratos de mulheres voluptuosas — uma brincadeira que o pai mulherengo fez pouco antes do 44º aniversário do filho mulherengo.[41]

Kennedy se dirigia à propriedade da família para comemorar e estudar as informações que recebera sobre assuntos que iam do equilíbrio nuclear ao perfil psicológico de Khruschóv. O que seu serviço de inteligência lhe apresentava era um homem que tentaria seduzi-lo num momento e intimidá-lo no seguinte; um jogador que o testaria; um marxista convicto que queria coexistir e também competir; um líder grosseiro e inseguro, criado no campo, astuto e, sobretudo, imprevisível.

O presidente só podia esperar que as informações de Khruschóv sobre ele fossem menos reveladoras. Sua dor nas costas se agravara, depois do plantio cerimonial de uma árvore no Canadá, dias antes. Junto com sua papelada, Kennedy estava levando procaína para as costas, cortisona para a doença de Addison e um coquetel de vitaminas, enzimas e anfetaminas para falta de energia e outras mazelas.

Estava usando muletas, mas nunca em público, mancando como um atleta machucado que se preparasse para disputar o campeonato.[42]

10. Viena: Little Boy Blue encontra Al Capone

Estamos numa situação ridícula. Não faz sentido encarar uma guerra atômica por um tratado que preserve Berlim como a futura capital de uma Alemanha reunificada, quando todos nós sabemos que a Alemanha provavelmente nunca será reunificada. Mas estamos comprometidos com esse acordo, assim como os russos, e não podemos deixar que eles voltem atrás.[1]

O presidente Kennedy, mergulhado
na banheira, para seus assessores,
1º de junho de 1961, Paris

Os Estados Unidos não parecem dispostos a normalizar a situação no lugar mais perigoso do mundo. A União Soviética quer executar uma operação nesse ponto doloroso — para eliminar esse espinho, essa úlcera — sem prejudicar os interesses de nenhum dos lados, mas, antes, para a satisfação de todos os povos do mundo.[2]

O premiê Nikita Khruschóv ao presidente
John F. Kennedy na Cúpula de Viena,
4 de junho de 1961

218

Apesar das multidões de adoradores franceses, das grandiosas refeições gaulesas e do estardalhaço feito na mídia por mil correspondentes estrangeiros que cobriam sua viagem, os momentos prediletos do presidente Kennedy em Paris tinham lugar numa gigantesca banheira dourada nos "Aposentos Reais" de um palácio do século XIX situado no Quai d'Orsay.

"Nossa, agente devia ter uma banheira dessas na Casa Branca", ele disse para Kenny O'Donnell, especialista em resolver situações problemáticas, enquanto mergulhava na água quente para aliviar sua excruciante dor nas costas. O'Donnell comentou que a banheira tinha praticamente as mesmas dimensões de uma mesa de pingue-pongue. O assessor David Powers falou que, "com as jogadas certas", o presidente poderia ganhá-la de De Gaulle.[3]

Assim teve início o que os três homens chamariam de suas "conversas na banheira", no amplo aposento do Palais des Affaires Étrangères onde Kennedy ficaria durante sua estada de três dias em Paris, antes de seguir para Viena. Nas brechas de sua agenda lotada, ele se refugiava na banheira e partilhava as experiências mais recentes com seus dois maiores amigos na Casa Branca, ambos veteranos da Segunda Guerra Mundial e de suas campanhas políticas. Oficialmente, O'Donnell era o secretário responsável pela agenda da Casa Branca, mas seu longo relacionamento com os Kennedy datava da época em que fora colega de quarto de Bobby em Harvard. Powers era o afável faz-tudo do presidente, que o entretinha, tratava de fazê-lo cumprir seus horários e lhe providenciava parceiras sexuais.[4]

Naquela manhã, entre 500 mil e 1 milhão de pessoas saíram às ruas para receber o casal mais famoso do mundo — o número varia de acordo com quem avaliou o tamanho da multidão, sendo o cálculo da polícia francesa mais modesto que o da assessoria de imprensa da Casa Branca. Considerando as glaciais relações do presidente francês com Eisenhower e Roosevelt, sua calorosa acolhida constituiu novidade. De Gaulle suspeitava que todos os governantes americanos queriam tomar o lugar dos franceses na liderança da Europa. Agora estava feliz em partilhar a celebridade do primeiro-casal, cuja imagem adornava a capa de todas as principais revistas francesas. A diferença de idade também ajudava, permitindo-lhe desempenhar o papel do sábio e lendário vulto histórico que se encarregava de velar pelo jovem e promissor americano.[5]

Às dez horas da manhã, De Gaulle recebera Kennedy no aeroporto de Orly, num imenso tapete vermelho, diante de cinquenta Citroëns pretos e da guarda de honra da Guarda Republicana. Enquanto uma banda tocava a Marselhesa, Le Général saiu do carro com seu 1,90 metro de altura e terno de jaquetão.[6]

"Os dois homens passaram o dia circulando, lado a lado, por Paris", noticiou o *New York Times*; "a idade ao lado da juventude, a imponência ao lado da informalidade, o misticismo ao lado do pragmatismo, a serenidade ao lado do ardor."

No boulevard Saint-Michel, na margem esquerda do Sena, os vivas eram tão ruidosos que De Gaulle pediu ao visitante que se levantasse na limusine aberta, o que suscitou uma aclamação ainda mais entusiasmada. Apesar do vento frio, Kennedy não usava chapéu e vestia um casaco leve. Tampouco se agasalhou mais naquela tarde, quando os dois homens percorreram a Champs-Elysées debaixo de chuva — um contratempo que De Gaulle suportou sem reclamar.[7]

Por trás de todo aquele teatro estava um presidente americano que entrava na semana mais importante de sua gestão como um governante cansado, abatido, mal preparado para o que o esperava em Viena. Khruschóv haveria de procurar suas vulnerabilidades depois da baía dos Porcos, e elas eram muitas.

Internamente, Kennedy enfrentava violentos confrontos raciais que explodiram no sul dos Estados Unidos, com negros mais decididos a acabar com dois séculos de opressão. O problema imediato girava em torno dos "Freedom Riders", cujos esforços para pôr fim à segregação no transporte interestadual ganharam apenas um tépido apoio da nova administração e esbarravam na oposição de quase dois terços da população.

No exterior, o fiasco em Cuba, o conflito no Laos e as tensões envolvendo Berlim tornaram muito mais arriscada a viagem Paris-Viena. Kennedy estabelecia mentalmente a conexão com Berlim e ao mesmo tempo enfrentava questões raciais em seu país. Quando o padre Theodore Hesburgh, membro da Comissão dos Direitos Civis, questionou sua relutância em tomar atitudes mais ousadas para acabar com a segregação racial nos Estados Unidos, Kennedy falou: "Posso ter de mandar a Guarda Nacional do Alabama para Berlim amanhã e não quero fazer isso no meio de uma revolução aqui dentro".[8]

Parecia apenas mais um revés de seu mandato o agravamento do problema nas costas durante o plantio cerimonial de uma árvore em Ottawa, e a dor se intensificara no decorrer do longo voo para a Europa. Era a primeira vez desde sua cirurgia na coluna, em 1954, que ele andava de muletas. Para proteger sua imagem, abstinha-se de usá-las em público, porém isso só aumentava a dor, pressionando-lhe ainda mais as costas.[9]

Janet Travell, sua médica particular, que o acompanhava em Paris, estava preocupada com seu sofrimento e com o possível impacto dos remédios sobre seu estado de espírito e suas reações. O presidente já tomava cinco banhos quentes por dia para aliviar a dor. Os americanos não sabiam, mas a verdadeira finalidade da famosa cadeira de balanço no Salão Oval era ajudar a mitigar o latejo nas costas, onde havia quase uma década os médicos injetavam procaína, poderoso parente da novocaína. Travell também estava tratando transtornos adrenais crônicos, febre alta, níveis elevados de colesterol, insônia e problemas de estômago, cólon e próstata.[10]

Anos depois, ela lembraria que em Paris teve início "um período muito difícil", que incluía a aplicação diária de duas a três injeções em seu paciente. O almirante George Burkley, médico da Casa Branca, estava apreensivo, porque, sob o efeito da procaína, a dor cedia por um tempo e depois voltava ainda mais intensa, requerendo doses cada vez maiores de narcóticos cada vez mais potentes. Burkley recomendara mais exercícios e fisioterapia, porém Kennedy preferia a solução mais rápida dos remédios.

Travell mantinha um "Registro de administração de medicamentos", no qual anotava os coquetéis de comprimidos e as injeções que o presidente tomava: penicilina para infecções urinárias e abscessos, Tuinal para ajudá-lo a dormir, Transentine para controlar diarreia e perda de peso e mais uma série de substâncias, inclusive testosterona e fenobarbital. O que ela não podia registrar eram os remédios menos convencionais receitados por um médico menos convencional que viajara secretamente a Paris e Viena.

Chamado de "dr. Bem-Estar" por clientes famosos como Tennessee Williams e Truman Capote, Max Jacobson aplicava injeções que continham hormônios, células de órgãos de animais, esteroides, vitaminas, enzimas e — o mais importante — anfetaminas para combater o cansaço e a depressão.[11]

Kennedy estava tão contente com esses remédios que os recomendou a Jackie depois do parto difícil de seu filho John-John, em novembro, e por ocasião da viagem a Paris, para dar-lhe mais energia.[12] Na noite do grande jantar de gala com De Gaulle em Versalhes, o dr. Bem-Estar aplicou em Kennedy a injeção habitual. Depois foi até o quarto de Jackie, onde, para ressaltar seu apreço pelo país anfitrião, ela acabava de se decidir por um elegante vestido francês desenhado por Givenchy, deixando de lado um modelo criado pelo americano Oleg Cassini.[13]

Ela dispensou a todos quando dr. Jacobson chegou, e ele injetou-lhe na nádega um fluido que a ajudaria a brilhar ao longo do jantar de seis pratos no Salão dos Espelhos. Mais tarde, Truman Capote elogiaria os tratamentos prescritos pelo médico: "A gente se sente o Super-Homem. A gente voa. As ideias vêm com a velocidade da luz. A gente fica de pé 72 horas e nem precisa de um café".[14]

Entretanto, as potenciais consequências desses medicamentos para a segurança nacional eram consideráveis num momento em que o presidente estava prestes a se encontrar com o líder soviético. As substâncias que ele estava tomando podiam criar dependência, e seus possíveis efeitos colaterais incluíam hiperatividade, hipertensão, dificuldade para raciocinar e nervosismo. Entre uma dose e outra, o humor de Kennedy variava violentamente, passando da segurança extrema a crises de depressão.[*15]

Mais tarde, por insistência de Bobby, o presidente enviou à Food and Drug Administration as misturas de Jacobson para análise. E não se abalou quando a FDA informou que continham esteroides e anfetaminas. "Por mim, pode ser urina de cavalo", Kennedy falou. "Funciona."[16]

Ao planejar sua estratégia para Paris, ele tinha em mente três objetivos básicos, todos relacionados com Viena e seu impacto sobre Berlim. Primeiro, queria se aconselhar com De Gaulle sobre a melhor maneira de lidar com Khruschóv na capital austríaca. Segundo, queria saber o que Le Général achava que os aliados deviam fazer para enfrentar a próxima crise de Berlim, que começava a parecer-lhe provável. Por fim, queria usar a viagem a Paris para melhorar sua imagem pública e, assim, reforçar sua posição em Viena.

Ao tomar conhecimento das ameaças referentes a Berlim que Thompson ouvira de Khruschóv na Ice Capades, De Gaulle fez um gesto de desdém e comentou: "O sr. Khruschóv tem dito e repetido que seu prestígio está em jogo na

---

* O dr. Jacobson perderia sua licença médica em 1975. Outro paciente seu, Max Shaw, amigo de Kennedy, morreu aos 47 anos em 1969 em decorrência de "agudo e crônico envenenamento intravenoso por anfetamina". (N. A.)

questão de Berlim e que ele precisa de uma solução no prazo de seis meses e de mais seis meses e de outros seis meses. Se ele quisesse lutar por Berlim, já teria agido".

Na opinião do general, Berlim era, basicamente, uma questão psicológica: "A localização de Berlim incomoda ambos os lados, mas a cidade está lá".

O encontro começava melhor que o contato de outros presidentes americanos com o líder francês. Franklin Roosevelt comparara o temperamento do colega gaulês ao de Joana d'Arc. Eisenhower alertara Kennedy de que De Gaulle punha em risco toda a aliança do Atlântico com seu desprezo nacionalista pelos Estados Unidos e pela Otan. E completou: "Quanto mais envelheço, menos gosto deles — não dos franceses, mas de seus governantes".[17]

Kennedy tinha duas vantagens sobre seus antecessores em relação a De Gaulle: a tranquilidade com que aceitava desempenhar um papel de principiante e o impacto que a formação de Jackie na Sorbonne e seu domínio da língua francesa produziam sobre o vaidoso general. Depois que, durante o almoço, ela conversou amistosamente com o anfitrião sobre os Bourbon e Luís XVI, De Gaulle se voltou para Kennedy, empolgado: "Sua esposa conhece a história da França melhor que a maioria das francesas".[18]

De volta à banheira dourada, Kennedy disse aos amigos: "De Gaulle e eu estamos nos dando muito bem, provavelmente porque eu tenho uma mulher muito encantadora".[19]

ESTAÇÃO KIEVSKI, MOSCOU
SÁBADO, 27 DE MAIO DE 1961

Enquanto Kennedy enfrentava a roda-viva de Paris, Khruschóv percorria os 1920 quilômetros entre Moscou e Viena de maneira mais tranquila, a bordo de um trem de seis vagões equipado especialmente para transportá-lo. Faria algumas paradas estratégicas em Kiev, Praga e Bratislava — e seria ovacionado em todas as estações rurais ao longo do trajeto.[20]

O Partido Comunista reunira milhares de pessoas para se despedirem dele na estação Kievsky, em Moscou, onde Khruschóv chamou o embaixador Thompson de lado para uma última troca de ideias antes de partir.[21] No telegrama que enviou com o relato dessa breve conversa, Thompson se esforçou para demonstrar otimismo: "Acredito que Khruschóv deseja ter um encontro agradável com o presidente e, se possível, apresentar uma proposta ou tomar uma posição sobre alguns problemas que melhore o clima e as relações. Mas acho extremamente difícil imaginar o que seria".[22]

Quando Khruschóv estava entrando no trem, uma jovem lhe ofereceu um enorme buquê de rosas vermelhas. Sempre impulsivo, ele chamou Jane, a mulher do embaixador americano, e, sob os vivas da multidão, presenteou-a com as flores.

"Espero que tudo corra bem", Thompson disse aos jornalistas, sem a menor convicção. Na verdade, temia que seu presidente estivesse indo para uma emboscada no tocante a Berlim. A pista mais recente era o belicoso editorial que o *Izvestia*, jornal oficial do governo, publicou no dia da partida de Khruschóv, declarando que a União Soviética não podia mais esperar o Ocidente para agir em Berlim.[23]

Khruschóv não cabia em si de orgulho ao acenar para as multidões empolgadas que se aglomeravam ao longo dos trilhos nas incontáveis estações pelas quais passava — muitas delas enfeitadas com bandeiras, cartazes e flâmulas. Encantou-o em especial uma faixa vermelha que se estendia de um lado a outro da estação provinciana de Mukachevo, na Ucrânia, perto de sua cidade natal, na qual leu, em ucraniano: QUE VOCÊ VIVA BEM, QUERIDO NIKITA SERGEYEVICH![24]

Em Kiev, milhares de pessoas o saudaram durante seu giro pela cidade e quando ele depositou uma coroa de flores no túmulo de seu amado poeta Taras Schevchenko. Em Čierna, primeira parada em território tcheco, o líder do partido local, Antonín Novotný, mandara colocar por toda parte seu retrato junto ao de Khruschóv. Uma banda tocou o hino nacional dos dois países com címbalos e trompetes. Jovens Pioneiros uniformizados — a ala jovem do partido — encheram de flores os braços do visitante, enquanto moças de blusa bordada lhe ofereceram pão e sal para desejar as boas-vindas tradicionais.

Em Bratislava, os anfitriões organizaram meticulosamente sua última parada antes de Viena. Os edifícios públicos estavam cobertos de faixas: GLÓRIA A KHRUSCHÓV — INABALÁVEL PALADINO DA PAZ. Khruschóv e Novotný disseram às multidões que cumpria encontrar uma "solução final" para o problema de Berlim, sem pensar nos possíveis paralelos com a "solução final" de Hitler para os judeus. A população celebrou a iminente reunião de Viena com fogos de artifício no castelo medieval da velha cidade de Trenčin, onde, em abril de 1945, as tropas soviéticas capturaram um quartel da Gestapo.

Por precaução, Khruschóv retardou a partida por quatro horas, saindo de Bratislava às duas da tarde. Tendo tomado conhecimento das multidões que aclamavam Kennedy em Paris, sua equipe concluiu que ele só teria uma recepção condigna em Viena se os sindicatos comunistas conseguissem reunir seus trabalhadores mais perto do final do expediente.

PARIS
QUARTA-FEIRA, 31 DE MAIO DE 1961

No papel de professor, De Gaulle mais uma vez explicou a Kennedy como deveria lidar com Khruschóv em seus momentos de maior irascibilidade. Avisou que, em algum momento das conversações de Viena, o premiê inevitavelmente o ameaçaria com a guerra.

De Gaulle lembrou o que havia dito a Khruschóv: você finge que quer uma *détente*. Se realmente a quer, aja com *détente*. Se quer a paz, comece por negociar um desarmamento geral. Nessas circunstâncias, toda a situação mundial pode mudar pouco a pouco, e então resolveremos a questão de Berlim e toda a questão da Alemanha. Mas se você insistir em levantar o problema de Berlim no contexto da Guerra Fria, não há solução possível. O que você quer? Guerra?[25]

Khruschóv respondera que não queria guerra.

Nesse caso, o general replicara, não faça nada que possa provocá-la.

Kennedy duvidava que seria tão fácil lidar com Khruschóv. Sabia, por exemplo, que De Gaulle queria armas nucleares porque não acreditava que os Estados Unidos arriscassem Nova York por Paris — e muito menos por Berlim — num conflito nuclear com a União Soviética. Se o próprio general duvidava tanto da determinação dos americanos, por que Khruschóv não duvidaria?[26]

De Gaulle argumentou que, independentemente de ele acreditar ou não na determinação dos americanos, estava na hora de demonstrarem-na com clareza a Khruschóv. "É importante fazê-lo entender que não permitiremos que esta situação se altere", frisou. "*Qualquer* retirada de Berlim, *qualquer* mudança de status, *qualquer* remoção de tropas, *quaisquer* novos obstáculos ao transporte e à comunicação significariam derrota. Resultariam numa perda quase completa da Alemanha e em perdas muito sérias na França, na Itália e em toda parte." Ademais, "se [Khruschóv] quer guerra, temos de deixar claro que a terá". Se

Kennedy não recuasse antes das exigências dos soviéticos, Khruschóv nunca correria o risco de um confronto militar.

O que mais preocupava Le Général era a tática dos soviéticos e dos alemães- orientais de minar lentamente a posição dos ocidentais em Berlim, de modo que "perderíamos sem parecer que perdemos, porém de forma que o mundo inteiro perceberia. Os berlinenses não são todos heróis. Diante de algo que interpretem como fraqueza de nossa parte, podem começar a abandonar a cidade, deixando-a como uma casca oca para ser abocanhada pelo Leste".

Kennedy se surpreendeu: afinal, não era a França que arcava com o peso da segurança da cidade. Como o anfitrião estava sendo tão vago a respeito de soluções possíveis, tentou arrancar-lhe uma resposta mais detalhada. Disse que era um homem prático e queria saber em que circunstâncias o general decidiria entrar em guerra por Berlim.

De Gaulle explicou que não entraria em guerra se a União Soviética assinasse unilateralmente um tratado de paz com a Alemanha Oriental ou se mudasse as normas estabelecidas pelas quatro potências para dar aos alemães-orientais maior soberania sobre Berlim Oriental — por exemplo, autorizando-os a carimbar documentos de viagem nos postos de fronteira. "Isso não é motivo para uma retaliação militar de nossa parte", declarou.

Kennedy insistiu: "Então, de que maneira, em que momento, vamos pressionar?". Lembrou que os soviéticos e os alemães-orientais tinham muitas formas de complicar ainda mais a situação de Berlim, talvez até causando a ruína do setor ocidental da cidade, sem provocar uma reação do Ocidente. "Como respondemos a isso?"

O general falou que o Ocidente só devia responder militarmente se os soviéticos ou os alemães-orientais agissem militarmente. "Se [Khruschóv] ou seus lacaios usarem a força para cortar as comunicações com Berlim, então devemos usar a força."

Kennedy concordou, porém, ao contrário de seu anfitrião, não acreditava que qualquer enfraquecimento da posição ocidental em Berlim constituísse um desastre. Seria um golpe, "não mortal, mas sério", para a Alemanha Ocidental e para a Europa.

A seguir, perguntou ao colega qual seria a melhor maneira de demonstrar na Cúpula de Viena a firmeza do Ocidente, uma vez que, depois do que acontecera na baía dos Porcos, Khruschóv duvidava da determinação dos americanos.

Perguntou-lhe também o que achava dos planos de contingência que os Estados Unidos e aliados pretendiam pôr em prática — destacando uma companhia e, se necessário, uma brigada —, caso ocorresse um novo bloqueio de Berlim.

De Gaulle respondeu que, considerando a superioridade convencional dos soviéticos em torno de Berlim, Kennedy só conseguiria contê-los mostrando disposição para usar armas nucleares — justamente o que o presidente americano queria evitar.

"O que precisamos deixar claro é que qualquer luta por Berlim significa guerra total", Le Général concluiu.

À noite, na hora do grandioso banquete no palácio Élysée, Jack e Jackie, como a imprensa francesa os chamava, já haviam conquistado o país. Com mais trezentos convidados, acomodaram-se no salão decorado com espelhos e tapetes em torno de uma mesa imensa, coberta por uma toalha de organza branca com bordados em ouro que suscitaram sua admiração. A orquestra sinfônica da Guarda Republicana tocou de tudo, de Gershwin a Ravel, cada uma das peças imbuída de um significado mais profundo para as relações entre os Estados Unidos e a França.

Kennedy comentou a grande influência francesa em sua vida: "Durmo numa cama francesa. Tomo o café da manhã servido por um chef francês. Vou para o escritório, e quem me transmite a má notícia do dia é meu assessor de imprensa Pierre Salinger, não em sua língua materna [francês]. E sou casado com uma filha da França".[27]

As altas janelas francesas permitiam ver uma noite chuvosa, os gramados e as grandes fontes do palácio adquirindo uma coloração verde-esmeralda à luz dos holofotes. Depois do jantar, a recepção reuniu mil convidados "indescritivelmente elegantes", segundo o *Washington Post*. Os homens usavam faixa reluzente, estrelas e cruzes presas na casaca e fileiras de pequeninas medalhas na lapela. As mulheres usavam luvas compridas e joias, e algumas senhoras exibiam ricas tiaras.[28]

No entanto, a estrela da noite foi Jackie com seu vestido de renda rosa e branca estilo diretório. Alexandre, cabeleireiro da elite parisiense, revelou ao *New York Times* que cortou dois centímetros do cabelo da primeira-dama e lhe aparou a franja, criando um look de "Madona gótica". Para o jantar em Versalhes, na noite seguinte, prometeu algo mais sugestivo de Luís XIV, com diamantes espalhados pelo cabelo para criar um efeito "feérico".[29]

Rose, a mãe de Kennedy, "esguia como uma varinha", usava um Balenciaga longo de seda branca com aplicações de flores cor-de-rosa com diamantes no meio. As publicações de Paris exultaram com a aparência europeia dos Kennedy.

No dia seguinte, durante sua "conversa na banheira", Kennedy refletiu com seus amigos sobre a observação de De Gaulle de que o Ocidente nunca conseguiria manter a liberdade de Berlim Ocidental se não se dispusesse a usar a bomba nuclear.

"Estamos numa situação ridícula", falou, em meio ao vapor. "Não faz sentido encarar uma guerra atômica por um tratado que preserve Berlim como a futura capital de uma Alemanha reunificada, quando todos nós sabemos que a Alemanha provavelmente nunca será reunificada. Mas estamos comprometidos com esse acordo, assim como os russos, e não podemos deixar que eles voltem atrás."[30]

VIENA
SÁBADO, 3 DE JUNHO DE 1961

Em Viena, a equipe de Kennedy organizara sua chegada de modo a irritar Khruschóv, que já havia expressado inveja da crescente popularidade do rival. Quanto mais os soviéticos se opunham a uma recepção grandiosa a Kennedy, mais O'Donnell insistia nela. A cada objeção dos soviéticos ele aumentava o número de limusines e bandeiras.[31]

Viena estava adorando ser alvo de tanta atenção. Nunca uma reunião de dois chefes de Estado despertara tanto interesse da mídia internacional. Pelo menos 1500 repórteres com todo o seu equipamento e seu pessoal de apoio estavam a postos para cobrir o evento.

Os fotógrafos registraram o primeiro encontro histórico dos dois governantes às 12h45 no tapete vermelho da escada da residência do embaixador americano, um edifício cinzento com colunas de pedra marrom. Atrás deles havia um pequeno pátio circular, coberto de cascalho e cercado de abetos e chorões-salgueiros pesados de chuva.

Minutos antes, Khruschóv saíra de sua limusine preta e Kennedy descera agilmente a escada para ir a seu encontro, sua dor crônica tendo sido aliviada por injeções, comprimidos e um colete apertado. Depois de tanta expectativa, o primeiro contato entre os dois foi inevitavelmente desajeitado.

No tom praticado durante a campanha política, Kennedy o cumprimentou com seu sotaque de Boston: "Como vai? Que bom ver você".

"O prazer é recíproco", o líder do mundo comunista respondeu, através do intérprete.

A careca de Khruschóv estava na altura do nariz de Kennedy. Mais tarde, O'Donnell lembraria que lamentou não ter levado sua câmera para registrar o momento. Pareceu-lhe que seu presidente estudava muito abertamente "o atarracado premiê".[32]

Kennedy deu um passo atrás e, com uma das mãos no bolso do paletó, mediu o rival da cabeça aos pés, com evidente curiosidade. E mesmo quando os fotógrafos pediram mais apertos de mão, continuou medindo-o, como se fosse um caçador que acabava de encontrar um animal raro depois de anos de busca.

Khruschóv cochichou alguma coisa para Gromyko, o ministro do Exterior, e entrou na casa.

Ao relatar o primeiro encontro dos dois governantes, o repórter Russell Baker, do *New York Times*, refletiu sobre a diferença dos cumprimentos que tiveram lugar na capital austríaca 146 anos antes, quando Metternich, Talleyrand e outros líderes europeus se reuniram para construir um século de estabilidade continental em seu Congresso de Viena. "Aqui, na pátria da valsa, do sentimentalismo, do cachorro-quente e dos Habsburgo, os dois homens mais poderosos se reuniram hoje numa sala de música", comentou.[33]

O *Wall Street Journal* descreveu-os como boxeadores entrando num ringue de pesos pesados: "O presidente americano é uma geração mais jovem e tem uma instrução elevada, enquanto Khruschóv foi criado na escola da privação, suas maiores ambições políticas estando ainda por se realizar. Há algo de dramático no confronto entre esses dois homens, tão poderosos em sua época quanto Napoleão e Alexandre I em 1807, quando se reuniram numa embarcação no rio Niemen para redesenhar o mapa da Europa, tendo ao fundo a velha Viena, então um centro do poder e hoje a capital de um pequeno Estado que só deseja viver em paz".

O *Journal* opinou que o resultado "menos ruim" seria Kennedy limitar-se a conhecer Khruschóv pessoalmente e não negociar Berlim ou qualquer outra coisa.

Os jornais europeus vibraram com a consequência histórica do evento. O influente periódico suíço *Neue Zürcher Zeitung* lamentou que Kennedy não seguisse seu conselho e chegasse tão despreparado para se encontrar com um impenitente chefe do Kremlin. Segundo o intelectual jornal alemão *Die Zeit*, "a questão que o Ocidente enfrenta é a mesma que Demóstenes descreveu em seu discurso aos atenienses contra Filipe da Macedônia: quando outro homem se posta diante de você com uma arma na mão e à frente de um grande exército e diz que vem em paz, mas na verdade está pronto para a guerra, o que você pode fazer, senão assumir uma posição defensiva?".[34]

Seis anos antes, os austríacos haviam assinado com os quatro aliados da época da guerra o tratado que lhes permitiu escapar do destino dos países do Pacto de Varsóvia e estabelecer-se como um Estado livre, soberano, democrático e neutro. Assim, os vienenses estavam particularmente encantados com sua condição de território neutro para uma reunião de superpotências. Herbert von Karajan regeu Wagner na Staatsoper, e os cafés e as ruas de Viena ficaram abarrotados de gente que saíra à cata de mexericos e na esperança de ver os visitantes.

A adolescente Monika Sommer anotou em seu diário que para ela e seus amigos Kennedy era um "ídolo pop". Colocara a foto do presidente americano na parede do quarto e lamentou que não houvesse esse tipo de modelo em seu país. Veronika Seyr, outra adolescente, ficou com medo de todo o estardalhaço em torno do evento. Tendo testemunhado a brutalidade dos soviéticos em Budapeste, cinco anos antes, assustou-se com a presença da polícia em toda Viena. Empoleirada numa cerejeira, viu os caças e helicópteros soviéticos sobrevoando a cidade quando Khruschóv chegou. Aterrorizada com a perspectiva de uma nova invasão, caiu da árvore e durante algum tempo ficou deitada de costas "como um besouro", sempre observando os helicópteros.[35]

* * *

Prevendo dois longos dias de conversações, Kennedy começou mencionando seu primeiro encontro com Khruschóv no Comitê das Relações Exteriores do Senado em 1959, quando o líder soviético visitara os Estados Unidos pela primeira vez.[36]

Numa demonstração da posição de superioridade que assumiria durante as conversações, Khruschóv falou que também se lembrava desse encontro, embora não tivesse tido "a oportunidade de dizer [a Kennedy] nada além de olá e até logo", porque o então senador chegara atrasado. Acrescentou que na época comentara, com antecipação, que Kennedy era um jovem político promissor, segundo ouvira dizer.

Por sua vez, Kennedy lembrou-lhe que, na época, ele também havia comentado que o achava jovem demais para ser senador.

O premiê questionou sua memória. Explicou que, normalmente, não dizia "esse tipo de coisa, porque os jovens querem parecer mais velhos, e os velhos querem parecer mais jovens". Revelou que, antes de ficar grisalho prematuramente, aos 22 anos, também parecia mais jovem do que de fato era. E riu, ao afirmar que ficaria "feliz de dar alguns de seus anos ao presidente ou de trocar de lugar com ele".

A partir desse primeiro diálogo, passou a determinar o tom e o ritmo das conversações, respondendo com longas declarações as curtas perguntas e observações de seu interlocutor. Com o objetivo de dar as cartas desde o início, os americanos quiseram que a primeira reunião acontecesse na residência de seu embaixador. Os soviéticos concordaram com a realização do Dia Dois em seu território. De qualquer modo, quem estava se mostrando plenamente à vontade era Khruschóv.

Numa tentativa de recuperar o controle, Kennedy falou de suas esperanças quanto às conversações. Expressou seu desejo de que as duas potências — embora "aliadas com outros países, tendo sistemas políticos e sociais diferentes e competindo entre si em vários lugares do mundo" — encontrassem maneiras de evitar situações que pudessem levar a um conflito.

Khruschóv lembrou os esforços que desde muito tempo vinha fazendo "para estabelecer relações amistosas com os Estados Unidos e seus aliados". E ressalvou que "a União Soviética não pretende chegar a um acordo com os

Estados Unidos às custas de outros povos, porque tal acordo não significaria a paz".

Ambos concordaram em deixar Berlim para o segundo dia e concentrar-se por ora em seu relacionamento e em questões referentes a desarmamento.

Khruschóv disse que sua maior preocupação era que os Estados Unidos estivessem tentando exercer sua superioridade econômica sobre a União Soviética de uma forma que pudesse gerar conflito — uma velada alusão ao fato de seu país depender cada vez mais do comércio e dos créditos do Ocidente. Afirmou que, com o tempo, tornaria a União Soviética mais rica que os Estados Unidos, não agindo como predador, mas fazendo melhor uso de seus próprios recursos.

Praticamente não deu atenção ao comentário de Kennedy sobre as impressionantes taxas de crescimento da economia soviética e continuou conduzindo a conversação. Lamentou que John Foster Dulles, secretário de Estado de Eisenhower entre 1953 e 1959 e opositor dos soviéticos, tivesse tentado liquidar o comunismo. Acrescentou que Dulles, cujo nome cuspiu como se fosse uma maldição, recusou-se "*de facto* e *de jure*" a reconhecer que ambos os sistemas podiam continuar coexistindo. Garantiu que, ao longo de suas reuniões, não tentaria "convencer o presidente das vantagens do comunismo, assim como o presidente não devia perder tempo [tentando] convertê-lo ao capitalismo".

Antes da cúpula, o embaixador Thompson aconselhara Kennedy a evitar qualquer debate ideológico com Khruschóv, pois não conseguiria derrotar um velho comunista com anos de experiência na discussão dialética e, portanto, só perderia um tempo precioso. Kennedy, porém, confiava demais em sua capacidade de persuasão para resistir à tentação.[37]

Os comentários de Khruschóv levantaram "um problema muito importante", disse ele. Era motivo de "grande preocupação para nós", prosseguiu, que o premiê considerasse aceitável tentar eliminar sistemas livres em países alinhados com os Estados Unidos, mas se opusesse a quaisquer esforços do Ocidente para manter o comunismo dentro da esfera de influência de Moscou.

Em seu tom mais calmo, Khruschóv falou que essa era "uma interpretação incorreta da política soviética". Argumentou que a União Soviética não estava impondo seu sistema a outros países, mas apenas acompanhando a mudança da história. E deu uma aula de história, discorrendo sobre tudo, desde o feudalismo até a Revolução Francesa. Assegurou que o sistema soviético triunfaria por seus próprios méritos, porém admitiu que Kennedy pensasse o contrário. "De qualquer modo, isso não é motivo para briga, muito menos para guerra", concluiu.

Continuando a ignorar o conselho de seus especialistas, o presidente mais uma vez resolveu discutir ideologia. Posteriormente explicaria que se sentiu compelido a travar uma discussão ideológica para ser levado a sério em outras questões. "As pessoas devem ter liberdade de escolha", afirmou Kennedy. Preocupava-se com o fato de governos de minoria, amigos de Moscou, que não expressavam a vontade popular, estarem assumindo o controle em lugares de interesse para os Estados Unidos. "A União Soviética vê nisso uma inevitabilidade histórica", acrescentou, e os Estados Unidos não concordam. A seu ver, tais situações podiam levar a União Soviética e os Estados Unidos ao conflito militar.[38]

Khruschóv lhe perguntou se queria "erguer uma barreira ao desenvolvimento da mente e da consciência humanas". E advertiu: "Não cabe ao homem fazer isso. A Inquisição espanhola queimou gente que discordava dela, mas as ideias não queimaram e acabaram triunfando. Portanto, se começarmos a lutar contra as ideias, os conflitos entre os dois países serão inevitáveis".

O premiê estava se deliciando com a conversa. Num esforço canhestro para encontrar um ponto em que ambos estivessem de acordo, Kennedy admitiu que o comunismo permanecesse onde estava, ou seja, em países como a Polônia e a Tchecoslováquia, porém declarou-o inaceitável em lugares onde os soviéticos já não estivessem instalados. Mais tarde, ao ler a transcrição desse diálogo, funcionários americanos ficariam chocados com o fato de Kennedy ter ido mais longe que qualquer um de seus antecessores ao se mostrar disposto a aceitar a divisão da Europa em esferas de influência. Ele aparentemente dera a entender que hipotecaria o futuro dos que buscavam a liberdade nos países do Pacto de Varsóvia se o Kremlin abandonasse a esperança de expandir o comunismo por toda parte.

Khruschóv questionou sua convicção de que a União Soviética era responsável pelo desenvolvimento do comunismo ao redor do mundo. Se ele estava dizendo que se opunha ao avanço das ideias comunistas em lugares onde no momento não existiam, os "conflitos seriam inevitáveis".

Em mais uma aula, o líder soviético lembrou a seu aluno cabeçudo que as ideias comunistas não foram inventadas pelos russos, mas pelos alemães Karl

Marx e Friedrich Engels. Disse que, ainda que renunciasse ao comunismo — coisa que não tinha a menor intenção de fazer —, seus conceitos continuariam evoluindo. Advertiu que era "essencial para o desenvolvimento pacífico do mundo" reconhecer que o comunismo e o capitalismo eram as duas ideologias fundamentais do planeta. Naturalmente, acrescentou, cada um dos lados gostaria muito que sua ideologia se difundisse.

Se quem detinha o controle da conversação era quem decidiria a reunião de cúpula, Khruschóv já tomara a dianteira. Nada no passado de Kennedy o preparara para a força irredutível do premiê. Mas Thompson, que com outras autoridades americanas observava tudo dos bastidores, sabia, por experiência própria, que Khruschóv estava só se aquecendo.

"As ideias não devem ser levadas na ponta das baionetas ou dos mísseis", Khruschóv comentou. "Aliás, baioneta é coisa do passado." Numa guerra de ideias, a política soviética triunfaria sem recorrer à violência, garantiu.

"Mao Tsé-tung não disse que o poder está na ponta do fuzil?", Kennedy perguntou, ciente dos desentendimentos entre chineses e soviéticos.

"Não creio que Mao tenha dito isso", Khruschóv mentiu, pois testemunhara pessoalmente a belicosidade do líder chinês em relação ao Ocidente. "Mao é marxista, e os marxistas sempre são contra a guerra."

Tentando se ater à agenda, Kennedy se pôs a falar sobre reduzir tensões e assegurar a paz. Afirmou que queria evitar um erro de cálculo que levasse os Estados Unidos e a União Soviética a "perdas no longo prazo" — uma referência à radiação que perdura por muito tempo depois de uma explosão nuclear.

"*Erro de cálculo?*"

Khruschóv cuspiu as palavras como se tivessem um gosto horrível.

"'Erro de cálculo'! 'Erro de cálculo'! 'Erro de cálculo'! É só isso que seu pessoal, seus correspondentes, seus amigos na Europa e em toda parte sabem dizer."[39]

O termo era vago. O que significava "erro de cálculo"? Khruschóv repetiu essas palavras mais algumas vezes, para impressionar. O presidente queria que ele se sentasse "como um aluno, com as mãos em cima da carteira?". Ele *não* podia garantir que as ideias comunistas se detivessem nas fronteiras soviéticas. Mas "não vamos começar uma guerra por engano. [...] Você devia pegar essa expressão 'erro de cálculo', guardá-la na geladeira e nunca mais usá-la".

Perplexo, Kennedy se limitou a absorver a tempestade.

Depois, tentou explicar o que quis dizer com "erro de cálculo". Referindo-se à Segunda Guerra Mundial, lembrou: "A Europa Ocidental sofreu porque não conseguiu prever com precisão o que outros países fariam". Os Estados Unidos não conseguiram prever as recentes ações dos chineses na Coreia. O que ele queria em seu encontro era "acrescentar precisão aos julgamentos dos dois lados e entender com mais clareza para onde estamos indo".

Antes do almoço, Khruschóv teve a última palavra.

Acreditava que as conversações tinham como objetivo melhorar as relações, e não piorá-las. Se tivessem sucesso, "as despesas com a reunião se justificariam plenamente". Caso contrário, o dinheiro teria sido jogado fora, e as esperanças de todos iriam por água abaixo.

Quando consultaram o relógio, os participantes se surpreenderam ao constatar que já eram duas horas da tarde.

Khruschóv continuou falando pelos cotovelos durante o almoço na residência do embaixador americano. Enquanto saboreava seu bife Wellington e tomava seu dry martini à base de vodca, entreteve os comensais — cada um deles estava acompanhado de nove assessores e funcionários de alto escalão —, discorrendo sobre assuntos que iam de tecnologia agrícola a viagens espaciais.[40]

Enalteceu Gagarin como o primeiro homem no espaço, porém admitiu que, a princípio, os superiores do cosmonauta não queriam confiar-lhe o controle da espaçonave: era poder demais para um só indivíduo.[41]

Kennedy sugeriu que os Estados Unidos e a União Soviética considerassem a possibilidade de uma expedição conjunta à Lua.

Khruschóv rejeitou a ideia, mas depois pensou melhor: "Por que não?". Foi o primeiro progresso do dia.

No fim do almoço, Kennedy acendeu um charuto e jogou o fósforo atrás da cadeira de Khruschóv.

O líder soviético fingiu-se assustado. "Está querendo pôr fogo em mim?", perguntou.

Kennedy lhe assegurou que não.

"Capitalista, mas não incendiário", Khruschóv comentou, sorridente.[42]

Sua poderosa energia sobrepujava o charme mais sutil de Kennedy.

Os brindes que se seguiram refletiram o desequilíbrio das conversas até o momento. Kennedy foi breve: elogiou "o vigor e a energia" do premiê e expressou sua esperança de reuniões frutuosas.[43]

Khruschóv foi mais prolixo. Propôs que seus dois países se unissem para, num esforço conjunto, acabar com qualquer guerra que pudesse eclodir em qualquer outro lugar. Falou do bom relacionamento que havia tido com Eisenhower e de sua "quase certeza de que Eisenhower não sabia do voo", embora tivesse assumido "com espírito cavalheiresco" a responsabilidade pelo incidente com o U-2 que minou o entendimento entre ambos. Explicou que o voo foi orquestrado por aqueles que desejavam — e conseguiram — piorar as relações entre Estados Unidos e União Soviética.

Disse que, "no momento adequado", gostaria de receber Kennedy em seu país. Mas depois condenou a visita do ex-vice-presidente Nixon, que pensava que "converteria o povo soviético ao capitalismo, mostrando-lhe uma cozinha de sonho, uma cozinha que não existia nem existiria nunca nos Estados Unidos". Só mesmo pela cabeça de Nixon passaria "tamanha bobagem".

Acrescentou que lhe cabia todo o mérito pela derrota de Nixon nas urnas, pois ela se devia a sua recusa em libertar os aviadores americanos que suas tropas haviam capturado. Se os tivesse libertado, Kennedy teria perdido a presidência por 200 mil votos no mínimo.

"Não espalhe essa história", Kennedy pediu, rindo. "Se você contar para todo mundo que gosta mais de mim que de Nixon, estarei perdido em meu país."[44]

Khruschóv ergueu o copo à saúde de Kennedy e falou que invejava sua juventude. Não sabia da dor de um homem muito mais velho que ele suportava. O efeito da injeção que o dr. Bem-Estar lhe aplicara de manhã estava passando. A procaína, as vitaminas, as anfetaminas e as enzimas não podiam neutralizar o peso do confronto com o líder soviético.[45]

Depois do almoço, Kennedy convidou Khruschóv para uma caminhada pelo jardim só com seus intérpretes. Thompson e outros assessores lhe haviam dito que o premiê era mais maleável quando não se sentia na obrigação de representar para uma plateia de autoridades soviéticas.[46]

Os amigos de Kennedy O'Donnell e Powers observavam o passeio de uma janela do primeiro andar. Khruschóv dava voltas em torno de Kennedy, como um terrier pronto para morder, e balançava o dedo. Kennedy caminhava pelo gramado e parava aqui e ali para dizer alguma coisa, controlando a irritação que porventura estivesse sentindo.[47]

O'Donnell acabou de tomar uma cerveja austríaca e mais uma vez criticou a si mesmo por não ter levado uma câmera. Estava suficientemente perto para perceber o sofrimento do presidente, cujo rosto se contraía de dor sempre que ele se curvava para melhor ouvir o baixinho Khruschóv.

Quando voltaram para dentro, Kennedy propôs que continuassem falando em particular, somente na presença dos intérpretes, antes de chamar seus assessores. Contente com a maneira como o encontro se desenrolava, Khruschóv concordou.[48]

Kennedy queria explicar melhor seu medo de um "erro de cálculo". Em mais um esforço canhestro para se entender com o líder soviético, admitiu que avaliara mal "a situação de Cuba".

Disse que tinha de tomar decisões que determinariam a política americana baseado no que a União Soviética faria no mundo, assim como Khruschóv tinha de "tomar decisões com base na atuação dos Estados Unidos". Portanto, queria usar o encontro para poder ser mais "preciso em tais decisões, para que nossos países possam sobreviver a este período de competição sem pôr em risco sua segurança nacional".

Khruschóv argumentou que os perigos só surgiam quando os Estados Unidos não compreendiam as causas das revoluções, que, insistiu, eram internas e não criadas pelos soviéticos. Citou o exemplo do Irã, um aliado dos americanos, onde a União Soviética "não quer uma revolução e onde não faz nada para provocá-la".

Ressaltou, porém, que os iranianos "são tão pobres que o país se transformou num vulcão, e as mudanças fatalmente vão ocorrer, mais cedo ou mais tarde. O xá certamente será derrubado. Apoiando-o, os Estados Unidos inspiram na população sentimentos adversos a eles e favoráveis à União Soviética".

Depois passou a falar de Cuba: "Um simples grupo liderado por Fidel Castro derrubou o regime de Batista por causa de sua natureza opressiva. Durante a luta de Castro contra Batista, círculos capitalistas americanos [...] apoiaram

Batista, e por isso a raiva dos cubanos se voltou para os Estados Unidos. A decisão de organizar um desembarque em Cuba só reforçou os revolucionários e a posição de Castro. […] Castro não é comunista, mas a política americana pode transformá-lo em comunista".

Referindo-se a si mesmo, disse que não nasceu comunista. "Foram os capitalistas que me fizeram ser comunista." A seu ver, era ridículo pensar que Cuba pudesse pôr em risco a segurança dos americanos. Seis milhões de pessoas poderiam realmente constituir uma ameaça para os poderosos Estados Unidos?

Khruschóv desafiou Kennedy a explicar-lhe que tipo de precedente global ele poderia estabelecer ao argumentar que os Estados Unidos deviam ser livres para agir como bem entendessem em relação a Cuba. Isso significava que a União Soviética devia ser livre para se intrometer nos assuntos internos da Turquia e do Irã, que eram aliados de Washington e tinham bases e foguetes americanos? Com a invasão da baía dos Porcos "os Estados Unidos estabeleceram um precedente para a intervenção nos assuntos internos de outros países. A União Soviética é mais forte que a Turquia e o Irã, assim como os Estados Unidos são mais fortes que Cuba. Essa situação pode levar a 'erros de cálculo', para usar o termo do presidente".

E frisou a temida expressão.

Mas concordou que ambos os lados deviam "evitar erros de cálculo". Por isso gostou "de ouvir o presidente dizer que Cuba foi um erro".

Kennedy tentou novamente apaziguar o urso. Admitiu que, se o primeiro-ministro do Irã não melhorasse as condições do povo, "importantes mudanças ocorrerão por lá". Questionado em relação a Cuba, à Turquia e ao Irã, sentiu-se na obrigação de se defender. Nunca foi fã de Batista, declarou, mas temia que Castro transformasse a ilha numa base de problemas para a região. Embora fosse verdade que os Estados Unidos tinham instalações militares na Turquia e no Irã, "esses países são tão fracos que não poderiam constituir ameaça para a União Soviética, não mais que Cuba para os Estados Unidos".

Dias depois, quando leram a transcrição das conversas, funcionários americanos ficaram chocados com o que se seguiu. Com relação a Cuba, Kennedy perguntou como Khruschóv reagiria se um governo afinado com o Ocidente se instalasse na Polônia. "É crucial que as mudanças que ocorrem no mundo e afetam o equilíbrio de forças aconteçam de um modo que não envolva o prestígio dos compromissos assumidos por nossos países", afirmou. O que estava insinuando era que, por causa das obrigações do Pacto de Varsóvia, a Polônia era imune à interferência americana.

Mais uma vez, nenhum outro presidente americano havia ido tão longe com um governante soviético, admitindo como aceitável e definitiva a divisão da Europa. Para contrabalançar essa concessão, Kennedy falou que os líderes do bloco soviético que não conseguissem dar melhores condições de vida e educação a seu povo estavam com os dias contados. Ao mesmo tempo, assegurou que os Estados Unidos não interviriam onde o prestígio do Kremlin estivesse em jogo — e Moscou devia seguir as mesmas regras.

Khruschóv qualificou de incoerente a política americana, mas frisou que não estava criticando Kennedy pessoalmente, já que fazia tão pouco tempo que ele chegara à Casa Branca. Voltando ao assunto do Irã, lembrou que, apesar de toda a ênfase dos americanos na democracia, Washington apoiava o xá, "que afirma que seu poder lhe foi dado por Deus. Todo mundo sabe que esse poder foi tomado pelo pai do xá, que era sargento do Exército iraniano e usurpou o trono por meio de assassinato, roubo e violência. [...] Os Estados Unidos estão gastando montanhas de dinheiro no Irã, mas esse dinheiro não vai para o povo; é embolsado pela turma do xá".

Voltando-se para o que condenava como hipocrisia dos americanos, Khruschóv mencionou o apoio de Washington a Franco, o ditador espanhol. "Os Estados Unidos sabem como ele chegou ao poder e mesmo assim o apoiam. Os Estados Unidos apoiam os regimes mais reacionários, e é assim que as pessoas veem a política americana." Admitiu que Castro podia se tornar comunista, porém frisou que a princípio ele não era comunista. As sanções de Washington o encaminharam para Moscou.

Kennedy não estava entendendo. Apesar de toda a sua disposição para discutir com Khruschóv, não conseguira tocá-lo em seu ponto mais vulnerável. Não condenara o uso da força pelos soviéticos na Alemanha Oriental e na Hungria em 1953 e 1956. Pior: não formulara a pergunta mais importante de todas: por que centenas de milhares de alemães-orientais estavam fugindo para o Ocidente em busca de uma vida melhor?

No final desse primeiro dia de conversações, Kennedy retomou o tema da Polônia e disse que eleições democráticas bem poderiam substituir o atual governo pró-Moscou por um que estivesse mais afinado com o Ocidente. Khruschóv fingiu-se chocado. Argumentou que era uma falta de respeito "falar nesses termos de um governo que Washington reconhece e com o qual mantém relações diplomáticas". E afirmou que o "sistema eleitoral [da Polônia] é mais democrático que o dos Estados Unidos".

De nada adiantou Kennedy se esforçar para destacar a diferença entre o sistema pluripartidário de seu país e a existência de um partido único na Polônia. Os dois líderes jamais concordariam quanto à definição de democracia, muito menos quanto à possibilidade de a Polônia ser democrática.

Depois disso, percorreram o mundo geográfica e filosoficamente, com Khruschóv dando suas estocadas e Kennedy aparando os golpes em questões que iam de Angola ao Laos. A maior concessão do dia por parte de Khruschóv consistiu em admitir um Laos neutro e independente — o que seus subordinados negociariam paralelamente à reunião de cúpula. Estranhamente ele exigiu pouco em troca dessa aceitação.

Estava preparando o terreno para o que pretendia discutir durante todo o dia seguinte: Berlim.

Às 18h45, depois de seis horas de discussão praticamente ininterrupta, Kennedy sugeriu um intervalo. Exausto, mencionou o adiantado da hora e propôs tratarem do próximo item da agenda — a proibição de testes nucleares — durante o jantar com o presidente da Áustria, de modo que o dia seguinte fosse dedicado a Berlim. Também aventou a possibilidade de deixarem os dois temas para o dia seguinte.

Queria ter certeza de que, antes de abordar Berlim, Khruschóv cumpriria o compromisso de discutir a proibição, algo que sabia ser de pouco interesse para Moscou.

Enquanto Kennedy consultava o relógio, Khruschóv começou a dizer que só aceitava tratar da proibição no contexto de um desarmamento mais amplo. Kennedy era contrário a isso pelo simples motivo de que poderiam chegar rapidamente a um acordo sobre a proibição dos testes, ao passo que uma redução de armas de longo alcance podia demandar anos de negociações.

Com relação a Berlim, Khruschóv avisou: suas exigências teriam de ser aceitas no dia seguinte; caso contrário, agiria unilateralmente. "A União Soviética espera que os Estados Unidos compreendam essa questão para que ambos possam assinar um tratado", declarou. "Isso melhoraria as relações. No entanto, se os Estados Unidos se recusarem a firmar um tratado de paz, a União Soviética o fará, e nada poderá detê-la."

Depois que Khruschóv se afastou numa limusine soviética, um Kennedy zonzo perguntou ao embaixador Thompson, na escada da residência americana: "É sempre assim?".

"Exatamente assim", Thompson respondeu.[49]

Mas se absteve de dizer que tudo poderia ter sido melhor se o presidente tivesse seguido o conselho de evitar o debate ideológico. Previa que a discussão sobre Berlim seria provavelmente ainda mais difícil.

Era só o intervalo do primeiro tempo na Cúpula de Viena, mas já se tornara evidente que o time americano estava perdendo.

Khruschóv estava mais convencido da fraqueza de Kennedy. "Esse homem é muito inexperiente, até mesmo imaturo", comentou com seu intérprete Oleg Troyanovsky. "Comparado com ele, Eisenhower tem inteligência e visão".[50]

Nos anos seguintes, o diplomata William Lloyd Stearman, então atuante em Viena, explicaria a seus alunos as lições da reunião de cúpula numa palestra que intitulou "Little Boy Blue encontra Al Capone". Achava que esse título exprimia bem a postura ingênua e quase escusatória que Kennedy assumira em face das brutais investidas de Khruschóv. Achava também que a baía dos Porcos abalara a confiança do presidente e levara o premiê a vê-lo como um "otário".[51]

Stearman estava mais bem informado que a maioria dos observadores graças a seu amigo Martin Hillenbrand, encarregado de registrar as conversas dos dois líderes, que o mantinha a par do que ocorria nas reuniões. A seu ver, as conversações fracassaram em parte porque Kennedy fora mal assessorado.

Ainda na opinião do diplomata, o secretário de Estado, Rusk, não tinha suficiente conhecimento dos assuntos soviéticos, e o consultor de Segurança Nacional, Bundy, era mais cerebral que decidido. No centro da administração faltavam conselheiros para dar a Kennedy a dimensão do momento histórico e apontar-lhe a direção estratégica, como Dean Acheson e John Foster Dulles haviam feito com Truman e Eisenhower.

Segundo Stearman, Kennedy também prejudicara suas possibilidades de sucesso durante os preparativos para a reunião de cúpula, restringindo-se à equipe da Segurança Nacional e planejando secretamente, entre Bolshakov e

Bobby, grande parte do encontro. Quando as conversas começaram a tomar o rumo errado, faltou à equipe de apoio do presidente o conhecimento adequado dos preparativos para ajudá-lo a retomar a direção correta.

Por sorte a residência do embaixador americano onde Kennedy estava instalado também tinha uma banheira, embora mais modesta que a banheira dourada de Paris. Enquanto ele mergulhava na água, O'Donnell perguntou-lhe sobre o estranho momento, no início do dia, em que mediu Khruschóv com os olhos, na escada da casa.[52]

"Depois de tudo que estudei e falei sobre ele nas últimas semanas, você não pode me criticar por querer olhá-lo de perto", foi a resposta.

Era diferente do esperado?, O'Donnell quis saber.

"Não", Kennedy falou, mas logo se corrigiu: "Talvez um pouco mais irracional. […] Pelo que li e pelo que me disseram, eu esperava que ele fosse esperto e durão. Ele tinha de ser esperto e durão para chegar ao topo num governo como aquele".

Dave Powers lhe disse que ele e O'Donnell estavam olhando pela janela do primeiro andar e viram o que acontecia no jardim. "Você parecia muito calmo enquanto ele o fazia passar um mau bocado."[53]

Kennedy deu de ombros: "O que vocês queriam que eu fizesse? Tirasse o sapato e batesse na cabeça dele?". E contou que o premiê não parou de falar em Berlim com o intuito de cansá-lo em relação ao assunto; que lhe perguntara como os Estados Unidos podiam apoiar a ideia de uma unificação alemã; que declarou não ter a menor simpatia pelos alemães, que mataram seu filho na guerra.[54]

Kennedy lembrara ao rival que havia perdido seu irmão, porém lhe assegurara que os Estados Unidos não dariam as costas à Alemanha, nem sairiam de Berlim. "E pronto", concluíra.

Também descreveu aos amigos a reação de Khruschóv a suas preocupações quanto à possibilidade de um *erro de cálculo* de qualquer um dos lados levar à guerra. "Ele ficou furioso", acrescentou. E prometeu a O'Donnell que trataria de evitar o uso desse termo no restante de suas conversações.[55]

Adolf Schärf, o presidente da Áustria, tinha um problema de protocolo para resolver antes de seu grandioso jantar de gala no palácio Schönbrunn: qual das esposas dos dois líderes se sentaria a sua direita?

Por um lado, Khruschóv livrara Viena do possível destino de cidade dividida, permitindo-lhe que abraçasse a independência e a neutralidade mediante o tratado firmado em 15 de maio de 1955. Por causa disso, Nina, a esposa do premiê, merecia o lugar de honra. Mas os vienenses adoravam os Kennedy, e os austríacos, apesar de sua neutralidade, sentiam-se parte do Ocidente.[56]

Num diplomático meio-termo, Schärf decidiu que Madame Khruschóv se sentaria a sua direita no jantar e a sra. Kennedy teria o lugar de honra na segunda parte da noite, durante as apresentações no salão de música.

Foi a festa de debutante da Áustria. Mais de 6 mil vienenses se apinharam diante dos portões iluminados do palácio de 265 anos para ver Kennedy e Khruschóv chegarem. Os empregados enceraram o parquete até deixá-lo reluzente e limparam as janelas até que elas cintilassem. As antiguidades mais preciosas foram transferidas do museu e postas em uso. Flores colhidas nos jardins do palácio foram distribuídas tão generosamente pelas mesas que perfumavam todo o salão. O serviço de mesa era o "Águia de Ouro", uma porcelana inestimável que ostentava a águia bicéfala da Áustria gravada em fundo branco e fora usada pelo imperador Franz Joseph.[57]

Apesar da comida fria, os austríacos se congratularam pelo sucesso da noite. Os convidados viram Jackie e Nina se dando bem. Jackie vestia um longo cor-de-rosa, justo, sem mangas, de cintura baixa, desenhado por Oleg Cassini. Nina usava um vestido de seda escura com um fio dourado — uma escolha mais proletária.[58]

O mesmo contraste apresentavam os maridos. Kennedy estava de smoking. Khruschóv optou por um terno escuro e uma gravata xadrez cinzenta. Garçons de luvas brancas e galões dourados se deslocavam pelos corredores e pelos salões, portando bandejas de prata repletas de bebidas.

"Sr. Khruschóv, o senhor poderia apertar a mão do sr. Kennedy?", um fotógrafo pediu.

"Eu preferiria apertar a mão *dela* antes", Khruschóv respondeu, apontando a esposa do presidente.[59]

Eddy Gilmore, repórter da Associated Press, escreveu que, junto a Jackie, "o rude e muitas vezes belicoso líder comunista parecia um estudante encantado com o degelo do Volga na primavera". Khruschóv fez de tudo para se sentar ao lado de Jackie enquanto o conjunto de câmara da Filarmônica de Viena tocava Mozart e, depois, quando a companhia de balé da Ópera de Viena executou "Danúbio Azul".

Kennedy foi bem menos galante. Pouco antes de a música começar, fez menção de se sentar e constatou que a esposa de Khruschóv já ocupava a cadeira. Deteve-se a tempo de não pousar no colo dela.

Sorriu e desculpou-se. A Cúpula de Viena não ia nada bem.[60]

11. Viena: a ameaça de guerra

Os Estados Unidos não parecem dispostos a normalizar a situação no lugar mais perigoso do mundo. A União Soviética quer executar uma operação nesse ponto doloroso — para eliminar esse espinho, essa úlcera […].[1]

O premiê Nikita Khruschóv ao presidente
John F. Kennedy na Cúpula de Viena,
4 de junho de 1961

Nunca conheci um homem igual a esse. Falei que uma explosão nuclear podia matar 70 milhões de pessoas em dez minutos, e ele só ficou olhando para mim, como se dissesse: "E daí?". Tive a impressão de que ele não se importaria nem um pouco se isso acontecesse.[2]

O presidente Kennedy ao repórter
Hugh Sidey, *Time*, junho de 1961

VIENA, EMBAIXADA SOVIÉTICA
DOMINGO, 4 DE JUNHO DE 1961, 10H15

Na frente da embaixada soviética, Nikita Khruschóv se movia de um lado a outro, como um boxeador ansioso para continuar a luta depois de vencer os

245

primeiros rounds. Um largo sorriso revelou o vão entre os dentes da frente quando ele estendeu a mãozinha roliça para cumprimentar Kennedy.

Apesar de todas as pretensões proletárias do Estado soviético, a embaixada de Moscou era descaradamente imperial. O edifício, com fachada neorrenascentista e amplo saguão de granito natural e mármore, fora adquirido pela Rússia tsarista no final do século XIX. "Recebo você num pequeno pedaço do território soviético", Khruschóv disse ao rival. E em seguida citou um provérbio russo cujo significado Kennedy não entendeu: "Às vezes, bebemos num copo pequeno, mas falamos com grande sentimento".[3]

Depois de nove minutos de uma conversa que nada teve de memorável, Khruschóv conduziu seus convidados americanos por um corredor até uma ampla escadaria que levava ao primeiro andar, onde se acomodaram nos sofás de uma sala de reuniões de paredes revestidas de damasco vermelho.[4]

A maneira como os dois homens passaram parte da manhã do segundo dia do encontro deixou claras suas diferenças. Kennedy, católico, escutara o Coral de Meninos de Viena e assistira à missa na catedral de St. Stephan, gótica e magnificente. Os olhos da primeira-dama ficaram marejados de lágrimas quando ela se ajoelhou para rezar. Quando o casal deixou a catedral, uma multidão o aclamou na praça. Aproximadamente no mesmo horário, um grupo bem menor e menos entusiasmado observava com curiosidade o líder da União Soviética, ateu, depositar uma coroa de flores no memorial soviético da Schwarzenbergplatz. A população local chamava o memorial de "monumento ao estuprador desconhecido".

As cortinas vermelhas da sala de reuniões em que as duas delegações se instalaram foram fechadas. Escondiam janelas largas e altas e criavam uma atmosfera de penumbra, impedindo que a luz do sol entrasse. Mais uma vez, Kennedy começou pelas amenidades, perguntando ao premiê como havia sido sua infância. Nem um pouco interessado em falar de suas origens camponesas com um americano privilegiado, Khruschóv se limitou a dizer que nasceu numa aldeia russa perto de Kursk, a menos de dez quilômetros da fronteira com a Ucrânia.[5]

Mudando rapidamente de assunto, informou que a União Soviética acabara de encontrar enormes depósitos de minério de ferro nos arredores de Kursk avaliados em 30 bilhões de toneladas. A reserva total devia ser dez vezes maior, acrescentou. E lembrou que todos os depósitos de minério de ferro dos Estados

Unidos chegavam apenas a uma fração disso, com seus 5 bilhões de toneladas. "Os depósitos soviéticos serão suficientes para cobrir as necessidades do mundo inteiro durante muito tempo", garantiu.

Nos primeiros minutos do Dia Dois, Khruschóv transformou o que poderia ser uma conversa pessoal sobre assuntos familiares numa louvação da superioridade dos recursos básicos de seu país. Não perguntou nada sobre a formação do presidente, sobre a qual já sabia o bastante. Impaciente, propôs que tratassem do tema do dia: Berlim e seu futuro.

Em sua edição matutina, o *Times* de Londres citou um diplomata britânico preocupado com a Cúpula de Viena: "Esperamos que o rapaz não saia da jaula do urso muito machucado". E Khruschóv aparecera no segundo dia com as garras à mostra. Suas delegações haviam progredido em relação ao Laos, mas ele não estava disposto a fazer disso um exemplo da maneira como os dois lados podiam reduzir tensões.

Os ministros do Exterior americano e soviético e suas respectivas equipes concordaram com a ideia de um Laos neutro. Foi uma concessão que, politicamente, poderia custar caro a Khruschóv, já que se oporiam a ela os chineses, os norte-vietnamitas e o Pathet Lao, o movimento comunista laosiano. No entanto, ao invés de celebrar com Kennedy o acordo, Khruschóv acusou-o de "megalomania" por insistir que os Estados Unidos continuassem salvaguardando seus interesses na Ásia.

Além disso, resistiu a todos os esforços de Kennedy para tratar da proibição de testes nucleares. Rejeitou a lógica do presidente, segundo a qual só uma melhoria geral das relações poderia abrir o caminho para um acordo final sobre Berlim. Para ele, Berlim estava em primeiro lugar.

Ainda tentando abordar a questão da proibição de testes nucleares, Kennedy citou um provérbio chinês: "Uma viagem de mil quilômetros começa com um passo".

"Parece que você conhece muito bem os chineses", Khruschóv comentou.

"Nós dois podemos conhecê-los melhor", Kennedy respondeu.

Khruschóv sorriu: "Eu já os conheço suficientemente bem". Foi um lapso raro, uma breve alusão a sua frustração com Mao.

Os soviéticos alterariam a transcrição final que seria enviada a Pequim, acrescentando outra frase que o premiê na verdade nunca pronunciou: "A China é nossa vizinha, nossa amiga e nossa aliada".[6]

A conversa mais importante da Cúpula teve início com uma advertência. Khruschóv reclamou que Moscou já esperara demais por uma solução para Berlim e avisou que o que ia expor a esse respeito afetaria "as relações entre os dois países em larga medida e ainda mais, se os Estados Unidos não entendessem a posição dos soviéticos".

Nesse ponto, cientes de que todo o resto tinha sido um preâmbulo para esse momento, os assessores dos dois líderes ficaram ainda mais atentos. "Dezesseis anos se passaram desde a Segunda Guerra Mundial", Khruschóv lembrou. "A União Soviética perdeu 20 milhões de pessoas nessa guerra e grande parte de seu território foi devastada. Agora a Alemanha, o país que desencadeou a Segunda Guerra Mundial, voltou a ter poderio militar e assumiu uma posição predominante na Otan. Seus generais detêm altos postos na organização. Isso representa a ameaça de uma Terceira Guerra Mundial, que seria ainda mais devastadora que a Segunda."

Por essa razão, prosseguiu, Moscou não toleraria mais adiamentos no tocante a Berlim, pois só os militaristas da Alemanha Ocidental ganhariam com isso. A unificação da Alemanha não era uma possibilidade real e os alemães nem a queriam. Portanto, os soviéticos passariam a agir com base na "situação atual, ou seja, na existência de dois Estados alemães".

Khruschóv declarou que preferia chegar pessoalmente a um acordo *com Kennedy* em relação a um tratado que alterasse o status de Berlim. Se isso não fosse possível, agiria sozinho e cancelaria todos os compromissos do pós-guerra assumidos pelos soviéticos. Berlim Ocidental seria uma "cidade livre", onde as tropas americanas poderiam permanecer, mas só junto com as tropas soviéticas. Soviéticos e americanos se uniriam para assegurar "o que o Ocidente *chama* de liberdade de Berlim Ocidental". Moscou também concordaria com a presença de tropas neutras ou garantias das Nações Unidas.

Kennedy agradeceu-lhe por "expor sua posição com tanta franqueza". Ainda sob o efeito dos analgésicos e anfetaminas e confortável em seu colete, entendeu que o premiê acabara de lançar um novo ultimato sobre Berlim. O que demandava uma resposta clara. Kennedy havia se preparado para esse momento e mediu cada palavra cuidadosamente.

Ressaltou que já não estavam falando de questões menores, como o Laos, e sim de um tema muito mais crucial. Berlim era "de máximo interesse para os Estados Unidos. Estamos em Berlim não por concessão de alguém. Lutamos para chegar lá". E, embora as perdas americanas na Segunda Guerra Mundial não tivessem sido tão numerosas quanto as soviéticas, "estamos em Berlim não com a permissão dos alemães-orientais, mas por direitos contratuais".

"Esse é um lugar com o qual todo presidente americano desde a Segunda Guerra Mundial está comprometido por um tratado e por outros direitos contratuais e onde cada presidente reafirmou sua determinação de cumprir essas obrigações. Se fôssemos expulsos de lá e se aceitássemos a perda de nossos direitos, ninguém mais confiaria em nossos compromissos e em nossas promessas. A segurança nacional de meu país está envolvida nessa questão, porque, se aceitássemos a proposta dos soviéticos, os compromissos americanos seriam vistos como um mero pedaço de papel."

Até esse momento, as palavras se sucediam umas às outras sem levar a nada. Mas os estenógrafos registravam literalmente os comentários de seus líderes. Os dois homens mais poderosos do mundo estavam prestes a abordar a questão mais espinhosa e explosiva.

Essa era a matéria da qual é feita a história.

"A Europa Ocidental é fundamental para nossa segurança nacional, e a ajudamos em duas guerras", Kennedy prosseguiu. "Se saíssemos de Berlim Ocidental, a Europa também ficaria abandonada. Portanto, quando falamos de Berlim Ocidental, estamos falando também da Europa Ocidental."

O que constituía novidade para os soviéticos era a ênfase de Kennedy no qualificativo "Ocidental" justaposto a Berlim. Nenhum presidente americano até então havia estabelecido uma diferença tão clara entre seu compromisso com Berlim como um todo e seu compromisso com Berlim *Ocidental*. Num dos momentos mais importantes de sua gestão, Kennedy fizera uma concessão unilateral. Depois lembrou que, no primeiro dia do encontro, Khruschóv concordara que "hoje o poderio [militar] está equilibrado". Assim, era "difícil entender" que um país como a União Soviética, com feitos tão notáveis nos campos da economia e da conquista do espaço, sugerisse que os Estados Unidos deixassem um lugar de interesse tão vital onde já estavam instalados. Os Estados Unidos nunca abririam mão de direitos "conquistados através da guerra".

Khruschóv ficou vermelho, como se seu rosto fosse um termômetro acusando a elevação de sua temperatura interna. Disse que, pelo que estava entendendo, Kennedy não queria um tratado de paz; que sua declaração sobre a segurança nacional americana podia ser traduzida como "os Estados Unidos podem resolver ir para Moscou [com suas tropas], porque isso também reforçaria sua posição, naturalmente".

"Os Estados Unidos não estão pedindo para ir a lugar nenhum", Kennedy retorquiu. "Não estamos falando de os Estados Unidos irem para Moscou ou de a União Soviética ir para Nova York. O que estamos dizendo é que estamos em Berlim há quinze anos. E que vamos ficar lá."

Retomando uma estratégia que tentara sem sucesso na véspera, Kennedy adotou um tom mais conciliatório. Admitiu que a situação em Berlim "não é satisfatória". "As condições em muitos lugares do mundo não são satisfatórias", acrescentou, e o momento não era adequado para mudar o equilíbrio de forças em Berlim ou no mundo. "Se esse equilíbrio mudasse, a situação da Europa Ocidental como um todo mudaria, e isso seria um golpe pesado para os Estados Unidos. Sr. Khruschóv não aceitaria semelhante perda, e nós também não podemos aceitá-la", concluiu.

Até então, Khruschóv contivera seu habitual estilo bombástico. Agora, porém, seus braços se agitavam, seu rosto estava rubro e as palavras jorravam de sua boca num tom feroz, como se fossem os disparos furiosos de uma metralhadora. "Os Estados Unidos não parecem dispostos a normalizar a situação no lugar mais perigoso do mundo", falou. "A União Soviética quer executar uma operação nesse ponto doloroso — para eliminar esse espinho, essa úlcera — sem prejudicar os interesses de nenhum dos lados, mas, antes, para a satisfação de todos os povos do mundo."

A União Soviética ia mudar a situação de Berlim não por meio de "intriga ou ameaça", mas "assinando solenemente um tratado de paz. Agora o presidente diz que esse gesto contraria os interesses dos Estados Unidos. É uma afirmação difícil de entender." Os soviéticos não queriam alterar fronteiras já existentes, explicou; só estavam tentando formalizá-las, para "deter os que querem uma nova guerra".

Khruschóv mencionou com desdém o desejo de Adenauer de rever as fronteiras da Alemanha e recuperar territórios perdidos depois da Segunda Guerra Mundial. "Hitler falou da necessidade de *Lebensraum* [Espaço Vital] para os alemães até os Urais", lembrou. "Os generais de Hitler, que o ajudaram a executar seus planos, [agora] são comandantes na Otan."

Os americanos dizem que precisam proteger seus interesses em Berlim, o premiê prosseguiu. Mas "não é possível entender [essa lógica], e a União

Soviética não pode aceitá-la". "Nenhuma força no mundo" impediria Moscou de ir adiante com seu tratado de paz.

Khruschóv repetiu que dezesseis anos se passaram desde que a guerra terminara. Quanto tempo mais Kennedy queria que Moscou esperasse? Outros dezesseis anos? Trinta, talvez?

Olhando para seus camaradas, lembrou que perdera um filho na última guerra, que Gromyko perdera dois irmãos e Mikoyan também perdera um filho. "Não há uma única família na União Soviética ou na liderança da União Soviética que não tenha perdido na guerra pelo menos um de seus membros." As mães americanas choravam seus filhos tanto quanto as mães soviéticas, admitiu, mas, enquanto os Estados Unidos perderam milhares de vidas, a União Soviética perdera milhões.

"A União Soviética vai assinar um tratado de paz", anunciou, "e a soberania da RDA será respeitada. Qualquer violação dessa soberania será entendida pela União Soviética como um ato de agressão", com todas as devidas consequências.

Era uma ameaça de guerra, como De Gaulle previra. A delegação americana ouviu em silêncio, perplexa, e esperou a resposta de seu presidente.

Kennedy calmamente perguntou que vias de acesso a Berlim permaneceriam abertas, depois que os soviéticos firmassem o tratado de paz. Podia aceitar que os soviéticos concluíssem um tratado com os alemães-orientais, desde que não fizessem nada que ameaçasse os direitos dos ocidentais em Berlim Ocidental ou bloqueasse o acesso dos aliados à cidade.

O novo tratado *alteraria* a liberdade de acesso, Khruschóv informou.

E foi longe demais.

"É um desafio sério e ninguém pode prever a gravidade das consequências", Kennedy advertiu. E acrescentou que não tinha ido a Viena só para ouvir que "nossa posição em Berlim Ocidental e nosso acesso à cidade nos são negados". Disse que alimentara a esperança de que as relações entre os Estados Unidos e a União Soviética melhorassem com a Cúpula de Viena, mas observou que elas estavam piorando. Disse também que Moscou tinha toda a liberdade para ceder seus direitos sobre Berlim aos alemães-orientais, mas não para interferir nos direitos dos americanos.

Khruschóv tratou de sondar a posição dos Estados Unidos. Queria saber se ainda havia a possibilidade de um acordo provisório, nos termos que Eisenhower sugerira — algo que protegesse o prestígio dos dois países. Todas as partes

poderiam estabelecer um prazo de seis meses para as duas Alemanhas negociarem a unificação. Se não chegassem a um acordo — e Khruschóv tinha
certeza de que não chegariam —, "todos estaríamos livres para concluir um
tratado de paz".

Ainda que discordassem da proposta dos soviéticos, os Estados Unidos tinham de entender que "a União Soviética não pode esperar mais" e até o final
do ano passaria para o controle da Alemanha Oriental todo acesso a Berlim
Ocidental. O premiê fundamentou seu direito de agir dessa forma numa análise
estatística do preço que os dois lados pagaram para derrotar os alemães: os 20
milhões ou mais que os soviéticos perderam na Segunda Guerra Mundial contra os 143 mil militares americanos que morreram no conflito.[7]

Kennedy argumentou que era justamente por causa dessas perdas que
queria evitar uma nova guerra.

Repetindo a palavra que tanto odiava, Khruschóv lembrou que Kennedy
estava preocupado com um possível "erro de cálculo" dos soviéticos. Parecia-
-lhe que quem podia cometer um "erro de cálculo" eram os americanos. "Se os
Estados Unidos acham que têm de ir à guerra por Berlim, que vão", ele falou. "É
o que o Pentágono está querendo. Mas Adenauer e Macmillan sabem muito
bem o que significa uma guerra. Se existe algum louco que quer guerra, é preciso colocá-lo numa camisa de força!"

A equipe de Kennedy novamente estava perplexa. Agora o líder soviético
usou a palavra "guerra" três vezes. Isso era algo inédito em discussões diplomáticas de qualquer nível.

Como que para encerrar o assunto, Khruschóv afirmou categoricamente
que até o final do ano a União Soviética assinaria um tratado de paz, alterando
para sempre os direitos dos ocidentais em Berlim, mas expressou sua convicção
de que o bom senso e a paz prevaleceriam.

Ainda não se pronunciara sobre o que equivalia a uma proposta de Kennedy, e o presidente mais uma vez tentou arrancar-lhe uma definição. Enfatizou
que não veria um tratado de paz como um ato belicoso, desde que o premiê não
tocasse em Berlim Ocidental. "No entanto, um tratado de paz que nos negue
nossos direitos contratuais é um ato belicoso", ressalvou. "O que é belicoso é
transferir nossos direitos para a Alemanha Oriental."

O que Kennedy estava dizendo se tornava cada vez mais claro: faça o que
quiser com o que é seu, mas não mexa no que é nosso. Se os Estados Unidos

fizessem qualquer concessão no tocante a Berlim Ocidental, o mundo "não [os] veria como um país sério". Mas, sendo Berlim Oriental território soviético, a União Soviética era livre para fazer lá o que bem entendesse.

Khruschóv não percebeu que Kennedy lhe acenava com a possibilidade de um acordo. E respondeu que "nunca, sob quaisquer condições, [a União Soviética] aceitaria os direitos dos americanos em Berlim Ocidental depois de assinar um tratado de paz".

A seguir, vociferou contra o que considerava o mau tratamento que os Estados Unidos dispensaram à União Soviética depois da guerra. Disse que os Estados Unidos privaram a União Soviética de indenizações, direitos e interesses na Alemanha Ocidental. Além disso, acrescentou, usaram dois pesos e duas medidas quando recusaram um tratado de paz com a Alemanha Oriental, embora tivessem assinado o mesmo tipo de acordo com os japoneses em 1951 — sem consultar Moscou ao preparar o documento. O então vice-ministro do Exterior Andrei Gromyko, que liderara a delegação soviética presente às negociações, tentara protelar o acordo e, no fim, se recusara a assiná-lo, sob a alegação de que os Estados Unidos não convidaram os chineses e estavam criando um Japão antissoviético e militarista.

Kennedy rebateu, lembrando que Khruschóv afirmara publicamente que teria assinado o tratado do Japão, se, na época, fosse o premiê.

Mas para Khruschóv o importante não era o que ele *poderia* ter feito, e sim o fato de que os Estados Unidos nem sequer procuraram a concordância dos soviéticos. A seu ver, Kennedy estava adotando uma atitude semelhante — "faço o que quero" — em relação a Berlim.

Khruschóv se declarou farto desse tipo de coisa. Moscou assinaria seu tratado com a Alemanha Oriental, e o preço seria alto se, depois disso, os Estados Unidos violassem a soberania dos alemães-orientais no tocante ao acesso a Berlim.

Kennedy lhe afiançou que não queria um conflito por Berlim, mas uma melhoria nas relações entre as duas Alemanhas e entre os Estados Unidos e a União Soviética, de modo que, com o tempo, fosse possível resolver todo o problema alemão. Não pretendia "agir de forma que prive a União Soviética de seus laços na Europa Oriental", assegurou, novamente tranquilizando Khruschóv, como no primeiro dia, com sua palavra de que não faria nada para alterar o equilíbrio de forças na Europa.

Disse que o premiê estava tentando se aproveitar de sua relativa inexperiência — lembrou que ele o chamara de rapaz —, porém ressaltou que não tinha "assumido o cargo para aceitar arranjos totalmente contrários aos interesses dos Estados Unidos". Khruschóv repetiu que a única alternativa para a ação unilateral seria um acordo provisório pelo qual as duas Alemanhas poderiam negociar e depois do qual os aliados perderiam todos os seus direitos. Isso daria "a impressão de que a responsabilidade pelo problema passara para os alemães". Mas, como eles não concordariam com a unificação, o resultado certamente seria o mesmo.

Com o senso de ritmo dramático de um ator, Khruschóv entregou a Kennedy um memorando sobre a questão de Berlim cuja finalidade era revestir seu ultimato de força oficial. Ninguém na equipe do presidente o preparara para isso. Bolshakov nem sequer aludira a algo parecido. O premiê explicou que o documento fora elaborado para que os Estados Unidos pudessem estudar a posição dos soviéticos e "talvez retomar o assunto posteriormente, se quisessem".[8]

Com esse gesto ousado, colocou-se em franca oposição ao rival no tocante a Berlim. Assim agiu, em parte, porque Kennedy, apegando-se ao status quo, não mostrara nem mesmo a disposição de seu antecessor para negociar a questão. Já tinha sido difícil aceitar isso na época de Eisenhower e antes do incidente com o U-2. Agora era impossível.

A manhã rapidamente chegara ao fim.

Enquanto Khruschóv e Kennedy se retiravam para almoçar, suas esposas percorriam a cidade. Diante do palácio Pallavicini, na ensolarada Josefsplatz, uma multidão de mil pessoas se formou para ver as duas mulheres, que se dirigiam para um restaurante. Um murmurinho saudou Nina, ao passo que Jackie foi ruidosamente aclamada. Dois repórteres americanos ficaram com tanta pena da primeira-dama soviética que, enquanto os vienenses gritavam "Ja-kee! Ja-kee!", puseram-se a gritar "Nina!", mas ninguém se juntou a eles.

Adam Kellet-Long, correspondente da Reuters que fora enviado de Berlim para cobrir a reunião de cúpula, ficou horrorizado quando alguns fotógrafos pediram a Jackie que empinasse o busto para as fotos se tornarem mais interessantes. "E ela empinou!", o jornalista lembrou depois. "Agiu como Marilyn Monroe ou qualquer outra estrela do cinema. Ela estava adorando."[9]

Da janela do primeiro andar do restaurante as duas mulheres olharam para a multidão. Com seu conjunto azul-marinho, chapeuzinho preto, colar de pérolas e luvas brancas, Jackie parecia saída de uma revista de moda. Os assessores de imprensa soviéticos não informaram o que Nina usava, porém o *New York Times* a descreveu como a dona de casa para a qual eram feitas as revistas de moda de Jackie. Nina Petrovna não se abalou com nada disso; achou Jackie inteligente, comparou-a a "uma obra de arte" e segurou a mão dela diante da janela do restaurante — um calor humano que faltou à última ceia de seus maridos.[10]

Os dois homens falaram sobre fabricação de armas e políticas de armamento. Khruschóv disse que analisara a mensagem do presidente ao Congresso, em maio, na qual ele aumentara consideravelmente os gastos com a Defesa. Entendia que os Estados Unidos não podiam se desarmar, controlados como eram por monopolistas, mas ressalvou que o aumento estabelecido por Kennedy o obrigaria a aumentar as forças soviéticas.[11]

Nesse contexto, retomou o assunto de que haviam tratado durante o almoço da véspera, quando concordara em considerar o projeto de uma expedição conjunta à Lua. Isso seria inviável, lamentou, enquanto não houvesse o desarmamento. E cortou qualquer possibilidade de nova cooperação.

Kennedy sugeriu que talvez pudessem ao menos coordenar as datas de seus projetos espaciais.

Sem a menor convicção, Khruschóv admitiu essa possibilidade. Depois ergueu uma taça de champanhe soviético.

"O amor direto é melhor que o amor através de intermediários", brincou. E acrescentou que era bom estarem conversando pessoalmente.

Pediu que o presidente compreendesse que o novo ultimato sobre Berlim "não seria contra os Estados Unidos ou seus aliados". Comparou o que Moscou estava fazendo a uma operação cirúrgica, que é dolorosa para o paciente, mas necessária para sua sobrevivência. Juntando suas metáforas, declarou que Moscou "quer atravessar a ponte e vai atravessá-la".

Reconheceu que as relações entre americanos e soviéticos passariam por "grandes tensões", porém afirmou sua convicção de que "o sol voltará a brilhar e a brilhar muito. Os Estados Unidos não querem Berlim e a União Soviética também não. [...] Só Adenauer está realmente interessado em Berlim como tal. Ele é inteligente, mas está velho. A União Soviética não pode aceitar que velhos moribundos estorvem os jovens e vigorosos".

Brindando a Kennedy, admitiu que o colocara numa posição difícil, já que os aliados questionariam suas decisões em relação a Berlim. Mas em seguida descartou a influência e os interesses dos aliados, observando que Luxemburgo não criaria nenhum problema para o presidente, assim como os aliados da União Soviética "não assustariam ninguém".

Ergueu a taça novamente e comentou que, por ser religioso, Kennedy diria: "Deus nos ajude nesta conjuntura". Já ele preferia brindar ao bom senso, e não a Deus.

O presidente falou sobre as obrigações de ambos na era nuclear, quando os efeitos de um conflito "passariam de uma geração a outra". Enfatizou que cada lado "devia reconhecer os interesses e as responsabilidades do outro".

Seu presente para o premiê estava sobre a mesa: um modelo do *USS Constitution*, cujos canhões, Kennedy explicou, tinham um alcance de apenas oitocentos metros. Na era nuclear, quando os canhões eram intercontinentais e a devastação seria muito maior, os governantes não podiam permitir uma guerra, advertiu.[12]

Referindo-se à neutra Viena, que tão bem simbolizava a possibilidade de soluções justas, expressou sua esperança de não aumentarem os perigos para a segurança e o prestígio de ambas as partes. "Esse objetivo só poderá ser alcançado se cada um de nós agir com sensatez e se ativer a sua própria área", concluiu.

Ali estava novamente sua solução para a crise de Berlim. Mais uma vez ele dizia que os soviéticos podiam fazer o que bem entendessem em seu território. Esse era um ponto que repetira ao longo do dia em várias ocasiões e sob diferentes formas — e agora o retomava em seu brinde.

Para atenuar o efeito dessa palavra final, perguntou a Khruschóv o que ele estava fazendo quando tinha 44 anos, sua idade. O premiê respondeu que chefiava a Comissão de Planejamento de Moscou. Kennedy brincou: gostaria de chefiar a Comissão de Planejamento de Boston quando tivesse 67 anos.

"Talvez você prefira chefiar a comissão de planejamento do mundo inteiro", Khruschóv comentou.

Não, o presidente lhe afiançou. Só a de Boston.

Com dois dias de conversações terminando tão mal, Kennedy fez um último esforço para chegar a um resultado mais positivo. Pediu a Khruschóv que dessem continuidade ao encontro, tendo por companhia apenas seus intérpretes.[13]

"Não posso sair daqui sem tentar de novo", disse a Kenny O'Donnell.

Quando sua equipe advertiu que isso retardaria sua partida, ele replicou que, no momento, nada no mundo era mais importante que se entender com Khruschóv. "Não, não vamos partir na hora programada! Não vou embora sem saber mais coisas." Ao longo da vida, usara seu charme e sua personalidade para superar obstáculos. Porém nada disso o fizera romper a barreira de Khruschóv.[14]

Kennedy deu início a sua última e breve conversa, reconhecendo a importância de Berlim. No entanto, esperava que, pelo bem das relações entre seus países, o premiê não lhe criasse "uma situação que envolva tanto nosso interesse nacional". Mais uma vez frisou "a diferença entre um tratado de paz e os direitos de acesso a Berlim". E expressou sua esperança de que as relações se desenvolvessem de tal modo que evitassem um confronto direto entre os Estados Unidos e a União Soviética.[15]

Mesmo tendo-o dominado, Khruschóv o pressionou ainda mais: se os Estados Unidos insistissem em seus direitos, violando as fronteiras da Alemanha Oriental depois de um tratado de paz, "nós também usaremos a força". "Os Estados Unidos devem estar preparados para isso. A União Soviética estará."

Antes de deixar Viena, Kennedy queria compreender claramente as alternativas que Khruschóv lhe dava. O acordo provisório proposto pelo líder soviético permitiria a permanência, em Berlim, dos militares americanos e o livre acesso à cidade?

Sim, durante seis meses, foi a resposta.

E depois nossos militares teriam de se retirar?

Sim, foi novamente a resposta.

Kennedy disse então que ou Khruschóv não acreditava que os Estados Unidos estavam falando sério, ou a situação era tão "insatisfatória" para ele que o levava a crer que precisava dessa "atitude drástica". Informou que, na viagem de volta, se avistaria com o primeiro-ministro Macmillan em Londres e teria de contar a ele que só lhe restavam duas alternativas: aceitar um fato consumado em relação a Berlim ou partir para o confronto. Em outras palavras: o conflito ou a capitulação.

Khruschóv propôs-lhe que, para salvar as aparências, as tropas americanas e soviéticas poderiam permanecer em Berlim não como forças de ocupação, mas sujeitas ao controle da Alemanha Oriental e inscritas nas Nações Unidas. "Eu quero a paz", assegurou-lhe. "Mas, se você quer guerra, é problema seu. Quem está ameaçando com a guerra não é a União Soviética, mas os Estados Unidos."

A extensão do encontro não estava indo nada bem. "Quem quer forçar uma mudança é você, não eu", Kennedy rebateu, evitando usar a palavra "guerra".

Parecia que dois adolescentes munidos de bastões nucleares estavam tentando decidir quem começaria a lutar com quem.

"De qualquer maneira", Khruschóv prosseguiu, "a União Soviética não tem outra escolha senão aceitar o desafio. Ela tem de reagir e vai reagir. As calamidades de uma guerra serão repartidas igualmente. [...] Cabe aos Estados Unidos decidir se haverá guerra ou paz." E completou: Kennedy podia dizer isso a Macmillan, a De Gaulle e a Adenauer.

Sua decisão a respeito de Berlim era "irrevogável" e "firme": um tratado de paz com a Alemanha Oriental até dezembro, com todas as suas consequências sobre o controle de Berlim Ocidental pelos aliados, ou um acordo provisório que levaria ao mesmo resultado.

"Se assim é, vamos ter um inverno bem frio", disse Kennedy.

Apesar de toda a força de sua frase final, estava enganado. Seus problemas começariam muito antes do inverno.

BERLIM

DOMINGO À TARDE, 4 DE JUNHO DE 1961

Enquanto Khruschóv e Kennedy discutiam a possibilidade de uma guerra em Berlim, os berlinenses saíam para aproveitar o primeiro fim de semana ensolarado depois de um mês de chuva. De carro e motoneta, no trem e no metrô, dirigiam-se para os muitos parques e lagos da cidade para nadar, velejar, se divertir e tomar sol.

Os jornais locais se referiam a um "tempo esplêndido para a reunião de cúpula". E havia o consenso de que o encontro entre os dois líderes que controlavam o destino da população provavelmente reduziria as tensões. À noite, berlinenses de ambos os setores lotaram os cinemas da parte ocidental para ver os últimos lançamentos: *Spartacus*, ganhador de quatro Oscars; *Ben-Hur*, com Charlton Heston; e *Eu, ela e os problemas*, com James Mason e Susan Hayward. Os cartazes informavam aos berlinenses orientais que seus fracos marcos seriam aceitos na base de troca de um para um — o melhor negócio da cidade.[16]

No Leste, Walter Ulbricht enfrentava uma escassez de pão e celebrava com o povo o Dia da Criança da organização da juventude comunista. Com poucas notícias sobre a Cúpula de Viena, os jornais estavam cheios de fotos e reportagens sobre os passeios das duas primeiras-damas pela cidade.

O número de refugiados registrado durante o fim de semana da Cúpula de Viena foi o menor em muitos anos, porque os alemães-orientais alimentavam a esperança de que as conversações resultassem numa mudança para melhor.[17]

Quando lhe perguntaram sobre suas expectativas, Ulbricht respondeu que estava adotando uma atitude de esperar-para-ver. O prefeito Willy Brandt disse a seus cidadãos: "Nossa boa causa está em boas mãos com o presidente Kennedy. [...] O que de melhor podemos esperar é que se resolvam alguns dos desentendimentos que, no futuro, possam dar origem a novas ameaças e novos perigos".

VIENA

DOMINGO À TARDE, 4 DE JUNHO DE 1961

Depois de ameaçar com a guerra, Khruschóv abriu um largo sorriso ao se despedir de um Kennedy sério e perplexo na escada da embaixada soviética. Os fotógrafos registraram suas expressões contrastantes para que os jornais do dia seguinte as publicassem.

Khruschóv sabia que levara a melhor, ainda que ignorasse as consequências. Mais tarde lembraria que Kennedy "parecia não só ansioso, como profundamente aborrecido [...]. Olhando para ele, não pude deixar de ter pena e de ficar também um pouco aborrecido. Eu não tinha a intenção de aborrecê-lo. Preferia que tivéssemos nos despedido num clima diferente. Mas eu não podia fazer nada para ajudá-lo. [...] Como ser humano, eu me senti mal com a decepção dele".

"A política é impiedosa", concluiu.[18]

Podia imaginar o que os linhas-duras americanos diriam, quando soubessem do fraco desempenho de seu presidente. Seria algo como: "Bem que avisamos que os bolcheviques não entendem a linguagem amena das negociações. Eles só entendem a política do poder. Eles enganaram você. Deram-lhe uma surra. E você voltou de mãos abanando e desmoralizado".

Depois de acompanhar Kennedy até o aeroporto, o ministro do Exterior austríaco Bruno Kreisky procurou Khruschóv. "O presidente estava muito abatido", contou-lhe. "Parecia aborrecido. Evidentemente, a reunião não correu bem para ele."[19]

Khruschóv falou que também percebera o humor sombrio de Kennedy. "Ele ainda não compreende bem o realinhamento de forças", acrescentou, "e continua seguindo a política de seus antecessores — principalmente no que se refere à questão alemã. Ele não está preparado para afastar a ameaça de guerra mundial que paira sobre Berlim. Nossas conversas foram proveitosas no sentido de que nos deu uma oportunidade de nos ouvirmos e nos conhecermos melhor. Mas foi só isso, e não é suficiente."

Com os dois dias do encontro tão vivos em sua lembrança, Khruschóv reconstituiu grande parte de seu diálogo com Kennedy — ciente de que Kreisky descreveria seu triunfo a outros esquerdistas europeus, inclusive ao prefeito Willy Brandt.

Em contraste com Kennedy, Khruschóv deixou Viena sem pressa, da mesma forma como chegara. Enquanto o soviético saboreava um jantar oferecido pelo governo austríaco, o americano lambia as feridas no avião que o levava para Londres.

Kennedy foi brutalmente honesto em relação a seu fraco desempenho.

Ao afastar-se da embaixada soviética em sua limusine preta, com as bandeiras presidencial e americana esvoaçando ao vento, ele bateu no encosto do banco com a mão espalmada. A seu lado, o secretário de Estado, Rusk, estava chocado com o fato de Khruschóv ter usado em sua áspera conversa a palavra "guerra", que os diplomatas evitavam e invariavelmente substituíam por sinônimos menos assustadores.[20]

Apesar de todas as informações que recebera antes da reunião de cúpula, o presidente não estava preparado para a brutalidade do premiê. Não era tão fácil avaliar a extensão do fracasso em Viena quanto o fiasco na baía dos Porcos.

Não havia exilados que, num desembarque mal planejado, arriscaram a vida na esperança de que Kennedy e os Estados Unidos não os abandonassem. Porém as consequências podiam ser ainda mais terríveis. Tendo confirmado sua suspeita sobre a fraqueza do rival, Khruschóv poderia incorrer no tipo de "erro de cálculo" capaz de provocar uma guerra nuclear.

Kennedy levou consigo o memorando que detalhava as exigências de uma solução para a Alemanha no prazo de seis meses, "ou então...". Se os soviéticos o tornassem público, como ele supunha que o fariam, seus críticos o acusariam de não ter previsto a armadilha que o aguardava em Viena.[21]

Kennedy queria divulgar o encontro, mas como apresentou seu resultado para uma mídia que se tornara uma extensão de si mesmo? Descreveu-o como uma reunião amistosa, nos termos em que instruíra Bohlen, seu especialista em assuntos soviéticos, a fazê-lo em seus comunicados à imprensa?

Não. Decidiu que seu assessor de imprensa, Pierre Salinger, ficaria em Viena para comunicar aos jornalistas o "desolador" desfecho. Antes de deixar a cidade, conversaria em particular com James "Scotty" Reston, do *New York Times*, na residência do embaixador. Pretendia, conforme revelou a O'Donnell, mostrar aos americanos "a gravidade da situação, e o *New York Times* é o veículo adequado. Vou pintar para Scott um quadro assustador".[22]

Contudo, ainda não estava convencido de que Khruschóv cumpriria sua ameaça em relação a Berlim. Talvez De Gaulle tivesse razão ao dizer que Khruschóv blefaria e esbravejaria e continuaria adiando a decisão sobre Berlim, como fizera até então. "Quem fala do jeito como ele falou hoje e fala sério só pode ser louco, e eu tenho certeza de que ele não é louco", Kennedy comentou com O'Donnell, sem grande convicção.

Aos 52 anos, o escocês Reston já ganhara dois prêmios Pulitzer e era, talvez, o jornalista mais influente e mais lido em Washington. Usando seu habitual terno de tweed com gravata-borboleta e empunhando seu cachimbo, compareceu ao encontro na embaixada, onde seu interlocutor lhe impôs duas condições: não citá-lo e não mencionar a reunião.

Com o chapéu puxado sobre a testa, Kennedy mergulhou no sofá. Essa seria uma das conversas mais francas entre um jornalista e um presidente.

Ter uma exclusiva com Kennedy sobre a Cúpula de Viena, enquanto 1500 repórteres disputavam o acesso ao presidente, era uma façanha na nova era da televisão, que Reston tanto desprezava. Seria ainda mais importante pelo que

Kennedy lhe diria numa sala escura, atrás de persianas fechadas para que os repórteres não os vissem.

"Como é que foi?", Reston perguntou.

"A pior coisa de minha vida. Ele arrasou comigo."

O jornalista anotou: "Não foi a baboseira de sempre. É assim que um homem fica, quando tem de dizer a verdade".

Sentado a seu lado no sofá, Kennedy lhe contou que Khruschóv o atacou violentamente a propósito do imperialismo americano — e se tornou particularmente agressivo no tocante a Berlim. "Estou com dois problemas", prosseguiu. "Primeiro, entender por que ele fez isso e com tamanha hostilidade. E, segundo, descobrir o que podemos fazer em relação a isso."[23]

Em sua reportagem, na qual protegeu zelosamente a confidencialidade de seu encontro na embaixada, Reston disse que o presidente "estava perplexo com o rigor e a agressividade do líder soviético". Qualificou a reunião de acrimoniosa e informou, corretamente, que Kennedy saiu de Viena pessimista e com "a impressão de que vai ser difícil escapar da questão alemã".[24]

O presidente falou que, por causa do ocorrido na baía dos Porcos, Khruschóv "achou que podia engambelar toda pessoa jovem e inexperiente o bastante para se meter naquela enrascada. E que quem entrou nela sem ver do que se tratava era fraco. Ele acabou comigo. [...] Estou com um tremendo problema".[25]

Kennedy fez uma breve análise dos perigos que isso envolvia e da maneira como tinha de enfrentá-los. "Se ele pensa que sou inexperiente e fraco, não vamos conseguir nada antes de tirar essas ideias da cabeça dele. Portanto, temos de nos mexer." O que significava, entre outras coisas, aumentar o orçamento militar e enviar mais uma divisão para a Alemanha.

No avião que o levava para Londres, Kennedy chamou O'Donnell à parte para falar com ele sem que Rusk, Bohlen e os outros passageiros do *Air Force One* escutassem. O desespero já tornara a atmosfera a bordo tão pesada que o oficial de ligação Godfrey McHugh comparou o voo a uma viagem "com o time de beisebol que perdeu o campeonato nacional. Ninguém falou muito".[26]

Kennedy assumira a presidência disposto a levar Berlim em banho-maria. E agora se via face a face com o problema. Temia que a preservação de alguns direitos dos alemães-ocidentais e dos aliados ocasionasse uma guerra nuclear.

"Toda guerra começa por uma estupidez", disse a O'Donnell. "Deus sabe que não sou isolacionista, mas me parece burrice arriscar a vida de 1 milhão de americanos por causa de uma briga sobre direitos de acesso a uma Autobahn da zona soviética da Alemanha, ou porque os alemães querem uma Alemanha reunificada. Se eu tiver de travar uma guerra nuclear com a Rússia, terá de ser por motivos maiores e mais importantes que esse. Para eu encostar Khruschóv na parede e submetê-lo a um teste final, é preciso que a liberdade de toda a Europa Ocidental esteja em jogo."[27]

Os que trabalharam muito para manter Kennedy bem informado antes da reunião de cúpula eram os que estavam mais decepcionados, principalmente aqueles que pertenciam à equipe do embaixador Thompson, cujos conselhos, em sua maior parte, foram ignorados. Um deles, Kempton Jenkins, comentaria, mais tarde, que aquela havia sido "a oportunidade de ouro para [Kennedy] ser encantador, fazer Jackie encantar Khruschóv e então dizer: 'Escute aqui, vou ser curto e grosso. Tire as mãos de Berlim, ou eu acabo com você'".[28]

Esses eram termos que Khruschóv entenderia. Com a superioridade nuclear dos Estados Unidos, Kennedy não precisava ter sido tão arrasado em Viena. Mais tarde, ao examinar a transcrição das conversas, Jenkins lamentou que o presidente não tivesse sido mais enérgico: "Ele estava sempre dizendo: Temos de encontrar uma solução. O que podemos fazer para tranquilizá-lo? Não queremos que você desconfie de nossos motivos. Não somos agressivos". Diante disso, Khruschóv só viu confirmar-se ainda mais sua impressão de que poderia superá-lo facilmente e passou a agir com maior agressividade, certo de que não teria de pagar caro por isso.

Os predecessores de Kennedy defenderam Berlim com tanta determinação em parte porque esperavam acabar com o controle comunista da Alemanha Oriental e também para apoiar o governo da Alemanha Ocidental em sua reivindicação da cidade como a futura capital de um país unificado. Kennedy não acreditava em nada disso e queria evitar um fracasso em Berlim, por achar que se retirar de lá poderia não só levar a Alemanha Ocidental a voltar-se contra os Estados Unidos e a Grã-Bretanha, como provocar uma divisão da Otan.

Em sua conversa com O'Donnell a caminho de Londres, ele expressou uma surpreendente compreensão da difícil posição de Khruschóv em Berlim. Sabia que o problema dos soviéticos era econômico e que o florescente capitalismo de Berlim Ocidental estava despojando a Alemanha Oriental de seus talentos.

"Não podemos criticar Khruschóv por estar tão furioso com isso", comentou.[29]

Embora tivesse sido arrasado pelo premiê, dirigiu sua raiva contra Adenauer e os alemães, que viviam reclamando que ele não era suficientemente enérgico com os soviéticos. Não pretendia lutar por Berlim — conquanto fosse justamente o que os acordos do pós-guerra o obrigavam a fazer. "Não fomos nós que desunimos a Alemanha", falou. "Não somos responsáveis pela ocupação de Berlim pelas quatro potências, um erro com o qual nem nós, nem os russos devíamos ter concordado, para começo de conversa. Mas agora os alemães-ocidentais querem que nós tiremos os russos da Alemanha Oriental."

"Não basta estarmos gastando uma montanha de dinheiro com a defesa militar da Europa Ocidental e particularmente com a defesa da Alemanha Ocidental, enquanto a Alemanha Ocidental se torna a potência industrial que mais cresce no mundo", lamentou. "Bom, se eles pensam que nós vamos correr para lutar por Berlim, a não ser como uma medida desesperada para salvar a Otan, estão muito enganados!"

Ao aterrissar em Londres, Kennedy disse a O'Donnell que duvidava que Khruschóv, "com toda a gritaria dele", realmente fizesse o que ameaçava. De qualquer modo, seria cauteloso, para não provocar uma reação dos soviéticos a uma ação militar repentina de sua parte. "Se vamos começar uma guerra nuclear, teremos de arrumar as coisas de tal modo que quem a comece seja o presidente dos Estados Unidos e mais ninguém. Não um sargento rápido no gatilho num comboio de caminhões num posto de controle da Alemanha Oriental."

LONDRES

SEGUNDA-FEIRA DE MANHÃ, 5 DE JUNHO DE 1961

O primeiro-ministro, Macmillan, imediatamente percebeu a angústia de Kennedy — tanto a dor física nas costas quanto o tormento psicológico causado pelo encontro com Khruschóv.[30]

Enquanto eles conversavam, altos funcionários americanos se deslocavam para informar os principais aliados sobre o que equivalia a um novo ultimato dos soviéticos. Em Paris, Rusk visitou De Gaulle e a Otan. Foy Kohler e Martin Hillenbrand, do Departamento de Estado, voaram para Bonn a fim de se avistar com Adenauer.[31]

Ao invés da reunião formal com o presidente — "ministério do Exterior e tudo mais" —, o primeiro-ministro preferiu conversar com ele em seu gabinete particular no Almirantado, já que a casa número dez da Downing Street estava fechada para reforma. Das 10h30 às 13h25, uma hora mais que o programado, os dois ficaram a sós, com Macmillan praticamente só escutando e abastecendo Kennedy de sanduíches e uísque. Depois prosseguiram até as quinze horas, agora na companhia de Lord Home, ministro do Exterior. O que conversaram nesse dia ajudaria a configurar a relação mais íntima e confiante de Kennedy com um líder estrangeiro. Ele gostou da mordacidade e da inteligência do primeiro-ministro, bem como de sua calma em relação às questões de maior seriedade.[32]

Mais tarde, referindo-se à Cúpula de Viena, Macmillan lembraria: "Pela primeira vez na vida, Kennedy encontrou um homem imune a seu charme". Ele lhe pareceu "atônito — 'atarantado' talvez fosse o termo mais correto [...] impressionado e chocado". Sucumbira à dureza e à brutalidade de Khruschóv — como se encontrasse Napoleão "pela primeira vez, no auge do poder", ou como se fosse Neville Chamberlain "tentando conversar com Herr Hitler".[33]

Segundo Macmillan, o Ocidente devia simplesmente "dizer aos russos que podiam fazer o que quisessem em relação a um tratado com a RDA, mas assegurar-lhes que defenderia seus direitos e reagiria com toda a sua força a qualquer ataque contra eles".[34]

Kennedy observou que foi justamente essa ameaça que conteve os soviéticos até o momento. Infelizmente, ressalvou, Khruschóv achava que o Ocidente estava mais fraco depois dos recentes acontecimentos no Laos e "alhures" — um eufemismo para Cuba. Afinal, mesmo em 1949, quando detinha o monopólio nuclear, o Ocidente não usara a força para se estabelecer em Berlim Ocidental, e os russos sabiam que agora estavam relativamente mais fortes do que doze anos antes.

Lord Home temia que Khruschóv se visse obrigado a agir em relação a Berlim por causa de suas dificuldades com os refugiados da Alemanha Oriental e de problemas semelhantes com outros satélites. O premiê "poderia achar que tem de encontrar uma forma de acabar com isso". Uma vez que se tornasse público, o novo memorando de Khruschóv sobre Berlim colocaria o Ocidente numa posição incômoda, o ministro do Exterior acrescentou.

Kennedy pediu ajuda para redigir um discurso que pronunciaria em Washington no dia seguinte. Precisava expor as posições de Khruschóv e reafirmar o compromisso do Ocidente com Berlim Ocidental e o direito dos berlinenses de escolher livremente seu futuro. Segundo Macmillan, a verdade era que, "independentemente do que possa estar acontecendo em outros lugares do mundo, o Ocidente está vencendo em Berlim. É péssima propaganda para o sistema soviético o fato de tanta gente tentar deixar o paraíso comunista".

O presidente e o primeiro-ministro concordaram em enviar reforço militar e elaborar planos de contingência com ênfase no que o Ocidente faria (1) se os russos assinassem um tratado com a Alemanha Oriental; (2) se, depois de assinarem um tratado, o abastecimento dos civis fosse interrompido e/ou (3) as provisões dos militares sofressem interferência. Home sugeriu que Kennedy apresentasse contrapropostas ao memorando dos soviéticos, mas o presidente argumentou que propor negociações sobre Berlim poderia parecer mais uma "demonstração de fraqueza".[35]

Na viagem de volta aos Estados Unidos, Kennedy usava short e tinha a seu lado seus principais assessores. Seus olhos estavam vermelhos e lacrimejavam, denunciando o extremo cansaço. Suas costas latejavam de dor — e ele nunca saberia até que ponto suas enfermidades e os medicamentos que tomava haviam comprometido seu desempenho em Viena. Ele balançou a cabeça, olhou para os próprios pés, abraçou as pernas nuas e falou sobre a inflexibilidade de Khruschóv e os perigos que poderiam advir disso.[36]

Depois, disse a sua secretária, Evelyn Lincoln, que queria descansar um pouco a fim de se preparar para o dia cheio que teria em Washington e ordenou-lhe que guardasse os documentos secretos que havia examinado. Enquanto cumpria a ordem, ela deparou com um pedaço de papel no qual o presidente escrevera duas linhas:

Sei que existe um Deus — e vejo uma tempestade se formando;
Se Ele tem um lugar para mim, creio que estou pronto.[37]

Evelyn não sabia o que fazer com o papel, mas ficou preocupada. Não podia saber que Kennedy escrevera, de memória, parte do que, na primavera de 1860, Abraham Lincoln dissera a um educador de Illinois sobre sua determinação de abolir a escravidão. A anotação não tinha a ver com a morte — interpretação da secretária —, mas com o reconhecimento de um chamado.

Em Washington, Kennedy se reuniu com Bobby. As lágrimas escorriam-
-lhe pelas faces, em decorrência do estresse que ele estava sofrendo e das decisões que teria de tomar. Mais tarde, Bobby lembraria que "nunca vi meu irmão
chorar daquele jeito por alguma coisa. Estávamos em meu quarto, ele olhou
para mim e falou: 'Bobby, se acontecer uma guerra nuclear, tudo bem quanto a
nós. Tivemos uma vida boa, somos adultos. Trazemos essas coisas em nós. Mas
não posso aceitar que mulheres e crianças morram numa guerra nuclear'".[38]

O jornalista Stewart Alsop, amigo do presidente de longa data, estivera com
ele na catedral de Westminster, em Londres, por ocasião do batismo do filho de
Stanisław Radziwill e sua terceira esposa, Lee Bouvier, irmã mais nova de Jacqueline Kennedy. Foi um grande acontecimento, que contou com a presença do
primeiro-ministro e da família Kennedy.[39] O presidente chamou Alsop de lado e
durante quinze minutos falou sobre tudo que acabara de enfrentar. "Tive a impressão de que foi um choque enorme, que ele estava começando a absorver."[40]

Alsop também viu o caso da baía dos Porcos como o momento que "acabou com quaisquer ilusões de Kennedy sobre a certeza do sucesso" depois de
uma vida na qual sofrera pouquíssimos fracassos. Quanto a Viena, o jornalista
considerava que foi um momento mais sério, por causa das diferenças entre a
lição de Cuba de que era possível falhar em algo muito grande e a perspectiva de
mais um fracasso que poderia levar a uma guerra nuclear.

Fazia quatro meses e dezesseis dias que Kennedy estava na Casa Branca,
mas Alsop achava que foi em Viena que ele realmente se tornou o presidente do
país. Lá se confrontara com a natureza brutal do inimigo e entendera que Berlim seria seu campo de batalha.

"Foi depois disso que ele passou a ser o presidente no sentido pleno da
palavra", Alsop acreditava.

BERLIM ORIENTAL
QUARTA-FEIRA, 7 DE JUNHO DE 1961

Walter Ulbricht, o líder da Alemanha Oriental, mal pôde acreditar em sua
sorte quando o embaixador soviético Mikhail Pervukhin o informou sobre as
conversações de Viena. Mais satisfeito ainda ficou ao receber maiores detalhes

de autoridades do Alto Comissariado Soviético em Karlshorst, com os quais falava no fim de praticamente todo dia.[41]

Os três dias e noites anteriores de exercícios militares — reunindo o Exército Nacional do Povo e seu equivalente soviético — demonstraram que ele estava militarmente pronto para o que o Ocidente fizesse, quando Khruschóv por fim agisse em relação a Berlim. Os soldados de Ulbricht impressionaram Rodion Malinovsky, o ministro da Defesa soviético, e Andrei Grechko, o comandante das forças do Pacto de Varsóvia, que consideraram os exercícios suficientemente importantes para contar com sua presença e constataram que as tropas da Alemanha Oriental eram muito mais disciplinadas do que esperavam.

Foi com satisfação que, depois de cumprir mais uma jornada de trabalho de doze horas, Ulbricht se dirigiu para sua nova casa, em Wandlitz, na borda de uma densa floresta, uns trinta quilômetros a nordeste de Berlim, mais além das casas e dos jardins bem cuidados do bairro de Pankow. Fazia meses, talvez anos que não se sentia tão otimista.

Pervukhin lhe dera uma cópia do memorando que Khruschóv entregara a Kennedy em Viena, e Ulbricht viu que muitas de suas ideias sobre o futuro de Berlim, repetidas em numerosas cartas ao longo de muitos meses, passaram a integrar a linguagem oficial do premiê. Também ficara sabendo que Moscou divulgaria o documento dentro de dois dias.

Acreditava que dessa vez Khruschóv não poderia mais evitar o cumprimento de seu ultimato sobre Berlim. Até porque, em outros aspectos, o líder soviético estava endurecendo em relação à Alemanha. O ministro do Exterior, Gromyko, protestara junto às embaixadas britânica, francesa e americana em Moscou contra a decisão do chanceler Adenauer de, pela primeira vez, convocar o Bundesrat, a câmara alta do parlamento de Berlim Ocidental, para um plenário em 16 de junho — o que, a seu ver, constituía uma "nova e grande provocação" contra todos os Estados socialistas.

Depois de tanto importunar Khruschóv, Ulbricht escreveu-lhe uma carta altamente bajuladora. "Agradecemos calorosamente ao Presidium e a você, caro amigo, pelos grandes esforços que empreenderam para a conclusão de um tratado de paz e a solução da questão de Berlim Ocidental."[42]

Não só concordava com os termos do ultimato, como aplaudia o desempenho de Khruschóv na reunião de cúpula e sua representação do Partido Comunista, do governo soviético e do mundo socialista.

"Foi uma grande façanha política", afirmou.

Contudo, também sabia que muito do que ocorrera se devia a sua pressão e não pretendia parar de pressionar. Assim, dedicou grande parte da carta a queixas sobre o crescente "revanchismo" da Alemanha Ocidental, que constituía uma ameaça para ambos. O ministério da Economia da Alemanha Ocidental ameaçara revogar seu tratado comercial com a Alemanha Oriental no caso de concluir-se um tratado de paz. Isso custaria caro à Alemanha Oriental, que passaria a ser tratada "como Estado estrangeiro" e teria de "pagar por suas compras diárias na Alemanha Ocidental em moeda estrangeira" — que ela não tinha.

Ulbricht escreveu que Adenauer e outras autoridades da Alemanha Ocidental estavam tentando convencer países neutros a reduzirem os direitos de consulados e câmaras de comércio da Alemanha Oriental. E que o chanceler também estava tentando impedir a participação da Alemanha Oriental nos Jogos Olímpicos.

Agora que Khruschóv parecia inteiramente concentrado em Berlim, Ulbricht queria a todo custo evitar um novo adiamento. "O camarada Pervukhin nos informou que você acharia interessante que uma consulta dos primeiros secretários [dos partidos comunistas do bloco soviético] tivesse lugar o mais breve possível." Assim, Ulbricht tomara a liberdade de pedir a líderes da Polônia, da Hungria, da Romênia e da Bulgária que se reunissem em 20 e 21 de julho para "discutir os preparativos para um tratado de paz".

Queria que todo o bloco socialista girasse em torno dele. "O objetivo dessa reunião", explicou, "deve ser chegar a um acordo sobre os preparativos políticos, diplomáticos, econômicos e organizacionais, bem como estabelecer medidas para coordenar a cobertura do rádio e da imprensa."

MOSCOU

QUARTA-FEIRA, 7 DE JUNHO DE 1961

Ao voltar de Viena, Khruschóv ordenou que fossem feitas várias cópias das atas da reunião de cúpula e enviadas a amigos e aliados. Queria que todos — principalmente seus críticos locais e estrangeiros — soubessem da competência com que lidara com Kennedy. Mandou que os papéis portassem o selo "Ultras-secreto", porém tivessem uma circulação mais ampla que a habitualmente des-tinada a esse tipo de documento. Uma cópia foi enviada a Castro, em Cuba, embora ele não fosse visto como integrante do mundo socialista. Entre os de-zoito países que também tomaram conhecimento das atas figuravam não co-munistas como Egito, Iraque, Índia, Brasil, Camboja e México. Um alto funcio-nário soviético informaria Josip Broz Tito, da Iugoslávia.[43]

Khruschóv agia como o vencedor, querendo que todos revivessem com ele o jogo da vitória. Depois de sua linha dura em Viena, adotou uma postura mais rígida e ditatorial em Moscou, atribuindo a uma liberalização exagerada o des-contentamento, a vadiagem, a criminalidade e o desemprego existentes na União Soviética — e nisso se assemelhava cada vez mais a seus críticos neostali-nistas. Também revogou reformas do sistema judiciário associadas com sua destalinização.

"Vocês se tornaram liberais!", gritou para o promotor público Roman Ru-denko, ao criticar leis brandas demais para com os ladrões, que, a seu ver, de-viam ser fuzilados.[44]

"Não adianta brigar comigo", Rudenko rebateu. "Se a lei não prescreve a pena de morte, não podemos aplicá-la."

"Os camponeses têm um ditado: 'Livre-se das sementes ruins'", Khruschóv respondeu. "Stálin estava certo em relação a essas questões. Ele foi longe de-mais, mas nós nunca tivemos compaixão de criminosos. Nossa luta com os ini-migos deve ser impiedosa e bem direcionada."

Khruschóv realizou mudanças que ampliaram a aplicação da pena de morte, aumentou as unidades policiais da KGB e aboliu muitas das tendências liberalizantes que ele mesmo introduzira.

Enquanto Kennedy voltava para a Casa Branca, preocupado com o que have-ria de dizer aos americanos, Khruschóv estava na embaixada da Indonésia, come-morando o sexagésimo aniversário de Sukarno, que se encontrava em Moscou.[45]

A orquestra tocou músicas para dançar no gramado da embaixada e, insta-dos por Khruschóv, vários líderes do partido, como o presidente Leonid Brezh-nev e o vice-premiê Anastas Mikoyan, levantaram-se para participar de uma dança folclórica. Diplomatas e altas personalidades russas marcavam o ritmo com palmas. Entre os dançarinos encontrava-se o príncipe Souvanna Phouma, do Laos.

Sukarno convidou Nina Khruschóv para dançar. A euforia do líder soviético, depois de Viena, contagiava a todos. A certa altura, ele pegou uma batuta para reger a orquestra e durante toda a noite contou piadas. Quando Sukarno disse que queria novos empréstimos por deixá-lo conduzir a orquestra, Khruschóv abriu o paletó, virou os bolsos pelo avesso e mostrou que estavam vazios.

"Olhem, ele me rouba tudo", falou, e a multidão riu.

Vendo Mikoyan dançar tão bem, comentou que o número dois só mantinha o emprego porque o Comitê Central do partido o declarara exímio dançarino. Era a primeira vez, desde o levante húngaro em 1956 e a tentativa de golpe contra ele em 1957, que o premiê estava tão alegre.

Quando Sukarno manifestou o desejo de beijar uma moça bonita, Nina correu os olhos pela multidão e escolheu uma jovem relutante, cujo marido a princípio se recusou a cedê-la.

"Ah, por favor, venha", Nina pediu. "Você só tem de beijá-lo uma vez, não duas."

E a moça deu um beijo no líder indonésio.

Mas o que marcou a noite foi o canhestro *pas de deux* executado por Sukarno e Khruschóv. Primeiro, eles dançaram de mãos dadas; depois, o eufórico premiê dançou sozinho, descrevendo seu estilo como o de "uma vaca no gelo": pesado, inseguro, vacilante.

Nessa ocasião, porém, ele se agachou e movimentou as pernas à maneira dos cossacos, parecendo curiosamente leve.[46]

12. Verão agitado

Em nossa capital, a maioria dos operários da construção está erguendo prédios de apartamentos, e toda a sua capacidade de trabalho está voltada para essa finalidade. Ninguém tem a intenção de construir um muro.[1]

Walter Ulbricht numa entrevista coletiva
à imprensa, 15 de junho de 1961

Ele consegue dar conta da função de presidente, mas só na aparência.[2]

Dean Acheson, escrevendo ao ex-presidente
Truman sobre seu trabalho para o presidente
Kennedy em Berlim, 24 de junho de 1961

O problema de Berlim, que por obra de Khruschóv está evoluindo para uma crise [...] é muito mais que um problema dessa cidade. É mais amplo e mais profundo até mesmo que a questão alemã como um todo. Tornou-se uma questão de resolução entre os Estados Unidos e a União Soviética, e seu resultado determinará a confiança da Europa — do mundo, na verdade — nos Estados Unidos.[3]

Dean Acheson, num relatório sobre Berlim para
o presidente Kennedy, 29 de junho de 1961

A decisão de convocar os correspondentes em Berlim Ocidental para uma entrevista coletiva no setor comunista era tão inédita que os propagandistas de Walter Ulbricht não sabiam nem como convidar os repórteres.

O problema era que Ulbricht cortara a comunicação telefônica entre as duas partes da cidade em 1952. Agora seu pessoal tinha de mandar emissários para o outro lado da fronteira, munidos de moedas de dez centavos da Alemanha Ocidental e de uma lista dos membros da associação de imprensa de Berlim Ocidental. Em cabines de telefone público, eles ligaram para um por um dos correspondentes, transmitindo uma mensagem concisa e seca: "Entrevista coletiva. Presidente do Conselho de Estado da República Democrática Alemã Ulbricht. Sede dos ministérios. Quinta-feira. Onze horas. Você está convidado".[4]

Três dias depois, cerca de trezentos jornalistas — praticamente a metade dos quais representando cada lado da cidade — apinharam-se num enorme salão de banquete, onde Hermann Göring recepcionara oficiais do Terceiro Reich. Um imenso martelo e compasso, símbolo nacional da Alemanha Oriental, erguia-se triunfalmente atrás do palco em que outrora ficavam a águia e a suástica dos nazistas.

Quando Ulbricht entrou, o salão já estava desconfortavelmente quente e abafado, em função do calor corporal dos repórteres, do dia de verão e da falta de ar-condicionado. A seu lado estava Gerhard Eisler, o lendário comunista que dirigia as operações radiofônicas da Alemanha Oriental. Chamado pelos correspondentes de "Goebbels da Alemanha Oriental", ele correu pela multidão os olhinhos ampliados pelas grossas lentes bifocais. Espião soviético condenado nos Estados Unidos, fugira sob fiança em 1950, deixando Nova York a bordo de um navio polonês, e fora para a recém-criada Alemanha Oriental. Os jornalistas ocidentais cochichavam entre si sobre o que sabiam a seu respeito.[5]

Norman Gelb, correspondente da Mutual Broadcasting Network, nunca tinha visto Ulbricht de perto e se perguntou como esse homem grisalho, baixinho e insignificante, de lábios apertados, voz estridente e óculos sem aro, conseguira sobreviver a tantas lutas pelo poder dos soviéticos e dos alemães-orientais. O cavanhaque bem aparado lhe conferia certa semelhança com

Lênin, porém Gelb o achou mais parecido com um chefe de repartição do que com um ditador.

Agendada para coincidir com o primeiro pronunciamento público de Khruschóv em Moscou sobre a Cúpula de Viena, a longa declaração inicial de Ulbricht decepcionou os jornalistas, que esperavam algo de consequências históricas. O propósito do encontro extraordinário só ficou mais claro quando passaram para as perguntas, duas ou três de cada vez, que o entrevistado respondia com longas dissertações, difíceis de acompanhar.[6]

Os correspondentes anotaram rapidamente quando Ulbricht anunciou que o caráter de Berlim Ocidental mudaria drasticamente depois que a Alemanha Oriental e a União Soviética assinassem o tratado de paz, com ou sem a concordância do Ocidente. Numa "cidade livre", disse ele, "é evidente que os chamados campos de refugiados de Berlim Ocidental serão fechados e os traficantes de pessoas deixarão Berlim". Isso também significaria o fechamento dos "centros de espionagem" americanos, britânicos, franceses e alemães-ocidentais ativos em Berlim Ocidental. Depois, as viagens dos alemães-orientais seriam controladas com maior rigor e só quem obtivesse permissão do ministério do Interior poderia deixar o país.

Annamarie Doherr, da esquerdista *Frankfurter Rundschau*, pediu mais detalhes. Perguntou como as viagens seriam controladas, já que a fronteira de Berlim Oriental estava aberta: "Criar uma 'cidade livre', como o senhor diz, significa construir as fronteiras da República Democrática Alemã no Portão de Brandemburgo?". Doherr também quis saber se Ulbricht estava decidido a executar seu plano "com todas as consequências", que incluíam uma guerra potencial.

Impassível, sem mudar a expressão de seus olhos frios, ele respondeu: "Pelo que entendo, sua pergunta sugere que há pessoas na Alemanha Ocidental que gostariam de nos ver mobilizar os trabalhadores da construção da capital da RDA para erguer um muro". Fez uma pausa, olhou do alto da tribuna para a baixinha e roliça Frau Doherr, e prosseguiu: "Não sei de tal intenção. Em nossa capital, a maioria dos operários da construção está erguendo prédios de apartamentos e toda a sua capacidade de trabalho está voltada para essa finalidade. Ninguém tem a intenção de construir um muro".

Foi a primeira vez que mencionou publicamente a palavra "muro", embora a repórter não tivesse mencionado esse tipo de barreira. Ele abriu o jogo, porém nenhum dos presentes incluiria isso em suas reportagens. Parecia-lhes mais uma instância da falta de clareza de Ulbricht.[7]

Às dezoito horas, os alemães-orientais puderam ver na televisão estatal o pronunciamento de Khruschóv sobre o resultado da Cúpula de Viena, durante o qual ele declarou: "Não é possível adiar mais um tratado de paz com a Alemanha". A transmissão da entrevista coletiva de Ulbricht, devidamente editada, aconteceu às vinte horas.[8]

O efeito foi assustador e imediato. Apesar do maior controle das fronteiras, registrou-se no dia seguinte o recorde de refugiados no ano: 4770, elevando o número anual para 1,74 milhão de pessoas — numa população de apenas 17 milhões. O termo que se usava cada vez mais para designar a fuga, *Torschlusspanik* — o medo de que a porta se feche antes que se consiga passar —, traduzia o pânico que se espalhou pela Alemanha Oriental depois do discurso de Ulbricht.[9]

Na época, alguns observadores acharam que o rápido aumento no número de refugiados mostrava que Ulbricht calculara mal o impacto potencial da entrevista coletiva. O mais provável é que esse aumento marcasse o fim de uma etapa para a Alemanha Oriental. Ulbricht sabia que apesar de todas as suas expressões públicas de determinação em relação a Berlim, Khruschóv ainda não decidira qual seria seu próximo passo depois de Viena.

Contudo, Ulbricht planejava cuidadosamente cada um de seus atos. Piorando as coisas para si mesmo no curto prazo, mostrava a Khruschóv, com clareza cada vez maior, o preço inaceitável da inação.

Estava decidido a aproveitar o impulso pós-Viena.

CASA BRANCA, WASHINGTON, D. C.
SEXTA-FEIRA, 16 DE JUNHO DE 1961

Considerando suas críticas ao desempenho de Kennedy na baía dos Porcos, Dean Acheson ficou lisonjeado e um tanto surpreso quando o presidente o procurou para novamente lhe pedir conselho. As perguntas que ouviu eram simples, mas difíceis de responder: como lidar com Khruschóv depois do ultimato de Viena? Até que ponto cabia levar a sério a ameaça contra Berlim — e o que fazer a esse respeito?

A relação entre Acheson e Kennedy era cada vez mais complexa. Os dois se conheceram no final da década de 1950, quando o então senador ocasionalmente dava carona a seu vizinho em Georgetown depois das sessões no Capitólio. O jovem Kennedy não sabia que Acheson detestava seu pai, não só porque o velho Joe apoiava uma política externa de isolacionismo, mas também porque acreditava que ele enriquecera desonestamente — e com esses ganhos espúrios comprara a Casa Branca para o filho.[10]

Para o presidente, no entanto, Acheson talvez fosse a melhor opção para conseguir respostas claras para questões urgentes. Nesse dia, cumpria-lhe enfrentar o "Grupo de Coordenação Interdepartamental para Planos de Contingência para Berlim", o setor da administração encarregado de tomar decisões, mais conhecido como Força-Tarefa de Berlim. E Acheson assegurou aos presentes que pretendia "não interferir em qualquer operação em curso, mas promover a reflexão e a atividade".[11]

Disse que a Força-Tarefa tinha de levar a sério as ameaças de Khruschóv e que, portanto, seu plano de contingência para Berlim deixara de ser um exercício teórico. Era preciso tomar decisões. O custo de não agir era enorme, bem como o perigo de não conseguir fazer Khruschóv mudar de ideia em relação à suposta fraqueza dos americanos. A questão de Berlim envolvia "o prestígio dos Estados Unidos e, talvez, sua sobrevivência".

Já que não via possibilidade de uma solução política, Acheson explicou que cabia agora decidir se havia vontade política de tomar decisões difíceis, "independentemente da opinião de nossos aliados". Agora Khruschóv estava "disposto a fazer o que não se dispunha a fazer antes, sem dúvida por acreditar que os Estados Unidos não tentarão impedi-lo com armas nucleares".

Se realmente era assim, os Estados Unidos não conseguiriam deter os russos. Acheson não tinha muito interesse em ouvir os demais. Estava ali para convencê-los de suas ideias. Achava que a administração Kennedy estava entrando no pior de todos os mundos. Quanto mais duvidasse de que os americanos chegariam a usar armas nucleares, mais Khruschóv poderia testar Kennedy até o ponto de obrigá-lo a usá-las. "Não devemos ver as armas nucleares como as últimas e maiores a serem utilizadas, mas como o primeiro passo numa nova estratégia para proteger os Estados Unidos do fracasso de uma política de dissuasão", Acheson argumentou.

Sua linha dura lhe valera muitos inimigos no Partido Democrata e entre os altos funcionários presentes na sala. Ele lhes explicou que agora a inação em relação a Berlim teria um efeito dominó que iria muito além da cidade e colocaria em risco os interesses americanos em todo o mundo. "Berlim é vital para a posição de poder dos Estados Unidos. A retirada destruiria nossa posição de poder", alertou. Assim, era preciso "agir de modo a não provocar uma série de derrotas, nem nos levar à catástrofe final".[12]

Depois de se desculpar com o Estado-Maior e o secretário de Defesa, a quem caberia decidir as questões militares, Acheson falou sobre o que pretendia propor ao presidente. Queria que os reservistas passassem por um treinamento mais intensivo que sua habitual rotina de verão para estar em condições de combate. Queria que "unidades STRAC" — Strategic Army Corps [Corpo Estratégico do Exército] — voassem para a Europa e, depois de seus exercícios, parte delas se juntasse às forças aliadas. Queria aumentar a fabricação de Polaris e outros sistemas de mísseis e submarinos para ampliar o poderio nuclear. Queria retomar os testes nucleares e, quebrando a promessa de Kennedy a Khruschóv, o tipo de voos de reconhecimento que levara à captura dos pilotos do U-2 e do RB-47 e ao rompimento das relações entre americanos e soviéticos. Queria porta-aviões posicionados em pontos que permitissem a melhor defesa de Berlim.

Todos ficaram perplexos. Acheson estava propondo nada menos que uma total mobilização militar que colocaria os Estados Unidos em pé de guerra. Se suas palavras refletiam o pensamento de Kennedy, eles testemunhariam uma guinada histórica no confronto com Moscou por Berlim.

Acheson continuou no mesmo tom. Queria um aumento substancial no orçamento militar e uma proclamação de emergência nacional, reforçada por resoluções do Congresso, para que os americanos entendessem. Para isso, naturalmente, era preciso preparar psicologicamente o povo e os congressistas. E o ex-secretário de Estado sugeriu um vasto programa de construção de abrigos antiaéreos como meio de envolver a população.

Também queria um alerta geral do Comando Aéreo Estratégico e o envio de tropas à Europa. Se nada disso impressionasse os soviéticos, queria uma ponte aérea para Berlim guarnecida por tropas militares e uma verificação constante dos postos de controle através de tráfego intenso por terra para garantir que os acessos permanecessem abertos. A isso poderia seguir-se "um movimento militar, indicando o uso eventual de armas nucleares táticas e depois armas nucleares estratégicas".

Os aliados, sobretudo os britânicos, protestariam. "Seria importante levar nossos aliados conosco, mas devemos estar prontos para ir sem eles, a menos que os alemães se acomodem." Acheson tinha certeza de que seu amigo Adenauer apoiaria o plano, e isso era crucial, já que as tropas e os interesses alemães correriam o maior risco. "Devemos estar dispostos a ir até o fim se os alemães estiverem conosco", acrescentou.

Os presentes não sabiam em que medida Acheson falava por Kennedy, mas ele sem dúvida refletia o crescente senso de urgência do presidente, que estava frustrado com a lentidão do Departamento de Estado — "uma tigela de gelatina" — e do Pentágono, que geralmente levava dias ou semanas para responder suas perguntas. Kennedy queria mais rapidez, pois muitas vezes teria apenas minutos para decidir questões que podiam custar milhões de vidas.[13]

Acheson deu duas semanas ao grupo para analisar suas ideias. Disse que, ao fim desse prazo, era preciso tomar uma decisão e começar a agir. Diante de tantos rostos surpresos, admitiu que estava propondo algo muito arriscado, mas não seria imprudência da parte do governo americano se preparar para usar armas nucleares na defesa de Berlim, onde todo o seu prestígio estava em jogo. "Se não estamos dispostos a ir até o fim, não devemos começar. Uma vez tendo começado, recuar seria arrasador. Se não estamos dispostos a assumir todos os riscos, é melhor começarmos a tentar abrandar os eventuais resultados desastrosos do descumprimento de nossos compromissos."[14]

Concluída a apresentação, a sala permaneceu em silêncio. Acheson sabia que aqueles que conduziam a política em Washington eram os mais decididos a acatar sua proposta, e nenhum integrante da equipe de política externa discordou. Foy Kohler, do Departamento de Estado, aliado de Acheson e presidente da reunião, quebrou o gelo, expressando sua concordância. Porém ressaltou que os britânicos se opunham ao envio ostensivo de tropas pela Autobahn como reação a qualquer restrição de acesso a Berlim. Macmillan advertira que elas seriam "trituradas" pelos soviéticos.

Paul Nitze, do Pentágono, acrescentou que Sir Evelyn Schuckburgh, chefe da equipe de política de planejamento britânico para Berlim e a Alemanha, achava "essencial não assustar as pessoas com nossa movimentação".

Se os aliados da Otan eram contrários a ações que visavam à defesa de Berlim, os Estados Unidos tinham de saber agora, Acheson falou. "Não devemos perguntar a eles se ficarão com medo se dissermos 'Bu!'. Devemos dizer 'Bu!' e ver até onde eles pulam."

O embaixador Thompson, conhecido opositor de Acheson, que viajara de Moscou para participar da reunião, alertou: "Não devemos acuar [Khruschóv]". Como era importante que os russos não pensassem que os Estados Unidos se afastaram de seus aliados, "talvez seja melhor não dizer 'Bu!' antes de conseguir a adesão dos líderes britânicos".

Acheson rebateu, argumentando que seria um problema convencer Khruschóv de que falavam sério e, ao mesmo tempo, informar aos britânicos que não falavam.

Ao contrário do ex-secretário de Estado, o embaixador estava certo de que o líder soviético não queria um confronto militar e faria de tudo para evitá-lo. Acreditava que ações discretas seriam mais eficazes, com maior probabilidade de não atiçar o lado irracional de Khruschóv e talvez provocar a guerra que os Estados Unidos esperavam evitar.

Nitze questionou a eficácia dessas ações, pois, lembrou, seria difícil executar um plano de contingência sem procedimentos legais que exigiriam ostensivas declarações e justificativas do presidente ao Congresso.

Acheson replicou que poderiam evitar esse tipo de alarde, convencendo o Congresso a aceitar muitas medidas com base na legislação de emergência existente e mais tarde corroborá-las com uma resolução.

Parecia que havia pensado em tudo.

Quanto ao cronograma do presidente, determinou que os elementos para a decisão chegassem às mãos dos secretários de Estado e de Defesa até o final da semana seguinte ou ao cabo de dez dias no máximo. Acheson estava estabelecendo prazos, e todo mundo estava dizendo amém.

Nitze anunciou que dentro de três dias um grupo de trabalho começaria a enumerar os passos necessários com relação a Berlim. A lista de recomendações militares estaria concluída até 26 de junho.

Isso era rapidez, em termos de governo.

KREMLIN, MOSCOU
QUARTA-FEIRA, 21 DE JUNHO DE 1961

Para dar um toque teatral à sua participação na celebração militar do vigésimo aniversário da invasão soviética à Alemanha de Hitler, Khruschóv vestiu seu uniforme de general repleto de condecorações. Não o usava desde que atuara como consultor político no front de Stalingrado, durante a Segunda Guerra Mundial. Como engordara desde então, o Exército tivera de providenciar-lhe um uniforme novo.

Para completar, um documentário sobre sua vida como herói político e militar, intitulado *Nosso Nikita Sergeyevich*, acabara de estrear: "Sempre e em tudo, lado a lado com o povo, no meio dos acontecimentos — esse é o Nikita Sergeyevich Khruschóv que o povo soviético conhece".

Diante das câmeras de televisão, o cosmonauta Yuri Gagarin enalteceu o premiê como "o explorador pioneiro da era cósmica". O líder soviético recebeu mais uma Ordem de Lênin e uma terceira medalha com a foice e o martelo por "conduzir a criação e o desenvolvimento da indústria de foguetes [...] que inaugurou uma nova era na conquista do espaço". Khruschóv condecorou sete pessoas que contribuíram para o voo. A fim de consolidar alianças e neutralizar rivais, concedeu a Ordem de Lênin a Leonid Brezhnev, seu aliado no Politburo, e a Frol Kozlov, potencial rival no Congresso do Partido que se realizaria em outubro. Antes de agir em relação a Berlim, estava protegendo seus flancos como um político experiente.[15]

Classificou de ameaça não só a Moscou, mas a todo o mundo comunista, a intransigência do Ocidente em relação a Berlim. Profetizou que, como os nazistas vinte anos antes, o Ocidente fracassaria completamente por causa do crescimento do poderio militar da União Soviética e dos países socialistas.[16]

Um depois do outro, os heróis militares e os altos comandantes soviéticos saudaram a liderança de Khruschóv e soaram o alarme no tocante a Berlim. O marechal Vasily Chuikov, comandante em chefe das forças terrestres da União Soviética, disse para a multidão: "A verdade histórica é que no ataque a Berlim não havia por perto um único soldado americano, inglês ou francês, exceto os que eram prisioneiros de guerra e que nós libertamos". Assim sendo, concluiu, as pretensões dos aliados a direitos especiais em Berlim, tanto tempo depois da rendição, "são totalmente infundadas".[17]

A multidão aplaudiu.

O general A. N. Suburov, ex-comandante da resistência ucraniana, afirmou que Khruschóv era um talentoso estrategista militar, capaz de avaliar um inimigo importante num momento histórico e determinar a conduta correta para executar um plano viável. Rodion Malinovsky, ministro da Defesa, informou que os americanos e seus aliados estavam montando "um gigantesco aparato militar e um sistema de blocos agressivos" junto às fronteiras soviéticas aos quais era preciso resistir. Estavam armazenando armas nucleares e foguetes e criando áreas de tensão na Argélia, no Congo, no Laos e em Cuba. Estavam adotando a mesma política que levara à Segunda Guerra Mundial, "cegos pelo ódio de classe ao socialismo".

Khruschóv estava preparando o terreno para justificar qualquer atitude que tomasse em relação a Berlim. Os americanos eram o inimigo mais poderoso de Moscou. Berlim era o campo de batalha a ser evacuado. Ele mesmo era o herói do passado e do presente que conduziria os socialistas do mundo a esse momento histórico. Tratava-se, ao mesmo tempo, de um grito de guerra por Berlim e de um evento de campanha antes do Congresso do Partido, em outubro. O futuro de Berlim e o de Khruschóv estavam inextricavelmente ligados.

Depois o premiê pagou aos militares uma substancial recompensa por seu apoio. Em meados da década de 1950, havia cortado gastos com a Defesa e o efetivo e redirecionado recursos de armas convencionais para mísseis nucleares. Agora parou com a redução de tropas, abriu acesso a novos armamentos e aumentou os gastos para dar apoio equilibrado a "todos os setores de nossas Forças Armadas", porque os militares "devem ter tudo que é necessário para imediatamente esmagar qualquer adversário [...] pela liberdade de nossa Pátria Mãe".

A multidão delirante aplaudiu seu líder.

WASHINGTON, D. C.
SÁBADO, 24 DE JUNHO DE 1961

Enquanto dava os retoques finais em sua nova avaliação de Berlim, Dean Acheson escreveu um bilhete para seu antigo chefe, o ex-presidente Harry Truman, falando de suas preocupações com o novo chefe. Estava "preocupado e confuso" com Kennedy. "Ele consegue dar conta da função de presidente, mas só na aparência."[18]

Quatro dias depois, em 28 de junho, apresentou a Kennedy uma versão preliminar de seu relatório sobre Berlim a fim de prepará-lo para uma entrevista coletiva à imprensa que aconteceria logo mais e para uma reunião crucial com o Conselho de Segurança Nacional e congressistas de destaque no dia seguinte.

A 13ª entrevista coletiva em seis meses de mandato era resultado da crescente pressão por parte do público e da mídia. A relutância de Kennedy em discutir o assunto Berlim ao longo do mês de junho suscitara comentários de que sua determinação em enfrentar Khruschóv estava bem aquém da determinação da população e do Pentágono. A revista *Time*, o semanário de maior circulação no país, afirmou em sua edição de 7 de julho: "Há a crescente impressão de que o governo ainda não tem uma liderança ampla para conduzir os Estados Unidos pelos perigosos caminhos da Guerra Fria". E propôs ao presidente que assumisse o desafio de Berlim "sem hesitação e com ousadia".[19]

Kennedy desabafou com Salinger: "Essa merda tem de acabar". O que mais o irritou foi o ataque de Richard Nixon: "Nunca na história americana um homem falou tanto e fez tão pouco".[20]

Como aconteceria com frequência em sua gestão, Kennedy utilizou na entrevista coletiva uma retórica mais dura em relação aos soviéticos que a realidade de sua política. "Ninguém pode deixar de entender a gravidade dessa ameaça. Ela envolve a paz e a segurança do mundo ocidental", disse. Negou que houvesse uma proposta de mobilização militar em Berlim, porém anunciou que estava analisando "uma série de medidas". A declaração era verdadeira só no sentido mais estrito: Acheson discutiria contigências militares com ele no dia seguinte.

GABINETE DA CASA BRANCA, WASHINGTON, D. C.
QUINTA-FEIRA, 29 DE JUNHO DE 1961

Os três primeiros parágrafos do relatório de Acheson sobre Berlim continham um inequívoco chamado à ação.[21]

O problema de Berlim, que por obra de Khruschóv está evoluindo para uma crise que, segundo ele, terá lugar mais para o fim de 1961, é muito mais que um problema dessa cidade. É mais amplo e mais profundo até mesmo que a questão alemã como um todo. Tornou-se uma questão de resolução entre os Estados Unidos e a União Soviética, e seu resultado determinará a confiança da Europa — do mundo, na verdade — nos Estados Unidos. Não é exagero dizer que toda a posição dos Estados Unidos está em jogo.

Até que se resolva o conflito de vontades, tentar solucionar o problema de Berlim através de negociação é pior que perder tempo e energia. É perigoso. Isso porque o que se pode conseguir através de negociação depende do estado de espírito de Khruschóv e seus colegas.

Até o momento, Khruschóv tem demonstrado que acredita no sucesso, porque os Estados Unidos e seus aliados não farão o necessário para detê-lo. Nem a eloquência, nem a lógica, nem a amabilidade conseguirão persuadi-lo. Como escreveu Sir William Hayter [ex-embaixador britânico em Moscou]: "A única maneira de mudar o propósito [dos russos] é demonstrar [...] que o que eles querem fazer não é possível".

Depois desse preâmbulo, Acheson apresentou sua proposta. Berlim era um problema só porque os soviéticos decidiram torná-la um problema. E tinham várias razões para isso: queriam neutralizar a cidade para depois tomá-la; queriam enfraquecer ou romper a aliança ocidental; e queriam desacreditar os Estados Unidos. "Os verdadeiros temas deveriam ser que Khruschóv é um falso depositário e um fomentador de guerra, e é preciso expô-los", Acheson sugeriu.[22]

Seu objetivo era fazer o premiê mudar de ideia, convencê-lo de que Kennedy reagiria com tanta firmeza a qualquer teste envolvendo Berlim que Khruschóv não se arriscaria a tentá-lo. Acheson queria que o presidente declarasse emergência nacional e aumentasse rapidamente o poderio nuclear americano e as forças convencionais. Queria que as tropas americanas que estavam na Alemanha, fora de Berlim, recebessem imediatamente o reforço de duas ou três divisões, totalizando seis. A mensagem subjacente: se alguém tiver de recuar, que sejam os soviéticos.

O relatório enumerava três "pontos fundamentais", que, se violados, provocariam uma reação militar. Os soviéticos não poderiam ameaçar guarnições ocidentais em Berlim, não poderiam obstruir o acesso aéreo e terrestre à cidade e não poderiam interferir na viabilidade e no lugar de Berlim Ocidental no mundo livre. Segundo Acheson, uma ponte aérea, no estilo da de 1948, seria a resposta a qualquer obstrução do acesso. Se os soviéticos agora fossem mais eficientes no bloqueio aéreo, considerando sua maior capacidade militar e as maiores necessidades de Berlim, Kennedy enviaria pela Autobahn duas divisões blindadas para forçar a abertura de Berlim Ocidental.

Acheson lançou o desafio, porém Kennedy ainda não estava pronto para assumi-lo. Ele pouco falou na reunião. Duvidava que os americanos aceitassem um plano tão ambicioso como o que ex-secretário de Estado propunha. Muito menos os aliados o aceitariam. De Gaulle estava ocupadíssimo com a Argélia, e Macmillan não queria tropas na Autobahn.

Thompson desfiou seus argumentos contra o plano. Acreditava que o intuito de Khruschóv não era humilhar os Estados Unidos, como Acheson dizia, mas estabilizar seu flanco na Europa Oriental. Assim, achava melhor enviar um reforço militar mais discreto, acompanhado de uma iniciativa diplomática para travar negociações sobre Berlim depois das eleições na Alemanha Ocidental, marcadas para setembro. Se Kennedy declarasse emergência nacional, os Estados Unidos pareceriam "histéricos" e Khruschóv poderia se ver obrigado a uma reação impulsiva que evitaria em outras circunstâncias.

O almirante Arleigh Burke, comandante da Marinha americana, também se opunha ao plano de Acheson. Era contrário à escala da "operação" militar recomendada pelo ex-secretário de Estado, bem como a uma ponte aérea sem relação com esse tipo de operação. Vira a relutância de Kennedy em fornecer o apoio militar necessário ao sucesso em Cuba e não arriscaria o pescoço pelo plano de Acheson.[23]

A administração estava dividida em dois campos: o que se tornava conhecido como os linhas-duras em relação a Berlim e o que recebera dos falcões presentes a desdenhosa denominação de SLOBS [sujos], ou Soft-Liners on Berlin [Linhas-Brandas em relação a Berlim]. O primeiro incluía Acheson, o subsecretário de Estado Foy Kohler, todo o setor encarregado da Alemanha no Departamento de Estado, o subsecretário de Defesa Paul Nitze, o Estado-Maior do Pentágono e o vice-presidente Lyndon Johnson.

Os linhas-brandas não gostaram do acrônimo que os designava, pois lhes parecia uma tentativa de desacreditar sua preferência por uma solução negociada para Berlim, embora ainda apoiassem uma atitude dura para com os soviéticos e um reforço militar. Compunham um grupo formidável e tinham maior proximidade pessoal com Kennedy: Thompson, o consultor de assuntos soviéticos Charles Bohlen, o assessor da Casa Branca Arthur Schlesinger, o consultor da Casa Branca e professor de Harvard Henry Kissinger e o assessor especial Ted Sorensen. Incluíam ainda Robert McNamara e McGeorge Bundy.

Mas Acheson tinha uma arma poderosa: uma proposta específica e abrangente, que envolvia até o último soldado a ser mobilizado. Os SLOBS não apresentaram nenhuma alternativa.

Depois da reunião, Schlesinger organizou um contra-ataque. Esse historiador de 43 anos atuara por três vezes na campanha presidencial de Adlai Stevenson antes de se alinhar com Kennedy. Acreditava que os homens de ideias tinham de colaborar com os homens de poder para alcançar objetivos nobres. E citava casos históricos de intelectuais ocidentais — Turgot, Voltaire, Struensee, Benjamin Franklin, John Adams e Thomas Jefferson — que "viam a colaboração com o poder como a ordem natural das coisas". Procurou Abram Chayes, consultor jurídico do Departamento de Estado, para começarem a elaborar um plano que deveria constituir uma alternativa razoável para a proposta de Acheson.[24]

O ex-secretário de Estado dissera a seu velho amigo Chayes que já havia examinado opções mais brandas e elas não funcionariam. "Abe, você vai ver. Pode tentar, mas vai descobrir que não dá em nada."

PITSUNDA
COMEÇO DE JULHO DE 1961

Em seu refúgio à margem do mar Negro, um Khruschóv frustrado ordenou que lhe enviassem um mapa melhor de Berlim.

Mikhail Pervukhin, seu embaixador na Alemanha Oriental, havia lhe mandado um mapa sem detalhes suficientes para determinar se Ulbricht tinha razão de afirmar que era possível separar concretamente os dois lados da cidade. Khruschóv constatou que, em alguns pontos de Berlim, a linha divisória passava pelo meio de uma rua e, em outros locais, parecia atravessar edifícios e canais. Ao estudar mais atentamente, verificou que "uma calçada está num setor, e a outra em outro. Basta atravessar a rua para cruzar a fronteira".[25]

Numa carta de 4 de julho, Pervukhin informara ao ministro do Exterior, Gromyko, que fechar a fronteira da cidade seria um pesadelo logístico, pois cerca de 250 mil berlinenses cruzavam-na diariamente de trem, de carro, a pé. "Seria preciso construir estruturas em toda a extensão da fronteira dentro da cidade e instalar um grande número de postos policiais", avisou. No entanto, admitiu que "a exacerbação da situação política" poderia levar ao fechamento da fronteira "de um modo ou de outro". E mostrou-se preocupado com a reação negativa do Ocidente, que poderia incluir um embargo econômico.[26]

Ulbricht já havia superado esse tipo de dúvida e juntamente com Erich Honecker, autoridade máxima sobre segurança no Politburo, elaborara, no final de junho, planos detalhados sobre o fechamento da fronteira. Agora, em sua casa à margem do Döllnsee, expôs sua teoria ao embaixador soviético e a Yuli Kvitsinsky, jovem diplomata em ascensão que atuava como tradutor. A situação estava piorando visivelmente, advertiu, e "logo levará a uma explosão". Pervukhin devia dizer a Khruschóv que, se os soviéticos não agissem, o colapso da Alemanha Oriental era "inevitável".[27]

Desde Viena, Sergei, filho de Khruschóv, estava impressionado com o fato de os pensamentos de seu pai "voltarem-se constantemente para a Alemanha". Ao mesmo tempo, o líder soviético perdera o interesse por um tratado de paz com a Alemanha Oriental. Tendo trabalhado por esse documento desde 1958, concluíra que ele não ajudaria em nada a resolver seu problema mais urgente: os refugiados.[28]

O fato de Kennedy se importar tão pouco com a assinatura unilateral desse tipo de tratado — que os Estados Unidos e seus aliados ignorariam — também o fizera questionar o valor de tal documento. Ulbricht ainda insistia nisso, porém Khruschóv decidira que o tratado não era tão urgente quanto a necessidade de "tapar todos os buracos" entre Berlim Oriental e Berlim Ocidental.[29]

Uma vez fechada a porta para o Ocidente, ele explicou a Sergei, "as pessoas talvez parem de correr para lá e para cá e comecem a trabalhar, a economia deslanche e logo, logo os alemães-ocidentais venham bater na porta da República Democrática Alemã" em busca de melhores relações. Então ele estaria numa posição forte para negociar um tratado de paz com o Ocidente.

No momento, porém, seu problema era o mapa. Quando as quatro potências traçaram as linhas entre seus quatro setores, depois da Segunda Guerra Mundial, ninguém pensara na possibilidade de essas linhas se tornarem, um dia, uma fronteira intransponível. "A história criou esse inconveniente, e tínhamos de conviver com ele", Khruschóv escreveu anos depois.

Quem traçou tais linhas não sabia o que estava fazendo ou era incompetente, reclamou. "É difícil entender o mapa que você me mandou", disse a Pervukhin. E incumbiu-o de chamar Ivan Yakubovsky, comandante militar em Berlim e chefe do Grupo de Forças Soviéticas na Alemanha, para que, "por ordem minha, mande sua equipe elaborar um mapa de Berlim com as fronteiras assinaladas e com comentários sobre a possibilidade de controlá-las".[30]

Depois, Pervukhin devia levar o mapa ao camarada Ulbricht e anotar seus comentários sobre a viabilidade do fechamento da fronteira ao longo das linhas angulosas, irregulares e desguarnecidas que separavam os dois sistemas rivais.

Como em diversos momentos naquele ano, Ulbricht já se antecipara.

E muito longe dali, em Miami Beach, a mais notável refugiada da Alemanha Oriental fornecia ao mundo um deslumbrante lembrete do problema que o afligia — e lhe dava mais um motivo para fechar a fronteira o mais rápido possível.

Marlene Schmidt, a mais bela refugiada do universo

Ela foi a suprema humilhação de Walter Ulbricht.[31]

Enquanto o líder comunista atuava nos bastidores para fechar a fronteira de Berlim, uma refugiada desfilava por uma passarela em Miami Beach com sua reluzente coroa de Miss Universo. Entre os flashes dos fotógrafos, o maior problema de Ulbricht assumira a forma inequívoca de alguém que os juízes consideraram "a garota mais bela do mundo".

Aos 24 anos, Marlene Schmidt era inteligente, radiante, loira, um pouco tímida e muito escultural. A revista *Der Spiegel*, da Alemanha Ocidental, descreveu-a como uma figura de Botticelli com o cérebro de um engenheiro eletricista. Mas seu verdadeiro atrativo — o que lhe rendia manchetes em todo o mundo — era a história de sua fuga para a liberdade.[32]

Fazia apenas um ano que Marlene fugira de Jena, uma cidade industrial da Alemanha Oriental que, depois de ser arrasada pelos bombardeios aliados na Segunda Guerra Mundial, sofrera com as pilhagens dos soviéticos e agora era reconstruída pelos arquitetos comunistas com seus monótonos edifícios. O novo endereço de Marlene — Stuttgart, na Alemanha Ocidental — distava uns 350 quilômetros de Jena, porém um mundo separava as duas cidades.

Os ataques dos americanos e dos britânicos também destruíram a maior parte de Stuttgart, onde a indústria alemã crescera em torno dos automóveis e dos motores de combustão de Gottlieb Daimler. Contudo, graças ao milagre econômico do pós-guerra, que levara a Alemanha Ocidental ao posto de terceiro maior exportador do mundo, Stuttgart já se transformara numa próspera cidade verde, repleta de guindastes, carros novos e crescentes aspirações.

Apenas algumas semanas depois de se instalar no Ocidente, Marlene inscreveu-se no concurso de Miss Alemanha, ao ler num jornal local que o primeiro prêmio seria um conversível Renault, de fabricação francesa. Depois de obter a vitória na luxuosa estação de águas de Baden-Baden, na Alemanha Ocidental, partiu para a Flórida, onde derrotou 48 concorrentes de todo o mundo e se tornou a primeira e única Miss Universo alemã.

A revista *Time* não resistiu à tentação de alfinetar os comunistas que a deixaram escapar: "Mesmo considerando o grande número [de refugiados], é difícil entender que os guardas da fronteira não vissem a esguia Marlene, com seu 1,70 metro de altura. [...] O Ocidente não teve essa dificuldade".[33]

O triunfo da jovem foi exibido em technicolor ao mundo num desfile organizado e produzido pela Paramount Pictures, tendo como mestre de cerimônias o então apresentador de televisão Johnny Carson e como comentarista a atriz Jayne Meadows. Dezenas de milhares de alemães-orientais também assistiram ao evento, graças às milhares de antenas que, apesar da má qualidade, permitiam que a maior parte da população captasse o sinal da televisão da Alemanha Ocidental. Eles não perderam um só detalhe.[34]

Marlene, que como engenheira eletricista de um laboratório de pesquisa de Stuttgart recebia 53 dólares por semana, falou de sua empolgação com os ganhos de Miss Universo, que incluíam cinco mil dólares em dinheiro, um casaco de visom no mesmo valor, um contrato de 10 mil dólares para apresentações posteriores e um guarda-roupa completo. Os jornais informaram que a comemoração de sua vitória se estendeu até as cinco horas da manhã e depois disso foi servido um "desjejum no estilo americano", com suco de laranja, bacon e ovos, torrada e café. "Estou um pouco cansada, mas feliz", Marlene declarou através de seu intérprete, um embevecido tenente da marinha e linguista que a acompanhou nas entrevistas coletivas e sessões de fotos.[35]

A atenção do mundo obrigou a máquina de propaganda de Ulbricht a reagir. O esforço do líder alemão-oriental para conter o fluxo de refugiados envolvia três elementos: uma propaganda mais vigorosa das virtudes do socialismo e das falhas do capitalismo; medidas repressivas mais enérgicas, incluindo a punição de parentes dos refugiados por cumplicidade; e maiores incentivos, que iam de emprego a moradia, para os refugiados que regressavam.

Nada, porém, conseguia reverter a escalada dos números, numa população alarmada por rumores de que logo poderia não ter mais a oportunidade de escapar.

No caso de Marlene, a *Junge Welt* (Mundo Jovem), publicação oficial da juventude comunista, acusou os americanos de usar o concurso de beleza para chamar a atenção para o problema dos refugiados da Alemanha Oriental. Zombou da maneira como a mídia da Alemanha Ocidental criara "uma Cinderela da zona soviética", salva pelo Dourado Ocidente da morte pela fome na esfera comunista. O autor da reportagem comentou que os alemães-orientais admiravam Marlene por sua competência como engenheira e sua formação socialista, mas "agora tudo que importa é seu busto, suas nádegas, seus quadris. Ela não deve mais ser levada a sério. É apenas um objeto em exposição".[36]

Quando jornalistas americanos lhe falaram de tais comentários, Marlene se mostrou resignada: "Eu esperava ouvir isso deles. Acho que deve ser incômodo para o governo da Alemanha Oriental ver a situação do país exposta ao mundo".

Tirando a coroa de Miss Universo, sua história era semelhante a muitas outras. Poucas semanas depois de ajudar a mãe e a irmã a fugirem, Marlene resolvera segui-las, quando soube que as autoridades estavam investigando sua cumplicidade no crime de *Republikflucht*, fuga da república. Pela *Gesetz zur Änderung des Passgesetzes* (Lei para Alteração das Normas sobre Passaporte), de 1957, ela seria condenada a três anos de prisão se fosse a julgamento.

A *Junge Welt* chamou seu triunfo em Miami de um daqueles efêmeros prazeres do capitalismo que logo acabaria e daria lugar a uma vida dura num país hostil. "Você reinará por um ano apenas, e depois o mundo a esquecerá", a publicação alertou-a.

Nesse caso, a propaganda da Alemanha Oriental estava parcialmente certa. Em 1962, Marlene se tornou a terceira das oito esposas de Ty Hardin, ator de Hollywood e astro do seriado de televisão *Bronco*.[37] Divorciou-se quatro anos depois e então trabalhou como atriz, roteirista e produtora em onze filmes sem muita coisa de notável, além da nudez feminina. "Descobri que a vida em Hollywood não era para mim", declarou, refletindo sobre sua decisão de voltar para a Alemanha e trabalhar com motores elétricos em Saarbrücken.

No entanto, quando deixou a Alemanha Oriental, escolhera entre a liberdade e a prisão. Uma vez solta, teria sido proibida de trabalhar como engenheira e se veria restrita a um mundo árido, de potencial limitado. Hollywood a decepcionara, porém a fuga para o Ocidente fora sua salvação.

Fazia menos de um mês que Marlene Schmidt portava sua coroa de Miss Universo quando Ulbricht tratou de fechar a abertura pela qual ela e muitos outros haviam passado.

PARTE III
O CONFRONTO

13. "O lugar do grande teste"

A ameaça imediata para os homens livres está em Berlim Ocidental. No entanto, esse posto isolado não é um problema isolado. A ameaça é mundial [...] o mais importante é que agora — como nunca — [Berlim Ocidental] tornou-se o lugar do grande teste da coragem e da determinação do Ocidente, um ponto em que agora se confrontam nossos compromissos solenes, que remontam a 1945, e as ambições dos soviéticos.[1]

O presidente Kennedy em pronunciamento
especial pela televisão, 25 de julho de 1961

Khruschóv está perdendo a Alemanha Oriental. Ele não pode permitir isso. Se perder a Alemanha Oriental, vai perder também a Polônia e toda a Europa Oriental. Ele vai ter de fazer alguma coisa para acabar com o fluxo de refugiados. Talvez um muro. E não podemos impedi-lo. Posso manter a Aliança coesa para defender Berlim Ocidental, mas não posso fazer nada para manter Berlim Oriental aberta.[2]

O presidente Kennedy a Walter Rostow,
consultor-adjunto do Conselho
de Segurança Nacional, dias depois

Mikhail Pervukhin, embaixador soviético na Alemanha Oriental, ordenou a seu assessor Yuli Kvitsinsky que localizasse Ulbricht imediatamente. "Temos um sim de Moscou", falou.[3]

Aos 29 anos, Kvitsinsky era uma estrela ascendente no ministério do Exterior soviético que se tornara inestimável para Pervukhin com sua sensatez e seu alemão impecável. Ele captava o momento histórico. Depois de examinar um mapa improvisado de Berlim, fornecido pelo general Yakubovsky, comandante do Grupo de Forças Soviéticas na Alemanha, Khruschóv concluiu que Ulbricht estava certo: era possível cercar Berlim.

Anos depois, o líder soviético afirmaria que a decisão de construir o Muro de Berlim foi inteiramente sua. "Fui eu que encontrei a solução para o problema decorrente de nossas negociações insatisfatórias com Kennedy em Viena", escreveria em suas memórias. A verdade, porém, é que ele só deu sinal verde para Ulbricht levar adiante uma solução que Stálin lhe havia sugerido em 1952. Os soviéticos ajudariam a definir, aprimorar e fornecer as garantias militares cruciais para o sucesso da operação, mas quem chegou a esse resultado foi Ulbricht, com sua insistência, e seria a equipe de Ulbricht que cuidaria de todos os detalhes.[4]

Khruschóv diria a Hans Kroll, embaixador da Alemanha Ocidental em Moscou: "Não vou lhe esconder que, no fim, quem deu a ordem fui eu. Ulbricht me pressionou durante muito tempo e, nos últimos meses, com crescente veemência, mas não quero me esconder atrás dele". De qualquer modo, brincou, Ulbricht era magro demais para isso. "Um dia, o muro vai desaparecer, mas só quando desaparecerem os motivos de sua construção", profetizou.[5]

Havia sofrido muito para tomar essa decisão; sabia que o custo para a reputação mundial do socialismo seria alto. "O que eu podia fazer? Era fácil calcular quando a economia da Alemanha Oriental sucumbiria, se não fizéssemos alguma coisa para acabar com as fugas maciças. E só havia dois tipos de medida: proibir o tráfego aéreo ou construir o Muro. A primeira nos levaria a um sério conflito com os Estados Unidos e, possivelmente, à guerra. Eu não podia e não queria correr esse risco. Portanto, o Muro era a única opção que restava."[6]

Depois que Khruschóv transmitiu sua decisão a Berlim Oriental, Kvitsinsky localizou Ulbricht na Câmara do Povo, onde ele participara de uma sessão do parlamento unicameral, cujas decisões, como quase tudo no país, obedeciam a seus ditames.

Pervukhin anunciou que Khruschóv lhe dera sinal verde para começar os preparativos para fechar a fronteira de Berlim, mas lhe recomendara o máximo sigilo. "No que diz respeito ao Ocidente, a operação deve ser realizada com rapidez e de modo inesperado", Pervukhin avisou.[7]

Perplexos e em silêncio, os dois soviéticos ouviram Ulbricht expor, sem a menor emoção, cada detalhe de um plano já meticulosamente elaborado.

A única maneira de fechar a fronteira com a devida rapidez e a surpresa suficiente consistia em usar arame farpado — em quantidade maciça. Ulbricht sabia onde obter o material e como transportá-lo para Berlim sem chamar a atenção das agências de inteligência ocidentais. Pouco antes de fechar a fronteira, mandaria parar o metrô e os trens. Ergueria um muro de vidro inquebrável na estação da Friedrichstrasse, a mais movimentada de Berlim, e com isso impediria que os berlinenses orientais embarcassem para o lado ocidental a fim de escapar do fechamento.[8]

Os soviéticos não deviam subestimar a dificuldade da operação, frisou. Ele agiria nas primeiras horas de uma manhã de domingo, quando haveria pouco trânsito na fronteira e muitos berlinenses estariam fora da cidade. Os 50 mil berlinenses orientais que trabalhavam no lado ocidental durante a semana — os *Grenzgänger*, "os que cruzam a fronteira" — estariam em casa e, assim, ficariam presos na armadilha.[9]

Ulbricht revelaria os detalhes apenas a alguns homens de sua maior confiança: o chefe da segurança do Politburo, Erich Honecker, que comandaria a operação; o chefe da Polícia Secreta, Erich Mielke; o ministro do Interior, Karl Maron; o ministro da Defesa, Heinz Hoffmann; e o ministro dos Transportes, Erwin Kramer. Apenas um indivíduo, o chefe de sua guarda pessoal, ficaria encarregado de entregar pessoalmente a Pervukhin e Kvitsinsky as informações mais recentes sobre os preparativos.

CASA BRANCA, WASHINGTON, D. C.
SEXTA-FEIRA, 7 DE JULHO DE 1961

Um dia depois de Khruschóv dar sinal verde para Ulbricht seguir adiante com seu ousado plano, o assessor especial de Kennedy Arthur Schlesinger tramava para tentar refrear a pressa de Dean Acheson.

Ganhador do prêmio Pulitzer aos 27 anos com seu livro *The Age of Jackson* [A época de Jackson], Schlesinger era o historiador da corte de Kennedy e, eventualmente, solucionava situações problemáticas. Considerava fraco seu próprio desempenho no episódio da baía dos Porcos, e a isso se devia seu repentino interesse por Berlim. Na ocasião, ele havia sido o único dos assessores mais próximos do presidente que se opôs à invasão, porém se recriminava por não ter feito "mais que levantar algumas tímidas questões", enquanto os comandantes militares e a CIA tentavam convencer Kennedy a aprovar a ação. Limitara-se a expressar sua discordância num memorando em que alertara o presidente: "De um só golpe, você acabaria com toda a extraordinária boa vontade que a nova administração tem conquistado pelo mundo".[10]

Schlesinger estava decidido a não repetir o mesmo erro. Achava o plano de Acheson para Berlim tão temerário quanto o que levara à invasão da baía dos Porcos. Assim, pediu um plano alternativo a duas pessoas que exerciam considerável influência sobre Kennedy. Uma era Abram Chayes, consultor jurídico do Departamento de Estado, jurista de 39 anos que chefiara a equipe que cuidara da plataforma de Kennedy na Convenção dos Democratas de 1960. A outra era Henry Kissinger, consultor da Casa Branca, uma estrela ascendente de 38 anos que influenciara profundamente o pensamento de Kennedy sobre questões nucleares com seu livro *The Necessity of Choice: Prospects of American Foreign Policy* [A necessidade de escolha: perspectivas para a política externa americana]. Kissinger apoiara Nelson Rockefeller, governador de Nova York, em seu esforço para ser o candidato dos republicanos à presidência em 1960, mas, através de colegas de Harvard, buscava adquirir influência na Casa Branca de Kennedy.[11]

Em fevereiro, quando Kennedy chamou Acheson para trabalhar com ele, Schlesinger concluíra que o presidente só estava querendo ter um leque mais amplo de opiniões. Agora, temia que ele adotasse a linha dura de Acheson em relação a Berlim se ninguém lhe sugerisse uma alternativa. Adlai Stevenson, embaixador na ONU, também estava preocupado com a crescente influência do ex-secretário de Estado. "Dean talvez esteja certo", admitiu. "Mas a posição dele devia ser a conclusão de um processo de investigação, não o começo."[12]

Schlesinger queria neutralizar o esforço de Acheson para convencer Kennedy de que "Berlim Ocidental não era um problema, mas um pretexto" para

Khruschóv testar a determinação dos Estados Unidos e de seu governante em relação ao avanço dos soviéticos.

Schlesinger temia que "a retórica de Acheson e, sobretudo, suas brilhantes e imperiosas apresentações orais" fizessem o debate girar em torno da ideia de que os soviéticos tinham "objetivos ilimitados" em reavivar a Crise de Berlim. Entretanto, quem conhecia Moscou melhor — Thompson e Averell Harriman, ex-embaixador americano na União Soviética — achava que o jogo de Khruschóv podia se restringir a Berlim e, assim, devia ser jogado de modo muito diferente. Embora o Departamento de Estado estivesse dividido em relação à linha dura de Acheson, Schlesinger se afligia por não ver ninguém conduzindo o outro lado do debate, pois Rusk "era circunspeto, e ninguém sabia realmente como ele se posicionava".

O governo britânico informou a *Economist* sobre sua linha mais branda e a revista advertira: "A menos que o sr. Kennedy assuma resolutamente o comando, o Ocidente corre o risco de perder todas as oportunidades de chegar a um acordo e acabar num beco sem saída, onde nem ele, nem a Rússia tenha outra alternativa além da retirada ignominiosa ou da devastação nuclear".

Schlesinger se sentia obrigado a agir com rapidez, sob pena de perder toda a influência, uma vez que "o discurso da mobilização para a guerra em situação de emergência nacional podia levar a crise para um caminho sem volta". Temia que se repetisse o prelúdio da baía dos Porcos, quando um mau plano ganhara um impulso irrefreável porque ninguém se opusera a ele ou apresentara uma alternativa.

Assim, estava decidido a promover um confronto por Berlim antes que fosse tarde demais.

Em 7 de julho, pouco depois de almoçar com o presidente para tratar de outro assunto, entregou-lhe seu memorando sobre Berlim e pediu-lhe que o lesse quando fosse para Hyannis Port, à tarde. Era um bom momento, pois Kennedy se reuniria lá no dia seguinte com altas autoridades para discutir Berlim. Kennedy, porém, disse que preferia ler o documento imediatamente, porque Berlim era seu problema mais urgente.[13]

Schlesinger imaginara corretamente que nada lhe chamaria mais a atenção que uma advertência confiável de que ele corria o risco de repetir os erros cometidos em Cuba. Depois do desastre, Kennedy havia brincado com ele, dizendo que um alerta desse tipo em relação a Cuba teria sido "muito bom" naquele momento em que o historiador estava escrevendo seu livro sobre a administração. Depois acrescentou: "Mas é melhor que ele não publique esse memorando enquanto eu estiver vivo". Em seu texto anti-Acheson, Schlesinger lembrou a Kennedy que o fiasco em Cuba foi o resultado de "excessiva concentração em problemas militares e operacionais" durante os preparativos em detrimento das questões políticas.[14]

Embora elogiasse Acheson por "analisar as questões a fundo", temia que o ex-secretário de Estado estivesse resumindo o problema numa pergunta, que, "posta em termos grosseiros, é a seguinte: Você é maricas ou não? Quando alguém propõe algo que parece duro, difícil, decisivo, é quase impossível contradizê-lo sem parecer mole, idealista, piegas". O historiador também lembrou ao presidente que Chip Bohlen, seu especialista em assuntos soviéticos, acreditava que nada podia ajudar mais o debate que evitar o uso dos adjetivos "duro" e "mole".

"Quem tinha dúvidas em relação a Cuba", disse, numa clara referência a si mesmo, "baniu essas dúvidas com medo de parecer 'mole'. Evidentemente, é importante que tais receios não impeçam uma discussão livre a respeito de Berlim."

Kennedy leu o memorando atentamente. Depois olhou com preocupação para o amigo. Concordou que o texto de Acheson era muito restrito e que "o planejamento para Berlim tinha de ser reavaliado". Ordenou a Schlesinger que desenvolvesse o memorando imediatamente para utilizá-lo no dia seguinte, em Hyannis Port.

Schlesinger correu contra o relógio, pois o helicóptero presidencial decolaria do gramado da Casa Branca às dezessete horas. No espaço de duas horas, Chayes e Kissinger, o advogado e o cientista político, ditaram o texto, que Schlesinger editou ao mesmo tempo que datilografava apressadamente. Quando tirou a versão final da máquina, tinha algo que levantava uma série de questões a respeito do texto de Acheson e sugeria novas abordagens. Dizia:

A premissa de Acheson é, substancialmente, a seguinte: ao forçar a questão de Berlim, Khruschóv tem como principal propósito humilhar os Estados Unidos em relação a um ponto básico, fazendo-nos voltar atrás num compromisso sagrado e, assim, destruir nosso poder e nossa influência no mundo. Nessa perspectiva, a crise de Berlim não tem nada a ver com Berlim, com a Alemanha ou com a Europa.

Dessa premissa decorre a conclusão de que estamos num teste de vontades decisivo [...] e que os Estados Unidos só deterão Khruschóv demonstrando determinação para travar uma guerra nuclear e não abandonar o status quo. De acordo com essa teoria, a negociação é prejudicial antes da plena evolução da crise; depois, é útil apenas para fins de propaganda; e, ao cabo, seu propósito essencial é fornecer uma fórmula para encobrir a derrota de Khruschóv. O teste de vontades se torna um fim em si mesmo, e não um meio para chegar a um fim político.[15]

Os três homens listaram as questões que, a seu ver, Acheson deixara de lado.

"No plano político, o que fazemos enquanto a crise evolui?" Segundo o memorando, "se ficarmos quietos ou nos limitarmos a refutar os soviéticos", Khruschóv continuará tomando a iniciativa e colocando Kennedy na defensiva, fazendo-o parecer inflexível e nada razoável.

"O texto [de Acheson] não estabelece nenhuma relação entre a ação militar proposta e objetivos políticos mais amplos." Numa linguagem deliberadamente alarmante, o memorando frisava que Acheson "não apresenta nenhum objetivo político além de [preservar] os atuais direitos de acesso pelos quais estamos dispostos a pôr fogo no mundo". Assim, "é essencial especificar a causa pela qual estamos dispostos a travar uma guerra nuclear".

"O texto cobre apenas uma eventualidade [...] a interrupção do acesso militar a Berlim Ocidental pelos comunistas." Mas, segundo o memorando, "na verdade há todo um leque de transtornos, entre os quais um bloqueio total talvez seja um dos menos prováveis".

"O texto aposta em nossa determinação para encarar uma guerra nuclear. Mas essa opção não está clara." Cientes de que Kennedy estava preocupado com suas opções de guerra, os três homens o aconselharam: "Antes que precise tomar a decisão de travar uma guerra nuclear, você tem o direito de saber o que pode significar concretamente uma guerra nuclear. O Pentágono deve analisar os possíveis níveis e implicações de um conflito nuclear e as possíveis gradações de nossa resposta nuclear".

Segundo o memorando, Acheson se atinha, "quase exclusivamente, ao problema do acesso militar" a Berlim. Contudo, o trânsito de militares representava apenas 5% do total, o abastecimento da população civil respondendo pelos 95%

restantes. O memorando observou que a Alemanha Oriental já detinha o controle desse tráfego civil, que tratou de "facilitar com surpreendentes esforços". Observou também que o trânsito de civis era essencial para o objetivo americano de preservar a liberdade de Berlim Ocidental.

Segundo o memorando, Acheson ignorava as suscetibilidades existentes no interior da Otan. "O que acontece, se nossos aliados não quiserem nos acompanhar?" Era improvável que os aliados concordassem em enviar tropas pela Autobahn para romper um bloqueio por terra, a que De Gaulle já se opusera. "E quanto às Nações Unidas? O que quer que aconteça, essa questão irá para a ONU. Para o melhor ou para o pior, temos de ter uma posição convincente na ONU."

Era raro que um documento tão importante fosse elaborado com tamanha rapidez. Schlesinger datilografava velozmente para registrar todas as ideias de seus brilhantes colaboradores. Com um olho no relógio, criou uma seção intitulada "Pensamentos fortuitos sobre alternativas inexploradas", com os pontos que Kennedy devia examinar, além daqueles que Acheson relacionara.

O que os três homens mais queriam era ter certeza de que todas as questões e alternativas fossem "sistematicamente expostas e analisadas" antes de se prosseguir com o plano de Acheson. O memorando sugeria que o presidente considerasse retirar de circulação o texto do ex-secretário de Estado, pois, advertia, o perigo de as ideias de Acheson vazarem era maior que o perigo de discuti-las num âmbito mais restrito.

Sem saber que Khruschóv já havia decidido o que fazer em relação a Berlim, autoridades de Washington se engajavam numa guerra burocrática contra Dean Acheson. Apesar de ter sido escrito às pressas, o memorando de Schlesinger era abrangente, chegando a sugerir alguns nomes — como os de Averell Harriman e Adlai Stevenson, entre outros — de pessoas que deviam ser envolvidas no processo para diluir a influência de Acheson.

Era a vingança dos chamados SLOBS — os Soft-Liners on Berlin.

O memorando de Schlesinger concluía com a sugestão de que um de seus autores conduzisse o processo: "Henry Kissinger, em especial, devia estar no centro do planejamento para Berlim". Esse seria um dos primeiros atos de um homem que, com o tempo, se tornaria uma das figuras mais marcantes da política externa americana.

Paralelamente, Kennedy ouvia o secretário de Defesa, McNamara, e o consultor de Segurança Nacional, Bundy, expressarem dúvidas sobre o plano de guerra nuclear por Berlim. Em seu memorando para a reunião de Hyannis Port, Bundy lamentou a "perigosa rigidez" do plano de guerra estratégica, que deixava o presidente diante de duas alternativas: um ataque total contra a União Soviética ou nenhuma reação. Bundy recomendou que McNamara o revisse.[16]

CASA BRANCA, WASHINGTON, D. C.
SEXTA-FEIRA, 7 DE JULHO DE 1961

Henry Kissinger passava apenas um ou dois dias por semana em Washington, trabalhando como consultor da Casa Branca — quando não estava lecionando em Harvard —, mas isso foi o suficiente para colocá-lo no centro da luta para influenciar o pensamento de Kennedy sobre Berlim. Bem que o jovem e ambicioso professor universitário gostaria de trabalhar para o presidente em tempo integral, mas não podia fazê-lo por causa de seu ex-reitor e agora chefe em Washington, McGeorge Bundy, consultor de Segurança Nacional.[17]

Kissinger era mestre na arte de bajular seus superiores, porém Bundy era mais imune a isso que a maioria. Assim como o presidente, considerava-o brilhante, mas um tanto cansativo. Imitava-o em seus longos discursos, com o sotaque alemão, e revirava os olhos, como Kennedy ao escutá-lo. Quanto a Kissinger, lamentava que Bundy tivesse posto seus consideráveis talentos intelectuais "a serviço de ideias mais elegantes que substanciais".[18] Walter Isaacson, biógrafo de Kissinger, concluiu que as diferenças entre os dois homens eram mais uma questão de classe e estilo: o diplomático bostoniano de classe alta olhava para o arrogante judeu alemão de cima para baixo.

Contudo, a proximidade com o centro do poder americano era uma experiência nova e inebriante para Kissinger e um primeiro contato com os meandros da Casa Branca, que fariam parte de sua vida extraordinária. Nascido em Fürth, na Baviera, em 1923, Heinz Alfred Kissinger fugiu da perseguição nazista com a família e desembarcou em Nova York aos quinze anos de idade. Agora era conselheiro do presidente dos Estados Unidos. Bundy se esforçara para mantê--lo longe de Kennedy, mas agora Kissinger conseguia chegar até ele através de outro professor de Harvard, Arthur Schlesinger, que tratava de colocá-lo contra Acheson.

Trinta anos mais novo que Acheson, Kissinger não tinha sua posição histórica nem seu acesso ao Salão Oval, porém tentou suplantá-lo com um "Memorando para o presidente" sobre Berlim. Kennedy recebeu o documento de 32 páginas pouco antes de partir para Hyannis Port, onde desenvolveria sua estratégia para Berlim. Embora fosse muito mais linha-dura em relação a Moscou que Schlesinger, Kissinger achava temerário abandonar o caminho da diplomacia, como Acheson propunha.

Temia que os assessores de Kennedy e, talvez, até mesmo o presidente fossem ingênuos a ponto de aceitar a ideia de "cidade livre" apresentada por Khruschóv, segundo a qual Berlim Ocidental ficaria sob o controle das Nações Unidas. Também estava preocupado com a antipatia de Kennedy pelo grande Adenauer e com sua convicção de que o compromisso do Ocidente com uma eventual unificação alemã, através de eleições livres, era fantasioso e devia ser negociável. Temia ainda que Kennedy não entendesse muito bem que negligenciar Berlim poderia provocar uma crise para a Aliança do Atlântico capaz de afetar os interesses americanos muito mais do que qualquer acordo com Moscou justificaria.

Assim, alertou-o nos seguintes termos:

O primeiro passo consiste em esclarecer o que está em jogo. O destino de Berlim é a pedra de toque do futuro da Comunidade do Atlântico Norte. Uma derrota em Berlim — uma diminuição da possibilidade de Berlim viver em liberdade — inevitavelmente desalentaria a República Federal. Sua política escrupulosamente voltada para o Ocidente seria vista como um fiasco. Todos os outros países da Otan fatalmente tirariam as devidas conclusões de tal demonstração da impotência do Ocidente. Para outras partes do mundo, ganharia força a natureza irresistível do movimento comunista. Juntamente com os ganhos comunistas dos últimos cinco anos, ensinaria uma clara lição até aos neutralistas. As garantias ocidentais, já degradadas em importância, significariam pouco no futuro. A concretização da proposta comunista de Berlim tornar-se uma "cidade livre" poderia ser a guinada decisiva na luta da liberdade contra a tirania. Qualquer consideração política deve partir da premissa de que o Ocidente simplesmente não pode se permitir uma derrota em Berlim.[19]

Quanto à unificação, Kissinger advertiu que retirar o tradicional apoio dos Estados Unidos esmoreceria os alemães-ocidentais, levando-os a duvidar de seu lugar no Ocidente, e, ao mesmo tempo, encorajaria os soviéticos a aumentar a pressão sobre Berlim, pois concluiriam que Kennedy já estava "desistindo". Afirmou que, "no tocante à unificação da Alemanha", a resposta de Kennedy ao aumento das tensões em Berlim por parte de Khruschóv "devia ser ofensiva e não defensiva. Devemos aproveitar todas as oportunidades para insistir no princípio de eleições livres e posicionar-nos sobre isso perante as Nações Unidas". Kennedy não devia esperar que os berlinenses se mantivessem inabaláveis, como os líderes americanos acreditavam desde o início da Crise de Berlim, em novembro de 1959. "Devemos dar-lhes uma tangível demonstração de nossa convicção para alimentar sua esperança e sua coragem", Kissinger acrescentou.

Preocupava-o sobretudo a falta de um plano de contingência militar viável para Berlim. A seu ver, os Estados Unidos sucumbiriam ante a superioridade soviética em qualquer conflito convencional, e certamente Kennedy não haveria de travar uma guerra nuclear pela liberdade de Berlim. Seu texto apresentava todas essas ideias de forma mais clara e estratégica que qualquer outro documento que já chegara à Casa Branca.

Em nota ao memorando, Bundy escreveu que Kissinger, os funcionários da Casa Branca Henry Owen e Carl Kaysen "e eu concordamos que o atual plano de guerra estratégica é perigosamente rígido e, se permanecer inalterado, pode deixar-lhe pouca margem de escolha quanto à maneira de encarar o momento da verdade termonuclear. Na essência, o plano atual propõe usar toda a nossa munição de uma só vez e foi elaborado de tal forma que torna muito difícil qualquer tática mais flexível".

Kissinger disse que se Moscou mantivesse em relação a Berlim a posição agressiva que adotara depois de Viena, a única saída de Kennedy, nos dias tensos que estavam por vir, era fazer qualquer ato unilateral dos soviéticos parecer arriscado demais para Khruschóv, tão avesso a riscos. "Em outras palavras, devemos estar preparados para um confronto", concluiu. Descartou os argumentos de quem achava que Kennedy devia fazer concessões para ajudar Khruschóv em suas lutas internas contra linhas-duras mais perigosos antes do Congresso do Partido, em outubro. "A posição interna de Khruschóv é problema dele, não nosso", ressaltou, acrescentando, porém, que só um Khruschóv forte poderia ser conciliador, e não era o que Kennedy tinha à frente.

Apenas aguardar um movimento dos soviéticos em relação a Berlim era extremamente arriscado, advertiu, pois "o que para nós pode parecer espera atenta [para Khruschóv] pode parecer insegurança". Profeticamente, previu que tal atitude poderia levar Moscou a provocar uma crise no momento de "máxima dificuldade" para os Estados Unidos, criando uma situação em que o mundo duvidaria da determinação de Kennedy.

Em um bilhete avulso, Kissinger escreveu mais tarde a Schlesinger: "Estou na posição de alguém sentado ao lado de um motorista que se dirige para um precipício e lhe pergunta se o tanque está cheio e a pressão do óleo é adequada". Frustrado por não poder participar inteiramente das tomadas de decisão, desconfiado de que a Casa Branca de Kennedy só o quisesse para ajudar a debater ideias, e não para dar conselhos, acabou se demitindo em outubro, depois de concluir que suas opiniões não seriam levadas a sério.[20]

HYANNIS PORT, MASSACHUSETTS
SÁBADO, 8 DE JULHO DE 1961

O presidente Kennedy estava irritado.[21]

Não havia problema em errar no Laos ou mesmo em Cuba. Esses países não eram decisivos para os Estados Unidos ou para seu lugar na história. Mas agora se tratava de Berlim — o palco de uma luta mundial definitiva! Kennedy repetiu isso várias vezes ao expressar para seus assessores seu desagrado com o fato de que, enquanto Moscou avançava em relação a Berlim, eles ainda estavam debatendo o memorando de Khruschóv entregue em Viena — e já havia se passado mais de um mês da cúpula.[22] A notícia que chegara de Moscou nessa manhã era preocupante. Khruschóv anunciara que ia cancelar os planos de reduzir o Exército em 1,2 milhão de homens e aumentar o orçamento da Defesa em um terço, passando-o para 12,399 bilhões de rublos — um aumento de aproximadamente 3,4 bilhões de dólares. Falando aos militares, disse que não considerava inevitável uma nova guerra mundial, mas recomendou-lhes que se preparassem para o pior.[23]

Foi ruidosamente aclamado.

Explicou-lhes que suas medidas constituíam uma resposta a novas informações de que Kennedy pediria um adicional de 3,5 bilhões de dólares para a Defesa. Elas traduziam sua determinação de não mais insistir em colocar os investimentos econômicos de caráter geral à frente do orçamento militar, nem em aumentar a produção de mísseis em detrimento do efetivo militar. "São medidas obrigatórias, camaradas. Nós as adotamos porque não podemos negligenciar a segurança do povo soviético", Khruschóv frisou.

Aparentemente, a base para sua resposta havia sido um artigo da *Newsweek* detalhando o plano de contingência americano ultrassecreto para Berlim. Kennedy estava tão furioso com o vazamento que ordenou ao FBI que investigasse a fonte.[24]

Khruschóv reagira à reportagem da *Newsweek* como se fosse uma declaração da política de Kennedy. Entendendo que Londres era o elo aliado mais fraco em Berlim, chamou o embaixador britânico Frank Roberts a seu camarote no balé Bolshoi para lhe passar uma reprimenda no intervalo de uma apresentação de Dame Margot Fonteyn, a famosa primeira-bailarina inglesa. Disse que seis bombas de hidrogênio "seriam suficientes" para destruir as Ilhas Britânicas, que nove aniquilariam a França e que a cada nova divisão formada pelo Ocidente corresponderiam cem convocadas pelo Kremlin. Ciente de que estava lendo pela mesma cartilha do primeiro-ministro Macmillan, falou: "Por que 200 milhões de pessoas haveriam de morrer por 2 milhões de berlinenses?".[25]

Em Hyannis Port, a bordo da *Marlin*, sua lancha de 156 pés,* Kennedy repreendeu o secretário Rusk por não ter apresentado uma resposta para o ultimato sobre Berlim lançado por Khruschóv. Enquanto o presidente esbravejava, a primeira-dama fazia esqui aquático e Robert McNamara e o general Maxwell Taylor se reuniam a Charles Spalding e sua esposa, amigos de Kennedy, para comer cachorro-quente e caldeirada.

Quando Rusk explicou que o texto estava atrasado porque fora necessário submetê-lo à aprovação dos aliados, Kennedy explodiu: quem carregava o peso de Berlim era o presidente dos Estados Unidos, não os aliados. Inspirado pelo memorando de Schlesinger, ordenou a Rusk que elaborasse um plano para negociações sobre Berlim dentro de dez dias.[26] Depois, voltou-se para Chip Bohlen, do Departamento de Estado, especialista em assuntos soviéticos e ex-embaixador em Moscou: "Qual é o problema com esse maldito departamento de vocês? Nunca consigo uma resposta rápida, não importa o que eu pergunte".[27]

Mais tarde, Martin Hillenbrand, chefe do setor de Assuntos Alemães do Departamento de Estado, revelaria que, na verdade, produziu-se prontamente

* Ou 48 metros. (N. T.)

uma minuta da resposta ao memorando dos soviéticos. No entanto, dez dias depois, o Departamento descobriu que a Casa Branca não sabia onde a havia posto e, por determinação do assessor especial Ralph Dungan, enviou uma nova minuta. Dessa vez, um funcionário da Casa Branca guardou-a no cofre e saiu para uma licença de duas semanas, sem deixar a combinação. Paralelamente, os aliados da Otan também estavam trabalhando uma resposta.[28]

Enquanto dedos acusadores apontavam em várias direções, Kennedy encarregou o Pentágono de formular um plano de resistência não nuclear para o caso de um confronto por Berlim. Recomendou que o plano fosse suficientemente substancial para impedir um avanço por parte dos soviéticos e lhe desse tempo para falar com Khruschóv e evitar a corrida para um embate nuclear. "Quero isso dentro de dez dias", determinou.[29]

Também incumbiu seus assessores de lhe fornecerem novas opções além da escolha entre "holocausto ou humilhação".

DORMITÓRIO LINCOLN, CASA BRANCA, WASHINGTON, D. C.
TERÇA-FEIRA, 25 DE JULHO DE 1961

No fim da tarde, Kennedy se retirou para seu quarto a fim de ler o discurso que pronunciaria às 22 horas em rede nacional de televisão. Era a primeira vez que usaria o Salão Oval para isso, e durante o dia inteiro os operários trabalharam na instalação de cabos e fios.

O presidente sabia que os riscos tinham aumentado. Internamente, precisava desfazer uma crescente impressão de fraqueza em termos de política externa que o tornava politicamente vulnerável. Depois de falhar em Cuba e em Viena, também tinha de convencer Khruschóv de que defenderia Berlim Ocidental a todo custo. Seu problema: Khruschóv deixara de acreditar que ele lutaria por Berlim, como o embaixador soviético Menshikov estava dizendo em Washington a quem quisesse ouvir. Ao mesmo tempo, porém, Kennedy queria que Khruschóv soubesse que ele continuava aberto a um acordo razoável.

Depois de tomar um banho quente para aliviar a dor nas costas, o presidente jantou sozinho, como fazia com frequência. No meio da refeição, ligou para Evelyn Lincoln, sua secretária: "Você pode tomar nota? Quero acrescentar algumas coisas ao discurso que vou fazer logo mais à noite". E começou a ditar:[30]

Finalmente, eu gostaria de encerrar com uma palavra pessoal. Quando disputei a presidência dos Estados Unidos, eu sabia que enfrentaríamos sérios desafios na década de 1960, mas não sabia, como não o sabe quem não carrega esta responsabilidade, que o fardo seria tão pesado e constante.

No final da década de 1940, nossa segurança se baseava no fato de que só nós tínhamos a bomba atômica e os meios de lançá-la. Mesmo no início da década de 1950, quando a União Soviética começou a desenvolver sua capacidade termonuclear, ainda estávamos na frente quanto aos meios de lançamento. Contudo, nos últimos anos, a União Soviética criou seu arsenal nuclear e desenvolveu sua capacidade de, com aviões e mísseis, bombardear nosso país.

Lincoln taquigrafava furiosamente, enquanto Kennedy ditava, as palavras se encaixando em frases e parágrafos perfeitos.

Isso significa que, se os Estados Unidos e a União Soviética travarem uma luta que envolva esses mísseis, ela poderá significar a destruição de nosso povo e de nosso país.

O que torna essa perspectiva tão sombria é o fato de que a União Soviética está tentando afirmar seu poder à força e, com isso, colide conosco em áreas, como Berlim, em que temos compromissos de longa data. Por três vezes em minha vida, nosso país e a Europa se envolveram em guerras, e em todos os casos ocorreram graves erros de cálculo que resultaram em grande devastação. Agora, porém, se um dos lados se equivocar em relação às intenções do outro, o resultado pode ser uma devastação maior, num espaço de horas, do que vimos em todas as guerras de nossa história.

Ciente da gravidade dessas palavras, Evelyn Lincoln se esforçava para anotá-las meticulosamente. Sentia a força do momento histórico e percebia a dor na voz do homem que carregava seu *fardo* — uma palavra que ele usou várias vezes no discurso e vinha usando com mais frequência a cada dia.

Portanto, eu, como presidente e comandante em chefe, e vocês, como americanos, vivemos dias difíceis. De acordo com a Constituição, carregarei a responsabilidade da presidência por mais três anos e meio. Estou certo de que vocês sabem que farei o possível por nosso país e nossa causa.

Como vocês, tenho uma família que quero ver crescer num país pacífico e num mundo livre.

Sei que, às vezes, vocês se impacientam e gostariam que pudéssemos fazer de imediato alguma coisa que pusesse fim a nossos perigos, mas não existe nenhuma solução fácil e rápida. Enfrentamos um sistema que envolve 1 bilhão de pessoas e que sabe que, se os Estados Unidos fraquejarem, sua vitória é iminente. Portanto, temos pela frente dias difíceis que, se formos corajosos e perseverantes, podem nos trazer o que todos nós desejamos. Assim, peço-lhes sugestões e conselhos. Peço-lhes críticas, quando acharem que estou errado, mas, acima de tudo, meus concidadãos, quero que vocês entendam que amo este país e farei o possível para protegê-lo. Preciso de sua boa vontade e de seu apoio e, principalmente, de suas orações.[31]

Evelyn Lincoln não se lembrava de outra ocasião em que o presidente tivesse acrescentado tanta coisa ao final de um discurso apenas algumas horas antes de pronunciá-lo.

"Você pode datilografar isso e me entregar logo mais?", Kennedy perguntou.[32]

Às 21h30, ele entrou no Salão Oval para testar a altura da cadeira e a luz. Pediu à secretária o texto datilografado e levou-o para o Gabinete, onde o enxugou com alguns cortes e alterações, mas sem eliminar seu tom angustiado. Pouco antes de se posicionar na frente das câmeras, foi até a sala de Evelyn Lincoln, pediu-lhe uma escova de cabelo e entrou no banheiro para se certificar de que todos os fios estavam no devido lugar.

Apesar desses preparativos, estava suado e tenso ao pronunciar o discurso num aposento superaquecido. A fim de melhorar a qualidade do som, os técnicos desligaram o ar-condicionado, embora a temperatura, nessa noite, superasse os 30 °C. As luzes de sete novas câmeras e o calor corporal de cerca de sessenta pessoas apinhadas para presenciar o momento histórico tornavam o ambiente ainda mais desconfortável.

Kennedy afastou-se por um instante a fim de enxugar o rosto e os lábios e voltou para seu posto segundos antes de se dirigir a uma audiência nacional e global. Sob luzes que dificultavam a leitura do texto recém-alterado, tropeçou em algumas frases e em outras foi menos eloquente que de hábito. Mas poucas pessoas perceberam isso. Sua retórica empolgante e vigorosa encobriu a série de concessões com as quais concordara e que haviam enfraquecido consideravelmente o plano de Acheson.

Kennedy voltara atrás quanto à declaração de emergência nacional proposta por Acheson, vetara uma mobilização imediata das tropas e reduzira o aumento nos gastos com a Defesa. Nos dezessete dias transcorridos entre suas reuniões em Hyannis Port e o discurso de 25 de julho, os SLOBS metodicamente desmontaram a tese de Acheson, enquanto as atividades da política externa se voltavam quase inteiramente para Berlim, incluindo duas reuniões cruciais do Conselho de Segurança Nacional em 13 e 19 de julho.

Em 13 de julho, no Gabinete da Casa Branca, o secretário Rusk usou as próprias palavras de Acheson para abrandar o teor de sua abordagem, citando a parte do texto do amigo que recomendava a máxima discrição possível nos primeiros movimentos: "Convém evitar ações que sejam desnecessárias para propósitos militares seguros e que seriam consideradas provocativas".[33]

Com o apoio do vice-presidente Johnson, Acheson revidou. Acreditava que, se deixassem a convocação dos reservistas para o fim, conforme sugeria seu amigo Rusk, não influiriam "na maneira como Khruschóv via a crise mais do que jogando bombas, depois que ele levasse a situação ao limite".

Bundy propôs quatro alternativas: (1) continuar aumentando as Forças Armadas americanas substancialmente e a toda a velocidade; (2) continuar com todas as medidas que não exigiam a declaração de emergência nacional; (3) continuar com a declaração de emergência nacional e todos os preparativos, exceto a convocação dos reservistas ou das unidades da guarda; (4) evitar todo reforço militar significativo, pois se tratava de uma crise mais de unidade e vontade política que de imperativo militar.[34]

O presidente ouviu seus assessores debaterem as opções, porém só se pronunciou pela primeira vez diante das câmeras da televisão. Numa reunião do Grupo Condutor do Conselho de Segurança Nacional, disse que apenas duas coisas lhe interessavam: "Nossa presença em Berlim e nosso acesso a Berlim".[35]

Acheson ficara tão frustrado com o rumo da política no mês de julho que desabafou com um pequeno grupo de trabalho dedicado a Berlim: "Senhores, encarem isto. Esta nação está sem liderança".[36]

Na segunda reunião do CSN, às dezesseis horas do dia 19 de julho, seu plano sofreu uma morte tranquila, depois que ele conversou com o secretário de Defesa McNamara. Acheson queria uma decisão definitiva do grupo quanto à declaração de emergência nacional e à convocação dos reservistas até setembro. McNamara preferiu não decidir nada ainda, mas quis deixar claro que Kennedy podia decretar emergência mais tarde e convocar os reservistas "quando a situação o exigisse".[37]

Acheson manteve-se firme: a seu ver, a postura de McNamara não era suficientemente enérgica ou concreta.

A discussão prosseguiu até que pouco a pouco ficou claro que Kennedy não queria uma mobilização total. No fim, Acheson acabou acatando a posição de McNamara, que permitia um cronograma mais flexível para não "ter um grande contingente de reservistas à disposição e sem missão". Contudo, se a crise se agravasse, a mobilização seria rápida.

O embaixador Thompson não estava presente, pois se encontrava em Moscou, porém colaborou com telegramas nos quais afirmou que Kennedy impressionaria mais os soviéticos mantendo os aliados unidos em torno de movimentações militares substanciais que dividindo-os em ações excessivas. Sua lógica era que um aumento da prontidão no prazo mais longo produziria mais impacto que atitudes espetaculares, imediatas e alardeadas. O pessoal da inteligência também argumentou que uma postura pública muito forte só levaria Khruschóv a endurecer ainda mais e a tomar suas contramedidas militares.[38]

O resultado foi que, em 25 de julho, o presidente não declarou emergência nacional, mas anunciou que recorreria à autoridade do Congresso para triplicar o recrutamento, convocar os reservistas e impor sanções econômicas aos países do Pacto de Varsóvia no caso de um bloqueio de Berlim. Afirmou na reunião do CSN que uma emergência nacional era "um toque de alarme que só deve soar uma vez" e que o plano de Acheson só convenceria os soviéticos de "nosso pânico", e não da determinação dos americanos.[39]

Acheson alegara que a declaração de emergência nacional faria seus opositores internos e os soviéticos se compenetrarem da gravidade da situação e permitiria ao presidente convocar 1 milhão de reservistas e estender o tempo de serviço.

Kennedy, porém, estava decidido a não fazer mais que o necessário no momento, em parte porque desejava reconquistar a confiança dos aliados em sua liderança, depois do fracasso na baía dos Porcos. Também achava que teria pela frente uma longa série de confrontos com os soviéticos e, assim, temia que uma escalada prematura pudesse levar a "um falso clímax". Queria estar preparado para agir na hora certa.

Assim, pediu mais 3,454 bilhões de dólares para as Forças Armadas, quase a mesma quantia anunciada por Khruschóv, porém menos que os 4,3 bilhões propostos por Acheson. O que elevaria para 6 bilhões o aumento nos gastos com a Defesa em sua gestão. Pediu também que o efetivo do Exército passasse de 875 mil para 1 milhão. Os Estados Unidos organizariam uma nova ponte aérea para Berlim e tomariam as providências necessárias para deslocar mais seis divisões para a Europa até dezembro, término do prazo estabelecido por Khruschóv para o tratado de paz.

Mais surpreendentes, porém praticamente ignoradas pela mídia, foram as dezessete menções do discurso a Berlim *Ocidental*, bem como o uso constante da palavra "ocidental". Kennedy estava repetindo sua mensagem a Khruschóv em Viena: os soviéticos podiam fazer o que quisessem com a parte oriental da cidade, desde que não tocassem na parte ocidental.

No almoço da véspera, conversando com o redator de discursos Ted Sorensen, o alto funcionário da Agência de Informação dos Estados Unidos James O'Donnell reclamara da ênfase em Berlim "Ocidental", numa versão final do discurso. Sua opinião era importante, pois ele era amigo da família Kennedy e um veterano de Berlim — como soldado vitorioso, fora o primeiro não soviético a penetrar no *bunker* de Hitler. Escrevera um livro sobre os últimos dias de Hitler e, como correspondente da *Newsweek*, morara em Berlim durante o bloqueio. Gozava de tal prestígio que, na época da campanha presidencial, enviara ao candidato Kennedy um memorando sobre os acordos das quatro potências referentes a Berlim.[40]

Sorensen lhe mostrara o discurso, certo de que "mesmo linhas-duras" como ele haveriam de gostar. Contudo, quanto mais analisava o texto, mais O'Donnell se surpreendia com suas concessões unilaterais. Ao mesmo tempo que se dizia disposto a eliminar "fatores de irritação" em Berlim Ocidental, Kennedy sustentava que "a liberdade da cidade não é negociável". De acordo com Ulbricht, esses "fatores de irritação" incluíam a mídia livre de Berlim Ocidental, a emissora de rádio americana RIAS, a liberdade de ação de militares e agentes da inteligência ocidentais e — o mais importante — a facilidade com que os alemães-orientais podiam cruzar a fronteira e procurar refúgio.

Outro parágrafo reconhecia "a preocupação histórica da União Soviética com sua segurança na Europa Central e Oriental, depois de uma série de invasões devastadoras, e cremos que podemos chegar a acordos que levem em conta essa preocupação e permitam a existência da segurança e da liberdade nessa área conturbada".

O'Donnell se perguntava o que Kennedy queria dizer com isso, pois não sabia que, em particular, ele usara uma linguagem semelhante em Viena. Será que o presidente estava acreditando no ressurgimento do militarismo alemão apontado por Moscou? Estava cedendo aos soviéticos, para sempre, a Polônia, a Tchecoslováquia e a Hungria?

Nada, porém, chocou tanto O'Donnell quanto as repetidas referências à segurança de Berlim "Ocidental", que ele só podia entender como uma concessão de carta branca aos soviéticos em Berlim Oriental, embora a cidade teoricamente permanecesse sob o controle das quatro potências.

"A ameaça imediata aos homens livres está em Berlim Ocidental", disse Kennedy no discurso. Valendo-se de um mapa que mostrava Berlim Ocidental como uma ilha branca num negro mar comunista, explicou:

Pois Berlim Ocidental, situada no interior da Alemanha Oriental, a 176 quilômetros da fronteira, cercada por tropas soviéticas e próxima das linhas de abastecimento soviéticas, desempenha muitos papéis. É mais que uma vitrine da liberdade, um símbolo, uma ilha de liberdade num mar comunista. É mais que um elo com o mundo livre, um farol de esperança por trás da Cortina de Ferro, uma rota de fuga para os alemães-orientais.

Berlim Ocidental é tudo isso. Porém o mais importante é que agora — como nunca — tornou-se o lugar do grande teste da coragem e da determinação do Ocidente, um ponto em que agora se confrontam nossos compromissos solenes, que remontam a 1945, e as ambições dos soviéticos. Os Estados Unidos estão lá; o Reino Unido e a França estão lá; a garantia da Otan está lá — e o povo de Berlim está lá. Nesse sentido, os berlinenses estão tão seguros quanto nós — pois não podemos separar sua segurança da nossa [...] demos-lhes nossa palavra de que entenderemos qualquer ataque a eles como um ataque a nós todos.

No final dos 31 minutos do discurso, Kennedy retomou Berlim Ocidental.

O juramento solene que cada um de nós fez a Berlim Ocidental em tempo de paz não será quebrado em tempo de perigo. Se não cumprirmos nossos compromissos em Berlim, em que posição ficaremos? Se não formos fiéis a nossa palavra, tudo que conseguimos em termos de segurança coletiva, que depende dessa palavra, não terá significado. E, se há um caminho para a guerra que está acima de todos os outros, é o caminho da fraqueza e da desunião.[41]

Sorensen se irritou com O'Donnell por subestimar a importância do compromisso emocional do discurso com a defesa de Berlim. Quanto ao desinteresse por Berlim Oriental e pelos europeus orientais de modo geral, argumentou que o discurso apenas reconhecia a realidade. De qualquer modo, os russos faziam o que bem entendiam em seu setor. Os americanos relutariam em aceitar um reforço militar para salvaguardar 2 milhões de berlinenses ocidentais, porém seria esperar demais deles que arriscassem a vida pelo destino de 1 milhão de berlinenses orientais que se viram presos no lado errado da história.

O'Donnell sugeriu uma solução fácil. O presidente podia simplesmente omitir a palavra "ocidental" na maioria das vezes em que era associada à palavra "Berlim". Depois de uma hora de discussão, Sorensen protestou: "Não posso mais perder tempo com esse texto […] esse discurso passou por seis departamentos do governo. Foi e voltou durante dez dias. Esta é a versão final. Esta é a linha da política.

"E pronto."[42]

E assim terminou o almoço.

Sorensen também rechaçou protestos semelhantes de outras pessoas ligadas ao governo. A chamada Máfia de Berlim, o grupo de altos funcionários que acompanharam durante anos o impasse de Berlim, achava que o presidente estava cometendo uma heresia ao dizer para os soviéticos que podiam ignorar os acordos das quatro potências e fazer o que bem entendessem com sua parte da cidade.

"O texto provocou uma reação de 'Ah, meu Deus!'", comentou o austríaco Karl Mautner, que trabalhava na Inteligência e na área de pesquisa do Departamento de Estado, depois de ter servido na Missão Americana em Berlim. Tendo lutado na Segunda Guerra Mundial com a 82ª Divisão Aerotransportada na Normandia e na Batalha das Ardenas, estava indignado com Kennedy. "Percebemos de imediato o que isso significava. […] Estávamos minando nossa posição."[43]

A ênfase em Berlim Ocidental pareceu ainda mais intencional aos soviéticos quando, em 30 de julho, cinco dias depois do discurso, o senador William Fulbright afirmou no programa *Perguntas e Respostas*, transmitido pela rede ABC de televisão nas manhãs de domingo, que a melhor maneira de Moscou reduzir as tensões da Crise de Berlim consistia em fechar a rota de fuga para Berlim Ocidental. "A verdade é que, a meu ver, os russos podem fechá-la, de qualquer maneira", disse Fulbright. "Se na próxima semana decidissem fechar suas fronteiras, poderiam fazê-lo, sem violar nenhum tratado. Não entendo por que os alemães-orientais não fecham sua fronteira, pois creio que têm o direito de fechá-la."[44]

Fulbright estava errado em sua interpretação do tratado e corrigiu-se em 4 de agosto, quando lembrou ao Senado que acordos do pós-guerra garantiam a liberdade de movimento por Berlim e reconheceu que sua entrevista na televisão havia dado "uma impressão lastimável e equivocada". Diante disso, Kennedy nunca o repudiou e recebeu de McGeorge Bundy um relatório favorável sobre sua aparição na televisão, mencionando "vários comentários enviados de Bonn e Berlim, inclusive com referência ao impacto positivo das colocações do senador Fulbright".[45]

A verdade era que a entrevista fez os alemães-ocidentais se desesperarem e encantou os alemães-orientais. *Der Tagesspiegel*, jornal de Berlim Ocidental, lamentou que o comentário do senador fosse potencialmente tão encorajador para o inimigo quanto as palavras de Acheson haviam sido antes da Guerra da Coreia, quando ele dissera que a Coreia do Sul estava fora do perímetro de defesa dos Estados Unidos. O *Neues Deutschland*, jornal do Partido Comunista, qualificou de "realistas" as ideias de Fulbright.

No começo de agosto, durante um passeio com o economista e conselheiro Walt Rostow pela colunata vizinha ao Jardim das Rosas, Kennedy refletiu sobre o que poderia acontecer em Berlim. "Khruschóv está perdendo a Alemanha Oriental", falou. "Ele não pode permitir isso. Se perder a Alemanha Oriental, vai perder também a Polônia e toda a Europa Oriental. Ele vai ter de fazer alguma coisa para acabar com o fluxo de refugiados. Talvez um muro. E não podemos impedi-lo. Posso manter a Aliança coesa para defender Berlim Ocidental, mas não posso fazer nada para manter Berlim Oriental aberta."[46]

Numa manhã de verão escaldante em Moscou, Ulbricht rumou para seu encontro com Khruschóv numa limusine de janelas fechadas com cortinas. Não havia anunciado que participaria da reunião de cúpula do Pacto de Varsóvia nesse dia e, se pudesse evitar, não queria ser visto em público.[47]

Moscou parecia tranquila, em comparação com o que ele enfrentava em seu país. Grupos de turistas caminhavam com seus guias pela praça Vermelha. Os primeiros barcos turísticos subiam o rio Moscova ao lado de caiaques conduzidos por homens que faziam seus exercícios matinais. Piscinas enormes se abriam nos parques públicos. Com as férias escolares, a cidade estava repleta de pais e filhos.

Khruschóv e Ulbricht se encontraram para tratar dos últimos detalhes para o fechamento da fronteira antes de procurar a aprovação dos outros membros do Pacto de Varsóvia. Ulbricht também queria que seus aliados considerassem a possibilidade de uma ajuda econômica de emergência, no caso de o Ocidente reagir com sanções.

Como acompanharam de perto os preparativos de seus serviços de Segurança e de suas forças militares durante a maior parte de julho, os dois líderes não precisaram repassar cada detalhe. Khruschóv falou que, juntos, cercariam "Berlim com um círculo de ferro. [...] Cabe a nossas forças criar um círculo, mas cabe a suas tropas controlá-lo". No momento em que os dois homens conversavam, os soviéticos estavam enviando mais 4 mil soldados para Berlim. Também estavam colocando tanques na fronteira com a Alemanha Ocidental, atrás das posições dos soldados alemães-orientais.[48]

A reunião dessa manhã tinha por finalidade estabelecer prazos. Khruschóv disse a Ulbricht que não pretendia assinar nenhum tratado de paz com ele antes do fechamento da fronteira e recomendou-lhe que não fizesse nada para barrar o acesso por terra ou por ar a Berlim Ocidental. Ulbricht concordou: embora quisesse assinar um tratado de paz com Moscou, isso se tornara secundário diante da necessidade de deter os refugiados e salvar seu país. Bastavam-lhe duas semanas para acabar com o movimento entre Berlim Oriental e Berlim Ocidental.

"Qual é o melhor momento para você fazer isso?", Khruschóv perguntou. "Faça quando quiser. Podemos fazer isso a qualquer momento."[49]

Considerando a urgência de seu problema com os refugiados e o perigo de os planos vazarem, Ulbricht queria agir o mais rapidamente possível. Sugeriu a noite de sábado, 12 de agosto, para domingo, 13 de agosto.

Khruschóv comentou que 13 é dia de azar no Ocidente e acrescentou: "Para nós e para todo o mundo socialista vai ser um dia de muita sorte".[50]

Tendo construído o metrô de Moscou, Khruschóv queria saber mais sobre os detalhes logísticos. Como Ulbricht resolveria a questão das ruas que, conforme ele havia visto em seu mapa detalhado, tinham um lado em Berlim Oriental e o outro em Berlim Ocidental?

"Nas casas que têm saída para Berlim Ocidental, vamos fechar a saída com tijolos", Ulbricht explicou. "Em outros lugares, vamos erguer barreiras de arame farpado. Já temos o arame. Podemos fazer tudo isso rapidamente."[51]

Khruschóv recusou-se a convocar uma reunião de emergência para tratar do apoio necessário para a economia da Alemanha Oriental. Temia que o simples fato de marcar essa reunião alertasse o Ocidente em relação a seus planos — e acelerasse ainda mais o fluxo de refugiados. Ulbricht devia fazer o possível para se preparar.

Ele também queria que Ulbricht garantisse ficar dentro de seu território, "nem um milímetro" dentro de Berlim Ocidental. Todos os sinais enviados por Kennedy, da Cúpula de Viena ao discurso de 25 de julho, passando pela declaração de Fulbright na televisão, indicavam que Khruschóv estava seguro enquanto todas as ações dos soviéticos e dos alemães-orientais se limitassem a seu território e de modo algum afetassem os direitos de acesso dos aliados a Berlim. Na verdade, sua última conversa com o embaixador Thompson o convencera de que Kennedy e Adenauer podiam até aplaudir o desfecho. Dois dias antes, Khruschóv havia dito a Ulbricht: "Quando a fronteira estiver fechada, os americanos e os alemães-ocidentais vão ficar contentes. Thompson me contou que essas fugas estão causando muitos problemas para os alemães-ocidentais. Portanto, quando estabelecermos esses controles, todo mundo vai ficar satisfeito. E, além disso, eles vão sentir seu poder".[52]

Sem falar em muro, Khruschóv pediu ao grupo do Pacto de Varsóvia que aprovasse o fechamento da fronteira, tornando-a tão indevassável quanto a que existia entre os territórios das duas Alemanhas desde 1952. "Propomos que, para acabar com a atividade subversiva, o Pacto de Varsóvia concorde em estabelecer ao longo das fronteiras da RDA, inclusive das fronteiras de Berlim, um controle comparável ao existente ao longo das fronteiras das potências ocidentais."

Ulbricht conseguiu parte do que queria na reunião de três dias. Seus vizinhos socialistas aceitaram o fechamento da fronteira e concordaram em reposicionar suas tropas de modo a apoiar os militares soviéticos. O que negaram, para consternação de Khruschóv, foram garantias econômicas. Preocupados com uma possível retaliação econômica do Ocidente contra todo o bloco, os líderes do Partido Comunista — Władisław Gomułka, da Polônia, Antonín Novotný, da Tchecoslováquia, e János Kádár, da Hungria — alegaram recursos limitados. Gomulka até pediu a Ulbricht que, no caso de um boicote ocidental a todo o bloco, considerasse a possibilidade de ajudar a seu próprio país, redirecionando mercadorias que normalmente seriam vendidas ao Ocidente. Não sabia até que ponto a Polônia sofreria as consequências de Berlim, por causa de sua dívida e seu comércio com o Ocidente.

Novotný disse a Ulbricht que não contasse com ele para fornecer alimentos, pois seu país enfrentava problemas com a produção agrícola. Temia que, sendo o país do Pacto de Varsóvia que mais comerciava com o Ocidente, a Tchecoslováquia fosse também o mais prejudicado em decorrência de qualquer ação em Berlim. Kádár lamentou que os aliados soviéticos não tivessem discutido antes o possível impacto econômico do fechamento da fronteira da Alemanha Oriental, pois quase um terço da economia de seu país girava em torno do comércio com o Ocidente — e um quarto desse percentual girava em torno do comércio com a Alemanha Ocidental.

Khruschóv esbravejou: "Acho que devemos ajudar a RDA. Vamos lá, camaradas, tratem de entender melhor [...]. Todos nós vamos ajudar a RDA. Não vou dizer quem há de ajudar mais. Todos devemos ajudar e ajudar mais. Vejamos desta forma: se não voltarmos nossa atenção para as necessidades da RDA e não fizermos sacrifícios, eles não vão aguentar; eles não têm força interna suficiente".

"O que significaria o fim da RDA?", Khruschóv perguntou aos outros líderes. Eles queriam o Exército da Alemanha Ocidental em suas fronteiras? Fortalecendo a posição da Alemanha Oriental, "fortalecemos nossa posição", explicou, decepcionado com a pouca solidariedade existente em seu bloco. Numa aliança em que a maioria dos membros se sentiam pouco ameaçados pelo Ocidente, porém dependiam economicamente cada vez mais do Ocidente, seus argumentos não convenceram ninguém.

Quando seus camaradas lhe perguntaram por que não estava mais preocupado com uma reação militar por parte dos americanos, Khruschóv respondeu que, até o momento, a reação do Ocidente a suas crescentes pressões e a sua retórica vinha sendo bem menos resoluta do que ele temia. Os Estados Unidos "têm se mostrado menos duros do que pensávamos" em relação a Berlim. Era bem verdade que o adversário ainda "podia se revelar, mas já podemos confessar que esperávamos mais pressão, porém até agora a intimidação mais forte foi o discurso de Kennedy".

Khruschóv disse a seus aliados que, em sua opinião, os Estados Unidos mal tinham governo e o Senado americano parecia o principado de Novgorod, na Rússia medieval, onde os boiardos "gritavam e berravam e puxavam a barba uns dos outros; assim decidiam quem estava com a razão".

Ele falou com saudade da época em que o secretário de Estado era John Foster Dulles, que, embora fosse anticomunista, deu "mais estabilidade" às relações entre os Estados Unidos e a União Soviética. Quanto a Kennedy, inspirava-lhe "pena", tendo "bem pouca importância para republicanos e democratas". Um adversário tão fraco e indeciso certamente não teria nenhuma reação significativa.[53]

Ulbricht voltou para casa no momento em que se iniciava a contagem regressiva para o dia mais importante de sua vida — e de seu país. Primeiro, porém, teria de enfrentar um último conflito com o proletariado da Alemanha Oriental.

21 de junho. Usando seu velho uniforme, Khruschóv prepara seus militares para a possibilidade de guerra durante um discurso no Grande Palácio do Kremlin.

8 de julho. A bordo da *Marlin*, Kennedy e seus principais assessores discutem a crise. Da esq. para a dir.: JFK, o assessor militar Maxwell Taylor, o secretário de Estado, Dean Rusk, e o secretário de Defesa, Robert McNamara.

O fluxo de refugiados da Alemanha Oriental crescia a cada semana, agravando a crise. Vista do centro de refugiados de Marienfelde, nos arredores de Berlim.

Mãe e filhos aguardam para entrar em Marienfelde.

Entre os refugiados estava Marlene Schmidt, que em 15 de julho, menos de um mês antes do fechamento da fronteira, venceu o concurso de Miss Universo, em Miami.

25 de julho. JFK pensativo no Salão Oval antes de seu primeiro pronunciamento ao vivo à nação.

JFK entrega a sua secretária, Evelyn Lincoln, alterações de última hora feitas no discurso.

13 de agosto. A fronteira é fechada. Soldados da Alemanha Oriental bloqueiam a passagem no Portão de Brandemburgo.

Um policial da Alemanha Oriental dispersa com jatos d'água uma manifestação em Berlim Ocidental.

Atrás da cerca de arame farpado, crianças de Berlim Oriental olham para Berlim Ocidental.

16 de agosto. O prefeito Willy Brandt comunica a 250 mil berlinenses ocidentais que a existência de todo o mundo não comunista está em jogo.

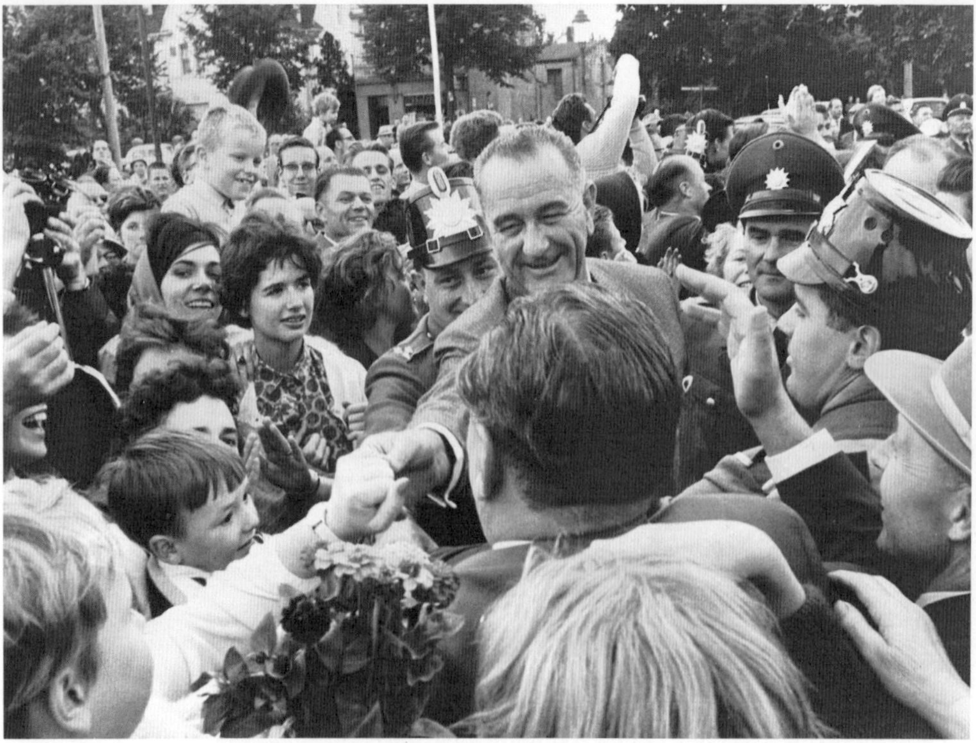

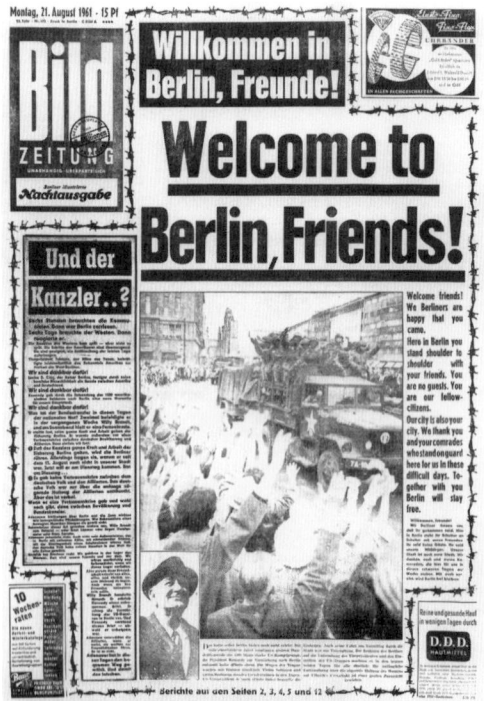

18 de agosto. Enviado por Kennedy a Berlim Ocidental, o vice-presidente Johnson a princípio relutou, mas acabou se deliciando com a multidão de adoradores.

Montag, 21. August 1961 · 15 Pf

Bild ZEITUNG

Nachtausgabe

Willkommen in Berlin, Freunde!

Welcome to Berlin, Friends!

Und der Kanzler..?

Welcome friends! We Berliners are happy that you came.
Here in Berlin you stand shoulder to shoulder with your friends. You are no guests. You are our fellow-citizens.
Our city is also your city. We thank you and your comrades who stand on guard here for us in these difficult days. Together with you Berlin will stay free.

Reine und gesunde Haut in wenigen Tagen durch D.D.D.

Berichte auf den Seiten 2, 3, 4, 5 und 12

21 de agosto. O *Bild*, maior jornal da Alemanha Ocidental, saúda a chegada de reforços simbólicos da 18ª Infantaria, 1º Grupo de Combate.

22 de agosto. Nove dias depois do fechamento da fronteira, Adenauer finalmente vai a Berlim, sendo muito criticado pela demora.

Walter Ulbricht agradece às milícias de trabalhadores por protegerem o país contra as artima-
nhas dos imperialistas.

Ergue-se o Muro.
Pedreiros de Berlim
Oriental assentam os
blocos.

Equilibrando-se na capota do carro,
este alemão-ocidental acena para
alguém do outro lado do muro.

Estes berlinenses ocidentais subiram em
escadas para acenar para entes queridos que
estão do outro lado.

Grandes fugas: Conrad Schumann, guarda da fronteira da Alemanha Oriental, livra-se da arma e, transpondo o arame farpado, salta para a liberdade.

Com a ajuda de várias pessoas, uma velha berlinense oriental sai pela janela de seu edifício, no setor comunista, para ganhar a liberdade em Berlim Ocidental.

O general Lucius Clay, herói da ponte
aérea de Berlim, em 1948.

19 de setembro. No aeroporto Tempelhof, uma guarda de honra formada por soldados americanos e policiais de Berlim Ocidental saúda Clay, representante especial de Kennedy em Berlim.

24 de setembro. Na Assembleia Geral da ONU, Kennedy fala dos perigos de uma guerra nuclear, porém ao mesmo tempo aprova planos de um ataque nuclear preventivo.

18 de outubro. Khruschóv estarrece o mundo ao anunciar, no XXII Congresso do Partido, que detonará a maior bomba nuclear da história.

25 de outubro. Tem início o confronto. Escoltado por três jipes com militares armados, um carro americano entra em Berlim Oriental pelo posto de controle da Friedrichstrasse.

Um de vários tanques americanos se posiciona no Checkpoint Charlie.

Tanques soviéticos vistos pelo condutor de um tanque americano.

Espectadores aglomerados na Friedrichstrasse.

Tanques americanos, no primeiro plano, defrontam tanques soviéticos no Checkpoint Charlie.

Agosto de 1962. Um ano depois do fechamento da fronteira, o jovem Peter Fechter, de dezoito anos, é baleado nas costas pela polícia comunista e se esvai em sangue por mais de uma hora, até morrer e ser removido. O incidente provoca protestos em Berlim Ocidental.

26 de junho de 1963. A caminho de seu histórico discurso, Kennedy é aclamado, juntamente com Brandt e Adenauer, por meio milhão de berlinenses.

"Ich bin ein Berliner."

Ulbricht e Kurt Wismach se desentendem

FÁBRICA DE CABOS OBERSPREE, BERLIM ORIENTAL

QUINTA-FEIRA, 10 DE AGOSTO DE 1961

Menos de 48 horas antes de dar início a sua operação, Walter Ulbricht cumpriu um compromisso de rotina com operários da Fábrica de Cabos Oberspree, no sul de Berlim Oriental. Cerca de 1500 trabalhadores de macacão e tamancos de madeira, para se proteger de eletrocussão e metal derretido, se reuniram num salão imenso. Alguns escalaram as gruas para ver melhor; outros se sentaram em cima de rolos de cabo com mais de três metros de altura.

Depois de contar que acabava de voltar de Moscou, Ulbricht anunciou: "É imprescindível que um tratado de paz seja assinado, sem demora, [entre a Alemanha Oriental] e nossa gloriosa camarada e aliada, a União das Repúblicas Socialistas Soviéticas". Num tom belicoso, prosseguiu: "Ninguém pode deter o socialismo [...]. Nem mesmo aqueles que caíram nas garras dos traficantes de escravos". O custo das fugas — "tráfico de gente e sequestro" — para a economia da Alemanha Oriental era de 2,5 bilhões de marcos por ano. "Cada cidadão de nosso Estado concordará comigo que precisamos acabar com essa situação."

Kurt Wismach, que aparentemente era apenas mais um trabalhador, enfureceu-se com o que considerava a habitual conversa fiada dos comunistas.

Sentindo-se forte, no alto de um rolo de cabo, aplaudia zombeteiramente cada frase do líder. Parecia que nada conseguiria impedi-lo de bater palmas e gritar no silêncio do salão.

"Ainda que eu seja o único, vou dizer: Eleições livres!", berrou.

Ulbricht olhou para ele. "Espere aí!", esbravejou. "Vamos esclarecer isso agora mesmo!"

"Exatamente", Wismach gritou para o líder que milhões de pessoas tanto temiam. "E vamos ver qual é o caminho certo!"

"Eleições livres!", Ulbricht exclamou e depois correu os olhos pelo salão. "O que é que você quer eleger livremente? [...] É o povo que lhe pergunta!"

A essa altura Wismach já se munira da coragem de quem havia ido longe demais para voltar atrás. "Você faz alguma ideia do que o povo realmente pensa?", berrou, ciente de que a maioria de seus colegas estavam paralisados, as mãos imóveis ao longo do corpo. Ninguém o apoiaria.

Ulbricht fez um gesto de desprezo e retrucou que foram as eleições livres, nas décadas de 1920 e 1930, que levaram a Alemanha ao domínio de Hitler e à Segunda Guerra Mundial. "Agora eu lhes pergunto: vocês querem ir por esse mesmo caminho?"

"*Nein, Nein*", respondeu uma minoria fiel ao partido. A cada réplica de Ulbricht e a cada um de seus pedidos de apoio, esse grupo ruidosamente o encorajava.

Outros operários, que poderiam apoiar Wismach — provavelmente a maioria —, permaneciam em silêncio. Sabiam que, se agissem de outra forma, poderiam sofrer o mesmo castigo que o colega certamente sofreria.

"O único importunador que aqui se encontra acha que está mostrando muita coragem!", Ulbricht esbravejou. "Tenha a coragem de lutar contra o militarismo alemão!"

O grupo fiel ao partido novamente o aclamou.

"Quem é a favor de eleições livres é a favor dos generais de Hitler!", Ulbricht gritou, o rosto rubro.

A multidão aplaudiu pela última vez, enquanto o líder deixava o salão.

No dia seguinte, disciplinadores do partido interrogaram Wismach para saber, entre outras coisas, se ele estava envolvido com tráfico de pessoas e espionagem. Obrigaram-no a se retratar, assinando uma declaração, e a aceitar um corte no salário e um rebaixamento que só poderiam ser revogados mediante trabalho duro e "conscientização política".

Poucos dias depois, Wismach deixou Berlim Oriental com a esposa e o filho. Foi um dos últimos que conseguiram cruzar a fronteira com tanta facilidade.[54]

14. O Muro: construindo a armadilha

A RDA tinha de lidar com um inimigo economicamente muito poderoso e, portanto, muito atraente para os cidadãos da RDA. [...] A debandada resultante de trabalhadores estava criando uma situação desastrosa na RDA, que já vinha sofrendo com a escassez de mão de obra braçal, para não falar de profissionais especializados. Se essa situação perdurasse por mais tempo, não sei o que teria acontecido.[1]

O premiê Khruschóv explicando em suas
memórias sua decisão de aprovar
o fechamento da fronteira de Berlim

No período em que estamos entrando veremos se sabemos tudo e se estamos firmemente instalados em toda parte. Agora temos de mostrar se entendemos a política do partido e se somos capazes de executar suas ordens.[2]

Erich Mielke, chefe da Polícia Secreta
da Alemanha Oriental, dando
as instruções finais em 12 de agosto de 1961

Como um produtor teatral experiente preparando-se para o espetáculo de sua vida, Walter Ulbricht ensaiou cada cena com seus subordinados nas horas cruciais que antecederam o momento de receber os aplausos em 13 de agosto. Seu drama, intitulado "Operação Rosa", teria uma única apresentação. Não haveria, portanto, uma segunda oportunidade de corrigir possíveis erros.

Nenhum detalhe era pequeno demais para Ulbricht, nem para o homem que ele incumbira de dirigir a montagem: Erich Honecker, o chefe do Comitê Central para questões de segurança. Honecker tinha 48 anos e duas qualidades que o tornavam digno de apreço: lealdade inquestionável e inigualável capacidade de organização.

Com seu cabelo grisalho penteado para trás e seu sorriso de Mona Lisa, ele percorrera um longo caminho desde a época em que, como um agitador comunista jovem e bonito, passara dez anos nas prisões de Hitler, na década de 1930. Sua operação podia fazê-lo superar seus rivais e se tornar o favorito para a sucessão de Ulbricht. Também podia salvar o socialismo alemão. O fracasso lhe custaria a carreira e, talvez, o país.

Sua lista de tarefas era extensa e minuciosa.

Ele precisava verificar se seu pessoal havia comprado quantidades suficientes de arame farpado para envolver toda a circunferência de Berlim Ocidental — quase 155 quilômetros. Para não levantar suspeitas, sua equipe distribuíra as encomendas entre numerosos compradores da Alemanha Oriental, que negociaram com diferentes fabricantes da Grã-Bretanha e da Alemanha Ocidental.

Até o momento, nenhum dos ocidentais envolvidos no negócio soara o alarme. Não havia indício de que as agências de inteligência ocidentais tivessem qualquer pista do que estava prestes a ocorrer. Encomenda era encomenda. Honecker lembrou a previsão de Lênin: "Os capitalistas nos venderão a corda com a qual os enforcaremos". Nesse caso, os capitalistas estavam vendendo com grandes descontos o arame farpado com o qual os comunistas cercariam seu próprio povo. Para evitar qualquer reação diplomática, a equipe de Honecker arrancara centenas de rótulos de fabricantes ingleses e alemães-ocidentais e os queimaram.

Os alemães-orientais e seus consultores soviéticos haviam mapeado cada metro dos 43 quilômetros da fronteira interna que, passando pelo centro da cidade, separava seus dois lados, bem como dos 110 quilômetros da fronteira entre Berlim Ocidental e a Alemanha Oriental. E estavam atentos às peculiaridades de cada trecho da fronteira.

Em 24 de julho, Bruno Wansierski, de 56 anos, o tecnocrata do partido e experiente carpinteiro, transmitiu a seu chefe, Honecker, as últimas informações sobre o projeto que lhe cabia supervisionar. Para esconder o conteúdo, seu relatório portava o inócuo título de "Resumo das operações de engenharia na borda ocidental de Berlim". Quem leu os documentos mais tarde comparou sua precisão aos planos dos nazistas para a construção e operação dos campos de concentração. Embora o projeto de Ulbricht fosse menos criminoso, sua execução não seria menos cinicamente rigorosa.

Com apenas três semanas de prazo, Wansierski — diretor do Departamento para Questões de Segurança do Comitê Central do Partido da Unidade Socialista — avisou que não tinha material suficiente para dois terços do trabalho. Depois de inventariar "todo o material disponível", relatou que lhe faltavam 2100 pilares de concreto, 1100 quilos de grampos, 171 metros de madeira, 1700 quilos de arame e 31,9 toneladas de tela. O mais problemático: faltavam-lhe 303 toneladas de arame farpado, o material principal do projeto.[3]

Duas semanas depois, uma atividade frenética havia preenchido todas as falhas. Em 9 de agosto, Ulbricht estava contente: tudo corria bem. Dezenas de caminhões já tinham transportado secretamente centenas de pilares de concreto procedentes de Eisenhüttenstadt, cidade industrial à margem do rio Oder, nas proximidades da fronteira com a Polônia, e os deixaram num depósito da polícia no bairro berlinense de Pankow e em várias outras localidades.[4]

Centenas de policiais de toda a Alemanha Oriental se reuniram no vasto Diretório da Segurança do Estado, em Hohenschönhausen, nos arredores de Berlim Oriental. Muitos se dedicavam à construção de cavaletes de madeira, que seriam usados como as primeiras barreiras das ruas. Martelavam pregos e ganchos pelos quais outros policiais passariam o arame farpado. Centenas de pares de luvas de proteção haviam sido especialmente encomendadas para eles.[5]

Ulbricht também trabalhava febrilmente para determinar que unidades do Exército e da polícia seriam mobilizadas. Sua primeira tarefa, que teria início à 1h30, seria formar uma corrente humana em torno de Berlim Ocidental para barrar quaisquer tentativas de fuga ou outros atos de resistência até o pessoal da construção erguer as primeiras barreiras. Ulbricht incumbiria essa missão às forças de sua maior confiança: a Polícia de Fronteira, a Polícia de Reserva, os cadetes da escola de polícia e as milícias de trabalhadores, tropas de primeira classe organizadas em torno dos locais de trabalho.

Os planos elaborados para cada trecho da fronteira especificavam minuciosamente o procedimento de cada grupo. Por exemplo, o comandante da Polícia de Fronteira Erich Peter decidiu colocar 97 homens nos principais cruzamentos da Friedrichstrasse, em Berlim Oriental, o que significava um homem por metro quadrado. Outros 39 policiais ergueriam a primeira barreira de arame farpado, pilares de concreto e cavaletes.

Os soldados do Exército regular formariam a segunda linha de defesa e, em caso de emergência, se deslocariam para preencher possíveis brechas na linha de frente. Os poderosos militares soviéticos formariam um terceiro círculo e só avançariam se as forças aliadas abortassem a operação ou se as unidades da Alemanha Oriental sucumbissem.

Os subordinados de Ulbricht também foram meticulosos quanto à munição, distribuindo-a em quantidades suficientes para a missão, porém de modo que evitasse qualquer disparo precipitado. Nos pontos mais sensíveis da fronteira, as unidades policiais teriam suas carabinas carregadas com dez balas de festim, que, segundo as instruções, deveriam disparar como advertência se os berlinenses orientais ou ocidentais avançassem contra elas. Se isso não surtisse efeito, teriam à mão três pentes com balas de verdade, mas só as usariam com a aprovação de seus comandantes.

Na segunda linha de defesa, soldados do Exército Nacional do Povo estariam armados com submetralhadoras e quantidades limitadas de munição. Para evitar acidentes, levariam suas armas descarregadas e a munição em pequenas bolsas presas no cinto. Como medida de segurança, as unidades de maior confiança estariam armadas desde o início: a 1ª Divisão Motorizada de Fuzileiros, parte das milícias de trabalhadores e dois *Wachregimenten* de elite — guardas especializados em segurança interna —, sendo um do Exército e o outro ligado à Stasi (*Staatssicherheit*), o ministério da Segurança do Estado.

A partir do momento em que recebessem suas primeiras ordens, à uma hora da madrugada, as unidades policiais e militares teriam trinta minutos para, à luz da lua — pois a iluminação pública de Berlim Oriental seria desligada —, fechar a fronteira com sua corrente humana. Teriam mais 180 minutos para erguer as barreiras em torno da cidade, fechando inclusive 68 das 81 passagens para Berlim Ocidental. Com isso, a polícia da Alemanha Oriental teria de monitorar na manhã seguinte apenas treze postos de controle.[6]

Exatamente à 1h30, as autoridades da Alemanha Oriental suspenderiam o transporte público. Os passageiros dos trens procedentes de Berlim Ocidental não poderiam desembarcar na Friedrichstrasse, a principal estação Leste-Oeste. Em cruzamentos essenciais, que nunca seriam reabertos, grupos munidos de ferramentas especiais quebrariam os trilhos dos trens. Outras unidades instalariam o arame farpado, enquanto oitocentos policiais extras guardariam as estações para evitar tumultos.

Se tudo corresse bem, o trabalho estaria concluído às seis horas da manhã.

Ulbricht deu os últimos retoques na declaração oficial que, nas primeiras horas do dia 13 de agosto, faria circular por toda a Alemanha Oriental e ao redor do mundo. No texto, responsabilizava por seu ato o governo da Alemanha Ocidental, cujos "planos sistemáticos para uma guerra civil" estavam sendo executados por "forças revanchistas e militaristas". Também explicava que o "único propósito" do fechamento da fronteira era proteger os alemães-orientais dessas forças nefandas.[7]

A partir desse momento, os alemães-orientais precisariam de passes especiais, emitidos pelo ministério do Interior, para poder entrar em Berlim Ocidental. Ao cabo de dez dias, os berlinenses ocidentais voltariam a ter permissão para ir a Berlim Oriental.

Ulbricht não descuidara de um detalhe sequer. Quem o conhecia bem poucas vezes o vira tão calmo e satisfeito.

EMBAIXADA SOVIÉTICA, BERLIM ORIENTAL
QUARTA-FEIRA À TARDE, 9 DE AGOSTO DE 1961

Sem a menor emoção, Ulbricht expôs os preparativos finais ao embaixador soviético Pervukhin. O "Camarada Célula", assim apelidado em sua juventude por causa de sua capacidade de organização, estava em seu melhor momento.

Falou sem consultar anotações, pois tinha tudo guardado em sua memória lendária. Apesar das muitas partes móveis da operação, ainda não via sinal de que os serviços de inteligência ocidentais suspeitassem do que ia acontecer ou estivessem planejando contramedidas. Pervukhin comunicou a Khruschóv que a operação aconteceria no prazo previsto.[8]

Khruschóv recebeu a informação com resignação e determinação. O êxodo de refugiados alcançara as gigantescas proporções de 10 mil pessoas por semana e mais de 2 mil em muitos dias. Mais tarde, o líder soviético lembraria como sofrera para tomar a decisão de prosseguir. "A RDA tinha de lidar com um inimigo economicamente muito poderoso e, portanto, muito atraente para os cidadãos da RDA. A Alemanha Ocidental era ainda mais atraente para os alemães-orientais, porque todos falavam a mesma língua. [...] A debandada resultante de trabalhadores estava criando uma situação desastrosa na RDA, que já vinha sofrendo com a escassez de mão de obra braçal, para não falar de profissionais especializados. Se essa situação perdurasse por mais tempo, não sei o que teria acontecido."[9]

Sua escolha havia sido entre uma ação que depunha contra o comunismo e a uma inação que poderia acarretar o esfacelamento de sua frente ocidental. "Passei muito tempo tentando encontrar uma saída. Como poderíamos criar, na RDA, incentivos que neutralizassem a força por trás do êxodo dos jovens alemães-orientais para a Alemanha Ocidental? Como poderíamos criar, na RDA, condições que permitissem ao Estado controlar o constante decréscimo de sua força de trabalho?"

Khruschóv sabia que os críticos, "principalmente nas sociedades burguesas", diriam que os soviéticos trancafiaram os cidadãos da Alemanha Oriental contra a vontade deles, que "soldados armados guardam as portas do paraíso socialista". Mas concluiu que o fechamento da fronteira era "um mal necessário e apenas temporário". E tinha certeza de que não haveria necessidade de nada disso se Ulbricht tivesse usado com mais eficiência "o potencial moral e material que um dia seria utilizado pela ditadura das classes trabalhadoras".

Mas isso era utopia, e Khruschóv tinha de lidar com o mundo real.

Sabia que, assim como outros satélites da União Soviética na Europa Oriental, a RDA ainda não alcançara "um nível de desenvolvimento moral e material que a habilitasse a competir com o Ocidente". E tinha de ser honesto consigo mesmo: não havia como melhorar a economia da Alemanha Oriental com rapidez suficiente para deter o fluxo de refugiados e impedir o colapso do país em face da esmagadora superioridade material da Alemanha Ocidental.

A única opção era o confinamento.

BERLIM ORIENTAL

SEXTA-FEIRA, 11 DE AGOSTO DE 1961

Menos de 36 horas antes de iniciar-se a operação, o marechal Ivan Konev, herói de guerra soviético, reuniu-se pela primeira vez com Ulbricht. A fim de assegurar a disciplina e o sucesso, Khruschóv o enviara para comandar todas as forças soviéticas na Alemanha, em substituição ao general Ivan Yakubovsky, que se tornaria seu adjunto. O gesto era rico em simbolismo. Um dos grandes homens da história soviética estava voltando para Berlim.

Alto, brutal, vigoroso, Konev tinha 63 anos de idade, cabeça raspada, olhos azuis e um ar de quem sabia de tudo. Depois de libertar a Europa Oriental, na Segunda Guerra Mundial, suas tropas entraram na capital alemã, procedentes do sul, e, junto com os soldados do marechal Zhukov, derrotaram os nazistas na sangrenta Batalha de Berlim, em maio de 1945. Por seus atos heroicos, Konev recebeu seis Ordens de Lênin, por duas vezes foi declarado "Herói da União Soviética" e atuou como primeiro comandante do Pacto de Varsóvia.[10]

O que mais o recomendava para sua nova missão era o fato de, em 1956, haver conduzido em Budapeste a repressão militar soviética que resultou na morte de 2500 húngaros e setecentos soldados soviéticos. Cerca de 200 mil húngaros fugiram do país. A maneira como Konev se portara com os alemães no passado constituía para Khruschóv uma garantia de que ele não recuaria diante das decisões mais brutais.

Perto do final da Segunda Guerra Mundial, Konev perseguiu uma divisão alemã que batera em retirada rumo à cidadezinha soviética de Shanderovka, onde se abrigou de uma nevasca. Depois de cercar a cidade para evitar que o inimigo escapasse, ele disparou bombas incendiárias. Na sequência, seus tanques T-34 passaram por cima dos alemães que seus soldados não conseguiram matar com as metralhadoras. Consta que sua cavalaria de cossacos trucidou os últimos sobreviventes com os sabres, chegando mesmo a cortar fora os braços que se ergueram no gesto de rendição. Seus homens mataram aproximadamente 20 mil alemães.[11]

Khruschóv se arriscara ao enviar para a Alemanha Oriental um comandante militar tão destacado apenas alguns dias antes de uma operação secreta. Na tarde anterior, o general Yakubovsky aderiu à provocação, convidando os oficiais de Ligação Militar que representavam os três aliados ocidentais em Berlim para conhecer seu sucessor.

"Cavalheiros, meu nome é Konev", disse o herói. "Talvez os senhores tenham ouvido falar de mim."

Konev se deliciou com a surpresa estampada no rosto dos aliados, quando os três intérpretes traduziram suas palavras para três línguas. "Os senhores naturalmente estão autorizados a tratar com o comandante em chefe do Grupo das Forças Soviéticas na Alemanha", prosseguiu. "Pois bem, agora eu sou o comandante em chefe, e é comigo que estão autorizados a tratar daqui para frente." Konev pediu aos oficiais de Ligação Militar que informassem os respectivos superiores acerca da mudança e lhes comunicassem que seu amigo, o general Yakubovsky, atuaria como seu adjunto.

Quis saber se tinham alguma pergunta. O oficial americano e seu colega britânico se limitaram a transmitir-lhe os cumprimentos de seus superiores. O francês explicou que não podia fazer a mesma coisa, porque seu superior não sabia que o marechal estava em Berlim, nem que havia assumido o comando.

Konev sorriu. "De soldado para soldado", falou, "deixe-me dizer-lhe isto, para que o senhor o repita para seu general. Sempre lembro a meus oficiais que um comandante nunca deve ser pego de surpresa."

Considerando o que se seguiu, o espetáculo foi muito interessante.

Konev não recebera ordens específicas sobre o que lhe caberia fazer se as potências ocidentais reagissem ao fechamento da fronteira com uma agressividade maior que a esperada. Khruschóv tinha certeza de que ele tomaria a decisão correta. Atuando como superior direto de Ulbricht, Konev lembrou-lhe que o sucesso envolvia dois pontos inegociáveis. O primeiro era que, ao fechar a fronteira, as unidades da Alemanha Oriental em nenhum momento poderiam impedir os berlinenses ocidentais ou os aliados ocidentais de se deslocarem, por ar ou por terra, para e da Alemanha Ocidental.

O segundo era que a operação tinha de se realizar com a rapidez do vento. Khruschóv concebera o plano de modo que "o estabelecimento de nosso controle da fronteira na RDA não desse ao Ocidente nem o direito, nem o pretexto para resolver nossa disputa por meio da guerra". Nesse sentido, a velocidade era essencial para produzir um fato consumado, assegurar a lealdade das forças da Alemanha Oriental e dissuadir qualquer comandante americano rápido no gatilho. Uma operação executada com presteza também poderia mostrar ao Ocidente a impossibilidade de alterar a situação criada pelas tropas comunistas.[12]

VOLKSKAMMER, BERLIM ORIENTAL
SEXTA-FEIRA, 11 DE AGOSTO DE 1961, DEZ HORAS

Aos 26 anos de idade, Adam Kellett-Long, da Reuters, era o único correspondente ocidental em Berlim Oriental, o que constituía uma vantagem. Enquanto seus colegas lutavam para conseguir notícias em Berlim Ocidental, ele tinha o lado comunista a sua disposição, graças a um acordo segundo o qual o governo da Alemanha Oriental remunerava a agência, fornecendo-lhe um local de trabalho e credenciais. Ulbricht o chamava de "minha sombrinha", por causa de sua presença constante.[13]

Nessa manhã, porém, o jovem repórter recebeu um telefonema incomum do serviço de imprensa da Alemanha Oriental, chamando-o para cobrir uma sessão de emergência da Volkskammer, o parlamento, na Luisenstrasse, às dez horas. Ele raramente assistia a essas enfadonhas reuniões, pois era improvável que seus editores publicassem uma reportagem sobre elas. Contudo, se seus protetores comunistas queriam tanto que ele comparecesse, devia haver um motivo.

Nesse dia, os parlamentares votaram o que lhe pareceu uma "resolução enigmática": declararam-se dispostos a aprovar quaisquer medidas que o governo da Alemanha Oriental desejasse tomar para pôr fim ao "revanchismo" em Berlim. Para Ulbricht, era uma fórmula com múltiplas aplicações.

Fora da sala, Kellett-Long interpelou Horst Sindermann, sua fonte mais confiável, responsável pela propaganda do Partido Comunista. "O que significa isso?", perguntou-lhe.

Sindermann foi menos loquaz que de hábito. Olhou bem para ele através das grossas lentes de seus óculos e falou num tom estudado e sério: "Se eu fosse você e estivesse pensando em sair de Berlim neste fim de semana, não sairia".

Depois sumiu na multidão.

Mais tarde, o repórter lembraria: "Num país comunista, não poderia haver indicação mais clara de que o que quer que estivesse para acontecer, aconteceria naquele fim de semana".[14]

Ele procurou obter mais informações, porém não teve sucesso. A Sender Freies Berlin, emissora de rádio de Berlim Ocidental financiada pelos americanos, noticiara, nessa manhã, que mais um número recorde de alemães-orientais chegara ao campo de refugiados de Marienfelde. Kellett-Long comentou com sua esposa que, segundo seus cálculos, a Alemanha Oriental estaria inteiramente deserta por volta de 1980.

A Deutschlandsender, emissora de rádio oficial de Berlim Oriental, não disse nada sobre refugiados — nem nada que ajudasse o correspondente da Reuters. Apresentou um programa sobre o segundo ser humano a orbitar a Terra, o cosmonauta soviético Gherman Titov, que dera dezessete voltas ao redor do planeta em 25 horas e dezoito minutos e regressara são e salvo. Um acontecimento "sem precedente na história humana", o locutor enfatizou, acrescentando que isso comprovava a superioridade socialista que o fluxo de refugiados teimava em negar.

Em mais um esforço para averiguar a indicação de Sindermann, Kellett--Long rumou para a Ostbahnhof, a principal estação de Berlim Oriental para quem chegava de outros lugares da Alemanha Oriental, onde ele costumava observar o fluxo de refugiados. O número de viajantes parecia maior que de hábito, porém o que o intrigou ainda mais foi a presença maciça de policiais uniformizados e à paisana.

A polícia era agressiva com a multidão: agarrava dezenas de viajantes, aparentemente ao acaso, prendia alguns e liberava outros. "Uma intensa operação policial", o jornalista anotou em seu caderno. Mas pareceu-lhe que as autoridades da Alemanha Oriental estavam perdendo a batalha, tentando conter o mar com as mãos. A tensão era visível nos olhos dos policiais.

Kellet-Long voltou para a agência e escreveu uma reportagem que colocou em alerta as redações de todo o mundo. "Berlim está prendendo a respiração neste ensolarado fim de semana, esperando medidas drásticas para deter o fluxo de refugiados para Berlim Ocidental", informou. Baseado na indicação de Sindermann, acrescentou que as autoridades reagiriam "de imediato".[15]

Sua linguagem era forte e pessimista, com a ousadia que o tornara tão impopular perante seus superiores. Mas ele estava seguro do que dizia. E relacionou para seus leitores as possibilidades que lhe ocorriam: as autoridades da Alemanha Oriental controlariam os viajantes com maior rigor; imporiam penalidades mais severas a quem tentasse fugir. Seria outra história, claro, caso fechassem todas as rotas de trânsito.

Kellett-Long não podia imaginar essa alternativa. Nesse caso, estaria escrevendo sobre uma guerra em potencial.

SEDE DA STASI, NORMANNENSTRASSE, BERLIM ORIENTAL
SEXTA-FEIRA NO FINAL DA TARDE, 11 DE AGOSTO DE 1961

Na primeira reunião com seus subordinados sobre a missão que lhes caberia no fim de semana, Erich Mielke, o chefe da Stasi, batizou o momento histórico: "Doravante, essa operação será chamada de 'Rosa'". Não explicou o motivo desse nome, porém a sugestão era que, por trás das dezenas de milhares de farpas de arame, havia um plano de beleza organizacional.

Mielke irradiava segurança. Apesar de seu 1,62 metro — praticamente a mesma altura de Ulbricht e Honecker —, era mais vigoroso, mais atlético e mais bonito que os outros dois. A barba, feita pela manhã, já havia crescido, e ele estava com olheiras.[16]

Em 1931, quando tinha apenas 24 anos, dera início a sua violenta trajetória de comunista com o assassinato de dois policiais de Berlim atraídos para um comício político diante do cinema Babylon. Depois de matá-los, gabou-se para seus colegas, num bar local: "Hoje comemoramos um ato que eu encenei!" (*"Heute wird ein Ding gefeiert, das ich gedrecht habe!"*). Os colegas do partido o levaram para fora da Alemanha, onde ele foi condenado *in absentia*. Em Moscou, Mielke recebeu sua formação de oficial da inteligência política soviética.[17]

Desde 1957 chefiava a segurança do Estado da Alemanha Oriental, porém as próximas horas constituiriam o teste mais crucial para seu complexo aparato de 85 mil espiões locais em tempo integral e 170 mil informantes. A maioria de seus oficiais veteranos, reunidos na cantina da sede da Polícia Secreta, não sabia nada sobre a operação até aquele momento.

"Hoje iniciamos um novo capítulo de nosso trabalho tchekista", Mielke lhes disse, com uma de suas frequentes referências à Tcheka, o braço original da segurança do Estado da revolução bolchevique. "Este novo capítulo requer a mobilização de cada integrante das Forças de Segurança do Estado. No período em que estamos entrando veremos se sabemos *tudo* e se estamos firmemente instalados *em toda parte*. Agora temos de mostrar se entendemos a política do partido e se somos capazes de executar suas ordens."[18]

Mielke se mantinha em forma, bebia pouco e não fumava, mas tinha três fraquezas: a música marcial prussiana, a caça em áreas reservadas a altos funcionários comunistas e o sucesso do Sportsvereinigung Dynamo, o time de futebol das forças de segurança, que com frequência vencia campeonatos com a ajuda de sua manipulação de partidas e jogadores. Nada disso, porém, se comparava com o jogo que ele agora estava preparando.

A missão que seus oficiais estavam para executar demonstraria "a força de nossa república", disse ele. "O que é mais importante: estejam sempre atentos, mostrem eficiência *extrema* e eliminem *todas* as ocorrências negativas. Não deixem *nenhum* inimigo se tornar ativo; não permitam *nenhuma* conglomeração de inimigos."

Seguiram-se as instruções para o fim de semana, que iam do controle das fábricas até a avaliação exata das "forças inimigas" em cada distrito. A Polícia Secreta presente nas Forças Armadas devia manter o maior contato possível com os oficiais a fim de garantir a prontidão para a luta e a lealdade política. "Quem nos confrontar com atos antagonísticos será preso", Mielke decretou. "Os inimigos devem ser capturados de imediato. Nosso objetivo é impedir todo fenômeno negativo. As forças inimigas devem ser presas pronta e discretamente [...] se entrarem em atividade."

Mielke assumira o comando da Stasi em substituição a seu mentor Wilhelm Zaisser, que não conseguira conter os protestos de trabalhadores, em junho de 1953. Na época, muitos soldados e policiais aderiram aos protestos. As greves se espalharam como ondas pelo país, e os soviéticos tiveram de mobilizar tanques e tropas para restaurar a ordem.

Agora Mielke estava decidido a evitar todos esses problemas, antecipando-se a eles e sufocando qualquer dissensão antes que ganhasse impulso.

Para a maioria dos berlinenses, esse era um fim de semana de verão como outro qualquer.

Os termômetros marcavam agradáveis 24 °C e havia uma quantidade de nuvens apenas suficiente para abrandar o sol intenso. Depois de uma semana chuvosa, os berlinenses se aglomeravam nos cafés ao ar livre, nos parques, nas margens dos lagos.

Um bairro próximo da fronteira leste-oeste foi fechado ao tráfego para a anual *Kinderfest*, festa das crianças, na Zimmerstrasse, em Kreuzberg. Bandeiras e flâmulas decoravam a rua estreita, onde crianças de todos os setores de Berlim riam, brincavam e pediam sorvete e bolo aos pais. Das janelas dos apartamentos, adultos jogavam pacotinhos de doces para a meninada.[19]

A maioria dos militares aliados tirara o dia de folga para ficar com a família. Alguns velejavam no Wannsee e pelo Havel. O general-de-divisão Albert Watson II, comandante americano em Berlim, jogava golfe no Blue-White Club, aberto às forças de ocupação.

Os ônibus da empresa de turismo Severin + Kühn conduziam os visitantes pelo epicentro da Guerra Fria, com paradas no setor soviético. Os passageiros não podiam fotografar determinados prédios públicos, mas eram incentivados a bater quantas fotos quisessem do memorial soviético no Treptower Park, com sua estátua gigantesca de um soldado do Exército Vermelho segurando num dos braços um bebê alemão e esmagando com o pé uma suástica.[20]

A maior reportagem do dia nos jornais de Berlim Ocidental abordava o número recorde de refugiados. Nos alto-faltantes do centro de refugiados de Marienfelde, uma voz fanhosa e monótona contava os que esperavam na fila — "765, 766, 767" —, chegando a mais de 2 mil no fim do dia.

Paroquianos, sócios dos clubes cívicos e outros voluntários — como as esposas dos militares aliados — reuniram-se para ajudar a distribuir comida e acalentar bebês chorões. Como o campo estava lotado, os refugiados foram alojados em igrejas e escolas, onde dormiriam em camas de campanha e macas de hospital. Heinrich Albertz, chefe do *staff* do prefeito Brandt, ligou para George Muller, consultor político da Missão Americana, e pediu alimento, pois a comida de Marienfelde acabara. "Isso não pode continuar", disse.

Muller contribuiu com alguns milhares de latas de ração da guarnição americana. Seriam suficientes para alguns dias apenas, mas Albertz aceitava o que conseguia obter.

Desde 1953 Berlim Ocidental não via tamanha debandada. Os 25 prédios de apartamentos de três andares de Marienfelde estavam abarrotados de refugiados, assim como os 29 campos provisórios armados para abrigá-los. Diariamente, 21 voos fretados transportavam milhares de recém-chegados para outros pontos da Alemanha Ocidental, onde havia abundância de empregos.

Nada disso bastava para conter a maré humana. Os encarregados de separar os verdadeiros refugiados dos falsos — entre os quais havia dezenas de espiões que Markus Wolf, o chefe da inteligência exterior de Ulbricht, estava plantando no Ocidente — quase desistiram de cumprir sua tarefa.

Ao cair da noite, um espetáculo de fogos de artifício iluminou o céu. Casais que dançavam no terraço do novo Berlin Hilton pararam para apreciar. Os cinemas de Berlim Ocidental estavam lotados, e mais da metade dos espectadores eram berlinenses orientais. Não é de admirar, considerando os sucessos que podiam ver por 1,25 marco em moeda oriental ou ocidental: *Os desajustados*, com Clark Gable e Marilyn Monroe, no Atelier am Zoo; *Ben-Hur*, com Charlton Heston; *O velho e o mar*, com Spencer Tracy, no Delphy Filmpalast. Também podiam assistir a *Por quem os sinos dobram*, com Gary Cooper e Ingrid Bergman, no Studio da Kurfürstendamm, ou *O terceiro homem*, com Orson Welles, no Pavilhão Ufa.

No teatro, *West Side Story*, o novo musical de Leonard Bernstein, estava empolgando Berlim Ocidental. Atrações teatrais tampouco faltavam em Berlim Oriental. Centenas de berlinenses ocidentais cruzavam a fronteira todas as noites para ver a montagem mais recente de Bertolt Brecht no famoso Berliner Ensemble ou o cabaré político no Distel. Alguns se deslocavam para aproveitar as bebidas baratas de lugares como o Rialto Bar, situado no bairro de Pankow, que não tinha hora para fechar.

Nessa noite, as tropas soviéticas estavam no quartel, por causa da política de não confraternização. Mas os soldados britânicos, franceses e americanos percorriam a cidade, deliciando-se com a atração que exerciam sobre as berlinenses, cujos admiradores alemães tinham muito menos dinheiro para gastar com elas. O Primeiro Regimento Galês se reuniu num salão de dança do setor britânico. Os franceses tinham um salão semelhante na Maison du Soldat. Os americanos estavam em seus próprios clubes e em seus bares favoritos — e, como geralmente ocorria aos sábados, tinham pela frente uma noite longa e com muita bebida.

Willy Brandt, o prefeito de Berlim, deu início à última fase de sua campanha nacional pela disputa do cargo de chanceler em Nuremberg, na Baviera, cerca de 160 quilômetros ao norte de Munique. Diante de 60 mil eleitores reunidos na praça do mercado, atacou seu adversário, Adenauer, por se recusar a enfrentá-lo num debate público, do tipo Nixon-Kennedy.

Numa voz rouca e carregada de emoção, o prefeito de 47 anos retoricamente perguntou à multidão por que tantos refugiados chegavam todos os dias a Berlim Ocidental. "Porque a União Soviética está preparando um golpe contra nosso povo", respondeu, "e pouquíssimos entendem a gravidade desse ato." Os alemães-orientais "temem que a Cortina de Ferro seja fechada com cimento", trancando-os "numa gigantesca prisão. Temem ser esquecidos ou sacrificados no altar da indiferença e das oportunidades perdidas".[21]

Tão profético quanto poético, Brandt disparou mais uma flecha com o arco de Adenauer: "Enfrentamos hoje a crise mais grave de nossa história no pós-guerra, e o chanceler subestima o problema".

Conclamou todos os alemães em ambos os lados da fronteira para decidir seu futuro num plebiscito, certo de que escolheriam a democracia ocidental. Se os alemães-orientais não pudessem participar da votação, os alemães-ocidentais e os berlinenses ocidentais deveriam ter seu próprio referendo. "Também queremos autodeterminação", prosseguiu, numa referência à derrota da Alemanha na guerra, "não porque somos melhores que os outros, mas porque não somos piores que os outros."

A multidão aplaudiu entusiasticamente, querendo ouvi-lo ainda mais, quando ele, exausto, entrou no trem que o transportava em sua campanha e que, durante a noite, o levaria para Kiel, na costa do mar do Norte.

Enquanto Brandt estava em Nuremberg, Adenauer fazia campanha em Lübeck, mais perto de Bonn. Num discurso menos direto e mais digressivo, pediu aos alemães-orientais que parassem de fugir para o Ocidente e ficassem em sua própria terra, ajudando a prepará-la para a unificação.[22]

"É nosso dever", falou, utilizando o conceito emocional de *Pflicht*, "dizer para nossos irmãos alemães e para nossas irmãs alemãs do outro lado da fronteira: Não entrem em pânico." Juntos, os alemães acabariam com sua penosa separação e voltariam a ser um só povo.

GROSSER DÖLLNSEE, ALEMANHA ORIENTAL
SÁBADO, 12 DE AGOSTO DE 1961, DEZESSETE HORAS

Walter Ulbricht parecia extraordinariamente tranquilo na festa que estava oferecendo em Grosser Döllnsee, a uns quarenta quilômetros de Berlim. A chamada "Casa entre as bétulas", que abrigava os convidados do governo, servira, no passado, de pavilhão de caça para Hermann Göring, comandante da Luftwaffe — mas esse era um detalhe que os presentes não deviam mencionar.[23]

A festa de Ulbricht tinha um duplo objetivo. Primeiro, ele estava isolando num ambiente hermeticamente fechado funcionários do governo que mais tarde aprovariam sua operação. Segundo, tratava-se de uma manobra diversionária. Qualquer serviço de inteligência ocidental que estivesse monitorando os movimentos de Ulbricht diria que ele estava dando uma festa em seu refúgio no campo.

Os convidados especulavam entre si sobre o motivo de sua presença. Alguns notaram um número incomum de soldados e veículos militares no bosque vizinho. Nenhum, porém, subira na hierarquia do chefe por perguntar demais.[24]

Fugindo do sol escaldante, eles se abrigaram à sombra das bétulas, na margem de um lago sereno. Os que ficaram dentro da casa estavam assistindo a um filme, a popular comédia soviética com o título alemão *Rette sich wer kann!* [Salve-se quem puder], sobre o caos a bordo de um cargueiro russo que transportava leões e tigres.

Apenas alguns sabiam que, às dezesseis horas, Ulbricht assinara a ordem final, dando sinal verde a Honecker para iniciar a Operação Rosa. Nesse momento, estavam a seu lado os principais elos da cadeia de comando daquela noite: Willi Stoph e Paul Verner, do Politburo; Heinz Hoffmann, ministro da Defesa; Erich Mielke, ministro da Segurança do Estado; Karl Maron, ministro do Interior; Erwin Kramer, ministro dos Transportes; Horst Ende, vice-ministro do Interior; e Fritz Eikemeier, presidente da Polícia do Povo.[25]

Honecker instruiu seus comandados sobre a missão que os aguardava, e nenhum deles fez perguntas ou levantou objeções. Depois, entregou-lhes as instruções por escrito, assinadas, como todas as outras ordens relativas àquela noite: "Com saudações socialistas, E. Honecker".

HYANNIS PORT, MASSACHUSETTS
SÁBADO, 12 DE AGOSTO DE 1961, DOZE HORAS (DEZOITO HORAS EM BERLIM)

Aparentemente sem saber o que acontecia em Berlim, o presidente Kennedy tentava superar com um passeio de lancha o calor de 30 °C em Cape Cod. Passara a manhã lendo relatórios que complementavam as discussões da sexta-feira com o secretário de Estado, Rusk, e o secretário de Defesa, McNamara, sobre os preparativos para uma possível crise de Berlim.[26]

A movimentação diplomática do dia dava motivo para preocupações.

Na véspera, Khruschóv pronunciara um discurso num Comício da Amizade entre Soviéticos e Romenos, e a embaixada americana em Moscou estava preocupada com suas ruidosas ameaças "de destruição total" da Grécia, da Itália e da Alemanha Ocidental, membros da Otan, se houvesse guerra. Ao mesmo tempo, Khruschóv falara enfaticamente como nunca sobre a disposição dos soviéticos de garantirem o acesso a Berlim Ocidental e não interferirem nos assuntos internos da cidade.[27]

As duas declarações podiam ser interpretadas como mensagens a Kennedy — ameaça e afago.

O secretário de Estado, Rusk, enviou a Dowling, embaixador americano na Alemanha, um telegrama seco que começava dizendo: "A situação na Alemanha Oriental é cada vez mais preocupante". E advertia: "Uma explosão nos moldes de 1953 seria altamente desastrosa".[28]

Rusk temia que, em resposta ao perigo de "fechar a rota de fuga", eclodisse uma revolta "antes de implantarem-se as medidas militares e políticas que estão sendo tomadas para lidar com o problema de Berlim". E ressaltou: "Seria particularmente desastroso que uma explosão na Alemanha Oriental se baseasse na expectativa de imediata assistência militar por parte dos ocidentais".

Dowling devia informar o que o governo da Alemanha Ocidental pensava sobre a "probabilidade de uma explosão prematura", bem como "o que pretendia fazer para evitá-la e o que gostaria que os Estados Unidos e outros aliados fizessem". Também devia dizer aos alemães-ocidentais "que, por uma questão de política, os aliados nada fariam para agravar a situação".

Apesar dessas preocupações com o que estava para acontecer, Kennedy deixou os papéis de lado e, ao meio-dia, com o sol ardendo através das nuvens, rumou para Nantucket Sound com a esposa, a filha Caroline, de três anos, e Lem Billings, amigo de longa data e publicitário de Nova York. Lançou âncora em Cotuit Harbor, depois que a guarda costeira e os barcos da polícia evacuaram uma área para a primeira-família nadar. Jackie abandonou seu guarda-sol cor de rosa e pulou na água, de maiô azul e branco.

O relatório mais recente sobre as atividades de Khruschóv continha pouca informação de interesse. O líder soviético partira para a Crimeia, onde passaria o fim de semana se preparando para o Congresso do Partido, em outubro, e dizia-se que pretendia ficar lá até setembro. Mais empolgante era o ano extraordinário dos New York Yankees: Mickey Mantle acabara de fazer seu 44º *home-run* e Roger Maris chegara a seu 42º.

Depois de um cruzeiro de quatro horas e meia, os Kennedy voltaram para seu cais particular, onde nadaram — Caroline inclusive, com colete salva-vidas laranja. O *Los Angeles Times* comentou que, embora não nadasse vigorosamente, "o presidente não mostrava qualquer sinal de sua recente dor nas costas quando agilmente subiu uma escada na popa da *Marlin*".

Enquanto soldados na Alemanha Oriental secretamente enchiam caminhões com armadilhas para tanque, arame farpado, pilares e cavaletes, Kennedy conduzia seu carro de golfe para a vila de Nantucket, onde comprou sorvete para Caroline e quatro sobrinhos. Jackie parecia que tinha saído de uma revista de moda, com sua blusa azul e seu short vermelho.

BERLIM ORIENTAL

SÁBADO, 12 DE AGOSTO DE 1961, DEZENOVE HORAS

O correspondente da Reuters Kellett-Long provocara tamanho alvoroço com sua reportagem, na qual previa um iminente acontecimento em Berlim, que seu editor David Campbell viajou naquela tarde para conferir a história pessoalmente.

Ao cair da noite, os dois ainda estavam buscando fatos que confirmassem o aparente furo de reportagem. "Você nos colocou numa tremenda sinuca", Campbell disse para seu jovem repórter. "É bom que aconteça alguma coisa."

Ao reler o texto, Kellett-Long se perguntou se não deveria ter usado uma linguagem menos hiperbólica. Junto com Campbell, rodou em seu carro por Berlim Oriental, procurando inutilmente sinais da crise que havia predito. Tudo que viu, porém, foi um belo dia, com piscinas lotadas e cafés apinhados de gente.

Talvez aconteça mais tarde, falou para seu editor.

QUARTEL DO EXÉRCITO DO POVO, STRAUSBERG, ALEMANHA ORIENTAL
SÁBADO, 12 DE AGOSTO DE 1961, VINTE HORAS

O general Heinz Hoffmann, ministro da Defesa e também comandante do Exército da Alemanha Oriental, postou-se orgulhosamente diante de seus oficiais. Aos cinquenta anos, parecia que tinha saído de um filme sobre a Segunda Guerra Mundial: absolutamente ereto, o uniforme impecável com oito fileiras de medalhas, o cabelo loiro com fios grisalhos penteado para trás. Era um homem bonito, de maçãs do rosto altas.

Como tantos líderes da Alemanha Oriental, também foi um jovem comunista turbulento antes da guerra. Condenado por assalto durante manifestações antinazistas, penou na prisão. Em 1937 e 1938, foi ferido gravemente na Guerra Civil Espanhola, onde servira numa brigada internacional com o nome de Heinz Roth. Depois de passar dois anos num campo de prisioneiros, partiu para a União Soviética, onde recebeu treinamento para seu futuro trabalho. Em 1949, foi encarregado de criar as Forças Armadas da Alemanha Oriental, que agora mobilizaria contra seu próprio povo.

Tinha a seu lado o impressionante burro de carga, o oficial Ottomar Pech, homem de formação muito diferente, que lutara na Wehrmacht do Terceiro Reich antes de ser capturado pelos russos na frente oriental. Cabia a Pech treinar as unidades militares de elite e supervisionar a coordenação entre a Polícia Secreta e o Exército, que, naquela noite, seria tão crucial.

Diante dos dois estavam altos comandantes militares e oficiais superiores da Polícia de Fronteira. A reunião tinha lugar no quartel do Exército do Povo em Strausberg, uns trinta quilômetros a leste de Berlim. O grupo se regalara com iguarias às quais nem todos os alemães-orientais tinham acesso fácil: salsicha, presunto, vitela, caviar e salmão defumado. Embora houvesse bebida alcoólica, a maioria tomou apenas café, pois corriam rumores de que, naquela noite, estariam envolvidos numa operação secreta.

Depois que assistiram a um filme edificante que enaltecia o poderio das forças de combate socialistas, Hoffmann lhes explicou o que deviam fazer. Às vinte horas em ponto, os oficiais superiores receberam instruções secretas. Sucessivamente, oficiais subalternos foram informados, muitos por telefone. Estavam prontos para mobilizar soldados e policiais, milhares dos quais se encontravam retidos nos quartéis e nos campos de treinamento.[29]

Às 22 horas, Honecker estava convencido de que seu aparato respondera exatamente como planejara e estava pronto para a mobilização total. Ao longo da noite, comandantes, comitês do partido e departamentos do governo lhe enviariam relatórios. Seus tentáculos se estendiam por toda parte. Mais tarde ele diria que a operação que iniciara "no amanhecer de domingo" faria o mundo "ficar de orelha em pé".[30]

A pouca informação sobre a operação que vazara para o Ocidente não estava ocasionando nenhuma reação. Erich Mende, o líder do Partido Democrático Livre da Alemanha Ocidental, contatara Ernst Lemmer, ministro responsável pelos *innerdeutsche Angelegenheiten*, ou assuntos internos alemães, depois que a chefia da espionagem da Alemanha Ocidental lhe comunicou que, segundo seu pessoal, havia sinais de que Ulbricht planejava implantar em breve *Sperrmassnahmen*, medidas para bloquear Berlim. A informação foi convincente o bastante para fazer Mende ir até a sala de Lemmer a fim de analisarem o perigo, examinando um mapa da cidade. Os dois chegaram à conclusão de que seria impossível fechar a fronteira.[31]

"Não iria funcionar", disse Mende.

Contudo, à meia-noite em ponto, Honecker ligou para o quartel do Exército e ordenou que se iniciasse o inimaginável.

"Você sabe o que tem de fazer! Mexa-se!"

Hoffmann imediatamente mobilizou suas unidades: cerca de 3150 soldados da 8ª Divisão de Artilharia Motorizada saíram de Schwerin com cem tanques de combate e 120 caminhões blindados e rumaram para o bairro de Friedrichsfelde, em cujos currais estacionariam. Outros 4200 integrantes da 1ª Divisão Motorizada deixaram seu quartel, em Potsdam, com 140 tanques e duzentos caminhões; formariam o segundo círculo de defesa, atrás das linhas de frente da fronteira, composta por 10 mil homens da Volkspolizei, da 1ª Brigada da Polícia de Prontidão e do Comando da Segurança de Berlim.

No total, cerca de 8200 integrantes da Polícia do Povo e 3700 membros das forças policiais móveis — aos quais se juntariam 12 mil homens das milícias de trabalhadores e 4500 da Segurança do Estado — entrariam em ação. Teriam o respaldo de 40 mil soldados do Exército em todo o país se o fechamento da fronteira provocasse algo semelhante à rebelião nacional de junho de 1953. Soldados da Saxônia, tidos como particularmente confiáveis, reforçariam o contingente de 10 mil homens do Exército do Povo estacionado em Berlim.[32]

A noite fresca e clara era perfeita para o que iam fazer.

Talvez a Mãe Natureza fosse comunista.

GROSSER DÖLLNSEE, ALEMANHA ORIENTAL
SÁBADO, 12 DE AGOSTO DE 1961, 22 HORAS

Ulbricht olhou o relógio. "Vamos ter uma pequena reunião", disse.[33]

Eram 22 horas, o momento de reunir os convidados para o anúncio. Eles estavam cansados, empanzinados, ansiosos para ir embora, tendo passado já mais de seis horas com o chefe. Muitos estavam bêbados ou, no mínimo, alegres. Todos obedeceram.

Ulbricht lhes informou que a fronteira entre Berlim Oriental e Berlim Ocidental seria fechada dentro de três horas. Num decreto que os ministros presentes aprovariam, ele autorizava as forças de segurança da Alemanha Oriental a entrarem em ação para colocar "sob o devido controle a fronteira ainda aberta entre a Europa socialista e a Europa capitalista".

"*Alle einverstanden?*" — "Todos concordam?" —, Ulbricht perguntou. Os convidados silenciosos assentiram com a cabeça.

Ele então lhes comunicou que, por questão de segurança, teriam de permanecer em Döllnsee enquanto se procedia à operação. Mas lhes garantiu que havia bastante comida e bebida para todos.

Ninguém protestou. Como Ulbricht havia dito três dias antes a Per-vukhin, o embaixador soviético: "Vamos comer juntos. Vou lhes falar sobre a decisão de fechar a fronteira e tenho plena certeza de que aprovarão essa medida. Mas, acima de tudo, não vou deixá-los ir embora antes de concluirmos a operação".

"*Sicher ist sicher*" — "Melhor prevenir que remediar."[34]

Kellett-Long estava mais preocupado com sua carreira do que com o destino de Berlim.

Passava das 22 horas e ele não tinha nenhum fato que confirmasse seu artigo da véspera sobre o final de semana decisivo para Berlim. Resolveu voltar à Ostbahnhof para averiguar se estava ocorrendo algo incomum e comprar a última edição do *Neues Deutschland*, o jornal do Partido Comunista que continha as notícias importantes.[35]

Folheou-o avidamente, mas só encontrou reportagens de rotina, sem "nenhuma sugestão de que alguma coisa estivesse para acontecer".

Pressionados pelos assinantes, seus editores lhe cobravam uma confirmação ou um desmentido do que havia escrito. "Não posso enterrar a cabeça na areia", ele pensou. E se pôs a redigir um artigo.

"Contrariamente às expectativas...", datilografou.

"Contrariamente às expectativas e *o quê*?", perguntou para si mesmo.

"Não passo de um amador", resmungou.

Amassou o papel e jogou-o no lixo. Nervoso, fumava um cigarro atrás do outro.

Três longos e penetrantes toques de sirena arrancaram do sono o sargento Rudi Thurow, de 23 anos. Ele acendeu a luz e olhou o relógio. Passava um minuto da meia-noite. Provavelmente mais um treinamento, pensou. Ultimamente eram muitos. Mas o líder esguio e loiro do 4º Pelotão, 1ª Brigada da Polícia de Fronteira da Alemanha Oriental sabia que tinha de encará-los com seriedade.*[36]

Na tarde da véspera vira atividade militar suficiente para desconfiar que algo mais que um exercício estava para acontecer. Tanques soviéticos T-34 e T-54 transitaram a tarde inteira diante de seu posto em Röntgental, quarenta quilômetros ao norte de Berlim, e vários trens repletos de soldados do Exército chegaram a Berlim Oriental.

Fazia seis anos que Thurow se alistara na Polícia de Fronteira, atraído pelo bom soldo e pelo acesso privilegiado a escassos bens de consumo. Ganhara condecorações de todo tipo e se distinguira como exímio atirador.

Depois de se vestir às pressas, ele correu para o quarto vizinho e acordou seus homens, que reclamaram quando lhes tirou as cobertas. Uma vez reunidos no pátio, o primeiro-tenente Witz, comandante da companhia, comunicou a seus subordinados e a dezenas de outros guardas que naquela noite tomariam medidas que o inimigo os obrigara a tomar.

Por tempo demais, explicou, o governo havia tolerado a perda de sua força de trabalho para o Ocidente. Mas agora os traficantes de pessoas, que captura-vam os cidadãos da RDA, seriam postos em seu devido lugar. A ação que estavam para realizar desferiria um golpe mortal nos 83 centros de espionagem e terror de Berlim Ocidental.

Depois de esclarecer que fora informado havia apenas uma hora, Witz abriu um grande envelope pardo com a inscrição "Ultrassecreto" e, enquanto Thurow e os outros ouviam com impaciência, leu durante cinco minutos até chegar ao ponto principal.[37]

A fim de impedir as atividades hostis das potências vingativas e militaristas da Alemanha Ocidental e de Berlim Ocidental, serão implantados controles nas fronteiras da República Democrática Alemã, inclusive na fronteira do setor oci-dental da Grande Berlim.

---

* Thurow fugiu para o Ocidente em 21 de fevereiro de 1962. Como desertor, foi perseguido pela Segurança do Estado; escapou da morte — havia uma ordem confirmada para matá-lo — e de pelo menos uma tentativa de sequestro. (N. A.)

Berlim seria dividida ao meio, e os homens de Thurow ajudariam a traçar a linha divisória. O jovem sargento ouviu um colega, comunista leal, murmurar uma pergunta: "Será que os aliados vão ficar olhando e deixar isso acontecer?".

Ou será que estavam em guerra?

AGÊNCIA DE NOTÍCIAS REUTERS, BERLIM ORIENTAL
DOMINGO, 13 DE AGOSTO DE 1961, UMA HORA

Pouco antes da uma hora, Adam Kellett-Long viu a impressora da agência cuspir sua mensagem diária de boa noite. Resolveu "fazer as malas" e procurar outro emprego logo de manhã.[38]

Foi então que o telefone tocou, e uma voz que ele não reconheceu aconselhou-o, em alemão, a não dormir naquela noite. À 1h11, o teletipo ganhou vida e expeliu um decreto do Pacto de Varsóvia com 10 mil palavras. Era uma pena que a impressora não conseguisse imprimir na velocidade em que o jovem repórter conseguia ler. O decreto dizia que "pessoas iludidas" — os refugiados — estavam sendo recrutadas como espiões e sabotadores. Em vista disso, os Estados membros do Pacto de Varsóvia decidiram "estabelecer salvaguardas confiáveis e controles efetivos em torno do território de Berlim Ocidental". E os aliados da Otan podiam ficar tranquilos: o Pacto de Varsóvia não tocaria nas rotas de acesso a Berlim Ocidental.[39]

Kellett-Long correu até o carro e dirigiu-se para a fronteira, a fim de ver o que estava acontecendo. Viu apenas um casal se abraçando e uma cidade deserta, enquanto percorria a Schönhauser Allee, perto de sua casa, e entrava na avenida Unter den Linden para ir até o Portão de Brandemburgo.

Com uma luz vermelha um policial lhe fez sinal para parar.

"Não pode prosseguir", disse-lhe calmamente. "*Die Grenze ist geschlossen.* A fronteira está fechada."

O repórter retomou o caminho da agência, onde pretendia preparar sua reportagem, mas foi detido na praça Marx-Engels, cenário dos desfiles dos soldados alemães-orientais. Outro policial estava ali postado, com outra luz vermelha, parando o trânsito para dar passagem a um imenso comboio que transportava policiais e soldados uniformizados. Parecia que não ia acabar nunca.

Quando por fim chegou a sua sala, Kellett-Long elaborou às pressas um artigo que acionaria as máquinas das agências de notícias em todo o mundo. Foi fácil escrever: "A fronteira Leste-Oeste foi fechada nas primeiras horas de hoje".

Seguiu-se um relato na primeira pessoa:

> Ainda há pouco, tornei-me o primeiro motorista a passar pelos cordões policiais em Berlim Oriental, pois os controles da fronteira se iniciaram logo depois da meia-noite. [...] O Portão de Brandemburgo, principal cruzamento entre as duas metades da cidade, estava cercado de policiais, alguns armados com submetralhadoras, e de integrantes das "milícias de trabalhadores" paramilitares.[40]

Depois, o repórter ligou o rádio da Alemanha Oriental: os locutores liam um decreto atrás do outro sobre novas restrições a viagens e sobre a maneira como seriam implantadas. Tão rapidamente quanto conseguia datilografá-las, ele enviou novas reportagens. Achou curioso que, nos intervalos entre os intermináveis decretos, o rádio apresentasse jazz moderno e relaxante.

"Então é só isso que estão fazendo", pensou. "Só estão lendo decretos e tocando boa música."

SETOR FRANCÊS, BERLIM OCIDENTAL
DOMINGO, 13 DE AGOSTO DE 1961, 1H50

Vinte minutos depois do início da operação, o sargento Hans Peters, da polícia de Berlim Ocidental, viu meia dúzia de caminhões do Exército da Alemanha Oriental passarem pela rua que ele estava patrulhando. A Strelitzer Strasse era uma rua como as outras 193 que atravessavam a fronteira entre as duas partes de Berlim.

Os caminhões despejaram soldados que se espalharam em ambos os lados da rua. Cada um carregava um objeto comprido e escuro que Peters julgou ser uma metralhadora. Veterano do Exército do Terceiro Reich que servira na frente oriental, ele tirou do coldre seu Smith & Wesson. No entanto, ao carregar o revólver, se deu conta de que era uma defesa insuficiente e tratou de se abrigar junto a uma porta, de onde assistiu a uma cena que, ao longo da noite, se repetiria em dezenas de lugares.[41]

Dois grupos de seis soldados cada posicionaram-se nas calçadas voltadas para o oeste e apontaram suas metralhadoras na direção de Peters. Não pretendiam invadir o lado ocidental e só estavam se preparando para deter um inimigo que não se apresentara. Atrás deles, outros dois grupos carregavam rolos de arame farpado. Eles desenrolaram o arame e o prenderam nos cavaletes de madeira que haviam colocado na rua. Seu cordão estava dentro da zona soviética e bem atrás da linha demarcatória.

Como todos os soldados franceses estavam dormindo, Peters era o único policial de Berlim Ocidental que observava uma operação impecável. Ele viu o inimigo bloquear a Strelitzer Strasse em tamanho silêncio que nenhum morador se levantou para acender a luz.

Fechada a fronteira, os soldados apontaram suas armas para o leste, prontos para conter seu próprio povo. Peters relatou a seus superiores o que havia presenciado.

MISSÃO AMERICANA, BERLIM OCIDENTAL
DOMINGO, 13 DE AGOSTO DE 1961, DUAS HORAS

Depois de receber os primeiros informes sobre o fechamento da fronteira, por volta das duas horas da madrugada, E. Allan Lightner Jr., o mais alto funcionário americano em Berlim, relutou em acordar seus superiores. Washington tendia a exagerar na reação, e Lightner queria conferir os dados antes de transmiti-los. Além disso, um telefonema desnecessário num fim de semana de verão irritaria seus chefes mais que de hábito.

Outros altos funcionários das missões americana, britânica e francesa em Berlim Ocidental já estavam ligando uns para os outros, trocando informações, tentando entender o que ocorria. "Parece que está acontecendo alguma coisa em Berlim Oriental", Lightner disse para o diplomata William Richard Smyser, do setor de assuntos do Leste, e pediu-lhe que averiguasse.[42]

Pouco depois das três horas da madrugada, Smyser e seu colega Frank Trinka rumaram para a Potsdamer Platz a bordo de uma Mercedes 190SL. Os Vopos (Volkspolizei) e os integrantes das milícias de trabalhadores que começavam a desenrolar o arame farpado disseram-lhes que não podiam passar.

"Somos funcionários das forças americanas", Smyser protestou. "Vocês não têm o direito de nos deter."

Esse seria o primeiro teste: se o direito dos aliados ao livre trânsito por Berlim fosse desrespeitado, os Estados Unidos poderiam reagir militarmente. Depois de consultar seus superiores pelo rádio, o policial enrolou novamente o arame farpado para deixar os diplomatas passarem. Recebera ordens claras para barrar alemães-orientais comuns, mas não para impedir a movimentação de funcionários aliados. Cumpria-se a decisão de Khruschóv de agir em conformidade com as diretrizes de Kennedy.

Durante uma hora Smyser e Trinka rodaram por Berlim Oriental, testemunhando a atividade frenética da polícia e o desespero dos moradores. Ao longo da fronteira, os Vopos descarregavam pilares de concreto e rolos de arame farpado e bloqueavam todas as ruas que levavam ao lado ocidental. Na Bahnhof Friedrichstasse, a principal estação Leste-Oeste, policiais armados guardavam as plataformas mal iluminadas, enquanto pessoas que pretendiam viajar aguardavam sentadas em suas malas e trouxas, muitas delas aos prantos. Smyser imaginou-as pensando: "Ah, meu Deus, se eu tivesse chegado 24 horas antes".[43]

Filhos estavam separados dos pais, namorados de namoradas, amigos de amigos. Um dos homens de Rudi Thurow, sargento da Polícia de Fronteira, ficou tão envergonhado de impedir as pessoas de continuarem a levar a vida de sempre que, naquela manhã, saltou o arame farpado e ganhou a liberdade.

Smyser e Trinka rumaram para Berlim Ocidental. No Portão de Brandemburgo, um policial os deteve por alguns instantes, até obter a permissão de um membro do Partido Comunista Alemão-Oriental que supervisionava o cruzamento.

Os dois diplomatas apresentaram uma visão tão parcial da situação que a Missão Americana decidiu que, enquanto a crise estivesse em andamento, não enviaria um relatório detalhado a Washington. A equipe de Lightner concluiu que não tinha nem recursos, nem pessoal para competir com as agências de notícias. De qualquer modo, com a burocracia do Departamento de Estado, demoraria de quatro a seis horas para enviar a Washington um telegrama oficial através dos canais da embaixada americana em Bonn. O fechamento da fronteira também interrompera a comunicação entre a inteligência americana e seus contatos habituais, impedindo, assim, uma confirmação independente do que ocorria em Berlim Oriental.[44]

Lightner gostou de saber que seus subordinados não tinham visto forças soviéticas diretamente envolvidas na operação. Por um lado, isso significava que o fechamento não constituía maior ameaça militar para os Estados Unidos, já que não havia uma concentração de soldados soviéticos em Berlim. Por outro lado, o regime da Alemanha Oriental estava violando acordos entre as quatro potências que proibiam a presença de suas tropas em Berlim Oriental — e elas não só estavam presentes, como eram usadas para ocupar a cidade e fechar a fronteira.

Às onze horas pelo horário de Berlim, Lightner enviou a Rusk seu primeiro relatório detalhado, tendo até então se limitado a mandar-lhe apenas informações parciais. Disse simplesmente: "Nas primeiras horas da manhã de 13 de agosto, o regime da Alemanha Oriental implantou drásticas medidas de controle que impedem a entrada em Berlim Ocidental de residentes da zona soviética e de Berlim Oriental". Acrescentou que tais medidas "evidentemente se deviam ao aumento do número de refugiados com a consequente perda econômica para a RDA e a resultante perda de prestígio para o campo socialista".[45]

Lightner só voltou a telegrafar à noite, depois de reunir mais informações sobre o que ocorrera nas 24 horas anteriores. Ressaltou a maciça mobilização militar, que, com significativo reforço dos soviéticos, visava a "intimidar a população desde o início e cortar pela raiz qualquer possibilidade de resistência, [mostrando] que a desobediência civil seria implacavelmente reprimida".

Concluiu que a considerável mobilização de militares soviéticos em toda a Alemanha Oriental revelava as dúvidas de Moscou sobre a confiabilidade dos militares de Walter Ulbricht. Informou, porém, que as autoridades da Alemanha Oriental estavam permitindo o livre trânsito de militares e civis ocidentais entre os dois lados de Berlim. Relatou ainda que, no primeiro dia da divisão concreta da cidade, oitocentos alemães-orientais chegaram a Berlim Ocidental entre as dez e as dezesseis horas, tendo fugido ou em 12 de agosto ou "hoje, pelos canais e pelos campos".

NAS PROXIMIDADES DA POTSDAMER PLATZ, BERLIM OCIDENTAL
DOMINGO, 13 DE AGOSTO DE 1961, NOVE HORAS

À medida que a manhã avançava, os berlinenses ocidentais passavam de desorientados e confusos a furiosos. Klaus-Detlef Brunzel, policial de Berlim

Ocidental, novo na função e com apenas vinte anos de idade, assumiu seu posto na Potsdamer Platz e logo constatou que o mundo mudara drasticamente no espaço de algumas horas.[46]

Na noite anterior, trabalhara normalmente, confiscando contrabando e conversando com as prostitutas que ficavam na praça arrasada pela guerra e que até então havia sido um lugar excelente para atrair clientela de ambos os lados da cidade. Agora a Polícia de Fronteira da Alemanha Oriental estava no lugar delas, abrindo buracos com perfuratrizes para fincar os pilares de concreto em que prenderiam o arame farpado. Brunzel tinha só quatro anos quando a Segunda Guerra Mundial terminou, mas agora, andando de um lado para o outro diante dos tanques que apontavam suas armas para ele, temia que uma nova guerra tivesse começado.

No final da manhã, berlinenses ocidentais enfurecidos que haviam se apinhado junto à fronteira atiravam pedras nos policiais da Alemanha Oriental e os chamavam de porcos e nazistas. Brunzel procurou abrigo "para não ser atingido pelas pedras jogadas por nosso próprio povo!".

Não demorou muito para que a fúria desses berlinenses se voltasse contra os soldados americanos ausentes, que deviam tê-los salvado de tal destino. Toda a retórica sobre o compromisso dos americanos com a liberdade de Berlim não resultara num único destacamento de fuzileiros.[47]

QUARTEL AMERICANO, CLAYALLEE, BERLIM OCIDENTAL
DOMINGO DE MANHÃ, 13 DE AGOSTO DE 1961

O general Watson, comandante americano em Berlim, sentia-se tolhido com as instruções que recebera. Fazia apenas três meses que estava ali, e não sabia o que pensar.[48]

Achava que Berlim era um lugar suficientemente calmo para sua sogra morar. Comparava o papel da cidade dividida no impasse entre Estados Unidos e União Soviética à "quietude no olho do furacão". Desde que se instalara ali, passara mais tempo aprendendo alemão, exercitando-se no golfe e jogando tênis em "dupla de velhos" com a esposa do que se ocupando de questões militares.

A imprensa berlinense descrevia esse comandante de 52 anos como um aficionado por equitação, bridge, ópera ligeira e romance policial. Watson estava conformado com sua posição: afinal, exercia o comando num lugar onde se encontrava em tal inferioridade numérica em relação ao inimigo que não teria como defender Berlim Ocidental de um ataque convencional por parte dos soviéticos. Ademais, mesmo que tivesse os efetivos, faltaria-lhe autonomia para usá-los.

A burocracia local era a pior que ele já enfrentara em sua carreira militar, e isso queria dizer muito. As ordens — raramente coerentes — vinham do embaixador americano Walter Dowling, sediado em Bonn, a quase quinhentos quilômetros de distância; do general Bruce Clarke, comandante do Exército americano na Europa, sediado em Heidelberg; e do general Lauris Norstad, comandante da Otan, sediado em Paris.

Às vezes, como na noite de 12 para 13 de agosto e na manhã seguinte, todos esses canais permaneciam em silêncio. Nesses momentos de dúvida, Watson instintivamente tratava de aguentar firme e esperar pelo melhor. Durante semanas, o Pentágono instou-o, com frequência, a não aceitar as provocações dos alemães-orientais ou dos soviéticos para dar início a uma ação militar que poderia degenerar num conflito violento, como se seus superiores soubessem o que estava por vir. Assim, nas primeiras horas do dia 13 de agosto, ele se manteve cauteloso e não fez nada além de observar a operação.[49]

Os alemães-orientais não cruzaram suas fronteiras, não puseram o pé em nenhuma das zonas não soviéticas. E, apesar de toda a atividade de militares soviéticos em torno da cidade, Watson não recebera nenhuma informação sobre qualquer movimentação maciça em Berlim. Portanto, não tinha motivo para acordar o general Clarke ou o general Norstad, nem para se comunicar com o embaixador Dowling em Bonn, já que o pessoal do Departamento de Estado se encarregaria disso.

Logo cedo, ele mandara um helicóptero sobrevoar Berlim Oriental e observar a situação, porém decidira não enviar tropas para a fronteira. Uma demonstração de força satisfaria os berlinenses, ansiosos por ver os americanos honrarem seu compromisso, mas os superiores de Watson a considerariam uma provocação imprudente.[50]

Watson achou que fizera bem em ser cauteloso, quando, às 7h30, o coronel Ernest von Pawel o procurou em seu centro de operações de emergência, no porão do quartel americano na Clayallee, e lhe informou que quatro divisões soviéticas haviam deixado suas bases na Alemanha Oriental e cercado Berlim.

Aos 46 anos, "Von" era o importante chefe da Missão Militar Americana de Ligação com o comandante em chefe das Forças Soviéticas, instalada em Potsdam, na Alemanha Oriental. Embora seu nome remetesse à nobreza germânica, suas raízes estavam em Laramie, Wyoming. Watson acreditava que Von não errava nunca.

Quatro dias antes, na reunião habitual do Comitê de Vigilância de Berlim, grupo secreto de inteligência que tinha por função soar o alarme à primeira indicação de ação militar hostil, ele havia dito que Ulbricht ia construir um "muro". Ninguém lhe deu ouvidos, porém agora ele tinha conquistado credibilidade junto a seu comandante.

O tenente-coronel Thomas McCord, chefe do 513º Grupo de Inteligência Militar do Exército Americano, estudara várias fotos e relatos de grandes quantidades de material de construção — blocos de concreto, rolos de arame farpado e outros — estocado nas proximidades da linha divisória. Mas o material estava distribuído por tantos lugares e fora encomendado por tantos setores que seus homens tiveram dificuldade para entender o que viam.[51]

"Você acha que eles pretendem construir um muro, Tom?", perguntou-lhe o coronel David Goodwin, o chefe da inteligência na equipe do general Watson. McCord respondeu que tinha três fontes e elas eram contraditórias. Uma fonte "confiável", mas ainda não testada, afirmara que haveria um muro e que ele era "iminente". Porém as outras duas, tidas como mais confiáveis, disseram que não haveria nada desse tipo.

Todos os olhos se voltaram então para Von Pawel. Ele lembrou ao grupo que, durante a Segunda Guerra Mundial, os alemães construíram um muro em Varsóvia, isolando o gueto judeu — uma comparação que, no momento, pareceu bizarra. "Se vocês acham que um muro é a opção menos provável", ele falou, "então é nisso que eu aposto, porque até agora nunca previmos as intenções dos soviéticos." O problema era que, nessa ocasião, Von Pawel não tinha nenhuma prova concreta para fundamentar sua convicção.[52]

John Dimmer, o vice-chefe da base da CIA, descartou sua ideia. Seria um "suicídio político" para Ulbricht construir um muro, argumentou, e com isso levou o grupo a concluir que um muro era a "menos provável" das muitas alternativas que estavam analisando.[53]

O relatório de Von Pawel sobre a manhã de 13 de agosto não deixou margem para dúvidas sobre o que estava acontecendo. Escondido das quatro às seis horas da manhã embaixo de uma ponte na Alemanha Oriental, um de seus homens tinha visto toda uma divisão soviética percorrer a Autobahn. O próprio Von contara cem tanques enquanto se dirigia a Potsdam. E relatou a Watson:

> A 19ª Divisão Motorizada de Fuzileiros, juntamente com a 10ª Divisão de Tanques e, possivelmente, a 6ª Divisão Motorizada de Fuzileiros, deslocou-se nas primeiras horas desta manhã e posicionou-se ao redor de Berlim. Integrantes da 1ª Divisão Motorizada de Fuzileiros do Exército da Alemanha Oriental deixaram Potsdam e ainda não foram localizados. Unidades soviéticas se mobilizaram e saíram da Autobahn, distribuindo-se em pequenos postos avançados e barricadas compostas de três ou quatro tanques, um caminhão blindado e diversos soldados. Esses postos avançados foram estabelecidos a intervalos de três ou quatro quilômetros e parecem cercar Berlim completamente.[54]

Era uma operação perfeitamente organizada, sobre a qual a inteligência militar americana nada informara com antecedência. Watson deduziu do relato de Von Pawel que as tropas soviéticas estavam prontas para atacar e eram tão numerosas que, se ele ousasse reagir, derrotariam sua minguada força.

Às dez horas, os três comandantes ocidentais — o francês, o britânico e o americano — e suas equipes se reuniram na Correnplatz, no quartel dos aliados em Dahlem, bairro do setor americano. Todos foram tomados de surpresa — e nenhum deles sabia como reagir. Watson presidiu a reunião em virtude de seu rodízio mensal. Podia não ter experiência em relação a Berlim, mas sabia contar. Seus 27 tanques, menos de um para cada quilômetro e meio da fronteira interna entre Berlim Ocidental e Berlim Oriental, e seus seis morteiros de 105 milímetros não eram suficientes para fazer frente ao Exército soviético e às tropas da Alemanha Oriental.

AGÊNCIA DE NOTÍCIAS REUTERS, BERLIM ORIENTAL
DOMINGO DE MANHÃ, 13 DE AGOSTO DE 1961

Mary Kellett-Long olhou pela janela e viu uma multidão furiosa que crescia a cada hora. Nunca se dera conta da proximidade de seu apartamento na

Schönhauser Allee com a fronteira de Berlim — menos de quatrocentos metros —, já que a linha divisória nunca fora definida com tanta clareza.

A maior parte da multidão se compunha de jovens berlinenses orientais que esbravejavam contra o fim de sua conexão com o Ocidente. O marido de Mary, Adam, que a essa altura já estava no meio desses jovens, comparou-os a fãs de futebol que, depois de uma dura derrota, procuram um bode expiatório. Policiais e integrantes das milícias de trabalhadores empurravam os manifestantes.

Quando ouviu as detonações, Mary temeu que os alemães-orientais tivessem disparado em civis e, talvez, em seu marido. Mas as explosões eram de bombas de gás lacrimogêneo lançadas sobre os manifestantes, que corriam em todas as direções.

Adam se lembrou de uma época mais inocente. Pouco antes de 13 de agosto, quando ele voltava das compras em Berlim Ocidental, um Vopo parou seu carro para uma inspeção de rotina. Enquanto o policial revistava o porta-malas, Adam tirou do saco uma lata de feijão e jogou-a pela janela, dizendo: "*Das ist eine Bombe!*". O Vopo se deitou no chão, e seus colegas sacaram as armas. Depois, o policial limpou a poeira e riu, deixando o repórter passar. Era evidente que a época das brincadeiras terminara.[55]

Como os poucos protestos isolados que ocorreram em toda a Alemanha Oriental nesse dia, a manifestação não tinha volume, determinação ou alcance para ameaçar a vitória de Ulbricht. Ao contrário do que acontecera em 1953, Ulbricht estava firme no comando, bem preparado e apoiado, política e militarmente, pelos soviéticos. Impedira qualquer oposição organizada com o elemento surpresa e com a distribuição de milhares de policiais e soldados por todos os pontos estratégicos da cidade.

Em vários locais-chave, seus comandados usaram canhões de água para afastar os furiosos berlinenses ocidentais. Enquanto as tropas aliadas se mantivessem em Berlim Ocidental, como pareciam decididas a manter-se, Ulbricht sabia que podia lidar com qualquer coisa que os berlinenses de ambos os lados fizessem. A garantia fornecida por Khruschóv — os tanques soviéticos que aguardavam nos arredores da cidade — não seria necessária.

O marechal Konev vencera sua segunda batalha em Berlim, agora sem derramamento de sangue.

Pelos acordos entre as quatro potências, Kennedy podia muito bem ordenar a seus militares que derrubassem as barreiras erguidas por unidades da Alemanha Oriental que não tinham o direito de atuar em Berlim. No dia 7 de julho de 1945, os militares americanos, soviéticos, britânicos e franceses que assumiram o controle da Alemanha concordaram em garantir o movimento irrestrito por toda Berlim. A determinação foi confirmada novamente pelo acordo entre as quatro potências que pôs fim ao bloqueio de Berlim.[56]

Contudo, antes de 13 de agosto Kennedy deixara claro, através de vários canais, que não reagiria se Khruschóv e os alemães-orientais restringissem suas ações a seu próprio território. Além disso, Konev enviara uma clara mensagem sobre o custo da intervenção através de sua maciça mobilização militar. Não só as tropas soviéticas cercaram Berlim de um modo que os aliados não podiam deixar de ver, como Khruschóv dera um passo a mais, colocando seus mísseis de prontidão em toda a Europa Oriental.

Não obstante, a noite fora tensa para Konev. Se fosse necessário lutar, ele duvidava que os militares e os policiais da Alemanha Oriental se mantivessem leais, apesar de seu treinamento, de sua doutrinação e de sua atenta supervisão. Centenas deles já haviam desertado e muitos tinham parentes no Ocidente.

Konev tinha certeza de que os soldados, as milícias e os policiais da Alemanha Oriental ergueriam as barreiras, mas não sabia como reagiriam se as tropas aliadas avançassem para derrubar as barricadas e restabelecer o livre trânsito.

Para seu alívio, isso não aconteceu. Kennedy não os testou.

BERLIM OCIDENTAL
DOMINGO DE MANHÃ, 13 DE AGOSTO DE 1961

Robert H. Lochner, diretor da rádio RIAS, ficou acordado até tarde, preparando o material para uma série de reuniões que seu superior, o lendário jornalista da televisão americana Edward R. Murrow, teria na manhã seguinte. Murrow viajara de Washington para fazer uma inspeção como chefe do Serviço de Informação dos Estados Unidos.[57]

Quando soube do fechamento da fronteira, Lochner deixou o trabalho de lado e ordenou que, ao invés do rock 'n' roll habitual nos fins de semana, a emissora apresentasse música mais séria e um boletim de notícias a intervalos de quinze minutos. Tendo o maior transmissor da Europa, a RIAS devia prestar alguma assistência aos berlinenses orientais num momento de crise, como fizera em 17 de junho de 1953.

Depois, Lochner pegou seu carro com chapa do Departamento de Estado e rumou para Berlim Oriental. Por três vezes percorreu o setor soviético, registrando o que via num gravador escondido. Contou histórias de famílias divididas e amantes desconsolados, usando suas vozes emocionadas para dramatizar o momento. Nunca tinha visto um número tão grande de infelizes como os que lotavam as estações ferroviárias de Berlim Oriental pela manhã; ou eles não souberam do fechamento da fronteira, ou não acreditaram que fosse verdade.[58]

Às dez horas, Lochner atravessou a vasta sala de espera da estação Friedrichstrasse, onde se aglomeravam milhares de pessoas, "desesperadas, com caixas de papelão, algumas com malas", sem ter para onde ir.

Numa escada que conduzia ao S-Bahn, alguns integrantes da Transportpolizei, ou Trapos, bloqueavam o acesso do público. Vestidos de preto, lembravam os SS de Hitler em seus uniformes ameaçadores, com seus rostos jovens, impassíveis, obedientes.

Uma senhora idosa timidamente se aproximou de um Trapo, que estava postado três degraus acima, e perguntou-lhe quando sairia o próximo trem para Berlim Ocidental. Lochner nunca esqueceria o tom de escárnio na resposta do policial.

"Acabou-se", ele disse. "Agora vocês todos estão numa ratoeira."

No dia seguinte, Lochner levou Murrow para conhecer a nova Berlim Oriental. O lendário jornalista duvidou que Kennedy entendesse a gravidade da situação decorrente de sua inação. À noite, enviou um telegrama a seu amigo presidente, comunicando-lhe que estava diante de um desastre político e diplomático. Se não mostrasse determinação logo, sobreviria uma crise de confiança capaz de prejudicar os Estados Unidos muito além das fronteiras de Berlim. "O que corre o risco de ser destruído aqui é aquela coisa perecível chamada esperança", Murrow escreveu.[59]

Erich Honecker teve uma noite agitada, dirigindo ao longo da fronteira e apreciando a execução quase perfeita de seu plano.

Supervisionou cada detalhe: viu policiais examinando bueiros, rotas de fuga em potencial. Viu barcos patrulhando os cursos de água, que não podiam ser fechados tão facilmente quanto as ruas. E constatou que as tropas adicionais que convocara para guardar a estação Friedrichstrasse eram suficientes para o movimento do domingo.

Elogiou cada comandante que encontrou ao longo da noite, por vezes sugerindo alterações em alguns detalhes. Às quatro horas da manhã, satisfeito com a tranquila execução da fase mais crítica, voltou para sua sede. Às seis horas, todos os comandantes informaram que haviam cumprido sua missão de acordo com as instruções.

Ainda havia muito trabalho pela frente, mas Honecker estava contente. Algumas centenas de berlinenses orientais haviam cruzado a fronteira em pontos que ainda não tinham sido reforçados ou através de lagos ou canais. Outros simplesmente permaneceram no setor ocidental, onde, por sorte, tinham ido passar o fim de semana. Nas primeiras horas, poucos berlinenses ocidentais transportariam parentes ou amigos escondidos no porta-malas ou debaixo do assento do carro. Alguns berlinenses orientais mais criativos trocaram as placas do carro por placas de Berlim Ocidental e passaram para o outro lado da cidade.

Do meio-dia de sábado às dezesseis horas da segunda-feira, Marienfelde recebeu 6904 refugiados — mais que em qualquer fim de semana na história da Alemanha Oriental. Porém as autoridades de Berlim Ocidental calculavam que uns 1500 haviam atravessado a fronteira antes do fechamento. Os números eram aceitavelmente pequenos, considerando que o êxodo chegara ao fim.[60]

Honecker ligou para Ulbricht e transmitiu-lhe seu relatório final. Depois, disse para sua equipe: "Agora podemos ir para casa".[61]

Mais tarde, Khruschóv refletiria: "A implantação do controle da fronteira restaurou a ordem e a disciplina na vida dos alemães-orientais, e os alemães sempre apreciaram a disciplina".[62]

15. O Muro: dias de desespero

Por que Khruschóv construiria um muro se realmente pretendesse se apoderar de Berlim Ocidental? [...] Essa é a solução que ele encontrou para seu problema. Não é uma solução muito boa, mas um muro é bem melhor que uma guerra.[1]

O presidente John F. Kennedy, 13 de agosto de 1961

Os russos [...] acham que se conseguirem nos dobrar em relação a Berlim, não serviremos para mais nada, e eles terão ganhado a batalha em 1961.[2]

O secretário de Justiça Robert Kennedy, 30 de agosto de 1961

PORTO HUMBOLDT, BERLIM ORIENTAL
QUINTA-FEIRA, 24 DE AGOSTO DE 1961

Günter Litfin, um alfaiate de 24 anos cujos atos mais ousados até o momento tinham sido realizados com agulha e linha, reuniu coragem para fugir de Berlim Oriental onze dias depois do fechamento da fronteira.

Até 13 de agosto, levara a vida ideal da Berlim dividida: sendo um dos 50 mil *Grenzgänger* ("os que cruzam a fronteira") da cidade, tirava a máxima vantagem dos benefícios de cada lado. Durante o dia, trabalhava em Berlim Ocidental, numa alfaiataria próxima à estação Zoo, ganhando em *Westmark*, que trocava por *Ostmark* no câmbio negro à base de cinco marcos orientais por um ocidental. E já conquistara clientes entre estrelas do show-business: Heinz Rühmann, Ilse Werner e Grete Weiser. Com seu jeito de adolescente, seus olhos negros e seu cabelo preto encaracolado, atraía sobretudo atrizes. À noite, recolhia-se a um confortável apartamento em Weissensee, bairro de Berlim Oriental, pelo qual pagava um aluguel barato, em *Ostmark*.[3]

De repente, sua vida de sonho se tornou um pesadelo. Não podendo mais ir para Berlim Ocidental, ele perdeu o emprego e a posição social. Pior ainda, em decorrência de um processo de colocação de mão de obra estabelecido pelo governo da Alemanha Oriental, estava prestes a ser jogado numa tecelagem enfadonha, onde trabalharia mais horas e ganharia uma fração do que ganhara até então.

Litfin estava furioso consigo mesmo por não ter se mudado para Berlim Ocidental quando teve oportunidade. Dias antes do fechamento da fronteira, alugara um apartamento na arborizada Suarezstrasse, em Charlottenburg, bairro de Berlim Ocidental. Junto com o irmão, Jürgen, transportara seus pertences pouco a pouco, em dois carros, para não despertar suspeitas nos policiais. Para levar sua máquina de costura, seu bem mais precioso, desmontara-a e carregara peça por peça.

Na noite em que a cidade foi concretamente dividida, Günter e Jürgen estiveram numa festa em Berlim Ocidental. E não viram nada de estranho, quando, pouco depois da meia-noite, voltaram para casa pelo S-Bahn.

No dia seguinte, às dez horas da manhã, depois de ouvir a má notícia pelo rádio, Jürgen acordou o irmão: "Todas as vias de acesso estão fechadas, tudo está fechado", informou-o. Os dois pensaram na última vez que Ulbricht fechara a fronteira de Berlim: em 17 de junho de 1953, depois que tanques soviéticos sufocaram a revolta dos trabalhadores. A vida voltara ao normal ao cabo de alguns dias, e eles esperavam que agora não fosse diferente. Mesmo durante a ponte aérea de Berlim, em 1948, a fronteira da cidade permanecera aberta. Agora os americanos certamente não permitiriam que a fronteira continuasse fechada, considerando tudo que estava em jogo. Os dois irmãos desconfiavam do compromisso de britânicos e franceses com a liberdade de Berlim, mas achavam que podiam contar com os americanos.[4]

Eles saíram de bicicleta para avaliar a nova situação. Tiveram de parar na ponte Bornholmer, travessia usual de Günter, uma via de pista dupla acima de vários trilhos de trem. A polícia a bloqueara com arame farpado e armadilhas para tanque. "Não acredito que isso fique assim", Günter falou.

No entanto, a cada dia que passava, os dois irmãos se convenciam de que os americanos não os libertariam. Os comunistas começaram a substituir as barreiras provisórias de cavaletes e arame farpado por um muro de três metros de altura, construído com placas de concreto e argamassa. Ulbricht estava fechando rapidamente todas as brechas. E Günter resolveu fugir antes que fosse tarde demais.

Vinha acompanhando com atenção as notícias da rádio RIAS sobre as muitas fugas posteriores a 13 de agosto. Desde esse dia, cerca de 150 alemães-orientais atravessaram a nado o canal Teltow, muitos levando crianças. Doze adolescentes cruzaram esse canal em grupo. Um jovem corajoso passou com seu Volkswagen pela barreira de arame farpado e ganhou a liberdade no setor francês. Outro berlinense oriental tirou a metralhadora das mãos de um policial e transpôs a fronteira.[5]

Animado com essas histórias de sucesso, Litfin decidiu agir, apesar de seu problema cardíaco. Na terça-feira, 24 de agosto, pouco depois das dezesseis horas, num calor de 25 °C, atravessou o pátio da ferrovia situado entre a estação Friedrichstrasse, no leste, e a estação Lehrter, no oeste. Com seu paletó marrom e sua calça preta, saltou nas águas mornas do porto Humboldt, no rio Spree. Não era um nadador muito vigoroso, mas achava que conseguiria vencer os trinta e poucos metros de água que o separavam da liberdade.

Numa ponte próxima, um Trapo, policial do trânsito, atirou cinco vezes para fazê-lo parar. Mas Günter se pôs a nadar com maior determinação. O policial atirou mais duas vezes, e as balas caíram na água, perto da cabeça do fugitivo, que continuou nadando. O Trapo acionou a metralhadora e atingiu o rapaz quando ele estava a dez metros da margem.

Ferido, Günter se debateu e mergulhou fundo, para se proteger dos tiros que agora eram disparados por três policiais. Quando emergiu para respirar e levantou as mãos para indicar que se rendia, os Trapos zombaram dele. Uma bala se cravou em seu pescoço, e o alfaiate afundou como uma pedra.

Günter Litfin foi a primeira pessoa assassinada ao tentar escapar de Berlim Oriental. Agira na hora errada. Não podia saber que, naquela manhã, os policiais receberam as primeiras ordens de atirar para matar quem tentasse cometer o crime de "fugir da República". Se tivesse tentado um dia antes, teria conseguido. Agora, policiais da Alemanha Oriental divididos em dois barcos vasculhavam o Spree por mais de duas horas, até localizar seu corpo, que três homens-rãs do Exército retiraram da água por volta das dezenove horas.[6]

No dia seguinte, oito agentes da Polícia Secreta reviraram o apartamento da mãe de Günter, enquanto ela chorava incontrolavelmente. Arrancaram a porta do forno, cortaram colchões, despejaram as gavetas da cômoda. Um deles explicou à pobre senhora: "Seu filho foi morto a tiros. Era um criminoso".

Para punir ainda mais a família, as autoridades não permitiram que a mãe e o irmão de Günter vissem o corpo, nem mesmo para identificá-lo. Na quarta--feira, 30 de agosto, um dia claro de verão, o caixão fechado desceu à sepultura no cemitério Weissensee. Jürgen encomendara uma lápide de granito preto e correu os dedos pelas letras douradas: NOSSO INESQUECÍVEL GÜNTER.

Centenas de berlinenses se reuniram junto ao túmulo: colegas de escola, parentes, pessoas que nem conheciam o morto mas fizeram questão de comparecer para demonstrar o que sentiam.

Jürgen não podia enterrar o irmão sem antes verificar se era realmente ele. Assim, diante de toda aquela gente, pulou para dentro da cova e abriu o caixão com um pé-de-cabra que levara escondido. Apesar da pele escurecida e da atadura que cobria o queixo e o pescoço, escondendo o ferimento provocado pela bala, Jürgen não teve dúvida.

Olhou para cima e fez um sinal para a mãe: sim, era Günter.

Os berlinenses estavam chocados. Nos dias seguintes a 13 de agosto, passaram por várias fases de sofrimento: negação da realidade, ceticismo, indignação, frustração, depressão e, por fim, resignação. A maneira como reagiam dependia do lado onde moravam: oriental ou ocidental.

Os berlinenses ocidentais estavam com raiva dos comunistas e cada vez mais furiosos com a traição dos americanos. Achavam lamentável que os americanos não tivessem destacado um único pelotão em 13 de agosto para demonstrar solidariedade, nem tivessem imposto uma única sanção aos alemães--orientais ou aos soviéticos para puni-los pelo que fizeram.

Já os berlinenses orientais estavam com raiva de si mesmos por terem perdido a oportunidade de escapar e revoltados com os cínicos líderes comunistas que os aprisionaram. Os onipresentes agentes da Stasi de Mielke cumpriram à risca sua missão. Sua constante vigilância nas fábricas, nas escolas e nos prédios de apartamentos inibia os rebeldes em potencial.[7]

NA FRONTEIRA, BERNAUER STRASSE, BERLIM ORIENTAL
TERÇA-FEIRA À TARDE, 15 DE AGOSTO DE 1961

Pouco mais de dois dias depois do fechamento da fronteira, enormes guindastes começaram a descarregar na Bernauer Strasse placas de concreto com 1,25 metro de lado e vinte centímetros de espessura. Centenas delas se empilhavam numa carreta. Satisfeito por ver que os Estados Unidos e seus aliados não pareciam dispostos a fazer alguma coisa para atrapalhar seu projeto, Ulbricht estava dando o passo seguinte: substituir as barreiras provisórias por algo mais duradouro em vários pontos sensíveis.[8]

O correspondente da CBS Daniel Schorr correu para a Bernauer Strasse. "Vimos placas de concreto sendo assentadas aparentemente para construir um *muro*", informou, sendo um dos primeiros a usar a palavra "muro" para descrever o que acabaria por dividir os berlinenses. Com sua característica voz de barítono carregada de emoção e perplexidade, comparou o muro ao que os alemães haviam construído em Varsóvia para isolar os judeus.[9]

Schorr tentou explicar a seus ouvintes por que os militares americanos observavam passivamente enquanto os comunistas transformavam a metafórica Cortina de Ferro numa realidade material de concreto e argamassa. "Poderíamos entrar em guerra para defender nosso direito de permanecer em Berlim", disse. "Mas podemos travar uma guerra para defender o direito dos alemães-orientais de saírem de seu país?"

Havia pedreiros também na Potsdamer Platz, onde imensos holofotes permitiam que trabalhassem ininterruptamente. Mas a Bernauer Strasse é que viria a simbolizar a intenção de Ulbricht de tornar permanente e intransponível a barreira que dividia Berlim.

Um acaso no planejamento anterior à guerra colocara essa rua exatamente na divisa entre o bairro de Mitte, em Berlim Oriental, e o de Wedding, no setor francês de Berlim Ocidental. Até 1938, a linha demarcatória passava bem no meio da Bernauer Strasse, porém nesse ano os garis de Wedding protestaram. Para simplificar seu trabalho, as autoridades berlinenses expandiram o território de Wedding até os prédios de apartamento no lado oposto, para que os garis ficassem com toda a rua.[10]

Assim, a divisão da cidade na Guerra Fria deixou a calçada e os prédios de apartamentos do lado norte da Bernauer Strasse em Berlim Ocidental e todas as construções do lado sul em Berlim Oriental. Foi por isso que, nos dois dias seguintes a 13 de agosto, esses moradores de Berlim Oriental puderam escapar para o Ocidente — dependendo da posição de seus apartamentos —, saindo pela porta da rua ou pela janela, neste caso com a ajuda de uma corda ou de um lençol.[11]

Como muitos soldados enviados a Berlim Oriental em função da Operação Rosa, Hans Conrad Schumann, de dezenove anos, nascera na Saxônia rural, onde seu pai criava ovelhas na aldeia de Leutewitz. A experiência mostrara às autoridades que essas raízes tornavam o jovem Schumann menos suscetível politicamente. Mas no dia 15 de agosto, quando patrulhava o lado oriental da fronteira na Bernauer Strasse, Schumann não via em parte alguma a ameaça à pátria socialista que deveria combater. Ao contrário, tudo que via era a raiva justificável de manifestantes desarmados que erguiam o punho e o chamavam de porco, traidor e — o mais doloroso, considerando o passado dos alemães — guarda de campo de concentração.[12]

O soldado estava confuso, pois se sentia mais unido à multidão que aos colegas que passaram a dispersá-la com bombas de fumaça e jatos de água. Foi então que começou a pensar em fugir. Calculou que, pela velocidade com que os pedreiros trabalhavam, ao cabo de alguns dias o muro de concreto substituiria a cerca de arame farpado que ainda demarcava a fronteira na Bernauer Strasse. Dentro de algumas semanas, toda Berlim Oriental estaria murada, e não haveria mais como escapar.

Enquanto imaginava sua fuga, Schumann pressionava o arame para descobrir a intensidade de pressão que o faria ceder.

"O que você está fazendo?", um colega perguntou.

Mesmo com o coração aos saltos, o rapaz respondeu calmamente: "O arame já está enferrujando". O que não deixava de ser verdade.

Um jovem fotógrafo se pôs a observá-lo a alguns passos de distância, em

Berlim Ocidental. Peter Leibing trabalhava para a agência fotográfica Conti- -Press em Hamburgo e percorrera os 256 quilômetros que o separavam de Berlim para registrar a história enquanto ela se desenrolava. As imagens eram fortes: soldados da Alemanha Oriental portando submetralhadoras, mulheres chorando, rostos furiosos e tristes, tudo emoldurado por arame farpado. Quando chegou à Bernauer Strasse, epicentro desse drama, Leibing se juntou aos numerosos berlinenses ocidentais que acompanhavam a construção do muro. Posicionado numa esquina da Ruppinerstrasse, focalizou Conrad Schumann diante de um prédio, fumando um cigarro. Uns e outros lhe disseram que o tinham visto se aproximar várias vezes da cerca e pressionar cada vez mais o arame farpado para testar sua resistência.

Quanto maior a plateia, Schumann pensou, maior a possibilidade de escapar, pois dificilmente seus colegas haveriam de atirar. Um jovem berlinense ocidental se aproximou da fronteira, e Schumann lhe ordenou que se afastasse, mas depois lhe cochichou: "*Ich werde springen*" (Vou saltar).

O rapaz se afastou, e pouco depois um carro de polícia parou o mais perto possível, sem despertar a desconfiança dos soldados da Alemanha Oriental. Leibing focalizou o ponto da cerca que Schumann havia testado. Ironicamente, estava usando uma Exakta, câmera fabricada na Alemanha Oriental. Quanto mais esperava, mais parecia que o soldado perdera a coragem ou nunca tivera a intenção de saltar.[13]

Por volta das dezesseis horas, Schumann viu seus dois colegas dobrarem uma esquina e sumirem de vista. Jogou o cigarro no chão, correu e pulou em cima do arame, pressionando-o com o pé direito para ganhar impulso e saltar. Então, com a mão direita tirou do ombro sua submetralhadora Kalashnikov, enquanto estendia o braço esquerdo para se equilibrar. Parecia abrir as asas para alçar voo. O capacete de aço permaneceu em sua cabeça quando ele ergueu o ombro. Como um campeão em corrida com obstáculos, aterrissou no pé esquerdo, correu para o Opel Blitz da polícia, que o aguardava com a porta aberta, e entrou.

Com sua experiência em fotografar saltos de cavalo em Hamburgo, Leibing registrou com perfeição o momento em que o soldado sobrevoou o obstáculo. O obturador manual só lhe permitiu uma tomada, mas foi suficiente para ele produzir uma foto icônica.

"Bem-vindo ao Ocidente, rapaz", um policial de Berlim Ocidental disse para Schumann, que, trêmulo e mudo, desmaiou.* A porta se fechou, e o carro saiu em disparada. Foi um breve triunfo.

Em uma semana, Ulbricht estava tão seguro de que Kennedy não iria interferir que em 22 de agosto começou a levar a construção do muro para vários locais. A história registraria 13 de agosto como o dia do surgimento do Muro de Berlim, mas a verdade é que ele surgiu aos poucos, nos dias que se seguiram, depois que os comunistas se certificaram de que não encontrariam resistência.

RATHAUS SCHÖNEBERG, PREFEITURA DE BERLIM OCIDENTAL
QUARTA-FEIRA, 16 DE AGOSTO DE 1961, DEZESSEIS HORAS

Willy Brandt nunca esteve tão preocupado antes de um discurso.

Sabia que seria difícil encontrar o tom exato para se dirigir aos 250 mil berlinenses furiosos que se apinhavam diante da Rathaus Schöneberg. Tinha de canalizar essa fúria, mas não podia deixar que ela incitasse a multidão a avançar para a fronteira e se expor aos tiros.

Também sabia que esse momento crucial era uma oportunidade para sua campanha. A um mês das eleições, queria mostrar aos alemães que podia defender seus interesses muito melhor que Adenauer, que, juntamente com os americanos, nada fizera para deter ou reverter o fechamento da fronteira. O velho chanceler recusara seu convite para participar do comício e não aparecera em Berlim depois de 13 de agosto.

O partido e o público o pressionavam para visitar a cidade, mas Adenauer alegava que sua presença poderia gerar inquietação política e falsas expectativas. O que ele não dizia era que também ressaltaria sua impotência. Não queria dar aos soviéticos nenhum pretexto para ameaçar a liberdade de Berlim Ocidental ou da Alemanha Ocidental — algo que Moscou prudentemente evitava.

Assim, enquanto Brandt se preparava para discursar, Adenauer recebia Andrei Smirnov, o embaixador soviético em Bonn. Ele concordou em assinar

---

* Mais tarde, Schumann se estabeleceu na Baviera, na Alemanha Ocidental, onde se casou. Depois da queda do Muro de Berlim, ele falou: "Só depois de 9 de novembro de 1989 [a data da queda], eu me senti realmente livre". Mas continuou sendo pressionado por ex-colegas e parentes que ficaram na Saxônia. Em 20 de junho de 1998, sofrendo de depressão, enforcou-se num pomar.

um comunicado que o diplomata levara para o encontro: "A República Federal não tomará qualquer medida que possa prejudicar suas relações com a União Soviética ou representar um perigo para a situação internacional".[14]

O texto indicava conciliação.

Adenauer anunciara, 48 horas depois do fechamento da fronteira, que, ao contrário do que ameaçara inicialmente, não cortaria as relações comerciais com a Alemanha Oriental. Até Franz Josef Strauss, seu belicoso ministro da Defesa, pedira calma. "Se os disparos começarem, ninguém sabe com que tipo de arma hão de terminar", disse para uma multidão de alemães-ocidentais.[15]

Macmillan, o primeiro-ministro britânico, o aliado tão relutante em provocar o urso russo, elogiara Adenauer por ter reagido com "o coração quente e a cabeça fria". Depois de tanto se preocupar com a liderança de Kennedy, agora o chanceler alemão parecia adotar a posição do presidente americano em relação ao Muro.[16]

Contudo, sua reação era mais de resignação que de convicção. Seus piores receios quanto à indecisa liderança de Kennedy se confirmaram. Heinrich Krone, líder da facção de Adenauer no Bundestag, escreveu em seu diário: "Essa foi a hora de nossa maior desilusão". Com a construção do Muro, Adenauer deixou de acreditar que a participação na "aliança mais forte do mundo" pudesse garantir segurança absoluta.[17]

Também estava pensando no futuro. A Alemanha Ocidental permanecia intata e ancorada na Otan. Mais que nunca, Berlim Oriental estava nas mãos dos comunistas — e de nada serviria negar essa realidade. Portanto, o principal objetivo de Adenauer era vencer as eleições de 17 de setembro e manter seu país livre do controle socialista.

Smirnov bajulou-o e ameaçou-o, conforme o estilo dos soviéticos. Falou da construtiva colaboração de Moscou e da inevitável destruição de seu país se ele esquecesse o papel da Alemanha nas duas guerras mundiais e se voltasse para o que chamou de atividades belicosas.

Durante a reunião, Adenauer não condenou os soviéticos ou Khruschóv. Ao contrário, agradeceu os cumprimentos do premiê, lembrou calorosamente seu último encontro com ele e declarou-se empenhado em ganhar as eleições de 17 de setembro.

Só então mencionou Berlim. "A meu ver, estamos diante de um assunto exasperante e desagradável, que tem recebido mais destaque que o necessário", afirmou. "Eu gostaria muito que o governo soviético conseguisse acalmar os ânimos." Expressou sua preocupação e seus "temores" de que os acontecimentos em Berlim e na zona soviética pudessem, "em determinadas condições, acarretar um derramamento de sangue". E acrescentou: "Eu gostaria muito que o governo soviético conseguisse evitar isso".[18]

Se sua atitude em relação aos soviéticos era de moderação, em relação a Willy Brandt era o oposto. O chanceler sabia que o fechamento da fronteira o prejudicaria junto aos eleitores. Sabia também que um número crescente de eleitores se perguntava se ele ainda tinha condições de governar e que Brandt levara seus social-democratas para o centro político, mais aceitável. Esperava que os eleitores considerassem tudo isso à luz da florescente economia da Alemanha e da posição estável que, graças a ele, o país detinha na aliança ocidental.

Menos de 48 horas depois que os comunistas fecharam a fronteira, Adenauer fizera campanha em Regensburg, na Baviera, ao invés de ir para Berlim. Explicou à multidão que não queria agravar a situação, explorando o assunto Berlim. Ao invés de atacar os comunistas, voltou-se contra Brandt e pela primeira vez referiu-se publicamente ao nascimento ilegítimo do rival. "Se alguém já foi tratado com a maior consideração pelos adversários políticos, esse alguém é Herr Brandt, aliás, Frahm", disse, lembrando o sobrenome que Brandt recebera de sua mãe solteira e abandonara quando estava no exílio, durante a guerra.[19]

Em 29 de agosto, num discurso de campanha em Hagen, na Vestfália, Adenauer afirmou que Khruschóv fechara a fronteira de Berlim para ajudar o socialista Brandt nas eleições. A imprensa alemã o criticou por isso, mas a verdade era que Adenauer estava semeando dúvidas sobre seu opositor.

Até então Brandt reagira com moderação, mas agora revidou: "O velho senhor realmente não consegue mais entender o que está acontecendo". Aconselhou-o a buscar "*ein friedliches Lebensabend*" — um fim de vida tranquilo. Certo de que sua melhor estratégia seria anunciar o abandono da campanha eleitoral, declarou: "Para mim tudo que importa é a luta por Berlim", acrescentando que reduziria seus esforços pela eleição a um dia por semana e se concentraria no "destino da Alemanha".[20]

Percebia que sua atitude em relação aos americanos era, talvez, o que mais contava junto aos eleitores. No dia de seu comício, o *Bild-Zeitung*, o jornal de maior circulação da Alemanha Ocidental, com 3,7 milhões de exemplares, preencheu toda a metade superior da primeira página com uma manchete que captava o ânimo do público: O LESTE AGE — E O OCIDENTE? O OCIDENTE NÃO FAZ NADA.[21]

Legendas mordazes acompanhavam grandes fotos dos três líderes aliados: "O presidente Kennedy permanece em silêncio/ Macmillan vai à caça/ E Adenauer insulta Brandt".

No editorial, o *Bild* dizia:

Entramos na aliança ocidental porque acreditávamos que seria a melhor solução para a Alemanha e para o Ocidente. A maioria dos alemães, a esmagadora maioria, ainda está convencida disso. Mas essa convicção não se fortalece, se, num momento em que a causa da Alemanha corre grande perigo, alguns de nossos parceiros declaram friamente: "Os direitos dos aliados não foram afetados".

A causa da Alemanha corre o maior perigo. Já se passaram três dias, e até agora nada aconteceu, além de um protesto formal por parte dos comandantes aliados.

Estamos decepcionados!

Mais sóbrio, *Der Tagesspiel*, jornal de Berlim, expressou o humor do momento numa tira de quatro quadros que se popularizou a ponto de passar de mão em mão por toda a cidade.

A personagem central de cada quadro — identificado como O OCIDENTE — é um americano velho e careca de terno preto, gravata-borboleta e dedo em riste.

No primeiro quadro, Stálin lhe bate na cabeça com um bastão no qual se lê VISÃO DA ALEMANHA, e ele diz: "Mais uma [pancada] e eu tiro meu porrete". No segundo quadro, o Ocidente tem dois galos, um dos quais se chama HUNGRIA. No terceiro, um Ulbricht minúsculo o golpeia com um porrete que leva a inscrição FECHAMENTO DA FRONTEIRA INTERURBANA. O último quadro mostra um Ocidente ferido e solitário, com a legenda UND SO WEITER — "E assim por diante".

Brandt enxugou a testa suada e disse aos 250 mil berlinenses que, com o fechamento da fronteira, os soviéticos "deram um pouco mais de trela a Ulbricht, seu cachorrinho de estimação", e a seu "regime de injustiça". Também traduziu a frustração de sua plateia: "Não podemos ajudar nossos concidadãos no setor [soviético] e nossos compatriotas na zona [soviética] a carregar esse fardo, e essa é a pílula mais amarga que nos cabe engolir! Só podemos ajudá-los a carregar esse fardo, mostrando-lhes que nos levantaremos para estar com eles nessa hora de desespero!".[22]

A multidão se mostrou aliviada com essa expressão de seu próprio desalento.

O prefeito traçou paralelos entre a ditadura de Ulbricht e o Terceiro Reich. Definiu o fechamento da fronteira como "uma nova versão da ocupação da Renânia por Hitler. Só que hoje o homem se chama Ulbricht". A ensurdecedora aclamação da plateia obrigou-o a gritar com sua voz enrouquecida pela campanha e pelo cigarro.

Antes da parte mais sensível do discurso, na qual se referia explicitamente aos Estados Unidos e a Kennedy, Brandt fez uma pausa. Então, começou por defender os americanos, para o desagrado de muitos ouvintes. "Sem eles, os tanques teriam seguido em frente", falou.

A multidão só aplaudiu quando sua própria decepção com Kennedy se traduziu em palavras.

"[Mas] Berlim espera mais que palavras", o prefeito ressalvou. "Berlim espera ação política." O povo o ovacionou, quando ele informou que escrevera a Kennedy, expondo-lhe "nossas opiniões com toda a franqueza". O apelo político de um ataque aos americanos era evidente, ainda que todos soubessem que eram impotentes para enfrentar sozinhos os soviéticos.

SALÃO OVAL, CASA BRANCA, WASHINGTON, D. C.
QUARTA-FEIRA DE MANHÃ, 16 DE AGOSTO DE 1961

O presidente Kennedy estava furioso.

Achava ofensiva e insolente a carta de Willy Brandt, a primeira na pilha de sua correspondência da manhã. Mesmo considerando a situação de Berlim, aquela não era a linguagem adequada para o prefeito de uma cidade usar com o presidente americano. A cada linha que lia, Kennedy se convencia mais e mais de que o objetivo básico da carta era favorecer a campanha eleitoral de Brandt.[23]

Para o prefeito o fechamento da fronteira era uma transgressão, "a mais grave desde o bloqueio na história desta cidade no pós-guerra". Numa crítica surpreendentemente direta da administração Kennedy, Brandt escreveu:

"Enquanto, no passado, os comandantes aliados protestaram até contra desfiles do chamado Exército Nacional do Povo em Berlim Oriental, agora, depois da ocupação militar do setor oriental pelo Exército do Povo, limitaram-se a medidas tardias e pouco enérgicas". Com isso, acrescentou, os aliados endossaram a "soberania ilegal do governo de Berlim Oriental".

"Temos agora um estado de extorsão consumada", protestou.

Isso não enfraquecera a disposição dos berlinenses ocidentais à resistência, mas "tende a levantar dúvidas quanto à determinação das três potências e a sua capacidade de reação". Brandt concordava com o argumento de Kennedy de que as garantias das quatro potências se aplicavam unicamente a Berlim Ocidental e sua população, à presença de tropas nessa parte da cidade e a suas rotas de acesso. "Não obstante, essa é uma ferida profunda na vida do povo alemão", frisou.

Berlim podia se tornar "um gueto" e perder "sua função como um refúgio de liberdade e um símbolo de esperança para a unificação. Ao invés de fugas para Berlim, talvez vejamos o início de fugas *de* Berlim", advertiu, já que seus cidadãos não acreditavam mais no futuro da cidade.

Na sequência, apresentou uma série de propostas, novamente ignorando o fato de que era apenas um prefeito e assumindo um papel que cabia ao chanceler. Sugeriu a criação de um novo status de três potências para Berlim Ocidental que excluísse os soviéticos, mas incluísse os franceses e os britânicos. Sugeriu que o problema fosse apresentado às Nações Unidas, pois a União Soviética "violou a Declaração dos Direitos Humanos da maneira mais flagrante". Por fim, sugeriu que "a guarnição americana fosse ostensivamente reforçada".

E encerrou a carta nos seguintes termos: "Considero a situação suficientemente grave, senhor presidente, para escrever-lhe com a franqueza que só é possível entre amigos que confiam plenamente um no outro. Atenciosamente, Willy Brandt".

Kennedy estava possesso. A carta era dinamite política. Era sal na ferida de quem já vinha sendo acusado de demonstração de fraqueza em Cuba, no Laos e em Viena. E o mais irritante era a frase final, em que Brandt se referia a sua relação de confiança com ele.

"*Confiança?*", o presidente explodiu, balançando a carta diante de Pierre Salinger, seu assessor de imprensa. "Eu não confio nem um pouco nesse homem. Ele está no meio de uma campanha contra o velho Adenauer e quer me arrastar para essa briga. Quem ele pensa que é para me chamar de amigo?"[24]

O Departamento de Estado e a Casa Branca também estavam furiosos com Brandt, porque ele revelara a existência da carta no comício antes mesmo de Kennedy recebê-la — expondo seu objetivo eleitoral. Funcionários da administração transmitiram essa informação à imprensa, provocando uma avalanche de comentários negativos na mídia americana. O *Daily News* qualificou a carta de Brandt de "rude e pretensiosa".[25] William S. White, comentarista do *Washington Evening Star*, escreveu que Brandt era um "simples prefeito", tentando "administrar a política externa não só de seu país, como de todo o Ocidente, endereçando cartas pessoais ao presidente dos Estados Unidos. [...] É fácil para os demagogos instigar multidões exaltadas a desprezar o Ocidente por sua inação, como o sr. Brandt está fazendo".

Posteriormente, Brandt afirmaria que com sua carta levara Kennedy a uma defesa mais ativa de Berlim, porém mais decisiva foi a jornalista Marguerite Higgins, a quem Kennedy havia mostrado a carta no Salão Oval. A conhecida correspondente de guerra americana, que cobrira a Segunda Guerra Mundial e o conflito da Coreia, tinha 41 anos e era amiga pessoal do presidente. "Falando com toda a franqueza", disse-lhe ela, "em Berlim cresce a suspeita de que você pretende abandonar os berlinenses ocidentais."[26]

Kennedy acabou admitindo que tinha de agir rapidamente para mostrar aos berlinenses, aos americanos e aos soviéticos que continuava disposto a enfrentar o Kremlin. Dois dias depois de receber a carta de Brandt, respondeu ao prefeito, informando-lhe que pretendia enviar a Berlim o vice-presidente Johnson e o general Lucius Clay, herói da ponte aérea de Berlim em 1948 e amigo de Marguerite Higgins.[27]

Anunciou que mandaria mais tropas para Berlim, como Brandt aconselhara, porém deixou claro que não devia sua decisão a um simples prefeito: "Depois de cuidadosas considerações, *eu* decidi que a melhor resposta imediata é um significativo reforço das guarnições ocidentais".

Explicou que o importante não era o número de soldados, que seria pequeno, mas o fato de que o reforço seria visto como uma amostra da reação americana, no caso de Moscou exigir que as tropas aliadas se retirassem de Berlim. "Acreditamos que mesmo um reforço modesto frisará nossa rejeição a essa ideia", escreveu.

Porém recusou outras sugestões de Brandt. Argumentou que o status de três potências para Berlim Ocidental enfraqueceria o protesto dos aliados

— fundamentado nas quatro potências — contra o fechamento da fronteira. Quanto a apelar para as Nações Unidas, alegou que "provavelmente seria inútil". "O problema é sério", concordou, "porém, como o senhor diz, não há nada que possamos fazer para forçar uma significativa mudança material na atual situação. Como representa uma retumbante confissão de fracasso e fraqueza política, esse brutal fechamento da fronteira evidentemente representa uma decisão soviética que só a guerra poderia reverter. Nem o senhor, nem nós, nem qualquer um de nossos aliados jamais pensamos entrar em guerra no momento."

Segundo a lógica de Kennedy, a ação dos soviéticos era "grave demais para reações inadequadas". Qualquer reação que não implicasse guerra seria inadequada. Assim, ele rejeitou todas as soluções que ouvira até então, inclusive "a maioria das sugestões apresentadas em sua carta".

Numa concessão ao prefeito que nada lhe custaria, acatou a ideia de "um plebiscito, demonstrando a convicção de Berlim Ocidental de que seu destino é a liberdade em associação com o Ocidente".

Não lhe agradava nem um pouco ser arrastado para a caótica política alemã de Brandt. Por outro lado, tinha motivos políticos internos para uma demonstração de força. Se havia alguém que entendia a profunda interrelação das políticas interna e externa dos Estados Unidos, esse alguém era Kennedy.

Brandt ficou decepcionado com essa resposta, pois concluiu que Kennedy "nos jogou na fogueira". Repórteres americanos informavam que o fechamento da fronteira deixara o presidente chocado e deprimido. Mas a verdade era muito diferente.[28]

Entre os íntimos, Kennedy não escondia seu alívio. Considerava o fechamento da fronteira uma mudança potencialmente positiva, capaz de contribuir para a solução da Crise de Berlim, que pairava sobre ele como uma espada de Dâmocles nuclear. Achava que o fato de Berlim Ocidental permanecer intata ilustrava os limites das ambições de Khruschóv — e a relativa cautela com que ele as realizaria.

"Por que Khruschóv construiria um muro, se realmente pretendesse se apoderar de Berlim Ocidental?", perguntou a seu amigo e assessor Kenny O'Donnell. "Não haveria necessidade de muro, se ele planejasse ocupar a cidade inteira. Essa é a solução que ele encontrou para seu problema. Não é uma solução muito boa, mas um muro é bem melhor que uma guerra."[29]

A ação dos comunistas também lhe permitiu ganhar pontos para os Estados Unidos junto à opinião pública mundial. O inimigo comunista fora forçado a erguer uma barreira para enclausurar seu povo — e com isso depusera contra si mesmo. Não poderia haver melhor argumento a favor do mundo livre, ainda que o custo fosse a liberdade dos berlinenses orientais e, num plano mais amplo, dos europeus orientais.

Kennedy se considerava pragmático, e, de qualquer modo, não havia esperança razoável de liberdade para os europeus orientais.

Ele não tinha muita simpatia pelos alemães-orientais e disse ao jornalista James "Scotty" Reston que os Estados Unidos lhes deram tempo de sobra para escapar de sua prisão, pois a fronteira de Berlim permanecera aberta desde a criação da zona soviética, depois da Segunda Guerra Mundial, até 13 de agosto de 1961.[30]

Logo depois da construção do Muro, outro comentário seu, do mesmo teor, chegou aos ouvidos de um assustado Wilhelm Grewe, embaixador da Alemanha Ocidental, e do chanceler Konrad Adenauer: "Afinal, os alemães-orientais tiveram mais de quinze anos para decidir se queriam ficar na Alemanha Oriental ou partir para o Ocidente". Grewe temia que essa dura declaração envenenasse ainda mais as relações com Adenauer.[31]

Posteriormente, o embaixador revelaria: "Às vezes, ele [Kennedy] não me parecia 100% convencido de que, naquela ocasião, teria sido mais adequado manter uma atitude completamente passiva ou tentar impedir a construção do Muro". Kennedy expressou sua incerteza com a pergunta que fez a Grewe: "Você acha que devíamos ter tratado isso de outra maneira?". A questão o ocuparia mais com o passar do tempo e com a percepção de que o fechamento da fronteira não estava facilitando em nada suas relações com Khruschóv.

KREMLIN, MOSCOU
MEADOS DE AGOSTO, 1961

O líder soviético estava feliz consigo mesmo por ter superado os americanos, os britânicos e os franceses sem conflito militar, sem reações violentas e sem sanções econômicas, por mais modestas que fossem.

Seu filho Sergei o viu suspirar aliviado logo depois de 13 de agosto e, nos dias seguintes, exultar cada vez mais com o que fizera. Se Khruschóv não tivesse feito nada, o bloco soviético poderia ter começado a desmoronar, com a implosão de seu posto avançado mais ocidental. Com as fugas de Berlim e o incentivo de Mao, seus inimigos iriam pedir sua cabeça no Congresso do Partido.

Mais tarde, Khruschóv refletiu que um erro de cálculo poderia ter desencadeado uma guerra. Entendera perfeitamente os sinais emitidos por Kennedy, que nortearam sua ação. Kennedy expressara um único interesse: preservar o status de Berlim Ocidental e o acesso à cidade, e Khruschóv o respeitou. Tinha certeza de que o presidente não faria nada para libertar os alemães-orientais ou para contestar o que os soviéticos decidissem fazer em sua própria zona.[32]

Acreditava que conseguira ainda mais do que poderia esperar de um tratado de paz. Num tratado, Kennedy o teria obrigado a reconhecer a necessidade da unificação alemã através de eleições livres. Agora ele tinha todo motivo para esperar que o compromisso do Ocidente com Berlim continuasse a esmorecer, junto com o ânimo dos berlinenses ocidentais, que podiam abandonar a cidade aos montes, duvidando que os aliados continuassem a defender sua liberdade e sua ligação com a Alemanha Ocidental.[33]

As conversações de Viena sem dúvida "representaram uma derrota" para Kennedy, concluiu. O Kremlin decidira agir, e "não havia nada que ele pudesse fazer — a não ser a ação militar — para nos deter. Kennedy era inteligente o bastante para saber que um confronto militar seria insensato. Portanto, aos Estados Unidos e a seus aliados ocidentais só restava engolir uma pílula amarga, enquanto começávamos a tomar certas medidas unilaterais".[34]

Numa referência ao esporte nacional de seu país, Khruschóv se definiu como um hábil enxadrista. Quando os Estados Unidos aumentaram a pressão militar em Berlim, ele deslocou o marechal Konev: "Para usar a linguagem do xadrez, os americanos avançaram um peão, e nós protegemos nossa posição, movendo um cavalo". E adorou essa frase, porque também estava jogando com as palavras, já que "cavalo", em russo, é *kon*, a raiz do sobrenome Konev. Quanto ao peão, aludia à tardia decisão de Kennedy de enviar Clay a Berlim.

Khruschóv explicou que o que estava dizendo a Kennedy era: "Se você insiste em empunhar o escudo da guerra contra nós e em tentar nos impedir de concretizar nossas intenções, estamos prontos para enfrentá-lo em seus próprios termos".

Lembrou que em Viena o presidente argumentara que, segundo o Acordo de Potsdam, havia apenas uma Alemanha, e um tratado de paz teria de reconhecê-la. Agora, porém, ele arrancara dos ocidentais um reconhecimento *de facto* de duas Alemanhas — e o fizera tão dramaticamente quanto imaginara.

Mas ainda não havia terminado. Animado com a inércia de Kennedy, reforçou as posições das tropas da Alemanha Oriental ao longo de agosto e tomou outras providências para enfatizar sua vitória e consolidar sua posição antes do Congresso do Partido. Em 16 de agosto, determinou a realização de manobras militares soviéticas que, pela primeira vez, incluíram mísseis nucleares em exercícios táticos que simulavam uma guerra potencial pelo acesso a Berlim. Para que a administração Kennedy entendesse o recado, pela primeira vez desde 1936 os soviéticos convidaram adidos militares ocidentais para observar seus exercícios.

A manobra tática envolveu um batalhão do tipo que operava na Autobahn de Berlim. O guia soviético explicou aos adidos que os foguetes tinham ogivas nucleares. Houve até uma simulação de nuvem nuclear sobre uma hipotética posição inimiga na aldeia de Kubinka, a oeste de Moscou.

Ainda mais chocante foi o anúncio de Khruschóv, no final de agosto, de que cancelaria o prazo de três anos que impusera a si mesmo para a retomada dos testes nucleares. Dois dias depois, a União Soviética deu início a novas explosões atmosféricas, que aconteceram em Semipalatinsk, na Ásia Central, e foram ouvidas em várias partes do mundo.[35]

"Estou ferrado de novo", Kennedy resmungou quando recebeu a notícia, depois de um cochilo à tarde.[36]

Em 30 de agosto, ele se reuniu com seus assessores militares para estudar uma possível reação. Na opinião de seu irmão Bobby, os russos "acham que, se conseguirem nos dobrar em relação a Berlim, não serviremos para mais nada, e eles terão ganhado a batalha em 1961. [...] Obviamente, não pretendem ser os mais populares, porém os mais temíveis e submeter o mundo pelo terror".

Bobby lembrou o que Chip Bohlen lhe dissera no começo de 1961: "Esse é o ano em que os russos chegarão mais perto da guerra nuclear. Acho que é verdade". Depois da reunião, quando o presidente lhe pediu mais ideias, Bobby falou: "Eu quero descer".[37]

John não o entendeu.

"Descer de onde?"

"Descer do planeta", Bobby respondeu.

E brincou: ia descartar a sugestão que o assessor Paul Corbin lhe dera de concorrer com o irmão nas eleições de 1964. Não queria esse emprego.

BERLIM OCIDENTAL

FIM DE SEMANA, 18-20 DE AGOSTO DE 1961

Não era a primeira vez que o vice-presidente Johnson estava aborrecido com uma missão que Kennedy lhe confiava. Cabia-lhe empreender uma viagem a Berlim com o general Lucius Clay para levantar o moral da população. Apenas cinco dias tinham se passado desde o fechamento da fronteira, e Johnson pensou que o que faltava à missão em substância sobrava-lhe em perigo.[38]

Fazia alguns meses que, durante a malograda invasão da baía dos Porcos, tivera de pajear o chanceler Adenauer na fazenda LBJ. Assim, quando o presidente lhe ligou, em 17 de agosto, interrompendo seu jantar, e o incumbiu de ir a Berlim, Johnson perguntou: "Isso é mesmo necessário?".

"É necessário, sim", Kennedy respondeu. Explicou que ele mesmo não poderia ir agora para Berlim, pois com isso transmitiria a mensagem errada. Tinha de dizer ao mundo que os Estados Unidos não abandonariam Berlim Ocidental, porém não queria provocar uma reação dos soviéticos. Não podia expressar publicamente seu alívio com o fechamento da fronteira, mas também não queria expressar ruidosamente falsa indignação.

Johnson ficou ainda mais relutante em relação à viagem quando soube que parte de sua missão consistiria em receber 1500 soldados que sairiam de Helmstedt, na Alemanha Ocidental, para reforçar os 12 mil que já estavam em Berlim Ocidental. Embora fossem poucos para defender os berlinenses, LBJ sabia que sua chegada envolvia muitos riscos.[39]

"Por que eu?", perguntou a Kenny O'Donnell, assessor do presidente. "Vai haver um tremendo tiroteio, e eu posso estar bem no meio."

Mas algumas lisonjas o fizeram aceitar a missão, e ele acabou viajando com o general Clay.

Na noite de 18 de agosto, a bordo do Boeing 707 da Força Aérea, Clay o entreteve com relatos de seus atos heroicos em Berlim em 1948. Contou-lhe que convencera o presidente Truman a aprovar uma operação que iniciara sozinho.

Comentou que aprendera então que a única maneira de lidar com os soviéticos era enfrentá-los.[40]

Disse que, se fosse o presidente, derrubaria o muro. Acreditava que a Guerra da Coreia poderia não ter acontecido se os Estados Unidos tivessem mostrado aos soviéticos que estavam dispostos a ser mais agressivos em Berlim quando Truman primeiramente lhe negara permissão para deslocar uma coluna blindada pela Autobahn a fim de demonstrar o compromisso dos americanos.

A alegre recepção que Johnson e Clay tiveram no aeroporto Tempelhof, antigo palco da ponte aérea de Berlim, constituiu a melhor expressão da ansiedade com que os berlinenses ocidentais aguardavam um gesto tranquilizador dos Estados Unidos. Ali estavam eles, um vice-presidente sem grandes poderes e um general reformado que não comandava nenhuma tropa, mas uma banda da polícia tocou "The Star-Spangled Banner", o hino nacional americano, sete tanques americanos dispararam uma salva de tiros e 100 mil berlinenses gritaram sua aprovação.

Tudo que Johnson deveria falar em público foi escrito pela Casa Branca no habitual estilo poético de Kennedy. "Divididos, vocês nunca desanimaram", Johnson disse aos berlinenses. "Ameaçados, nunca vacilaram. Desafiados, nunca esmoreceram. Hoje, numa nova crise, sua coragem traz esperança para todos que amam a liberdade e constitui uma barreira maciça e majestosa às ambições dos tiranos."

Mais tarde, discursando na prefeitura de Berlim Ocidental, declarou: "Pela sobrevivência e pelo futuro criativo desta cidade, nós, americanos, empenhamos o que nossos ancestrais empenharam ao formar os Estados Unidos: 'Nossas vidas, nossas fortunas e nossa honra sagrada'. Estas são as últimas palavras de nossa Declaração de Independência".[41]

Suas palavras eletrizaram uma cidade despojada de energia desde 13 de agosto. As 300 mil pessoas apinhadas diante da prefeitura eram as mesmas que, três dias antes, ali se reuniram, aflitas e furiosas, para ouvir Brandt. Agora muitas choravam de alegria. Nem Clay conseguiu conter as lágrimas.

À medida que cumpria um compromisso depois de outro, Johnson passava de relutante a entusiástico, muitas vezes descendo do carro para desfrutar o calor de uma multidão de adoradores. A chuva intermitente não desencorajava nem a ele nem às dezenas de milhares de berlinenses ocidentais, cujo estado de espírito lembrava a Sydney Gruson, correspondente do *New York Times*, o que ele testemunhara durante a triunfal libertação de Paris ao término da Segunda Guerra Mundial.

"A cidade parecia um boxeador que se esquivara de um forte murro e reunia energia para mais um *round*", escreveu. "O vice-presidente não falou nada de essencialmente novo. O que, aparentemente, não importava. Os berlinenses ocidentais queriam as palavras que foram proferidas nessa ocasião em sua cidade e, acima de tudo, queriam sua presença como uma expressão tangível do laço que os sustenta."[42]

Johnson foi aclamado pela multidão quando anunciou que os homens da 18ª Infantaria, 1º Grupo de Combate, já estavam percorrendo a Autobahn para reforçar a guarnição de Berlim Ocidental.

Essa mobilização foi o primeiro momento da Crise de Berlim em que Kennedy temeu um confronto violento. Embora o contingente americano fosse pequeno, ele o via como "refém" do compromisso dos Estados Unidos com a defesa de Berlim Ocidental, conforme disse a Ted Sorensen, assessor especial da Casa Branca.[43]

O presidente adiou sua partida para Hyannis Port nesse fim de semana para receber informações a intervalos de vinte minutos, enquanto o contingente rumava para Berlim. O Pentágono também era informado, com antecedência, de cada detalhe da missão, inclusive de cada parada dos soldados em sua viagem pelo território da Alemanha Oriental a caminho de Berlim Ocidental.

Os assessores militares de Kennedy — Lyman Lemnitzer, chefe do Estado-Maior, e Maxwell Taylor, assessor militar da Casa Branca — tinham sido contrários ao envio de reforços. Para Macmillan, primeiro-ministro britânico, a medida era uma provocação em termos políticos e uma "tolice" em termos militares.[44] Tampouco aprovara a ideia o general Bruce C. Clarke, o sexagenário comandante das Forças Americanas na Europa, que, na Segunda Guerra Mundial, ajudara a mudar o curso da Batalha das Ardenas em favor dos Estados Unidos.

O coronel Glover S. Johns Jr., comandante da operação, era um orgulhoso texano que dirigira o Instituto Militar de Virgínia e fora condecorado na Segunda Guerra Mundial. Alto, loiro, fluente em alemão e com talento teatral, sabia que sua missão não tinha valor militar e envolvia riscos consideráveis. Kennedy o escolhera porque lhe asseguraram que ele não perderia a calma ao conduzir um pequeno grupo de 1500 homens por terreno hostil, cercado por, no mínimo, 250 mil soldados soviéticos.[45]

Johns recebera instruções detalhadas de seus superiores, mas nenhuma delas se referia à maneira como deveria reagir se fosse atacado, nem ao tipo de armamento que deveria levar. Assim, decidiu por si mesmo o que colocar nas caixas de munição de cada veículo e, como de hábito, muniu-se também de sua velha pistola Colt. Em caso de ataque, "estávamos fadados à destruição". Se os soviéticos não os quisessem transitando pela Autobahn, eles ficariam como cordeiros rumando para o matadouro.[46]

Enquanto Johns elaborava seu plano de defesa, Johnson se ocupava de sapatos. Havia reparado no mocassim de Brandt e, quando percorriam Berlim numa Mercedes conversível, acenando para a multidão, lançou um desafio a seu anfitrião: "Você nos tem pedido ação, em lugar de palavras. Pois eu gostaria de ver se você também é capaz de agir".

E, apontando os pés do prefeito, perguntou-lhe: "Onde você conseguiu esse sapato?".

"Posso arrumar um igual para você aqui mesmo em Berlim", disse Brandt, pensando que a defesa de sua cidade bem valia um par de sapatos para o vice-presidente americano.

No sábado, 19 de agosto, pouco depois do meio-dia, a embaixada americana em Bonn telefonou para o general Bruce Clarke, em Heidelberg, e informou-lhe que o vice-presidente Johnson embarcaria com destino a Washington às catorze horas do domingo, independentemente de os reforços americanos terem chegado à cidade. Através de seu comandante em Berlim, Clarke protestou, furioso, junto a Washington: Johns e seus homens não podiam se arriscar tanto, se Johnson nem sequer esperaria para cumprimentá-los.

McGeorge Bundy, consultor de Segurança Nacional, ligou para Clarke no sábado, às dezenove horas. "General, eu soube que o senhor está chateado porque o vice-presidente vai embarcar antes de as tropas chegarem."

"Chateado é pouco, sr. Bundy", Clarke replicou. "Os homens estão fazendo de tudo para chegar lá e ser recebidos pelo vice-presidente." Custava-lhe imaginar que em Washington Johnson tivesse alguma coisa para fazer mais importante "do que receber as tropas, com o mundo inteiro olhando". Ele não sabia da preocupação de Johnson com os possíveis perigos.

"A que horas os homens chegam a Berlim?", Bundy perguntou.

"Se eu soubesse, não estaríamos em crise. Quem é que sabe se eles não vão nos parar?"

"General, vou ver o que podemos fazer", disse Bundy.

No domingo, 20 de agosto, às 12h30 — 6h30 na Casa Branca —, e apenas uma semana depois do fechamento da fronteira, os sessenta primeiros caminhões que transportavam os soldados americanos entraram em Berlim sem incidentes. Khruschóv mantivera o compromisso de não impedir o acesso dos aliados; houve apenas um atraso de três horas num posto de controle, enquanto os guardas soviéticos contavam os militares que chegavam a Berlim.

Os berlinenses ocidentais saudaram os homens de Johns como gladiadores vitoriosos; milhares os esperavam nas pontes e nas ruas. Algumas centenas de berlinenses ficaram com o vice-presidente Johnson, que optara por retardar sua partida, no posto de controle americano em Dreilinden, onde terminava a Autobahn. Os soldados cansados se surpreenderam e se encantaram com a chuva de flores que caiu sobre eles.

O coronel Johns nunca tinha visto nada igual, "com a possível exceção da libertação da França". Seus homens passaram quatro dias ininterruptos na estrada, tendo sido tirados de suas manobras na Alemanha Ocidental por ser o único grupo em condições de chegar a Berlim num prazo tão curto. Muitos estavam tão exaustos que dormiram sob as aclamações dos berlinenses.[47]

Os soviéticos reagiram brandamente. O Kremlin declarou que o reforço era "desprovido de importância militar" e só servia para levar mais homens à "ratoeira de Berlim Ocidental". Um artigo publicado no *Pravda* e assinado "Observador" — o que indicava um comentário que refletia a opinião do governo soviético — disse que se tratava de "uma provocação que não pode ser ignorada".[48]

O tenente da Polícia Militar Vern Pike, que assistia ao desfile entre seus colegas estacionados em Berlim, estava aborrecido, mas por outro motivo. Como a maioria dos soldados americanos em Berlim, achava que Kennedy e Johnson podiam simplesmente ter derrubado o Muro antes de concluir-se sua construção e que os soviéticos teriam recuado, choramingando.

"Johnson era uma piada, uma completa piada", falou. "Tudo que ele queria era ver a multidão."

Quanto ao reforço, Pike o considerou "um bando nojento", pouco apto para a luta, mas arrogante em relação às tropas que se encontravam em Berlim havia tanto tempo. Quando se instalaram no Alojamento Roosevelt, os recém-chegados irritaram os que ali já estavam, dizendo que tinham ido salvá-los, uma vez que não conseguiram impedir o fechamento da fronteira.

"Nós nos ofendemos com isso", Pike explicou, "pois eles só iam ficar aqui noventa dias e seriam substituídos. Nós não precisávamos ser salvos e sabíamos que a presença deles em Berlim era puramente simbólica." Para piorar a situação, a unidade de Johns "bebia, era desordeira, vivia brigando e resistindo à prisão".[49]

Mas os berlinenses só sabiam que os Estados Unidos por fim se manifestaram. Raras vezes tantas pessoas celebraram tão ruidosamente tão pouca ajuda. Para Pike os vivas tão retumbantes a um gesto tão modesto davam bem a medida do desespero dos berlinenses.

Durante sua estada, Johnson se manteve longe de Berlim Oriental, para não provocar Moscou nem incitar a multidão. Mas o general Clay percorreu a parte soviética da cidade e, ao voltar, declarou que Berlim Oriental era "um campo armado" com uma população que parecia "totalmente oprimida".

Apesar do momento histórico, Johnson não perdeu de vista o outro objetivo de sua missão: comprar.

No domingo, às 5h30, Lucian Heichler, seu acompanhante do Departamento de Estado, acordou seu criado: queria saber o número que o vice-presidente calçava para que Brandt pudesse providenciar os sapatos que ele queria. Como os pés de Johnson tinham tamanhos diferentes, o que requeria sapatos feitos sob medida, o pessoal de Brandt pediu ao dono de uma loja de calçados de Leiser que lhe enviasse vinte pares diferentes, dos quais o visitante acabou escolhendo dois.[50]

À tarde, a famosa Königliche Porzellan-Manufaktur abriu sua loja, a pedido de Johnson, pois, no sábado à noite, ele admirara a porcelana do jantar oficial na prefeitura e dissera a Brandt que queria um aparelho para sua nova residência vice-presidencial em Washington, chamada The Elms [os olmos].

Mostraram-lhe vários aparelhos, porém ele os achou muito caros e perguntou se não tinham algo "mais barato". Enquanto Heichler, seu acompanhante americano, procurava um buraco para se esconder, o vice-prefeito Franz Amrehn resolveu o problema, anunciando que "a prefeitura e o povo de Berlim querem lhe dar esse presente".

"Bom, nesse caso…", Johnson falou.

E não só escolheu a porcelana mais vistosa que encontrou — 36 peças no total —, como ordenou que pintassem as insígnias vice-presidenciais em cada prato, em cada pires, em cada xícara, em cada tigela.

Compras à parte, o espírito de Berlim o contagiara. Num relatório com a inscrição SECRETO, ele escreveu a Kennedy:

Voltei da Alemanha orgulhoso da liderança americana, porém com uma nova consciência da responsabilidade de nosso país. O mundo espera muito de nós, e temos de estar à altura das necessidades, ainda que peçamos mais ajuda a nossos aliados. Pois, se falhamos, se vacilamos ou se faltamos ao dever, tudo está perdido, e a liberdade talvez não tenha uma segunda chance.[51]

Depois disso, com uma encomenda de 36 peças de porcelana e dois pares de sapatos, e tendo visto, em segurança, mais 1500 soldados entrarem em Berlim, Johnson foi para casa.

BERLIM ORIENTAL

TERÇA-FEIRA, 22 DE AGOSTO DE 1961

Ulbricht estava ocupado demais em consolidar sua vitória para ficar se congratulando.

Sua determinação de mudar o status de Berlim, que no início de 1961 não tinha a aprovação do Kremlin nem os meios de concretizar-se, havia se cumprido com mais sucesso do que ele poderia esperar. Ele fizera um bom jogo com cartas medíocres e agora pretendia explorar sua vantagem.

Em 22 de agosto, anunciou publicamente que estabeleceria uma terra de ninguém que se estenderia por cem metros em ambos os lados do Muro. Sem a aprovação dos soviéticos, as autoridades da Alemanha Oriental avisaram que atirariam nos berlinenses ocidentais que entrassem no que logo seria chamado de "faixa da morte".[52]

Extremamente confiante, no dia seguinte Ulbricht descartou as objeções de Pervukhin, o embaixador soviético, e reduziu de sete para uma — o Checkpoint Charlie, na Friedrichstrasse — as passagens que os ocidentais poderiam usar.[53]

Dois dias depois, Pervukhin e Konev o chamaram para repreendê-lo por essas medidas unilaterais. O embaixador falou que Moscou se opunha à existência de uma terra de ninguém no território de Berlim Ocidental, pois isso "poderia provocar um confronto entre a polícia da RDA e as forças das potências ocidentais".

Ulbricht revogou as ordens, assegurando às autoridades soviéticas que não tinha "intenção de interferir" nos assuntos de Berlim Ocidental. Não lhe custou muito fazer essa concessão, pois já ganhara mais direitos sobre Berlim do que ousara imaginar no começo do ano. Entretanto, recusou-se a voltar atrás em sua decisão de reduzir a uma as passagens para o setor ocidental.

Como aconteceria com frequência em 1961, os soviéticos concordaram.

AEROPORTO TEMPELHOF, BERLIM OCIDENTAL
QUARTA-FEIRA, 23 DE AGOSTO DE 1961

O chanceler Adenauer finalmente foi a Berlim, mas só dez dias depois que os comunistas fecharam a fronteira e depois que o vice-presidente Johnson e o general Clay deixaram a cidade. Algumas centenas de pessoas o aplaudiram quando ele aterrissou no aeroporto Tempelhof e outras 2 mil o aguardavam quando ele foi visitar o campo de refugiados de Marienfelde.[54]

Muitos berlinenses ocidentais ostensivamente o ignoraram quando ele atravessou a cidade. Alguns portavam cartazes que criticavam sua maneira de lidar com a crise. SIE KOMMEN ZU SPÄT — "Chegou tarde demais" — dizia um deles. VIVA, O SALVADOR CHEGOU, dizia outro, sarcasticamente. Em Marienfelde e outros lugares, os cartazes sugeriam que os eleitores o puniriam por sua tíbia reação ao fechamento da fronteira.[55]

Quando ele passou diante do Muro, o regime de Ulbricht o insultou através de um alto-falante, comparando-o a Adolf Hitler, e apontou uma mangueira de alta pressão em sua direção. Mais adiante, porém, velhos alemães-orientais choraram e o saudaram, acenando-lhe com lenços brancos.

Adenauer visitou o rei da mídia da Alemanha Ocidental, Axel Springer, que construíra sua sede ao lado da fronteira e cujo *Bild-Zeitung*, o jornal de maior circulação do país, fora o que mais criticara o chanceler e a impotência dos americanos durante o fechamento da fronteira. "Herr Springer, eu não o entendo", Adenauer falou. "Nada mudou aqui em Berlim", a não ser o fato de que a mídia estava deitando mais lenha na fogueira.[56]

E alertou Springer: seu jornal podia ressuscitar o nacional-socialismo.

Furioso, o jornalista saiu da sala.

Os berlinenses se acostumaram com sua realidade pós-Muro com surpreendente rapidez. O fluxo de refugiados quase parou, já que as tentativas de fuga se tornaram mais arriscadas e os controles da fronteira, mais severos. Em números crescentes, os berlinenses ocidentais estavam se mudando para a Alemanha Ocidental com medo de que os soviéticos implantassem novas medidas.

Ônibus de turismo visitavam a Bernauer Strasse, e, no lado ocidental, dezenas de berlinenses passeavam continuamente, acompanhando as fases da rua posteriores a 13 de agosto: a barreira inicial de arame farpado, a remoção dos residentes da parte oriental, o fechamento de janelas e portas com tijolos e a construção do Muro.

Hans-Joachim Lazai, policial de Berlim Ocidental, e seus colegas estenderam uma corda entre as árvores, nas proximidades da Bernauer Strasse, para impedir a passagem dos curiosos. Mas, em alguns dias, a multidão se irritava de tal modo que era difícil contê-la. Quando era preciso acionar os canhões de água para afastá-la, Lazai se sentia culpado. Muito piores eram as ocasiões em que ele tinha de ver a polícia da Alemanha Oriental prender quem tentava escapar. Cumprindo ordens de permanecer em seu posto e não provocar ninguém, sentia-se "impotente diante da total injustiça".[57]

Mas, naquela época de desespero, nada era pior que as mortes trágicas. A primeira que Lazai presenciou foi a de Ida Siekmann, que, em 21 de agosto, um dia antes de completar 59 anos, tornou-se a primeira vítima fatal da Bernauer Strasse. O policial estava entrando na rua, a caminho do trabalho, quando viu uma coisa escura cair de um dos edifícios: era o colchão que, antes de saltar do terceiro andar, Siekmann jogara pela janela na esperança de que amortecesse sua queda.

Ela morreu na hora.

Depois disso, a polícia de Berlim Ocidental passou a usar redes de bombeiro para aparar os fugitivos. Mas eles tinham de saltar com grande precisão, pois os dezesseis homens que seguravam a rede não podiam se deslocar com rapidez suficiente para compensar um erro de cálculo.

Foi por volta das vinte horas, no dia 4 de outubro, que Lazai gritou pela primeira vez para Bernd Lünser, um alemão-oriental de 22 anos, estudante de engenharia, para que saltasse do telhado de um prédio de quatro andares, na Bernauer Strasse, número 44, e pulasse na rede.[58]

Lünser e dois amigos passaram algum tempo tentando reunir coragem para descer pelas paredes do edifício com a ajuda de uma corda de varal. Uma crescente multidão de berlinenses ocidentais os encorajava, aos gritos, e com isso alertou os policiais da Alemanha Oriental que se encontravam nas proximidades.

Um deles era Gerhard Peters, um rapaz de dezenove anos, que conduziu a perseguição depois de subir ao telhado por um alçapão. Lünser arrancou algumas telhas e jogou-as em Peters, que logo ganhou o reforço de três colegas. Depois de uma perseguição dramática, os dois amigos de Lünser caíram, escorregaram até uma grade de proteção e foram capturados.

Quando um dos policiais da Alemanha Oriental atirou nos fugitivos, os policiais da Alemanha Ocidental sacaram o revólver e dispararam. Como tinham ordens de só usar suas armas para se defender, posteriormente alegaram que os alemães-orientais atiraram neles primeiro. No total, foram 28 disparos de ambos os lados.

Quando uma bala de um policial de Berlim Ocidental atingiu a perna do policial da Alemanha Oriental que conduzia a perseguição, Lünser correu. Algumas pessoas gritaram para ele jogar o policial do telhado. Outras, inclusive Lazai, gritaram para ele saltar na rede. Quando finalmente saltou, o estudante tropeçou na calha e caiu de cabeça no chão, a uns seis metros de onde os homens seguravam a rede.

O barulho da queda foi sinistro.

Mais tarde, Lazai se recriminaria: "Eu o chamei para a morte".

No dia seguinte, autoridades da Alemanha Oriental mandaram rosas para o policial Peters. Karl Maron, o ministro do Interior da Alemanha Oriental, condecorou-o por seu sacrifício no cumprimento do dever. O jornal *BZ*, de Berlim Ocidental, estampou uma manchete zombeteira: CONDECORAÇÃO POR ASSASSINATO.

Regine Hildebrandt morava perto da Bernauer Strasse, número 44, e, antes de Lünser morrer já tinha visto muitas fugas frustradas e muitas fugas bem-sucedidas.

Nesse dia, conforme registrou em seu diário, estava fumando. Tinha içado pela janela uma cesta contendo, além de um maço de cigarros, laranjas, bananas e outros mimos, que amigos de Berlim Ocidental lhe haviam dado. "Um pequeno gesto de compaixão por uma vida arruinada."

"Dois enormes ônibus de turistas da Alemanha Ocidental acabam de chegar", ela escreveu. "Sim, nós nos tornamos a atração turística número um de Berlim. Como seria bom que nos esquecessem! Ah, de novo! Mais um ônibus. Que época horrível para se viver. A vida perdeu o sentido. Ninguém mais tem prazer com o trabalho ou com a vida. Um incômodo sentimento de resignação paira sobre todos nós. Não adianta. Eles farão conosco o que quiserem, e não podemos fazer nada para impedi-los.

"Abaixem a cabeça, amigos, todos nos tornamos ovelhas. Mais dois ônibus. Rostos incontáveis se voltam para nosso lado, e aqui estamos, com os punhos cerrados nos bolsos."[59]

Berlim teve heróis improváveis nos dias que se seguiram, mas os fracassos foram tão frequentes quanto os sucessos.

Eberhard Bolle acaba na prisão

Eberhard Bolle estava tão concentrado em sua missão que mal olhou para os jornais expostos na banca da estação Zoo, em Berlim Ocidental. Eles falavam da chegada do vice-presidente Johnson, do general Clay e dos reforços para as tropas americanas. Mas o estudante de Filosofia tinha outras preocupações: estava prestes a correr o maior risco de sua vida.[60]

Antes de abotoar o paletó azul-claro, ele verificou o bolso interno para assegurar-se de que as duas carteiras de identidade estavam ali. Suava incontrolavelmente, embora não fizesse muito calor. Sua mãe adorava seu sorriso cativante, mas no momento Bolle estava soturno.

Uma das carteiras de identidade que levava no bolso era sua; se fosse necessário, ele a mostraria para entrar em Berlim Oriental. De acordo com o regulamento vigente depois do fechamento da fronteira, que acontecera seis dias antes, os berlinenses ocidentais ainda podiam entrar livremente no setor soviético, munidos de sua identidade. O que Bolle pretendia fazer com a segunda carteira de identidade de Berlim Ocidental era ajudar Winfried Kastner,* seu amigo e colega na Universidade Livre, com quem partilhava a paixão por jazz americano. Como muitos outros estudantes berlinenses naquele verão, eles

* A pedido do ex-estudante, este livro não usa seu verdadeiro sobrenome.

também passaram muito tempo de suas férias ouvindo o último sucesso de Ricky Nelson, "Hello Mary Lou", que conquistara Berlim Ocidental.

Embora a Universidade Livre estivesse situada em Berlim Ocidental, antes de 13 de agosto cerca de um terço de seus 15 mil alunos moravam em Berlim Oriental. Da noite para o dia, o fechamento da fronteira pôs fim a seus estudos. Para Kastner foi uma decepção imensa, pois ele estava em seu último ano de História e não seria aceito numa escola da Alemanha Oriental porque sua família era tida como politicamente não confiável. Por isso Bolle estava levando-lhe a identidade de um amigo de Berlim Ocidental muito parecido com ele, para que a apresentasse à polícia e pudesse cruzar a fronteira.

Apolítico e conservador, sem nenhum apetite natural por perigo, no dia seguinte ao fechamento da fronteira Bolle se recusara a ajudar outro colega a escapar. Mudara de ideia depois do discurso de Willy Brandt diante da Rathaus, em 16 de agosto, que o impressionara a ponto de fazê-lo anotar em seu diário o chamado à ação pronunciado pelo prefeito: "Agora temos de levantar a cabeça, para que o inimigo não comemore enquanto nossos compatriotas mergulham no desespero. Temos de nos mostrar dignos dos ideais simbolizados no Sino da Liberdade".

Dois dias depois, Bolle visitou a mãe de Kastner, no bairro de Köpenick, em Berlim Oriental, e ela, aos prantos, implorou-lhe que ajudasse o rapaz. A pobre mulher explicou que, segundo ouvira dizer, os controles da fronteira pouco a pouco se tornariam mais rígidos e, sendo assim, quem queria partir devia fazê-lo imediatamente. Nem ela nem o marido queriam se separar do filho, mas tinham de pensar, antes de mais nada, na melhor maneira de ajudá-lo a realizar o sonho de se tornar professor de História — o que seria impossível no leste.

Kastner recusou a sugestão de Bolle para que fugisse por um canal, alegando que não nadava suficientemente bem para isso. Convencido de que a maneira mais segura de escapar consistia em apresentar uma identidade de Berlim Ocidental, forneceu ao amigo uma foto sua e o endereço de um padre que produziria esse documento.

O padre não aceitou o serviço, e Bolle procurou um amigo parecido com Kastner. O rapaz cedeu-lhe de bom grado sua identidade — afinal, podia substituí-la, depois de informar que a perdera —, mas se recusou a entregá-la pessoalmente a Kastner, pois seria muito arriscado tentar voltar para o setor ocidental sem ela. Demonstrando uma segurança que estava longe de sentir, Bolle declarou que a levaria. "Eles não enforcam gente que não conseguem pegar", gabou-se.

Na véspera de partir para cumprir sua perigosa missão, perguntou a sua mãe se ajudaria alguém a escapar, caso estivesse no lugar dele. Só se fosse alguém da família ou um amigo íntimo, ela respondeu. Seu pai estava orgulhoso de suas boas intenções, porém temia que sua natureza medrosa o levasse ao fracasso.

"Coma alguma coisa", pediu-lhe. "Quem sabe quando vai poder comer de novo?" Bolle obedeceu, enquanto o pai lhe perguntava o que diria se a polícia da Alemanha Oriental descobrisse a segunda carteira de identidade. Como suas respostas foram inconvincentes, ambos torceram para que não fossem necessárias.

Bolle desceu do trem na Bahnhof Friedrichstrasse, onde desembarcavam todos os passageiros que iam a Berlim Oriental. Suando e tremendo, suspirou de alívio quando os guardas da fronteira o autorizaram a passar. Estava no último lance de escada, saindo da estação, quando um desses guardas surgiu a sua direita e o agarrou firmemente pelo braço.

Anos mais tarde, depois de passar por interrogatório, julgamento, condenação e encarceramento, Bolle ainda se perguntava por que o guarda pensou que devia prendê-lo. Infelizmente conhecia a resposta.

O medo o denunciara.

Seria preciso o retorno de um general americano reformado para ajudar os berlinenses ocidentais a recuperar a coragem.

16. O retorno de um herói

Perdemos a Tchecoslováquia. A Noruega está ameaçada. [...] Quando Berlim cair, será a vez da Alemanha Ocidental. Se preten-demos [...] defender a Europa do comunismo, não podemos arredar pé. [...] Se os Estados Unidos não entendem isso agora, se não veem que o problema existe, nunca entenderão, e o comunismo se alastra-rá. Creio que o futuro da democracia exige que fiquemos.[1]

O general Lucius Clay explicando
a seus superiores por que acreditava que
os Estados Unidos deviam permanecer
em Berlim, 10 de abril de 1948

Por que alguém haveria de escrever um livro sobre uma administra-ção que não tem nada para apresentar, a não ser uma sucessão de desastres?[2]

O presidente Kennedy ao jornalista Elie Abel,
que pretendia escrever um livro sobre sua gestão,
22 de setembro de 1961

O triunfal retorno do general Lucius D. Clay a Berlim ocorreu numa tarde de setembro excepcionalmente quente e ensolarada.

Os numerosos cafés ao ar livre, geralmente fechados no final de setembro, transbordavam pelas calçadas. O zoológico registrava recordes de visitantes. Impulsionados por uma brisa suave, veleiros deslizavam pelo Wannsee, o maior lago da cidade, e pelos vários cursos d'água a ele ligados. Os anos da guerra, a divisão da cidade e agora o Muro só intensificaram nos berlinenses o gosto pelo prazer.

Nesse dia, a animação se devia mais à chegada do general Clay que ao bom tempo. Para a população, a nomeação de Clay como "representante pessoal" de Kennedy na cidade constituía a prova mais convincente até o momento de que os americanos continuavam decididos a defender a liberdade de Berlim Ocidental. Os berlinenses acreditavam que um homem com a biografia de Clay não aceitaria a incumbência se não tivesse certeza de que o presidente por fim se dispunha a enfrentar os soviéticos.

Em 1948, como governador militar da Zona Americana na Alemanha, Clay se tornou um herói popular entre os alemães por organizar e pôr em prática, junto com os britânicos, a Ponte Aérea que acabou livrando os 2 milhões de berlinenses ocidentais da escolha entre a morte pela fome e a dominação comunista. Sua operação de 324 dias foi ainda mais extraordinária por ter se iniciado apenas três anos depois que os Estados Unidos e seus aliados derrotaram a Alemanha nazista. Na época, não se sabia ao certo se os americanos arriscariam sua vida e sua riqueza pela segurança da Europa, e muito menos pela metade ocidental da antiga capital de Hitler, uma ilha indefensável dentro de um território comunista.

Os berlinenses ainda falavam com admiração dos "bombardeadores de bombons" — os pilotos americanos que lançavam doces de paraquedas para as crianças, rompendo o bloqueio imposto pelos soviéticos. Raras vezes ao longo da história ocorreu uma ação humanitária tão arriscada e bem-sucedida em prol de um inimigo derrotado. Foi em homenagem ao homem que tornara isso possível que os pais da cidade chamaram de Clayallee uma de suas avenidas mais largas e longas, no bairro de Dahlem.[3]

Clay estava decidido a preservar a liberdade de Berlim Ocidental porque se convencera ao longo do tempo de que nenhum lugar do planeta era mais importante para a posição dos Estados Unidos no mundo. Já em abril de 1948 comunicara essa convicção a seus superiores: "Perdemos a Tchecoslováquia. A Noruega está ameaçada. [...] Se pretendemos [...] defender a Europa do comunismo, não podemos arredar pé". A seu ver, se os Estados Unidos não entendessem a importância de Berlim Ocidental, o comunismo se alastraria. "Creio que o futuro da democracia exige que fiquemos."[4]

Só havia um problema para seu inspirador senso do dever: seus motivos para aceitar a nova missão eram mais nobres que os motivos de Kennedy para confiá-la a ele.

Para Clay, era uma oportunidade de voltar ao palco principal da Guerra Fria em outro momento histórico, quando seus atos poderiam novamente ser decisivos. Para Kennedy, mandá-lo tinha mais a ver com política interna e relações públicas.

Sendo Clay não só um herói de Berlim, mas também um herói americano e republicano, sua nomeação ajudaria a neutralizar os conservadores que criticavam Kennedy. Ele havia contribuído em muito para persuadir Eisenhower a se candidatar à Casa Branca e o ajudara a conduzir sua campanha. Tê-lo sob a guarda da administração Kennedy também minimizaria os danos que ele pudesse causar, com eventuais ataques ao presidente.[5]

A indecisão de Kennedy quanto ao poder que deveria conferir a Clay em Berlim ressaltava sua ambivalência em relação à melhor maneira de enfrentar Khruschóv. Embora tivesse feito de Clay o único americano em Berlim diretamente subordinado a ele, Kennedy não lhe dera comando formal sobre nada nem ninguém.

Até reescreveu sua lista de instruções para o general a fim de diluir a ampla autoridade que lhe conferira ao declará-lo "inteiramente responsável por todas as decisões referentes a Berlim". E desculpou-se pela alteração: "Lamento que este documento não seja como eu queria, como originalmente o redigi, mas é assim que o Departamento de Estado acha que deve ser, sem passar por cima de todos os tipos de canal".[6]

Clay não teve alternativa senão aceitar o rebaixamento, pois já havia deixado seu emprego bem remunerado de executivo na Continental Can Company. Sempre um soldado leal, disse a Kennedy: "Com a situação existente em Berlim, vai ser muito difícil, não importa como se proceda. [...] Se é mais fácil para o senhor redigir as instruções dessa forma, para mim está tudo bem". Ambos concordaram que, em se tratando de uma questão importante, o general ligaria para o presidente.

A maneira como se deu a nomeação de Clay deixou claro que Kennedy se sentia mais à vontade aparentando dureza que sendo realmente duro. Ele temia cada vez mais que Khruschóv o obrigasse a usar armas atômicas para defender Berlim, porém ainda não decidira em que circunstâncias e em que termos as usaria. E não tinha ideia do papel que Clay desempenharia — se é que desempenharia algum papel — na tomada dessa decisão.

Independentemente de seus dilemas, sua popularidade se mantinha inabalável. Uma pesquisa do instituto Gallup mostrou que a maioria dos americanos via a sucessão de desastres em 1961 como uma maré de azar, e não como decorrência de uma liderança precária. Seu índice de aprovação chegaria a 77% em outubro, tendo se mantido acima de 70% desde o início do ano, com um pico de 83% logo depois do episódio da baía dos Porcos, quando o público o apoiou em massa. Desde que esse tipo de pesquisa se iniciara, 25 anos antes, só Franklin Roosevelt, depois de Pearl Harbor, e Harry Truman, depois da morte de Roosevelt, gozaram de tanta popularidade — e não a mantiveram por tanto tempo.[7]

Kennedy acompanhava atentamente as pesquisas de opinião e constatou que 64% dos americanos aprovavam uma intervenção militar dos Estados Unidos, no caso de os soviéticos ou os alemães-orientais bloquearem o acesso a Berlim Ocidental, e só 19% eram contrários a tal medida. E mais de 60% declararam que aceitariam a guerra se os soviéticos decidissem controlar Berlim.

Com um eleitorado tão belicoso, a escolha de Clay foi bem-vinda. Ainda mais para os berlinenses, que celebraram a chegada do general como o retorno de um gladiador. Já na pista do aeroporto Tempelhof, palco de seus atos heroicos em 1948, tanques americanos o receberam com uma salva de dezenove tiros. A elite de Berlim Ocidental se reuniu para recepcioná-lo num hangar, sob uma gigantesca bandeira americana ladeada por duas bandeiras berlinenses. Ao contrário de Kennedy, Clay se dirigiu a todos os berlinenses, e não só aos ocidentais. Falou de "nossa determinação em manter para sempre a liberdade de *Berlim* e de sua população. [...] Vim para cá, plenamente confiante em nossa causa e na coragem e na firmeza do povo de *Berlim*".[8]

Lambendo as feridas abertas por sua derrota nas urnas dois dias antes, o prefeito Willy Brandt recebeu Clay em Frankfurt e o acompanhou até Berlim num voo da Pan American Airlines. Estava decepcionado por ter perdido as eleições para Adenauer depois de uma campanha dura, em que seu adversário tanto atacara seu caráter. Mas também causara danos ao chanceler, que acabara punido por eleitores preocupados com sua idade e sua reação morna ao fechamento da fronteira. Os democratas-cristãos continuaram sendo o maior partido político do país, porém Adenauer perdeu a maioria absoluta e se viu obrigado a negociar sua sobrevivência política com os democratas livres.

Os democratas-cristãos e seus parceiros da Baviera, a União Social-Cristã, perderam 5% dos votos que obtiveram na eleição anterior, conseguindo um total de apenas 45,3%. Os social-democratas de Brandt ganharam 4,5%, chegando a 36,2% do total dos votos. Os liberais democratas livres se tornaram a terceira força política do país, expandindo sua votação de 4% para 12,8%. O fechamento da fronteira remanejara o cenário político da Alemanha, e Adenauer nunca se recuperaria por completo.*[9]

Brandt pedira à população que recebesse Clay calorosamente, mas nem precisava pedir. Centenas de milhares de berlinenses se apinharam ao longo dos dezesseis quilômetros que o general percorreria. Crianças empoleiradas nos ombros dos pais, que tinham vivido a experiência da Ponte Aérea, acenaram com bandeirinhas americanas. Choveram tantos buquês sobre o visitante que ele logo se viu coberto de flores a bordo de sua Mercedes preta.

Nos termos sucintos em que fora definida, sua missão consistia em "relatar, recomendar e aconselhar". Mas desde o início ele pretendia ampliar essa definição e assumir inteiramente a política americana na cidade, à maneira de um governador militar. Isso o colocaria em rota de colisão com homens que se opuseram ferrenhamente a sua nomeação e cuja autoridade era ameaçada por sua chegada: o general Lauris Norstad, supremo comandante da Otan, em Paris; o general Bruce Clarke, comandante das forças americanas na Europa, em Heidelberg; e Walter Dowling, embaixador dos Estados Unidos na Alemanha, em Bonn.[10]

Clay anunciou que lhe cabia "demonstrar a força e a determinação dos

* Adenauer renunciaria em 1963, e em 1969 Brandt se tornaria o primeiro chanceler social-democrata do pós-guerra. (N. A.)

Estados Unidos" e obrigar os soviéticos a reconhecer a responsabilidade por seu setor. Afirmou que se propunha deixar claro que o controle de Berlim ainda estava nas mãos das quatro potências, e não da Alemanha Oriental, mero Estado títere que ele denunciaria como tal. Lamentou que tantos direitos dos Estados Unidos e seus aliados tivessem se desgastado com o tempo e declarou-se decidido a inverter essa tendência com a força de sua vontade.

Martin Hillebrand, do Departamento de Estado, temia que Clay não entendesse que teria muito menos margem de manobra, agora que os Estados Unidos haviam perdido seu monopólio nuclear. Mas esse era o tipo de pensamento derrotista que o general sempre rejeitara ao longo da carreira.[11] Havia organizado a Ponte Aérea de 1948 por conta própria, depois que o presidente Truman vetara seu plano inicial de mandar uma brigada pela Autobahn para reabrir o acesso a Berlim. No auge das operações, um cargueiro — um C-54 novo e reluzente ou um C-47 castigado pela guerra — aterrissava a intervalos de três minutos, repleto de provisões.[12]

O inesperado sucesso de Clay convencera Truman a apoiar a continuidade da Ponte Aérea, apesar da resistência do Pentágono e de membros do Departamento de Estado, segundo os quais o general poderia provocar a eclosão de uma nova guerra apenas três anos depois do término do último conflito mundial. Os chamados especialistas militares daquela época disseram a Clay que era impossível abastecer por via aérea 2 milhões de berlinenses, pois isso demandaria 4 mil toneladas diárias de provisões, mais que dez vezes do que os nazistas enviaram por sua ponte aérea — que acabara em fracasso — para o Sexto Exército Alemão em Stalingrado.

Clay não dera ouvidos aos negativistas e triunfara. Esse foi o momento definidor de sua vida e por ele se pautaria cada uma de suas decisões a partir de sua chegada a Berlim, em setembro de 1961.

BERLIM OCIDENTAL
MEADOS DE SETEMBRO, 1961

Um mês depois do fechamento da fronteira, em 13 de agosto, as barreiras provisórias eram substituídas por *Todesstreifen*, faixas da morte, mais terríveis e duradouras. As autoridades da Alemanha Oriental despachavam diariamente brigadas dos chamados "voluntários" para ajudar a cavar valas, derrubar árvores e cortar o mato de uma larga terra de ninguém onde se erguia o Muro.

O *Sonntag*, jornal da Alemanha Oriental, informou que entre os pedreiros havia cientistas, filólogos, historiadores, médicos, cineastas, jornalistas, varejistas. "Todo um povo está trabalhando no Muro", declarou orgulhosamente. Os presos estavam lançando os alicerces de sua própria prisão. Toda semana, um grupo desses "voluntários" aproveitava sua proximidade com o Muro para saltar para o outro lado ou passar por um dos pontos vulneráveis, em vias de desaparecer. As histórias mais dramáticas se tornaram lendas.[13]

Albrecht Peter Roos, um estudante de engenharia agrícola de 21 anos, começou a planejar sua fuga quando trabalhava como "voluntário" nas imediações do Portão de Brandemburgo. Queria ir morar com suas duas irmãs, que já viviam na Alemanha Ocidental, e não construir uma barreira melhor para tornar impossível a realização desse desejo. Quando os colegas pararam para almoçar, ele pediu permissão a um policial para ir fazer suas necessidades.

"Não demore", o policial falou.

Roos se dirigiu a um arvoredo, onde deparou com outros dois estudantes que ali se esconderam com a esperança de escapar. Liderando-os em sua corrida rumo ao oeste, transpôs uma vala, arrastou-se por baixo de uma cerca e ficou preso nas farpas de arame. Com a ajuda dos outros dois, conseguiu sair e depois os ajudou a passar. Sangrando por dezenas de cortes, com a roupa em frangalhos, os três correram num furioso zigue-zague para o oeste, com medo de ser alvejados pelos guardas que os seguiam.

Um policial de Berlim Ocidental os abraçou e ofereceu-lhes uma garrafa de vinho e a primeira banana que Roos viu na vida.[14]

Todos os dias os jornais de Berlim Ocidental publicavam histórias de fugas igualmente chocantes. Como a do motorista de ambulância de 24 anos que com seu veículo rompeu a barreira da Prinzenstrasse sob uma saraivada de tiros. As fotos o mostravam sorrindo e sem um arranhão, ao lado da ambulância cravejada de balas. Como a história dos três berlinenses orientais que conseguiram vencer a barreira na Boucherstrasse com seu caminhão de 6,5 toneladas, mas bateram no meio-fio que marcava a fronteira. Percorreram a pé o resto do caminho para a liberdade, esquivando-se dos disparos dos policiais. Um policial de Berlim Ocidental jogou as chaves triunfalmente de volta para os Vopos.

O que mais se alterou com o fechamento da fronteira foi a tarde de domingo, quando familiares e amigos tradicionalmente se reuniam. Com as linhas telefônicas cortadas, berlinenses de um lado e outro se comunicavam do alto de plataformas e escadas, alguns mostrando recém-nascidos aos avós, outros portando cartazes com mensagens de carinho escritas em letras grandes, que podiam ser lidas de longe.

O bizarro logo se tornou rotina. Noivos de Berlim Ocidental, em seus trajes nupciais, caminhavam até o Muro para receber parabéns de parentes que estavam no setor oriental. Em horas marcadas, filhos e netos iam até o Muro, subiam numa escada e, de longe, conversavam com pais e avós. Nos bairros de Neukölln, Kreuzberg e Zehlendorf, a polícia da Alemanha Oriental dispersava os importunos ocidentais com jatos de água e gás lacrimogêneo.

Ônibus de turismo percorriam as novas atrações da cidade: uma igreja de portas fechadas com tijolos, portões de cemitério vedados, gente triste atrás do arame farpado — estranhos animais num zoológico surreal. Um guia informou a um grupo de turistas holandeses que mais uma fuga ocorreria naquela noite — mais um aspecto do novo estilo de vida dos berlinenses.

ENCLAVE STEINSTÜCKEN, BERLIM OCIDENTAL
QUINTA-FEIRA, 21 DE SETEMBRO DE 1961

O general Clay imediatamente tratou de fazer os alemães-orientais e os soviéticos tomarem conhecimento de sua chegada.

Transcorridas 48 horas desde que desembarcara em Berlim, dirigiu sua atenção para o curioso drama dos cerca de 190 moradores de Steinstücken, ou aproximadamente 42 famílias. Por um acidente da geografia, o pequenino enclave de Zehlendorf, bairro de Berlim Ocidental — localizado no sudoeste do setor americano —, ficou separado de Berlim Ocidental por uma nesga da zona soviética. O único acesso era uma estradinha sinuosa, controlada pela polícia da Alemanha Oriental desde 1945.

Em decorrência de 13 de agosto, o isolado lugarejo se tornou a parte mais vulnerável de Berlim Ocidental e, assim, do Ocidente. A polícia da Alemanha Oriental o cercara com arame farpado e barreiras e mais tarde ergueu torres de vigia e criou uma terra de ninguém com cem metros de largura. Negou acesso a todos os não residentes, e a cada dia os moradores ilhados se desesperavam mais e mais em relação ao futuro.[15]

As autoridades da Alemanha Oriental ameaçaram atacar o povoado para capturar um de seus cidadãos que ali se refugiara, mas se deram conta de que não havia saída para ele. Dizia-se que, até o final do ano, Ulbricht reclamaria a posse da comunidade se o Ocidente nada fizesse para protegê-la. A mesma coisa já ocorrera com outras localidades, igualmente precárias, de Berlim Ocidental, mas tratava-se de áreas desabitadas.[16]

Sem levar seus planos ao conhecimento de seus superiores americanos ou de autoridades comunistas, em 21 de setembro, poucos minutos antes das onze horas, Clay viajou para Steinstücken a bordo de um helicóptero militar, protegido por outros dois helicópteros. E entregou aos moradores duas coisas de que precisavam: um televisor e esperança. Uma grande multidão rapidamente cercou o helicóptero, assim que pousou no relvado. A pedido de Clay, o prefeito encontrou-o no Steinstücken, o único restaurante, bar e armazém do lugarejo. Os dois abriram uma garrafa de vinho e beberam à vontade, enquanto falavam sobre os medos dos moradores e buscavam uma solução.[17]

O general passou apenas cinquenta minutos no povoado, mas foi o bastante para que o *Neues Deutschland*, jornal de Berlim Oriental, definisse seu gesto como "um ato belicoso numa situação calma". O embaixador britânico em Washington declarou que Clay estava se arriscando demais por muito pouco.[18]

A fim de mostrar que não se deixaria intimidar, no dia seguinte Clay novamente embarcou no helicóptero e, acompanhado por três homens da 278ª Companhia da Polícia Militar, estabeleceu o primeiro posto avançado americano de Steinstücken, que ali permaneceria por toda uma década. Vern Pike, tenente da Polícia Militar, foi até lá para ajudar a instalar o comando no porão do prefeito, com antenas de comunicação na chaminé. Depois, Clay ordenou ao general Watson, comandante local, que organizasse uma ofensiva por terra para "libertar" Steinstücken em 24 de setembro, quando duas companhias abririam um corredor para a comunidade através da nova barreira de Berlim.

Por coincidência, naquela manhã o general Bruce C. Clarke, comandante das Forças Americanas na Europa, chegou de Heidelberg para inspecionar sua operação em Berlim. Durante o desjejum, Watson e o general-de-brigada Frederick O. Hartel disseram a seu superior imediato que ele chegara numa "manhã interessante", pois dentro de três horas dariam início à operação Steinstücken.[19]

"Quem mandou vocês fazerem *isso*?", Clarke perguntou.

"O general Clay", Watson respondeu.

"Al, você não sabe para quem trabalha? Não sabe quem escreve seu relatório de eficiência?"

Dito isto, Clarke explicou a seus subordinados que não deviam mais aceitar ordens de Clay e mandou-os retirar suas tropas do bosque e reconduzi-las ao quartel. Depois, foi até o escritório de Clay e, furioso, indicando um telefone vermelho que estava sobre a escrivaninha, desafiou-o a ligar para Kennedy ou "deixar meus soldados em paz".

"Bom, Bruce, estou vendo que a gente não vai se entender", Clay retrucou.

Sabia até onde podia pressionar os soviéticos e tinha certeza de que estava em terreno seguro, pois Moscou "não podia permitir que uma questão menor [como Steinstücken] se tornasse um incidente internacional por causa da inépcia de seus títeres alemães-orientais".

Dias depois, soldados americanos tiraram de Steinstücken sete alemães-orientais que, buscando refúgio, entraram de caminhão no quintal do prefeito. Policiais militares cortaram-lhes o cabelo para que ficassem parecidos com recrutas, deram-lhes uniformes e capacetes iguais aos seus e os embarcaram num helicóptero militar americano. Embora as autoridades da Alemanha Oriental ameaçassem derrubar o helicóptero, Clay estava certo ao apostar que Moscou não as deixaria correr esse risco.[20]

Tornou-se rotina em Steinstücken a presença de helicópteros que chegavam e saíam, geralmente transportando policiais militares, mas às vezes levando refugiados. Clay não só havia demonstrado sua tese aos berlinenses e a seus superiores, como reforçara sua convicção, que remontava a 1948, de que os soviéticos recuariam, quando confrontados por um Ocidente determinado.

E prosseguiu, animado. Anunciou que os militares americanos retomariam o patrulhamento da Autobahn, suspenso por Washington seis anos antes. Assim respondia ao novo inconveniente que a polícia da Alemanha Oriental criara para os motoristas americanos, que às vezes ficavam detidos durante horas para a inspeção de seus veículos. As patrulhas interviriam em qualquer incidente que envolvesse um veículo americano. Ao cabo de pouco tempo, os problemas terminaram.

Os berlinenses ocidentais estavam eufóricos. O *Berliner Morgenpost* estampou na primeira página uma foto do general Clay beijando a esposa, Marjorie, que acabava de chegar ao aeroporto Tempelhof. "Toda criança de Berlim sabe o que esse americano tem feito pela liberdade de nossa cidade", dizia a legenda. "Seus atos mais recentes confortam os berlinenses: a instalação de um comando americano em Steinstücken e a retomada das patrulhas militares na Autobahn."

O que eles não podiam saber era que os piores inimigos de Clay já estavam planejando um contra-ataque — em Washington. Na última vez em que o general se excedera, o presidente Truman o apoiara. Agora, ele estava prestes a descobrir se Kennedy também o apoiaria.

HYANNIS PORT, MASSACHUSETTS
SÁBADO, 23 DE SETEMBRO DE 1961

Os habituais convidados de fim de semana se encontravam na propriedade dos Kennedy em Hyannis Port, onde o presidente trabalhava num discurso que, na segunda-feira, pronunciaria na Assembleia Geral das Nações Unidas.

Ali estavam Teddy, seu irmão, o ator Peter Lawford, seu cunhado, Frank Sinatra e o playboy dominicano Porfirio Rubirosa com sua esposa mais recente. Sinatra chegara com o que Frank Saunders, motorista de Joseph Kennedy, chamava de "um bando de ricos e famosos", entre os quais havia mulheres que, a seu ver, pareciam prostitutas. As empregadas estavam atarefadíssimas.[21]

Mais tarde, Saunders diria que, a julgar pelo barulho, a festa se estendeu noite adentro. Lembraria que em certo momento foi entregar a Joe Kennedy suas botas de cavalgar e o encontrou nos fundos da casa, acariciando uma mulher rechonchuda, que ria sem parar.

"Minhas botas! Bem na hora!", o velho exclamou.

Tudo isso compunha o ruído de fundo da nova administração e do caos da vida pessoal do presidente e dos que o rodeavam. A imagem pública do *workaholic*, leitor veloz e pai de família contrastava fortemente com a realidade que só emergiria anos depois, através de testemunhos de seus agentes do Serviço Secreto, entre outros. Esses homens não tinham a motivação firme de seus assessores mais próximos para polir sua imagem — e temiam os perigos que as aventuras extraconjugais representavam para sua segurança.

Larry Newman, que entrou para o Serviço Secreto em 1960, preocupava-se menos com as questões morais do que com as mulheres que, por determinação de Dave Powers, o principal alcoviteiro do presidente, passavam pelos guarda-costas sem ser revistadas. Nessa época, todos os agentes próximos da Casa Branca haviam sido avisados de que Fidel Castro poderia estar planejando se vingar da baía dos Porcos. "Não sabíamos se, na manhã seguinte, o presidente estaria morto ou vivo", Newman contou, mais tarde, ao jornalista Seymour Hersh. Contou-lhe também que os agentes brincavam entre si, tentando adivinhar qual deles seria sorteado para depor se algo acontecesse com Kennedy.[22]

Tony Sherman, do grupo de segurança de Salt Lake City, revelou posteriormente que havia dias em que Kennedy "não trabalhava". Não lhe agradava nem um pouco a incumbência, entre outras, de alertar os assessores do presidente quando a chegada inesperada da primeira-dama podia surpreendê-lo em suas escapadas conjugais. William T. McIntyre, agente de Phoenix, havia jurado zelar pelo cumprimento da lei e agora se angustiava por ter de fazer vista grossa para o proxenetismo. Joseph Paolella, agente de Los Angeles, adorava Kennedy, inclusive porque ele sempre se lembrava dos nomes de seus seguranças, e temia que algum inimigo o chantageasse por causa de suas infidelidades. Paolella e outros agentes se referiam a Peter Lawford como "Burro nojento", por beber demais e ser agressivo com as mulheres.

Enquanto toda essa orgia tinha lugar num segundo plano, Kennedy tratava de finalizar um dos discursos mais importantes de sua administração, com o qual daria ao mundo o primeiro indício relevante da maneira como pretendia lidar com Moscou e com o controle das armas nucleares depois do fechamento da fronteira de Berlim. Pronunciaria esse discurso apenas quatro dias depois que Dag Hammarskjöld, o secretário-geral das Nações Unidas, morreu num acidente aéreo, na África. Os soviéticos queriam que seu cargo fosse preenchido por um diretório de três pessoas, que representariam o Ocidente, o mundo comunista e os "neutros".

Os índices de aprovação de Kennedy desafiavam a gravidade, mas por trás deles havia uma sequência de reveses na política externa e sérios problemas internos que, com o tempo, poderiam minar sua liderança. Naquela sexta-feira, antes de partir para Hyannis Port, ele recebeu Elie Abel, chefe do escritório do *Detroit News* em Washington, que fora convidado por um editor de Nova York a escrever um livro sobre seu primeiro mandato e resolvera pedir sua cooperação.

Com os motores do *Marine One* roncando no fundo, Abel tomou um Bloody Mary, enquanto Kennedy tentava dissuadi-lo do projeto: "Por que alguém haveria de escrever um livro sobre uma administração que não tem nada para apresentar, a não ser uma sucessão de desastres?".[23]

Abel se viu na curiosa posição de tentar convencê-lo de que, apesar dos tropeços iniciais, ele acabaria fazendo grandes coisas e, assim como seus amigos, se orgulharia de sua gestão.

No domingo, às 18h35, Kennedy e Lawford aterrissaram no Terminal Aéreo dos Fuzileiros Navais do aeroporto La Guardia, em Nova York, onde os esperavam o prefeito Robert Wagner, o secretário de Estado, Rusk, e o embaixador americano nas Nações Unidas, Adlai Stevenson. Pierre Salinger, o corpulento assessor de imprensa do presidente, chegara antes em resposta a um chamado urgente de Georgi Bolshakov, que continuava atuando como um canal oficioso de Khruschóv. O espião lhe comunicara que Mikhail Kharlamov, chefe da assessoria de imprensa do ministério do Exterior soviético, tinha uma mensagem urgente para Kennedy.[24]

Bolshakov se sentia cada vez mais à vontade em seu papel; ao longo de meses, nunca deixara vazar uma informação, e seus superiores estavam satisfeitos com sua atuação. Embora permanecesse no médio escalão da inteligência militar, dispunha de uma linha direta com Khruschóv e a utilizava com frequência. Salinger dizia que ele valia por três: era "intérprete, editor e espião".

Seguindo as instruções de Salinger, às 19h15 Bolshakov entrou com Kharlamov por uma porta lateral pouco vigiada do Carlyle, o hotel onde Kennedy se hospedava em Nova York. Como no saguão sempre havia repórteres que esperavam avistar o presidente, um agente do Serviço Secreto conduziu os dois soviéticos para um elevador dos fundos.[25]

"A tempestade em Berlim acabou", foi a primeira coisa que Kharlamov falou.

Salinger se surpreendeu: a seu ver, a situação de Berlim não poderia ser muito pior.

"Espere só, meu amigo", disse.

Kharlamov perguntou se Kennedy recebera uma mensagem que Khruschóv lhe enviara através de Cyrus L. Sulzberger, correspondente do *New York Times* em Paris, que entrevistara o premiê no começo de setembro.

Salinger respondeu que não. Na verdade, em 10 de setembro Sulzberger transmitira a Kennedy uma mensagem pessoal que Khruschóv lhe passara cinco dias antes, mas que continuava sem resposta.

Khruschóv havia dito a Sulzberger: "Se você consegue se encontrar com o presidente Kennedy com facilidade, quero que lhe diga que estou disposto a estabelecer algum tipo de contato informal com ele para encontrarmos um meio de resolver a crise [de Berlim] sem prejudicar o prestígio dos Estados Unidos — através de um tratado de paz com a Alemanha e [da criação da] Cidade Livre de Berlim Ocidental". E sugerira que Kennedy usasse contatos informais para lhe expor o que achava de suas ideias e para "conceber várias maneiras de preparar a opinião pública sem colocar em risco o prestígio dos Estados Unidos".[26]

Kharlamov repetiu a essência da mensagem do premiê, falando mais depressa do que Bolshakov conseguia traduzir. Salinger pediu-lhe para ir mais devagar, pois tinham tempo: o presidente havia saído para jantar e ver uma peça na Broadway e só voltaria depois da meia-noite.

Kharlamov respirou fundo e explicou que a situação era urgente. Khruschóv achava perigoso reforçar os contingentes militares americanos na Europa, como Kennedy pretendia, e por isso estava tão ansioso para estabelecer com ele um canal privado de comunicação e chegar a um acordo no tocante à Alemanha.[27]

Queria outra reunião de cúpula para discutir suas propostas sobre Berlim. Deixaria a data a critério do presidente, por causa de suas "evidentes dificuldades políticas". Mas tinha pressa. Estava sofrendo "intensa pressão" no bloco comunista para concluir um tratado de paz com a Alemanha Oriental. E o perigo de um grave incidente militar em Berlim era grande demais para adiar um acordo.

Khruschóv também queria influenciar ou pelo menos saber o que Kennedy diria em seu discurso da segunda-feira, pois desejava evitar qualquer coisa que, numa época de tensões crescentes, pudesse dar novo alento a seus adversários antes do Congresso do Partido, no fim de outubro. Kharlamov disse a Salinger que Khruschóv esperava que "o discurso de seu presidente na ONU não seja mais um ultimato agressivo, como o de 25 de julho. [...] Ele não gostou nada daquilo".[28]

Salinger deixou recado para Kennedy lhe telefonar assim que chegasse e serviu uísque e soda para seus convidados russos. Ao se despedir deles, quase duas horas depois, prometeu que lhes transmitiria a resposta do presidente na manhã seguinte, às 11h30, antes do discurso nas Nações Unidas.

Kennedy ligou para Salinger à uma hora e pediu-lhe que fosse até seu dúplex, no 34º andar. Aquela era sua "casa" em Nova York, alugada por seu pai e decorada com finas antiguidades francesas. As cortinas abertas, como nessa noite, proporcionavam uma vista cintilante da cidade. Salinger encontrou o chefe lendo na cama, de pijama branco e com um charuto apagado entre os lábios. A seu pedido, repetiu várias vezes os pontos principais da conversa que tivera com Kharlamov.[29]

Kennedy falou que Sulzberger não lhe comunicara nada de seu encontro com Khruschóv; portanto, era bem provável que não tivesse recebido a mensagem. Depois se levantou e olhou pela janela. Disse que era bom saber que "Khruschóv está disposto a ouvir nossas opiniões a respeito da Alemanha", o que podia indicar que não assinaria unilateralmente um tratado de paz com o regime de Ulbricht naquele ano, provocando mais uma crise. No entanto, a insistência contínua num tratado de paz reconhecendo a Alemanha Oriental ainda levantava o espectro da guerra se Khruschóv colocasse em risco o acesso a Berlim.

À 1h30, Kennedy chamou o secretário Rusk e juntos trabalharam numa mensagem que Salinger transmitiria aos soviéticos pela manhã. O assessor de imprensa rabiscou-a num papel do hotel. Devia comunicar-lhes que o presidente era "cautelosamente receptivo" à proposta de uma próxima reunião de cúpula sobre Berlim, porém queria que os soviéticos demonstrassem boa-fé em relação à neutralidade do Laos. Só então uma reunião sobre a questão mais difícil da Alemanha poderia levar a um "acordo significativo".

O tom devia ser cordial, mas cauteloso. Embora em Viena os dois líderes tivessem concordado que o Laos seria unificado e neutro, os soviéticos nada fizeram quando o Vietnã do Norte reforçou a capacidade militar do comunista Pathet Lao, cujo Exército secreto se expandia com dois terços dos custos cobertos por Moscou. "Vamos observar e aguardar": essa era a mensagem que Salinger devia transmitir aos soviéticos, repetindo as palavras de Kennedy.[30]

Depois disso, os dois homens ficaram até as três horas da madrugada revisando o discurso que seria pronunciado nas Nações Unidas. O resultado foi um texto final mais moderado do que os soviéticos poderiam esperar, com uma linguagem particularmente cautelosa em relação a Berlim.[31]

O presidente sofrera com esse discurso durante três semanas. Embora faltassem ainda três anos para as eleições, os opositores internos já percebiam sua fraqueza. O eminente republicano Barry Goldwater, senador por Arkansas, deixou de lado o tom comedido com que vinha atacando Kennedy a propósito de Berlim e declarou que eram "plenamente justificados" os medos dos alemães-ocidentais de serem abandonados. "Quando os diplomatas começam a falar em negociações numa situação criada pelos soviéticos, na qual não há nada para negociar, os defensores da liberdade devem tomar cuidado", Goldwater alertou. E em 28 de setembro, numa convenção dos republicanos, afirmou que, se as eleições se realizassem no dia seguinte, o partido obteria a maior vitória de toda a sua existência.[32]

Kennedy precisava retomar a iniciativa. Khruschóv "nos cuspiu na cara três vezes", disse para Adlai Stevenson, seu embaixador nas Nações Unidas. "Ele tem colecionado vitórias: espaço, Cuba, 13 de agosto. [...] Quer dar a entender que sempre nos deixa para trás."[33]

O vice-presidente Lyndon Johnson tentou mostrar-lhe que ele não podia propor o desarmamento em Nova York e depois, em Washington, convocar mais tropas e retomar os testes nucleares — que era exatamente o que Kennedy pretendia fazer. Depois de lidar com Khruschóv ao longo de dez meses, ele aprendera que só com contradições poderia combatê-lo.

Seu desempenho na ONU foi impressionante, inspirado por sua crescente preocupação com a perspectiva de um conflito nuclear. Cada palavra do discurso refletia essa preocupação, resultado das reuniões secretas que tivera com seus assessores para discutir nos mínimos detalhes — que incluíam até o número total de mortos soviéticos — a execução de um plano de guerra nuclear.

"Um desastre nuclear, disseminado pelo vento, pela água e pelo medo, poderia atingir os grandes e os pequenos, os ricos e os pobres, os envolvidos e os não envolvidos. A humanidade precisa acabar com as guerras — ou as guerras acabarão com a humanidade", disse Kennedy.[34]

Depois, apresentou sua proposta de "desarmamento geral e completo", sob efetivo controle internacional. "Hoje, cada habitante deste planeta tem de contemplar o dia em que este planeta não mais seja habitável. Cada homem, cada mulher, cada criança vive sob uma espada de Dâmocles nuclear, presa ao mais fino dos fios, que pode ser cortado a qualquer momento por acidente, erro de cálculo ou loucura. As armas de guerra devem ser eliminadas antes que nos eliminem."

O discurso continha uma mensagem conciliatória para Moscou sobre

Berlim que só os iniciados perceberam. Ela sugeria que as preocupações dos soviéticos com a Alemanha Oriental se justificavam e, contrariando diplomatas veteranos, repetia que os interesses dos Estados Unidos na Europa não iam além de Berlim Ocidental. Embora Salinger mais tarde dissesse que Kennedy não alterou esse discurso, a linguagem era do agrado de Khruschóv.

"Não estamos presos a fórmulas rígidas", o presidente prosseguiu. "Não vemos nenhuma solução perfeita. Reconhecemos que tropas e tanques podem, durante algum tempo, manter uma nação dividida contra sua vontade, por mais insensata que nos pareça essa política. Porém acreditamos na possibilidade de um acordo que proteja a liberdade de Berlim Ocidental e a presença e o acesso dos aliados, sem deixar de reconhecer os interesses históricos e legítimos de outros na manutenção da segurança europeia."

Kennedy concluiu, demonstrando sua crescente consciência do momento histórico: "Os fatos e as decisões dos próximos dez meses bem podem decidir o destino do homem nos próximos dez milênios. […] E nós, nesta sala, seremos lembrados ou como parte da geração que transformou este planeta numa flamejante pira funerária, ou como parte da geração que cumpriu sua promessa de 'salvar sucessivas gerações do flagelo da guerra'".

Sem uma palavra de crítica a Moscou pelo fechamento da fronteira, encerrou o discurso com uma oferta de conversações em termos poéticos: "Nunca negociaremos levados pelo medo e nunca teremos medo de negociar. […] Para sempre salvaremos nosso planeta, ou juntos morreremos em suas chamas".

Sua retórica grandiosa ajudaria a estabelecer sua reputação de líder mundial. Para o senador Mike Mansfield esse foi "um dos grandes discursos de nossa geração". Mas para quem ouviu o discurso em Berlim Ocidental eram evidentes a disposição de Kennedy para fazer concessões às custas da população berlinense e sua irresolução em remover a barreira que dividia a cidade.

Mais significativa, talvez, foi a reação dos alemães-orientais. O regime de Ulbricht considerou o discurso um marco no caminho da coexistência pacífica. O *Neues Deutschland*, jornal do partido, qualificou-o de "notável; notável porque mostrou a disposição dos americanos para negociar".[35]

Na Alemanha Ocidental, os editorialistas se concentraram na indeterminação da linguagem, não nos floreios. O *Bild Zeitung* perguntou se a referência aos "interesses históricos e legítimos de outros" sugeria que Moscou tinha o direito de "dividir a Alemanha ou recusar a unificação".[36]

O ministro do Exterior, Heinrich von Brentano, declarou, numa assembleia de sua União Democrata Cristã, que era preciso "resistir com todas as forças a tendências de chegar-se a um acordo sobre Berlim às custas da Alemanha Ocidental".[37]

O chanceler Konrad Adenauer comentou entre amigos que Kennedy não mencionou a unificação alemã nenhuma vez em seu discurso. E que tampouco falou em eleições livres para todos os alemães. Parecia evitar todas as questões fundamentais relativas a Berlim. Não fez sequer o mínimo essencial: exigir a restauração da livre circulação de pessoas em Berlim. Adenauer partiu para Washington com a esperança de restabelecer a sintonia entre eles, se não fosse tarde demais.

Seus temores de que Kennedy abandonasse a Alemanha Ocidental haviam se intensificado a tal ponto que, em 29 de agosto, ele enviou a Khruschóv uma mensagem secreta através de Kroll, o embaixador da Alemanha Ocidental. Embora publicamente se declarasse contrário a conversações com Moscou, em particular insistia com os soviéticos para que participassem de novas negociações. A seu ver, "os dois maiores perigos são: a presença de tanques de ambos os lados posicionados frente a frente, a uma distância de alguns metros; e a avaliação incorreta da situação, que constitui um perigo ainda maior".[38]

Leitores do *Berliner Morgenpost* discutiam acaloradamente se ainda era possível acreditar que os americanos defenderiam a liberdade de Berlim. Um morador do bairro de Steglitz perguntou se o Ocidente estava dando carta branca para a União Soviética fazer o que bem entendesse em Berlim Ocidental até o fim do ano. Outro afirmou que os marxistas estavam certos quando disseram que a abundância do capitalismo americano criara uma sociedade indecisa e indiferente — "embora faltem cinco minutos para a meia-noite".*[39]

* Refere-se ao Doomsday Clock (Relógio do Juízo Final), criado pelos diretores do Bulletin of the Atomic Scientists, da Universidade de Chicago, para indicar o tempo que falta para o fim do mundo, à meia-noite. Apareceu pela primeira vez em 1947, dois anos depois da explosão das bombas atômicas em Hiroshima e Nagasaki, marcando sete minutos para a meia-noite. Na época da Guerra Fria, quando o fim do mundo seria provocado por uma guerra nuclear mundial, o relógio chegou mais perto da meia-noite em toda a sua existência: apenas dois minutos, em 1953, quando Estados Unidos e União Soviética testaram bombas de hidrogênio. Em 1991, quando as duas potências anunciaram cortes em armas nucleares, o relógio marcou a maior distância da meia-noite: dezessete minutos. Em 2011, marcou cinco minutos para meia-noite. (N. T.)

Raymond Aron, o famoso filósofo francês, também escreveu para o jornal, repetindo a advertência que Charles de Gaulle fizera na televisão naquela semana: "O que está em jogo não é só o destino de 2 milhões de berlinenses. É a capacidade dos Estados Unidos de mostrar a Khruschóv sua tenacidade em resistir a barganhas".

Os berlinenses ocidentais ficaram confusos com as mensagens contraditórias de seu guardião. Num dia, o general Clay pousou em Steinstücken e mostrou as garras dos Estados Unidos com sua patrulha na Autobahn. No dia seguinte, Kennedy pronunciou um discurso que reafirmava o recuo dos americanos; nem sequer mencionou a existência do Muro ou o fato de que os alemães-orientais o fortificavam diariamente.

James "Scotty" Reston, colunista do *New York Times*, escreveu que Kennedy "falou como Churchill, mas agiu como Chamberlain". Na mesma coluna, citou um memorando sobre as medidas agressivas de Clay em Berlim no qual o presidente perguntava a altos funcionários por que estava sendo mal compreendida sua tentativa de estabelecer negociações sobre Berlim.[40]

Graças a sua intuição e aos relatórios do serviço de inteligência, Khruschóv começava a perceber que a linha dura de Clay em Berlim nada mais era que uma ousada improvisação de um general reformado que não tinha o beneplácito presidencial. Sinais de desentendimento nos círculos políticos americanos indicavam que chegara o momento de explorar as diferenças.

Assim, o marechal Konev enviou uma nota seca ao general Watson, exigindo que Clay parasse com suas patrulhas "ilegais" pela Autobahn. Enfatizou que não se tratava de um "protesto, mas de uma advertência". A administração Kennedy ordenou o fim das patrulhas de Clay pela Autobahn depois de uma semana de operações bem-sucedidas. Os aliados de Konev eram inimigos americanos de Clay.[41]

Em 27 de setembro, o general Clarke foi a Berlim repreender novamente o comandante. Depois de almoçar com Clay para a mídia ver, lembrou ao general Watson, comandante em Berlim, que as forças americanas não podiam mais ser usadas para neutralizar ações dos soviéticos ou dos alemães-orientais sem sua aprovação. A imprensa da Alemanha Oriental soube das diferenças entre Clay e a administração Kennedy e abordou-as com destaque.

Depois, Clarke tomou conhecimento de mais uma operação secreta de Clay.[42]

O general reformado ordenara a engenheiros do Exército que construíssem numa floresta dos arredores de Berlim barreiras semelhantes ao Muro. A seguir, mandou os soldados acoplarem aos tanques lâminas de escavadeira e investirem contra as barreiras, em velocidades e alturas diferentes para obterem o máximo de eficiência. Tinha por objetivo determinar o melhor modo de abrir um buraco na barreira, se surgisse a oportunidade ou a necessidade.[43]

"Assim que eu soube disso", o general Clarke mais tarde escreveria numa correspondência particular, "dei um basta e tratei de destruir o que havia sido feito."

Clarke não informou nada a Washington sobre a operação de Clay ou sobre sua reação.

Kennedy nunca tomaria conhecimento disso — mas Khruschóv, sim. Um agente soviético escondido na floresta batera fotos. Khruschóv não tinha como saber que o general Clarke acabara com o exercício. Agora dispunha do que considerava evidência concreta de que os americanos bem podiam estar planejando uma operação em Berlim que o desafiaria ou humilharia durante o Congresso do Partido.

17. Pôquer nuclear

Em certo sentido, há aqui uma analogia — gosto dessa comparação — com a Arca de Noé, na qual os "puros" e os "impuros" encontraram refúgio. Mas, independente de quem se inclui entre os "puros" e quem é considerado "impuro", todos estão igualmente interessados numa coisa: que a Arca siga viagem sem problemas.[1]

O premiê Khruschóv ao presidente Kennedy,
na primeira carta de sua correspondência
secreta, 29 de setembro de 1961

Nossa confiança em nossa capacidade de deter uma ação dos comunistas ou resistir a uma chantagem dos comunistas baseia-se numa séria apreciação do relativo poderio militar de ambos os lados. O fato é que esta nação tem uma força nuclear retaliatória de tamanho poder letal que qualquer movimento do inimigo que a acionasse seria um ato de autodestruição de sua parte.[2]

Roswell Gilpatric, subsecretário de Defesa,
Hot Springs, Virgínia, 21 de outubro de 1961

Levando dois jornais dobrados embaixo do braço, Georgi Bolshakov compareceu ao encontro com Pierre Salinger no Carlyle às 15h30, como havia sido combinado. Um agente do Serviço Secreto o acompanhara, conduzindo-o pelo elevador dos fundos.[3]

Escondido no meio dos jornais havia um envelope pardo, do qual Bolshakov tirou um maço de papéis. Com ar de conspirador, anunciou que ali estava uma carta pessoal de 26 páginas de Khruschóv para Kennedy e que passara a noite inteira traduzindo-a. Como tinha olheiras permanentes, não havia como saber se isso era verdade.

"Você pode ler", ele disse para Salinger. "Depois, só o presidente." Fazia apenas uma semana que os dois homens se reuniram pela última vez no mesmo quarto, antes do discurso de Kennedy nas Nações Unidas. Khruschóv estava impaciente para pôr à prova as palavras conciliatórias de Kennedy e sua declarada disposição de encetar novas conversações sobre Berlim, apesar da oposição dos franceses e dos alemães-ocidentais. Bolshakov entregou a Salinger os textos em russo e em inglês, para que os tradutores do governo americano pudessem compará-los a fim de verificar a exatidão.

Assim teve início o que McGeorge Bundy, consultor de Segurança Nacional, chamaria de "amizade epistolar", uma correspondência direta e particular entre os principais adversários de seu tempo. Nos dois anos seguintes, Khruschóv continuaria usando meios ultrassecretos de fazer Bolshakov e outros espiões entregarem suas cartas a Salinger, Robert Kennedy ou Ted Sorensen numa esquina, num bar ou em outro lugar, geralmente em envelopes sem sobrescrito e escondidos entre jornais dobrados.

Khruschóv considerava o assunto tão urgente que, um dia antes, Bolshakov ligara para Salinger e se prontificara a fretar um avião para levar a carta a Newport, Rhode Island, onde Kennedy passava o fim de semana na casa de Janet Lee Bouvier, mãe de Jacqueline, e Hugh Auchincloss, padrasto da primeira-dama. Mas Kennedy e Rusk temiam causar uma "sensação na mídia", se um dos vinte repórteres que lá se achavam visse o agente russo. Por isso mandaram Salinger para Nova York no dia seguinte.

"Se você soubesse como é importante o que tenho aqui, não me teria feito esperar tanto", Bolshakov reclamou.

Mais tarde, Salinger resumiria a mensagem de 6 mil palavras da carta de Khruschóv: "Somos líderes de duas nações que estão em rota de colisão. [...] Não temos outra escolha senão pensar juntos e encontrar maneiras de vivermos em paz".

O homem que desancara Kennedy em Viena agora lhe enviava uma carta calorosa e pessoal, contando que estava com a família em Pitsunda, seu refúgio no mar Negro. Na União Soviética, sempre dada a segredos, nem seus concidadãos sabiam de seu paradeiro. "Como ex-oficial da marinha, você certamente apreciaria os méritos desta paisagem, a beleza do mar e a grandiosidade dos montes caucasianos", Khruschóv escreveu. E comentou que, nesse cenário, era difícil pensar que problemas não resolvidos "lançam uma sombra sinistra na vida pacata no futuro de milhões de pessoas".[4]

No entanto, sendo essa a realidade, sugeriu uma correspondência confidencial entre os dois homens cujos atos determinariam o futuro do planeta. Se não estivesse interessado, Kennedy podia ignorar a sugestão, e Khruschóv não voltaria a mencioná-la.

Salinger estava impressionado com a simplicidade da linguagem, tão diferente do "palavrório estéril que, nesse nível, passa por correspondência diplomática". Khruschóv se absteve de suas habituais ameaças e pediu propostas alternativas, se Kennedy discordasse de suas sugestões.[5]

Não lhe faltavam motivos para tomar essa iniciativa. O mais importante era que o Congresso do Partido começaria dentro de pouco mais de duas semanas, e a correspondência com Kennedy constituiria uma garantia a mais de que os Estados Unidos não fariam nada para estragar sua meticulosa coreografia. Em segundo lugar, Khruschóv esperava aliviar as crescentes tensões que levaram os Estados Unidos a aumentar os gastos com a Defesa muito mais do que ele havia previsto.

Sabia que, em relação à corrida armamentista, a situação econômica da União Soviética não lhe permitiria manter-se em pé de igualdade com os Estados Unidos, muito mais ricos. Pela primeira vez, temia que o Ocidente desafiasse sua superioridade militar convencional em torno de Berlim. O aumento nos gastos com a Defesa americana também reforçava os argumentos dos linhas-duras soviéticos de que ele estava fazendo muito pouco para combater o

Ocidente e devia ter se empenhado mais na neutralização de Berlim Ocidental. Em sua carta, Khruschóv explicou a Kennedy que a competição nos gastos militares, alimentada por Berlim, constituía mais uma razão para Moscou "atribuir tanta importância à questão alemã".

Declarou-se disposto a reexaminar posições congeladas ao longo de quinze anos de Guerra Fria. Escrevendo ao presidente católico, o premiê ateu comparou o mundo do pós-guerra à Arca de Noé, na qual todos os passageiros — puros ou impuros — queriam seguir viagem. "E não temos alternativa: ou convivemos em paz para continuar navegando, ou a Arca afunda."

Também se declarou disposto a ampliar os contatos entre o secretário de Estado, Rusk, e o ministro do Exterior, Gromyko, que se encontraram pela primeira vez em Nova York em 21 de setembro, e a acatar a sugestão de Kennedy de conversações preliminares entre os embaixadores americano e soviético na Iugoslávia — respectivamente, o lendário diplomata George Kennan e o general Alexei Yepishev, seu confidente.[6]

Em 14 de agosto, um dia depois do fechamento da fronteira, o Departamento de Estado autorizara Kennan a abrir esse canal, porém Moscou não mostrara interesse. Agora Khruschóv o queria, embora temesse que, sem instruções precisas, os embaixadores só ficassem "tomando chá" e "mugindo um para o outro, ao invés de ir direto ao assunto". Assim, sugeriu o embaixador Thompson, interlocutor experiente e confiável, mas em seguida se desculpou, pois compreendia que essa seria a escolha de Kennedy.

Depois tratou de assegurar que não havia motivo para o Ocidente suspeitar que Moscou pretendesse tomar Berlim Ocidental. "É absurdo até pensar nisso", afirmou, alegando que a cidade não tinha nenhuma importância geopolítica. Para demonstrar suas boas intenções, propôs transferir a sede das Nações Unidas para Berlim Ocidental, ideia aventada dias antes numa reunião com Paul-Henry Spaak, ministro do Exterior da Bélgica, e Paul Reynaud, ex-primeiro-ministro da França.

Além de inaugurar sua correspondência com Kennedy, Khruschóv estava tomando outras providências para evitar o agravamento das tensões com os americanos. O Presidium adiou a discussão de um plano para fornecer a Cuba armas mais modernas, inclusive mísseis que podiam alcançar os Estados Unidos.[7] Khruschóv também repreendeu Ulbricht pela série de medidas que estava implantando para reforçar seu domínio sobre Berlim e disse-lhe que devia se dar por satisfeito com o que obtivera em 1961.[8]

Em seu passo mais importante, atendeu ao pedido de progresso em relação ao Laos, feito por Kennedy na semana anterior. Confirmou seu acordo de Viena, segundo o qual o Laos se tornaria um Estado neutro e independente, como a Birmânia e o Camboja. Mas discordou de Kennedy no tocante às posições de liderança no Laos, argumentando que não cabia a Moscou nem a Washington decidir quem devia assumi-las.

Dito isto, concluiu com saudações à primeira-dama e votos pela saúde de Kennedy e sua família.

HYANNIS PORT, MASSACHUSETTS
SÁBADO, 14 DE OUTUBRO DE 1961

Kennedy demoraria duas semanas para responder.

Trabalhando durante o fim de semana em Cape Cod, escreveu e reescreveu um texto em que contrabalanceava a desconfiança de Khruschóv com seu desejo de usar todos os meios para evitar um erro de cálculo que levasse à guerra. Uma resposta negativa poderia apressar mais uma medida do Kremlin em relação a Berlim; uma resposta positiva demais pareceria ingênua aos olhos de seus críticos locais e aliados. Charles de Gaulle e Konrad Adenauer temiam que quaisquer conversações Kennedy-Khruschóv resultassem em novas concessões envolvendo Berlim Ocidental.

Adenauer estaria ainda mais receoso se soubesse que Kennedy incumbira Rusk de reformular as posições americanas para uma nova rodada de conversações sobre Berlim que teria como objetivo uma conferência de paz. Kennedy não quis que Walter Dowling, embaixador americano na Alemanha Ocidental, atuasse como negociador, porque "ele reflete demais a opinião de Bonn". Recomendou a Rusk que só levantasse questões aceitáveis para Moscou e ignorasse a insistência de Adenauer em conversações voltadas para a unificação da Alemanha e de Berlim através de eleições livres. "Essas propostas não são negociáveis", disse. "Todos reconhecem sua inutilidade, e devemos abandoná-las prontamente." O que estava disposto a considerar eram muitas ideias de Moscou que antes lhe pareciam inaceitáveis, como fazer de Berlim Ocidental uma "cidade livre" internacionalizada, desde que fosse a Otan que garantisse seu futuro, e não tropas estrangeiras que incluíssem os soviéticos.[9]

Diante de todas as concessões que se dispunha a fazer, estava decepcionado com as atitudes de Moscou. Aviões soviéticos se aproximavam muito de aviões americanos que se dirigiam a Berlim; Khruschóv retomara os testes nucleares e novamente ameaçava assinar um tratado de paz com a Alemanha Oriental — mas já não falava em guerra e prometia preservar a independência de Berlim Ocidental.

Uma coisa era certa: depois de tentar levar Berlim em banho-maria no início de seu mandato, Kennedy agora estava mergulhado no problema. Incapaz de fazê-lo dar alguma atenção a sua agenda de conservação da terra, Stewart Udall, secretário do Interior, reclamou: "Ele está obcecado por Berlim. Não pensa em outra coisa. Tem uma mente inquieta e gosta de abordar todos os assuntos, mas desde agosto só se ocupa de Berlim".[10]

Kennedy pensou em consultar seus aliados sobre a resposta que daria a Khruschóv, mas aprendera com a experiência que isso só provocaria confusão e vazamentos para a imprensa. E perderia a confiança do premiê. Mas de que valia essa confiança, afinal? Chip Bohlen, ex-embaixador americano em Moscou, disse-lhe que sua resposta "pode ser a carta mais importante de sua vida".[11]

Em 16 de outubro, mais de duas semanas depois que recebera a carta de Khruschóv, Kennedy lhe escreveu, no mesmo tom pessoal, sobre a importância de se afastar de Washington e passar um tempo na praia com os filhos e os sobrinhos. Acatou a sugestão de uma correspondência confidencial e garantiu que não a mencionaria em público nem a mostraria para a imprensa, porém avisou que a partilharia com Rusk e com alguns de seus assessores mais próximos.[12]

Também aprovou a analogia com a Arca de Noé. Afirmou que, considerando os perigos da era nuclear, a colaboração entre os Estados Unidos e a União Soviética para manter a paz era ainda mais importante que sua parceria na Segunda Guerra Mundial. Não poderia ser mais clara sua aceitação do fechamento da fronteira de Berlim. Kennedy qualificou de "racional, não beligerante", sua atitude em relação a Berlim e à Alemanha. "Agora essa área está em paz — e este governo não fará nada para perturbar essa paz e se oporá a qualquer coisa que a perturbe."

Embora tivesse admitido a construção do Muro, agora estabelecia seu limite no tocante a Berlim. Recusou-se a negociar a transformação de Berlim

numa "cidade livre", cuja liberdade seria resguardada também pelas tropas soviéticas e cujo acesso seria controlado pelos alemães-orientais. "Estaríamos
'comprando o mesmo cavalo' duas vezes, concordando com seus objetivos apenas para manter o que já temos", explicou. Mas declarou-se disposto a iniciar
conversações preliminares através do embaixador Thompson, conforme a sugestão de Khruschóv.

Também queria obter mais de Khruschóv em relação ao Laos como um
precedente para Berlim. "Não vejo possibilidade de chegarmos a um acordo
numa questão tão difícil e complexa como Berlim, onde ambos temos em
jogo interesses vitais, se não conseguimos chegar a um acordo em relação ao
Laos, que já combinamos que seria neutro e independente, à maneira da Birmânia e do Camboja." Agora que estava claro que o príncipe neutralista Souvanna Phouma se tornaria primeiro-ministro, Kennedy e Khruschóv deviam
propiciar-lhe a "assessoria do tipo de homens que julgamos necessários à permanência da neutralidade". A aceleração dos ataques comunistas ao Vietnã do
Sul, muitos deles a partir do território laosiano, constituía "uma gravíssima
ameaça à paz".

Para Khruschóv, mais importante que o conteúdo da carta de Kennedy era
o fato de que ele mordera sua isca e respondera. Agora o premiê podia ter relativa certeza de que o presidente se dispunha a iniciar novas conversações sobre
Berlim e, portanto, se absteria de discursos ou atos belicosos que atrapalhassem
seu planejamento meticuloso para o crucial Congresso do Partido. Apenas dois
meses depois do fechamento da fronteira de Berlim, estava atraindo Kennedy
para novas negociações sobre o status da cidade, sem sequer pagar o modesto
preço de sanções econômicas.

O que Kennedy ganharia com a correspondência era menos satisfatório. A
próxima mensagem de Khruschóv chegaria na forma de uma bomba de hidrogênio de cinquenta megatons.

PALÁCIO DOS CONGRESSOS, MOSCOU
TERÇA-FEIRA, 17 DE OUTUBRO DE 1961

O sol reluzia através da bruma da manhã nas cúpulas douradas das igrejas
quinhentistas e seiscentistas do Kremlin. As bandeiras vermelhas das quinze

repúblicas soviéticas tremulavam diante do Palácio dos Congressos, um edifício moderno, vermelho e dourado, com paredes de vidro, que acabara de ser construído para o XXII Congresso do Partido.

O imenso auditório estava lotado. Não havia uma única poltrona vazia. Nunca tantos comunistas se reuniram no mesmo lugar à mesma hora. Ali se encontravam cerca de 4394 delegados votantes e 405 não votantes — quase 5 mil no total — de oitenta países comunistas e não comunistas. Eram três vezes e meia mais delegados que nos três congressos anteriores.

Os números refletiam o crescimento do partido, que agora atingia a marca de 10 milhões de membros, tendo ganhado aproximadamente 1,5 milhão desde seu XXI Congresso, em 1959. Como queria uma plateia recorde para seu show, Khruschóv autorizara cada organização do partido a enviar delegados extras.[13]

O Palácio dos Congressos era único, até porque tudo ali funcionava muito melhor que na maioria dos edifícios oficiais. Tinha escadas rolantes praticamente silenciosas, som estereofônico de última geração, ar-condicionado central fabricado na Alemanha Ocidental, geladeiras produzidas na Grã-Bretanha, água quente e fria nos banheiros de mármore. Correspondentes ocidentais bebiam e comiam no sétimo andar, que chamavam de o "Cocuruto do Marx".[14]

A revista *Time* descreveu a multidão: "camaradas de vilarejos russos, parisienses sofisticados, duros agitadores asiáticos". Entre as estrelas figuravam Ho Chi Minh, do Viet Minh;* Chou En-lai, da China vermelha; Elizabeth Gurley Flynn, ativista trabalhista americana de 71 anos; Dolores Ibárruri, a famosa "Pasionaria" da Guerra Civil Espanhola; e János Kádár, o líder que ajudara a reprimir a rebelião de 1956 na Hungria. Entraram em fila, sob um gigantesco baixo-relevo prateado de Lênin contra um fundo roxo.[15]

Os jornalistas ocidentais costumavam se referir a Khruschóv como o "líder absoluto" da União Soviética, porém a verdade era mais complexa. Em 1957, estando no poder havia apenas um ano, ele escapou por pouco de um golpe. Depois do incidente com o U-2 e do fracasso da Cúpula de Paris, em maio de 1960, stalinistas remanescentes começaram a se unir contra ele. Valeram-se sobretudo do que consideravam sua irresponsável redução das Forças Armadas soviéticas, seu desentendimento com a China comunista e sua aproximação dos

---

* Liga pela Independência do Vietnã, organização política e militar criada por Ho Chi Minh em 1941 para libertar o país da dominação francesa e da ocupação japonesa. (N. T.)

imperialistas americanos. Através de votações em resoluções pré-fabricadas, Khruschóv controlava rivalidades potenciais que poderiam levá-lo à ruína.

Os três principais opositores políticos de Kennedy nos Estados Unidos — Barry Goldwater, senador republicano pelo Arizona, Nelson Rockefeller, gover-nador de Nova York, e o ex-vice-presidente Richard Nixon — eram mansos em comparação com os adversários menos visíveis e mais perigosos de Khruschóv, homens criados na época mais sangrenta de Stálin.

Embora devesse sua posição a Khruschóv, o membro do Presidium Frol Kozlov representava o tipo de facínora que começara a tramar contra ele depois do fracasso da Cúpula de Paris. Era ignorante, baixinho, grosseiro, stalinista e hostil ao Ocidente. O diplomata americano Richard Davies o descreveu como um bêbado nojento que comia como um porco e bebia como uma esponja. Mas o premiê tinha em Mikhail Suslov, o principal ideólogo e intelectual do partido, um inimigo potencial mais untuoso e implacável.[16]

Khruschóv reforçara sua posição no poder ao longo de 1961 mediante fa-vores, expurgos e viagens pelo país com líderes políticos locais. O voo espacial de Gagarin, a baía dos Porcos, a Cúpula de Viena e o fechamento da fronteira de Berlim também neutralizaram eventuais opositores. Segundo o camarada Pyotr Demichev, Khruschóv estava num raro "bom momento". Segundo a revista *Time*, "em 44 anos e quinze congressos do partido, desde a Revolução de 1917, a hierarquia interna do comunismo nunca pareceu mais estável ou mais bem-sucedida".[17]

Não obstante, Khruschóv sabia melhor que ninguém como sua posição podia ser vulnerável. Apesar de todo o seu esforço para expandir o comunismo na África e na Ásia, só Cuba entrara para a órbita soviética sob sua liderança e mais por acaso que por determinação. Alguns líderes do partido nunca o per-doariam por ter denunciado Stálin, vendo nisso um ataque não só a um indiví-duo, mas também à história e à legitimidade do comunismo. A China se manti-nha contrária a Khruschóv, e o chefe da delegação de Pequim, Chou En-lai, deixaria o Congresso irritado depois de depositar uma coroa de flores no tú-mulo de Stálin.

Contudo, Khruschóv estava mais magro e em melhor forma física, como se tivesse se exercitado para a ocasião. "Proponho que comecemos a trabalhar", disse, sendo traduzido em 29 idiomas. "Declaro aberto o XXII Congresso."[18]

Até Stálin teria invejado sua coreografia. Khruschóv monopolizou os dois primeiros dias com seus dois discursos, cada qual com cerca de seis horas de duração. Com inesgotável energia, passou de um tema a outro, explicando como a economia soviética superaria a dos Estados Unidos até 1980 — multiplicando por cinco seu produto nacional bruto e por seis sua produção industrial e fornecendo a cada família um apartamento grátis. Em 1965, a União Soviética fabricaria três pares de sapato por pessoa anualmente!

Khruschóv voltou a atacar o falecido Stálin e, ao término do Congresso, trasladaria o ditador do mausoléu da praça Vermelha, onde repousava ao lado de Lênin, para um local menos proeminente, perto do muro do Kremlin, onde ficaria com heróis comunistas de menor estatura.

O que mais chamou a atenção dos delegados e do mundo, porém, foram as duas bombas relacionadas a Berlim. Uma era figurativa e a outra bem concreta.

Para decepção de Ulbricht, Khruschóv anunciou que desistira de assinar um tratado de paz até o final do ano, pois conversações recentes de Gromyko com Kennedy mostraram que as potências ocidentais "estavam dispostas a chegar a um acordo" sobre Berlim.

Depois desse afago em Kennedy, passou à ameaça nuclear. Deixando o texto de lado, enalteceu a capacidade militar dos soviéticos, particularmente no tocante à evolução dos mísseis. Disse que os soviéticos avançaram tanto que os navios espiões dos americanos estavam acompanhando e confirmando a extraordinária precisão de seus foguetes.

Ainda num tom jocoso e falando de improviso, soltou uma revelação chocante: "Já que me afastei de meu texto escrito, quero informar que nossos testes com novas armas nucleares também estão indo muito bem. Logo concluiremos esses testes — possivelmente no final de outubro. Provavelmente os encerraremos com a detonação de uma bomba de hidrogênio de 50 milhões de toneladas de TNT".

Os delegados aplaudiram de pé. Nunca ninguém havia testado uma arma tão poderosa. Os repórteres tomavam nota apressados.

"Dissemos que temos uma bomba de cem megatons", Khruschóv prosseguiu, animado com a reação da plateia. "É verdade. Mas não vamos explodi-la, porque, mesmo que o fizéssemos no lugar mais distante, poderíamos quebrar todas as janelas."

Os delegados aplaudiram entusiasticamente.

Então o líder ateu invocou o Altíssimo: "Mas Deus queira, como dizem, que nunca tenhamos de explodir essas bombas no território de ninguém. Esse é o maior desejo de nossa vida".

Isso era típico de Khruschóv. Aliviara a pressão sobre Kennedy, levantando o prazo final para a negociação de um tratado de Berlim, e, ao mesmo tempo, atingia-o com a notícia de um teste nuclear iminente. No último dia do Congresso, a União Soviética detonaria a arma mais poderosa já fabricada. A "Bomba Tsar", como seria chamada posteriormente pelos ocidentais, tinha o equivalente a mil vezes os explosivos das bombas lançadas sobre Hiroshima e Nagasaki na Segunda Guerra Mundial.

Mais uma vez pego de surpresa, Kennedy teria de reagir.

CASA BRANCA, WASHINGTON, D. C.
QUARTA-FEIRA, 18 DE OUTUBRO DE 1961

Durante um almoço amistoso na Casa Branca para executivos da mídia texana, no dia seguinte, o conservador editor do *Dallas Morning News*, E. M. "Ted" Dealey, desafiou o presidente: "Podemos aniquilar a Rússia e devemos deixar isso claro para o governo soviético".[19]

E, tirando do bolso uma declaração de quinhentas palavras, leu: "A opinião geral do povo deste país é que o senhor e sua administração são frouxos". Agora era necessário "um homem a cavalo", prosseguiu, porém "muita gente no Texas e no sudoeste acha que o senhor está montado num triciclo de Caroline".

Tenso com o anúncio de Khruschóv e cansado da incessante pressão sobre Berlim, Kennedy respondeu, irritado: "A diferença entre nós, sr. Dealey, é que eu fui eleito presidente deste país, e o senhor não foi. Sou responsável pela vida de 180 milhões de americanos, e o senhor não é. [...] É mais fácil falar em guerra que guerrear. Sou tão duro quanto o senhor — e não foi por minha brandura que me elegi presidente".

Cabia-lhe tomar a decisão mais difícil de sua vida sobre a maneira como conduziria uma guerra nuclear com a União Soviética, e Khruschóv estava tornando esse exercício mais que acadêmico. O plano que Kennedy vinha estudando havia semanas, em reuniões altamente secretas, tinha como objetivo a destruição preventiva do arsenal nuclear soviético, sem deixar uma única arma para retaliação. Especificava com riqueza de detalhes a trajetória de voo dos bombardeiros americanos, as altitudes que deviam manter para não ser detectados, os alvos que deviam atingir e o tipo de armas nucleares que deviam utilizar.

Quando os burocratas tomaram conhecimento do plano, já se haviam discutido dezenas de rascunhos e o Muro de Berlim tinha três semanas de existência. Intitulado delicadamente de "Planejamento Aéreo Estratégico e Berlim", o texto de 33 páginas chegou às mãos do general Maxwell Taylor, representante militar do presidente, em 5 de setembro. O autor, Carl Kaysen, um dos jovens gênios da administração, concluiu: "Temos boa probabilidade de conseguir sucesso" ao custo de "apenas" meio milhão de baixas entre os soviéticos. Contudo, gráficos incluídos no documento mostravam que, se os mísseis soviéticos restantes atingissem os Estados Unidos, as fatalidades poderiam subir para algo entre 5 milhões e 10 milhões, por causa da alta densidade demográfica em cidades como Nova York e Chicago. "Numa guerra termonuclear, é fácil matar pessoas", Kaysen comentou secamente.[20]

No mês anterior, ele trabalhara como assistente especial de McGeorge Bundy, o consultor de Segurança Nacional, depois de conquistar, dentro da administração, uma posição de influência sobre projetos diversos, que iam do comércio internacional aos custos de sistemas de alerta aéreo. Tinha 41 anos, era professor de Economia em Harvard e atuara em Londres durante a Segunda Guerra Mundial, selecionando alvos de bombardeio para o Departamento de Serviços Estratégicos, o então recém-criado serviço de espionagem americano.

Seu documento apontava as falhas do chamado Single Integrated Operational Plan [Plano Integrado Operacional Único], ou SIOP-62, que determinava a maneira como Kennedy usaria o poder ofensivo estratégico em caso de guerra. O SIOP-62 recomendava o envio de 2258 mísseis e bombardeiros com um total de 3423 armas nucleares contra 1077 "alvos militares e industriais urbanos" em todo o "bloco sino-soviético". Calculava que o ataque exterminaria 54% da população soviética (incluindo 71% da população urbana) e destruiria 82% dos edifícios "segundo seu espaço no solo". Kaysen achava que o SIOP-62 subestimava as baixas, já que seus cálculos se referiam apenas às primeiras 72 horas de guerra.

A seu ver, duas circunstâncias exigiam a substituição ou a substancial reformulação do plano. Primeiro, ele estava preocupado com um alarme falso, que podia resultar de um "blefe deliberado" de Khruschóv ou de uma "interpretação errônea dos fatos" por uma das partes. Avaliava que, "se o presente estado de tensão sobre Berlim persistir por alguns meses, é provável que, em algum momento, os soviéticos façam algo que pareça uma ameaça de ataque aos Estados Unidos suficientemente provável e iminente" para desencadear uma resposta nuclear.

Previa que o problema ocorreria se, depois de tomar uma decisão nuclear, Kennedy resolvesse retirar as forças, por ter se enganado ou sido mal orientado. O plano presente lhe deixava pouca margem para isso. Uma retirada também exigiria uma suspensão de atividades de cerca de oito horas para o contingente deslocado, e Moscou poderia usar essa pausa.

De acordo com Kaysen, o maior problema — agravado pela inércia de Kennedy em relação ao fechamento da fronteira de Berlim, em agosto — era que ele nunca aceitaria o grau necessário de revide nuclear a qualquer ataque convencional dos soviéticos à Alemanha Ocidental ou a Berlim Ocidental. "O presidente estará pronto para isso?", Kaysen perguntou. "A retaliação dos soviéticos é inevitável; e, muito provavelmente, será dirigida contra nossas cidades e contra as cidades de nossos aliados europeus."

A mensagem clara era que, cerca de dez meses depois de assumir a presidência, Kennedy se via diante de uma crise de Berlim que ameaçava se agravar e de um plano estratégico para resolvê-la que provavelmente não usaria. Kaysen estava dizendo que a crise de Berlim exigia não só teorização, mas um plano preciso de ataque preventivo, para o caso de os Estados Unidos serem ameaçados.

"As circunstâncias requerem algo muito diferente", ele prosseguiu. "Devemos estar preparados para desencadear uma guerra generalizada com nosso ataque preventivo, mas uma guerra planejada para essa ocasião, e não para implementar uma estratégia de retaliação maciça. Devemos buscar o menor número de alvos possível, concentrando-nos na capacidade ofensiva de longo alcance dos soviéticos, e evitar, na medida do possível, baixas e danos na sociedade civil soviética."

A ideia era "manter na reserva uma parte considerável de nosso poder ofensivo estratégico" e com isso dissuadir Khruschóv de usar suas forças restantes contra centros populacionais americanos. Kaysen também esperava que os esforços dos Estados Unidos para minimizar as perdas de civis soviéticos aplacassem a sede de vingança do inimigo, que poderia propagar a guerra. Em seguida, expôs detalhadamente um plano "mais eficaz e menos assustador" que o SIOP-62, para o caso de a crise de Berlim acarretar um "desastre na Europa Ocidental".

O plano fornecia ao presidente o que ele vinha querendo havia meses: uma guerra nuclear mais *racional*. Permitia-lhe destruir o poderio nuclear de longo alcance da União Soviética e, ao mesmo tempo, limitar os danos aos Estados Unidos e a seus aliados.

Kaysen passou então aos detalhes, que Kennedy leria e releria antes de responder. A força aérea estratégica — com poucos aviões dispersos e voando em baixa altitude para evitar intercepção — atacaria estimadas 46 bases fixas e 26 bases temporárias de bombardeiros nucleares soviéticos e até oito bases de mísseis balísticos intercontinentais, mirando dois pontos em cada uma. No total, o ataque preventivo envolveria 88 alvos.

Segundo Kaysen, esse ataque poderia ser executado por 55 bombardeiros, especialmente B-47s e B-52s; calculando uma perda de 25%, restariam 41 aviões. Seriam suficientes, pois "se espalhariam e, voando em baixa altitude, penetrariam não detectados em diferentes pontos do perímetro de radares soviético e se retirariam em baixa altitude".

Kaysen admitia a necessidade de realizarem-se mais estudos e exercícios para testar suas hipóteses. "Duas perguntas se colocam de imediato em relação a esse conceito", disse. "Até que ponto as suposições são válidas? Temos condições de executar esse ataque?" E respondeu que as suposições eram razoáveis, que os Estados Unidos dispunham dos meios militares e que, "embora seja possível uma ampla variedade de resultados, temos boas probabilidades de sucesso".[21]

Não havendo erros nos bombardeios, calculou, o número de soviéticos mortos no ataque inicial podia se limitar a 1 milhão e talvez ficasse em 500 mil — o que ainda era horrível, porém muito menos que os 54%, ou mais de 100 milhões, estimados pelo SIOP-62.

Numa Casa Branca que não estava habituada a falar de carnificina com tanta frieza, foi um choque. O consultor Ted Sorensen gritou para Kaysen: "Você está louco! Gente como você não devia nem entrar aqui". Marcus Raskin, amigo de Kaysen no CSN, nunca mais falou com ele depois disso. "Como é que isso pode nos tornar melhores que aqueles que mediam os fornos de gás ou que os engenheiros que construíram os trilhos para os trens da morte na Alemanha nazista?", explodiu.[22]

Kennedy não tinha as mesmas preocupações, pois era exatamente essa a análise que queria. "Os acontecimentos em Berlim podem nos colocar numa situação em que talvez desejemos tomar a iniciativa de transformar um conflito local numa guerra generalizada", escreveu na lista de temas que pretendia discutir em 19 de setembro com os generais Taylor, Lyman Lemnitzer, chefe do Estado-Maior das Forças Armadas, e Thomas S. "Tommy" Power, comandante em chefe do Comando Aéreo Estratégico. O nível de detalhe em suas perguntas demonstrava seu constante aprofundamento no tema ataque nuclear. Kennedy estava se preparando para a guerra.[23]

Pergunta n. 1: "É possível incluir no plano algumas alternativas, como ter opções de uso em distintas situações?" Kennedy queria saber sobretudo se podia afastar-se da "combinação ideal" de alvos civis e militares e, em determinadas circunstâncias, excluir áreas urbanas ou tirar a China ou satélites europeus da lista de alvos. "Em caso afirmativo, com que riscos?"

Pergunta n. 2: Se os acontecimentos em Berlim o colocassem numa situação em que quisesse transformar um conflito local numa guerra generalizada, haveria possibilidade de sucesso num ataque surpresa contra as forças soviéticas de longo alcance?

Pergunta n. 3: Um ataque surpresa contra o poder ofensivo de longo alcance dos soviéticos deixaria "um número considerável" de mísseis de médio alcance ainda posicionados para atacar a Europa? Ou seja: quanto custaria proteger a Europa e os Estados Unidos? A inclusão desses alvos de médio alcance no ataque inicial "aumentaria tanto a lista de alvos que inviabilizaria o ataque surpresa?".

Pergunta n. 4: "Estou preocupado com minha capacidade de controlar nosso esforço militar, uma vez iniciada a guerra. Suponho que possa suspender o ataque estratégico a qualquer momento, se o inimigo capitular. Estou certo?"

Kennedy formulou mais quatro perguntas do mesmo teor, querendo saber se podia evitar "destruição desnecessária" e recolher as armas restantes, se o primeiro ataque obtivesse os "resultados desejados". Também queria saber como poderia voltar atrás, se sua decisão de atacar tivesse sido motivada por um alarme falso.

A reunião do Conselho de Segurança Nacional, no dia seguinte, deixou sem resposta muitas de suas perguntas. E mostrou como seus conselheiros continuavam divididos em relação à ideia de uma guerra nuclear limitada. O general Tommy Power, do Comando Aéreo Estratégico, opinou: "O momento de maior perigo de um ataque surpresa por parte dos soviéticos é agora e no próximo ano. Se uma guerra atômica generalizada é inevitável, os Estados Unidos devem atacar primeiro", depois de identificar os alvos nucleares essenciais dos soviéticos.[24]

Power conduzira os bombardeios de Tóquio em março de 1945 e era chefe adjunto de operações da Força Aérea Estratégica dos Estados Unidos no Pacífico, quando foram lançadas as bombas atômicas sobre Hiroshima e Nagasaki. Assessorara o general Curtis E. LeMay no desenvolvimento do Comando Aéreo Estratégico, do qual passara a fazer parte em 1948 e que se tornara um feudo na gestão de ambos. Brutal e irascível, acreditava piamente que a única maneira de conter os comunistas com suas armas nucleares era fazê-los crer que seriam aniquilados se dessem um passo em falso.[25]

Quando soube dos danos genéticos de longo prazo causados por uma precipitação nuclear, respondeu, com humor negro: "Ainda não me provaram que ter duas cabeças não é melhor que ter uma". Era em Power que McGeorge Bundy, consultor de Segurança Nacional, estava pensando, quando lembrou a Kennedy que um comandante subordinado tinha autoridade para "começar o holocausto termonuclear por iniciativa própria" se não conseguisse consultar o presidente depois de um ataque soviético.

Power disse a Kennedy que os soviéticos estavam escondendo "muitos mais" mísseis do que as fotos da CIA revelavam. Reclamou que faltavam informações sobre bases soviéticas de mísseis balísticos intercontinentais e acrescentou que os Estados Unidos tinham realizado apenas 10% da cobertura fotográfica da União Soviética. Falou que foram localizadas vinte bases de mísseis balísticos intercontinentais, porém muito mais que isso poderia estar em áreas não monitoradas. Sem dados cruciais sobre o número de mísseis soviéticos, recomendou a retomada dos voos do U-2, que Kennedy prometera a Khruschóv que proibiria.

Kennedy descartou seu conselho. Estava mais interessado em saber se realmente poderia realizar um ataque surpresa contra a União Soviética sem provocar uma retaliação devastadora. Também encarregou os generais de "apresentarem uma resposta à seguinte pergunta: de quanta informação e de quanto tempo a União Soviética precisa para lançar seus mísseis?".

Martin Hillenbrand, chefe do setor de Assuntos Alemães do Departamento de Estado, observou que, a cada dia que passava, Kennedy "estava mais impressionado com a complexidade e as dificuldades" da Crise de Berlim. Seus antecessores viam a guerra como uma alternativa cruel, mas desejável, para questões como a violência dos nazistas ou a agressividade dos japoneses. Já para Kennedy, segundo Hillenbrand, a guerra se tornara "quase idêntica ao problema da sobrevivência humana".[26]

Com essa visão da situação, em 10 de outubro Kennedy reuniu no Gabinete da Casa Branca altos funcionários da administração e comandantes militares para finalizar planos de contingência nuclear para Berlim. Paul Nitze, subsecretário de Defesa adjunto, levou um documento intitulado "Sequência preferencial de ações militares num conflito de Berlim".

Aos 54 anos, esse americano frio e racional era, talvez, a figura mais crucial dos bastidores, influenciando políticas que conduziam o desenvolvimento de armas nucleares e detinham seu controle. Refletindo sobre o fracasso de pessoas bem intencionadas em evitar conflitos, nunca esquecia sua experiência da juventude, quando testemunhou o início da Primeira Guerra Mundial, ao viajar pela Alemanha, sua pátria ancestral, onde viu multidões em Munique aplaudindo o desastre iminente.[27]

Encarregado pelos presidentes Roosevelt e Truman de estudar o impacto de bombardeios estratégicos na Segunda Guerra Mundial, Nitze viu grandes cidades alemãs em ruínas e analisou o impacto das bombas atômicas em Hiroshima e Nagasaki. Contudo, nada foi mais decisivo para sua tomada de posição sobre a importância do poderio nuclear dos Estados Unidos que a preocupação com a vulnerabilidade estratégica resultante de seu estudo de Pearl Harbor.

Em 1950, como chefe do planejamento político de Truman, substituindo George Kennan, Nitze foi o principal autor de um documento fundamental: "Objetivos e programas dos Estados Unidos para a segurança nacional", ou CSN 68. Num mundo em que os Estados Unidos perderam o monopólio nuclear, o CSN 68 justificou o significativo aumento dos gastos com a Defesa e determinou o rumo da política de segurança americana nas quatro décadas seguintes, apontando o "plano do Kremlin para dominar o mundo". Nitze acreditava que, se naquele ano Truman não tivesse aprovado o desenvolvimento da bomba de hidrogênio, apesar da considerável oposição, "os soviéticos teriam chegado a uma incontestável superioridade nuclear no final da década".[28]

Os falcões Acheson e Nitze eram presidente e vice-presidente do Comitê de Assuntos Externos e Defesa do Partido Democrata, que estabeleceu a base da posição defensiva de Kennedy e lhe inspirou a ideia de "reação flexível", depois de sua indicação.

Ambos viam Berlim como um campo de provas, no qual os comunistas tentavam derrotar psicologicamente o Ocidente, mostrando-lhe sua impotência ante a maior capacidade dos soviéticos. Ambos achavam boba a ideia de que novas conversações pudessem resolver a crise.[29]

Em 13 de agosto, Nitze se enfureceu com a inação de seu país ante o fechamento da fronteira de Berlim. Mas depois, enquanto o Pentágono cogitava numa resposta, ele soube que três divisões soviéticas e duas divisões alemãs-orientais haviam cercado Berlim. Isso sugeria que Moscou estava montando uma armadilha para os Estados Unidos derrubarem a barreira — e os soviéticos ocuparem toda a cidade. O Pentágono optou por não recomendar qualquer ação contra o Muro, temendo que acarretasse uma guerra generalizada para a qual os Estados Unidos não estavam preparados.[30]

Agora cabia a Nitze dizer aos Estados Unidos como deviam se preparar para outro confronto por Berlim. Depois de 13 de agosto, ele recebeu a incumbência de reunir representantes militares da Grã-Bretanha, da França e da Alemanha Ocidental para chegarem a um consenso sobre sua reação a mais uma provocação dos soviéticos em Berlim.

Para salvaguardar o acesso a Berlim, o documento que eles produziram apresentava quatro cenários em que uma ação convencional gradativamente evoluiria para uma guerra nuclear. No rascunho, Nitze mencionara "permutações expandidas como possíveis movimentos sucessivos numa partida de xadrez", mas alguém comentou que "seria necessário um papel do tamanho de uma manta de cavalo para anotá-las". Foi então que o grupo atinou com um plano conciso de reação militar para Berlim que chamou de "Manta de pônei". Nitze ficou satisfeito: convertera um programa de pressões crescentes num conjunto de propostas organizado e coerente que dava mais autoconfiança a seu país e aos aliados.[31]

Kennedy chegou atrasado para a discussão do documento. Rusk informara aos participantes que Moscou retiraria seu prazo final para o tratado de paz com a Alemanha Oriental se as conversações com os Estados Unidos fossem promissoras. Mas ainda considerava necessário um reforço do poderio militar na Europa. Depois o secretário McNamara apresentou suas recomendações.

O presidente prontamente as aprovou. Elas incluíam o envio de onze esquadrões da Guarda Nacional Aérea para a Europa, a partir de 1º de novembro; o retorno à Europa de sete esquadrões do Comando Aéreo Tático; e o pré-posicionamento de equipamento suficiente na Europa para uma divisão blindada e uma divisão de infantaria. Através de revezamento, Kennedy sempre teria pelo menos duas unidades de comando prontas para entrar em ação, mais seus elementos de apoio. Ao mesmo tempo, deslocaria de Fort Meade, Maryland, para a Europa o 3º Regimento da Cavalaria Blindada e seu destacamento de inteligência.

Sua maior preocupação continuava sendo a maneira como conduziria um conflito nuclear limitado. Seu pesadelo era perder o controle e ver a "pira funerária" da qual falara nas Nações Unidas havia menos de um mês. Quanto ao documento de Nitze, não lhe dava a certeza de que seria possível usar armas nucleares seletivamente sem desencadear uma guerra global.

Nesse ponto Nitze discordava de seu chefe McNamara e acreditava que um uso inicial restrito de armas nucleares "aumentaria em muito a tentação" dos soviéticos para um ataque estratégico. Portanto, concluiu, "seria melhor para nós, ao inclinar-nos para o uso de armas nucleares, considerar seriamente a opção de um ataque inicial estratégico de nossa parte". A seu ver, essa era a única forma de chegar à vitória num conflito nuclear, pois os americanos poderiam ser derrotados se deixassem o primeiro disparo para os soviéticos.

Como de hábito, Kennedy absorveu os detalhes e a gravidade da reunião, formulando uma pergunta ou outra, enquanto os homens a seu redor continuavam analisando o mais aterrador dos cenários.

Rusk temia que os estrategistas militares perdessem de vista o contexto moral: "O primeiro lado que usar armas nucleares assumirá uma enorme responsabilidade e arcará com as consequências perante o resto do mundo", alertou.

Kennedy não resolveu a divisão de opiniões, mas o grupo concordou em expor as novas instruções do presidente ao general Norstad, supremo comandante dos aliados na Europa, a fim de fornecer "clara orientação" sobre as intenções dos Estados Unidos para contingências militares.

Nos dez dias seguintes, o presidente se ocupou de poucas coisas além de Berlim e das questões nucleares relacionadas, de sua esperança de estabelecer negociações com Moscou e das crescentes dificuldades com seus próprios aliados.

O *Washington Post* noticiou esforços para acabar com a discriminação racial nos restaurantes de Maryland. Um artigo na primeira página do *New York Times* informou que os juízes da Suprema Corte estavam ouvindo depoimentos sobre protestos contra a discriminação no sul. A polícia zelava pelo cumprimento dos planos de dessegregação nas escolas, enquanto os homens encapuzados da Ku Klux Klan protestavam.[32]

Entrementes, Kennedy estava preocupado com a guerra e com a maneira como haveria de conduzi-la. E suas preocupações estavam contagiando o público americano. A revista *Time* estampou na capa um retrato colorido de Virgil Couch, chefe do Departamento de Defesa Civil. A manchete dizia: ABRIGOS [NUCLEARES]: PARA QUANDO — DE QUE TAMANHO — COM QUE SEGURANÇA? Couch explicou aos americanos que preparar-se para um ataque nuclear devia ser tão normal quanto vacinar-se contra a varíola.[33]

Ainda pensando no anúncio dos cinquenta megatons que Khruschóv fizera três dias antes, Kennedy reuniu sua equipe de Segurança Nacional para dar os últimos retoques nas instruções militares que enviaria à Otan. A reunião não seria fácil.

O Estado-Maior travou um combate verbal sobre o reforço militar convencional na Europa e seu impacto potencial sobre a credibilidade do dissuasor nuclear dos americanos.

De Gaulle e Adenauer já diziam que Kennedy estava ansioso demais para negociar o futuro de Berlim com Khruschóv e pouco fazia para convencer o líder soviético de que usaria armas nucleares para defender a cidade.

Parecia que só Macmillan entendia a vontade de Kennedy de estabelecer conversações com Moscou. Tendo desaprovado sua belicosidade em relação aos soviéticos na primavera anterior, agora estava contente de vê-lo adotar a posição britânica, mais conciliatória, em relação a Moscou. E exultava por perceber que ele estava cada vez mais "farto" de De Gaulle e Adenauer.[34]

Com os aliados discordando sobre a forma de conduzir a estratégia em Berlim, Kennedy procurou acabar com as diferenças. Às dez horas encontravam-se à mesa, no Gabinete da Casa Branca, seu irmão Bobby, Rusk, McNamara, Bundy, Lemnitzer e o subsecretário de Defesa, Roswell Gilpatric, que tratava das questões de ameaça nuclear russa no Pentágono. Os outros principais envolvidos na política de Berlim também estavam presentes: Nitze; Foy Kohler, chefe da Força-Tarefa de Berlim; Martin Hillenbrand, do Departamento de Estado, especialista em Alemanha; e — como ocorria com frequência nos momentos cruciais da Crise de Berlim — o agitador Dean Acheson.[35]

Lemnitzer deu início aos trabalhos, colocando o presidente a par da "grande divergência" no Estado-Maior sobre a necessidade de um reforço militar imediato. O general Curtis LeMay, da Aeronáutica, e o almirante George Whelan Anderson Jr., da Marinha, concordavam com o general Norstad: nenhum reforço convencional em larga escala era necessário no "futuro imediato". Lemnitzer e o general George Decker, chefe do Estado-Maior do Exército, concordavam com McNamara: esse reforço era necessário já.

Rusk expôs a lógica de Norstad, segundo a qual um conflito por Berlim se transformaria tão rapidamente numa guerra nuclear que um reforço convencional seria irrelevante. Além disso, Rusk prosseguiu, Norstad temia que o reforço convencional "reduzisse a credibilidade e a capacidade das forças nucleares". Ao defender essa posição, Norstad se alinhava com os franceses e os alemães contra o presidente.

Como ocorria com frequência em momentos complexos relacionados com Berlim, Kennedy pediu a opinião de Acheson. No rascunho da ata da reunião, Bundy registrou, em tom de zombaria: "A partir desse ponto, os argumentos do sr. Acheson dominaram a reunião". Mais tarde, alterou a frase: "Como sempre, o sr. Acheson foi a bela do baile".[36]

Acheson não tinha paciência com os melindres dos aliados. Reclamou que, em situações de grande urgência nacional, funcionários americanos gastavam tempo demais consultando franceses, britânicos, alemães-ocidentais e outros, quando eram os Estados Unidos que tinham de arcar com o fardo. Afirmou que os Estados Unidos precisavam enviar novas divisões para a Europa até novembro, independentemente do que os aliados pudessem pensar ou dizer.

Opinou que a demonstração de intenções do presidente, ao enviar forças convencionais para a Europa, ajudaria "diplomática e politicamente". Discordou da ideia de que a lógica nuclear diminuía a necessidade de uma ação convencional. Uma significativa movimentação militar por parte dos Estados Unidos era "algo ominoso", que expressava "o sério propósito do governo americano".

Kennedy se declarou preocupado com o custo dessa movimentação. McNamara e Gilpatric lhe garantiram que novas negociações com os aliados podiam ajudar a dividir as despesas ou reembolsá-las.

Horas depois da reunião, Bundy enviou a Norstad uma carta ultrassecreta, à qual anexou o chamado "Manta de pônei". Intitulado "Política dos Estados Unidos para ações militares num conflito por Berlim", o texto seria aprovado pelo presidente três dias depois como Memorando de ação da Segurança Nacional n. 109. Em quatro estágios, numerados com algarismos romanos, descrevia as medidas a serem tomadas se os soviéticos cortassem o acesso a Berlim.[37]

Estágio I: Se os soviéticos e os alemães-orientais interferissem no acesso a Berlim Ocidental, mas não o fechassem inteiramente, um pelotão ou um grupo menor de americanos, franceses e britânicos patrulharia a Autobahn com o apoio de um caça. Essa reação era suficientemente limitada para evitar o risco de guerra.

Estágio II: Se os soviéticos insistissem em bloquear o acesso apesar das ações dos aliados, o Ocidente endureceria e a Otan tomaria medidas de apoio não bélicas, como embargos econômicos, entraves marítimos e protestos na ONU. Os aliados reforçariam e mobilizariam suas tropas, preparando-se para nova escalada. Sem isso, suas opções seriam limitadas e possivelmente provocariam atrasos que poderiam reduzir a credibilidade nuclear, ameaçar a viabilidade de Berlim Ocidental e abalar a determinação da Aliança.

Estágio III: O Ocidente promoveria mais uma escalada contra o bloqueio contínuo de Berlim Ocidental, o que incluiria a expansão de operações por terra no território da Alemanha Oriental com medidas como o envio de três divisões blindadas pela Autobahn para Berlim Ocidental e o estabelecimento de superioridade aérea local através de ataques a campos de aviação não soviéticos. "Não é viável a derrota militar de certa resistência soviética", o texto admitia. "Os riscos aumentam, assim como as pressões militares sobre os soviéticos." Quanto a isso, Kennedy, numa atitude controversa, reclamava ações globais contra interesses dos soviéticos, o que implicaria usar a superioridade naval dos Estados Unidos como parte de um bloqueio marítimo, retardando ainda mais o momento da verdade nuclear, enquanto os diplomatas negociariam.

O texto expunha então o ominoso *Estágio IV*: Só se os soviéticos ainda não tivessem recuado ante o uso substancial de armas convencionais dos aliados, Kennedy partiria para a guerra nuclear. Então poderia escolher uma das seguintes alternativas ou todas elas: ataques seletivos para demonstrar a disposição de utilizar armas nucleares, uso limitado de armas nucleares para obter vantagens táticas e, por fim, a guerra total.

Atenuando consideravelmente a gravidade da situação, o memorando advertia: "Os aliados controlam apenas parcialmente o momento e a escala do uso de armas nucleares. Os soviéticos podem começar a utilizá-las a qualquer momento, uma vez iniciadas as hostilidades de pequena escala. Uma ação nuclear limitada por parte dos aliados pode provocar uma reação do mesmo teor; também pode provocar um ataque irrestrito".

Era um documento que fazia pensar. Dez meses depois de assumir a presidência, Kennedy estabelecera a sequência militar que poderia resultar numa guerra nuclear por Berlim.

Na carta anexada que enviou ao general Norstad, ele escreveu: "Isto requer vigor nos preparativos, prontidão para a ação e cautela para não fazer nada prematuramente". Acrescentou que todas as circunstâncias exigiam reforços rápidos e deslocamento para o front central. Avisou que, se os soviéticos mobilizassem forças suficientes para derrotar o Ocidente, a reação, para a qual Norstad receberia instruções específicas, seria nuclear.

Kennedy demonstrou para um cético Norstad — e, por associação, para os franceses e os alemães — que reforçar a capacidade convencional dos aliados não contradizia a mensagem que desejava enviar aos soviéticos, a saber, que partiria para a guerra nuclear se fosse necessário. "Parece-me evidente que nosso potencial de dissuasão nuclear só convencerá os soviéticos se eles acreditarem que a Otan está disposta a se envolver num grau menor de violência e, assim, compreenderem os grandes riscos de uma escalada para a guerra nuclear", ressaltou.

Uma febril atividade diplomática — memorandos, telefonemas, reuniões — acompanhou os preparativos para a guerra. Como acontecia com frequência em momentos de alta tensão, Kennedy consultou um grupo de especialistas.

434

Pediu-lhes franqueza, e David Bruce, seu embaixador no Reino Unido e ex--embaixador na Alemanha, não se fez de rogado.

Disse que, ao aceitar o Muro sem reagir militarmente, Kennedy tornara a presença americana em Berlim mais vulnerável e abalara o moral de Berlim Ocidental e da Alemanha Ocidental. Os soviéticos só aceitaram o papel dos americanos na cidade por causa da impossibilidade militar de removê-los.[38]

Bruce observou que o objetivo dos soviéticos não era Berlim Ocidental por si só, mas a possessão, com o tempo, da "Alemanha Ocidental com seus recursos imensos". Declarou-se preocupado com a hesitação de Kennedy em relação ao compromisso com a unificação alemã, um objetivo de longo prazo. Lembrou que foram essas promessas que, em 1953, convenceram Adenauer a recusar "a traiçoeira mas tentadora oferta de reunificação feita pelos soviéticos e preferir a aliança com os países da Otan". Em outras palavras, estava dizendo que, ao se afastar de seu compromisso, Kennedy inspirava aos alemães uma resposta que podia não agradar Washington.

Com um encantador torneio de frase, Bruce argumentou que o fato de a divisão da Alemanha ser uma realidade não constituía motivo suficiente para reconhecê-la oficialmente como algo permanente: "Pois nenhum governo na Alemanha Ocidental poderia sobreviver à aceitação explícita, por parte de seus aliados, de que *o que pelo menos até agora tem sido esperança adiada seja descartado como eterna desesperança*" (grifo meu). Bruce foi direto: Kennedy tinha de encarar o fardo histórico dos problemas que ajudara a criar. "Estamos próximos, suponho, do momento da decisão", escreveu. "A meu ver, é fundamental que tomemos — e tornemos crível — a decisão de partir para uma guerra nuclear, se necessário, ao invés de perder Berlim Ocidental e, consequentemente, a Alemanha Ocidental."

HOT SPRINGS, VIRGÍNIA
SÁBADO, 21 DE OUTUBRO DE 1961

Kennedy sabia que tinha pouco tempo.

Temendo que em breve Khruschóv resolvesse agir militarmente, optou por lançar um tipo de ataque nuclear preventivo que atingiria o líder soviético como uma humilhação em seu Congresso do Partido.

Decidiu divulgar detalhes até então secretos sobre as dimensões, o poderio e a superioridade do arsenal nuclear americano. Dispunha de informações via satélite que evidenciavam cada vez mais a extensão da supremacia nuclear dos Estados Unidos, porém Khruschóv talvez não tivesse dados semelhantes sobre o potencial americano.

O presidente Eisenhower nunca revelou o que sabia sobre a inferioridade militar dos soviéticos, porque não queria acelerar os esforços armamentistas do adversário. Foi por falta dessa informação que Kennedy o acusou de ter permitido uma defasagem na fabricação de mísseis em relação a Moscou. Ironicamente, agora dizia que era necessário mostrar a força dos Estados Unidos para proteger os Estados Unidos. Também era uma política inteligente — e não por coincidência.

Kennedy temia que Moscou, os aliados e os americanos o achassem fraco, quando, na verdade, era forte bastante para derrotar a União Soviética ou qualquer outro país em qualquer conflito militar. Considerando que seria muito agressivo enviar essa mensagem pessoalmente, confiou a missão a Roswell Gilpatric, o número dois no Departamento de Defesa, que em 21 de outubro devia falar ao Conselho Empresarial em Hot Springs, Virgínia.

Era uma plateia improvável para um momento tão importante, mas o orador era ideal. Gilpatric se tornara amigo pessoal da primeira-dama, que o considerava "o segundo homem mais atraente" do Pentágono, depois de McNamara. Kennedy gostava desse advogado de Wall Street afável, formado em Yale, e confiava nele. Daniel Ellsberg, jovem estrategista do Pentágono, rascunhou o discurso, no qual o presidente colaborou, juntamente com Bundy, Rusk e McNamara.[39]

Sem ter conhecimento do canal secreto estabelecido por Bolshakov ou da correspondência particular com Khruschóv, Ellsberg perguntou a Kaysen se não seria mais eficaz para Kennedy enviar uma mensagem mais pessoal ao premiê sobre a superioridade americana. Por que tanto espalhafato? Kennedy não podia mandar para ele as coordenadas precisas dos mísseis balísticos intercontinentais soviéticos e talvez incluir cópias de fotos tiradas por satélite?[40]

Na verdade, Kennedy queria dar uma resposta pública para tranquilizar suas plateias nos Estados Unidos e na Europa Ocidental. Os porta-vozes da Casa Branca convidaram para o evento jornalistas americanos importantes e informou-os previamente, de modo que a importância do discurso não passaria despercebida. "Berlim é a emergência do momento, porque os soviéticos assim decidiram", disse Gilpatric.

> Respondemos de imediato com nossos aliados ocidentais, reforçando nossas guarnições naquela cidade sitiada. Convocamos cerca de 150 mil reservistas, aumentamos o recrutamento e estendemos o serviço de muitos fardados. [...]
>
> Mas nossa verdadeira força em Berlim — e em qualquer outro lugar, no perímetro das defesas do mundo livre que possam constituir uma tentação para os comunistas — tem uma base muito mais ampla. Nossa confiança em nossa capacidade de deter uma ação dos comunistas ou resistir a uma chantagem dos comunistas baseia-se numa séria apreciação do relativo poderio militar de ambos os lados. O fato é que esta nação tem uma força nuclear retaliatória de tamanho poder letal que qualquer movimento do inimigo que a acionasse seria um ato de autodestruição de sua parte.[41]

A seguir, Gilpatric forneceu detalhes sobre centenas de bombardeiros intercontinentais, inclusive de cerca de seiscentos bombardeiros pesados, capazes de devastar a União Soviética graças a avançadas técnicas de abastecimento. Falou das forças ofensivas em terra e em porta-aviões que podiam "soltar outras centenas de megatons". Afirmou que os Estados Unidos tinham dezenas de milhares de mísseis nucleares táticos e estratégicos com mais de uma ogiva em cada um.

"Nossas forças estão posicionadas e protegidas de tal modo que um ataque surpresa não poderia efetivamente desarmar-nos", explicou. Mesmo depois de sofrer um ataque surpresa, os Estados Unidos ainda teriam um poder destrutivo muito maior que o do inimigo e sua capacidade de retaliação sobreviveria melhor que a dos soviéticos por estar escondida, ter mobilidade e contar com proteção reforçada.

"A vociferação dos soviéticos e suas ameaças de disparar foguetes contra o mundo livre — particularmente contra os integrantes europeus da Otan — devem ser avaliadas tendo em mente a superioridade nuclear dos Estados Unidos", disse Gilpatric. "Os Estados Unidos não procuram resolver disputas por meio da violência. Contudo, se uma interferência violenta em nossos direitos e obrigações levar a um conflito violento — *como pode levar* —, os Estados Unidos não pretendem ser derrotados" (grifo meu).

Por fim, Kennedy desafiou Khruschóv a cumprir suas ameaças.

Com o aviso em Hot Springs, Virgínia, Khruschóv, de volta a Moscou, começou a se preocupar: o conflito por Berlim parecia iminente.

Durante um intervalo no Congresso do Partido, o general Konev apresentou-lhe evidências de que os americanos estavam se preparando para a guerra. Embora Konev continuasse sendo, nominalmente, o comandante soviético na Alemanha, Khruschóv considerava que grande parte de sua função era a de um oficial de ligação, e o general estava em Moscou na condição de delegado do partido.

Mais tarde, Khruschóv lembraria que Konev o informou sobre o dia e a hora exatos em que o Ocidente daria início às hostilidades em Berlim. "Estão providenciando escavadeiras para derrubar nossas instalações na fronteira. Depois enviarão tanques e levas de jipes com homens da infantaria." Khruschóv pensou que a ação fora planejada para coincidir com os primeiros dias do Congresso do Partido.[42]

Embora não haja motivo para duvidar de que Khruschóv tenha tomado conhecimento das manobras não autorizadas de Clay, ele podia atribuir a escolha do momento do que se seguiu mais a Walter Ulbricht, seu incômodo aliado. Aborrecido com o premiê porque desistira do tratado de paz com a Alemanha Oriental, Ulbricht decidiu, mais uma vez, resolver a seu modo a situação de Berlim Oriental. Só que agora os americanos estavam dispostos a fazê-lo recuar.

Estava armado o cenário para o primeiro e último confronto militar direto entre os Estados Unidos e a União Soviética.

18. Tensão no Checkpoint Charlie

Não creio que o senhor tenha me mandado para cá para me deixar num vazio e sei que não posso ter efetiva utilidade, se se considera sensato ser extremamente cauteloso em Berlim. Posso acrescentar, também, que não vim para cá para agravar seus problemas e que de bom grado me coloco à disposição.[1]

O general Lucius Clay ao presidente Kennedy,
18 de outubro de 1961

Há muito decidimos que o acesso a Berlim não é um interesse vital que justifique determinado uso de força para proteger e manter. Tendo por essa razão consentido na construção do Muro, devemos reconhecer francamente, entre nós, que aceitamos o fato de que, no caso de Berlim Oriental, os soviéticos podiam isolar seus súditos contra a vontade deles, como já fizeram em outros lugares que estão sob seu controle concreto.[2]

O secretário de Estado Dean Rusk ao general Clay,
26 de outubro de 1961

A noite que desencadearia a crise decisiva do ano começou de forma inocente.

E. Allan Lightner Jr., importante diplomata americano em Berlim Ocidental, apressou a esposa, Dorothy, para não chegarem atrasados a uma apresentação de uma companhia tcheca de teatro experimental em Berlim Oriental. Ela havia lido sobre o espetáculo no jornal e achou que teriam um bom divertimento, depois de dois meses e nove dias de pressão incessante decorrente do fechamento da fronteira.[3]

Fazia um friozinho agradável nessa noite de outono. O casal morava no elegante bairro de Dahlem, num espaçoso casarão que pertencera a um nazista de alto escalão e fora confiscado depois da guerra. Os vizinhos se preparavam para o inverno. Alguns passaram o dia limpando o gramado, recolhendo as folhas secas que caíram das faias e dos carvalhos. Outros tiraram seus pesados edredons do armário e os penduraram no varal e no terraço, para arejá-los.

Lightner não previra a construção do Muro, porém isso não prejudicara sua carreira. Ser designado para servir na linha de falha da Guerra Fria era o que havia de mais conspícuo. Como muitas esposas de funcionários do Departamento de Estado faziam na época, Dorothy abraçou a carreira do marido e os privilégios envolvidos; a equipe a considerava mandona e excessivamente exigente. Os Lightner sempre iam ao setor soviético, onde se apresentavam os principais artistas do mundo socialista. Mas desde 13 de agosto suas visitas adquiriram um simbolismo maior. Os berlinenses orientais que reconheciam o diplomata geralmente lhe agradeciam a presença.

Lightner sabia que havia uma pequena possibilidade de sua travessia da cidade ser mais agitada que de hábito. Nessa semana, a chamada Polícia do Povo Alemão-Oriental, a Volkspolizei, ou Vopos, começara a verificar aleatoriamente os documentos de civis aliados. A medida não só infringia as normas estabelecidas pelas quatro potências como contrariava as instruções de Moscou, especificamente do ministro da Defesa, o marechal Rodion Malinovsky, segundo as quais os alemães-orientais não mudariam nada na fronteira sem o consentimento dos soviéticos.[4]

Ulbricht aparentemente aprovou a medida. Encontrava-se em Moscou, onde esbravejava contra o discurso de Khruschóv no Congresso do Partido. Kennedy considerou esse texto agressivo, porém Ulbricht se concentrou na decisão do líder soviético de prorrogar o prazo que havia fixado — até o final do ano — para a assinatura do tratado de paz. Via isso como uma retomada do velho hábito de Khruschóv de hesitar em relação a Berlim às custas da Alemanha Oriental. Três dias depois, em seu discurso, definiu o tratado como uma "tarefa da máxima urgência". Precisava dele para consolidar seu triunfo de agosto, estendendo ainda mais seu controle sobre Berlim Oriental e, ao mesmo tempo, isolando e desmoralizando os berlinenses ocidentais.[5]

Mas, como com Khruschóv nunca bastava falar, Ulbricht unilateralmente expandiria as inspeções na fronteira, imaginando que o Ocidente reclamaria, porém se submeteria, tendo aceitado a humilhação, muito maior, do fechamento da fronteira. Na verdade, estava subestimando a determinação do mais novo elemento americano a entrar em cena: o general Lucius Clay.

Os dois dariam início a um confronto entre as superpotências que seus superiores em Moscou e em Washington não desejavam nem previam — embora cada lado achasse que o outro o queria.

Nessa semana, incentivado por Clay, Lightner ordenara aos integrantes da Missão Americana que não se submetessem à nova medida dos alemães--orientais, e, na véspera, sua secretária voltara atrás para não mostrar os documentos na fronteira. O diplomata e o general se enfureceram quando o primeiro-ministro Macmillan aceitou os novos controles sem dar um pio, o que lhes pareceu mais uma demonstração da atitude conciliatória dos britânicos. As ordens de Londres para os comandantes locais eram claras: tendo cedido em relação ao Muro, não havia batalha que valesse a pena travar.[6]

Clay discordava. A seu ver, se deixasse os alemães-orientais interferirem ainda mais nos direitos que os aliados detinham desde 1945, Washington acabaria abatendo o ânimo já frágil dos berlinenses ocidentais e destruindo o que restava do status legal dos aliados. As conversações preliminares que tivera na capital americana também o faziam crer que Kennedy estava mais decidido que seus conselheiros a se manter firme em Berlim. No momento, porém, seus inimigos pressionavam, porque achavam que Clay não tinha junto a Kennedy a influência que tivera junto a Truman.[7]

Assim, a situação o contemplava com uma tripla oportunidade. Primeiro, ele podia demonstrar a renovada determinação dos Estados Unidos em Berlim.

Segundo, podia restabelecer a autoconfiança das tropas americanas e dos berlinenses ocidentais. Por fim, podia mostrar a seus adversários em Moscou e em Washington que contava com o respaldo do presidente Kennedy.

Só havia um problema: ele mesmo não sabia ao certo qual a posição de seu hesitante presidente.

Ao contrário de Clay, Lightner não se considerava um soldado da Guerra Fria, mas era exatamente isso. Esse princetoniano de 53 anos caçoava dos "esquerdistas da boca para fora", seus colegas intelectuais da Ivy League* que escreviam e falavam ingenuamente do "grande experimento russo" do comunismo. Dizia que dois meses na União Soviética os fariam mudar de ideia rapidinho. Era o que lhe ensinara a experiência. Lightner servira na Rússia de Stálin até 1941, quando partiu de Moscou com os documentos da embaixada. Depois disso, trabalhara com exilados anticomunistas na Escandinávia, refugiara-se com intrépidos britânicos nos abrigos antiaéreos de Londres e ajudara a elaborar os acordos do pós-guerra que, lamentava, cederam aos soviéticos uma parte tão grande da Europa.[8]

Lightner dizia aos amigos que, se Clay estivesse presente em 13 de agosto, os militares americanos teriam derrubado as primeiras barreiras e os alemães-orientais não teriam se arriscado a uma guerra para repô-las. Como Clay, achava que os Estados Unidos não podiam recuar mais, porém temia que o general não conseguisse vencer uma estrutura americana muito mais burocrática que a existente em 1948. Ele mesmo estava submetido a uma dupla e confusa chefia, sendo o número dois do general Watson, em Berlim, e do embaixador Dowling, em Bonn.[9]

De acordo com o relato dessa noite, a polícia da Alemanha Oriental deteve seu Volkswagen quando serpenteava pela primeira das três barreiras de concreto pintadas de vermelho e branco e dispostas em zigue-zague — duas voltadas para a esquerda a partir do meio-fio e uma voltada da direita para o meio-fio. Lightner se recusou a mostrar seus documentos aos alemães-orientais e reclamou a presença de uma autoridade soviética. Em geral, a polícia da Alemanha Oriental fazia sinal para os diplomatas americanos prosseguirem. Agora,

---

* Literalmente, Liga da Hera: grupo de oito universidades americanas tradicionais — Yale, Harvard, Princeton, Columbia, Dartmouth, Cornell, Pennsylvania e Brown — de alto padrão acadêmico e grande prestígio social. (N. T.)

porém, com as novas ordens, o policial não o deixou passar. Como era domingo, disse que não podia chamar uma autoridade soviética e repetiu que Lightner devia mostrar seus documentos ou voltar.[10]

Lightner mais uma vez se recusou, agora incentivado por Dorothy, que, no banco do passageiro, discorreu sobre os direitos das quatro potências. Nos 45 minutos seguintes, os ânimos se acirraram, as vozes se avolumaram e a discussão se exacerbou, mas nenhuma autoridade soviética apareceu. Lightner concluiu então que estava na hora de agir. Depois de avisar Clay pelo telefone do carro, preparou-se para abrir caminho à força. Embora soubesse que os Vopos tinham ordens de atirar para matar em compatriotas que tentassem escapar, achou que não haveriam de atirar num diplomata americano que tentasse entrar. Isso seria um ato de guerra.

"Sinto muito, mas vou fazer valer meu direito de aliado de entrar em qualquer setor de Berlim", declarou.[11]

E acelerou o motor.

"Saiam da frente! Nós vamos passar!"

Lightner avançou, obrigando os Vopos a saltarem para o lado. Mas só em marcha lenta conseguiria percorrer o estreito labirinto de concreto. Assim, um grupo maior de policiais agarrou-se ao carro e novamente o deteve. Lightner se viu cercado.

"Você pode esperar aqui até amanhã para falar com um russo! Se algum russo aparecer!", um deles gritou.

Entrementes, Clay acionou a engrenagem militar. Ordenou que um pelotão do 2º Grupo de Combate saísse do quartel McNair, em Lichterfelde, com dois carros blindados e quatro tanques M48 providos de escavadeiras, e rumasse para o Checkpoint Charlie, a dezesseis quilômetros de distância. Para dirigir a ação, Clay e o general Watson, comandante militar de Berlim, foram para o centro de operações de emergência, "o bunker", situado no porão do consulado americano, na Clayallee. Construído em 1936 para abrigar a Luftwaffe do Terceiro Reich, o edifício servira como quartel-general de Clay durante a ponte aérea de Berlim e agora retomava essa função.

Instalado em sua cabine branca de madeira, no Checkpoint Charlie, o tenente-coronel Robert Sabolyk, da Polícia Militar americana, acompanhou durante algum tempo, com a ajuda de um binóculo, a cena que se desenrolava a uns cem metros de distância. Tendo recebido ordem de manter a situação sob controle até a chegada dos reforços, o ex-pugilista universitário logo pegou o carro, contornou a primeira barreira, contornou a segunda e parou diante do Volkswagen de Lightner. Quase amputou as pernas de vários Vopos, que saltaram para trás e reclamaram aos gritos.

A essa altura, quatro tanques americanos se aproximaram da faixa branca pintada no chão que indica o limite de Berlim Ocidental. Outro policial militar deixou a cabine de comando para polidamente sugerir a Dorothy Lightner que descesse do carro. Ela se recusou a sair do lado do marido.[12]

O policial militar voltou para a cabine, mas poucos minutos depois voltou. "Desculpe, mas o general Clay *ordena* que a sra. Lightner saia do carro", falou.

E, num cochicho, para que os Vopos não o ouvissem, informou ao diplomata: "Temos um plano, e não queremos que a sra. Lightner participe".

Depois que o policial conseguiu retirar Dorothy do local, dois grupos da infantaria, cada qual composto de quatro homens, fixaram as baionetas em seus fuzis M14 e se posicionaram em ambos os lados da Friedrichstrasse. Com as armas de quatro tanques americanos apontando para eles, os Vopos recuaram. Lightner engatou a primeira e avançou lentamente, tendo a cada lado um grupo de infantaria. Depois que transpuseram a última barreira e, portanto, entraram em território comunista, o chefe do pelotão perguntou ao diplomata se deviam esperar ali.

"Não", Lightner respondeu.

Foi a primeira vez na Berlim do pós-guerra que uma unidade inteiramente armada das Forças de Ocupação americanas entrou no setor soviético. Para reafirmar o direito de livre passagem dos aliados, Lightner percorreu dois quarteirões até o cruzamento seguinte, dobrou a esquina e voltou — sempre escoltado por seus guardas armados. Sob a mira de canhões americanos, os policiais da Alemanha Oriental permaneceram em suas posições.

De volta ao setor americano, Lightner se preparou para cruzar a fronteira mais uma vez. A essa altura, a notícia do confronto já se espalhara. Repórteres e fotógrafos apareceram para acompanhar os acontecimentos. Com o coração aos saltos, Albert Hemsing entrou no carro de Lightner. Esse alemão de quarenta anos, funcionário do serviço de informações, trabalhara, depois da guerra, para a divisão cinematográfica do Plano Marshall em Paris, fazendo filmes para apoiar o esforço de reconstrução da Europa. Porém nunca participara desse tipo de aventura. Mais tarde, os Vopos diriam que seu hálito cheirava a álcool.

Quando os policiais da Alemanha Oriental mais uma vez lhe barraram a passagem, Lightner fez sinal para seus guardas armados se aproximarem. Eles o escoltaram novamente, e novamente os alemães-orientais se afastaram. Entrementes, Howard Trivers, consultor político da Missão Americana, ligou para o quartel dos soviéticos e pediu que um oficial russo fosse até o Checkpoint Charlie resolver o impasse.

Quando Lightner voltou de sua segunda viagem, um oficial soviético apareceu. Depois de conversar com os Vopos e os americanos, desculpou-se pela falha dos alemães-orientais em não reconhecerem a posição de Lightner. Assim, o diplomata cruzou a fronteira pela terceira vez, agora acompanhado de outro carro civil. Os Vopos deram passagem, e a vitória dos americanos parecia completa.[13]

Os dois veículos então realizaram algo como um giro da vitória, rodando pela Friedrichstrasse até a Unter den Linden, a avenida central de Berlim Oriental, onde entraram à esquerda, rumaram para o Portão de Brandemburgo, viraram novamente à esquerda e retomaram a Friedrichstrasse. Por volta das 22 horas, uma autoridade soviética mais graduada, o coronel Lazarev, consultor político adjunto, chegou ao local. Também pediu desculpas pelo procedimento dos alemães-orientais, explicando que não tinham uma relação das placas dos aliados para saber que veículos deviam fiscalizar. Ao mesmo tempo, contudo, protestou contra a "incursão armada" dos americanos no setor soviético.

Os Lightner perderam a hora do espetáculo teatral, mas Clay os aplaudiu por sua conduta. Na manhã seguinte, o general declarou à imprensa que "agora caíra por terra" a ficção de que os alemães-orientais podiam impedir o acesso dos aliados a Berlim Oriental.

Sua vitória, porém, foi efêmera. Na mesma manhã, o governo da Alemanha Oriental publicou um decreto oficial, estabelecendo que, dali em diante, *todos* os estrangeiros — exceto militares aliados fardados — teriam de mostrar sua identidade para entrar na Berlim "democrática". A ADN, agência de notícias da Alemanha Oriental, condenou o incidente do domingo à noite, definindo-o como uma "provocação de fronteira" por parte de um civil desconhecido (Lightner), acompanhado de uma mulher desconhecida (Dorothy) e, posteriormente, de um bêbado (Hemsing).

Depois de obter os nomes dos americanos envolvidos, a rádio da Alemanha Oriental transmitiu um programa, em inglês, destinado aos soldados americanos: "Vai demorar muito tempo para o ministro Lightner convidar sua namorada para sair e tentar dormir com ela em Berlim Oriental durante o fim de semana".[14]

Em Washington, Kennedy estava irritado. Queria iniciar negociações com os soviéticos, e não provocar um novo confronto. "Não mandamos [Lightner] para lá para ir à ópera em Berlim Oriental", reclamou, sem ter uma visão correta do incidente e ignorando o fato de que o diplomata agira de acordo com as instruções de seu representante pessoal.[15]

Ao mesmo tempo, o presidente enfrentava outro problema. Quatro dias antes, Clay apresentara seu pedido de demissão, pois desejava ter maior liberdade de ação. Só concedendo-lhe essa liberdade Kennedy poderia evitar um terremoto político.

QUARTEL-GENERAL AMERICANO, BERLIM OCIDENTAL
QUARTA-FEIRA, 18 DE OUTUBRO DE 1961

Uma crescente frustração levou o general Clay a incluir um pedido de demissão na primeira carta pessoal que enviou ao presidente desde seu retorno a Berlim.

Quando Kennedy escolheu Clay, Bundy, o consultor de Segurança Nacional, avisou-o de que poderia provocar "mais um caso MacArthur-Truman", lembrando a decisão politicamente danosa do presidente Truman de demitir o general MacArthur porque ele discordara publicamente de sua política na Guerra da Coreia. Na época, MacArthur queria bombardear a China, e agora Bundy apostava que Clay haveria de querer ser mais agressivo em Berlim que Kennedy, num momento em que sua administração cogitava fazer grandes concessões a Khruschóv em relação a Berlim.[16]

Embora propusesse seu afastamento com mais discrição que MacArthur, Clay devia saber que seus motivos para deixar Berlim provavelmente vazariam, inflamando ainda mais os críticos de Kennedy e desalentando ainda mais os berlinenses.[17]

Começou se desculpando pela extensão da carta — 1791 palavras — e por não ter escrito antes. Explicou que os muitos outros incidentes que enfrentara desde sua chegada a Berlim não mereciam a atenção do presidente.

Acima de tudo, "temos de preservar a confiança dos berlinenses ocidentais", escreveu. "Caso contrário, a evasão de capital e de cidadãos responsáveis poderia minar nossa posição na cidade e a falta de confiança em nós se espalharia pelo mundo." O berlinense pouco se importa com o que os franceses ou os britânicos fazem, observou, mas, "se falharmos, ficará consternado".

Clay não poupou Kennedy. Indiretamente o criticou pelo modo como reagira ao fechamento da fronteira, que, a seu ver, ele poderia ter contestado sem correr grandes riscos. "Não acho que deveríamos ter começado uma guerra para sustar a construção do Muro", opinou, porém logo acrescentou que "poderíamos pelo menos ter mandado alguns caminhões militares, sem armas, cruzarem determinados pontos da fronteira várias vezes, e essa ação restrita talvez tivesse impedido a construção do Muro."

Na verdade, Clay culpava os subordinados de Kennedy em Berlim, e não o presidente. "Muito me surpreendi ao constatar que aqui não se recomendou nenhuma ação específica para essa finalidade", desabafou. Criticou o que considerava uma cultura avessa a riscos existente entre os americanos em Berlim. "Bastam algumas desaprovações para desencorajar a independência de opinião e as recomendações positivas", lamentou. Expressou seu receio de que o presidente talvez não tivesse acesso a pontos de vista independentes como o seu porque até mesmo "um comandante competente como [Lauris] Norstad [supremo comandante da Otan]" se deixava influenciar pela relutância dos aliados.

Por fim, Clay chegou ao ponto principal: a "necessidade urgente de acabar com a violação de nossos direitos" por parte das forças da Alemanha Oriental, "enquanto as forças soviéticas se mantêm em segundo plano". Relatou que, quando dizia que os Estados Unidos deviam responder a pequenos incidentes, o Comando Europeu "levianamente desprezava" suas recomendações. Queria que o presidente lhe desse mais autoridade pessoal para lidar com testes da determinação americana como a fiscalização na fronteira, porque no conjunto eles eram mais sérios do que os consultores de política externa de Kennedy pensavam.

O general escrevia com a segurança de quem sabia que fizera história comunicando-se diretamente com um presidente anterior. "Para reagirmos adequada e prontamente", argumentou, "o comandante local precisa, numa emergência, ter autoridade para agir de imediato sob minha orientação e com meu consentimento de acordo com a ampla autoridade que o senhor delegou a nosso Comando Militar na Europa."

447

Queria que Kennedy liberasse o general Watson, comandante americano em Berlim, das restrições impostas pelo general Clarke em Heidelberg e pelo general Norstad em Paris. Embora reconhecesse que os Estados Unidos não podiam alterar militarmente a situação de Berlim, alertou: "Podemos perder Berlim se nos recusamos a correr algum risco usando a força. [...] Podemos nos ver obrigados a entrar em guerra por não deixar evidente que chegamos a uma situação perigosa".

Defendeu o que havia feito até então — e que, bem sabia, os consultores de Kennedy desaprovavam —, sobretudo o resgate dos refugiados de Steinstücken e a implantação de patrulhas militares na Autobahn. "Essas poucas ações simples de nossa parte aliviaram a tensão e restabeleceram a confiança dos berlinenses ocidentais." Ressaltou que defender seu direito de livre trânsito pelo Checkpoint Charlie tinha de ser uma prioridade para os Estados Unidos, não pelo direito em si, mas porque os berlinenses ocidentais estavam atentos. Por essa razão, estava tratando de "fazer passar por ali, diariamente, o máximo de veículos possível".

Embora Kennedy não lhe tivesse pedido, Clay apresentou-lhe um plano de contingência para o caso de os soviéticos endurecerem, como fizera com Truman depois do embargo soviético: "Se formos detidos na estrada [de Berlim], devemos prontamente enviar um pequeno destacamento militar de Berlim para averiguar a intenção [do inimigo]. Se nosso destacamento for detido por uma força superior e obrigado a voltar atrás, devemos imediatamente organizar uma ponte aérea e, ao mesmo tempo, aplicar sanções econômicas para tentar obrigar os soviéticos a agirem. Se essas medidas forem implantadas simultaneamente, não haverá pânico em Berlim Ocidental e ganharemos tempo para que o senhor tome a *decisão final* com calma e objetividade".

Kennedy entenderia que "a decisão final" se referia a conflito nuclear. "Se nossa averiguação resultar na destruição e captura dos militares envolvidos, será evidente que o governo soviético quer guerra", Clay escreveu friamente.

E encerrou com a promessa de ser mais breve, no futuro. Declarou-se honrado de servir a Kennedy como seu ponta de lança em Berlim, embora percebesse "que ninguém sabe ao certo o que isso significa". Observou que "pensarão ter sua aprovação qualquer omissão de minha parte no sentido de agir positivamente e com determinação. [...] Não creio que o senhor tenha me mandado para cá para me deixar num vazio e *sei que não posso ter efetiva utilidade, se se considera sensato ser extremamente cauteloso em Berlim*" (grifo meu).

Em seguida, apresentou seu pedido de demissão. Ao longo da carreira, ganhara fama por suas ameaças de afastamento e quase sempre alcançara seu objetivo. Descobrira que às vezes um pedido de demissão era a única forma de obter a atenção de seus superiores.[18]

Pesando cada palavra com extremo cuidado, expressou a lealdade de um soldado a seu comandante em chefe, mas também suas dúvidas de poder continuar servindo com eficácia em tais circunstâncias. "Posso acrescentar, também, que não vim para cá para agravar seus problemas e que de bom grado me coloco à disposição. Quero que o senhor saiba que, nesta época difícil, eu nunca me deixaria transformar numa figura controversa e que, se o senhor decidir ou eu achar que aqui não tenho nenhuma utilidade, só me afastarei com sua aprovação e de modo que não agrave o problema aqui."

Dito isto, encerrou:

Com todo o respeito,
Atenciosamente,
Lucius D. Clay,
General reformado,
Exército dos Estados Unidos.

PARIS
SEGUNDA-FEIRA, 23 DE OUTUBRO DE 1961

Por ordem de Kennedy, o general James M. Gavin, embaixador americano em Paris, avistou-se com Charles de Gaulle para transmitir-lhe a resposta à carta que, apenas dois dias antes, seu presidente havia lido com irritação.

Numa época em que Kennedy queria muito o apoio dos aliados para iniciar novas conversações com Moscou sobre Berlim, De Gaulle se tornara o aliado mais implicante e incitava o chanceler Adenauer a imitá-lo. Recusara-se a participar das discussões preliminares entre americanos, britânicos e alemães-ocidentais sobre a possibilidade de novas negociações com os soviéticos e parecia insensível à adulação.[19]

Desaprovara as conversações entre Rusk e Gromyko, logo depois do fechamento da fronteira, porque elas davam a impressão de que os Estados Unidos aceitavam a divisão permanente de Berlim e se dispunham a discutir com Moscou o reconhecimento desse status. Temia que Kennedy concordasse até mesmo em discutir com os soviéticos o futuro da participação da Alemanha Ocidental na aliança. Achava que conversações com Khruschóv só poderiam resultar em mais concessões que alterariam negativamente o equilíbrio político na Europa e provocariam "um desalento, difícil de conter, nos países pertencentes à aliança, sobretudo na Alemanha, e poderiam encorajar os soviéticos a novos avanços".[20]

Na carta do presidente francês não havia nada do carinho paternal com que ele tratara Kennedy por ocasião de sua estada em Paris, a caminho de Viena. Sua linguagem era clara e seca: "Cumpre-me dizer que hoje, mais que nunca, acredito que a política a ser adotada deve ser a seguinte: não cogitar em mudar o status quo de Berlim e a presente situação da Alemanha e, consequentemente, rejeitar negociações sobre isso enquanto a União Soviética agir unilateralmente e não parar de ameaçar".

O tom agressivo era o mesmo que De Gaulle adotara em relação a Kennedy depois de 13 de agosto. Apenas duas semanas depois do fechamento da fronteira, o presidente americano lhe pedira que o ajudasse a indispor o Terceiro Mundo contra o comunismo e a estabelecer novas negociações com Moscou sobre Berlim.[21]

De Gaulle se recusou a ajudá-lo no tocante ao Terceiro Mundo, argumentando que os países subdesenvolvidos não carregavam o fardo da responsabilidade do Ocidente e "em geral já tomaram suas decisões, e você sabe quais são". Quanto a novas conversações com os soviéticos, opôs-se terminantemente, por causa das "ameaças que nos lançam e dos atos que cometem violando acordos".

Observou que quaisquer negociações tão pouco tempo depois do fechamento da fronteira seriam vistas pelos soviéticos como "sinal de nossa rendição" e, assim, constituiriam um duro golpe para a Otan. Observou também que Khruschóv só usaria as conversações para pressionar ainda mais os berlinenses.

Durante dois meses, os diplomatas americanos — e o próprio Kennedy, com sua correspondência pessoal — esforçaram-se para ganhar o apoio do líder francês, mas De Gaulle só endurecera sua posição. Em 14 de outubro, Kennedy lhe informou que fizera "progresso" com Moscou, pois Khruschóv concordara em discutir Berlim diretamente com os aliados, ao invés de exigir que negociassem com a Alemanha Oriental. Disse-lhe ainda que esperava organizar uma reunião dos ministros do Exterior aliados em meados de novembro para prepararem novas negociações com Moscou sobre Berlim. "Não pretendemos nos retirar de Berlim, nem abrir mão de nossos direitos em quaisquer negociações", afiançou-lhe. Ressaltou, porém, que os aliados deviam empreender todo esforço diplomático possível, antes que a crise de Berlim se agravasse. E acrescentou que queria dos aliados clareza de propósito e preparação militar "antes do confronto final".[22]

De Gaulle zombou de Kennedy por acreditar que Khruschóv fizera uma concessão em relação à Alemanha Oriental. E descartou seu medo da guerra, pois "o Kremlin não parece realmente disposto a lançar o raio. A fera que vai saltar não espera tanto".

Com esse prelúdio, o embaixador Gavin sabia que teria uma reunião difícil. Kennedy o escolhera para servir em Paris em parte porque sua trajetória militar fazia dele um dos poucos homens disponíveis que De Gaulle respeitava. Gavin foi o general mais jovem a comandar uma divisão na Segunda Guerra Mundial, e seus homens o chamavam de "Jim Saltador", porque, apesar de sua posição hierárquica, ele gostava de saltar com seus paraquedistas. Não obstante, De Gaulle o tratava com a habitual arrogância.[23]

Assegurou-lhe que não faria nada para impedir os Estados Unidos de reunirem os aliados em novembro, mas avisou que não deviam contar com a participação dos franceses.[24]

Gavin lhe perguntou se não achava melhor participar e deixar claro, numa frente aliada comum, que "estamos decididos a partir para as hostilidades" se os soviéticos persistirem em sua atual atitude.

De Gaulle disse que, a seu ver, os soviéticos tinham apenas duas opções, e nenhuma delas demandava negociações. Ou não queriam travar uma guerra nuclear generalizada, como parecia ser o caso — e, portanto, não havia por que ter pressa de estabelecer conversações com eles —, ou queriam guerra, e, assim, os aliados deviam recusar quaisquer conversações, pois "estariam negociando sob ameaça direta".

"Não podemos chegar a um acordo com quem nos ameaça", sentenciou. Explicou que os aliados não podiam negociar com os soviéticos, "já que eles nos ameaçaram com a bomba atômica, construíram o Muro de Berlim, ameaçaram assinar um tratado com a Alemanha Oriental sem a promessa de garantir o acesso a Berlim e se dedicam à intimidação em geral". Sua receita: "Se eles usarem a força, faremos a mesma coisa e veremos o que acontece. Qualquer outra posição custaria caro não só aos alemães, mas a todos".

Como ocorrera com seus predecessores na Casa Branca, Kennedy estava perdendo a paciência com De Gaulle, tão disposto a arriscar a vida de americanos por Berlim. Como se não bastasse, tinha ainda de lidar com os imprevisíveis soviéticos, com aliados que não queriam cooperar e com um general reformado que, em Berlim, estabelecia as próprias regras e agora tentava interferir na diplomacia.

QUARTEL-GENERAL AMERICANO, BERLIM OCIDENTAL
SEGUNDA-FEIRA, 23 DE OUTUBRO DE 1961

Animado com o sucesso de suas escoltas armadas, Clay decidiu que estava na hora de explicar a Washington como poderia associar uma proposta de negociações com uma demonstração de força militar. E colocou suas ideias num telegrama para o secretário de Estado, Rusk, um de seus principais opositores no governo.[25]

Disse que, assim como ele, achava que a apresentação de documentos em pontos da fronteira não era em si uma questão de "maior importância", porém ressalvou que os Estados Unidos tinham de ser firmes. Repetindo a mensagem que enviara ao presidente, alertou: "Não podemos permitir que nos tirem qualquer direito remanescente antes das negociações, pois então estaríamos negociando só com aqueles direitos restantes que nos comprometemos a manter pela força, se necessário".

Portanto, recomendava "urgentemente" que Rusk informasse ao embaixador russo que os Estados Unidos rejeitavam a nova ordem estabelecida em relação à fronteira e se recusavam a conversar com os russos sobre Berlim enquanto os alemães-orientais não revogassem o decreto. Argumentou que isso reforçaria a posição dos americanos em Berlim, poria à prova a boa vontade de Khruschóv em negociar e aproximaria das opiniões mais rígidas de Paris e Bonn a maneira de Washington abordar as negociações sobre Berlim.

Explicou que, no momento, usar a questão da fronteira como um trunfo diplomático era mais promissor que continuar com suas escoltas armadas, que acabariam esbarrando na vasta superioridade convencional dos soviéticos.

Diante disso, anunciou que suspenderia suas operações no Checkpoint Charlie, iniciadas na véspera, para que Rusk pudesse seguir no caminho da diplomacia, viabilizado por ele.

"Aguardando seu parecer sobre esta recomendação, hoje não faremos nenhum teste na Friedrichstrasse", declarou, acrescentando: "Só podemos esperar até amanhã".

SALÃO OVAL, CASA BRANCA, WASHINGTON, D. C.
TERÇA-FEIRA, 24 DE OUTUBRO DE 1961

Para os funcionários da Casa Branca, Wilhelm Grewe, o embaixador da Alemanha Ocidental, era o mais desagradável de todos os diplomatas estrangeiros. Desprovido de senso de humor e arrogante, demonstrara com tanta clareza seu desprezo pelos chamados novos arraianos de Kennedy que o próprio Adenauer o repreendeu.[26]

Como o embaixador Gavin não tivera sucesso com De Gaulle, Kennedy não estava nem um pouco animado para receber Grewe no Salão Oval. Queria acabar com os irritantes vazamentos sobre a oposição dos franceses e dos alemães a uma nova rodada de negociações sobre Berlim.[27]

Dispensando os preâmbulos, Grewe falou da preocupação do chanceler com o desinteresse de Kennedy por Berlim Ocidental e pela unificação da Alemanha. Devia seu tom seco e acusatório a sua atuação como um dos maiores especialistas em direito internacional de seu país. Negociara o fim da ocupação aliada da Alemanha Ocidental e desempenhara um papel crucial na formulação da chamada Doutrina Hallstein, segundo a qual a Alemanha Ocidental não estabeleceria nem manteria relações diplomáticas com qualquer país que reconhecesse a Alemanha Oriental.

Disse que Adenauer entraria em guerra para defender a liberdade de Berlim e para isso já estava aumentando o orçamento militar e reforçando seu poderio, ao mesmo tempo que organizava seu novo governo de coalizão. Mas, prosseguiu, o chanceler estava preocupado com o plano de um reforço convencional na Europa, apresentado por Kennedy. Achava que "tais operações só seriam convincentes se estivéssemos dispostos a acompanhá-las de um ataque nuclear preventivo, no caso de haver necessidade".

Segundo Grewe, os alemães temiam que, se os aliados contassem mais com as forças convencionais, a falta de um dissuasor nuclear claramente definido ou convincente talvez encorajasse os soviéticos a "cruzar a fronteira e ocupar áreas consideráveis" da Alemanha Ocidental, como acontecera na China em 1947, quando tropas comunistas tomaram o país. "A decisão de usar armas nucleares deve ficar evidente para os soviéticos, assim como o fato de que a própria União Soviética seria um alvo."

Kennedy não demonstrou sua crescente impaciência com os sermões dos aliados sobre o tipo de risco que os americanos deviam correr por Berlim. Ao contrário, falou que estava ansioso para se reunir com Adenauer em meados de novembro e que esperava chegarem a um acordo quanto à maneira de tratar com os soviéticos. Disse que "deplorava" as reportagens na imprensa que sugeriam divergência entre os dois lados no tocante a conversações com Moscou. Queria descobrir se Khruschóv teria ideias mais flexíveis sobre o que viria a ser uma Berlim Ocidental livre. "Eu me sentiria muito melhor se isso acontecesse antes de partirmos para o estágio nuclear", declarou.

Lamentou que De Gaulle visse "como uma manifestação de fraqueza todo passo na direção dos soviéticos".

Grewe sabia que Adenauer tinha a mesma opinião. Como De Gaulle, o chanceler também estava profundamente descontente com as conversações Rusk-Gromyko. Além disso, temia que os Estados Unidos estivessem retirando seu tradicional apoio à unificação alemã com o reconhecimento de fato da Alemanha Oriental — ou seja, incentivando maiores contatos entre as duas Alemanhas e desistindo de apoiar o objetivo final da união alemã através de eleições livres.[28]

Impaciente com as queixas de sempre, Kennedy respondeu que os Estados Unidos e a Alemanha Ocidental "deviam buscar novas formas de lidar" com os soviéticos. Acrescentou que não via possibilidade de unificação num futuro previsível e que não acreditava que os aliados devessem fincar pé em relação a Berlim Ocidental. Estava procurando modos de melhorar o status da cidade e para isso queria a ajuda de Adenauer.

Refletindo o desdém do chanceler pela esperança de "novas formas de lidar" e repetindo o parecer do presidente francês, Grewe falou que não havia possibilidade de qualquer progresso com os soviéticos, pois, no momento, Moscou pretendia obter mais concessões — e o Ocidente não devia ceder. E discorreu sobre o que custara até então aos alemães e a Adenauer a aquiescência de Kennedy ao fechamento da fronteira.

Informou que, antes de 13 de agosto, famílias, amigos, trabalhadores cruzavam a fronteira 500 mil vezes por dia, unindo as duas cidades e suas populações, e que esse número caiu para cerca de quinhentos. Por causa de sua "fria e moderada" reação à construção do Muro de Berlim, o chanceler perdera sua maioria e por pouco não fora derrotado nas eleições realizadas havia pouco mais de um mês.

Kennedy lembrou-lhe que a alternativa para conversações com os soviéticos sobre Berlim era "a perspectiva concreta de um conflito militar". Disse que os Estados Unidos não abririam mão de Berlim, mas que, por outro lado, queria ter certeza de que, "quando chegarmos ao fim do caminho", ninguém se pergunte se um empenho maior nas conversações poderia ter evitado o uso da força. Impaciente, sugeriu que, ao invés de condenar as ideias dos Estados Unidos, a Alemanha apresentasse "propostas sobre o que considerava aceitável".

Grewe rebateu, irritado: os alemães-ocidentais também estavam procurando maneiras de mudar para melhor a situação de Berlim, mas, no momento, não acreditavam na possibilidade de tal mudança. Descartou como inviável a ideia de Berlim abrigar a sede da ONU, ventilada por alguns integrantes da administração Kennedy. Na melhor das hipóteses, completou, ela poderia funcionar como um preâmbulo às negociações.

Depois de um aperto de mão frio e formal, Grewe dirigiu-se à embaixada para enviar a Adenauer mais um soturno telegrama.

DEPARTAMENTO DE ESTADO, WASHINGTON, D. C.
TERÇA-FEIRA À TARDE, 24 DE OUTUBRO DE 1961

O secretário Rusk estava irritado, porque o general Clay lhe dera conselhos não solicitados sobre a maneira de conduzir as relações diplomáticas com Moscou e, em consonância com tais conselhos, tomara decisões unilaterais sobre mobilizações na fronteira de Berlim. Em nome de Rusk, às 21 horas, horário da Alemanha, Foy Kohler, chefe da Força-Tarefa de Berlim, ligou para Allan Lightner a fim de levá-lo de volta à esfera do Departamento de Estado e afastá-lo da influência do general Clay.

Disse-lhe que Clay não devia ter aconselhado Rusk a usar a disputa da fronteira como um trunfo para negociações com Moscou. Além disso, lembrou-lhe que era subordinado de Rusk e não de Clay. Mais tarde, ao relatar o encontro ao secretário, lamentou: "A conversa foi quase toda evasiva".[29]

Lightner lhe assegurou que seu papel no incidente da fronteira, dois dias antes, foi "totalmente inesperado e um tanto embaraçoso". Em toda a sua carreira diplomática, nunca recebera tamanha atenção da mídia: enquanto a imprensa comunista zombeteiramente insinuava que ele cruzara a fronteira para ficar com sua amante, a imprensa de Berlim Ocidental o enaltecia por ter, enfim, mostrado a determinação dos americanos.

Kohler comentou que, da noite para o dia, o nome de Lightner se tornara "muito conhecido nos Estados Unidos" — o que, no Departamento de Estado, avesso a publicidade, não era nenhum elogio. Revelou que o que mais o aborrecia era o fato de Clay ter suspendido os cruzamentos da fronteira sem a permissão oficial de Washington, o que lhe parecia "um grave erro tático". Disse que o aparecimento de uma autoridade soviética na fronteira, em 22 de outubro, servira ao objetivo dos Estados Unidos de mostrar que eram os soviéticos, e não os alemães-orientais, que continuavam garantindo o livre acesso dos americanos a Berlim Oriental.

Quanto às escoltas militares, Lightner desculpou-se perante seus superiores em Washington, explicando que prevalecera a determinação de uma "autoridade superior", ou seja, Clay. Ao mesmo tempo, perguntou o que Rusk achava da brilhante ideia de Clay de comunicar ao embaixador soviético que os Estados Unidos se recusavam a negociar com a Rússia enquanto os alemães-orientais mantivessem as novas inspeções na fronteira.

Kohler falou que a proposta de Clay estava sendo analisada, mas que a data e a maneira de negociar com os russos dependiam de muitos outros fatores. Assim, Rusk queria que Clay retomasse suas "escoltas armadas e desarmadas de veículos americanos" se os alemães-orientais continuassem desrespeitando o direito de livre acesso dos americanos.

Agora o general Clay tinha ordens claras de retomar suas escoltas. A repreensão que recebera também era inequívoca. Rusk queria que ele não se intrometesse nas questões diplomáticas entre os Estados Unidos e a União Soviética, que não lhe diziam respeito. Por esse motivo, seus superiores encorajavam sua postura mais agressiva, porém se recusavam a relacioná-la com uma diplomacia mais agressiva.

O resultado seria desastroso.

Vern Pike, primeiro-tenente do Exército americano, tinha duas preocupações enquanto olhava para as armas dos tanques inimigos, ajeitava seu capacete verde com as letras "PM" em branco e verificava se o fuzil estava pronto para o uso, com uma bala na agulha e a baioneta calada.[30]

A maior preocupação desse policial militar de 24 anos era sua esposa, Renny, que, aos vinte anos, estava grávida de gêmeos. Pike decidira que ela não passaria o Natal nos Estados Unidos, pois o jovem casal não queria ficar separado por tanto tempo, mas agora essa decisão lhe parecia irresponsável.

Isso se devia a seu segundo temor. Pike sabia por experiência própria que a cena que se desenrolava diante de seus olhos podia ser o início de uma guerra — talvez até mesmo de uma guerra nuclear — que acabaria com ele, com sua esposa e com seus gêmeos não nascidos, sem falar numa boa parte do planeta. Bastava um dedo nervoso, de um lado ou de outro, apertar o gatilho.

Passava um pouco das 21 horas, e dez tanques americanos M48 Patton se posicionaram no cruzamento da Friedrichstrasse, de frente para dez tanques soviéticos T-54, a uns cem passos de distância. O confronto se iniciara horas antes, à tarde, quando tanques americanos se aproximaram da fronteira, como haviam feito nos dois dias anteriores, para dar suporte às já habituais escoltas militares de carros de civis que entravam em Berlim Oriental.

Às 16h45, depois de mais uma operação bem-sucedida, os comandantes americanos ordenaram que seus tanques se recolhessem à base aérea Tempelhof. Pike, cujo pelotão da Polícia Militar supervisionava o Checkpoint Charlie, fez uma pausa para fumar um cigarro com o major Thomas Tyree, que comandava o grupo de tanques. Do interior de uma loja, na esquina da Friedrichstrasse com a Zimmerstrasse, olharam para o leste e se voltaram um para o outro, incrédulos.

"Você está vendo a mesma coisa que eu?", Tyree perguntou.

"Tanques!", Pike exclamou, assustado. "E não são nossos." Deviam estar a menos de noventa metros do local onde Tyree e Pike se encontravam.

Pareciam tanques soviéticos T-54 recém-fabricados, porém os símbolos nacionais estavam encobertos. Ainda mais misterioso que isso, os militares que conduziam os tanques e operavam suas armas usavam uniforme preto, sem insígnias. Se eram soviéticos — e era difícil imaginar que fossem outra coisa —, estavam tentando permanecer incógnitos.

"Eu não sei de quem são esses tanques", Tyree falou, "mas vá correndo até Tempelhof e traga meus tanques de volta o mais rápido possível."

"Sim, senhor", disse Pike, consultando o relógio. Fazia dez minutos que os tanques americanos tinham se afastado, de modo que não demoraria muito para alcançá-los. Pike entrou no carro da Polícia Militar, um Ford branco, e saiu em disparada, serpeando em meio ao trânsito intenso da hora de pico, com a ajuda da sirene e da "máquina de bola de chiclete", como chamava a luz do teto. Alcançou os tanques quando estavam chegando à base.

Pela janela, gritou para o capitão Bob Lamphir, que conduzia o primeiro tanque: "Senhor, estamos com problema no Checkpoint Charlie; siga-me e vamos voltar o mais depressa possível".

"Oba!", Lamphir exclamou, antes de ordenar que todos os tanques voltassem à fronteira. Mais tarde, Pike lembrou a empolgação que sentiu ante o perigo iminente: "Aqui estamos, às cinco da tarde, hora do rush, numa sexta-feira de outubro, em Berlim, correndo pela Mariendamm rumo ao Checkpoint Charlie com meu carrinho da PM buzinando na frente. E todo berlinense que vejo cede passagem rapidinho".

Pouco antes do retorno dos tanques americanos, às 17h25, os tanques soviéticos foram estacionar num terreno próximo à Unter den Linden, a principal avenida de Berlim Oriental. Não fosse todo o perigo potencial, a cena teria a atmosfera de uma farsa francesa, com os atores soviéticos agitando-se ruidosamente atrás da cortina e os americanos correndo para o palco. Como seus oponentes poderiam voltar, os tanques americanos permaneceram, assumindo posição defensiva.

Uns quarenta minutos depois, os tanques que pareciam russos voltaram e se posicionaram com as armas apontadas para a fronteira. Um repórter do *Washington Post* que estava no local, em meio a dezenas de correspondentes, informou que essa foi "a primeira vez que as forças dos dois aliados na época da guerra, agora as duas maiores potências mundiais, confrontaram-se de maneira direta e hostil".

Quanto à ausência de símbolos nacionais, Daniel Schorr, correspondente da rádio CBS, disse que, "para usar um termo de Orwell", aqueles eram "não tanques. Ou um dia talvez fiquemos sabendo que voluntários que falavam russo compraram uns tanques excedentes e resolveram agir por conta própria". E descreveu a estranha cena: no lado ocidental, os soldados americanos nos tanques, fumando, conversando, comendo sua ração. Os berlinenses ocidentais, atrás dos cordões de isolamento, compravam biscoitos de vendedores ambulantes e davam flores aos soldados. A cena desse lado era iluminada por enormes holofotes do setor comunista — um esforço para intimidar por meio de maior energia elétrica. No lado oriental, os tanques que pareciam russos aguardavam na escuridão, com seus ocupantes vestidos de preto. "Que foto para os livros de história!", Schorr exclamou.

Clay pediu a confirmação de que eram soviéticos para informar a seus superiores em Washington. Não se tratava de mero detalhe: para os Estados Unidos um confronto com tanques soviéticos podia se transformar numa guerra generalizada. Os tanques da Alemanha Oriental colocavam outro tipo de dificuldade, porque acordos entre as quatro potências proibiam sua mobilização em Berlim Oriental.

Encarregado de averiguar a procedência dos tanques, Pike e seu motorista, Sam McCart, embarcaram num carro do Exército, serpearam entre as barricadas, percorreram uma rua lateral até ultrapassar o local onde os tanques estavam estacionados e saíram do veículo. Fazia parte da natureza surrealista do confronto o fato de que ambos os lados continuavam respeitando a liberdade de movimento de militares na fronteira, de modo que Pike pôde cruzá-la sem impedimento.

Surpreendeu-o o posicionamento ilógico dos tanques — dois-três-dois —, que impedia que os da retaguarda disparassem contra o inimigo. Além disso, eles também estavam se tornando alvos fáceis. Pike caminhou até o tanque de trás e não viu nada que ajudasse sua investigação: "Nem russos, nem alemães-orientais, ninguém". Assim, subiu no tanque e entrou no compartimento do condutor. Ali confirmou que era soviético pela inscrição cirílica nos controles e pelo jornal do Exército Vermelho ao lado do freio, que ele conseguiu identificar por saber um pouco de russo. "Ei, McCart, veja isto", falou, mostrando o jornal que recolhera como prova.

Os ocupantes dos tanques, cerca de cinquenta homens, estavam sentados no chão a pequena distância, aparentemente recebendo instruções sobre sua missão. Pike se aproximou o suficiente para constatar que falavam russo. Ao ser visto por um oficial soviético, disse para McCart: "Vamos dar o fora daqui".

De volta a Berlim Ocidental, informaram ao coronel Sabolyk, superior de Pike, que os tanques eram soviéticos. Quando Pike lhe contou como descobrira isso e mostrou o jornal, o coronel se espantou: "Você fez *o quê*?".

E imediatamente colocou o subordinado em contato com o centro de operações de emergência, que o conectou com o representante especial de Kennedy, para que lhe transmitisse a informação pessoalmente. "Os tanques são de quem?", Clay perguntou.

"Dos soviéticos, senhor", foi a resposta.

"Como você sabe?"

Quando ele contou, Clay ficou em silêncio do outro lado da linha. Pike teve a impressão de ouvir seu pensamento: "Ah, meu Deus, um tenente deu início à Terceira Guerra Mundial".

Pike fora tão ousado em parte por ser jovem e sentir-se invulnerável, e em parte porque os soldados americanos subestimavam a disciplina, o empenho, a capacidade militar dos soviéticos. Apesar de sua inferioridade numérica, eles se consideravam superiores. Na Autobahn Helmstedt, a caminho de Berlim Ocidental, Pike tinha visto soldados russos trocando fivelas de cinto, quepes e até medalhas por exemplares da revista *Playboy*, goma de mascar, canetas e, sobretudo, cigarros.

Em momentos de menor generosidade, os soldados americanos atiravam bitucas no chão só para ver os russos rastejarem para pegá-las e dar umas tragadas. Mais tarde, Pike lembrou que eles tinham equipamento de má qualidade, botas pouco resistentes, uniformes surrados que pareciam ter sido usados por outros soldados. Comentou com seus amigos que "fediam tanto que afugentavam até urubu".

Também achava seus tanques sofríveis, difíceis de manobrar. Percebera que os condutores geralmente eram asiáticos e deduziu que deviam ser os únicos que cabiam em compartimentos tão exíguos. Riu com os colegas quando os primeiros tanques chegaram e os policiais trataram de ajudá-los a se posicionar com gestos exagerados e sinais, aparentemente tentando superar dificuldades de idioma e de manobra.

Mas não havia nada de muito engraçado na constatação de que o Exército soviético podia "simplesmente nos esmagar se resolvesse tomar a metade ocidental da cidade". Pike lembrou-se das instruções que recebera quando se apresentara para servir em Berlim Ocidental.

"Você está na primeira linha de defesa", dissera seu comandante. "Se a confusão começar, a melhor maneira de sair daqui é colocar no braço esquerdo uma braçadeira de um *Strassenmeister* [gari], pegar uma vassoura e ir varrendo a Autobahn até chegar à Alemanha Ocidental. É o único jeito de sair de Berlim vivo."

Pike riu na ocasião, mas agora já não ria. Pensava no que podia acontecer, enquanto se movimentava para manter-se aquecido. Ou os líderes de um ou outro lado abandonariam o campo de batalha, ou alguém dispararia, dando início a uma guerra. De qualquer modo, custava-lhe imaginar sua esposa, Renny, grávida de gêmeos, pegando uma vassoura e varrendo até deixar Berlim.

O que tinha a sua frente era uma cena que ia da ameaça iminente a um tocante drama humano.

De repente, uma berlinense oriental de oitenta anos decidiu aproveitar a confusão para cruzar a fronteira. No lado ocidental, a uns dez metros de distância, o filho dela a incentivava para continuar andando, apesar de um policial da Alemanha Oriental lhe barrar o caminho. A multidão, atemorizada, observava, enquanto o homem gritava repetidas vezes: "*Mutter, komm doch, bitte!*" ("Mãe, venha, por favor!").[31]

Num raro gesto de misericórdia, o policial, que tinha ordens de atirar para matar quem tentasse fugir, afastou-se e chamou seu cão. Com mais dez passos, a velha ganhou a liberdade e caiu nos braços do filho, em meio aos vivas da multidão.

Mais adiante, no lado capitalista, à luz de seis possantes holofotes que, na véspera, os alemães-orientais instalaram em torres de madeira, quatro tanques americanos M48 Patton permaneciam estacionados, os dois primeiros sobre a linha branca que, pintada na Friedrichstrasse, separava a cidade. Outros dois aguardavam num terreno das proximidades, e mais quatro estavam prontos para entrar em ação a uns quinhentos metros dali. Perto deles havia cinco caminhões e cinco jipes repletos de policiais militares, todos providos de coletes à prova de balas e fuzis com baioneta.

Os comandantes americanos colocaram em alerta os 6500 integrantes de sua guarnição em Berlim. O comando francês ordenara que seus 3 mil homens permanecessem no quartel. Os britânicos levaram dois canhões antitanque para as imediações do Portão de Brandemburgo, a uns seiscentos metros de distância, e posicionaram patrulhas armadas junto à barricada de arame farpado. Um repórter do *New York Times* descreveu a cena para seus leitores: "Era como se dois enxadristas tentassem jogar num tabuleiro desorganizado, com o general Clay movendo os americanos e, presumivelmente, o marechal Ivan S. Konev, o recém-nomeado Comandante Soviético na Alemanha Oriental, movendo os soviéticos. [...] Como representante pessoal do presidente Kennedy, o general Clay não tem lugar na cadeia de comando habitual. Mas [...] é claro que sua posição especial lhe dá voz decisiva nas deliberações locais".[32]

Pike e seus colegas estavam ansiosos para enfrentar os comunistas, tendo se frustrado, em 13 de agosto, porque seus comandantes os mantiveram restritos ao quartel. Fazia três semanas que a fronteira fora fechada, e os policiais militares nada puderam fazer, além de ver os Jovens Pioneiros da Alemanha Oriental substituírem a frágil barreira de arame farpado por blocos de concreto.

Pike perguntara a seus superiores se podia fazer alguma coisa para interromper esse trabalho e ouviu o que se tornaria uma ordem rotineira: os soldados americanos deviam cruzar os braços e observar a construção do Muro.

Mais tarde ele lembraria que, na noite de 1º de setembro, um dos pedreiros olhou para a esquerda e para a direita, a fim de se certificar de que ninguém o escutaria, e lhe disse, por cima do arame farpado: "Tenente, veja como estou trabalhando devagar. O que você está esperando?". Ele queria que os americanos interviessem.

Depois, um policial que estava ali falou praticamente a mesma coisa: "Veja, tenente, minha metralhadora não está carregada. O que você está esperando?". Para evitar um tiroteio indesejado, esses guardiães da fronteira não portavam munição, e ele contou isso a Pike para que os Estados Unidos soubessem que podiam atacar.

Pike transmitiu a informação a seus superiores, mas novamente lhe disseram para se controlar.

As ordens para se iniciarem as escoltas militares, no domingo anterior, foram a maior injeção de ânimo do ano. Os policiais militares deviam se manter firmes e vigilantes e disparar nos comunistas que guardavam a fronteira, se fossem atacados. Com os fuzis carregados e os tanques protegendo-lhes a retaguarda, repetidas vezes escoltaram carros de civis aliados e ônibus de turistas pelas barreiras em zigue-zague.

Até os tanques soviéticos entrarem em cena, naquela tarde, tudo correra como fora planejado. Agora, todas as forças estavam imóveis, enquanto os comandantes de ambos os lados aguardavam instruções de Washington e de Moscou.

Pike estava contente por ainda ter a roupa seca. Sua parafernália não lhe permitiria deter os tanques ou a infantaria soviética: uma faixa da PM no braço esquerdo, um estojo de primeiros socorros, um cantil, algemas, um cassetete, uma pistola automática calibre .45 e um fuzil. A noite seria longa e fria. Observando com o binóculo o rosto jovem e assustado de seus inimigos, Pike pensava no que "aconteceria, se um daqueles idiotas atirasse em nós — e se o confronto se tornasse uma luta até a morte".

Enquanto os soviéticos mobilizavam mais tanques, Clay recebia novas instruções de Washington para recuar. Rusk lhe ordenou que abandonasse a postura agressiva que ele mesmo havia aprovado três dias antes. Foy Kohler, que em nome do Departamento de Estado acompanhava o confronto no Checkpoint Charlie, acrescentou ao telegrama de Rusk uma frase destinada a convencer Clay de que apelar para Kennedy seria perda de tempo: "Aprovado por [Rusk] depois de analisado pelo presidente". Ao longo dos anos, o general tinha visto muita frouxidão na política de Washington, mas nada superava a mensagem do secretário de Estado:[33]

"Há muito decidimos que o acesso a Berlim não é um interesse vital que justifique determinado uso de força para proteger e manter. Tendo por essa razão consentido na construção do Muro, devemos reconhecer francamente, entre nós, que aceitamos o fato de que, no caso de Berlim Oriental, os soviéticos podiam isolar seus súditos contra a vontade deles, como já fizeram em outros lugares que estão sob seu controle concreto."

A mensagem era clara: Clay devia ver a falta de resistência de Kennedy ao fechamento da fronteira como a aceitação *de facto* de que os soviéticos podiam fazer o que bem entendessem no território que controlavam. Os aliados dos americanos não apoiariam medidas mais enérgicas, "sobretudo no tocante à apresentação de credenciais", já acatada pelos britânicos.

Rusk admitiu que o presidente estava tendo dificuldade para convencer os aliados da "real possibilidade" de um conflito armado por Berlim Ocidental. Consequentemente, embora o governo quisesse demonstrar a ilegalidade das ações dos alemães-orientais e dos soviéticos em 13 de agosto, "não queremos ir tão longe que isso acabe por constituir simplesmente uma demonstração de impotência, por direcionar a atenção do público para a questão errada e por despertar nos berlinenses ocidentais e nos alemães-ocidentais esperanças e expectativas que, no fim, poderiam se revelar infundadas".

Clay estava convencido como nunca de que uma atitude de conciliação só encorajaria o urso russo. Por causa disso, naquele dia enviara um telegrama propondo "um ataque vigoroso" para demolir partes do Muro se os alemães-orientais fechassem a Friedrichstrasse em resposta às ações dos americanos — o que lhe parecia bem possível.[34]

Explicou que tanques equipados com lâminas de escavadeira entrariam legalmente na Alemanha Oriental, valendo-se dos direitos das quatro potências, mas, na volta, demoliriam partes do Muro. Em 26 de outubro, Norstad, supremo comandante da Otan, autorizara o general Watson a executar "o atual plano [de Clay] para 'derrubar' a barreira da Friedrichstrasse" se os alemães-orientais fechassem por completo o cruzamento. Encomendou-lhe um plano alternativo, segundo o qual os tanques "derrubariam" várias partes do Muro ao mesmo tempo, "se fosse viável do ponto de vista militar, em diversos [dois ou mais] pontos, bem como na Friedrichstrasse".[35]

E acrescentou uma mensagem inequívoca para Clay: "Em nenhuma circunstância se executará esse plano alternativo sem minha expressa aprovação".

Em seu telegrama, Rusk desaprovou a ambos: "Não vejo que objetivo nacional se alcançaria com o ataque proposto". E informou que o uso de um tanque para abrir a passagem da Friedrichstrasse, sugerido por Clay, seria discutido naquela tarde com o presidente.

Ressalvou, porém, que, dada a importância de manter "os três principais aliados unidos, parece bem possível que não consigamos chegar a um acordo quanto a isso". Agradeceu a sugestão de Clay, mas frisou que, no momento, era muito mais importante manter os aliados unidos "em face da grave ameaça dos soviéticos, ao mesmo tempo que aumentamos as pressões sobre os soviéticos para evitar que empreendam novas ações unilaterais".

Washington estava atando pés e mãos de Lucius Clay, o grande general da ponte aérea de Berlim em 1948, enquanto os tanques soviéticos apontavam suas armas para ele.

Clay nunca se sentiu tão impotente.

KREMLIN, MOSCOU
SEXTA-FEIRA, 27 DE OUTUBRO DE 1961

O marechal Konev informou a Khruschóv que os tanques americanos estavam acelerando o motor na fronteira e pareciam preparados para uma grande operação. Como já lhe apresentara fotos dos exercícios de Clay na floresta, onde os tanques derrubaram uma réplica do Muro, achava que o premiê tinha de levar a sério a possibilidade de os americanos tentarem invalidar o sucesso dos soviéticos em 13 de agosto.

Khruschóv, que administrava a crise pessoalmente, apesar do Congresso do Partido, já havia ordenado que mais 23 tanques rumassem para Berlim. "Leve nossos tanques para a rua vizinha", disse a Konev, "e mantenha-os com os motores igualmente acelerados. E use amplificadores para aumentar o barulho."[36]

O marechal avisou que, se desafiasse os americanos dessa maneira, seus tanques "poderiam avançar". Temia que seu impetuoso chefe superestimasse o poderio soviético e desse início a uma guerra.

"Não creio", o premiê falou. "A não ser, claro, que os militares americanos estejam cegos de ódio."

GABINETE DA CASA BRANCA, WASHINGTON, D. C.
SEXTA-FEIRA, 27 DE OUTUBRO DE 1961, DEZOITO HORAS

O general Clay recebeu a informação sobre o reforço dos soviéticos no Checkpoint Charlie quando estava falando pelo telefone com Kennedy, que conduzia uma reunião de emergência com sua equipe de Segurança Nacional no Gabinete da Casa Branca. Parecia que Washington inteira estava contra Clay, com exceção do presidente, que ainda não revelara sua posição.

Contrariando os conselheiros preocupados de Kennedy, Clay lhe assegurou que a situação em Berlim estava sob controle. Explicou que a decisão dos soviéticos de mobilizar mais vinte tanques era uma mensagem de moderação, pois tratava-se de uma simples equiparação de forças.

Eles estavam tão nervosos com o confronto no Checkpoint Charlie e a possibilidade de uma escalada que, pela primeira vez na disputa entre Estados Unidos e União Soviética, Khruschóv colocara suas forças nucleares em alerta especial. Não podia ter certeza de que a situação não fugiria ao controle e tratava de se preparar para todas as eventualidades.[37]

Clay foi bem claro: "Se os soviéticos não querem guerra por Berlim Ocidental, não podemos começá-la. Se querem, não podemos fazer nada para impedi-los". Apostava que não queriam guerra e achava que os Estados Unidos deviam endurecer. Mas o presidente não estava disposto a correr o risco.[38]

O que Clay nunca saberia era que Kennedy estava tão preocupado com o confronto no Checkpoint Charlie que incumbira Bobby de resolver a crise com seu habitual interlocutor nos últimos seis meses: o espião soviético Georgi Bolshakov. Ao mesmo tempo, recorria a um segundo canal, mais tradicional — o embaixador Thompson, em Moscou —, como fizera antes da Cúpula de Viena.

Não escolhera Bolshakov porque tivesse tido sucesso. Os encontros de Bobby com o espião antes de Viena pouco fizeram para prepará-lo para a emboscada de Khruschóv em Berlim. Contudo, num momento de perigo, Bolshakov era a conexão mais rápida e direta com Khruschóv.

Bobby sabia como se encontrar prontamente com Bolshakov e num lugar onde a mídia não os achasse. James Symington, seu assistente na secretaria de Justiça, achava que sua amizade com "Georgi" se devia, em parte, a sua "predileção por bufões inofensivos". Os dois se viam quinzenalmente, e Bobby falava sobre "muitos assuntos importantes relacionados à União Soviética e aos Estados Unidos".[39]

O próprio Bobby se incumbira de agendar o encontro e mais tarde lamentaria que "infelizmente — estupidamente — não anotei muitas coisas. Eu transmitia as mensagens verbalmente a meu irmão, que tomava as providências necessárias e às vezes as repassava ao Departamento de Estado, às vezes não".[40]

A primeira reunião de Bobby com Bolshakov sobre as crescentes tensões no Checkpoint Charlie ocorreu às 17h30, em 26 de outubro, um dia antes de os tanques soviéticos se dirigirem para a fronteira. De acordo com as lembranças de Bobby, as segundas — e cruciais — negociações tiveram lugar em 27 de outubro, às 11h30 pelo horário de Washington, ou em 28 de outubro, às 5h30 pelo horário de Berlim, num momento em que os tanques e os soldados de ambos os lados estavam posicionados frente a frente, na madrugada fria e úmida de outono.

"A situação em Berlim está mais difícil", Bobby disse a Bolshakov. Acrescentou que Gromyko, o ministro do Exterior, rejeitara os esforços do embaixador Thompson para dirimir a crise. "Achamos que essa atitude não ajuda em nada quando se está fazendo de tudo para encontrar uma forma de resolver esse problema", lamentou. E falou da necessidade de um "período de relativa moderação e calma nas próximas quatro ou seis semanas".[41]

"O presidente gostaria que eles retirassem os tanques dentro de 24 horas", comunicou. E foi o que Khruschóv fez. Mais tarde, Bobby diria que sua conversa sobre o confronto no Checkpoint Charlie demonstrou que Bolshakov "era um mensageiro eficiente quando se tratava de uma questão importante".[42]

O que ninguém registrou foram os detalhes do acordo. Contudo, a partir desse ponto, os americanos suspenderam suas escoltas militares de civis, e Clay parou de desafiar a autoridade dos alemães-orientais na fronteira. Seus planos de derrubar partes do Muro foram arquivados, e as lâminas de escavadeira acopladas aos tanques foram removidas e guardadas.

Sem encontrar resistência, os alemães-orientais trataram de reforçar e expandir seu Muro.

WASHINGTON, D. C.
SEXTA-FEIRA, 27 DE OUTUBRO DE 1961, 22 HORAS

Na noite de sexta-feira, 27 de outubro, o secretário de Estado, Rusk, enviou um telegrama à Missão Americana em Berlim, proclamando vitória ao mesmo tempo que decretava a retirada. Comunicou que a decisão crucial de pôr fim à crise de Berlim fora tomada na Casa Branca, às dezessete horas, numa reunião entre o presidente, Rusk, McNamara, Bundy, Kohler e Hillenbrand. A Otan e os embaixadores americanos nas capitais dos três principais aliados receberiam a informação. Assim como Clay.[43]

"Até agora, as incursões cumpriram sua função", Rusk mentiu. Kennedy e Clay podiam dizer que a presença dos tanques soviéticos na fronteira constituía uma vitória deles, uma prova de que era Moscou e não Berlim Oriental que ainda controlava o que acontecia na cidade.

Rusk estava claramente apresentando a bandeira branca. "Novas incursões de americanos à paisana em veículos oficiais ou particulares com placas das Forças Armadas americanas e usando guardas armados ou escolta militar serão suspensas."

Para não haver qualquer mal-entendido, a instrução seguinte deixava claro que, por determinação do presidente, Clay devia evitar novos confrontos com os alemães-orientais ou com os soviéticos. "Por enquanto, os funcionários civis americanos devem abster-se de ir a Berlim Oriental, mas diariamente um funcionário civil tentará entrar em Berlim Oriental num carro particular sem escolta armada."

Clay permaneceria em seu posto por mais alguns meses, porém seus inimigos tinham vencido. Rusk ressaltou esse fato, dizendo: "No momento, nada mais podemos fazer, pois agora são os mais altos escalões do governo que se ocupam do assunto. [...] As ordens são para suspender as incursões de civis com escoltas armadas em Berlim Oriental".

Até um homem teimoso como Clay sabia que só lhe restava demitir-se.

PALÁCIO DOS CONGRESSOS, MOSCOU
SÁBADO DE MANHÃ, 28 DE OUTUBRO DE 1961

Depois de uma noite tensa na fronteira de Berlim, o marechal Konev encontrou-se com Khruschóv em Moscou, faltando apenas dois dias para encerrar-se o Congresso do Partido. O que tinha a dizer era que a situação na fronteira de Berlim permanecia inalterada. Ninguém se mexia, "a não ser quando os condutores dos tanques de ambos os lados desciam para caminhar e aquecer-se".[44]

Khruschóv lhe ordenou que retirasse os tanques soviéticos. "Aposto que em vinte minutos, ou seja qual for o tempo que eles demorem para receber instruções, os tanques americanos também serão retirados", afirmou com a segurança de quem fez um acordo.

"Eles não podem se afastar enquanto nossas armas estiverem apontando para eles", explicou. "Eles se meteram numa situação difícil e não sabem como sair dela. [...] Pois vamos lhes dar uma saída."

Pouco depois das 10h30 do sábado, os primeiros tanques soviéticos deixaram o Checkpoint Charlie. Alguns estavam cobertos de flores, guirlandas depositadas naquela manhã por integrantes da Freie Deutsche Jugend, a ala jovem do partido.[45]

Meia hora depois, os tanques americanos também se retiraram.

Com isso terminou o momento mais perigoso da Guerra Fria. No entanto, os desdobramentos do que aconteceu em Berlim em 1961 seriam dramáticos e duradouros. Abalariam o mundo um ano mais tarde em Cuba — e seriam determinantes nas três décadas seguintes.

Epílogo: Desdobramentos

Admito plenamente que a principal intenção de Khruschóv pode ser multiplicar suas probabilidades em Berlim, e estaremos prontos para assumir plenamente nosso papel lá, assim como no Caribe. Neste momento de teste extremo, é essencial mostrar a Khruschóv que, se está contando com fraqueza ou irresolução, está enganado.[1]

O presidente Kennedy num telegrama
confidencial para o primeiro-ministro britânico
Harold Macmillan sobre a evidência fotográfica
de mísseis cubanos, 21 de outubro de 1961

Muitas pessoas no mundo realmente não sabem ou dizem que não sabem qual é a grande questão entre o mundo livre e o mundo comunista. Que venham para Berlim. Algumas pessoas dizem que o comunismo é o caminho para o futuro. Que venham para Berlim. E algumas, na Europa e alhures, dizem que podemos nos entender com os comunistas. Que venham para Berlim. [...] Todos os homens livres, onde quer que morem, são cidadãos de Berlim. E, portanto, como homem livre, eu me orgulho de afirmar: "Ich bin ein Berliner".[2]

O presidente Kennedy, discursando
para os berlinenses, 26 de junho de 1963

Um ano depois de John F. Kennedy consentir a construção do Muro de Berlim, dois dramas, separados por 8 mil quilômetros, ilustraram o alto preço de um dos piores desempenhos de um presidente americano moderno em seu primeiro ano de governo.

O primeiro se desenrolou em Berlim, em 17 de agosto, sob o sol intenso do verão, minutos depois das catorze horas, quando o pedreiro Peter Fechter, de dezoito anos, e seu amigo Helmut Kulbeik deram início a sua corrida para a liberdade, na chamada faixa da morte, a terra de ninguém situada diante do Muro. O primeiro dos 35 tiros disparados pelos policiais foi dado depois que os dois conseguiram atravessar uma barreira intermediária de arame farpado. Duas balas atingiram Fechter nas costas e no estômago, enquanto seu amigo, mais ágil, saltava a barreira. Fechter caiu na base do Muro, onde permaneceu, tremendo, em posição fetal, com os braços cruzados no peito, o pé esquerdo descalço e o tornozelo à mostra. Por mais de uma hora, pediu socorro, num fio de voz, esvaindo-se em sangue.[3]

Ao mesmo tempo, a uma distância maior que um oceano, navios soviéticos começavam a ancorar secretamente em onze portos cubanos, levando componentes de mísseis nucleares que teriam alcance e potência suficientes para destruir Nova York ou Washington. Em 26 de julho, o cargueiro *Maria Ulyanova*, assim chamado em homenagem à mãe de Lênin, aportara em Cabañas; foi o primeiro dos 85 navios soviéticos que, nos noventa dias seguintes, fariam 150 viagens de ida e volta. Transportavam forças de combate e os componentes de cerca de 24 lançadores de míssil de médio alcance e dezesseis de alcance maior, cada um dos quais seria equipado com uma ogiva nuclear e dois mísseis balísticos.[4]

Em Berlim Ocidental, policiais e repórteres — postados em escadas para ver melhor o que se passava do outro lado do Muro — acompanhavam e fotografavam o triste fim de Fechter. Soldados americanos com uniforme de batalha observavam, tendo recebido ordens de não ajudar fugitivos, a menos que já tivessem deixado o setor comunista. Uma multidão de berlinenses ocidentais protestava, chamando os alemães-orientais de assassinos e os americanos de covardes. Um tenente da Polícia Militar americana disse a um deles: "Não é problema meu" — uma expressão de resignação que, no dia seguinte, os jornais de Berlim Ocidental levariam ao conhecimento da população indignada.

No lado oriental, os guardas da fronteira se recusaram a remover o moribundo, temendo, sem motivo, que os soldados americanos atirassem neles. Só depois que o rapaz estava morto e os alemães-orientais soltaram bombas de fumaça para impedir a visão uma patrulha retirou o corpo. Um fotógrafo conseguiu registrar a cena, que estranhamente lembrava a descida de Jesus da cruz. Publicada no dia seguinte na primeira página do *Berliner Morgenpost*, a foto mostrava três policiais de capacete, dois deles com submetralhadoras, segurando Fechter com os braços abertos e os punhos ensanguentados.

A morte do pedreiro foi a gota d'água para os berlinenses ocidentais. No dia seguinte, dezenas de milhares de manifestantes tomaram as ruas para protestar, com igual veemência, contra a inércia dos americanos e a desumanidade dos comunistas. Sua raiva e sua frustração produziram o que Sydney Gruson, correspondente do *New York Times*, chamou de uma "cena quase inacreditável": os policiais de Berlim Ocidental disparando jatos de água e bombas de gás lacrimogêneo para evitar que seus concidadãos investissem contra o Muro. "Mais que qualquer outro fato isolado desde a construção do Muro, a morte solitária e brutal de Peter Fechter despertou nos berlinenses ocidentais um sentimento de impotência em face da usurpação comunista", Gruson escreveu.[5]

Enquanto isso, fotografias aéreas tiradas pela CIA em meados de agosto mostravam a intensa atividade dos soviéticos em Cuba. Os soldados descarregavam os navios à noite, com as luzes da rua apagadas, e transportavam o material em veículos camuflados e tão longos que, para passar pelas curvas das estradas de terra, tinham de derrubar algumas casas de camponeses. Quando não estavam lutando com os mosquitos, o calor ou a chuva, os comandantes relatavam seu progresso a Moscou por meio de mensageiros para evitar comunicações eletrônicas que os americanos poderiam interceptar.[6]

Em 22 de agosto, a CIA informou à Casa Branca que aportaram em Cuba mais de vinte navios soviéticos, levando 5 mil homens e grande quantidade de material de transporte, comunicação e construção. Os analistas da CIA disseram que a rapidez e a magnitude desse envio de pessoal e equipamento a um país que não pertencia ao bloco soviético eram "inéditas nas operações de ajuda militar prestada por Moscou; é evidente que algo novo e diferente está ocorrendo". Os mísseis propriamente ditos demorariam ainda dois meses para chegar, e, por ora, os serviços de espionagem dos Estados Unidos concluíram que os soviéticos deviam estar reforçando o sistema de defesa aérea de Cuba.[7]

Aparentemente, havia pouca relação entre a execução pública de um jovem pedreiro em Berlim Oriental e o desembarque clandestino de tropas e partes de lançadores de míssil em Cuba. Contudo, somados, esses fatos simbolizavam dramaticamente os dois desdobramentos mais importantes da maneira desastrada como Kennedy lidou com o que aconteceu em Berlim em 1961:

> O primeiro seria mais duradouro: a permanência da divisão da Europa em função da Guerra Fria por mais três décadas, com todos os seus custos humanos. A construção do Muro evitou o desmoronamento da Alemanha Oriental numa época em que pairavam dúvidas sobre a viabilidade do país, mas também condenou uma nova geração de dezenas de milhões de europeus orientais a um regime autoritário, no estilo soviético, com seus limites à liberdade individual e nacional.
> O segundo seria mais imediato: a Crise dos Mísseis, no final de 1962, com sua ameaça de guerra nuclear. A história enaltece Kennedy pela maneira como enfrentou a crise, mas a verdade é que Khruschóv não teria se arriscado a instalar armas nucleares em Cuba, se, com base no que houve em Berlim em 1961, não o visse como um presidente fraco e indeciso.[8]

Hoje, o mundo sabe o que, na época, Kennedy não imaginava: que o Muro de Berlim cairia em novembro de 1989, que a Alemanha e Berlim seriam unificadas em outubro de 1990 e que a própria União Soviética cairia um ano depois, em dezembro de 1991. O final feliz da Guerra Fria tem levado alguns historiadores a atribuírem a Kennedy uma participação nesse resultado maior do que ele realmente teve. Argumentam que, evitando um risco desnecessário para interromper a construção do Muro, Kennedy evitou a guerra e preparou o terreno para a unificação da Alemanha, a libertação dos países do bloco soviético e a expansão de uma Europa livre e democrática.

No entanto, novas evidências e uma análise mais atenta dos relatos e documentos existentes impõem um julgamento menos generoso. Brent Scowcroft, por duas vezes consultor de Segurança Nacional, corretamente apontou no prefácio deste livro: "Infelizmente, a história não revela suas alternativas". Porém fornece pistas inequívocas. Nunca saberemos se um Kennedy mais resoluto teria acabado com a Guerra Fria. O que é indiscutível é que seus atos permitiram que os líderes da Alemanha Oriental detivessem o fluxo de refugiados que, 28 anos depois, determinaria o fim do país. Os fatos também deixam claro que, em 1961, ele nunca agiu basicamente motivado pelo desejo de preservar a liberdade de Berlim Ocidental.

No primeiro ano de sua gestão, Kennedy estava mais interessado em conter a difusão do comunismo pelo mundo em desenvolvimento que em fazê-lo recuar na Europa. Com relação a Berlim, preocupou-se sobretudo em evitar instabilidade e erros de cálculo que levassem a uma guerra nuclear. Ao contrário de Eisenhower e Truman, seus predecessores, desdenhava do chanceler Konrad Adenauer e de seus sonhos de unificação alemã.

O melhor juiz de seu fraco desempenho em 1961 talvez seja ele mesmo. Em seu círculo íntimo, Kennedy admitia francamente sua má atuação na crise da baía dos Porcos e na Cúpula de Viena. Em 22 de setembro — mais de um mês depois do fechamento da fronteira —, quando Elie Abel, do *Detroit News*, pediu sua cooperação para escrever um livro sobre seu primeiro ano de mandato, perguntou: "Por que alguém haveria de escrever um livro sobre uma administração que não tem nada para apresentar, a não ser uma sucessão de desastres?".

Foi uma alentadora demonstração de lucidez a respeito de um ano marcado por inconsistência, indecisão e falhas políticas.

Em sua campanha eleitoral, Kennedy expusera ideias novas e falara da necessidade urgente de mudanças, porém, no tocante a Berlim, estava mais empenhado em manter o frágil status quo. Acreditava que só deveria abordar a difícil situação de Berlim depois de estabelecer uma relação de confiança, mediante um processo de negociações sobre um acordo de proibição de testes nucleares e outros assuntos referentes a controle de armas.

Assim, nos primeiros dias de sua gestão, perdeu sua melhor oportunidade de aprimorar as relações por causa de uma interpretação equivocada dos sinais emitidos por Khruschóv. Através de uma série de gestos unilaterais, como a libertação de pilotos americanos na manhã seguinte à posse de Kennedy, o líder soviético demonstrara disposição de cooperar com os Estados Unidos. Contudo, por interpretar erroneamente a dura retórica de um discurso destinado aos propagandistas do partido, Kennedy concluiu que Khruschóv estava intensificando a Guerra Fria para testá-lo.

O que se seguiu foi seu alarmista discurso anual ao Congresso do Estado da União. Com boa dose de exagero, Kennedy revelou ao país o que aprendera em menos de duas semanas no cargo que o levara a alterar o tom muito mais cauteloso de seu discurso de posse:

A cada dia, as crises se multiplicam. A cada dia, sua solução se torna mais difícil. A cada dia, chegamos mais perto da hora do perigo máximo. Devo informar ao Congresso que nossas análises nos últimos dez dias deixam claro que, em cada uma das principais áreas da crise, os acontecimentos estão se precipitando — e o tempo não tem sido nosso amigo.

O momento icônico de sua indecisão foi o fiasco na baía dos Porcos em abril, quando ele nem cancelou uma operação concebida na administração Eisenhower, nem providenciou as condições necessárias para o sucesso. A partir daí, Kennedy temia, com razão, que Khruschóv o visse como fraco, sobretudo considerando a reação mais resoluta do líder soviético à insurreição húngara de 1956. Como disse ao colunista James Reston depois de ter sido desancado na Cúpula de Viena, Khruschóv "achou que podia engambelar toda pessoa jovem e inexperiente o bastante para se meter naquela enrascada. E que quem entrou nela sem ver do que se tratava era fraco. Ele acabou comigo. […] Estou com um tremendo problema".

Depois que, em Viena, Khruschóv ameaçou alterar unilateralmente o status de Berlim até o fim do ano, Kennedy intensificou sua retórica, aumentou os gastos com a Defesa, colocou as tropas em maior prontidão e reavaliou as contingências militares, inclusive um plano de ataque nuclear. Mesmo assim, ainda estava um passo atrás dos soviéticos. Os Estados Unidos e seus aliados aparentemente foram pegos de surpresa pelas extraordinárias rapidez e eficiência com que os alemães-orientais, com o apoio dos soviéticos, fecharam a fronteira de Berlim, em 13 de agosto.

Relatos da época indicam que Kennedy não esperava por isso. Contudo, um exame mais atento deixa claro que ele não só previu uma medida semelhante, como contribuiu para implantá-la. Em particular, respirou aliviado, ao invés de indignar-se, e optou por não destruir a barreira quando teve a oportunidade e por não punir os comunistas com sanções. E declarou: "Não é uma solução muito boa, mas um muro é bem melhor que uma guerra".

A mensagem que enviara a Khruschóv — diretamente em Viena e, depois, indiretamente, mediante discursos públicos e recados transmitidos por vias informais — foi: ele podia fazer o que bem entendesse no território que controlava, contanto que não tocasse em Berlim Ocidental nem no acesso dos aliados à cidade.

Como Kennedy disse a Walter Rostow, consultor de Economia da Casa Branca, dias antes do fechamento da fronteira: "Khruschóv está perdendo a Alemanha Oriental. Ele não pode permitir isso. Se perder a Alemanha Oriental, vai perder também a Polônia e toda a Europa Oriental. Ele vai ter de fazer alguma coisa para acabar com o fluxo de refugiados. Talvez um muro. E não podemos impedi-lo. Posso manter a Aliança coesa para defender Berlim Ocidental, mas não posso fazer nada para manter Berlim Oriental aberta".

Em 13 de agosto de 1961, Khruschóv e Ulbricht puderam agir com relativa certeza de que Kennedy não protestaria, desde que respeitassem os limites que ele estabelecera. Deve ter sido por isso que construíram o Muro não exatamente na fronteira, mas um pouco atrás, no território de Berlim Oriental. Desdenhoso das aspirações de unificação alemã e disposto a aceitar o equilíbrio de forças existente na Europa, Kennedy se deixou levar pela falsa esperança de que, fazendo os soviéticos se sentirem mais seguros em Berlim, aumentaria as possibilidades de negociações frutuosas sobre uma série maior de assuntos. Contudo, como demonstraria a crise cubana, sua inércia em relação a Berlim só encorajou ainda mais os soviéticos.

Os estudiosos se perguntam se Kennedy aprovou o Muro de maneira ainda mais explícita, mesmo antes de sua construção. Se o fez, provavelmente utilizou para isso os contatos de seu irmão Robert com Georgi Bolshakov, o agente da inteligência militar soviética que atuava como o canal secreto entre ele e Khruschóv. Mais tarde, Bobby lamentaria não ter registrado essas conversas. Os registros disponíveis de Bolshakov não mencionam o que disseram pouco antes ou depois do fechamento da fronteira, e os arquivos do Kremlin e da inteligência soviética permanecem secretos.

No entanto, a semelhança entre a conduta endossada por Kennedy e as medidas tomadas pelos comunistas é grande demais para que tenham sido mera coincidência. Kennedy deu a Khruschóv maior liberdade de ação em Berlim que seus predecessores. As atas da Cúpula de Viena, antes secretas, contêm os detalhes do acordo que Kennedy estava disposto a fazer: Khruschóv teria carta branca para fechar a fronteira de Berlim em troca da garantia de que não interferiria na liberdade de Berlim Ocidental nem no acesso dos aliados à cidade. Mais tarde, ao ler essas atas, altos funcionários americanos ficariam chocados com a disposição de Kennedy para reconhecer como permanente a divisão da Europa no pós-guerra, tendo em vista a estabilidade. Como o presidente disse ao premiê no primeiro dia de suas conversações em Viena: "É crucial que as mudanças que ocorrem no mundo e afetam o equilíbrio de forças tenham lugar de um modo que não envolva o prestígio dos compromissos assumidos por nossos países".

No dia seguinte, Kennedy aplicaria essa linha de raciocínio mais explicitamente a Berlim, limitando o compromisso dos Estados Unidos a "Berlim *Ocidental*", ao invés de estendê-lo à cidade inteira, como seus predecessores fizeram. Em 25 de julho, num pronunciamento transmitido ao vivo pela televisão, tornou pública essa distinção, mostrando com tanta clareza que não se importaria em abrir mão de Berlim que alarmou os responsáveis pela linguagem da diplomacia americana desde a Segunda Guerra Mundial.

Em 30 de julho, duas semanas antes do fechamento da fronteira de Berlim, o presidente da Comissão de Relações Exteriores do Senado, William Fulbright, declarou em rede nacional de televisão: "A verdade é que, a meu ver, os russos podem fechá-la, de qualquer maneira. [...] Se na próxima semana decidissem fechar suas fronteiras, poderiam fazê-lo, sem violar nenhum tratado. Não entendo por que os alemães-orientais não fecham sua fronteira, pois creio que têm o direito de fechá-la".

Assim expressou publicamente o que Kennedy pensava. O presidente nada fez para contradizê-lo, e McGeorge Bundy, consultor de Segurança Nacional, confidenciou-lhe que considerava "oportunas" as palavras do senador.[9] Por falta de desmentido, Khruschóv concluiu que se tratava de um sinal deliberado e disse isso tanto a Walter Ulbricht, líder da Alemanha Oriental, quanto a Amintore Fanfani, o presidente italiano em visita a Moscou.[10] "Quando a fronteira estiver fechada, os americanos e os alemães-ocidentais vão ficar contentes", explicou a Ulbricht. "Thompson [embaixador americano em Moscou] me contou que essas fugas estão causando muitos problemas para os alemães-ocidentais. Portanto, quando estabelecermos esses controles, todo mundo vai ficar satisfeito. E, além disso, eles vão sentir seu poder."

"Sim", Ulbricht concordou, "e teremos conseguido estabilidade." Essa era a única coisa que unia Ulbricht, Khruschóv e Kennedy: o desejo de estabilidade para a Alemanha Oriental.[11]

Ao longo de 1961, Berlim foi um problema indesejado que Kennedy herdou, e nunca uma causa que ele quisesse defender. Mergulhado em sua gigantesca banheira dourada em Paris, durante uma pausa em suas conversações com De Gaulle, comentou com seus assessores Kenny O'Donnell e Dave Powers: "Não faz sentido encarar uma guerra atômica por um tratado que preserve Berlim como a futura capital de uma Alemanha reunificada, quando todos nós sabemos que a Alemanha provavelmente nunca será reunificada". A caminho de Londres, depois da Cúpula de Viena, disse para O'Donnell: "Não fomos nós que desunimos a Alemanha. Não somos responsáveis pela ocupação de Berlim pelas quatro potências, um erro com o qual nem nós, nem os russos devíamos ter concordado, para começo de conversa".

Se, no longo prazo, estabelecer os termos da Guerra Fria por mais três décadas foi a poderosa decorrência do que aconteceu em Berlim em 1961, no curto prazo a Crise dos Mísseis foi o desdobramento mais importante. Na cabeça de Kennedy e na de Khruschóv, as situações de Cuba e de Berlim estavam inextricavelmente relacionadas.

Os críticos consideraram temerário o plano soviético de instalar mísseis nucleares em Cuba, porém do ponto de vista do premiê tratava-se de um risco calculado, baseado no que ele sabia a respeito de Kennedy. No final de 1961, Khruschóv assegurou a um grupo de funcionários soviéticos que Kennedy faria qualquer coisa para evitar uma guerra nuclear: "Ele não tem experiência sólida, nem, em termos gerais, coragem para enfrentar um grave desafio".[12] Quanto a Cuba, disse a seu filho Sergei que Kennedy "faria um estardalhaço, faria mais que um estardalhaço, e depois concordaria".[13]

Apesar de todos os problemas de seu primeiro ano de mandato, Kennedy continuava tão disposto a fazer concessões a Khruschóv para chegar a um acordo sobre Berlim que, em abril de 1962, entrou em choque com o chanceler Konrad Adenauer. No que chamou de "Declaração de Princípios", propôs uma

"Autoridade de Acesso Internacional" que tiraria das quatro potências o controle de acesso a Berlim e o confiaria a um novo organismo, através do qual os soviéticos e os alemães-orientais poderiam barrar a entrada de quem desejassem. Tudo que queria em troca era que o Kremlin aceitasse a presença militar e os direitos dos aliados em Berlim Ocidental.[14]

O documento plagiava tão claramente os soviéticos que, numa cópia enviada por Washington a Moscou, os redatores sublinharam alguns trechos para mostrar o que haviam tomado emprestado. Além disso, não mencionava a unificação alemã como um objetivo a ser alcançado através de eleições livres, o que antes havia sido um ponto inegociável com Moscou. Nunca uma proposta americana se aproximara tanto das posições soviéticas e se afastara tanto das aspirações de Adenauer. Kennedy inicialmente deu ao chanceler um dia de prazo para responder, mas, depois de irritados protestos, concedeu-lhe 48 horas.

Adenauer não podia mais esconder sua antipatia pelo presidente americano. A Paul Nitze, subsecretário de Defesa em visita a Bonn, disse que, se os princípios de Kennedy fossem postos em prática, Berlim Ocidental não teria transporte suficiente para todos que desejariam fugir da cidade.[15] Depois enviou a Kennedy uma ríspida mensagem: "Tenho consideráveis objeções a algumas dessas propostas. Peço-lhe, caro senhor presidente, que pare com isso imediatamente".[16]

Um vazamento da declaração — muito provavelmente com as bênçãos de Adenauer — suscitou tamanho alvoroço que comentaristas em ambos os lados do Atlântico atacaram Kennedy por se prontificar a recuar enquanto seus adversários continuavam disparando em fugitivos, importunando soldados aliados e reforçando ainda mais o Muro. Kennedy foi obrigado a retirar a proposta. A humilhação maior partiu de Khruschóv, que, de qualquer modo, pretendia rejeitar os princípios de Kennedy, porque não incluíam a retirada completa das forças americanas.

O premiê tinha em mente interesses maiores.

Em 5 de julho de 1962, ao mesmo tempo que planejava sua operação cubana, ele apresentou a Kennedy uma proposta detalhada para pôr fim ao que chamou de "regime de ocupação de Berlim Ocidental". Forças policiais das Nações Unidas, formadas por elementos das três potências ocidentais, mas também de Estados neutros e de dois países membros do Pacto de Varsóvia, substituiriam as tropas aliadas. Sofreriam anualmente um corte de 25%, de modo que, ao cabo de quatro anos, já não haveria contingentes estrangeiros em Berlim

Ocidental. Kennedy rejeitou essa proposta duas semanas depois, em 17 de julho, porém Khruschóv continuou elaborando sua estratégia para Berlim enquanto finalizava, secretamente, seus planos para Cuba.[17]

Certamente sabia que uma operação militar desse porte não passaria despercebida aos serviços de inteligência americanos, mas deve ter pensado que Kennedy nada faria para sustá-la.

Em 4 de setembro, o presidente comunicou a alguns congressistas que a CIA descobrira que os soviéticos estavam ajudando Castro a reforçar sua defesa. À noite, enviou uma declaração à imprensa com a mesma informação e um aviso para Khruschóv: haveria "gravíssimos problemas", se os Estados Unidos constatassem a presença de tropas de combate soviéticas ou de capacidade ofensiva soviética. O tom e a promessa de reação eram muito mais resolutos do que Khruschóv imaginara.[18]

Dois dias depois, em 6 de setembro, Khruschóv surpreendeu Stewart Udall, secretário do Interior que estava visitando usinas elétricas na Rússia, ao pedir-lhe que fosse encontrá-lo em Pitsunda, seu refúgio no mar Negro. Queria saber que mudanças na política interna estariam contribuindo para a determinação de Kennedy, porém voltou a expressar sua convicção de que o presidente era fundamentalmente fraco: "Ele tem conhecimento, mas não tem coragem — coragem para resolver a questão alemã". E, com sua operação cubana bastante avançada, completou: "Portanto, vamos ajudá-lo a resolver o problema. Vamos colocá-lo numa situação em que ele terá de resolvê-lo. [...] Não permitiremos que suas tropas permaneçam em Berlim".[19]

Acrescentou que, para não prejudicar Kennedy nas eleições de novembro, só tocaria no assunto depois dessa data. Sem fazer referência a Cuba, afirmou que o aumento do poderio soviético já havia alterado o equilíbrio de forças: "Foi-se o tempo em que vocês podiam bater em nós como se bate num menino — agora nós podemos lhes dar uma palmada no traseiro". E avisou: no caso de uma guerra por Berlim, bastaria "uma hora" para não existirem mais "nem Paris, nem a França".

Em 16 de outubro de 1962, com a maior parte dos lançadores de míssil instalados em Cuba, Khruschóv disse a Foy Kohler, o novo embaixador americano na União Soviética, que, na segunda metade de novembro, durante a Assembleia Geral da ONU em Nova York, queria falar com o presidente sobre Berlim e outras questões. Até então teria alterado significativamente o equilíbrio estratégico, dando a Moscou, pela primeira vez, a capacidade de atingir os Estados Unidos com armas nucleares. Com isso estaria numa posição melhor para negociar ou impor uma solução para Berlim.[20] Com Anatoly Dobrynin, seu novo embaixador nos Estados Unidos, comentou que Berlim continuava sendo "a questão fundamental nas relações entre soviéticos e americanos".[21]

Como lembraria mais tarde:

Meu raciocínio era o seguinte: se instalássemos os mísseis secretamente e os americanos os descobrissem já prontos para ser lançados, eles teriam de pensar duas vezes antes de tentar destruir nossas instalações por meios militares. Eu sabia que podiam destruir algumas delas, mas não todas. Se restasse um quarto ou mesmo um décimo de nossos mísseis — ou até um ou dois dos grandes —, ainda poderíamos atingir Nova York, e não sobraria muita coisa. Não quero dizer que toda a população de Nova York morreria — não toda a população, claro, mas um bocado de gente seria varrida do mapa. [...] E já estava mais que na hora de os Estados Unidos saberem o que é ter seu território e seu povo ameaçados.[22]

De tudo que Khruschóv fez nesse período em relação a Cuba e Berlim, talvez nada seja mais significativo que a construção de um oleoduto na Alemanha Oriental para abastecer tropas soviéticas a caminho da fronteira com a Alemanha Ocidental. O oleoduto era uma clara mensagem para Kennedy: qualquer revide em Cuba acarretaria guerra em Berlim.[23] "Os americanos sabiam que, se houvesse derramamento de sangue russo em Cuba, sangue americano certamente seria derramado na Alemanha", o premiê declarou.[24]

As palavras e os atos de Kennedy durante os treze dias da crise cubana — de 16 a 29 de outubro — enfatizaram sua convicção de que as estratégias de Khruschóv para Cuba e para Berlim estavam relacionadas. Desde o início ele desconfiava que a estratégia para Cuba tinha como objetivo ganhar Berlim, a maior prioridade do líder soviético. Assim, disse ao Estado-Maior:

Em primeiro lugar, quero explicar qual é o problema, a meu ver. Antes de mais nada, acho, em termos gerais, que devemos pensar por que os russos fizeram isso. Bem, na verdade, foi uma jogada perigosa, mas esperta. Nós não fazemos nada, e eles têm lá uma base de mísseis com toda a pressão em cima dos Estados Unidos e de nosso prestígio. Se atacarmos os mísseis cubanos ou Cuba, daremos a deixa para eles tomarem Berlim, como fizeram na Hungria durante a guerra inglesa no Egito [a crise de Suez]. Seremos vistos como os americanos rápidos no gatilho que perderam Berlim. Não teremos o apoio de nossos aliados. Mudaremos a maneira como os alemães-ocidentais nos veem. E [as pessoas pensarão] que perdemos Berlim porque não tivemos a coragem de resolver uma situação em Cuba. Afinal, Cuba está a 8 mil ou 9 mil quilômetros deles. Eles não se importam nem um pouco com Cuba. Mas se importam com Berlim e com a própria segurança.[25]

A decisão de ser mais duro com os soviéticos no tocante a Cuba em 1962 do que havia sido no tocante a Berlim em 1961 deveu-se a pelo menos três motivos. Primeiro, os perigos para os Estados Unidos eram maiores, por causa da proximidade geográfica. Segundo, em termos de política interna, errar em Cuba era mais arriscado para a reeleição de Kennedy do que havia sido na distante Berlim. Por fim, Kennedy finalmente aprendera que suas demonstrações de fraqueza só encorajaram Khruschóv a testá-lo ainda mais. O premiê o enganara descaradamente ao afirmar que estava adiando as conversações sobre Berlim em deferência às eleições americanas, quando estava simplesmente ganhando tempo para instalar seus mísseis.

Kennedy mais uma vez apontou a relação com Berlim numa mensagem secreta que enviou ao primeiro-ministro britânico Harold Macmillan, informando-o sobre a presença comprovada dos mísseis. Recebida em Londres em 21 de outubro, às 22 horas, a mensagem dizia:

Admito plenamente que a principal intenção de Khruschóv pode ser multiplicar suas probabilidades em Berlim, e estaremos prontos para assumir plenamente nosso papel lá, assim como no Caribe. Neste momento de teste extremo, é essencial mostrar a Khruschóv que, se está contando com fraqueza ou irresolução, está enganado.[26]

No dia seguinte, horas antes de, num histórico pronunciamento pela televisão, colocar os americanos a par do perigo, exigir que os soviéticos retirassem os mísseis e anunciar o bloqueio naval de Cuba, Kennedy expôs novamente sua preocupação com Berlim numa segunda mensagem a Macmillan: "Não preciso apontar-lhe a possível relação entre esse ato secreto e perigoso de Khruschóv e Berlim".[27]

Em 1962, também rejeitou o conselho dos chamados SLOBS [sujos], ou Soft Liners on Berlin [Linhas-Brandas em relação a Berlim]. O embaixador Thompson, que voltara de Moscou para o Departamento de Estado, sugeriu suspender o envio de reforços a Berlim durante a crise cubana para não provocar o Kremlin, mas Kennedy não aceitou a sugestão.[28] Bundy, o consultor de Segurança Nacional, aventou a possibilidade de trocar Berlim pelos mísseis. Kennedy discordou, pois não queria ser o presidente que perdeu Berlim.[29]

Apesar de toda a sua recente determinação, tampouco acatou a proposta dos militares de um ataque às bases cubanas, em grande parte porque temia uma retaliação dos soviéticos em Berlim. O general Curtis E. LeMay, chefe do Estado-Maior da Aeronáutica, protestou: "Isso é praticamente tão ruim quanto a conciliação em Munique". E argumentou: "Se não fizermos nada em relação a Cuba, eles vão pressionar em Berlim e pressionar muito, porque nos terão passado para trás".[30]

Ao Comitê Executivo, que criou a partir do Conselho de Segurança Nacional para administrar a crise, Kennedy expressou seu receio de que um bloqueio a Cuba levasse os soviéticos a bloquear Berlim. A um subcomitê desse grupo, chefiado por Paul Nitze, confiou questões relativas a Berlim. E avisou ao general Lucius Clay que poderia enviá-lo novamente a Berlim para coordenar as ações dos americanos.

Em seu discurso à nação, em 22 de outubro, preveniu Khruschóv publicamente: "A qualquer ato de hostilidade, em qualquer lugar do mundo, contra a segurança e a liberdade de povos com os quais estamos comprometidos — inclusive e em especial o bravo povo de Berlim Ocidental — revidaremos com o que for necessário".[31]

E, assim, a Crise de Berlim se transferiu para Cuba.

Em sua reunião com David Bruce, embaixador americano em Londres, o primeiro-ministro Macmillan ponderou, na noite do discurso: "O verdadeiro propósito de Khruschóv não seria trocar Cuba por Berlim? Se fosse detido em Cuba, com grande perda de prestígio, ele não seria tentado a se recuperar em Berlim? Não seria esse todo o objetivo do exercício — avançar um peão para trocá-lo por outro?".[32] Kennedy, por sua vez, temia que Khruschóv empreendesse em Berlim ações militares que demandassem dos Estados Unidos uma reação proporcional contra Cuba. "Essa é, realmente, a alternativa que nos resta", escreveu a Macmillan. "Se [Khruschóv] tomar Berlim, tomaremos Cuba."[33]

Mas Khruschóv, ao ser desafiado por um Kennedy decidido, voltou atrás em Cuba, exatamente como o general Clay dissera, um ano antes, que o faria em relação a Berlim. Quando Vasili Kuznetsov, vice-ministro do Exterior, sugeriu um ataque diversivo em Berlim, Khruschóv o repreendeu: "Guarde esse tipo de conversa para você mesmo. Não sabemos como sair de uma enrascada e você já quer nos meter em outra?".[34] O premiê tampouco acatou a sugestão do embaixador Dobrynin de fechar os acessos terrestres a Berlim como o "primeiro passo" de uma reação ao que ocorresse em Cuba. "Meu pai achava muito perigoso fazer qualquer coisa em Berlim", Sergei Khruschóv lembraria mais tarde, frisando que "nem por um momento" ele pensou em lançar um ataque nuclear contra os Estados Unidos. Depois do discurso de Kennedy, Khruschóv começou a retirar as tropas soviéticas da fronteira com a Alemanha Ocidental para deixar claro que não pretendia intensificar o conflito.[35]

Kennedy nunca foi tão inflexível em relação a Cuba quanto os americanos pensavam. Em 27 de outubro, seu irmão Bobby e Dobrynin fecharam um acordo, segundo o qual os Estados Unidos retirariam da Turquia seus mísseis nucleares Júpiter.[36] No dia seguinte, Khruschóv mencionou o assunto numa carta a Kennedy, porém Bobby devolveu a carta aos soviéticos e negou que essa concessão tivesse sido feita. Mas para Khruschóv a retirada da Turquia era crucial.

De qualquer modo, Kennedy convencera até mesmo seus maiores críticos entre os aliados. De Gaulle disse a Dean Acheson, que se encontrava em Paris para mantê-lo informado da crise, que não precisava ver a prova nas fotografias tiradas por "uma grande nação" para apoiar Kennedy.[37] Adenauer declarou que apoiaria Kennedy, ainda que ele decidisse bombardear ou invadir Cuba. "Os mísseis têm de sair de lá", decretou e tratou de preparar seu país para um bloqueio de Berlim ou mesmo para uma guerra nuclear.[38] Kennedy rejeitou a conciliatória oferta de Macmillan de atuar como mediador entre Washington e Moscou e convocou uma reunião de cúpula sobre Cuba, que, a seu ver, seria desastrosa para Berlim. "Não sei bem o que discutiremos", falou, "porque ele vai reiterar sua velha posição sobre Berlim, provavelmente se prontificando a remover os mísseis se neutralizarmos Berlim."[39]

Quem mais se surpreendeu com a demonstração de força do presidente americano foi o próprio Khruschóv, que não contava com ela. O general Clay disse ao diplomata William Smyser que a Crise dos Mísseis nunca teria ocorrido se Khruschóv não tivesse percebido a fraqueza de Kennedy, e que a ameaça a

Berlim só se afastou quando Kennedy deixou claro que não toleraria mais as intimidações de Moscou.[40]

Os berlinenses ocidentais comemoraram o desfecho da Crise dos Mísseis com mais entusiasmo que ninguém. Concluíram que estavam livres da ameaça soviética.

RATHAUS SCHÖNEBERG, PREFEITURA DE BERLIM OCIDENTAL
QUARTA-FEIRA, 26 DE JUNHO DE 1963

Kennedy faria sua primeira e última viagem presidencial a Berlim oito meses depois da crise cubana, em 26 de junho de 1963. Depois de visitar o Checkpoint Charlie e caminhar junto ao Muro, posicionou-se diante da prefeitura para falar a cerca de 300 mil berlinenses. A maior parte deles se lembraria desse momento para o resto da vida.

Cerca de 1 milhão de berlinenses o saudara ao longo dos 56 quilômetros de seu trajeto desde Tegel. Durante a maior parte do tempo, Kennedy permaneceu de pé em seu conversível Lincoln, ao lado do prefeito Willy Brandt e do chanceler Konrad Adenauer. Para ver seu herói americano, outros berlinenses subiram em árvores e postes, instalaram-se em telhados e terraços. A Cruz Vermelha, que se mobilizara para atender possíveis urgências, informaria que mais de mil pessoas desmaiaram.[41]

No aeroporto e durante o percurso pela cidade, alguns membros da comitiva presidencial comentaram que Hitler também levara multidões ao delírio.[42] O entusiasmo da população era tão intenso que preocupou Adenauer a ponto de fazê-lo cochichar para Rusk: "Isso quer dizer que um dia a Alemanha pode ter outro Hitler?". A certa altura, impressionado com o que via, Kennedy disse para o general Godfrey T. McHugh, seu assessor militar: "Se eu os mandasse derrubar o Muro de Berlim, eles derrubariam".

Entretanto, o presidente e sua comitiva se apaixonavam mais e mais pelos berlinenses ocidentais. Kennedy estava ao mesmo tempo comovido com a coragem dessa gente e chocado com a presença do Muro, cuja construção ele fizera tão pouco para impedir. "Ele parece alguém que acabou de ver o inferno", relatou Hugh Sidey, correspondente da *Time*. Enquanto percorria a cidade, Kennedy revisou o discurso mais importante dos três que pronunciaria, eliminando a indeterminação da linguagem adotada em Washington para não provocar os soviéticos. Seu discurso diante da prefeitura de Berlim Ocidental seria o mais emocionado e vigoroso de todos que faria no exterior.

> Muitas pessoas no mundo realmente não sabem ou dizem que não sabem qual é a grande questão entre o mundo livre e o mundo comunista. Que venham para Berlim. Algumas pessoas dizem que o comunismo é o caminho para o futuro. Que venham para Berlim. E algumas, na Europa e alhures, dizem que podemos nos entender com os comunistas. Que venham para Berlim. E algumas — poucas — ainda admitem que o comunismo é um sistema ruim, mas afirmam que ele nos permite progredir em termos de economia.[43]

Nesse ponto, Kennedy acrescentou uma frase, em alemão, que não estava no texto original, mas que ensaiara com Robert Lochner, diretor da RIAS (Radio in the American Sector), emissora de rádio americana em Berlim, e com Heinz Weber, intérprete de Adenauer. Escrevera foneticamente o que pretendia dizer: "*Lasst Sie nach Berlin kommem*. Que venham para Berlim. Todos os homens livres, onde quer que morem, são cidadãos de Berlim. E, portanto, como homem livre, eu me orgulho de afirmar: '*Ich bin ein Berliner*'".

Anos depois, linguistas amadores explicariam que, ao empregar o artigo *ein* diante de *Berliner*, nome de um doce alemão, ele na verdade havia dito: "Sou um sonho recheado". Mas Kennedy discutira isso com seus dois instrutores, que concluíram, corretamente, que, se não usasse o artigo, ele estaria afirmando que nasceu em Berlim; com isso, talvez a multidão ficasse confusa e a ênfase de seu simbolismo se perdesse. De qualquer modo, nenhum berlinense ali presente teve dúvida sobre o sentido dessa frase.[44]

Expressando toda a indignação que não demonstrara em agosto de 1961, Kennedy repudiou o comunismo. Admitiu que a democracia era imperfeita, "mas nunca tivemos de construir um muro para prender nosso povo". Para satisfação de Adenauer e pela primeira vez desde que assumira a presidência, falou do direito de reunificação que os alemães conquistaram com seus dezoito anos de bom comportamento. Falou de sua crença na reunificação de Berlim, da nação alemã e do continente europeu.

Era um novo Kennedy.

Chamou o general Clay, que viajara com ele até Berlim, para ficar a seu lado na tribuna. Juntos — o general que, em particular, condenara Kennedy por não enfrentar os soviéticos, e o presidente que agora agia como Clay, para consternação de seus conselheiros — encantaram-se com a aclamação da multidão. Depois do discurso, Bundy disse ao chefe: "Acho que o senhor foi um pouco longe demais".

Com um só discurso, Kennedy mudara a política americana em relação à Alemanha e a Berlim, adequando-a à determinação que mostrara no tocante a Cuba. Pela primeira vez em sua gestão, estava tratando Berlim como um lugar a ser defendido, um lugar onde construiria seu legado, e não mais como uma inconveniência que herdara, habitada por um povo pelo qual tinha pouca simpatia. A partir desse ponto, nem Kennedy, nem qualquer outro presidente americano, poderia recuar em Berlim.

Mais tarde, durante o voo para a Irlanda, ele comentou com Ted Sorensen: "Nunca mais na vida teremos um dia como esse".[45]

Menos de cinco meses depois, em 22 de novembro de 1963, um assassino disparou no presidente John F. Kennedy, tirando-lhe a vida, em Dallas, Texas. Menos de um ano depois disso, em 14 de outubro de 1964, o líder soviético Nikita Khruschóv foi derrubado por seus camaradas comunistas. Morreu do coração em 1971, depois de conseguir enviar suas memórias para o Ocidente.

Em outubro de 1963, Adenauer renunciou ao cargo, como parte do acordo de coalizão que havia feito para permanecer no poder depois das eleições de setembro de 1961. Morreu de causas naturais em 1967, aos 91 anos, deixando como legado uma Alemanha Ocidental democrática, economicamente florescente, e o sonho — que, embora parecesse irrealista, continuou sendo a política americana — de que um dia seu país seria reunificado. "Não há o que lamentar", foram suas últimas palavras para sua filha.

Em maio de 1971, pouco menos de uma década depois do fechamento da fronteira de Berlim, o líder da Alemanha Oriental Walter Ulbricht renunciou e foi substituído por Erich Honecker, o homem a quem confiara o projeto do Muro de Berlim. Honecker renunciou um mês antes de cair o Muro que construíra. Morreu de câncer em 1994, exilado no Chile, tendo sido acusado, mas não julgado, de crimes como ordenar aos guardas da fronteira que atirassem nos próprios concidadãos que tentassem escapar.

Em 1961, seus destinos se cruzaram em Berlim, cidade cujo nome representaria a principal luta ideológica e geopolítica da segunda metade do século

xx. A história terminaria bem, mas só porque, em Cuba, Kennedy abandonaria a perigosa postura que, um ano antes, assumira em Berlim.

O que Kennedy não conseguiu fazer foi derrubar o Muro, cuja construção acompanhara passivamente e que por três décadas — por toda a história, talvez — permaneceria como a imagem icônica do que sistemas sem liberdade podem impor, quando líderes livres não resistem.

Agradecimentos

Minha ligação com Berlim vem do útero.

Minha mãe, Johanna Schumann Kempe, nasceu em 30 de janeiro de 1919 no bairro de Pankow, que mais tarde faria parte da comunista Berlim Oriental. Emigrou com a família para os Estados Unidos em 1930, três anos antes de iniciar-se o Terceiro Reich. Muitas vezes me contou que foi a Berlim na adolescência, em 1936, para ver os Jogos Olímpicos, nos quais a "raça superior" de Adolf Hitler conquistou a maioria das medalhas, porém o atleta negro americano Jesse Owens roubou a cena, com quatro medalhas entusiasticamente aplaudidas pelos berlinenses. Minha mãe trouxe, na volta, um álbum de fotografias que até hoje está em minha estante, como um lembrete dos muitos dramas de Berlim.

Como a maioria dos berlinenses, minha mãe se orgulhava muito de suas origens. Os berlinenses se consideram diferentes dos outros alemães. Minha mãe dizia que eram mais independentes e flexíveis que os alemães em geral, mais espirituosos e cosmopolitas.

De origem mais provinciana, meu pai sofreu com as ideias de minha mãe sobre a excepcionalidade dos berlinenses. Nascido em 21 de maio de 1909 na pequena Leubsdorf, na Saxônia, ele cresceu em Kleinzschachwitz, perto de Dresden, e, em 1928, emigrou para os Estados Unidos. O que minha mãe, professora, e meu pai, padeiro, tinham em comum era o fato de terem vivido em partes da Alemanha que cairiam sob a ocupação soviética depois da Segunda Guerra Mundial. A construção do Muro de Berlim, em 1961, separou nossa família extensa; lembro que, todo ano, no Natal, meus pais mandavam para os parentes que ficaram na Alemanha Oriental grandes pacotes contendo coisas que eles não podiam comprar. Infelizmente, meus pais morreram um ano antes de ver o Muro de Berlim cair sob o peso da própria opressão, em 1989.

Assim, em primeiro lugar, agradeço a meu pai e a minha mãe, pois sem eles nunca teria escrito este livro. Foram eles que me mostraram a importância de Berlim como a linha divisória entre os mundos livre e não livre. Foram eles que incutiram em mim a indignação contra os que impuseram e contra os que toleraram o sistema opressivo que enclausurou 17 milhões de alemães (e, por associação, dezenas de milhões de europeus orientais) atrás do muro de concreto, do arame farpado, das torres de vigia e dos guardas armados de Berlim.

Também devo agradecimentos a muitas outras pessoas. A Neil Nyren, meu editor, pela quarta vez, na Putnam, que foi crucial em todos os estágios deste projeto, desde o desenvolvimento da ideia até os retoques finais. Sua habilidade e sua criatividade aprimoraram muito esta narrativa. Agradeço também a Esther Newberg, uma das agentes mais talentosas do mundo, que, junto com Neil, corretamente me afastou de projetos menos promissores e me direcionou para este.

Agradeço ainda a Ivan Held, o imensamente criativo presidente da Putnam; a Marilyn Ducksworth e sua equipe de publicidade; e ao notável grupo comandado por Meredith Dros, do qual faz parte Sara Minnich, que organizou o e-book. Meus agradecimentos especiais vão para John Makinson, amigo querido de muitos anos e visionário da Penguin, que sempre me deu sábios conselhos.

Devo muito a vários cronistas que me precederam no registro de partes desta história. A vasta bibliografia que forneço ao leitor contém os muitos textos que estudei ao longo de seis anos de pesquisa e atuação como repórter. Mas também devo mencionar as pessoas que mais influenciaram minha visão de certos aspectos: Hope Harrison e Mario Frank, sobre Walter Ulbricht e seu relacionamento com Khruschóv; Hans Peter Schwartz e Charles Williams, sobre Adenauer; Strobe Talbott e sua obra extraordinária sobre as memórias de Khruschóv; e Michael Beschloss, Robert Dallek Christopher Hilton, Fred

Kaplan, Timothy Naftali e Aleksandr Fursenko, Robert Slusser, Jean Edward Smith, W. M. Smyser, Frederick Taylor, Theodore Sorensen e Peter Wyden, que me deram uma importante contribuição. Dois livros que enfocam agosto de 1961, de Norman Gelb e Curtis Cate, têm um mérito especial, pois foram escritos por testemunhas muito próximas dos acontecimentos.

Apesar de todo esse bom trabalho, ainda me surpreende que nenhum desses livros tivesse juntado todas as peças que contribuíram para as históricas ocorrências de 1961. Meu objetivo era produzir tanto para o especialista quanto para o leitor comum uma narrativa interessante, fácil de ler e bem fundamentada que investigasse todos os registros históricos disponíveis e os documentos secretos que foram colocados à disposição nos Estados Unidos, na Alemanha e na Rússia.

No que se refere a esse desafio, agradeço, em primeiro lugar, ao talentoso e criativo Nicholas Siegel, que me ajudou com a pesquisa no período mais crucial deste projeto. Agradeço também a Roman Kilisek, cujo trabalho meticuloso foi inestimável nos estágios finais. Sou profundamente grato a Natascha Braumann e Alexia Huffman, minhas assistentes pessoais, que contribuíram muito para este livro, ao mesmo tempo que conduziam brilhantemente o gabinete executivo do Atlantic Council. Agradeço também a Milena Brechenmacher, Bryan Hart, Petra Krischok, Maria Panina e Dieter Wulf, que realizaram pesquisas valiosas ao longo do processo. Especialista em pesquisa fotográfica, Susan Hormuth ajudou a encontrar material original para o livro e suas várias encarnações eletrônicas — e mais uma vez Natascha desempenhou um papel crucial, identificando montanhas de fotos. Agradeço ainda a Maryrose Grossman e Michelle DeMartino, na Biblioteca John F. Kennedy, e a William Burr, no Arquivo da Segurança Nacional.

Devo muito a meus colegas no *Wall Street Journal*, onde trabalhei, e no Atlantic Council, onde trabalho atualmente. Agradeço em especial a Paul Steiger, meu ex-chefe no *Wall Street Journal*, e a Jim Pensiero, que possibilitou a elaboração deste livro. No Atlantic Council, nosso sábio presidente emérito Henry Catto e o então presidente Jan Lodal me incentivaram a levar adiante este projeto. Devo agradecimentos especiais ao general Brent Scowcroft, um americano extraordinário, e a Virginia Mulberger, uma mulher de bom senso e caráter únicos, pela amizade, pela inspiração e pelo apoio que me deram. Ao longo deste trabalho, recebi sábios conselhos de Richard Steele.

Tenho a grande sorte de atuar como presidente e CEO do Atlantic Council sob as ordens de dois homens que estão entre os melhores líderes e mentores deste país: o senador Chuck Hagel e o general Jim Jones. O senador Hagel, nosso chefe atual, representa a liderança coerente, honrada, bipartidária de que os Estados Unidos tanto precisam. Todos os americanos ganharam com os 42 anos de inestimável serviço público prestado pelo general Jones, que recentemente se tornou consultor de Segurança Nacional do presidente Obama.

Agradeço especialmente a Walter Isaacson por seu incentivo a este projeto ainda no início. Agradeço aos muitos americanos e berlinenses que me contaram suas histórias e a David Acheson, que me deu acesso à correspondência de seu pai. Agradeço a Vern Pike por me deixar ler seu texto inédito sobre sua experiência em Berlim.

Nenhum projeto deste tipo se concretiza sem amigos e familiares. Pete e Maria Bagley me cercaram de um carinho e um apoio que nunca poderei retribuir. Meus queridos amigos Pete e Alex Motyl me apresentaram sugestões cruciais que em termos de organização e edição melhoraram consideravelmente o texto original.

Desde menino, sempre contei com a firmeza de minhas irmãs Jeanie, Patty e Teresa e agradeço-lhes o incentivo que me deram e a compreensão que tiveram quando este projeto exigiu um tempo que eu poderia dedicar a elas. Estamos ligados por uma herança comum como americanos de primeira geração.

Dedico este livro a Pam, minha esposa, amiga extraordinária, parceira, editora e conselheira em todas as manhãs, todos os fins de semana, todas as semanas de férias que investi neste projeto. Durante todo o tempo, nossa extraordinária filha Johanna Natalie ("Jo-Jo"), assim chamada em homenagem à berlinense que me trouxe ao mundo, alimenta nossa felicidade com sua contagiante alegria e sua ilimitada curiosidade. Não vejo a hora de levá-la a Berlim.

Notas

FONTES

São muitas e variadas — em inglês, alemão e russo — as fontes para os fatos, citações e descrições de reuniões e episódios cruciais contidos neste livro. Incluem documentos secretos que foram colocados à disposição, manuscritos, relatos orais, entrevistas, memórias, diários, registros e reportagens publicadas pela mídia na época. Todas as fontes relevantes estão relacionadas nas notas e nas referências bibliográficas. Os cronistas anteriores não tiveram acesso a parte desse material, o que me permitiu fornecer um relato mais preciso e completo. Como muitos documentos potencialmente importantes permanecem secretos ou não estão disponíveis, relatos futuros serão ainda mais completos. Eu e outros autores poderemos expandir o conteúdo destas páginas, e ainda incluirei novas informações nos sites <berlin1961.com> e <fredkempe.com>.

Para tornar o texto mais claro, acrescentei a minhas citações de telegramas do Departamento de Estado e de outros setores do governo artigos e elementos conectivos — como "o", "a", "um", "e" — que, na época, foram omitidos em nome da brevidade. Também tomei a liberdade de usar como citação textual frases desses telegramas que foram claramente pronunciadas por determinada pessoa. Em alguns casos — como os encontros entre Robert Kennedy e Georgi Bolshakov, por exemplo —, tive de contentar-me com relatos parciais que deixaram em aberto muitas questões importantes e usei o bom senso para relacionar as fontes disponíveis.

LISTA DE ABREVIAÇÕES

(Ver as referências bibliográficas para citações e localizações completas.)
AVP-RF: Arkhiv Vneshnei Politiki Russkoi Federatsii

BstU: Behörde der Bundesbeauftragten für die Unterlagen des Staatssicherheitsdienstes der Ehemaligen Deutschen Demokratischen Republik

CWIHP: Cold War International History Project

DDEL: Dwight D. Eisenhower Presidential Library

DNSA: Digital National Security Archive

FRUS: Foreign Relations of the United States (Departamento de Estado, Office of the Historian)

GRU: Arquivo da Administração da Inteligência do Estado-Maior das Forças Armadas da Federação Russa

HSTL: Harry S. Truman Presidential Library

JFKL: John F. Kennedy Presidential Library

MfS: Ministeriums für Staatssicherheit

OH: Oral History

RGANI: Rossiiskii Gosudarstvennyi Arkhiv Noveishei Istorii

SAPMO-BArch: Stiftung Archive der Parteien und Massenorganizationen im Bundesarchiv

SED Archives, IfGA, ZPA: Sozialistische Einheitspartei Deutschland Archives, Institut für Geschichte der Arbeiterbewegung, Zentrales Parteiarchiv

TsK KPSS: Material secreto dos Plenários do Comitê Central do PCUS colocado à disposição

TsKhSD: Tsentr Khraneniia Sovremmenoi Dokumentatsii

TsAmo: Tsentral'nyi derzhavnyi arkhiv hromads' kykh ob'ednan' Ukrainy

ZAIG: Zentrale Auswertungs- und Informationsgruppe Hauptverwaltung Aufklärung des Ministeriums für Staatssicherheit der DDR

APRESENTAÇÃO: O LUGAR MAIS PERIGOSO DO MUNDO [pp. 15-24]

1. Antony Beevor, *Berlin: The Downfall, 1945.* Nova York: Viking, 2002, p. 139; citando TsA-MO 233/2356/5804, pp. 320-1.

2. William Taubman, *Khrushchev: The Man and His Era.* Nova York: W. W. Norton, 2004, p. 407.

3. RGANI, 5/30/367, pp. 179-82, Bericht des Verteidigungsministeriums an das ZK der KPdSU über die Situation in Berlin und in der DDR, 28/10/1961; Matthias Uhl, *Krieg um Berlin? Die sowjetische Militär- und Sicherheitspolitik in der zweiten Berlin-Krise 1958 bis 1962.* Munique: Oldenbourg Wissenschaftsverlag, 2008, pp. 146-7.

4. Daniel Schorr, Schorr Script Collection, Manuscript Division, Library of Congress, Berlim, 27 out. 1961.

5. Entrevista com Adam Kellett-Long, 15-16 de outubro de 2008.

6. Daniel Schorr, op. cit.

7. Norman Gelb, *The Berlin Wall: Kennedy, Khrushchev, and a Showdown in the Heart of Europe.* Nova York: Dorset Press, 1986, p. 256; entrevista com Vern Pike, 17 de novembro de 2008; noticiário da RIAS (Radio in the American Sector), 25-28 de outubro de 1961; extraído de <www.chronik-der-mauer.de>.

8. Andrei Cherny, *The Candy Bombers: The Untold Story of the Berlin Airlift and America's*

Finest Hour. Nova York: G. P. Putnam's Sons, 2008, p. 253; FRUS, 1961-63, v. XIV, Berlin Crisis, 1961--62, Doc. 186, Telegrama da Missão em Berlim para o Departamento de Estado, Berlim, 23 de outubro de 1961, 14h; Curtis Cate, *The Ides of August: The Berlin Wall Crisis — 1961*. Nova York: M. Evans, 1978, p. 477.

9. William R. Smyser, "Tanks at Checkpoint Charlie", *The Atlantic Times*, outubro de 2005: <http://www.atlantic-times.com/archive_detail.php?recordID=319>; *The New York Times*, 24/10/1961; Curtis Cate, op. cit., p. 479.

10. Gelb, op. cit., p. 3. Winston Churchill, "'Iron Curtain' Speech", Westminster College, Fulton, Missouri, 5 de março de 1946; citado em Katherine A. S. Sibley, *The Cold War*. Westport, CT: Greenwood Press, 1998, pp. 136-7.

11. Noticiário da RIAS, 25-28 de outubro de 1961; Raymond L. Garthoff, "Berlin 1961: The Record Corrected", *Foreign Policy*, n. 84, outono de 1991, pp. 142-56.

12. Entrevista com Adam Kellett-Long, 15-16 out. de 2008.

13. JFKL, *Lucius D. Clay OH*.

14. FRUS, 1961-63, v. XIV, Berlin Crisis, 1961-62, Doc. 195, 196; Curtis Cate, op. cit., pp. 485-6.

15. Estatística do Muro de Berlim (Der Polizeipräsident von Berlin), <www.chronik-der--mauer.de>.

1. KHRUSCHÓV: UM COMUNISTA COM PRESSA [pp. 27-41]

1. Michael R. Beschloss, *The Crisis Years: Kennedy and Khrushchev, 1960-1963*. Nova York: HarperCollins, 1991, p. 52; William Taubman: *Khrushchev: The Man and His Era*, p. 449.

2. *Pravda*, n. 2 (15492), 2/2/1961.

3. Aleksandr Fursenko e Timothy Naftali, *Khrushchev's Cold War: The Inside Story of an American Adversary*. Nova York: W. W. Norton, 2006, pp. 343-4.

4. Dean Rusk, *As I Saw It: A Secretary of State's Memoirs*. Londres: I. B. Tauris, 1991, p. 227.

5. Bryant Wedge, "Khrushchev at a Distance: A Study of Public Personality", in *Society* (*Social Science and Modern Society*), 5, n. 10, out. 1968, pp. 24-8.

6. CIA, Office of Current Intelligence (OCI), n. 2391-61, cópia n. 22.

7. Arkady N. Shevchenko, *Breaking with Moscow*. Nova York: Alfred A. Knopf, 1985, pp. 108-9.

8. Taubman, op. cit., pp. 106-7.

9. Fursenko e Naftali, op. cit., p. 16; Beschloss, op. cit., p. 47; Taubman, op. cit., pp. 39, 191; Marshall MacDuffie, *The Red Carpet: 10,000 Miles Through Russia on a Visa from Khrushchev*. Nova York: W. W. Norton, 1955, p. 202; Michael R. Beschloss, *Mayday: The U-2 Affair: The Untold Story of the Greatest US-USSR Spy Scandal*. Nova York: Harper & Row, 1986, pp. 163-4, 199.

10. Marshall MacDuffie, op. cit., p. 198.

11. Beschloss, *Crisis Years*, op. cit., pp. 50-2.

12. *Pravda*, n. 2 (15492), 2/2/1961.

13. Sidney Pollard, *The International Economy Since 1945*. Nova York: Routledge, 1997, 2; Leon Clarck, *The Beginnings of the Cold War — Civilizations Past and Present the Bipolar "North", 1945-1991*, acessado em <http://history-world.org/beginnings_of_the_cold_war.htm>: "*The Elusive Peace — Soviet And American Spheres*", Introduction.

14. William H. Chamberlin, "Khrushchev's War with Stalin's Ghosts", in *Russian Review*, 21, n. 1, janeiro de 1962, pp. 3-10.

15. Taubman: op. cit., p. 332; Nikita S. Khruhschev, "Memuary Nikity Sergeevicha Khrushcheva", *Voprosy Istorii*, n. 2, 1995, p. 76.

16. Hans Kroll, *Lebenserinnerungen eines Botschafters*. Köln: Kiepenheuer & Witsch, 1967, pp. 15-7; Fursenko e Naftali, op. cit., pp. 205-6.

17. Eberhard Schulz, Hans-Adolf Jacobsen, Gert Leptin e Ulrich Scheuner, *GDR Foreign Policy*. Armonk, NY: M. E. Sharpe, 1982, p. 197.

18. Anônimo, *A Woman in Berlin: Eight Weeks in the Conquered City: A Diary*. Trad. de *Eine Frau in Berlin*, por Philip Boehm. Nova York, Picador, 2006; Jens Binsky, "Kleine Fussnote zum Untergang des Abendlandes", *Süddeutsche Zeitung*, 10/6/2003, p. 10.

19. Ilko-Sascha Kowalczuk e Stefan Wolle, *Roter Stern* über *Deutschland: Sowjetische Truppen in der DDR*. Berlin: Christoph Links, 2010, p. 38.

20. Maria Sack, "Schlechter Dienst an der Berlinerin/Bestseller im Ausland — Ein Verfälschender Sonderfall", Der *Tagesspiegel*, 6/12/1959, p. 35.

21. Kowalczuk e Wolle, op. cit., p. 105.

22. Silke Satjukow, *Besatzer: "Die Russen" in Deutschland 1945-1994*. Göttingen: Vandenhoeck & Ruprecht, 2008, pp. 41, 43.

23. "Vopo feuert auf Sowjet-Soldaten — Sie wollten in den Westen", *Bild-Zeitung*, 1/4/1958; "Sowjets jagen Deserteure", *Abendzeitung* (Munique), 3/1/1958.

24. Jan Foitzik, "Berichte des Hohen Kommissars der UdSSR in Deutschland aus den Jahren 1953/1954", in *Machtstrukturen und Entscheidungsmechanismen im SED Staat und die Frage der Verantwortung* (Materialen der Enquete-Kommission "Aufarbeitung von Geschichte und Folgen der SED-Diktatur in Deutschland", v. II, p. 2), Baden-Baden, 1995, 1361; <http://www.ddr-wissen.de/wiki/ddr.pl?17._Juni_1953>.

2. KHRUSCHÓV: A CRISE DE BERLIM [pp. 42-69]

1. *The Current Digest of the Soviet Press*, 10, n. 40-52, 1958, p. 17.

2. Freedom of Communications: Final Report of the Committee on Commerce, United States Senate, Parte III: *The Joint Appearances of Senator John F. Kennedy and Vice President Richard M. Nixon and Other 1960 Campaign Presentations*. 87th Congress, 1st Session, Senate Report n. 994, Parte 3, Washington, D. C.: U. S. Government Printing Office, 1961.

3. William Taubman, *Khrushchev: The Man and His Era*. Nova York: W. W. Norton, 2004., p. 396; Nikita S. Khrushchev, *For Victory in Peaceful Competition with Capitalism*. Nova York: E. P. Dutton, 1960, p. 38.

4. U.S. Department of State, Documents on Germany 1944-1985, Office of the Historian, *Khrushchev Address, November 10, 1958*. Washington, D. C. : Government Printing Office, 1985, pp. 542-6.

5. Aleksandr Fursenko e Timothy Naftali, *Khrushchev's Cold War: The Inside Story of an American Adversary*. Nova York: W. W. Norton, 2006, pp. 195-211; Taubman, op. cit., pp. 396-403.

6. "New Evidence on the Berlin Crisis 1958-1962", "Minutes from the Discussion between the Delegation of the People's Republic of Poland and the Government of the USSR" (25 de outubro-10 de novembro de 1958), *Cold War International History Project Bulletin* (CWIHP-B), Woodrow Wilson International Center for Scholars, n. 11, 1998; extraído de Douglas Selvage, *Khrushchev's November 1958 Berlin Ultimatum: New Evidence from the Polish Archives*, pp. 200-3, <www.wilsoncenter.org>; Fursenko e Naftali, op. cit., pp. 207-9.

7. CWIHP-B, n. 11 1998, em Selvage, *Khrushchev's November 1958 Berlin Ultimatum*, p. 202; Matthias Uhl e Vladimir I. Ivkin, "'Operation Atom': The Soviet Union's Stationing of Nuclear Missiles in the German Democratic Republic, 1959", CWIHP-B, n. 12/13, 2001, pp. 299-307.

8. Ibid., p. 738.

9. Matthew Evangelista, "'Why Keep Such an Army?' Khrushchev's Troop Reductions", CWIHP Working Paper n. 19, Washington, D. C.: dezembro de 1997, pp. 4-5; Taubman, op. cit., p. 379.

10. Robert Service, *Comrades! A History of World Communism*, Cambridge, MA: Harvard University Press, 2007, p. 314; Fursenko e Naftali, op. cit., p. 148.

11. Service, op. cit., p. 310; Nikita S. Khrushchev, "Khrushchev Remembers, Parte III: The Death of Stalin, the Menace of Beria", *Life*, 11/12/1970, pp. 54-72.

12. Hope M. Harrison, *Driving the Soviets up the Wall — Soviet-East German Relations, 1953-1961*. Princeton, NJ: Princeton University Press, 2003, p. 27; Mark Kramer, "The Early Post--Stalin Succession Struggle and Upheavals in East Central Europe: Internal-External Linkages in Soviet Policy Making (Parte I)", *Journal of Cold War Studies*, 1, n. 1-3, 1999, pp. 12-28.

13. Bundesministerium für Gesamtdeutsche Fragen (BMG), *Die Flucht aus der Sowjetzone und die Sperrmassnahmen des kommunistischen Regimes vom 13. August 1961 in Berlin*, 1961; Helge Heidemeyer, *Flucht und Zuwanderung aus der SBZ/DDR 1945/1949-1961, Die Flüchtlings-politik der Bundesrepublik Deutschland bis zum Bau der Berliner Mauer*. Düsseldorf: Droste, 1994, p. 338.

14. Feliks Chuev, *Sto sorok besed s Molotovym*. Moscou: Terra, 1991, pp. 332-4; *Izvestia*, 23/12/2003.

15. Vladislav M. Zubok e Constantine Pleshakov, *Inside the Kremlin's Cold War: From Stalin to Khrushchev*. Cambridge, MA: Harvard University Press, 1996, pp. 159-60; Andrei Gromyko, *Memories*. Londres: Hutchinson, 1989, p. 316.

16. Harrison, op. cit., p. 24; "Memorandum, V. Chuikov, P. Iudin, L. Il'ichev to G. M. Ma-lenkov, 18 May 1953, Secret", extraído de Christian F. Ostermann, "'This Is Not a Politburo, but a Madhouse' — The Post-Stalin Succession Struggle, Soviet *Deutschlandpolitik* and the SED: New Evidence from Russian, German, and Hungarian Archives", CWIHP-B, n. 10, 1998, pp. 74-8.

17. "Postanovlenie plenuma TsK KPSS o prestupnykh antipartiinykh i antigosdarstvennykh deistviiakh Beriia", em "Delo Beriia", Plenum TsK KPSS Iuli 1953 goda, Stenograficheskii Otchet, p. 203, p. 304.

18. FRUS, 1958-60, v. VIII, Berlin Crisis, 1958-59, telegramas de Thompson para Washington em 11 e 14 de novembro de 1958, pp. 47-8, 62; e conversação por telefone entre Eisenhower e Herter em 28 de novembro de 1958, p. 114.

19. Oleg Grinevskii, "Berlinskkii krizis 1958-1959". *Zvezda*, n. 2, 1996, p. 127.

20. Sergei N. Khrushchev, *Nikita S. Khrushchev: Krizisy I Rakety. Vzgliad Iznutri*. Moscou: Novosti, v. 1, 1994, p. 416.

21. Oleg Troyanovsky, *Cherez godi i rasstoiania: Istoriia odnoi semyi*. Moscou: Vagrius, 1997, pp. 211-3.

22. Hubert Horatio Humphrey Papers. Trip Files, Russian, em Senatorial Files, 1949-64, Caixa 703, Minnesota Historical Society, Minneapolis, MN; FRUS, 1958-60, v. VIII, Berlin Crisis, 1958-59, 149-53; JKFL, Memorando da conversa (Memcon) entre o senador Humphrey e o secretário·de Estado em exercício Christian Herter, 8 de dezembro de 1958, Caixa 126; Hubert H. Humphrey, "Eight Hours with Khrushchev", *Life*, 12 de janeiro de 1959, pp. 80-91.

23. FRUS, 1958-60, v. VIII, Berlin Crisis, 1958-59, pp. 149-53.

24. Humphrey, "Eight Hours with Khrushchev", p. 82.

25. Citado em U.S. Department of State, Central Files, 762.00/12-358.

26. Christian Bremen, *Die Eisenhower-Administration und die zweite Berlin-Krise 1958-61*. Veröffentlichungen der Historischen Kommission zu Berlin, v. 95, Berlim/ Nova York: de Gruyter, 1998, pp. 383-6.

27. Taubman, op. cit., p. 416, citando Sergei N. Khruschóv, *Krizisy I Rakety*, pp. 442-3; Troyanovsky, *Cherez godi*, p. 218.

28. Ibid., p. 421; Nikita S. Khrushchev, "Memuary Nikity Sergeevicha Khrushcheva", *Voprosy Istorii*, n. 4, 1993, p. 36.

29. Nikita S. Khrushchev, *Khrushchev Remembers: The Last Testament*. Boston: Little, Brown, 1974, p. 372.

30. Ibid.; Sergei N. Khrushchev, *Nikita Khrushchev and the Creation of a Superpower*. University Park: Pennsylvania State University Press, 2000, pp. 328-30; Fred Kaplan, *1959: The Year Everything Changed*. Hoboken, NJ: John Wiley & Sons, 2009, p. 107.

31. Nikita S. Khrushchev, "Memuary Nikity Sergeevicha Khrushcheva", *Voprosy Istorii*, n. 4, 1993, pp. 38-9.

32. Morton Schwartz, *The Foreign Policy of the USSR: Domestic Factors*. Encino, CA: Dickenson, 1975, p. 89; Nikita S. Khrushchev, *Khrushchev Remembers: The Last Testament*, op. cit., p. 377.

33. JFKL, Memcon, USSR-Vienna Meeting, Background Documents, 1953-61, 15 de setembro de 1959, Caixa 126.

34. Jean Edward Smith, *The Defense of Berlin*. Baltimore: Johns Hopkins University Press, 1963, p. 212; Gelb, *The Berlin Wall*, p. 43.

35. *Los Angeles Times*, 20/9/1959, p. 1.

36. FRUS, 1958-60, v. IX, Berlin Crisis, 1959-60, pp. 35-53; v. X, Parte I, Eastern Europe, Soviet Union, Cyprus, Doc. 129-136 (132), pp. 459-85; Michael Beschloss, *Mayday: The U-2 Affair: The Untold Story of the Greatest US-USSR Spy Scandal*. Nova York: Harper & Row, 1986, pp. 206-15.

37. Fursenko e Naftali, op. cit., p. 238; JFKL, Reuniões entre Eisenhower e Khruschóv, 26-27 de setembro de 1959. USSR-Vienna Meeting, Background Documents 1953-1961, Caixa 4, National Archives and Records Administration (NARA).

38. Sergei N. Khrushchev, *Creation of a Superpower*, op. cit., pp. 356-67.

39. Dr. A. McGhee Harvey, "A Conversation with Khrushchev: The Beginning of His Fall from Power", *Life*, 18/12/1970, 48B.

40. FRUS, 1958-60, v. X, Parte I, Eastern Europe Region, Soviet Union, Cyprus, Doc. 82, Memorando da reunião com o presidente Eisenhower, 8 de julho de 1959.

41. Taubman, op. cit., pp. 465, 495, cita *Pravda*, 19 de maio de 1960; Beschloss, op. cit., p. 299;

A. Merriman Smith, *A President's Odyssey*. Nova York: Harper, 1961, 199; Thomas P. Whitney (org.), *Khrushchev Speaks — Selected Speeches, Articles, and Press Conferences, 1949-1961*. Ann Arbor: University of Michigan Press, 1963, pp. 389-90.

42. Stanislaw Gaevsk, "Kak Nikita Sergeyevich vstrech v verkhak sorval". *Kievski Novosi*, n. 1, 1993.

43. Beschloss, op. cit., p. 305; Fursenko e Naftali, op. cit., p. 282; Michael Beschloss, *The Crisis Years: Kennedy and Khrushchev, 1960-1963*. Nova York: HarperCollins, 1991, pp. 31-2.

44. *Pravda*, 21 de maio de 1960, pp. 1-2; "Text of the Address by Khrushchev in East Berlin", *The New York Times*, 20/5/1960; "Mr. K. Quiet in East Berlin", *Christian Science Monitor*, 20 de maio de 1960; "Back Home in Berlin, Mr. K. Smiles Again", *The New York Times*, 20/5/1960.

45. Taubman, op. cit., p. 472; Sergei N. Khrushchev, *Creation of a Superpower*, pp. 408-9; Nikita S. Khrushchev, *Khrushchev Remembers: The Last Testament*, p. 463.

46. Taubman, op. cit., p. 474; Nikita S. Khrushchev, *Khrushchev Remembers: The Last Testament*, op. cit., p. 467.

47. Arkady Shevchenko, *Breaking with Moscow*. Nova York: Alfred A. Knopf, 1985, pp. 105-6.

48. Ibid., pp. 96-101; Martin Ebon, *The Andropov File: The Life and Ideas of Yuri V. Andropov, General Secretary of the Communist Party of the Soviet Union*. Nova York: McGraw-Hill, 1983, p. 26; Taubman, op. cit., p. 474.

49. Aleksei I. Adzhubei, *Krushenie illiuzii*. Moscou: Interbuk, 1991, p. 235; Nikolai Zakharov, "Kak Khrushceve Ameriku Pokarial", in *Argumenty I Fakty*, n. 52, 2004, p. 12; Nikita S. Khrushchev, *Khrushchev Remembers: The Last Testament*, op. cit., p. 471.

50. *The New York Times*, 26/9/1960.

51. Robert Divine, *Blowing on the Wind: The Nuclear Test Ban Debate, 1954-1960*. Nova York: Oxford University Press, 1978, p. 100; Stephen E. Ambrose, *Eisenhower: The President*, v. 2. Nova York: Simon & Schuster, 1984, pp. 349-50; DDEL, Eisenhower-Bulganin, 21/10/1956.

52. Shevchenko, op. cit., p. 108.

53. John Bartlow Martin, *Adlai Stevenson and the World: The Life of Adlai E. Stevenson*. Garden City, NY: Doubleday, 1977, pp. 471-5.

54. Adlai E. Stevenson Papers. Memorando (Memo) 16/1/1960: Tucker conversation; Martin, *Adlai Stevenson*, pp. 471-5.

55. Nikita S. Khrushchev, *Khrushchev Remembers: The Last Testament*, op. cit., pp. 489-90.

56. Beschloss, *Crisis Years*, op. cit., p. 35; DDEL, Lodge-Christian Herter, 9/2/1960; Nikita S. Khrushchev, *Khrushchev Remembers: The Last Testament*, op. cit., pp. 489-91; Richard Nixon Papers, Nixon tel. note 27/2/1960.

57. Nikita S. Khrushchev, *Khrushchev Remembers: The Last Testament*, op. cit., p. 489.

58. Fursenko e Naftali, op. cit., p. 340; TsKhSD, Gromyko a N. S. Khruschóv, 3 de agosto de 1960, Folio 5, Lista 30, Arquivo 335, pp. 92-108; reproduzido em CWIHP-B, n. 4, 1994, pp. 65-7.

59. *The New York Times*, 27/9/1960.

60. Ibid., 7/10/1960.

61. Ibid., 8/10/1960.

62. JFKL, *"Face-to-Face, Nixon Kennedy" Vice President Richard M. Nixon and Senator John F. Kennedy Third Joint Television-Radio Broadcast*, 13 de outubro de 1960: <http://www.jfklibrary. org/Historical+Resources/Archives/Reference+Desk/Speeches/JFK/JFK+Pre-Pres/1960/Third+

Presidential+Debate+101360.htm>; The American Presidency Project: <http://www.presidency.ucsb.edu>; Smith, op. cit., p. 229.

63. Donald S. Zagoria, *The Sino-Soviet Conflict 1956-1961*. Princeton, NJ: Princeton University Press, 1962, pp. 245-51; Nikita S. Khrushchev, *Khrushchev Remembers: The Last Testament*, op. cit., pp. 254-55.

64. Vladislav M. Zubok, "Khrushchev and the Berlin Crisis (1958-1962)", CWIHP Working Paper n. 6, maio de 1993, p. 17.

65. Nikita S. Khrushchev, *Khrushchev Remembers*. Boston: Little, Brown, 1970, pp. 461-79; id., *Khrushchev Remembers: The Last Testament*, op. cit., pp. 245-8.

66. Beschloss, *Crisis Years*, op. cit., p. 42.

67. Nikita S. Khrushchev, *Khrushchev Remembers: The Last Testament*, op. cit., pp. 254-5; Nikita S. Khrushchev, *Memoirs of Nikita Khrushchev*, org. Sergei Khrushchev. University Park: Pennsylvania State University, 2004-7, v. 3, p. 458.

68. Ibid., p. 471.

69. Zhisui Li e Anne F. Thurston (orgs.), *The Private Life of Chairman Mao: The Memoirs of Mao's Personal Physician*. Nova York, 1994, p. 261; Taubman, op. cit., pp. 391-2.

70. Taubman, op. cit., pp. 391-92; Sergei N. Khrushchev, *Memoirs of Nikita Khrushchev*, v. 3, p. 458; Mikhail Romm, *Ustnye rasskazy*. Moscou: Kinotsentr, 1991, p. 154.

71. Edward Crankshaw, *The New Cold War: Moscow v. Pekin*. Harmondsworth, Inglaterra/Baltimore: Penguin, 1963/70, pp. 97-105; Taubman: op. cit., p. 470.

72. Taubman, op. cit., p. 471; Crankshaw, *New Cold War*, p. 107.

73. Carta do Comitê Central do Partido Comunista Chinês em 29 de fevereiro de 1964 para o Comitê Central Soviético, in John Gittings (org.), *Survey of the Sino-Soviet Dispute: A Commentary and Extracts from Recent Polemics, 1963-1967*. Londres/ Nova York: Royal Institute of International Affairs, 1968, pp. 130-1, 139; Jung Chang e Jon Halliday, *Mao: The Unknown Story*. Nova York: Alfred A. Knopf/Doubleday, 2005, p. 456.

74. Beschloss, *Crisis Years*, op. cit., pp. 42-3; id., *Mayday*, op. cit., *pp.* 323-5; Chang, op. cit., p. 456; David Floyd, *Mao Against Khrushchev — A Short History of the Sino-Soviet Conflict*. Nova York: Praeger, 1964, p. 280; *The New York Times*, 2/12/1960; *The New York Times*, 12/2/1961.

75. Crankshaw, op. cit., pp. 131-3; Nikita S. Khrushchev, *Khrushchev Remembers*, op. cit., pp. 475-7.

76. Taubman, op. cit., p. 472.

77. AVP-RF, Ata da reunião do camarada N. S. Khruschóv com o camarada W. Ulbricht, 30 de novembro de 1960, Fond 0742, Opis 6, Por 4, Papka 43, Secreto, em Hope Harrison, "Ulbricht and the Concrete 'Rose': New Archival Evidence on the Dynamics of Soviet-East German Relations and the Berlin Crisis, 1958-61", CWIHP Working Paper n. 5, maio de 1993, pp. 68-78, Papers, Appendices.

78. Harrison, op. cit., p. 147: TsKhSD, Pervukhin, "Otchet o rabote Posol'stva SSR. V GDR za 1960 god", 15/12/1960, R, 8948, Fond 5, Opis 49, D. 287, p. 85; AVP-RF, Pervukhin a Gromyko, 19 de outubro de 1960, "K voprosu o razyryve zapadnoi Germaniei soglasheniia o vnutrigermanskoi gorgovle s GDR", Fond 5, Papka 40, D. 40, p. 3.

79. Harrison, op. cit., p. 149: TsKhSD, "Zapis' besedy s sekretarem Berlinskogo okruzhkoma SEPG G. Naemliisom", 17 de outubro de 1960, no diário de A. P. Kazennov, segundo secretário da

embaixada da URSS na RDA, 24 de outubro de 1960, R. 8948, Fond 5, Opis 49, D. 288, p. 5; Harrison, op. cit., p. 147.

80. Armin Wagner, *Walter Ulbricht und die geheime Sicherheitspolitik der SED: Der Nationale Verteidigungsrat der DDR und seine Vorgeschichte (1953-1971)*. Berlim: Christoph Links, 2002, p. 189; Matthias Uhl e Armin Wagner, "Another Brick in the Wall: Reexamining Soviet and East German Policy During the 1961 Berlin Crisis: New Evidence, New Documents". CWIHP Working Paper, publicado como "Storming On to Paris: The 1961 'Buria' Exercise and the Planned Solution of the Berlin Crisis", em Vojtech Mastny, Sven G. Holtsmark e Andreas Wenger (orgs.), *War Plans and Alliances in the Cold War: Threat Perceptions in the East and West*. Nova York: Routledge, 2006, pp. 46-71; Harrison, op. cit., p. 149.

81. Stiftung Archive der Parteien und Massenorganizationen im Bundesarchiv (SAPMO--BArch), Carta de Ulbricht e da delegação do SED em Moscou para o primeiro-secretário do Comitê Central do PCUS, camarada Khruschóv, Moscou, 22 de novembro de 1960, ZPA, DY, 30/J IV 2/202/336, v. 2, pp. 1-11.

82. Fursenko e Naftali, op. cit., pp. 340-1.

83. Fursenko e Naftali, op. cit., p. 341; Carta de Ulbricht para Khruschóv, 15 de setembro de 1961. SED Archives, IfGA, ZPA, arquivos do Comitê Central, gabinete de Walter Ulbricht, Arquivo Interno do Partido, J IV 2/202/130, em Harrison, "Ulbricht and the Concrete 'Rose'", CWIHP Working Paper n. 5, pp. 126-30, Appendices; Carta de Ulbricht e da delegação do CC do SED no XXII Congresso do PCUS em Moscou para Khruschóv, 30 de outubro de 1961, SED Archives, IfGA, ZPA, NL 182/1206, em Harrison, "Ulbricht and the Concrete 'Rose'", pp. 132-9.

84. Harrison, op. cit., p. 151.

85. AVP-RF, Ata da reunião do camarada N. S. Khruschóv com o camarada W. Ulbricht, 30 de novembro de 1960, Fond 0742, Opis 6, Por 4, Papka 43, Secreto, em Harrison, "Ulbricht and the Concrete 'Rose'", CWIHP Working Paper n. 5, p. 69.

86. AVP-RF, Ata da reunião do camarada N. S. Khruschóv com o camarada W. Ulbricht, 30 de novembro de 1960, Fond 0742, Opis 6, Por 4, Papka 43, Secreto, em Harrison, "Ulbricht and the Concrete 'Rose'", CWIHP Working Paper n. 5, p. 73.

3. KENNEDY: A FORMAÇÃO DE UM PRESIDENTE [pp. 70-91]

1. Fursenko e Naftali, *Khrushchev's Cold War: The Inside Story of an American Adversary*. Nova York: W. W. Norton, 2006, p. 342; citação extraída de David G. Coleman, "'The Greatest Issue of All': Berlin, American National Security, and the Cold War, 1948-1963", dissertação inédita (University of Queensland, 2000), pp. 236-7.

2. The National Archives, *Our Documents: 100 Milestone Documents from the National Archives*. Nova York: Oxford University Press, 2003, p. 222.

3. Robert Dallek, *An Unfinished Life: John F. Kennedy, 1917-1963*. Boston: Little, Brown, 2003, p. 302; DDEL, *Earl Mazo OH* (Columbia Oral History Project); Herbert S. Parmet, *JFK — The Presidency of John F. Kennedy*. Nova York: The Dial, 1983, p. 72; Geoffrey Perret, *Eisenhower*. Nova York: Random House, 1999, p. 597.

4. Michael O'Brien, *John F. Kennedy: A Biography*. Nova York: St. Martin's, 2005, pp. 175-6, 189-90; John Hersey, "Reporter at Large: Survival", *The New Yorker*, 17/6/1944.

5. *The Washington Post*, 19/01/1961; *The New York Times*, 19/1/1961.

6. JFKL, President's Office Files (POF), Memo de temas para discussão na reunião do presidente Eisenhower com o senador Kennedy na quinta-feira, 19 de janeiro de 1961, Caixa 29a.

7. Dallek, op. cit., p. 303; *The New York Times*, 7/12/1960; JFKL, *Robert F. Kennedy OH*; JFKL, *Clark Clifford OH*; O'Brien, op. cit., p. 501.

8. JFKL, *Robert F. Kennedy OH*; JFKL, *Charles Spalding OH*; Dallek, op. cit., p. 302.

9. JFKL, *Hervé Alphand OH*.

10. JFKL, *Robert F. Kennedy OH*; Arthur M. Schlesinger, *A Thousand Days: John F. Kennedy in the White House*. Boston: Houghton Mifflin, 1965, pp. 118-9; Gary A. Donaldson, *The First Modern Campaign: Kennedy, Nixon, and the Election of 1960*. Lanham, MD: Rowman & Littlefield, 2007, p. 150; O'Brien, op. cit., p. 499; Geoffrey Perret, *Jack: A Life Like No Other*. Nova York: Random House, 2002, pp. 271-2; JFKL, *John Sharon OH*.

11. *The New York Times*, 10/11/1960; Schlesinger, *A Thousand Days: John F. Kennedy in the White House*. Boston: Houghton Mifflin, 1965, p. 125; Perret, *Jack: A Life Like No Other*, op. cit., p. 272; Benjamin C. Bradlee, *Conversations with Kennedy*. Nova York: W. W. Norton, 1975, pp. 33-4; JFKL, *Clark Clifford OH*.

12. Lawrence Freedman, *Kennedy's Wars — Berlin, Cuba, Laos and Vietnam*. Nova York: Oxford University Press, 2000, p. 61; O'Brien, op. cit., pp. 550, 624, 644, 664.

13. Ibid., pp. 509-13, 644.

14. DDEL, *Dwight D. Eisenhower Papers as President of the United States, Presidential Transition Series*, Caixa 1, Topics suggested by Mr. Kennedy.

15. JFKL, *Martin Hillenbrand OH*.

16. Fursenko e Naftali, op. cit., p. 342; citação extraída de David G. Coleman, "'The Greatest Issue of All': Berlin, American National Security, and the Cold War, 1948-1963", dissertação inédita (University of Queensland, 2000), pp. 236-7.

17. *The New York Times*, 23/2/1959.

18. *The Washington Post*, 2/8/1959.

19. *The New York Times*, 15/6/1960.

20. Kowalczuk e Wolle, *Roter Stern über Deutschland: Sowjetische Truppen in der DDR*. Berlim: Christoph Links, 2010, p. 97; Alan John Day (org.), *Border and Territorial Disputes*. Detroit: Gale Research, 1982, p. 42.

21. CIA, *National Intelligence Estimate (NIE) 11-4-60 Main Trends in Soviet Capabilities and Policies*, 1960-65; reproduzido em Loch K. Johnson, *Strategic Intelligence*, v. 1. Westport, CT: Praeger, 2007, Apêndice E, pp. 257-63 (263).

22. O'Brien, op. cit., pp. 355, 512, 613-4, 624.

23. Ibid., pp. 512-3; Mark K. Updegrove, *Second Acts: Presidential Lives and Legacies after the White House*. Guilford, CT: The Lyons, 2006, p. 29.

24. JFKL, POF, *JFK* Memo, Special Correspondence, Greenstein and Immerman, 19 de janeiro de 1961, Caixa 29a, pp. 573, 577; POF, Clark Clifford para *JFK*, Special Correspondence, 24 de janeiro de 1961, Caixa 29a; Robert S. McNamara, *In Retrospect: The Tragedy and Lessons of Vietnam*. Nova York: Vintage, 1996, pp. 35-6; *Time*, 27/1/1961, p. 10; Perret, *Eisenhower*, op. cit.,

pp. 599-600; DDEL, Memcon, 19 de janeiro de 1961; Harry S. Truman Library, Memo, Clark Clifford para LBJ, 29 de novembro de 1967; DDEL, *Major General Wilton B. Persons OH* (Columbia Oral History Project); Dallek, op. cit., pp. 302-5; Hugh Sidey, *John F. Kennedy, President.* Nova York: Atheneum, 1964, p. 37; Parmet, *JFK*, p. 80.

25. Freedman, op. cit., pp. 47-8; Fursenko e Naftali, op. cit., p. 258.

26. Perret, *Jack: A Life Like No Other*, op. cit., p. 278.

27. Ibid.; "Kennedy Given Example of Fast Helicopter Service", *The Washington Post*, 20/1/1961; *Times Herald*, "The Unusual and the Routine Fill Eisenhower's Final Day at the White House", *The New York Times*, 20/1/1961.

28. *Christian Science Monitor*, 21/1/1961.

29. Michael Beschloss, *The Crisis Years: Kennedy and Khrushchev, 1960-1963.* Nova York: HarperCollins, 1991, p. 48; Charles C. Kenney, *John F. Kennedy: The Presidential Portfolio: History as Told Through the Collection of the John F. Kennedy Library and Museum.* Nova York: Public Affairs, 2000; Richard M. Nixon, *RN: The Memoirs of Richard Nixon.* Nova York: Warner, 1979, p. 23; Theodore C. Sorensen, *Kennedy.* Nova York: HarperCollins, 1965, pp. 240-2.

30. Beschloss, op. cit., p. 19.

31. Aleksandr Fursenko e Timothy Naftali, *One Hell of a Gamble: Khrushchev, Castro, and Kennedy, 1958-1964.* Nova York: W. W. Norton, 1997, pp. 81-2; JFKL, RFK Pre-Administration Political Files, *1960 telephone log*, Caixa 54; Harrison, *Driving the Soviets up the Wall*, pp. 166-7; Fursenko e Naftali, *Khrushchev's Cold War*, op. cit., pp. 349-51.

32. Fursenko e Naftali, *One Hell of a Gamble*, op. cit., pp. 81-2, citando Archive of the Foreign Intelligence Service. Shelepin para N. S. Khruschóv, 3 de dezembro de 1960.

33. Sidey, op. cit., p. 39; Beschloss, op. cit., p. 32.

34. Ibid.; Adlai E. Stevenson Papers, Stevenson memo: Tucker conversation, 16 de janeiro de 1960.

35 JFKL, Memorando, Robert F. Kennedy para Rusk, Robert F. Kennedy Papers, 12 de dezembro de 1960.

36. Beschloss, op. cit., p. 42; JFKL, Harriman Memcon, Harriman Papers, 21 de novembro e 14 de dezembro de 1960.

37. Martin, op. cit., p. 571.

38. *Baltimore Sun*, 20/10/1960.

39. Diário de David K. E. Bruce, 5 de janeiro de 1961, U.S. Department of State, Bruce Diaries, Lote 64, D 327, Secreto; FRUS, 1961-63, v. V, Soviet Union, Doc.10.

40. George F. Kennan e T. Christopher Jespersen (orgs.), *Interviews with George F. Kennan.* Jackson: University Press of Mississippi, 2002, pp. 56-7.

41. JFKL, *George Kennan OH*.

42. David Mayers, *George Kennan and the Dilemmas of US Foreign Policy.* Nova York: Oxford University Press, 1988, p. 208.

43. Kennan e Jespersen (orgs.), op. cit., p. 59.

44. Sorensen, op. cit., p. 242.

45. Dallek, op. cit., pp. 176, 317, 322, 342; Lincoln Papers, *Evelyn Lincoln Diary*, 2, 4, 11, 16, 20 de janeiro de 1961; JFKL, *Janet Travell OH*.

46. *The New York Times*, 17/1/1961.

47. Ibid., 21/1/1961.

48. David E. Murphy, Sergei A. Kondrashev e George Bailey, *Battleground Berlin: CIA vs. KGB in the Cold War*. New Haven, CT: Yale University Press, 1997, pp. 343-9, 359; Telegrama, Berlim, 4 de janeiro de 1961, em Despacho, Berlim, 15 de fevereiro de 1961, CIA-HRP (Historical Review Program); "Goleniewski's Work with the Soviets", Memo, 4 de janeiro de 1964, CIA-HRP.

49. David C. Martin, *Wilderness of Mirrors: Intrigue, Deception, and the Secrets That Destroyed Two of the Cold War's Most Important Agents*. Guilford, CT: Lyons, 2003, pp. 97-8.

50. Ibid., p. 91.

4. KENNEDY: UM PRIMEIRO ERRO [pp. 92-107]

1. FRUS, 1961-63, v. V, Soviet Union, Doc. 12.

2. Brian R. Dirck, *The Executive Branch of Federal Government: People, Process, and Politics*. Santa Barbara, CA: ABC-CLIO, 2007, pp. 457-9 (457).

3. Michael Beschloss, *Crisis Years: Kennedy and Khrushchev, 1960-1963*. Nova York: HarperCollins, 1991, pp. 54-5; JFKL, Thompson para Rusk, 21 e 24 de janeiro de 1961.

4. FRUS, 1961-63, v. V, Soviet Union, Doc. 9-10, Telegrama da embaixada na União Soviética para o Departamento de Estado, Moscou, 21 de janeiro de 1961, 16h e 19h.

5. Beschloss, op. cit., p. 149; Fursenko e Naftali, *Khrushchev's Cold War: The Inside Story of an American Adversary*. Nova York: W. W. Norton, 2006, pp. 290, 338; David Knight, *The Spy Who Never Was and Other True Spy Stories*. Nova York: Doubleday, 1978.

6. JFKL, National Security Files NSF, Harriman para JFK, 12 e 15 de novembro de 1960, Caixa 176; ver também FRUS, 1961-63, v. V, Soviet Union, Doc. 10-11.

7. JFKL, POF, Telegrama de Thompson para JFK, 21 de janeiro de 1961, Caixa 125a.

8. JFKL, Rusk para Thompson, 23 de janeiro de 1961; Beschloss, op. cit., pp. 55, 56; Philip A. Goduti Jr., *Kennedy's Kitchen Cabinet and the Pursuit of Peace: The Shaping of American Foreign Policy, 1961-1963*. Jefferson, NC: McFarland, 2009, pp. 20-1.

9. FRUS, 1961-63, v. V, Soviet Union, Doc. 11, Telegrama do Departamento de Estado para a embaixada na União Soviética, 23 de janeiro de 1961, 17h57.

10. Vladislav Zubok e Constantine Pleshakov, *Inside the Kremlin's Cold War: From Stalin to Khrushchev*. Cambridge, MA: Harvard University Press, 1996.

11. JFKL, POF, Telegrama de Thompson para JFK, 19 de janeiro de 1961, Caixa 125a.

12. William Taubman, *Khrushchev: The Man and His Era*. Nova York: W. W. Norton, 2004, 487; JFKL, Memo, Bundy para JFK, 27 de fevereiro de 1961.

13. FRUS, 1961-63, v. V, Soviet Union, Doc. 12.

14. JFKL, JFK para Bundy, 6 de fevereiro de 1961; JFKL, McNamara para Bundy, 23 de fevereiro de 1961, Caixa 328 NSF/NSWTB; Arthur Schlesinger, *A Thousand Days: John F. Kennedy in the White House*. Boston: Houghton Mifflin, 1965, pp. 303-6, 344, 346-7. Richard Reeves, *President Kennedy: Profile of Power*. Nova York: Simon & Schuster, 1993, pp. 40-1.

15. JFKL, *Robert F. Kennedy OH*; Beschloss, *Crisis Years*, 61; Ralph G. Martin, *A Hero of Our Time: An Intimate Story of the Kennedy Years*. Nova York: Macmillan, 1983, p. 351; *Saturday Evening Post*, 31/3/1962.

16. Para o texto do discurso de Khruschóv em 6 de janeiro ver *Pravda*, 24 de janeiro de 1961; trechos impressos também em *American Foreign Policy, Current Documents*, 1961, pp. 555-8; CIA, *Current Intelligence Weekly Review*, 26 de janeiro de 1961, Job 79-S01060A; FRUS, 1961-63, v. V, Soviet Union, Doc. 15.

17. JFKL, NSF, Caixa 176; "Krushchev Report on Moscow Conference of Representatives of Communist and Working Parties", Papers of President Kennedy: NSF, Countries, Caixa 189.

18. JFKL e DDEL, Thompson-Herter, 19 de janeiro de 1961; Beschloss, op. cit., p. 61.

19. DNSA, Memorando para o presidente, Christian A. Herter, 9 de dezembro de 1960, Assunto: Análise da Declaração dos Partidos Comunistas em Moscou.

20. JFKL, John F. Kennedy, 30 de janeiro de 1961.

21. Beschloss, op. cit., pp. 65-6; Andrew Bacevich, "Field Marshal McNamara", *The National Interest* online, 1º de maio de 2007.

22. Beschloss, op. cit., pp. 78-9; Alexander Rabinowitch (org.), *Revolution and Politics in Russia: Essays in Memory of B. I. Nicolaevsky*. Bloomington: Indiana University Press, 1972, pp. 281-92.

23. JFKL, NSF, Discurso de N. S. Khrushchev, telegramas de Thompson, Preparativos para a reunião de 11/2/1961 e para a viagem de Thompson a Moscou, Caixa 176.

24. Hugh Sidey, *John F. Kennedy, President*. Nova York: Atheneum, 1964, p. 164; Theodore Sorensen, *Kennedy*. Nova York: HarperCollins, 1965, pp. 164, 542; JFKL, NSF, *Notes on Discussion*, 11 de fevereiro de 1961, Countries Series, USR, Ultrassecreto, "*The Thinking of the Soviet Leadership*", Gabinete da Casa Branca; rascunho de Bundy.

25. David Mayers, "After Stalin: The Ambassadors and America's Soviet Policy, 1953-1962", *Diplomacy and Statecraft*, 5, n. 2 julho de 1994, pp. 213-47; David Mayers, *The Ambassadors and America's Soviet Policy*. Nova York: Oxford University Press, 1995, p. 201.

26. Taubman, op. cit., p. 399.

27. DNSA, Relationship of Berlin Problem to Future of Germany and Overall Relations with Soviet Union, Secreto, Telegrama, 1773, 9 de março de 1959.

28. JFKL, Memcon, 11 de fevereiro de 1961; JFKL, Kennan, Bohlen, Thompson OHs; JFKL, Thompson-DFR, 13 de fevereiro de 1961, Caixa 176, Documents for Thompson Telegrams; Beschloss, op. cit., p. 69.

29. FRUS, 1961-63, v. V, Soviet Union, Doc. 20.

30. JFKL, Thompson-Rusk, 4 de fevereiro de 1961, também em Declassified Documents, 1977/74B; Marc Trachtenberg, *History and Strategy*. Princeton, NJ: Princeton University Press, 1991, p. 172.

31. JFKL, Thompson-Rusk, 4 de fevereiro de 1961, também em Declassified Documents, 1977/74B; Beschloss, op. cit., p. 175.

32. Departamento de Estado, Telegrama 1218 de Bonn, Central Files, 762.00/2-861, também em Declassified Documents, 1977/74C.

33. FRUS, 1961-1963, v. V, Soviet Union, Doc. 20.

34. JFKL, *Charles Bohlen OH*, 21 de maio de 1964; FRUS, 1961-63, v. V, Soviet Union, Doc. 26, Notes on Discussion, rascunho de Bundy, "The Thinking of the Soviet Leadership", Gabinete da Casa Branca, 11 de fevereiro de 1961; Robert Dallek, *An Unfinished Life: John F. Kennedy, 1917--1963*. Boston: Little, Brown, 2003, pp. 342, 546.

35. Beschloss, op. cit., pp. 68-70; JFKL, Memcon, 11 de fevereiro de 1961; JFKL, *Kennan, Bohlen, Thompson OHs*; JFKL, Thompson-DFR, 13 de fevereiro de 1961; *The New York Times*, 10/2/1961, 12/02/1961, 19/02/1961; Schlesinger, op. cit., pp. 303-6; Sorensen, op. cit., pp. 510, 541-2.

36. JFKL, NSF, Notes on Discussion, 11 de fevereiro de 1961, Countries Series, USRR, Ultrassecreto, "The Thinking of the Soviet Leadership", Gabinete da Casa Branca; rascunho de Bundy; FRUS, 1961-63, v. V, Soviet Union, Doc. 26.

37. FRUS, 1961-63, v. V, Soviet Union, Doc. 26.

38. Kenneth P. O'Donnell e David F. Powers, com Joe McCarthy, *"Johnny, We Hardly Knew Ye": Memories of John Fitzgerald Kennedy*. Boston: Little, Brown, 1972, p. 286.

39. Sidey, op. cit., p. 164.

40. Sorensen, op. cit., pp. 542-3.

41. DNSA, *Crisis over Berlin*, 27 de fevereiro de 1961, v. 7.

42. Beschloss, op. cit., p. 80.

43. *The New York Times*, 7/3/1961.

5. ULBRICHT E ADENAUER: ALIANÇAS TURBULENTAS [pp. 108-29]

1. John F. Kennedy, "A Democrat Looks at Foreign Policy", *Foreign Affairs*, 36, n. 1, outubro de 1957, p. 49.

2. SAPMO-BArch, ZPA, J IV 02/02/743, "Stichwort Protokoll der Beratung des Politbüros am 4. Januar 1961 über 'Die Gegenwärtige Lage und die Hauptaufgaben 1961'", Politbüro, "Reinschriftenprotokoll Nr. 1 vom 4.1.1961".

3. Mario Frank, *Walter Ulbricht: Eine Deutsche Biographie*. Berlim: Siedler, 2001, p. 282.

4. Konrad Adenauer, *Memoirs, 1945-1953*. Chicago: Henry Regnery, 1966, pp. 41, 79.

5. *Berliner Zeitung*, 1/1/1961.

6. SAPMO-BArch, ZPA, op. cit.

7. Frank, op. cit., pp. 344-5.

8. Ibid., p. 287; Thomas Grimm, *Das Politbüro Privat — Ulbricht, Honecker, Mielke & Co. aus der Sicht ihrer Angestellten*. Berlim: Aufbau, 2004, p. 203; Wolfgang Weber, *DDR — 40 Jahre Stalinismus: Ein Beitrag zur Geschichte der DDR*. Essen: Arbeiterpresse, 1993, p. 64; Catherine Epstein, *The Last Revolutionaries: German Communists and Their Century*. Cambridge, MA: Harvard University Press, 2003, pp. 20-2.

9. Grimm, op. cit., p. 203.

10. Weber, op. cit., p. 159.

11. Wolfgang Leonhard, *Child of the Revolution*. Chicago: Henry Regnery, 1958, pp. 300, 303.

12. Ibid., p. 312.

13. Weber, op. cit., pp. 16-7.

14. "Record of Conversation of Leaders of the Socialist Unity Party of Germany W. Pieck, W. Ulbricht, and O. Grotewohl with J. V. Stalin", 7 de abril de 1952, reimpresso em Christian F. Ostermann, *Uprising in East Germany 1953: The Cold War, the German Question, and the First Major Upheaval Behind the Iron Curtain*. Budapeste e Nova York: Central European University Press, 2001, p. 38.

15. Henning Köhler, *Adenauer: Eine politische Biographie*. Frankfurt am Main: Propyläen, 1994, p. 730.

16. Terence Prittie, *Konrad Adenauer, 1876-1967*. Londres: Tom Stacey, 1972, p. 283.

17. *Der Spiegel*, 11/1/1961.

18. Eric Owen Smith, *The West German Economy*. Nova York: St. Martin's, 1983, p. 18.

19. Charles Williams, *Adenauer: The Father of the New Germany*. Nova York: John Wiley & Sons, 2000, p. 177; Hans-Peter Schwarz, *Konrad Adenauer: A German Politician and Statesman in a Period of War, Revolution and Reconstruction*, v. 1: *From the German Empire to the Federal Republic, 1876-1952*. Trad. Louise Willmot. Providence, RI: Berghahn, 1995, pp. 154, 160, 357, 402, 602, 604.

20. Dean Acheson, *Sketches from Life of Men I Have Known*. Nova York: Harper & Brothers, 1961, pp. 169-70.

21. Schwarz, op. cit., v. 1, pp. 108-9.

22. Valentin Falin, *Politische Erinnerungen*. Munique: Droemer Knaur, 1993, p. 328.

23. "Man of the Year: We Belong to the West", *Time*, 4/1/1954.

24. Adenauer, op. cit., 78-9.

25. Ibid., p. 79.

26. Anneliese Poppinga, *"Das Wichtigste ist der Mut": Konrad Adenauer — Die letzten fünf Kanzlerjahre*. Bergisch Gladbach, Alemanha: Gustav Lübbe, 1994, p. 282.

27. Prittie, op. cit., p. 283.

28. Frank A. Mayer, *Adenauer and Kennedy: A Study in German-American Relations, 1961--1963*. Nova York: St. Martin's, 1996.

29. DDEL, White House Office, Office of the Special Assistant for National Security Affairs (Onansa), Records, 1952-1961, NSC, Policy Papers Subseries, Caixa 23, Folder NSC 5803, "U. S. Policy Toward Germany (1)", Operations Coordinating Board, Report on Germany (The Federal Republic, Berlin, East Germany: NSC 5803), 2 de novembro de 1960, impresso em FRUS, 1958-60, v. IX, Berlin Crisis, 1959-60, p. 697; Adrian W. Schertz, *Die Deutschlandpolitik Kennedys und Johnsons: Unterschiedliche Ansätze innerhalb der amerikanischen Regierung*. Köln: Böhlau, 1992, p. 47.

30. DNSA, *The German Scene at the Turn of the Year*. Despacho confidencial, 1122, 8 de fevereiro de 1961, Berlin Crisis, Item n. BC01991.

31. Eckart Conze, *Die gaullistische Herausforderung: Die Deutsch-Französischen Beziehungen in der Amerikanischen Europapolitik 1958-1963*. Munique: R. Oldenbourg, 1995, pp. 91-4.

32. Köhler, op. cit., p. 1094.

33. Walter Stützle, *Kennedy und Adenauer in der Berlin-Krise 1961-1962*. Bonn/Bad Godesberg: Neue Gesellschaft, 1973, pp. 19-20; Mayer, *Adenauer and Kennedy*, 7; John Fitzgerald Kennedy, *A Compilation of Statements and Speeches Made During His Service in the United States Senate and House of Representatives*. Washington, D. C.: U. S. Government Printing Office, 1964, pp. 979-80.

34. Schwarz, op. cit., v. 1, pp. 596-603.

35. Acheson, op. cit., p. 171.

36. *Die Zeit*, 15/12/1955.

37. JFKL, JFKPersonal Papers, *Diary of European Trip*, ms., Caixa 1; Herbert S. Parmet, *Jack: The Struggles of John F. Kennedy*. Nova York: The Dial, 1983, p. 51.

38. John F. Kennedy e Allan Nevins, *The Strategy of Peace*. Nova York: Harper & Row, 1960, pp. 7, 11, 12, 30; Mayer, *Adenauer and Kennedy*, 8, citando sua entrevista com McGeorge Bundy, 25 de agosto de 1988, sobre o "veto do chanceler".

39. Rolf-Dietrich Keil, *Mit Adenauer in Moskau — Erinnerungen eines Dolmetschers*. Bonn: Bouvier, 1997, pp. 79, 95, 97.

40. Anneliese Poppinga, *Meine Erinnerungen an Konrad Adenauer*. Stuttgart: Deutsche Verlags-Anstalt, 1970, p. 166.

41. Henry Ashby Turner, *The Two Germanies Since 1945*. New Haven, CT: Yale University Press, 1987, p. 87.

42. Guido Knopp, *Die Gefangenen*. Munique: Goldmann, 2005, p. 370.

43. Mayer, *Adenauer and Kennedy*, 8, citando Georg M. Schild, "John F. Kennedy and Berlin", texto apresentado no XIX encontro anual da Society for Historians of American Foreign Relations, University of Virginia, Charlottesville, 17-20 de junho de 1993; Kennedy e Nevins, *The Strategy of Peace*, pp. 212-3.

44. Köhler, op. cit., p. 1093; Stiftung Bundeskanzler-Adenauer-Haus, III, 6.

45. *Frankfurter Allgemeine Zeitung*, 5/1/1961.

46. Williams, op. cit., p. 340.

47. Ibid., p. 488.

48. Schwarz, op. cit., 524; *Bonner Rundschau*, 6/1/1961; Assessoria de Imprensa do SPD, 4 de janeiro de 1960, P/XV/2.

49. Williams, op. cit., p. 488; Schwarz, op. cit., v. 1, p. 487.

50. Köhler, op. cit., p. 1090; Archiv für Christlich-Demokratische Politik, VIII-001-1503/3; Willy Brandt, *Begegnungen und Einsichten*. Hamburgo: Hoffmann & Campe, 1976, p. 49.

51. Schwarz, op. cit., p. 645.

52. Poppinga, *Meine Erinnerungen an Adenauer*, pp. 41-2, 51.

53. Erika von Hornstein, *Flüchtlingsgeschichten: 43 Berichte aus den frühen Jahren der DDR*. Nördlingen, Alemanha: F. Greno, 1985.

6. ULBRICHT E ADENAUER: INVERSÃO DE PAPÉIS [pp. 130-41]

1. SAPMO-BArch, ZPA, J IV 2/202/129, 1-2. Carta de Ulbricht para Khruschóv, 18 de janeiro de 1961; SED Archives, IfGA, ZPA, J IV 2/202/129.

2. Id., Carta de Khruschóv para Ulbricht, 30 de janeiro de 1961, em Harrison, "Ulbricht and the Concrete 'Rose'", CWIHP Working Paper n. 5, Apêndice C.

3. SAPMO-BArch, ZPA, J IV 2/202/129, 9-2. Carta de Ulbricht para Khruschóv, 18 de janeiro de 1961; SED Archives, IfGA, ZPA, J IV 2/202/129.

4. Hope M. Harrison, *Driving the Soviets up the Wall: Soviet-East German Relations, 1953--1961*. Princeton, NJ: Princeton University Press, 2003, pp. 163-4; SAPMO-BArch, ZPA, J IV 2/202/129, 18 de janeiro de 1961, "Möglichkeiten des taktischen Vorgehens in der Frage Friedensvertrag und Westberlin" e "Massnahmeplan zu organisatorischen Fragen im Zusammenarbeit mit der Vorbereitung des Abschlusses eines Friedenvertrages mit der DDR und der Einberufung einer

Friedenskonferenz", tradução para o inglês em Harrison, "Ulbricht and the Concrete 'Rose'", CWIHP Working Paper n. 5, Apêndice B.

5. "West Berlin Shows Progress, Enjoys Best Year Since War", *The New York Times*, 10/01/1961; "German Reds Say Production Is Up — but Reported Increase Falls Short of Plan; Lags Seen in Vital Industries", *The New York Times*, 10/1/1961.

6. Harrison, op. cit., p. 150.

7. Donald S. Zagoria, *The Sino-Soviet Conflict 1956-1961*. Princeton, NJ: Princeton University Press, 1962, p. 396.

8. Harrison, op. cit., pp. 164-5; Zagoria, op. cit.; Chen Jian, *Mao's China and the Cold War*. Chapel Hill: University of North Carolina Press, 2001; Vladislav M. Zubok, "'Look What Chaos in the Beautiful Socialist Camp!': Deng Xiaoping and the Sino-Soviet Split, 1956-1963", CWIHP, n. 10, 1998, <http://www.wilsoncenter.org/topics/pubs/ACF185.pdf>, pp. 152-62; Chen Jian, "Deng Xiaoping, Mao's 'Continuous Revolution', and the Path Toward the Sino-Soviet Split: A Rejoinder", CWIHP, n. 10, 1998, pp. 162-4, 165-83; Joachim Krüger, "Die Volksrepublik China in der Aussenpolitischen Strategie der DDR (1949-1989)", in Kuo Heng-yue e Mechthild Leutner (orgs.), *Deutschland und China. Beiträge des Zweiten Internationalen Symposiums zur Geschichte der deutsch-chinesischen Beziehungen Berlin 1991* (Berliner China-Studien 21). Munique: Minerva, 1994, p. 49.

9. Harrison, op. cit., p. 165. Harrison se baseia num relatório de uma página enviado por Yuri Andropov ao Comitê Central em 18 de janeiro de 1961 e escrito por I. Kabin, presidente do setor alemão do Departamento de Relações com Partidos Comunistas e dos Trabalhadores de Países Socialistas do Comitê Central do PCUS, TsKhSD, R. 8978, F. 5, Op. 49, D. Partidos dos Trabalhadores de Países Socialistas: TsKhSD, R. 8978, F. 5, Op. 49, D. 377; SAPMO-BArch, ZPA, J IV 2/2/745.

10. "Vermerk über den Antrittsbesuch Botschafter Hegens bei Ministerpräsident der VR China, Genossen Tschou En-lai am 9.6.1961", escrito por Hegen, 12 de junho de 1961, Staatsekretär Winzer, MfAA A 17879, 2-3, 6.

11. AVP-RF, "'Zapis' besedy tovarischcha N. S. Khrushcheva a tovarishchem V. Ul'brikhtom, 30 noiabria 1960 goda", F. 0742, Op. 6 Por. 4, Pap. 43, 14.

12. James S. O'Donnell, *A Coming of Age: Albania Under Enver Hoxha*. Boulder, CO: East European Monographs (distribuído por Columbia University Press), 1999, pp. 52-3.

13. SED Archives, IfGA, ZPA, J IV 2/202/129. Carta de Khruschóv para Ulbricht, 30 de janeiro de 1961, em Harrison, "Ulbricht and the Concrete 'Rose'", CWIHP Working Paper n. 5, Apêndice C.

14. Henning Köhler, *Adenauer: Eine politische Biographie*. Frankfurt am Main: Propyläen, 1994, p. 1081.

15. Auswärtiges Amt — Politisches Archiv (AA-PA), 3, Betreff: Relações Políticas da RFA com os Estados Unidos, 1961.

16. *Boston Herald*, 13/3/1961.

17. DNSA, Discussion with Foreign Minister Von Brentano, Position Paper, Washington, 16 de fevereiro de 1961; extraído de Honoré Marc Catudal, *Kennedy and the Berlin Wall Crisis: A Case Study in U. S. Decision Making*. Berlim: Berlin Verlag, 1980, p. 302: Apêndice III: documento secreto para a visita de Heinrich von Brentano a Washington, 16 de fevereiro de 1961, com previsão da posição alemã e recomendação sobre a posição americana.

18. "Gentleman in Politics: Heinrich Von Brentano", *The New York Times*, 18/2/1961.

19. JFKL, POF, Memorando, Visitas do chanceler Adenauer e do prefeito Brandt, Confidencial, 21 de fevereiro de 1961, Caixa 117, Countries, Germany-Security. Janeiro-junho de 1961.

20. Rolf Steininger, *Der Mauerbau: Die Westmächte und Adenauer in der Berlinkriese 1958--1963.* Munique: Olzog, 2001, p. 168; FRUS, 1961-63, v. XIV, Berlin Crisis, 1961-62, Doc. 5.

21. FRUS, 1961-63, v. XIV, Berlin Crisis, Doc. 5; JFKL, POF, Memorando, Discussão com o ministro do Exterior alemão, 15 de fevereiro de 1961, Secreto, Caixa 117, Countries, Germany--Security. Janeiro-junho de 1961.

22. Prittie, *Konrad Adenauer*, pp. 255-6; "West Germany: In the Master's Footsteps", *Time*, 31/10/1960.

23. FRUS, 1961-63, v. XIV, Berlin Crisis, 1961-62, Docs. 9-31, janeiro-maio de 1961; *Documents on Germany, 1944-1985*, pp. 723-7; *Documents on International Affairs, 1961*, pp. 272-7; Bundesministerium für Innerdeutsche Beziehungen, (org.), *Dokumente zur Deutschlandpolitik*, IV. Reihe, v. 6, Erster Halbband, 1º janeiro 30 maio 1961, Frankfurt am Main, 1975, pp. 345-50. Ver também *Aide-mémoire der Regierung der UdSSR an die Regierung der Bundesrepublik Deutschland*, 17 de fevereiro 1961: <http://www.chronik-der-mauer.de/index.php/de/Start/Detail/id/758537/page/0>.

7. PRIMAVERA PARA KHRUSCHÓV [pp. 145-67]

1. FRUS,1961-63, v. XIV, Berlin Crisis, 1961-62, Doc. 8.

2. National Security Archive, Memo, Acheson para o presidente, 3 de abril de 1961, "April 1961 Folder", Nuclear History, Caixa 12.

3. FRUS, 1961-63, v. V, Soviet Union, Doc. 42; Michael R. Beschloss, *The Crisis Years: Kennedy and Khrushchev, 1960-1963.* Nova York: HarperCollins, 1991, pp. 80-1; William Taubman, *Khrushchev: The Man and His Era.* Nova York: W. W. Norton, 2004, p. 489.

4. FRUS, 1961-63, v. XIV, Berlin Crisis, 1961-62, Doc. 8; Hugh Sidey, *John F. Kennedy, President.* Nova York: Atheneum, 1964, pp. 163-5; *The New York Times*, 4/3/1961, 8/3/1961, 10/3/1961.

5. Beschloss, op. cit., p. 81.

6. Ibid.

7. *The New York Times*, 4/3/1961.

8. "Who's Who with Khrushchev", *Time*, 21/09/1959; Troyanovsky, *Cherez godi*, pp. 233-6; *The New York Times*, 03/04/1955.

9. V. M. Kudrov, "Comparing the Soviet and US Economies: History and Practices", em Nicholas Eberstadt e Jonathan Tombes (orgs.), *Comparing the US and Soviet Economies: The 1990 Airlie House Conference.* V. 1, *Total Output and Consumption.* Washington, D. C.: The American Enterprise Institute, 2000, pp. 58-9; Alexander Chubarov, *Russia's Bitter Path to Modernity: A History of the Soviet and Post-Soviet Eras.* Nova York: Continuum, 2001, p. 139; Hannes Adomeit, *Imperial Overstretch: Germany in Soviet Policy from Stalin to Gorbachev; An Analysis Based on New Archival Evidence, Memoirs, and Interviews.* Baden-Baden, Alemanha: Nomos Verlagsgesellschaft, 1998, p. 103.

10. Registro estenográfico, 16 de fevereiro de 1961, TsK KPSS, Reunião do Presidium do CC

do PCUS, Protocolo n. 328 (16 de fevereiro de 1961), Informação do camarada Khruschóv da reunião sobre agricultura nas regiões da Ucrânia, do norte do Cáucaso, do Transcáucaso e da área da Terra Negra Central, em Aleksandr Fursenko et al. (org.), *Archivii Kremlya: Prezidium TsK KPSS, 1954-1964 Chernoviie protokolnie zapisi zasedanii. Stenogrammi. Postanovlenia*, v. 1, Moscou: Rosspen, 2004.

11. Registro estenográfico, 25 de março de 1961, TsK KPSS, Reunião do Presidium do CC do PCUS, Protocolo n. 321 (25 de março de 1961), TsK KPSS; Fursenko e Naftali, *Khrushchev's Cold War*, pp. 344-5.

12. Harrison E. Salisbury, *A New Russia*. Nova York: Harper & Row, 1962, pp. 120-1.

13. FRUS, 1961-63, v. XIV, Berlin Crisis, 1961-62, Doc. 8.

14. Ibid.

15. Ibid.

16. FRUS, 1961-63, v. V, Soviet Union, Doc. 44.

17. Ibid., Doc. 43.

18. FRUS, 1961-63, v. XIV, Berlin Crisis, 1961-62, Doc. 8; FRUS, 1961-63, v. V, Soviet Union, Doc. 43.

19. FRUS, 61-63, v. XIV, Berlin Crisis, 1961-62, Doc. 8.

20. *The New York Times*, 10/3/1961.

21. FRUS, 1961-63, v. V, Soviet Union, Doc. 46; v. XIV, Berlin Crisis, 1961-62, Doc. 11.

22. FRUS, 1961-63, v. XIV, Berlin Crisis, 1961-62, Doc. 11.

23. Telegrama da embaixada americana (Moscou) para o Departamento de Estado, 16 de março de 1961, citado em Catudal, *Kennedy and the Berlin Wall Crisis*, 62, FN 15, pp. 240-1.

24. DNSA, Berlin Situation [Summary of Report by U. S. Intelligence Board Berlin Sub--Committee Report], Memorando, 7 de março de 1961.

25. U.S. Department of State, Memo para o presidente, 3 de abril de 1961, 4 pp; JFKL, *Dean G. Acheson OH*, nº 1, 27 de abril de 1964.

26. James Chace, *Acheson: The Secretary of State Who Created the American World*. Nova York: Simon & Schuster, 1998, p. 382.

27. Douglas Brinkley, *Dean Acheson: The Cold War Years, 1953-1971*. New Haven, CT: Yale University Press, 1994, p. 113.

28. Robert L. Beisner, *Dean Achesion: A Life in the Cold War*. Nova York: Oxford University Press, 2006, 7, pp. 89-95.

29. Cartas de Acheson, 22/11/1960, da campanha do Partido Democrata em 1960, Truman Correspondence (cortesia David Acheson). Também em David S. McLellan e David C. Acheson, (orgs.), *Among Friends: Personal Letters of Dean Acheson*. Nova York: Dodd, Mead, 1980, p. 199.

30. JFKL, *Dean G. Acheson OH*.

31. Brinkley, op. cit., p. 141.

32. Fred M. Kaplan, *The Wizards of Armageddon*. Nova York: Simon & Schuster, 1983/Palo Alto, CA: Stanford University Press, 1991, pp. 283, 338; Andreas Wenger, *Living with Peril: Eisenhower, Kennedy, and Nuclear Weapons*. Lanham, MD: Rowman & Littlefield, 1997, p. 201; Brinkley, *Dean Acheson*, pp. 130-1.

33. JFKL, POF, Memorando, Bundy para o presidente, 27 de março de 1961, "Bundy, McGeorge 2/69-4/61 Folder", Caixa 62, Staff Memoranda; DDRS(Declassified Document Reference

System), "Bundy to Kennedy, April 4, 1961", 1986/2903; Nigel Fisher, *Harold Macmillan: A Biography*. Nova York: St. Martin's, 1982, p. 257; Arthur M. Schlesinger, *A Thousand Days: John F. Kennedy in the White House*. Boston: Houghton Mifflin, 1965, pp. 380-2; Victor Lasky, *JFK: The Man and the Myth*. Nova York: Macmillan, 1963, pp. 6-7; Alistair Horne, *Harold Macmillan*, v. 2, *1957-1986*. Nova York: Viking, 1989, pp. 289-90.

34. FRUS, 1961-63, v. XIV, Berlin Crisis, 1961-62, Doc. 14, Memcon, Reuniões do presidente com o primeiro-ministro Macmillan, Washington, abril de 1961, "East-West Issues: Berlin", 5 de abril de 1961, 15h10; Fisher, op. cit., p. 261.

35. Chace, op. cit., p. 174.

36. Anthony Sampson, *Macmillan: A Study in Ambiguity*. Harmondsworth, Inglaterra: Penguin, 1967, pp. 65-6.

37. JFKL, *Henry Brandon OH*; Henry Brandon, *Special Relationships: A Foreign Correspondent's Memoirs from Roosevelt to Reagan*. Nova York: Atheneum, 1988, p. 155.

38. Horne, op. cit., p. 282; *Harold Macmillan Archives, Harold Macmillan, Diaries*, 17 de novembro de 1960 (data marcada para publicação: 3/4/2011).

39. Horne, op. cit., p. 290.

40. Lord Longford, *Kennedy*. Londres: Weidenfeld & Nicolson, 1976, pp. 79-81; Corey Ford, *Donovan of OSS: The Untold Story of William J. Donovan*. Boston: Little, Brown, 1970, p. 89.

41. Horne, op. cit., p. 282; Harold Macmillan Archives, Carta de 9 de novembro de 1960; Harold Macmillan, *Pointing the Way, 1959-1961*. Londres: Macmillan, 1972, p. 308.

42. Constantine A. Pagedas, *Anglo-American Strategic Relations and the French Problem, 1960-1963: A Troubled Partnership*. Londres: Frank Class, 2000, p. 124.

43. Harold Macmillan Archives, Harold Macmillan, *Diaries*, 23 de fevereiro de 1961.

44. Horne, op. cit., p. 286, de uma entrevista com o economista John Kenneth Galbraith.

45. Horne, op. cit., pp. 287-90, 295.

46. Macmillan, *Pointing the Way*, pp. 352-3: registro no diário em 12 de abril de 1961.

47. FRUS, 1961-63, v. XIV, Berlin Crisis, 1961-62, Doc. 14, 15; Fisher, op. cit., p. 261.

48. Schlesinger, op. cit., p. 380.

49. FRUS, 1961-63, v. XIV, Berlin Crisis, 1961-62, Doc. 15.

50. Rolf Steininger, *Der Mauerbau: Die Westmächte und Adenauer in der Berlinkrise 1958--1963*. Munique: Olzog, 2001, p. 184.

51. *The New York Times*, 9/4/1961; *The Washington Post*, 9/4/1961.

52. Steininger, op. cit., pp. 182-5, 183; *The New York Times*, 9/4/1961; *The Washington Post*, 10/4/1961; JFKL, POF, CO: United Kingdom Security, 3/27/69-4/61, Caixa 127a, Item 7a.

8. COISA DE AMADOR [pp. 168-94]

1. Dean G. Acheson, *Remarks at Foreign Service Lunch*, Washington, D. C. (transcrito de 29 de junho de 1961), S 3, B 51, F62, DGA-Yale. O discurso foi pronunciado entre 13 e 25 de junho de 1961; extraído de Douglas Brinkley, *Dean Acheson: The Cold War Years, 1953-1971*. New Haven, CT: Yale University Press, 1994, p. 127.

2. Sergei N. Khrushchev, *Nikita S. Khrushchev: Krizisy I Rakety*, v. 1. Moscou: Novosti, 1994., pp. 102-6.

3. JFKL, *Dean G. Acheson OH*, n. 1; Douglas Brinkley, *Dean Acheson: The Cold War Years, 1953-1971*. New Haven, CT: Yale University Press, 1994, p. 127.

4. James Chace, *Acheson: The Secretary of State Who Created the American World*. Nova York: Simon & Schuster, 1998, pp. 386-8; Brinkley, op. cit., p. 127.

5. Richard J. Walton, *Cold War and Counterrevolution: The Foreign Policy of John F. Kennedy*. Nova York: Viking, 1972, p. 44.

6. JFKL, *Dean G. Acheson OH*; Walton, *Cold War and Counterrevolution*, p. 44.

7. Catudal, *Kennedy and the Berlin Wall Crisis*, p. 57.

8. JFKL, *Dean G. Acheson OH*; *New York Times*, 10/4/1961; Catudal, *Kennedy and the Berlin Wall Crisis*, pp. 58-60.

9. Brinkley, op. cit., pp. 130-1.

10. Ibid., p. 129.

11. Catudal, *Kennedy and the Berlin Wall Crisis*, p. 97; Brinkley, op. cit., p. 129; Chace, op. cit., pp. 383-4.

12. <http://www.jfklibrary.org/Historical+Resources/Archives/Reference+Desk/New+York+Times+Chronology/1961/May10>; David E. Murphy, Sergei A. Kondrashev e George Bailey, *Battleground Berlin: CIA vs. KGB in the Cold War*. Londres/ New Haven, CT: Yale University Press, 1997, p. 359.

13. Ibid., p. 360.

14. Brinkley, op. cit., p. 130; Chace, op. cit., p. 388.

15. Norman Cousins, *The Improbable Triumvirate: John F. Kennedy, Pope John, Nikita Khrushchev*. Nova York: W. W. Norton, 1972, pp. 83-7.

16. Michael Beschloss, *The Crisis Years: Kennedy and Khrushchev, 1960-1963*. Nova York: HarperCollins, 1991, p. 111; William Taubman, *Khrushchev: The Man and His Era*. Nova York: W. W. Norton, 2004, p. 5.

17. Taubman, op. cit., p. 490; Beschloss, op. cit., pp. 110-1.

18. Ronald Steel, *Walter Lippmann and the American Century*. Boston/ Toronto: Little, Brown, 1980, pp. 526-7.

19. Gerhard Kowalski, *Die Gagarin-Story: Die Wahrheit über den Flug des ersten Kosmonauten der Welt*. Berlim: Schwarzkopf & Schwarzkopf, 1999, p. 55; Beschloss, op. cit., p. 113.

20. Steel, op. cit., pp. 419, 445; Barry D. Riccio, *Walter Lippmann: Odissey of a Liberal*. New Brunswick, NJ: Transaction, 1994, pp. 46-7.

21. *The Washington Post*, 19/4/1961.

22. Steel, op. cit., pp. 527-8.

23. Walter Lippmann Papers. Transcrição soviética de uma conversa entre Khruschóv e Lippmann, 10 de abril de 1961, New Haven, CT: Yale University, Sterling Memorial Library, Series VII, Caixa 239; Steel, *Walter Lippmann and the American Century*, 3, p. 203; Vladislav M. Zubok, "Khrushchev and the Berlin Crisis (1958-1962)", CWIHP Working Paper n. 6, maio de 1993, pp. 21-3; Taubman, op. cit., pp. 490-1.

24. Zubok, "Khrushchev and the Berlin Crisis (1958-1962)", CWIHP Working Paper n. 6, p. 22; Beschloss, op. cit., p. 111.

25. Walter Lippmann Papers. Transcrição soviética de uma conversa entre Khruschóv e Lippmann, 10 de abril de 1961, Yale University; Taubman: *Khrushchev*, pp. 490-1; Deborah Welch Larson, *Anatomy of Mistrust: U. S.-Soviet Relations During the Cold War*. Ithaca, NY: Cornell University Press, 2000, p. 287.

26. *Pravda*, 13 de abril de 1961; Sergei N. Khrushchev, *Nikita Khrushchev and the Creation of a Superpower*. University Park: Pennsylvania State University Press, 2000, p. 432; Taubman, op. cit., pp. 490-1; Sergei N. Khrushchev, *Krizisy I Rakety*, v. 2, pp. 100-1.

27. <http://www.youtube.com/watch?v=Qfz5B2uERcE>.

28. Taubman, op. cit., p. 491; Sergei N. Khrushchev, *Krizisy I Rakety*, v. 2, op. cit., pp. 100-1; Sergei N. Khrushchev, *Creation of a Superpower*, op. cit., pp. 432-3.

29. Aleksandr Fursenko e Timothy Naftali, *Khrushchev's Cold War: The Inside Story of an American Adversary*. Nova York: W. W. Norton, 2006, p. 346. (Numa reunião do Presidium, em junho de 1961, Khruschóv falou sobre o problema dos terraços. Ver registro estenográfico, 16 de junho de 1961, TsK KPSS); Sergei N. Khrushchev, *Creation of a Superpower*, op. cit., pp. 433-4.

30. Taubman, op. cit., p. 492.

31. FRUS, 1961-63, v. XIV, Berlin Crisis, 1961-62, Doc. 10; JFKL, Memcon, Reunião Kennedy--Brandt na Casa Branca, Washington, 13 de março de 1961, 15h-15h40, Assunto: Alemanha e Berlim, NSF, Alemanha, Confidencial, redigido por Foy Kohler e aprovado pela Casa Branca em 23 de março de 1961.

32. Ibid.; Briefing para a reunião, de Rusk para o presidente, 10 de março de 1961, em Departamento de Estado, Central Files, 762.00/3-1061; Memcon, Brandt-Rusk abordando temas semelhantes, 14 de março de 1961, em Departamento de Estado, Central Files, 762.0221/3-1461. Para a versão de Brandt de sua conversa com o presidente e sua visita a Washington, ver Willy Brandt, *Begegnungen und Einsichten, Die Jahre 1960-1975*. Hamburgo: Hoffmann u. Campe, 1976, pp. 17-8, 80-3.

33. Willy Brandt, *Begegnungen mit Kennedy*. Munique: Kindler, 1964, pp. 49-55.

34. *The Wall Street Journal, The Washington Post, The New York Times, Christian Science Monitor*, 14/3/1961.

35. FRUS, 1961-63, v. XIV, Berlin Crisis, 1961-62, Doc. 17.

36. *The New York Times*, 17/2/1961.

37. FRUS, em <http://www.state.gov/r/pa/ho/frus/kennedyjf/xiv/15854.htm 9. Memorandum of Conversation/1/Washington>, 10 de março de 1961; Fonte: JFKL, NSF, Germany, Confidencial, redigido por Kohler e aprovado pela Casa Branca em 20 de março; ibid., Doc. 10; Memcon, Washington, 13 de março de 1961, 15h-15h40; Bundesarchiv, Kabinettsprotokolle Online "1. Deutsche Massnahmen zur Entlastung der US-Zahlungsbilanz" extraído de <http://www.bundesarchiv.de.>.

38. Williams, *Adenauer: The Father of the New Germany*, p. 490; FRUS, 1961-63, v. XIV, Berlin Crisis, 1961-62, Doc. 9, 10; Konrad Adenauer, *Erinnerungen 1959-1963*. Stuttgart: Deutsche Verlags-Anstalt, 1968, pp. 91-7.

39. *Der Spiegel*, 12/4/1961, 19/4/1961.

40. *Christian Science Monitor*, 14/4/1961.

41. *The Washington Post*, 14/4/1961.

42. *Christian Science Monitor*, 17/4/1961.

43. Anneliese Poppinga, *"Das Wichtigste ist der Mut": Konrad Adenauer — Die letzten fünf Kanzlerjahre*. Bergisch Gladbach, Alemanha: Gustav Lübbe, 1994, p. 297.

44. Hans-Peter Schwarz, *Konrad Adenauer: A German Politician and Statesman in a Period of War, Revolution and Reconstruction. From the German Empire to the Federal Republic, 1876--1952*, v.1. Trad. Louise Willmot. Providence, RI: Berghahn, 1995, p. 519.

45. Poppinga, op. cit., p. 297; Schwarz, op. cit., *Konrad Adenauer*, pp. 519-20.

46. "The Presidency: Interlude", *Time*, 28/04/1961; Hugh Sidey, *John F. Kennedy, President*. Nova York: Atheneum, 1964, p. 131; Peter Wyden, *Bay of Pigs: The Untold Story*. Nova York: Simon & Schuster, 1979, pp. 269-70.

47. Ibid., pp. 184-5; Howard Jones, *The Bay of Pigs*. Nova York: Oxford University Press, 2008, pp. 76-7, 100-1; ver também para a cronologia dos acontecimentos: The National Security Archive, "The Bay of Pigs — 40 Years After", 15-18 de abril de 1961: <http://www.gwu.edu/~nsarchiv/bayofpigs/chron.html>.

48. FRUS, 1961-63, v. X, Cuba, 1961-62, Doc. 109, 119; The National Security Archive, "The Bay of Pigs — 40 Years After", op. cit.

49. Jones, op. cit., pp. 76-7, 96.

50. JFKL, *Richard M. Bissell OH*; JFKL, POF, Bundy para JFK, 25 de fevereiro de 1961, Staff Memoranda, Caixa 62; Evan Thomas, *The Very Best Men: Four Who Dared: The Early Years of the CIA*. Nova York: Simon & Schuster, 1995, pp. 237, 240; "Nation: When It's in the News, It's in Trouble" e "Cuba: The Massacre", *Time*, 28/04/1961; Lawrence Freedman, *Kennedy's Wars: Berlin, Cuba, Laos and Vietnam*. Nova York: Oxford University Press, 2000, pp. 124-6; Harris Wofford, *Of Kennedys and Kings: Making Sense of the Sixties*. Nova York: Farrar, Straus & Giroux, 1980, p. 362.

51. Wyden, op. cit., p. 139; Richard M. Bissell, Jonathan E. Lewis, e Frances T. Pudlo, *Reflections of a Cold Warrior: From Yalta to the Bay of Pigs*. New Haven, CT: Yale University Press, 1996, p. 190.

52. Gus Russo, *Live by the Sword: The Secret War Against Castro and the Death of JFK*. Baltimore: Bancroft, 1998, pp. 13-5; Jones, op. cit., pp. 38, 76-8, 96, 100-2.

53. Russo, op. cit., p. 16.

54. FRUS, 1961-63, v. VI, Kennedy-Khrushchev Exchanges, Doc. 9.

55. Ibid.

56. Ibid., Doc. 10.

57. Bissell, op. cit., p. 189; Laurence Leamer, *The Kennedy Men: 1901-1963*. Nova York: HarperCollins, 2001, pp. 501, 508.

58. Thomas, op. cit., p. 253; Beschloss, op. cit., p. 114; Leamer, op. cit., pp. 501, 508; "Nation: Bitter Week", *Time*, 28/04/1961; Wofford, op. cit., pp. 347-8.

59. E. B. Potter, *Admiral Arleigh A. Burke*. Annapolis, MD: U. S. Naval Institute Press, 2005; Gordon M. Goldstein, *Lessons in Disaster: McGeorge Bundy and the Path to War in Vietnam*. Nova York: Times Books/Henry Holt, 2008, p. 39; Sidey, op. cit., p. 110; Wyden, op. cit., pp. 270-1.

60. Ibid., *Bay of Pigs*, 271; <https://www.cia.gov/library/center-for-the-study-of-intelligence/csi-publications/books-and-monographs/agency-and-the-hill/12-The%20Agency%20and%20the%20Hill_Part2-Chapter9.pdf>: chapter 9, *Oversight of Covert Action*, p. 268.

61. JFKL, *Dean G. Acheson OH*; Chace, op. cit., p. 387.

62. Brinkley, op. cit., p. 127.

63. Carta de Acheson para Truman, 3 de maio de 1961 (cortesia David Acheson), em David S. McLellan e David C. Acheson (orgs.), *Among Friends: Personal Letters of Dean Acheson*. Nova York: Dodd, Mead, 1980, pp. 206-7.

64. Vladislav M. Zubok e Constantine Pleshakov, *Inside the Kremlin's Cold War: From Stalin to Khrushchev*. Cambridge, MA: Harvard University Press, 1996, p. 243.

65. Taubman, op. cit., p. 492; Beschloss, op. cit., p. 121.

66. Sergei N. Khrushchev, *Krizisy I Rakety*, op. cit., pp.102-6.

67. Fursenko e Naftali, op. cit., pp. 348-9.

68. Jörn Donner, *Report from Berlin*. Bloomington: Indiana University Press, 1961.

69. Ibid., p. XI.

70. Entrevista com Vern Pike, Washington, D. C., 17 de novembro de 2008.

9. DIPLOMACIA PERIGOSA [pp. 195-217]

1. GRU, "Kratkoye Soderzhanye: Besed G. Bolshakova s R. Kennedi (9 Maya 1961 goda-14 Dekabria 1962 roga)" [Resumo: Encontros de G. Bolshakov com R. Kennedy, 9 de maio de 1961--14 de dezembro de 1962].

2. FRUS, 1961-63, v. XIV, Berlin Crisis, 1961-62, Doc. 24, Telegrama da embaixada na União Soviética para o Departamento de Estado, Moscou, 24 de maio de 1961.

3. GRU, "Kratkoye Soderzhanye: Besed G. Bolshakova s. R. Kennedi".

4. FRUS, 1961-63, v. V, Soviet Union, Doc. 65.

5. Ibid., Docs. 65, 66.

6. Ibid., Doc. 67.

7. FRUS, 1961-63, v. XXIV, pp. 199-200, 209-10.

8. FRUS, 1961-63, v. V, Soviet Union, Doc. 67.

9. Aleksandr Fursenko e Timothy J. Naftali, *One Hell of a Gamble: Khrushchev, Castro, and Kennedy, 1958-1964*. Nova York: W. W. Norton, 1997, pp. 119-23; entrevista com Frank Holeman, 6 de agosto de 1995, Washington, D. C.; Georgi Bolshakov, "Goryachaya Linaya" (Linha Direta), *Novoye Vremya*, n. 4, 1989, pp. 38-40; *Pravda, Encontros de Bolshakov*; GRU, "Kratkoye Soderzhanye: Besed G. Bolshakova s. R. Kennedi".

10. Fursenko e Naftali, op. cit., pp. 119-23, citando GRU, *Biografia de Georgi Bolshakov*; Dino Brugioni e Robert F. McCort (org.), *Eyeball to Eyeball: The Inside Story of the Cuban Missile Crisis*. Nova York: Random House, 1991, pp. 176-8; *Zvezda*, n. 7, 1997; Benjamin C. Bradlee, *Conversations with Kennedy*. Nova York: W. W. Norton, 1975, p. 194; James W. Symington, *The Stately Game*. Nova York: Macmillan, 1971, pp. 144-5.

11. *The Washington Times*, 27/9/1996.

12. Fursenko e Naftali, op. cit., p. 111, citando entrevista com Frank Holeman, 6 de agosto de 1995.

13. Ibid.; Michael Beschloss, *The Crisis Years: Kennedy and Khrushchev, 1960-1963*. Nova York: HarperCollins, 1991, pp. 153-4; entrevista com Frank Holeman; Richard Nixon Papers, National Archives, *Rose Mary Woods-Nixon*, 18/12/1958.

14. Fursenko e Naftali, op. cit., pp. 109-12; Brugioni e McCort, op. cit. pp. 176-7; Foreign

Broadcast Information Service, USSR, International Service, "Kennedy Sees Soviet Journalists", Daily Report n. 12327, junho de 1961; Bolshakov, "Goryachaya Linaya", pp. 38-40.

15. Ibid.

16. Ibid.

17. GRU, "Kratkoye Soderzhanye: Besed G. Bolshakova s. R. Kennedi".

18. FRUS, 1961-63, v. VII, *Arms Control and Disarmament*, Doc. 4

19. FRUS, 1961-63, v. VII, *Arms Control and Disarmament*, Doc. 19, 31.

20. Fursenko e Naftali, *Khrushchev's Cold War: The Inside Story of an American Adversary*. Nova York: W. W. Norton, 2006, p. 351.

21. Lawrence Freedman, *Kennedy's Wars: Berlin, Cuba, Laos and Vietnam*. Nova York: Oxford University Press, 2000, pp. 302-4; Roger Kershaw, *Monarchy in South-East Asia: The Faces of Tradition in Transition*. Nova York: Routledge, 2001, pp. 39-40; Timothy N. Castle, *At War in the Shadow of Vietnam: U. S. Military Aid to the Royal Lao Government 1955-1975*. Nova York: Columbia University Press, 1993, pp. 40-2, 46-8.

22. *The New York Times*, 13/05/1961; Memo, Lucius Battle-Bundy, 25 de maio de 1961.

23. FRUS, 1961-63, v. VI, Kennedy-Khrushchev Exchanges, Doc. 15.

24. JFKL, Kennedy-Adenauer, 16 de maio de 1961.

25. JFKL, *Henry Owen, National Security Council*, 17 de maio de 1961, NSF Caixa 81, Germany, Berlin, General, pp. 5-61.

26. DNSA, Memorando, 17 de maio de 1961, Secreto, *Berlin Crisis*, BC02046.

27. "Kennedys welker Lorbeer", *Die Zeit*, 26/5/1961; *The Wall Street Journal*, 1/6/1961.

28. Ibid.

29. Ibid.

30. AVP-RF, Carta do embaixador Pervukhin para o ministro do Exterior Gromyko, 19 de maio de 1961, Arquivo ultrassecreto, Fond; refentyra po GDR, Opis 6, Por 34, Inv. 193/3, v. 1, Papka 46, extraído de Harrison, "Ulbricht and the Concrete 'Rose'", CWIHP Working Paper n. 5, pp. 90--95, Apêndice D; Murphy, Kondrashev e Bailey, *Battleground Berlin*, p. 362.

31. Mikhail Boltunov, *Nevidimoe Oruzhie GRU*. Moscou: Olma, 2002, pp. 281-3; Fursenko e Naftali, *One Hell of a Gamble*, pp. 122-3.

32. Boltunov, *Nevidimoe Oruzhie GRU*, 281-3; Beschloss, op. cit., p. 156; Fursenko e Naftali, *Khrushchev's Cold War*, pp. 349-50, 354.

33. Fursenko e Naftali, *One Hell of a Gamble*, p. 112.

34. FRUS, 1961-63, v. XIV, Berlin Crisis, 1961-62, Doc. 24, Telegrama da embaixada na União Soviética para o Departamento de Estado, Moscou, 24 de maio de 1961.

35. DNSA, Thompson's Conversation with Krushchev on Berlin, Prior to the Vienna Summit, Secreto, Telegrama, 2887, 24 de maio de 1961.

36. FRUS, 1961-63, v. XIV, Berlin Crisis, 1961-62, Doc. 28, Telegrama da embaixada na União Soviética para o Departamento de Estado, Moscou, 27 de maio de 1961, 13h.

37. FRUS, 1961-63, v. XIV, Berlin Crisis, 1961-62, Doc. 27, Telegrama da Missão em Berlim para o Departamento de Estado, Berlim, 25 de maio de 1961, 19h.

38. *The New York Times*, 26/5/1961.

39. Fursenko e Naftali, *Khrushchev's Cold War*, 355-57; AVP-RF, *Kuznetsov*, 26 de maio de

1961, 3.66.311, pp. 58-61; Registro estenográfico, 26 de maio de 1961, e Protocolo n. 331, 26 de maio de 1961, TsK KPSS.

40. Anatoly Fedorovich Dobrynin, *In Confidence: Moscow's Ambassador to America's Six Cold War Presidents (1962-1986)*. Nova York: Times Books/Random House, 1995, pp. 44-5; AVP-RF, *Kuznetsov*, 26 de maio de 1961, 3.66.311, pp. 58-61; Registro estenográfico, 26 de maio de 1961, e Protocolo n. 331, 26 de maio de 1961, TsK KPSS; AVP-RF, Lista de presentes e lembranças comemorativos para possível entrega durante a estadia de Khruschóv na Áustria, 27 de maio de 1961.

41. Beschloss, op. cit., p. 178; Edward M. Kennedy, *The Fruitful Bough: A Tribute to Joseph P. Kennedy*. Edição particular, 1965, p. 264; Hugh Sidey, *John F. Kennedy, President*. Nova York: Atheneum, 1964, p. 173.

42. "1961 Man of the Year — John F. Kennedy", *Time*, 5/1/1962; Goduti, *Kennedy's Kitchen Cabinet: Shaping of American Foreign Policy, 1961-1963*, p. 102.

10. VIENA: LITTLE BOY BLUE ENCONTRA AL CAPONE [pp. 218-44]

1. Kenneth P. O'Donnell e David F. Powers, com Joe McCarthy, *"Johnny, We Hardly Knew Ye": Memories of John Fitzgerald Kennedy*. Boston: Little, Brown, 1972, p. 292.

2. FRUS, 1961-63, v. V, Sovieti Union, Doc. 87, Memcon, p. 219.

3. Edward Klein, *All Too Human: The Love Story of Jack and Jackie Kennedy*. Nova York: Pocket, 1997, p. 267.

4. O'Donnell e Powers, op. cit., p. 292; Seymour M. Hersh, *The Dark Side of Camelot*. Boston: Little, Brown, 1997, pp. 10, 228.

5. Klein, op. cit., pp. 266-8.

6. *The New York Times*, 1/6/1961.

7. *The Washington Post*, 1/6/1961.

8. Richard Reeves, *President Kennedy: Profile of Power*. Nova York: Simon & Schuster, 1993, p. 60.

9. Robert Dallek, *An Unfinished Life: John F. Kennedy, 1917-1963*. Boston: Little, Brown, 2003, pp. 397-9; Janet G. Travell, *Office Hours: Day and Night — The Autobiography of Janet Travell, M. D*. Nova York: World, 1968, pp. 3, 6, 385.

10. JFKL, *Janet G. Travell OH*, registros médicos da dra. Janet Travell; Parmet, *JFK*, pp. 118--23; Michael Beschloss, *The Crisis Years: Kennedy and Khrushchev, 1960-1963*. Nova York: HarperCollins, 1991, pp. 188-91; Janet G. Travell, *Office Hours: Day and Night — The Autobiography of Janet Travell*. M. D. Nova York: World, 1968.

11. Dallek, op. cit., pp. 398-9; Hersh, op. cit., pp. 5, 235-6; Klein, op. cit., p. 239.

12. Reeves, op. cit., p. 147; Beschloss, op. cit., pp. 187-91.

13. Klein, op. cit., p. 271.

14. Ibid., p. 240

15. Robert H. Ferrell, *Ill Advised: Presidential Health and Public Trust*. Columbia: University of Missouri Press, 1992, p. 156.

16. Reeves, op. cit., pp. 147, 243, 699n; John Whitcomb e Claire Whitcomb, *Real Life at the White House: Two Hundred Years of Daily Life at America's Most Famous Residence*. Nova York: Routledge, 2000, p. 359.

17. Dallek, op. cit., p. 662; Otis L. Graham Jr. e Meghan Robinson Wander (orgs.), *Franklin D. Roosevelt: His Life and Times: An Encyclopedic View.* Boston: Da Capo, 1985, pp. 94-6; DDEL, Herter Papers, Meetings with the President, 1961; em FRUS, 1961-63, v. XXIV, Laos Crisis, Doc. 1, Memorando da reunião com o presidente Eisenhower, 2 de janeiro de 1961.

18. Klein, op. cit., p. 268; *The New York Times*, 1/6/1961; O'Donnell e Powers, op. cit., p. 289; Beschloss, op. cit., p. 184; Arthur Schlesinger, *A Thousand Days: John F. Kennedy in the White House.* Boston: Houghton Mifflin, 1965, pp. 350-1; JFKL, *Charles E. Bohlen OH.*

19. O'Donnell e Powers, op. cit., p. 289.

20. Sergei N. Khrushchev, *Nikita Khrushchev and the Creation of a Superpower.* Trad. Shirley Benson. University Park: Pennsylvania State University Press, 2000, p. 440.

21. *The Washington Post*, 28/6/1961.

22. U.S. DEPARTMENT OF STATE, Telegrama da embaixada na União Soviética para o Departamento de Estado, 27 de maio de 1961, Central Files, 611.61/5-2761, Secreto, Prioridade, Distribuição Limitada, em FRUS, 1961-63, v. V, Soviet Union, Doc. 79.

23. *The New York Times*, 28/6/1961.

24. Despachos da TASS. N. Novikov, no *Pravda*, 31 de maio e 2 de junho de 1961.

25. FRUS, 1961-63, v. XIV, Berlin Crisis, 1961-62, Doc. 30, Memcon, Paris, 31 de maio de 1961.

26. Ibid.

27. John F. Kennedy, *Public Papers of the Presidents of the United States: John F. Kennedy — Containing the Public Messages, Speeches, and Statements of the President, 1961-1963.* Washington, D. C.: U. S. Government Printing Office, 1962-64, v. 1, p. 423.

28. *The Washington Post*, 2/6/1961.

29. *The New York Times*, 2/6/1961.

30. O'Donnell e Powers, op. cit., p. 292.

31. Monika Sommer e Michaela Lindinger (orgs.), *Die Augen der Welt auf Wien gerichtet: Gipfel 1961 Chruschtschow-Kennedy.* Innsbruck/ Viena: Katalog Wien Museum, 2005, p. 68; *Die Illustrierte Krone*, 3/6/1961, 4/6/1961; Österreichische Neue Tageszeitung, 3/6/1961, 4/6/1961.

32. O'Donnell e Powers, op. cit., pp. 292-3; Dallek, op. cit., p. 404.

33. *The New York Times*, 4/6/1961.

34. "Die Gefangenen von Wien: Das Treffer der Zwei", *Die Zeit*, 2/6/1961.

35. Sommer e Lindinger, op. cit.

36. FRUS, 1961-63, v. V, Soviet Union, Doc. 83, Memcon, Viena, 3 de junho de 1961, 12h45.

37. FRUS, 1961-63, v. V, Soviet Union, Doc. 76.

38. JFKL, *Robert F. Kennedy OH.*

39. A reação de Khruschóv segundo Kennedy, citado em Donald Kagan, *On the Origins of War and the Preservation of Peace.* Nova York: Anchor, 1996, pp. 468-9; O'Donnell e Powers, op. cit., p. 295.

40. Beschloss, op. cit., p. 197.

41. FRUS, 1961-63, v. V, Soviet Union, Doc. 84, Memcon, Viena, 3 de junho de 1961, almoço.

42. "Contest of Wills", *Time*, 16/6/1961.

43. FRUS, 1961-63, v. V, Soviet Union, Doc. 84, Memcon, Viena, 3 de junho de 1961, almoço.

44. Paul F. Boller, *Presidential Anecdotes*. Nova York: Oxford University Press, 1996, pp. 302-3; O'Donnell e Powers, com McCarthy, *"Johnny, We Hardly Knew Ye"*, p. 294.

45. FRUS, 1961-63, v. V, Soviet Union, Doc. 84; William Taubman, *Khrushchev: The Man and His Era*. Nova York: W. W. Norton, 2004, p. 494; Beschloss, op. cit., pp. 189-91; Reeves, op. cit., pp. 42-3, 669n; Hersh, op. cit., pp. 234-7.

46. Dallek, op. cit., p. 406; FRUS, 1961-63, v. V, Soviet Union, Doc. 85, Memcon, Viena, 3 de junho de 1961, 15h.

47. Beschloss, op. cit., pp. 198-9; O'Donnell e Powers, op. cit., p. 296.

48. FRUS, 1961-63, v. V, Soviet Union, Doc. 85.

49. JFKL, *Llewellyn E. Thompson OH*; Beschloss, op. cit., p. 205; Dallek, op. cit., p. 408.

50. Oleg Troyanovsky, *Cherez godi i rasstoiania: Istoriia odnoi semyi*. Moscou: Vagrius, 1997, p. 234.

51. Herbert Hoover Presidential Library (HHL). H. Hoover Papers, Oral History Transcripts. *Washington Tapes, 1965-1971: William L. Stearman OH*.

52. O'Donnell e Powers, op. cit., pp. 293-4.

53. Ibid., p. 296.

54. Dallek, op. cit., p. 406.

55. Beschloss, op. cit., pp. 199, 205; Taubman, op. cit., p. 497; O'Donnell e Powers, op. cit., p. 296.

56. Fursenko e Naftali, *Khrushchev's Cold War: The Inside Story of an American Adversary*. Nova York: W. W. Norton, 2006, p. 34.

57. *Die Presse*, 1/6/1961; *Das Kleine Volksblatt*, 4/6/1961.

58. Sommer e Lindinger, op. cit., p. 73; "First Lady Wins Khrushchev Too", *The New York Times*, 4/6/1961.

59. Reeves, op. cit., p. 166.

60. *The Washington Post*, 4/6/1961; Reeves, op. cit., p. 166.

11. VIENA: A AMEAÇA DE GUERRA [pp. 245-71]

1. FRUS, 1961-63, v. V, Soviet Union, Doc. 87, Memcon, p. 219.

2. Seymor Hersh, *Dark Side of Camelot*. Boston: Little, Brown, 1997, p. 253.

3. Hugh Sidey, *John F. Kennedy, President*. Nova York: Atheneum, 1964, p. 196.

4. Michael Beschloss, *The Crisis Years: Kennedy and Khrushchev, 1960-1963*. Nova York: HarperCollins, 1991, pp. 209-11.

5. FRUS, 1961-63, v. V, Soviet Union, Doc. 87, Memcon, Viena, 4 de junho de 1961, 10h15.

6. Kenneth O'Donnell e David Powers, com Joe McCarthy, *"Johnny, We Hardly Knew Ye": Memories of John Fitzgerald Kennedy*. Boston: Little, Brown, 1972, p. 294.

7. Norman Davies, *No Simple Victory: World War II in Europe, 1939-1945*. Nova York: Viking, 2007, p. 24.

8. U.S. Department of State, *Documents on Germany, 1944-1985*. Washington, D. C.: Office of the Historian, Bureau of Public Affairs, pp. 729-32; também em Department of State Bulletin, 7 de agosto de 1961, pp. 231-3.

9. Entrevista com Adam Kellett-Long, Londres, 15-16 de outubro de 2008.

10. *The New York Times*, 5/6/1961.

11. FRUS, 1961-63, v. V, Soviet Union, Doc. 88, Memcon, Viena, 4 de junho de 1961; Beschloss, *Crisis Years*, p. 220.

12. Sidey, op. cit., p. 200.

13. O'Donnell e Powers, op. cit., p. 412.

14. Beschloss, op. cit., p. 220; O'Donnell e Powers, op. cit., p. 297; Sidey, op. cit., p. 200.

15. FRUS, 1961-63, v. V, Soviet Union, Doc. 88, Memcon, Viena, 4 de junho de 1961, 15h15.

16. *Der Tagesspiegel*, 4/6/1961.

17. *The New York Times*, 4/6/1961; *Kurier*, Österreichische Neue Tageszeitung; *Neues Deutschland*.

18. Nikita S. Khrushchev, *Khrushchev Remembers: The Last Testament*, Pref. Edward Crankshaw e apres. Jerrold L. Schecter. Trad. e org. Strobe Talbott. Boston: Little, Brown, 1974, p. 499.

19. Ibid., pp. 500-1.

20. Beschloss, op. cit., p. 224.

21. DNSA, Soviet Translation of the Aide-Mémoire on Germany and Berlin, For Official Use Only, Telegrama, 5 de junho de 1961, Berlin Crisis: BC02081.

22. O'Donnell e Powers, op. cit., p. 297; Pierre Salinger, *With Kennedy*. Garden City, NY: Doubleday, 1966, p. 182.

23. John F. Stacks, *Scotty: James B. Reston and the Rise and Fall of American Journalism*. Boston: Little, Brown, 2003, pp. 4, 198, 200.

24. *The New York Times*, 4/6/1961, 5/6/1961, 6/6/1961; Stacks, *Scotty*, p. 199.

25. James Reston, entrevista JFK, *TheNew York Times*, 5/6/1961; "Vienna Talks End", *The New York Times*, 05/06/1961; Salinger, op. cit., pp. 181-2; David Halberstam, *The Best and Brightest*. Nova York: Modern Library, 2001, pp. 85-6; O'Donnell e Powers, op. cit., p. 298; William Taubman: *Khrushchev: The Man and His Era*. Nova York: W. W. Norton, 2004, p. 495.

26. C. David Heymann, *A Woman Named Jackie: An Intimate Biography of Jacqueline Bouvier Kennedy Onassis*. Nova York: Carol, 1994, p. 306.

27. O'Donnell e Powers, op. cit., p. 299.

28. Association for Diplomatic Studies and Training, *Interview with Kempton B. Jenkins, Foreign Affairs OH*. Entrevista realizada em 23 de fevereiro de 1995 (copyright 1998 ADST), Caixa 1, Fold: 34 Jenkins, Kempton B. (1951-80): <http://www.library.georgetown.edu/dept/speccoll/cl999.htm>.

29. O'Donnell e Powers, op. cit., pp. 299-300.

30. Harold Macmillan, *Pointing the Way, 1959-1961*. Londres: Macmillan, 1972, pp. 355-9, 400; Michael O'Brien, *John F. Kennedy: A Biography*. Nova York: St. Martin's, 2005, p. 550.

31. FRUS, 1961-63, v. XIV, Berlin Crisis, 1961-62, Doc. 34, Registro de conversa, Londres, 5 de junho de 1961.

32. Beschloss, op. cit., p. 226; O'Brien, op. cit., pp. 551, 888; Arthur Schlesinger, *A Thousand Days: John F. Kennedy in the White House*. Boston: Houghton Mifflin, 1965, pp. 374-7; Alistair Horne, *Harold Macmillan: 1957-1986*, v. 2, Nova York: Viking, 1989, pp. 303-5.

33. Macmillan, op. cit., p. 357.

34. FRUS, 1961-63, v. XIV, Berlin Crisis, 1961-62, Doc. 34.

35. DNSA, Note of Points Made during the Private Conversation between Kennedy and Prime Minister Macmillan, 8 de junho de 1961.

36. "1961 Man of the Year — John F. Kennedy", *Time*, 5/1/1962.

37. Evelyn Lincoln, *My Twelve Years with John F. Kennedy*. Nova York: D McKay, 1965, p. 274.

38. Hersh, op. cit., p. 383.

39. *New York Herald Tribune*, 6/4/1961.

40. JFKL, *Joseph W. Alsop OH*, n. 1, 18 de junho de 1964.

41. Cate, *The Ides of August*, p. 24.

42. SED Archives, IfGA, ZPA, J IV 2/202/129, Carta de Ulbricht para Khruschóv, junho de 1961, em Harrison, "Ulbricht and the Concrete 'Rose'", CWIHP Working Paper n. 5, pp. 96-7, Apêndice E.

43. Aleksandr Fursenko e Theodore Naftali, *Khrushchev's Cold War: The Inside Story of an American Adversary*. Nova York: W. W. Norton, 2006, pp. 365-6.

44. Ibid.

45. *The Washington Post*, 7/6/1961.

46. Ibid.

12. VERÃO AGITADO [pp. 272-91]

1. *Neues Deutschland*, 16/6/1961.

2. Carta de Acheson para Truman, 24 de junho de 1961 (cortesia David Acheson); HSLT, Dean G. Acheson Papers, Acheson-Truman Correspondence File (1947-71), 1961, Caixa 161.

3. FRUS, 1961-63, v. XIV, Berlin Crisis, 1961-62, Doc. 49, Relatório de Dean Acheson, Washington, 28 de junho de 1961.

4. Norman Gelb, *The Berlin Wall: Kennedy, Khrushchev, and a Showdown in the Heart of Europe*. Nova York: Dorset, 1986, p. 97.

5. Ibid., p. 98.

6. <http://www.youtube.com.watch?v=jLhYIqiJlEA>; *Neues Deutschland*, 16/6/1961; DNSA, Summary of Walter Ulbricht's Press Conference in East Berlin of June 15, Uso Oficial Limitado, Aerograma, 16 de junho de 1961, Berlin Crisis, BC02090.

7. Hope Harrison, *Driving the Soviets up the Wall: Soviet-East German Relations, 1953-1961*. Princeton, NJ: Princeton University Press, 2003, p. 180.

8. Curtis Cate, *The Ides of August: The Berlin Wall Crisis, 1961*. Nova York: M. Evans, 1978, pp. 64-5.

9. "Newsfronts: In Berlin 'Torschlusspanik'", *Life*, 28/7/1961, p. 25.

10. Douglas Brinkley, *Dean Acheson: The Cold War Years, 1953-1971*. New Haven, CT: Yale University Press, 1994, pp. 108-9.

11. FRUS, 1961-63, v. XIV, Berlin Crisis, 1961-62, Doc. 42, Ata da reunião do Grupo de Coordenação Interdepartamental para Planos de Contingência para Berlim, Washington, 16 de junho de 1961; Robert Slusser, *The Berlin Crisis of 1961: Soviet-American Relations and the Struggle for Power in the Kremlin, June-November 1961*. Baltimore: Johns Hopkins University Press, 1973, p. 29;

Honoré Catudal, *Kennedy and the Berlin Wall Crisis: A Case Study in U. S. Decision Making.* Berlim: Berlin Verlag, 1980, pp. 138, 141.

12. FRUS, 1961-63, v. XIV, Berlin Crisis, 1961-62, Doc. 42.

13. "Newsfronts: JFK's Triple Play Against Khrushchev", *Life*, 28/7/1961, pp. 32-3; John C. Ausland e coronel Hugh F. Richardson, "Crisis Management: Berlin, Cyprus, Laos", *Foreign Affairs*, 44, n. 2, janeiro de 1966, pp. 291-303.

14. Catudal, op. cit., p. 141.

15. *Pravda*, 18 de junho de 1961, em *The Current Digest of the Soviet Press*, 13, n. 23, 1961, p. 15.

16. Slusser, op. cit., pp. 11-3, 18.

17. *The Current Digest of the Soviet Press*, 13, n. 25, 1961, pp. 4-6 (6); Slusser, op. cit., pp. 14-7.

18. Carta de Acheson para Truman, 24 de junho de 1961 (cortesia David Acheson); ver também HSTL, Dean G. Acheson Papers, 1961, Caixa 161; Brinkley, *Dean Acheson*, pp. 137-8; JFKL, *Dean G. Acheson OH*.

19. "The People: The Summer of Discontent", *Time*, 07/07/1961; *Newsweek*, 3/7/1961.

20. JFKL, News Conference n. 13, Washington, D. C., 28 de junho de 1961, 10h, EDST; citado em Richard Reeves, *President Kennedy: Profile of Power.* Nova York: Simon & Schuster, 1993, pp. 188-9.

21. FRUS, 1961-63, v. XIV, Berlin Crisis, 1961-62, Doc. 49, Relatório de Dean Acheson, Washington, 28 de junho de 1961.

22. FRUS, 1961-63, v. XIV, 1961-62, Doc. 52, Memorando para registro, Washington, sem data, Discussão na reunião do CSN, 29 de junho de 1961.

23. FRUS, 1961-63, v. XIV, 1961-62, Doc. 52.

24. John Patrick Diggins, *The Liberal Persuasion: Arthur Schlesinger Jr., and the Challenge of the American Past.* Princeton, NJ: Princeton University Press, 1997, pp. 29-31; Arthur M. Schlesinger, *The Crisis of Confidence: Ideas, Power, and Violence in America.* Boston: Houghton Mifflin, 1969, pp. 54, 60; Arthur Schlesinger, *A Thousand Days: John F. Kennedy in the White House.* Boston: Houghton Mifflin, 1965, p. 384; JFKL, *Abram Chayes OH*, n. 4, 9 de julho de 1964, pp. 244-5, 248.

25. Sergei N. Khrushchev, *Nikita Khrushchev and the Creation of a Superpower.* Trad. Shirley Benson. University Park: Pennsylvania State University Press, 2000, p. 453.

26. Harrison, op. cit., p. 185; AVP-RF, Carta do embaixador Pervukhin para o ministro do Exterior Gromyko, enviada ao Comitê Central em 4 de julho de 1961. Arquivo ultrassecreto, Arquivo do Ministério do Exterior Russo, Fond; refentyra po GDR, Op. 6, Por 34, Pap. 46, Inv. 193/3, v. 1, em Harrison, "Ulbricht and the Concrete 'Rose'", CWIHP Working Paper n. 5, pp. 55, 98-105, Apêndice F.

27. Yuli A. Kvitsinsky (Julij A. Kwizinskij), *Vor den Sturm: Erinnerungen eines Diplomaten.* Berlim: Siedler, 1993, pp. 175, 179.

28. Sergei N. Khrushchev, op. cit., p. 453; Harrison, op. cit., pp. 186, 216.

29. Nikita S. Khrushchev, *Khrushchev Remembers: The Last Testament.* Pref. de Edward Crankshaw e apres. Jerrold L. Schecter. Trad. Strobe Talbott. Boston: Little, Brown, 1974, pp. 505-8 (506).

30. Id., *Nikita Khrushchev and the Creation of a Superpower*, op. cit., p. 454.

31. Karl-Eduard von Schnitzler, "Die schönste Frau der Welt — eine Deutsche!", *Junge Welt*, 20/7/1961; "Marlene Schmidt, Die Anti-Miss von 1961", *Der Spiegel*, 30/4/2001.

32. Ibid.

33. "Universal Appeal", *Time*, 28/7/1961.

34. <http://www.youtube.com/watch?v=6i9sllFNzqs>.

35. Lee Rutherford, "Refugee Takes Universe Title", *The Washington Post*, 18/7/1961.

36. "Die schönste Frau der Welt — eine Deutsche!", *Junge Welt*, 20/7/1961.

37. "Marlene Schmidt, Die Anti-Miss von 1961", *Der Spiegel*, 30/4/2001.

13. "O LUGAR DO GRANDE TESTE" [pp. 295-323]

1. FKL, Radio and Television Report to the American People on the Berlin Crisis, presidente Kennedy, Casa Branca, 25 de julho de 1961: <http://www.jfklibrary.org/Historical+Resources/ Archives/Reference+Desk/Speeches/JFK/003POF03BerlinCrisis07251961.htm>.

2. JFKL, *Walt W. Rostow OH*; Walt W. Rostow, *The Diffusion of Power: An Essay in Recent History*. Nova York: Macmillan, 1972, p. 231; Arthur Schlesinger, *A Thousand Days: John F. Kennedy in the White House*. Boston: Houghton Mifflin, 1965, p. 394.

3. Yuli Kvitsinsky, *Vor den Sturm: Erinnerungen eines Diplomaten*. Berlim: Siedler, 1993, pp. 179-80; Klaus Wiegrefe, "Die Schandmauer", *Der Spiegel*, 6/8/2001, p. 71.

4. Nikita S. Khrushchev, *Khrushchev Remembers: The Last Testament*. Pref. Edward Crankshaw, apres. Jerrold L. Schecter. Trad. e org. Strobe Talbott. Boston: Little, Brown, 1974, p. 508; id., *Khrushchev Remembers: The Glasnost Tapes*. Boston: Little, Brown, 1990, p. 169.

5. Hans Kroll, *Lebenserinnerungen eines Botschafters*. Köln: Kiepenheuer & Witsch,1967, pp. 512, 526.

6. Sergei N. Khrushchev, *Nikita Khrushchev and the Creation of a Superpower*. Trad. Shirley Benson. University Park: Pennsylvania State University Press, 2000, pp. 454-5; Kroll, op. cit., pp. 512, 527; Nikita S. Khrushchev, *Khrushchev Remembers: The Glasnost Tapes*, op. cit., p. 169.

7. Hope Harrison, *Driving the Soviets up the Wall: Soviet-East German Relations, 1953-1961*. Princeton, NJ: Princeton University Press, 2003, p. 186; Wiegrefe, op. cit., p. 71; Kvitsinsky, op. cit., pp. 180-1.

8. Ibid., pp. 179-81; ZAIG, *Protokol über die Besprechung am 07.07.1961*, Ultrassecreto, MfS 4899, 9; Uhl e Wagner, "Another Brick in the Wall: Reexamining Soviet and East German Policy During the 1961 Berlin Crisis: New Evidence, New Documents". CWIHP Working Paper, publicado como "Storming On to Paris: The 1961 'Buria' Exercise and the Planned Solution of the Berlin Crisis", em Vojtech Mastny, Sven Holtsmark e Andreas Wenger, *War Plans and Alliances in the Cold War: Threat Perceptions in the East and West (CSS Studies in Security and International Relations)*. Abingdon, Inglaterra Londres/Nova York: Routledge, 2006, pp. 46-71; Wiegrefe, op. cit., p. 71.

9. SAPMO-BArch, ZPA, J IV 2/202-130, "Besondere Informationen an Genossen Walter Ulbricht", v. 6, 15 de julho de 1961; Patrick Major, *Behind the Berlin Wall: East Germany and the Frontiers of Power*. Nova York: Oxford University Press, 2010, p. 110.

10. Schlesinger, op. cit., pp. 255-6; A. J. Langguth, *Our Vietnam: The War 1954-1975*. Nova York: Simon & Schuster, 2000, pp. 136-7.

11. Schlesinger, op. cit., pp. 383-4, 386-7.

12. Ibid., p. 381; James Chace, *Acheson: The Secretary of State Who Created the American*

World. Nova York: Simon & Schuster, 1998, p. 391; McGeorge Bundy, *Danger and Survival: Choices About the Bomb in the First Fifty Years*. Nova York: Random House, 1988, pp. 375-6.

13. FRUS, 1961-63, v. XIV, Berlin Crisis, 1961-62, Doc. 57; JFKL, POF, Memorando do assessor especial do presidente (Schlesinger) para o presidente Kennedy; o subsecretário de Estado Bowles enviou a Rusk um memorando semelhante em 7 de julho, expressando preocupação com a tendência do pensamento americano em relação a Berlim; ver Departamento de Estado, Central Files, 762.00/7-761.

14. Schlesinger, op. cit., p. 386.

15. FRUS, 1961-63, v. XIV, Berlin Crisis, 1961-62, Doc. 57.

16. Schlesinger, op. cit., p. 388; Honoré Catudal, *Kennedy and the Berlin Wall Crisis: A Case Study in U. S. Decision Making*. Berlim: Berlin Verlag, 1980, p. 160.

17. Walter Isaacson, *Kissinger: A Biography*. Nova York: Simon & Schuster Paperbacks, 2005, pp. 110-3; W. R. Smyser, *Kennedy and the Berlin Wall*. Lanham, MD: Rowman & Littlefield, 2010, pp. 35-8.

18. Henry Kissinger, *White House Years*. Boston: Little, Brown, 1979, pp. 13-4.

19. JFKL, Henry Kissinger, Memorando para o presidente, Assunto: Berlim, 7 de julho de 1961, pp. 1-2.

20. Smyser, op. cit., p. 38; Jeremy Suri, *Henry Kissinger and the American Century*. Cambridge, MA: Harvard University Press, 2007, pp. 175-6.

21. "Kennedy Confers on Berlin Issues", *The New York Times*, 09/7/1961; "Kennedy to Meet 3 Aides on Berlin", *The New York Times*, 8/7/1961; Richard Reeves, *President Kennedy: Profile of Power*. Nova York: Simon & Schuster, 1993, p. 192.

22. Schlesinger, op. cit., p. 390.

23. Nikita S. Khrushchev, *Communism — Peace and Happiness for the Peoples*, v. 1, *January-September 1961*. Moscou: Foreign Languages Publishing House, 1963, pp. 288-309, Discurso numa recepção oferecida pelo Comitê Central do PCUS e pelo Conselho de Ministros da União Soviética a formandos de academias militares, 8 de julho de 1961; "Khrushchev Halts Troop Reduction: Raises Arms Fund", "Excerpts From Khrushchev's Address on Arms Policy", *The New York Times*, 9/7/1961.

24. *Newsweek*, 3/7/1961.

25. Michael Beschloss, *The Crisis Years: Kennedy and Khrushchev, 1960-1963*. Nova York: HarperCollins, 1991, p. 244; "West Is Drafting Reply to Soviet on German Issues", *The New York Times*, 30/6/1961, 1/7/1961, 5/7/1961, 14/7/1961; "British Envoy Tells Khrushchev Soviet Policy on Berlin Is Illegal", *The New York Herald Tribune*, 6/7/1961; "Matter of Fact: Khrushchev as Hitler", *The Washington Post*, 12/7/1961; Martin McCauley (org.), *Khrushchev and Khrushchevism*, Bloomington: Indiana University Press, 1987, p. 222.

26. Reeves, op. cit., p. 192; Catudal, op. cit., pp. 153-4.

27. Norman Gelb, *The Berlin Wall: Kennedy, Khrushchev, and a Showdown in the Heart of Europe*. Nova York: Dorset, 1986, p. 112.

28. Beschloss, op. cit., pp. 246-8; *The New York Times*, 9/7/1961, 14/7/1961; Schlesinger, op. cit., p. 752; Catudal, op. cit., pp. 153-4.

29. Reeves, op. cit., p. 192.

30. Evelyn Lincoln, *My Twelve Years with John F. Kennedy*. Nova York: D. McKay, 1965, pp. 232-3, 278.

31. Radio and Television Report to the American People on the Berlin Crisis, 25 de julho de 1961, op. cit.

32. Lincoln, op. cit., pp. 233-4.

33. FRUS, 1961-63, v. XIV, Berlin Crisis, 1961-62, Doc. 66, Memorando da discussão no Conselho de Segurança Nacional, Washington, 13 de julho de 1961, preparado por Bundy em 24 de julho de 1961; Douglas Brinkley, *Dean Acheson: The Cold War Years, 1953-1971*. New Haven, CT: Yale University Press, 1994, p. 144.

34. FRUS, 1961-63, v. XIV, Berlin Crisis, 1961-62, Doc. 66n3, memorando redigido por Bundy sobre opções militares em Berlim, propondo quatro alternativas.

35. JFKL, NSF, NSC Meetings, Ultrassecreto, preparado por Bundy em 24 de julho de 1961, Memorando da discussão no Conselho de Segurança Nacional; em FRUS, 1961-63, v. XIV, Berlin Crisis, 1961-62, Doc. 66.

36. Catudal, op. cit., p. 182.

37. FRUS, 1961-63, v. XIV, Berlin Crisis, 1961-62, Doc. 77, Memorando de atas da reunião do Conselho de Segurança Nacional, Washington, 19 de julho de 1961, preparado por Bundy em 25 de julho de 1961.

38. Theodore C. Sorensen, *Kennedy*. Nova York: HarperCollins, 1965, p. 589.

39. Catudal, op. cit., p. 180; Beschloss, op. cit., p. 257.

40. Curtis Cate, *The Ides of August: The Berlin Wall Crisis, 1961*. Nova York: M. Evans, 1978, pp. 108-11; entrevista do autor com James O'Donnell.

41. JFKL, Radio and Television Report to the American People on the Berlin Crisis, presidente Kennedy, Casa Branca, 25 de julho de 1961, op. cit.

42. Gelb, op. cit., p. 118.

43. Ibid.; entrevista do autor com Karl Mautner.

44. Beschloss, op. cit., p. 264; *The New York Times*, 3/8/1961; *Der Tagesspiegel*, 2/8/1961; *Neues Deutschland*, 2/8/1961; JFKL, Bundy-JFK, 4 de agosto de 1961; Catudal, op. cit., pp. 201-3.

45. Ann Tusa, *The Last Division: A History of Berlin, 1945-1989*. Londres: Hodder and Stoughton, 1997, 257; *The Washington Post*, 31/7/1961; *The New York Times*, 3/8/1961.

46. JFKL, *Walt W. Rostow OH*; Rostow, op. cit., p. 231; Beschloss, op. cit., p. 265; Schlesinger, op. cit., p. 394; Catudal, op. cit., p. 201.

47. Harrison, op. cit., pp. 192-4; SAPMO-BArch, ZPA, DY, 30/3682; Uhl e Wagner, op. cit., CWIHP Working Paper, publicado como "Storming On to Paris", em Mastny, Holtsmark e Wenger, op. cit., pp. 46-71; Aleksandr Fursenko, "Kak Byla Postroena Berlinskaia Stena", em *Istoricheskie Zapiski*, n. 4, 2001, pp. 78-9.

48. Aleksandr Fursenko e Timothy Naftali, *Khrushchev's Cold War: The Inside Story of an American Adversary*. Nova York: W. W. Norton, 2006, pp. 377, 379-80.

49. Fursenko, op. cit., p. 78.

50. Nikita S. Khrushchev, *Khrushchev Remembers: The Last Testament*, op. cit., p. 506.

51. Fursenko, op. cit., p. 79.

52. RGANI, Khruschóv-Ulbricht, 1º de agosto de 1961, Documento n. 521557, pp. 113-46. Documento e citação gentilmente fornecidos pelo dr. Matthias Uhl.

53. William Taubman, *Khrushchev: The Man and His Era*. Nova York: W. W. Norton, 2004, p. 502; Vladislav M. Zubok, "Khrushchev's Secret Speech on the Berlin Crisis, August 1961", cwihp-b n. 3, outono de 1993, pp. 58-61; Catudal, op. cit., p. 50. Assembleia dos primeiros secretários do Comitê Central dos Partidos Comunistas e dos Trabalhadores dos países socialistas para troca de ideias sobre as questões relacionadas com a preparação e a conclusão de um tratado de paz com a Alemanha, 3-5 de agosto de 1961. [Atas da reunião foram encontradas entre documentos diversos do Departamento Internacional do Comitê Central, TsKhSD], pp. 11, 142-4, 156-7.

54. Bundesministerium für Gesamtdeutsche Fragen (org.), *Die Flucht aus der Sowjetzone und die Sperrmassnahmen des kommunistischen Regimes vom 13. August 1961 in Berlin*. Bonn/ Berlim, 7 de setembro de 1961, v. 2, Doc. N. 95, pp. 81-2; Archiv Deutschlandradio. Sendung: Die Zeit im Funk, Repórter: Hans-Rudolf Vilter, *RIAS-Interview mit dem nach West-Berlin geflüchteten Kurt Wismach, der Walter Ulbricht während seiner Rede im Kabelwerk Obespree am 10. August 1961 mehrfach unterbrach, 17. August 1961*: <http://www.chronik-der-mauer.de/index.php/de/Start/Index/id/631935/item/34/page/0>.

14. O MURO: CONSTRUINDO A ARMADILHA [pp. 324-59]

1. Nikita S. Khrushchev, *Khrushchev Remembers*. Apres., comentário e notas Edward Crankshaw. Trad. e org. Strobe Talbott. Boston: Little, Brown, 1970, p. 454.

2. Bernd Eisenfeld e Roger Engelmann, *13.8.1961: Mauerbau — Fluchtbewegung und Machtsicherung*. Bremen: Temmen, 2001, p. 48; BStU, MfS, za, zaig n. 4900, Aus dem Protokoll über die Dienstbesprechung im MfS am 11. August 1961, pp. 3-6.

3. Hope Harrison, *Driving the Soviets up the Wall: Soviet-East German Relations, 1953-1961*. Princeton, nj: Princeton University Press, 2003, pp. 187-8; Mathias Uhl e Armin Wagner, "Another Brick in the Wall: Reexamining Soviet and East German Policy During the 1961 Berlin Crisis: New Evidence, New Documents". cwihp Working Paper, publicado como "Storming On to Paris: The 1961 'Buria' Exercise and the Planned Solution of the Berlin Crisis". Vojtech Mastni, Sven G. Holtmarke Andreas Wenger (orgs.), *War Plans and Alliances in the Cold War: Threat Perceptions in the East and West*. Londres/Nova York: Routledge, 2006, pp. 46-71; sapmo-BArch, zpa, J iv 2/202-65; Klaus Froh e Rüdiger Wenzke (orgs.), *Die Generale und Admirale der NVA: Ein biographisches Handbuch*. Berlim: Christoph Links, 2007, p. 198; Peter Wyden, *Wall: The Inside Story of Divided Berlin*. Nova York: Simon & Schuster, 1989, p. 88.

4. Curtis Cate, *The Ides of August: The Berlin Wall Crisis, 1961*. Nova York: M. Evans, 1978, p. 222.

5. Peter Wyden, *Wall: The Inside Story of Divided Berlin*. Nova York: Simon & Schuster, 1989, pp. 134, 140.

6. Eisenfeld e Engelmann, op. cit., p. 49.

7. William I. Hitchcock, *The Struggle for Europe: The Turbulent History of a Divided Continent, 1945-2002*. Nova York: Doubleday, 2003, p. 218.

8. Aleksandr Fursenko e Timothy Naftali, *Khrushchev's Cold War: The Inside Story of an American Adversary*. Nova York: W. W. Norton, 2006, p. 380; avp-rf, Pervukhin a Khruschóv, 10 de agosto de 1961, 03/64/745, p. 125; Nikita S. Khrushchev, *Khrushchev Remembers: The Last*

Testament. Pref. Edward Crankshaw e apres. Jerrold L. Schecter. Trad. e org. Strobe Talbott. Boston: Little, Brown, 1974, p. 505.

9. Nikita S. Khrushchev, *Khrushchev Remembers*, Apres., comentário e notas Edward Crankshaw. Trad. e org. Strobe Talbott. Boston: Little, Brown, 1970, pp. 454, 456-7.

10. Fursenko e Naftali, op. cit., 382; Cate, op. cit., pp. 178-82.

11. Antony Beevor, *Berlin: The Downfall, 1945.* Nova York: Viking, 2002, p. 16.

12. Nikita S. Khrushchev, *Khrushchev Remembers*, op. cit., p. 458.

13. Christopher Hilton, *The Wall: The People's Story.* Stroud, Inglaterra: Sutton, 2001, p. 25; Cate, op. cit., pp. 236-8.

14. Entrevista com Adam Kellett-Long, Londres, 15-16 de outubro de 2008.

15. Peter Wyden, "Wir machen Berlin dicht — Die Berliner Mauer (III) Der. 13. August", *Der Spiegel*, 16/10/1989.

16. Henning Köhler, *Adenauer: Eine politische Biographie.* Frankfurt am Main: Propyläen, 1994, p. 39.

17. Heribert Schwan, *Erich Mielke: Der Mann, der die Stasi war.* Munique: Droemer Knaur, 1997, pp. 31, 58.

18. Eisenfeld e Engelmann, op. cit., pp. 47-9; BStU, MfS, ZA, ZAIG n. 4900, Aus dem Protokoll über die Dienstbesprechung im MfS am 11. August 1961, pp. 3-6.

19. Cate, op. cit., p. 207; entrevista com Klaus Schulz-Ladegast, Berlim, 12 de outubro de 2008.

20. Cate, op. cit., pp. 3, 68-9, 208, 211, 230.

21. Rede des Regierenden Bürgermeisters von Berlin, Willy Brandt, auf dem Kongress anlässlich des Deutschlandtreffens der SPD, 12 de agosto de 1961, em Sozialdemokratische Partei Deutschlands, *Tatsachen — Argumente*, n. 21, 21/08/1961, pp. 4-11; <www.chronik-der-mauer. de>; *Chicago Daily Tribune*, 13/8/1961.

22. Rede von Bundeskanzler Dr. Konrad Adenauer auf einer CDU-Wahlkampfkundgebung in Lübeck, 12 de agosto de 1961, Stiftung Bundeskanzler Adenauer-Haus, <www.chronik-der- -mauer.de>.

23. Frederick Taylor, *The Berlin Wall: A World Divided, 1961-1989.* Nova York: Harper-Collins, 2007, p. 159; Thomas Grimm, *Das Politbüro Privat:Ulbricht, Honecker, Mielke & Co. aus der Sicht ihrer Angestellten.* Berlim: Aufbau, 2004, p. 161; Klaus Wiegrefe, "Die Schandmauer", *Der Spiegel*, 6/8/2001, pp. 64-5.

24. Wiegrefe, op. cit.

25. Erich Honecker, *From My Life.* Nova York: Pergamon, 1981, p. 121; Hilton, op. cit., pp. 31, 34-5.

26. *Los Angeles Times*, 13/8/1961.

27. DNSA, Analysis of Khrushchev's Speech at a Soviet-Romanian Friendship Rally on August 11, Telegrama confidencial, 12 de agosto de 1961.

28. FRUS, 1961-63, v. XIV, Berlin Crisis, 1961-62, Doc. 103, Telegrama do Departamento de Estado para a embaixada na Alemanha, 12 de agosto de 1961, 18h26.

29. Cate, op. cit., pp. 229-24; Wyden, op. cit., pp. 137-8; descrição do tenente-coronel Martin Herbert Löffler, feita em Bonn, em 21 de setembro de 1961, *Berliner Morgenpost*, 22/9/1962; Foreign Broadcast Information Service, DPA Dispatch (em inglês), 24 de setembro de 1962; *The*

Washington Post, 22/9/1962; *The New York Times*, 22/9/1962; *Rheinische Merkur, Christ + Welt*, 28/9/1962; Wiegrefe, op. cit.

30. Honecker, op. cit., p. 211.

31. Norbert F. Pötzl, *Erich Honecker: Eine Deutsche Biographie*. 2 ed. Stuttgart/Munique: Deutsche Verlags-Anstalt, 2002, p. 71; *Die Welt*, 8/6/2001; Armee für Frieden und Sozialismus, *Geschichte der Nationalen Volksarmee*. Berlim: Militärverlag der DDR, 1985, pp. 244, 246.

32. Pötzl, op. cit., p. 72.

33. Honecker, op. cit., p. 210; Pötzl, op. cit., p. 72.

34. Yuli Kvitsinsky, *Vor den Sturm: Erinnerungen eines Diplomaten*. Berlim: Siedler, 1993; *Berliner Zeitung*, 22/3/1993.

35. Wyden, op. cit., pp. 140-1; entrevista com Kellett-Long.

36. Michael Mara et al., *Kontrollpunkt Kohlhasenbrück — Die Geschichte einer Grenzkompanie des Ringes um West-Berlin*. Bad Godesberg, Alemanha: Hohwacht, 1964; Norman Gelb, *The Berlin Wall: Kennedy, Khrushchev, and a Showdown in the Heart of Europe*. Nova York: Dorset, 1986, pp. 151-3.

37. Ibid., p. 153.

38. Entrevista com Adam Kellett-Long, Londres, 15-16 de outubro de 2008.

39. Declaração de um membro do Tratado de Varsóvia, 13 de agosto de 1961, em *Pravda*, 15 de agosto de 1961; para citação ver Harry Hanak, *Soviet Foreign Policy Since the Death of Stalin*. Boston: Routledge, 1972, p. 113.

40. Adam Kellett-Long, "Demonstrators Defy Armed Policemen: Tense Atmosphere in East Berlin", Manchester, *Guardian*, 14/08/1961; <http://www.guardian.co.uk/world/1961/aug/14/berlinwall.germany>.

41. Cate, op. cit., pp. 248-9.

42. Gelb, op. cit., pp. 158-9, 162-3.

43. William R. Smyser, *Kennedy and the Berlin Wall: "A Hell of a Lot Better Than a War"*. Lanham, MD: Rowman & Littlefield, 2009, pp. 101-3, 174; "Wir machen Berlin dicht — Die Berliner Mauer (III) Der. 13. August", *Der Spiegel*, 16/10/1989; Mara et al., op. cit.

44. Gelb, op. cit., pp. 161-2.

45. DNSA, East German Regime to Seal East Berlin from West, Confidencial, Telegrama 176, 13 de agosto de 1961, 1h; DNSA, Summary of Events in Berlin from Early Morning to Mid-Afternoon, Confidencial, Telegrama 186, 13 de agosto de 1961, 22h; Departamento de Estado, Central Files, 862.181/8-1361, em FRUS, 1961-63, v. XIV, Berlin Crisis, 1961-62, Doc. 104.

46. Entrevista com Klaus-Detlef Brunzel, Berlim, 23 de outubro de 2008.

47. Ibid.

48. "Commandant in Berlin", *The New York Times*, 14/8/1961.

49. Gelb, op. cit., p. 165.

50. Ibid.; Cate, op. cit., pp. 301-2, 275.

51. Honoré Catudal, *Kennedy and the Berlin Wall Crisis: A Case Study in U. S. Decision Making*. Berlim: Berlin Verlag, 1980, pp. 229-30, 232.

52. Carta do coronel Ernest von Pawel para Catudal, 3 de agosto de 1977, em Catudal, op. cit., p. 234.

53. Wyden, op. cit., p. 92, da entrevista com Pawel; Catudal, op. cit., pp. 229-30, 232-5.

54. Gelb, op. cit., p. 160.

55. Entrevista com Adam Kellett-Long, Londres, 15-16 de outubro de 2008.

56. Smyser, op. cit., p. 106; Howard Trivers, *Three Crises in American Foreign Affairs and a Continuing Revolution*. Carbondale: Southern Illinois University Press, 1972, pp. 24-5.

57. Cate, op. cit., pp. 162-3.

58. Deutsches Rundfunkarchiv, *Stimmen des 20. Jahrhunderts CD — Berlin, 13 August 1961*, produzido por Deutsches Historisches Museum Berlin e Deutsches Rundfunkarchiv Frankfurt am Main e Potsdam-Babelsberg: <http://www.dra.de/publikationen/cds/stimmen/cd25.html>.

59. Smyser, op. cit., pp. 115-6; Wyden, op. cit., pp. 166-7; Lothar Kettenacker, *Germany 1989: In the Aftermath of the Cold War*. Londres: Pearson Longman, 2009, p. 51.

60. *The Washington Post*, 14/8/1961, 15/8/1961; *Chicago Daily Tribune*, 14/8/1961.

61. *The Washington Post*, 14/8/1961.

62. Nikita S. Khrushchev, *Khrushchev Remembers*, op. cit., p. 455.

15. O MURO: DIAS DE DESESPERO[pp. 360-91]

1. Kenneth P. O'Donnell e David F. Powers, com Joe McCarthy, *"Johnny, We Hardly Knew Ye": Memories of John Fitzgerald Kennedy*. Boston: Little, Brown, 1972, p. 303.

2. Arthur M. Schlesinger, *Robert Kennedy and His Times*. Nova York: Houghton Mifflin, 1978/2002, p. 430.

3. "Erstes Maueropfer Günter Litfin — 'Tod durch fremde Hand'", *Der Spiegel* (online), 02/09/2007; Hans-Hermann Hertle, *Die Todesopfer an der Berliner Mauer 1961-1989: Ein biographisches Handbuch*. Berlim: Christoph Links, 2009, pp. 37-9.

4. Christian F. Ostermann, *Uprising in East Germany 1953: The Cold War, the German Question, and the First Major Upheaval Behind the Iron Curtain*. Budapeste/Nova York: Central European University Press, 2001, p. 169.

5. "Scores Flee to West Despite Red Guards", *The Washington Post*, 15/8/1961.

6. *Der Tagesspiegel*, 25/8/1961.

7. Curtis Cate, *The Ides of August: The Berlin Wall Crisis, 1961*. Nova York: M. Evans, 1978, p. 399.

8. Peter Wyden, *Wall: The Inside Story of Divided Berlin*. Nova York: Simon & Schuster, 1989, p. 221.

9. Ibid., p. 220; Daniel Schorr Papers, Library of Congress.

10. Frederick Taylor, *The Berlin Wall: A World Divided, 1961-1989*. Nova York: HarperCollins, 2007, pp. 186-7.

11. Regine Hildebrandt, história oral, entrevista, Gedenkstätte Berliner Mauer; ver também www.dradio.de: Hörbeispiel: Erinnerungen an den Bau der Berliner Mauer vor 40 Jahren: Regine Hildebrandt (SPD), Berlinerin.

12. Jürgen Petschull, *Die Mauer: August 1961: Zwölf Tage zwischen Krieg und Frieden*. Hamburgo: Gruner+Jahr, 1981, pp. 149-52.

13. Peter Leibing, história oral, entrevista, 8 de outubro de 2001, <www.jungefreiheit.de>,

Moritz Schwarz, "'Na, springt der?' Peter Leibing über die spektakuläre Flucht des DDR-Grenzers Conrad Schumann und das Foto seines Lebens".

14. Horst Osterheld, *"Ich gehe nicht leichten Herzens..." Adenauers letzte Kantzlerjahre: Ein dokumentarischer Bericht.* Mainz: Matthias-Grünewald, 1986, pp. 59-60; Konrad Adenauer, *Teegespräche 1959-1961* (Rhöndorfer Ausgabe), org. Hanns Jürgen Küsters. Berlim: Siedler, 1988, pp. 541, 546.

15. Donald P. Steury (org.), *On the Front Lines of the Cold War: Documents on the Intelligence War in Berlin, 1946 to 1961.* Washington, D. C.: CIA, Center for the Study of Intelligence, 1999; Current Intelligence Weekly Summary, 17 de agosto de 1961, pp. 576-82: VII-6: CIWS: Berlim, 17 de agosto de 1961 (MORI n. 28205), p. 582.

16. *Times* (Londres), 26/8/1961.

17. Heinrich Krone, *Tagebücher.* v. 2: *1961-1966.* org. Hans-Otto Kleinmann. Düsseldorf: Forschungen und Quellen zur Zeitgeschichte, 2003, p. 15; Konrad Adenauer, *Erinnerungen 1959--1963 (Fragmente).* Stuttgart: Deutsche Verlags-Anstalt, 1968, p. 122.

18. Archiv für Christlich-Demokratische Politik, Aufzeichnung der Unterredung Adenauers mit Smirnov, 16 de agosto de 1961, N. L. Globke Papers, I-070-(2/1.1); Hans-Peter Schwarz, *Konrad Adenauer. The Statesman, 1952-1967.* v. 2: Trad. Geoffrey Penny. Providence, RI: Berghahn, 1997, pp. 540-1.

19. Terence Prittie, *Konrad Adenauer, 1876-1967.* Londres: Tom Stacey, 1972, 286; *Christian Science Monitor, The Washington Post, The New York Times,* 16/08/1961; *The New York Times,* 30/08/1961.

20. Peter Merseburger, *Willy Brandt 1913-1992: Visionär und Realist.* Stuttgart e Munique: Deutsche Verlags-Anstalt, 2002, pp. 406-7; *Die Zeit,* 18/08/1961; *Bild-Zeitung,* 16/08/1961.

21. *The New York Times,* 17/8/1961; *The Washington Post,* 17/08/1961; *Bild-Zeitung,* 16/8/1961.

22. Archiv Deutschlandradio. Sendung: *Die Zeit im Funk,* RIAS, Rede von Willy Brandt auf einer Protestkundgebung vor dem Rathaus Schöneberg, Ausschnitte (trecho do discurso de Willy Brandt para manifestantes defronte a prefeitura de Berlim Ocidental), 16 de agosto de 1961: <www.chronik-der-mauer.de/index.php/de/Media/VideoPopup/day/16/field/audio_video/id/15023/month/August/oldAction/Detail/oldModule/Chronical/year/1961>.

23. FRUS, 1961-63, v. XIV, Berlin Crisis, 1961-62, Doc. 117, Telegrama da Missão em Berlim para o Departamento de Estado, Berlim, 16 de agosto de 1961, meia-noite.

24. Petschull, op. cit., p. 157; Wyden, op. cit., p. 224; Jean Edward Smith, *The Defense of Berlin.* Baltimore: Johns Hopkins University Press, 1963, pp. 283-4; *Daily News,* 17/8/1961; *Evening Star,* 18/8/1961.

25. *Daily News,* 17/8/1961; *Evening Star,* 18/8/1961.

26. Petschull, op. cit., p. 159; Hermann Zolling e Uwe Bahnsen, *Kalter Winter im August. Die Berlin-Krise 1961-1963. Ihre Hintergründe und Folgen.* Oldenburg/Hamburgo: Gerhard Stalling, 1967, p. 147.

27. FRUS, 1961-63, v. XIV, Berlin Crisis, 1961-62, Doc. 120, Carta do presidente Kennedy para o prefeito Brandt, Washington, 18 de agosto de 1961; JKFL, NSF, Germany, Berlin, Brandt Correspondence, Secreto.

28. Willy Brandt, *Erinnerungen*. Frankfurt am Main: Propyläen,/Zurique: Ferenczy, 1989, pp. 58, 63; Merseburger, op. cit., p. 405.

29. O'Donnell e Powers, com McCarthy, op. cit., p. 303.

30. James Reston, "Hyannisport — A Cool Summer Visitor from Washington", *The New York Times*, 6/9/1961.

31. JFKL, *Dr. Wilhelm Grewe OH*, 2 de novembro de 1966, Paris; Reston, op. cit.

32. Nikita S. Khrushchev, *Khrushchev Remembers: The Glasnost Tapes*. Trad. e org. Jerrold L. Schecter com Vyacheslav Luchkov. Boston: Little, Brown, 1990, p. 170.

33. William Taubman, *Khrushchev: The Man and His Era*. Nova York: W. W. Norton, 2004, 506; Sergei N. Khrushchev, *Krizisy I Rakety*, v. 1. Moscou: Novosti, 1994, pp. 132-5.

34. Nikita S. Khrushchev, *Khrushchev Remembers: The Last Testament*. Pref. Edward Crankshaw e apres. Jerrold L. Schecter. Trad. e org. Strobe Talbott. Boston: Little, Brown, 1974, pp. 502-5, 509.

35. "Russia Exhibits Atomic Infantry", *The New York Times*, 18/8/1961; Aleksandr Fursenko e Timothy Naftali, *Khrushchev's Cold War: The Inside Story of an American Adversary*. Nova York: W. W. Norton, 2006, p. 385.

36. Wyden, op. cit., p. 246; Schlesinger, op. cit., p. 459; Michael R. Beschloss, *The Crisis Years: Kennedy and Khrushchev, 1960-1963*. Nova York: HarperCollins, 1991, p. 291.

37. Arthur Schlesinger, *Robert Kennedy and His Times*. Nova York: Houghton Mifflin, 1978, pp. 429-30, citando RFK Papers, *RFK*, ditado em 1º de setembro de 1961.

38. Theodore C. Sorensen, *Kennedy*. Nova York: HarperCollins, 1965, p. 594.

39. Robert Dallek, *An Unfinished Life: John F. Kennedy, 1917-1963*. Boston: Little, Brown, 2003, p. 427; Petschull, op. cit., pp. 161-2; O'Donnell e Powers, com McCarthy, op. cit., p. 303.

40. Cate, op. cit., pp. 405-7; JFKL, *Lucius D. Clay OH*; *Lucius D. Clay OH* (Columbia oral History Project).

41. Wyden, op. cit., p. 229; "Text of VP Johnson's Address in West Berlin", *The Washington Post*, 20/8/1961; *The New York Times*, 22/8/1961.

42. "300000 Applaud", *The New York Times*, 20/8/1961.

43. Schlesinger, *A Thousand Days*, op. cit., p. 395; Sorensen, op. cit., p. 594.

44. Harold Macmillan, *Pointing the Way, 1959-1961*. Londres: Macmillan, 1972, p. 393.

45. William D. Ellis e Thomas J. Cunningham, *Clarke of St. Vith: The Sergeants' General*. Cleveland: Dillon/Liederbach, 1974, pp. 260-1.

46. Wyden, op. cit., pp. 230-2.

47. *The New York Times*, 21/8/1961.

48. "Berlin Is Called a G. I. 'Mousetrap'", *The New York Times*, 26/8/1961.

49. Entrevista com Vern Pike, Washington, D. C., 17 de novembro de 2008.

50. Entrevista com Lucian Heichler, Association for Diplomatic Studies and Training Foreign Affairs Oral History Project, entrevista inicial em 2 de fevereiro de 2000, <http://memory.loc.gov/cgi-bin/query/r?ammem/mfdip:@field(DOCID+mfdip2004hei01)>; entrevista com James E. Hoofnagle, Association for Diplomatic Studies and Training Foreign Affairs Oral History Project, entrevista inicial em 3 de março de 1989, <http://memory.loc.gov/cgi-bin/query/r?ammem/mfdip:@field(DOCID+mfdip2004hoo01)>.

51. Relatório do vice-presidente Johnson, Lyndon B. Johnson Presidential Library, Vice

Presidential Security Files, vp Travel, Berlin, Secreto. O vice-presidente também relatou sua viagem a Kennedy em 21 de agosto. O memorando para o registro dessa reunião está em JFKL, NSF, Germany, Berlin.

52. Fursenko e Naftali, op. cit., p. 385, citando MFA, *Gromyko and Malinovsky to the Central Committee*, 7 de julho de 1962 (relatando acontecimentos de 1961), 0742, 7/28/54, pp. 10-3.

53. Fursenko e Naftali, op. cit., p. 385, citando a carta de Ulbricht para Khruschóv, 31 de outubro de 1961, AVP-RF.

54. "Kanzler Besuch: Keen Willydrin", *Der Spiegel*, 30/8/1961.

55. "Foes Taunt Adenauer in Berlin", *The Washington Post*, 23/08/1961; *Die Zeit*, 25/3/1961.

56. Schwarz, op. cit., p. 542; Telegrama, Adenauer an Springer, 16/08/1961; Adenauer, op. cit., p. 546.

57. Doris Liebermann, "'Die Gewalt der anderen Seite hat mich sehr getroffen': Gespräch mit Hans-Joachim Lazai", em Deutschland Archiv n. 39/2006, pp. 596-607; "Vítima do Muro" Ida Siekmann: <http://www.chronik-der-mauer.de/index.php/de/Start/Detail/id/593816/page/1>.

58. "Vítima do Muro" Bernd Lünser: <http://www.chronik-der-mauer.de/index.php/de/Start/Detail/id/593816/page/5>.

59. Jörg Hildebrnadt. *Regime Hildebrandt*, Enrinnern tut gut. Ein Familienalbum. Berlim, 2008.

60. Entrevista com Eberhard Bolle, Berlim, 10 de outubro de 2008.

16. O RETORNO DE UM HERÓI [pp. 392-411]

1. Teleconferência, Clay e Departamento do Exército, 10 de abril de 1948; comunicação relatada em Lucius D. Clay, *Decision in Germany*. Westport, CT: Greenwood Press, 1970, pp. 359--62 (361).

2. JFKL, *Elie Abel OH*, 18 de março de 1970, pp. 3-4; Elie Abel, "Kennedy After 8 Months Is Tempered by Adversity", *Detroit News*, 23/9/1961.

3. Andrei Cherny, *The Candy Bombers: The Untold Story of the Berlin Airlift and America's Finest Hour*. Nova York: G. P. Putnam's Sons, 2008, p. 253.

4. Teleconferência, Clay e Departamento do Exército, 10 de abril de 1948; comunicação relatada em Clay, op. cit., p. 361.

5. William R. Smyser, *Kennedy and the Berlin Wall: "A Hell of a Lot Better Than a War"*. Lanham, MD: Rowman & Littlefield, 2009, p. 115.

6. Jean Edward Smith, *Lucius D. Clay: An American Life*. Nova York: Henry Holt, 1990, pp. 651-2.

7. "Public Backs Kennedy Despite 'Bad Breaks'", *The Washington Post*, 25/8/1961.

8. RIAS, declaração do general Clay ao chegar a Berlim Ocidental, 19 de setembro de 1961: <www.chronik-der-mauer.de/index.php/de/Media/VideoPopup/field/audio_video/id/40514/oldAction/Index/oldId/955454/oldModule/Start/page/0>.

9. Terence Prittie, *Konrad Adenauer, 1876-1967*. Londres: Tom Stacey, 1972, pp. 288-91.

10. Smith, op. cit., p. 654.

11. Norman Gelb, *The Berlin Wall: Kennedy, Khrushchev, and a Showdown in the Heart of Europe*. Nova York: Dorset, 1986, p. 246.

12. <http://www.uniprotokolle.de/Lexikon/Berliner_Luftbrücke.html>.

13. *The Washington Post*, 18/9/1961; Frederick Taylor, *The Berlin Wall: A World Divided, 1961-1989*. Nova York: HarperCollins, 2007, pp. 263-5.

14. Entrevista com Albrecht Peter Roos, Berlim, 13 de outubro de 2008.

15. Honoré M. Catudal, *Steinstücken: A Study in Cold War Politics*. Nova York: Vantage, 1971, p. 15.

16. *The New York Times*, 22/9/1961; 23/9/1961; *The Washington Post*, 22/9/1961; 23/9/1961; Catudal, op. cit., pp. 139-45; Smyser, op. cit., p. 131.

17. Catudal, *Steinstücken: A Study in Cold War Politics*. Nova York: Vantage, 1971, pp. 15-6, 106.

18. Smith, *The Defense of Berlin*. Baltimore: Johns Hopkins University Press, 1963, pp. 309--10; Entrevista com Vern Pike, Washington, D. C., 17 de novembro de 2008.

19. Catudal, *Kennedy and the Berlin Wall Crisis*, op. cit., pp. 133-4.

20. Entrevista com Vern Pike, Washington, D. C., 17 de novembro de 2008.

21. Frank Saunders, *Torn Lace Curtain*. Nova York: Holt, Rinehart, and Winston, 1982, pp. 82-5.

22. Seymour M. Hersh, *The Dark Side of Camelot*. Boston: Little, Brown, 1997, pp. 226-30, 237-46.

23. JFKL, *Elie Abel OH*, 18 de março de 1970, pp. 3-4; *Detroit News*, 23/9/1961.

24. Michael R. Beschloss, *The Crisis Years: Kennedy and Khrushchev, 1960-1963*. Nova York: HarperCollins, 1991, pp. 312-3; Arthur M. Schlesinger, *Robert Kennedy and His Times*. Nova York: Houghton Mifflin, 1978, pp. 500-1.

25. Pierre Salinger, *With Kennedy*. Garden City, NY: Doubleday, 1966, pp. 191-2.

26. Departamento de Estado, *Presidential Correspondence*, Lot 77 D 163. Reproduzido em Cyrus L. Sulzberger, *The Last of the Giants*. Nova York: Macmillan, 1970, pp. 801-2.

27. Sulzberger, op. cit., pp. 788-806; C. L. Sulzberger, "Khrushchev Says in Interview He Is Ready to Meet Kennedy", *The New York Times*, 08/9/1961.

28. Salinger, op. cit., p. 192; Aleksandr Fursenko e Timothy Naftali, *Khrushchev's Cold War: The Inside Story of an American Adversary*. Nova York: W. W. Norton, 2006, pp. 390, 397.

29. Beschloss, op. cit., 314-5; Salinger, op. cit., pp. 192-4.

30. Fursenko e Naftali, op. cit., p. 395.

31. *Christian Science Monitor*, 26/9/1961.

32. Smith, *The Defense of Berlin*, op. cit., p. 314; *The New York Times*, 26/9/1961; 29/9/1961; *Christian Science Monitor*, 9/10/1961; *The Washington Post*, 11/10/1961.

33. Ralph G. Martin, *A Hero of Our Time: An Intimate Story of the Kennedy Years*. Nova York: Macmillan, 1983, p. 661; Hugh Sidey, *John F. Kennedy, President*. Nova York: Atheneum, 1964, p. 245.

34. "Text of Kennedy Speech to U. N. Assembly", *The Wall Street Journal*, 26/9/1961; "Kennedy Meets Presidential Test, Shows Nobility of Thought, Concilliatory Mood", *The Washington Post*, 26/9/1961. Para o texto do discurso: <http://www.jfklibrary.org/Historical+Resources/Archives/Reference+Desk/Speeches/JFK/003POF03UnitedNations09251961.htm>.

35. Smith, *The Defense of Berlin*, op. cit., p. 314; *Neues Deutschland*, 26/9/1961.

36. *Bild-Zeitung*, 26/9/1961.

37. Smith, *The Defense of Berlin*, op. cit., p. 314.

38. AVP-RF, Memcon, *Kuznetsov*, Reunião com Kroll, 3-64-746, 29 de agosto de 1961; Fursenko e Naftali, op. cit., p. 389.

39. *Berliner Morgenpost*, 26/9/1961.

40. Smith, *The Defense of Berlin*, op. cit., p. 313.

41. Ibid., p. 315.

42. Ibid.

43. Raymond L. Garthoff, "Berlin 1961: The Record Corrected", *Foreign Policy*, n. 84, outono de 1991, pp. 142-56; Lawrence Freedman, *Kennedy's Wars: Berlin, Cuba, Laos and Vietnam*. Nova York: Oxford University Press, 2000, p. 90; Donald P. Steury, "On the Front Lines of the Cold War: The Intelligence War in Berlin", apresentado em "Berlin: The Intelligence War, 1946-1961". Conferência no Teufelsberg e no Alliierten Museum, 10-12 de setembro de 1999; trechos dos discursos e das discussões: o embaixador Raymond Garthoff sobre o confronto de tanques em outubro de 1961; extraído de <https://www.cia.gov/library/center-for-the-study-of-intelligence/csi-publications/csi-studies/studies/summer00/art01.html>.

17. PÔQUER NUCLEAR [pp. 412-38]

1. FRUS, 1961-1963, v. VI, Kennedy-Khrushchev Exchanges, Doc. 21, Carta do presidente Khruschóv para o presidente Kennedy, Moscou, 29 de setembro de 1961; Departamento de Estado, Presidential Correspondence: Lot 77 D 163; também JFKL, NSF, Countries Series, USSR, *Khrushchev Correspondence*.

2. Discurso de Roswell L. Gilpatric, subsecretário de Defesa, ao Conselho Empresarial em Hot Springs, Virgínia, 21 de outubro de 1961, 21 horas: <http://www.gwu.edu/~nsarchiv/NSAEBB/NSAEBB56/BerlinC6.pdf>; "Our Real Strength", *Time*, 27/10/1961.

3. Pierre Salinger, *With Kennedy*. Garden City, NY: Doubleday, 1966, pp. 198-9.

4. FRUS, 1961-63, v. VI, Kennedy-Khrushchev Exchanges, Doc. 21, Carta do presidente Khruschóv para o presidente Kennedy, 29 de setembro de 1961.

5. Salinger, op. cit., p. 199.

6. FRUS, 1961-63, v. XIV, Berlin Crisis, 1961-62, Doc. 137.

7. Aleksandr Fursenko e Timothy Naftali, *Khrushchev's Cold War: The Inside Story of an American Adversary*. Nova York: W. W. Norton, 2006, p. 396.

8. SED Archives, IfGA, ZPA, J IV 2/202/130, Carta de Khruschóv para Ulbricht, 28 de janeiro de 1961, em Harrison, "Ulbricht and the Concrete 'Rose'", CWIHP Working Paper n. 5, 131, Apêndice J.

9. FRUS, 1961-63, v. XIV, Berlin Crisis, 1961-62, Doc. 147, Memorando do presidente Kennedy para o secretário de Estado Rusk, negociações sobre Berlim, Washington, 12 de setembro de 1961.

10. James N. Giglio, *The Presidency of John F. Kennedy*. 2 ed. Lawrence: University Press of Kansas, 2006, p. 82; Michael O'Brien, *John F. Kennedy: A Biography*. Nova York: St. Martin's, 2005, p. 552; Hugh Sidey, *John F. Kennedy, President*. Nova York: Atheneum, 1964, p. 218.

11. Theodore C. Sorensen, *Kennedy*. Nova York: HarperCollins, 1965, p. 553.

12. FRUS, 1961-63, v. VI, Kennedy-Khrushchev Exchanges, Doc. 22, Carta do presidente

Kennedy para o presidente Khruschóv, Hyannis Port, 16 de outubro de 1961; Thomas Fensch (org.), *Top Secret: The Kennedy-Khrushchev Letters.* The Woodlands, TX: New Century, 2001, pp. 69-81.

13. *The New York Times*, 16/10/1961, 17/10/1961, 18/10/1961; Robert Slusser, *The Berlin Crisis of 1961: Soviet-American Relations and the Struggle for Power in the Kremlin, June-November 1961.* Baltimore: Johns Hopkins University Press, 1973, p. 294.

14. *The Washington Post*, 18/10/1961.

15. "Communists: The Khrushchev Code", *Time*, 20/10/1961.

16. Michael R. Beschloss, *The Crisis Years: Kennedy and Khrushchev, 1960-1963.* Nova York: HarperCollins, 1991, pp. 44, 53, 461, 583; Fursenko e Naftali, op. cit., p. 202.

17. William Taubman, *Khrushchev: The Man and His Era.* Nova York: W. W. Norton, 2004, p. 514.

18. Para a íntegra do discurso de Khruschóv na abertura do XXII Congresso do Partido ver: *The Current Digest of the Soviet Press*, 13, n. 49, 1962; *The New York Times*, 18/10/1961, 19/10/1961, 22/10/1961.

19. David Talbot, *Brothers: He Hidden History of the Kennedy Years.* Nova York: Free Press, 2007, p. 75; *New York Post*, 8/11/1961; *The New York Times*, 5/11/1961.

20. Carl Kaysen para o general Maxwell Taylor, representante militar do presidente, Planejamento Aéreo Estratégico e Berlim, 5 de setembro de 1961, Ultrassecreto. Fonte: National Archives, Record Group 218, Records of the Joint Chiefs of Staff, Records of Maxwell Taylor: <http://www.gwu.edu/~nsarchiv/NSAEBB/NSAEBB56/BerlinC1.pdf>; ver também FRUS, 1961-63, v. VIII, National Security Policy, Doc. 43, Memorando do representante militar (Taylor) do presidente Kennedy, Planejamento Aéreo Estratégico e Berlim, Washington, 19 de setembro de 1961.

21. Carl Kaysen para o general Maxwell Taylor, representante militar do presidente, "Strategic Air Planning and Berlin", 5 de setembro de 1961, Ultrassecreto, cópia com cortes, com memorandos para Lyman Lemnitzer, chefe do Estado-Maior das Forças Armadas, liberado para National Security Archive, National Archives, Record Group 218, Records of the Joint Chiefs of Staff. <http://www.gwu.edu/~nsarchiv/NSAEBB/NSAEBB56/BerlinC1.pdf>.

22. Fred Kaplan, *The Wizards of Armageddon.* Nova York: Simon & Schuster, 1983, pp. 299--300; Marcus G. Raskin, *Being and Doing.* Nova York: Random House, 1971, pp. 62-3.

23. Memorando do general Maxwell Taylor para o general Lemnitzer, 19 de setembro de 1961, incluindo memorando sobre "Strategic Air Planning and Berlin", Ultrassecreto. Fonte: National Archives, Record Group 218, Records of the Joint Chiefs of Staff, Records of Maxwell Taylor, Caixa 34, Memorandums for the President, 1961. <http://www.gwu.edu/~nsarchiv/NSAEBB/NSAEBB56/BerlinC3.pdf>.

24. FRUS, 1961-63, v. VIII, National Security Policy, Doc. 44, Memorando da reunião com o presidente Kennedy, Washington, 20 de setembro de 1961.

25. Kaplan, op. cit., p. 246; Scott D. Sagan, *The Limits of Safety: Organization, Accidents, and Nuclear Weapons.* Princeton, NJ: Princeton University Press, 1993, p. 150; U. S. Air Force, *General Horace M. Wade OH*, 10-12 de outubro de 1978, pp. 307-8, K239.0512-1105, Air Force Historical Research Center; JFKL, NSF, Memorando Bundy para Kennedy, 30 de janeiro de 1961, Caixa 313.

26. JFKL, *Martin J. Hillenbrand OH*, entrevistado por Paul P. Sweet, cônsul-geral americano, Stuttgart, 26 de agosto de 1964, p. 8; Martin J. Hillenbrand, *Power and Morals.* Nova York: Columbia University Press, 1949, p. 30.

27. Ver Nitze no prefácio de William R. Smyser, *From Yalta to Berlin: The Cold War Struggle over Germany*. Nova York: St. Martin's, 1999, pp. xiv-xv; Strobe Talbott, *The Master of the Game: Paul Nitze and the Nuclear Peace*. Nova York: Alfred A. Knopf, 1988, pp. 37, 70, 72-3.

28. Paul H. Nitze, com Ann M. Smith e Steven I. Rearden, *From Hiroshima to Glasnost: At the Center of Decisions — A Memoir*. Nova York: Grove Weidenfeld, 1989, pp. 91-2; Talbott, op. cit., pp. 52, 58, 112.

29. David Callahan, *Dangerous Capabilities: Paul Nitze and the Cold War*. Nova York: Harper-Collins, 1990, pp. 216-8.

30. Callahan, op. cit., p. 223; Nitze, op. cit., pp. 199-200.

31. Ibid., pp. 202-4; FRUS, 1961-63, v. XIV, Berlin Crisis, 1961-62, Doc. 173, Atas de reunião, Reforço e plano de contingência para Berlim, Washington, 10 de outubro de 1961; Doc 185, Anexo, U. S. Policy on Military Actions in a Berlin Conflict, Washington, 20 de outubro de 1961.

32. *The Washington Post, The New York Times, Der Tagesspiel, Der Kurier*, 29/10/1961; *Christian Science Monitor*, 5/9/1961; *The New York Times*, 17/9/1961.

33. *Time*, 20/10/1961.

34. Harold Macmillan, *Pointing the Way, 1959-1961*. Londres: Macmillan, 1972, pp. 398--403; Nigel J. Ashton, *Kennedy, Macmillan and the Cold War: The Irony of Interdependence*. Nova York: Palgrave Macmillan, 2002, pp. 60-1.

35. FRUS, 1961-63, v. XIV, Berlin Crisis, 1961-62, Doc. 184, Atas de reunião, Washington, 20 de outubro de 1961; também JFKL, NSF, Memorando de reunião, Washington, 20 de outubro de 1961, 10h, Reuniões com o presidente, Ultrassecreto, redigido por Bundy.

36. National Defense University, Taylor Papers, Caixa 34, Items for Cables to Taylor; em FRUS, 1961-63, v. XIV, Berlin Crisis, 1961-62, Doc. 184.

37. FRUS, 1961-63, v. XIV, Berlin Crisis, 1961-62, Doc. 185, Carta do presidente Kennedy para o comandante supremo das Forças Aliadas na Europa (Norstad) e Anexo, U. S. Policy on Military Actions in a Berlin Conflict, Washington, 20 de outubro de 1961.

38. FRUS, 1961-63, v. XIV, Berlin Crisis, 1961-62, Doc. 183, Telegrama da embaixada no Reino Unido para o Departamento de Estado, Londres, 20 de outubro de 1961, 16h.

39. Beschloss, op. cit., p. 329; Benjamin C. Bradlee, *Conversations with Kennedy*. Nova York: W. W. Norton, 1975, p. 230.

40. Peter Wyden, *Wall: The Inside Story of Divided Berlin*. Nova York: Simon & Schuster, 1989, p. 258.

41. Discurso de Roswell L. Gilpatric, subsecretário de Defesa, ao Conselho Empresarial em Hot Springs, Virgínia, 21 de outubro de 1961: <http://www.gwu.edu/~nsarchiv/NSAEBB/NSAEBB56/BerlinC6.pdf>; "Gilpatric Warns U. S. Can Destroy Atom Aggressor", *The New York Times*, 22/10/1961; "Our Real Strength", *Time*, 27/10/1961.

42. Nikita S. Khrushchev, *Khrushchev Remembers*. Apres., comentário e notas Edward Crankshaw. Trad. e org. Strobe Talbott. Boston: Little, Brown, 1970, p. 459.

18. TENSÃO NO CHECKPOINT CHARLIE [pp. 439-69]

1. FRUS, 1961-63, v. XIV, Berlin Crisis, 1961-62, Doc. 181, Carta do representante especial do presidente em Berlim (Clay) para o presidente Kennedy, Berlim, 18 de outubro de 1961.

2. FRUS, 1961-63, v. XIV, Berlin Crisis, 1961-62, Doc. 193, Telegrama do Departamento de Estado para a Missão em Berlim, Washington, 26 de outubro de 1961, 20h11; Departamento de Estado, Central Files, 762.0221/10-2661.

3. Robert Slusser, *Berlin Crisis of 1961: Soviet-American Relations and the Struggle for Power in the Kremlin, June-November 1961*. Baltimore: Johns Hopkins University Press, 1973, pp. 377--8; Jean Edward Smith, *The Defense of Berlin*. Baltimore: Johns Hopkins University Press, 1963, pp. 319-20.

4. Bruce C. Menning, "The Berlin Crisis of 1961 from the Perspective of the Soviet General Staff", in William W. Epley (org.), *International Cold War Military Records and History*. Atas da International Conference on Cold War Military Records and History, realizada em Washington, D. C., em 21-26 de março de 1994, pp. 10-3; William R. Smyser, *Kennedy and the Berlin Wall: "A Hell of a Lot Better Than a War"*. Lanham, MD: Rowman & Littlefield, 2009, p. 135; Gerhard Wettig, *Chruschtschows Berlin-Krise 1958 bis 1963: Drohpolitik und Mauerbau*. Munique e Berlim: R. Oldenbourg, 2006, p. 192.

5. Curtis Cate, *The Ides of August: The Berlin Wall Crisis, 1961*. Nova York: M. Evans, 1978, p. 476; Slusser, op. cit., pp. 353-8.

6. FRUS, 1961-63, v. XIV, Berlin Crisis, 1961-62, Doc. 189, Telegrama da Missão em Berlim para o Departamento de Estado, Berlim, 24 de outubro de 1961, 13h, redigido por Lightner.

7. FRUS, 1961-63, v. XIV, Berlin Crisis, 1961-62, Doc. 181, Carta do representante especial do presidente em Berlim (Clay) para o presidente Kennedy, Berlim, 18 de outubro de 1961; J. E. Smith, *Lucius D. Clay: An American Life*. Nova York: Henry Holt, 1990, pp. 642-3; 651-4; JFKL, *Lucius D. Clay OH*, 1º de julho de 1964.

8. Cate, op. cit., p. 476; Smith, *The Defense of Berlin*, op. cit., p. 319; Raymond L. Garthoff, *Detente and Confrontation: American-Soviet Relations From Nixon to Reagan*. Washington, D. C.: Brookings Institution Press, 1994; Smith, *Lucius D. Clay*, op. cit., p. 659; HSTL, *E. Allan Lightner OH*, 26 de outubro de 1973.

9. Entrevista com Vern Pike, Washington, D. C., 17 de novembro de 2008; Norman Gelb, *The Berlin Wall: Kennedy, Khrushchev, and a Showdown in the Heart of Europe*. Nova York: Dorset Press, 1986, pp. 250-3; HSTL, *E. Allan Lightner OH*, 26 de outubro de 1973.

10. FRUS, 1961-63, v. XIV, Berlin Crisis, 1961-62, Doc. 186, Telegrama da Missão em Berlim para o Departamento de Estado, Berlim, 23 de outubro de 1961, 14h; Cate, op. cit., pp. 476-80.

11. Ibid., p. 477.

12. "U. S. Protests to Soviet", *The New York Times*, 24/10/1961.

13. *The Atlantic Times*, outubro de 2005: William R. Smyser, "Tanks at Checkpoint Charlie. In October 1961, the World Faced a War": <http://www.atlantic-times.com/archive_detail.php?recordID=319>; Cate, op. cit., pp. 479-80, 484.

14. Ibid., pp. 479-80; Howard Trivers, *Three Crises in American Foreign Affairs and a Continuing Revolution*. Carbondale: Southern Illinois University Press, 1972, pp. 41-4.

15. Nigel J. Ashton, *Kennedy, Macmillan and the Cold War: The Irony of Interdependence*. Nova York: Palgrave Macmillan, 2002, p. 62; Richard Reeves, *President Kennedy: Profile of Power*. Nova York: Simon & Schuster, 1993, p. 249; Gelb, op. cit., p. 253; Smyser, op. cit., p. 137.

16. Ann Tusa, *The Last Division: A History of Berlin, 1945-1989*. Londres: Hodder and Stoughton, 1997, p. 330; JFKL, NSF, Memorando de Bundy para o presidente, 28 de agosto de 1961,

Caixa 86, Berlim; Peter Wyden, *Wall: The Inside Story of Divided Berlin*. Nova York: Simon & Schuster, 1989, p. 264.

17. FRUS, 1961-63, v. XIV, Berlin Crisis, 1961-62, Doc. 181, Carta do representante especial do presidente em Berlim (Clay) para o presidente Kennedy, Berlim, 18 de outubro de 1961; também em JFKL, NSF, Germany, Berlin, General Clay, Ultrassecreto.

18. Smith, *Lucius D. Clay*, op. cit., pp. 662-3.

19. Frédéric Bozo, *Two Strategies for Europe: De Gaulle, the United States, and the Atlantic Alliance*. Lanham, MD: Rowman & Littlefield, 2001, pp. 70, 71; Ashton, op. cit., p. 62.

20. Charles de Gaulle, *Lettres, notes et carnets (1961-1963)*. Paris: Plon, 1986, pp. 155-8; William R. Smyser, "Zwischen Erleichterung und Konfrontation. Die Reaktionen der USA und der UdSSR auf den Mauerbau", in Hans-Hermann Hertle, Konrad Hugo Jarausch e Christoph Klessmann (orgs.), *Mauerbau und Mauerfall: Ursachen—Verlauf—Auswirkungen*. Berlim: Christoph Links, 2002, pp. 147-58 (151).

21. JFKL, POF, De Gaulle-Kennedy Letter Exchange, Caixa 116A.

22. FRUS, 1961-63, v. XIV, Berlin Crisis, 1961-62, Doc. 176, Telegrama 1025 do Departamento de Estado para a embaixada na Alemanha, Washington, 13 de outubro de 1961; uma mensagem semelhante foi enviada a De Gaulle: Telegrama 2136 para Paris, 13 de outubro de 1961, em U.S. Department of State, Central Files, 762.00/10-1361.

23. Cornelius Ryan, *The Longest Day: June 6, 1944*. Nova York: Simon & Schuster, 1994, p. 107.

24. FRUS, 1961-63, v. XIV, Berlin Crisis, 1961-62, Doc. 187, Telegrama da embaixada na França para o Departamento de Estado, Paris, 23 de outubro de 1961.

25. FRUS, 1961-63, v. XIV, Berlin Crisis, 1961-62, Doc. 189, Telegrama da Missão em Berlim para o Departamento de Estado, Berlim, 24 de outubro de 1961, 13h.

26. Gelb, op. cit., 127-8; Cate, op. cit., p. 101.

27. FRUS, 1961-63, v. XIV, Berlin Crisis, 1961-62, Doc. 188, Memcon, Entrega da carta do chanceler Adenauer ao presidente, Washington, 24 de outubro de 1961; *The New York Times*, 25/10/1961, 26/10/1961.

28. FRUS, 1961-63, v. XIV, Berlin Crisis, 1961-62, Doc. 164; ver também para a reunião Rusk-Gromyko, 30 de setembro de 1961, em Departamento de Estado, Central Files, 611.61/9-3061.

29. FRUS, 1961-63, v. XIV, Berlin Crisis, 1961-62, Doc. 190, Memorando do subsecretário de Estado para Assuntos Europeus (Kohler) para o secretário de Estado Rusk, Washington, 24 de outubro de 1961, em Departamento de Estado, Central Files, 762.00/10-2461.

30. Entrevista com Vern Pike, Washington, D. C., 17 de novembro de 2008. Ver também *Checkpoint Charlie's Angels*, livro (inédito) escrito por Pike com Edward W. Plaisted.

31. *Der Kurier*, 28/10/1961, 29/10/1961.

32. "U. S. Tanks Face Soviet's at Berlin Crossing Point", *The New York Times*, 28/10/1961.

33. Gelb, op. cit., p. 248; Smith, *The Defense of Berlin*, op. cit., p. 324; FRUS, 1961-1963, v. XIV, Berlin Crisis, 1961-62, Doc. 193, Telegrama do Departamento de Estado para a Missão em Berlim, Washington, 26 de outubro de 1961, 20h11.

34. Departamento de Estado, Central Files, 762.0221/10-2661: Telegrama 835 (Clay para Rusk), 26 de outubro de 1961, 13h, mencionado em FRUS, 1961-63, v. XIV, Berlin Crisis, 1961-62, Doc. 193.

35. U.S. Department of State, Central Files, 762.0221/10-2561: Telegrama 824 (Clay para

Departamento de Estado), 25 de outubro de 1961, 12h34; o secretário Ball discutindo o plano do general Clay: ibid., Doc. 178: Memorando do secretário de Estado em exercício Ball para o presidente Kennedy, Action for Dealing with the Possible Closing of the Friedrichstrasse Entry Point into East Berlin, Washington, 14 de outubro de 1961; ibid., Doc. 180, Telegrama do Departamento de Estado para a Missão em Berlim, Washington, 18 de outubro de 1961; National Security Archive, Berlim, Norstad, datado de 26/10/1961: Norstad para Clarke (CINCUSAREUR), p. 36.

36. Oleg V. Volobuev e Alexei Serov (orgs.), *Nikita Khrushchev: Life and Destiny*. Moscou: Novosti, 1989, p. 27; Wyden, op. cit., p. 264.

37. Menning, op. cit., p. 141.

38. Wyden, op. cit., p. 263.

39. James W. Symington, *The Stately Game*. Nova York: Macmillan, 1971, p. 144; Arthur M. Schlesinger, *Robert Kennedy and His Times*. Nova York: Houghton Mifflin, 1978, pp. 499-500.

40. JFKL, *Robert F. Kennedy OH*, Entrevista para John Bartlow Martin, 1º de março de 1964.

41. Aleksandr Fursenko e Timothy Naftali, *Khrushchev's Cold War: The Inside Story of an American Adversary*. Nova York: W. W. Norton, 2006, pp. 403-4.

42. JFKL, *Robert F. Kennedy OH*, Entrevista para John Bartlow Martin, 1º de março de 1964; Schlesinger, op. cit., p. 500.

43. FRUS, 1961-63, v. XIV, Berlin Crisis, 1961-62, Doc. 197.

44. Nikita S. Khrushchev, *Khrushchev Remembers: The Last Testament*. Pref. Edward Crankshaw e apres. Jerrold L. Schecter. Trad. e org. Strobe Talbott. Boston: Little, Brown, 1974, p. 507.

45. Entrevista com Adam Kellett-Long, Londres, 15-16 de outubro de 2008; entrevista NPR: <http://www.npr.org/templates/story/story.php?storyID=102618942>.

EPÍLOGO: DESDOBRAMENTOS [pp. 470-88]

1. Harold Macmillan, *At the End of the Day*, 1961-1963. Nova York: Harper & Row, 1973, pp. 182-3.

2. JFKL, Discurso de Kennedy aos berlinenses, Rudolph Wilde Platz, Berlim Ocidental, 26 de junho de 1963: <http://www.jfklibrary.org/Historical+Resources/Archives/Reference+Desk/Speeches/JFK/003POF03BerlinWall06261963.htm>.

3. <http://www.chronik-der-mauer.de/index.php/de/Start/Detail/id/593928/page/5>; *Berliner Morgenpost*, 13/08/2006; Christopher Hilton, *The Wall: The People's Story*. Stroud, Inglaterra: Sutton, 2001, pp. 164-8.

4. Michael R. Beschloss, *The Crisis Years: Kennedy and Khrushchev, 1960-1963*. Nova York: HarperCollins, 1991, pp. 412-5; William Taubman, *Khrushchev: The Man and His Era*. Nova York: W. W. Norton, 2004, pp. 549-51; Aleksandr Fursenko e Timothy Naftali, *Khrushchev's Cold War: The Inside Story of an American Adversary*. Nova York: W. W. Norton, 2006, p. 451; Raymond L. Garthoff, *Reflections on the Cuban Missile Crisis*. Washington, D. C.: The Brookings Institution, 1987, pp. 18-22, 208 (quadro com tipo e número de mísseis).

5. "City's Mood: Anger and Frustration", *The New York Times*, 26/8/1962.

6. Anatoli I. Gribkov e William Y. Smith, *"Operation Anadyr": U. S. and Soviet Generals*

Recount the Cuban Missile Crisis. Chicago: Edition Q, 1994, pp. 5-7, 24, 26-7; Taubman, op. cit., p. 550; Fursenko e Naftali, *One Hell of a Gamble: Khrushchev, Castro, and Kennedy, 1958-1964*. Nova York: W. W. Norton, 1997, pp. 188-9, 191-3.

7. FRUS, 1961-63, v. X, Cuba, janeiro de 1961-setembro de 1962, Doc. 383, Memorando do assessor especial do presidente (Schlesinger) para o assessor especial do presidente para Assuntos de Segurança Nacional (Bundy), Washington, 22 de agosto de 1962, CIA, Office of Current Intelligence (OCI), n. 3047/62, Current Intelligence Memo, 22 de agosto de 1962: "Recent Soviet Military Aid to Cuba".

8. Arnold L. Horelick, "The Cuban Missile Crisis: An Analysis of Soviet Calculations and Behavior", *World Politics*, 16 abril de 1964, pp. 363-89; Graham T. Allison, *Essence of Decision: Explaining the Cuban Missile Crisis*. Boston: Little, Brown, 1971, pp. 40-56, 102-17.

9. William R. Smyser, *Kennedy and the Berlin Wall: "A Hell of a Lot Better Than a War"*. Lanham, MD: Rowman & Littlefield, 2009, p. 90; JFKL, Bundy-JFK, 4 de agosto de 1961; Beschloss, op. cit., p. 264; Deborah Welch Larson, *Anatomy of Mistrust: U. S.-Soviet Relations During the Cold War*. Ithaca, NY: Cornell University Press, 2000, p. 134.

10. Ibid.

11. RGANI, Khruschóv-Ulbricht, 1º de agosto de 1961, Documento n. 521557, pp. 113-46. Documento e citação gentilmente fornecidos pelo dr. Matthias Uhl.

12. Arkady N. Shevchenko, *Breaking with Moscow*. Nova York: Alfred A. Knopf, 1985, pp. 117-8.

13. Sergei N. Khrushchev, *Nikita Khrushchev and the Creation of a Superpower*. Trad. Shirley Benson. University Park: Pennsylvania State University Press, 2000, p. 536.

14. John C. Ausland, *Kennedy, Khrushchev, and the Berlin-Cuba Crisis, 1961-1964*. Oslo: Scandinavian University Press, 1996, pp. 43-5; FRUS, 1961-1963, v. XV, Berlin Crisis, 1962-63, Doc. 34, Memcon, Bonn, 13 de abril de 1962; também em U.S. Department of State, Central Files, 740.5/4-1362, Ultrassecreto, Distribuição Limitada; Lawrence Freedman, *Kennedy's Wars: Berlin, Cuba, Laos and Vietnam*. Nova York: Oxford University Press, 2000, pp. 112-3.

15. Hans-Peter Schwarz, *Konrad Adenauer: The Statesman, 1952-1967*. v. 2. Trad. de Geoffrey Penny. Providence, RI: Berghahn, 1997, p. 608; Archiv für Christlich-Demokratische Politik, Krone Diary, 14 de abril de 1962.

16. JFKL, NSF, Alemanha e Europa, Caixa 78; Rudolf Morsey e Hans-Peter Schwarz (orgs.), *Adenauer: Briefe, 1961-1963* (Rhöndorfer Ausgabe). Org. Hans Peter Mensing, Stiftung Bundeskanzler-Adenauer-Haus, Paderborn, Alemanha: Ferdinand Schoeningh, 2006, p. 111.

17. FRUS, 1961-63, v. XV, Berlin Crisis, 1962-63, Doc. 73, Mensagem do presidente Khruschóv para o presidente Kennedy, Moscou, sem data, mas com a anotação manuscrita: "Recebida na Casa Branca em 5 de julho de 1962"; ver também Doc. 76: Memcon Rusk-Dobrynin, 12 de julho de 1962; Departamento de Estado, Presidential Correspondence: Lot 77 D 163.

18. Boletim do Departamento de Estado, v. 47, 24 de setembro de 1962, "U. S. Reaffirms Policy on Prevention of Aggressive Actions by Cuba: Statement by President Kennedy", 450; também National Security Archives, Cuban Missile Crisis, President Kennedy's Statement on Soviet Military Shipments to Cuba, 4 de setembro de 1962.

19. FRUS, 1961-63, v. XV, Berlin Crisis, 1962-63, Doc. 112, Memcon entre o secretário do Interior Udall e o presidente Khruschóv, Pitsunda, União Soviética, 6 de setembro de 1962.

20. FRUS, 1961-63, v. XV, Berlin Crisis, 1962-63, Doc. 133, Telegrama da embaixada na União Soviética para o Departamento de Estado, Moscou, 16 de outubro de 1962.

21. "The Cold War in the Third World and the Collapse of Detente in the 1970s", "The Mikoyan-Castro Talks, 4-5 novembro 1962: The Cuban Version", CWIHP-B, n. 8-9, 1996/1997, pp. 320, 339-43: <http://www.wilsoncenter.org/topics/pubs/ACF199.pdf>.

22. Nikita S. Khrushchev, *Khrushchev Remembers*. Apres., comentário e notas Edward Crankshaw. Trad. e org. Strobe Talbott. Boston: Little, Brown, 1970, pp. 493-4.

23. John R. Mapother, "Berlin and the Cuban Crisis", *Foreign Intelligence Literary Scene*, 12, n. 1, janeiro de 1993, pp. 1-3; Ray S. Cline, "Commentary: The Cuban Missile Crisis", *Foreign Affairs*, 68, n. 4, outono de 1989, pp. 190-6.

24. Nikita S. Khrushchev, op. cit., p. 500.

25. Ernest R. May e Philip D. Zelikow (orgs.), *The Kennedy Tapes: Inside the White House During the Cuban Missile Crisis*. Cambridge, MA: The Belknap Press of Harvard University Press, 1997, p. 175.

26. Macmillan, op. cit., pp. 182-3.

27. FRUS, 1961-63, v. XI, Cuban Missile Crisis and Aftermath, Doc. 39, Telegrama do Departamento de Estado para a embaixada no Reino Unido, Washington, 22 de outubro de 1962, 0h17; Macmillan, op. cit., p. 186.

28. May e Zelikow, op. cit., p. 309.

29. Ibid., pp. 144, 183.

30. Ibid., p. 177.

31. JFKL, Radio and Television Report to the American People on the Soviet Arms Buildup in Cuba, Casa Branca, 22 de outubro de 1962: <http://www.jfklibrary.org/jfkl/cmc/j102262. htm>; May e Zelikow, op. cit., p. 280.

32. Macmillan, op. cit., p. 187.

33. Ibid., pp. 182, 199; May e Zelikow, op. cit., p. 385.

34. Sergei N. Khrushchev, *Nikita Khrushchev and the Creation of a Superpower*. Trad. Shirley Benson. University Park: Pennsylvania State University Press, 2000, p. 560.

35. Telegrama do embaixador soviético nos Estados Unidos Dobrynin para MFA, União Soviética, 23 de outubro de 1962, reproduzido em "The Cuban Missile Crisis", CWIHP-B, n. 5, primavera de 1995, pp. 70-1; Sergei N. Khrushchev, *Creation of a Superpower*, op. cit., p. 582.

36. Smyser, op. cit., pp. 192, 274, n. 18.

37. JFKL, *Dean Acheson OH*, n. 1, 27 de abril de 1964, p. 26.

38. Schwarz, *Konrad Adenauer*, op. cit., pp. 629-30; Smyser, op. cit., p. 199.

39. May e Zelikow, op. cit., pp. 256, 283-6, 388-9.

40. Smyser, op. cit., p. 203, citando conversa de Smyser com o general Clay, Links Club, Nova York, novembro de 1962.

41. Richard Reeves, President *Kennedy: Profile of Power*. Nova York: Simon & Schuster, 1993, p. 537; *The New York Times*, 26/6/1963, 27/6/1963.

42. Kenneth P. O'Donnell e David F. Powers, com Joe McCarthy, *"Johnny, We Hardly Knew Ye": Memories of John Fitzgerald Kennedy*. Boston: Little, Brown, 1972, p. 360; Robert Dallek, *An Unfinished Life: John F. Kennedy, 1917-1963*. Boston: Little, Brown, 2003, p. 624; Robert G. Torri-

celli e Andrew Carroll (orgs.), *In Our Own Words: Extraordinary Speeches of the American Century*. Nova York: Kodansha America, 1999, p. 232.

43. JFKL, Discurso de Kennedy aos berlinenses, Rudolph Wilde Platz, Berlim Ocidental, 26 de junho de 1963: <http://www.jfklibrary.org/Historical+Resources/Archives/Reference+Desk/Speeches/JFK/003POF03BerlinWall06261963.htm>.

44. Smyser, op. cit., pp. 217, 221, da conversa com Heinz Weber, 10 de julho de 2006; Andreas W. Daum, *Kennedy in Berlin.* Washington, D. C.: German Historical Institute; Nova York: Cambridge University Press, 2008, pp. 133-5.

45. Theodore C. Sorensen, *Kennedy.* Nova York: HarperCollins, 1965, p. 601.

Referências bibliográficas

ARQUIVOS

Air Force Historical Research Center — AFHRC, Maxwell Air Force Base (Centro de Pesquisa Histórica da Força Aérea), Alabama, EUA

The American Presidency Project (Projeto da Presidência Americana): <http://www.presidency.ucsb.edu>.

Archiv für Christlich-Demokratische Politik — ACDP (Arquivo da Política Democrática Cristã), Sankt Augustin, Alemanha.

Arkhiv Vneshnei Politiki Russkoi Federatsii — AVP-RF (Arquivos do Ministério do Exterior Russo), Moscou, Rússia.

Glavnoye Razvedyvatel'noye Upravleniye — GRU (Arquivo da Administração da Inteligência do Estado-Maior das Forças Armadas da Federação Russa), Moscou, Rússia.

Auswärtiges Amt — Politisches Archiv — AA-PA (Relações Políticas da RFA com os Estados Unidos), 1961, Berlim.

Behörde der Bundesbeauftragten für die Unterlagen des Staatssicherheitsdienstes der Ehemaligen Deutschen Demokratischen Republik (BStU), Ministeriums für Staatssicherheit (MfS), Zentrale Auswertungs- und Informationsgruppe Hauptverwaltung Aufklärung des Ministeriums für Staatssicherheit der DDR (Agência dos Encarregados Federais para a Documentação do Serviço de Segurança de Estado da antiga República Democrática Alemã (BStU), do Ministério da Segurança de Estado (MfS) e do Grupo Central de Análise e Informação do Escritório Central/ Principal da Inteligência do Ministério da Segurança de Estado da RDA) (Grupo Central de Análise e Informação do Ministério da Segurança do Estado, ZAIG), Berlim: <www.bstu.bund.de>.

Bundesarchiv, Alemanha: <http://www.bundesarchiv.de/index.html.de>.

Central Intelligence Agency (CIA), Office of Current Intelligence — OCI: <https://www.cia.gov/library/center-for-the-study-of-intelligence/>.

Chronik der Mauer — Bau und Fall der Berliner Mauer (Crônica do muro — construção e queda do muro de Berlim): <http://www.chronik-der-mauer.de/>.

The Current Digest of the Soviet Press: <http://www.eastview.com/cdpsp/>.

Material Secreto dos Plenários do Comitê Central do PCUS Colocado à Disposição (TsK KPSS). "Delo Beriia", duas partes, em *Izvestia TsK KPSS*, 1 e 2 (janeiro e fevereiro de 1991), Moscou, Rússia.

Deutsches Rundfunkarchiv — DRA, Frankfurt am Main e Potsdam-Babelsberg, Alemanha (Arquivo da Rádio Alemã): <http://www.dra.de/>.

Digital National Security Archive — DNSA (Arquivo Digital de Segurança Nacional). *The Berlin Crisis, 1958-1962*. Alexandria, Virgínia, EUA: Chardwick-Healey; Washington, D. C.: National Security Archives, 1992: <http://nsarchive.chadwyck.com/marketing/index.jsp>.

Dwight D. Eisenhower Presidential Library. Abilene, Kansas — DDEL.

Foreign Broadcast Information Service (FBIS), URSS, International Service: <http://www.newsbank.com/readex/index.cfm?content=370 >.

Tsentr Khraneniia Sovremmenoi Dokumentatsii (TsKhSD) (Arquivo do Antigo Comitê Central Soviético), Moscou, Rússia.

Hubert Horatio Humphrey Papers. Minnesota Historical Society, Mineápolis, EUA.

Lyndon B. Johnson Presidential Library. Austin, Texas, EUA (LBJL).

John F. Kennedy Presidential Library. Boston (JFKL): <http://www.jfklibrary.org/Historical+Resources/Archives/Reference+Desk/>.

Walter Lippmann Papers, Yale University, Sterling Memorial Library, New Haven, Connecticut, EUA.

Harold Macmillan Archives, *Harold Macmillan Diaries*. University of Oxford, Bodleian Library, Oxford, Inglaterra.

National Security Archive (NSA), George Washington University, Washington, D. C.: <http://www.gwu.edu/~nsarchiv/>.

Richard Nixon Presidential Library. College Park, Maryland, EUA (RNL).

SED (Sozialistische Einheitspartei Deutschland) Archives: Institut für Geschichte der Arbeiterbewegung, Zentrales Parteiarchiv — IfGA, ZPA (Arquivos do Partido da União Socialista da Alemanha: Instituto de História do Movimento Operário, arquivo central do partido), Berlim, Alemanha.

Adlai E. Stevenson Papers, Princeton University, Mudd Manuscript Library, Princeton, Nova Jersey, EUA.

Stiftung Archive der Parteien und Massenorganizationen im Bundesarchiv — SAPMO-Barch (Fundação Arquivos dos Partidos e das Organizações de Massa no Arquivo Federal), Berlim, Alemanha.

Stiftung Bundeskanzler-Adenauer-Haus — StBKAH, Bad Honnef-Rhöndorf (Fundação Casa do Chanceler Adenauer), Alemanha.

Harry S. Truman Presidential Library. Independence, Missouri, EUA (HSTL).

Tsentr Khraneniia Sovremmenoi Dokumentatsii (TsKhSD), rebatizado com o nome de

Rossiiskii Gosudarstvennyi Arkhiv Noveishei Istorii (Arquivo Estatal Russo de História Contemporânea, RGANI), Moscou, Rússia.

U.S. Department of State, Central Files.

U.S. Department of State, ed. Foreign Relations of the United States (FRUS), Office of the Historian, U. S. Government Printing Office, Washington, D. C.: <http://history.state.gov/historicaldocuments/>.

OUTRAS FONTES

ACHESON, Dean. *Sketches from Life of Men I Have Known*. Nova York: Harper & Brothers, 1961.

ADENAUER, Konrad. *Erinnerungen 1959-1963: Fragmente*. Stuttgart: Deutsche Verlags-Anstalt, 1968.

_____. *Memoirs, 1945-1953*. Trad. Beate Ruhm von Oppen. Chicago: Henry Regnery, 1966.

_____. *Teegespräche 1959-1961* (Rhöndorfer Ausgabe). Org. Hanns Jürgen Küsters. Berlim: Siedler, 1988.

ADOMEIT, Hannes. *Imperial Overstretch: Germany in Soviet Policy from Stálin to Gorbachev; An Analysis Based on New Archival Evidence, Memoirs, and Interviews*. Baden-Baden, Alemanha: Nomos Verlagsgesellschaft, 1998.

ADZHUBEI, Aleksei I. *Krushenie illiuzii*. Moscou: Interbuk, 1991.

ALLISON, Graham T. *Essence of Decision: Explaining the Cuban Missile Crisis*. Boston: Little, Brown, 1971.

AMBROSE, Stephen E. *Eisenhower: The President*. Vol. 2. Nova York: Simon & Schuster, 1984.

ANÔNIMO, *A Woman in Berlin: Eight Weeks in the Conquered City: A Diary [Eine Frau in Berlin]*. Trad. Philip Boehm. Nova York, Picador, 2006. [Ed. bras.: *Uma mulher em Berlim*. Rio de Janeiro: Record, 2008.]

ARMEE FÜR FRIEDEN UND SOZIALISMUS. *Geschichte der Nationalen Volksarmee*. Berlim: Militärverlag der DDR, 1985.

ASHTON, Nigel J. *Kennedy, Macmillan and the Cold War: The Irony of Interdependence*. Nova York: Palgrave Macmillan, 2002.

AUSLAND, John C. *Kennedy, Khrushchev, and the Berlin-Cuba Crisis, 1961-1964*. Oslo: Scandinavian University Press, 1996.

BEEVOR, Antony. *Berlin: The Downfall, 1945*. Nova York: Viking, 2002.

BEISNER, Robert L. *Dean Achesion: A Life in the Cold War*. Nova York: Oxford University Press, 2006.

BESCHLOSS, Michael R. *The Crisis Years: Kennedy and Khrushchev, 1960-1963*. Nova York: Harper-Collins, 1991.

_____. *Mayday: The U-2 Affair: The Untold Story of the Greatest US-USSR Spy Scandal*. Nova York: Harper & Row, 1986.

BISSELL, Richard M.; LEWIS; Jonathan E.; PUDLO, Frances T. *Reflections of a Cold Warrior: From Yalta to the Bay of Pigs*. New Haven, CT: Yale University Press, 1996.

BOLLER, Paul F. *Presidential Anecdotes*. Nova York: Oxford University Press, 1996.

BOLTUNOV, Mikhail. *Nevidimoe Oruzhie GRU*. Moscou: Olma-Press, 2002

BOZO, Frédéric. *Two Strategies for Europe: De Gaulle, the United States, and the Atlantic Alliance.* Lanham, MD: Rowman & Littlefield, 2001.

BRADLEE, Benjamin C. *Conversations with Kennedy.* Nova York: W. W. Norton, 1975.

BRANDON, Henry. *Special Relationships: A Foreign Correspondent's Memoirs from Roosevelt to Reagan.* Nova York: Atheneum, 1988.

BRANDT, Willy. *Begegnungen mit Kennedy.* Munique: Kindler, 1964.

_____. *Begegnungen und Einsichten, Die Jahre 1960-1975.* Hamburgo: Hoffmann u. Campe, 1976.

_____. *Erinnerungen.* Frankfurt am Main: Propyläen; Zurique: Ferenczy, 1989.

BREMEN, Christian. *Die Eisenhower-Administration und die zweite Berlin-Krise 1958-1961.* Veröffentlichungen der Historischen Kommission zu Berlin. Vol. 95. Berlim/Nova York: Gruyter, 1998.

BRINKLEY, Douglas. *Dean Acheson: The Cold War Years, 1953-1971.* New Haven, CT: Yale University Press, 1994.

BRUGIONI, Dino; MCCORT, Robert F. (orgs.). *Eyeball to Eyeball: The Inside Story of the Cuban Missile Crisis.* Nova York: Random House, 1991.

BUNDESMINISTERIUM FÜR GESAMTDEUTSCHE FRAGEN (BMG) (org.). *Die Flucht aus der Sowjetzone und die Sperrmassnahmen des kommunistischen Regimes vom 13. August 1961 in Berlin.* Bonn/Berlim, 1961.

BUNDESMINISTERIUM FÜR INNERDEUTSCHE BEZIEHUNGEN (org.). *Dokumente zur Deutschlandpolitik,* IV. Reihe,vol. 6, Erster Halbband, 1º jan.- 30 maio 1961, Frankfurt am Main, 1975.

BUNDY, McGeorge. *Danger and Survival: Choices About the Bomb in the First Fifty Years.* Nova York: Random House, 1988.

CALLAHAN, David. *Dangerous Capabilities: Paul Nitze and the Cold War.* Nova York: HarperCollins, 1990.

CASTLE, Timothy N. *At War in the Shadow of Vietnam: U. S. Military Aid to the Royal Lao Government 1955-1975.* Nova York: Columbia University Press, 1993.

CATE, Curtis. *The Ides of August: The Berlin Wall Crisis, 1961.* Nova York: M. Evans, 1978.

CATUDAL, Honoré M. *Kennedy and the Berlin Wall Crisis: A Case Study in U. S. Decision Making.* Berlim: Berlin Verlag, 1980.

_____. *Steinstücken: A Study in Cold War Politics.* Nova York: Vantage, 1971.

CHACE, James. *Acheson: The Secretary of State Who Created the American World.* Nova York: Simon & Schuster, 1998.

CHANG, Jung; HALLIDAY, Jon. *Mao: The Unknown Story.* Nova York: Alfred A. Knopf/Doubleday, 2005.

CHERNY, Andrei. *The Candy Bombers: The Untold Story of the Berlin Airlift and America's Finest Hour.* Nova York: G. P. Putnam's Sons, 2008.

CHUBAROV, Alexander. *Russia's Bitter Path to Modernity: A History of the Soviet and Post-Soviet Eras.* Nova York: Continuum, 2001.

CHUEV, Feliks. *Sto sorok besed s Molotovym.* Moscou: Terra, 1991.

CLAY, Lucius D. *Decision in Germany.* Westport, CT: Greenwood, 1970.

COLD WAR INTERNATIONAL HISTORY PROJECT (CWIHP). Working Paper Series e CWIHP Bulletins. Woodrow Wilson International Center for Scholars, Washington, D. C., 1994-98: <www.wilson-center.org>.

COLEMAN, David G. "'The Greatest Issue of All': Berlin, American National Security, and the Cold War, 1948-1963" (dissertação inédita). University of Queensland, 2000.

CONZE, Eckart. *Die gaullistische Herausforderung: Die Deutsch-Französischen Beziehungen in der Amerikanischen Europapolitik 1958-1963.* Munique: R. Oldenbourg, 1995.

COUSINS, Norman. *The Improbable Triumvirate: John F. Kennedy, Pope John, Nikita Khrushchev.* Nova York: W. W. Norton, 1972.

CRANKSHAW, Edward. *The New Cold War: Moscow v. Pekin.* Harmondsworth/Inglaterra/Baltimore: Penguin, 1963/70.

DALLEK, Robert. *An Unfinished Life: John F. Kennedy, 1917-1963.* Boston: Little, Brown, 2003.

DAUM, Andreas W. *Kennedy in Berlin.* Washington, D. C.: German Historical Institute; Nova York: Cambridge University Press, 2008.

DAVIES, Norman. *No Simple Victory: World War II in Europe, 1939-1945.* Nova York: Viking, 2007.

DAY, Alan John; BELL, Judith (orgs.). *Border and Territorial Disputes.* Detroit: Gale Research, 1982.

DE GAULLE, Charles. *Lettres, notes et carnets (1961-1963).* Paris: Plon, 1986.

DIGGINS, John Patrick. *The Liberal Persuasion: Arthur Schlesinger, Jr., and the Challenge of the American Past.* Princeton, NJ: Princeton University Press, 1997.

DIRCK, Brian R. *The Executive Branch of Federal Government: People, Process, and Politics.* Santa Barbara, CA: ABC-CLIO, 2007.

DIVINE, Robert. *Blowing on the Wind: The Nuclear Test Ban Debate, 1954-1960.* Nova York: Oxford University Press, 1978.

DOBRYNIN, Anatoly Fedorovich. *In Confidence: Moscow's Ambassador to America's Six Cold War Presidents (1962-1986).* Nova York: Times Books/Random House, 1995.

DONALDSON, Gary A. *The First Modern Campaign: Kennedy, Nixon, and the Election of 1960.* Lanham, MD: Rowman & Littlefield, 2007.

DONNER, Jörn. *Report from Berlin.* Trad. Albin T. Anderson. Bloomington: Indiana University Press, 1961.

EBON, Martin. *The Andropov File: The Life and Ideas of Yuri V. Andropov, General Secretary of the Communist Party of the Soviet Union.* Nova York: McGraw-Hill, 1983.

EISENFELD, Bernd; ENGELMANN, Roger. *13.8.1961: Mauerbau — Fluchtbewegung und Machtsicherung.* Bremen: Temmen, 2001.

ELLIS, William D.; CUNNINGHAM, Thomas J. *Clarke of St. Vith: The Sergeants' General.* Cleveland: Dillon/Liederbach, 1974.

EPSTEIN, Catherine. *The Last Revolutionaries: German Communists and Their Century.* Cambridge, MA: Harvard University Press, 2003.

FALIN, Valentin. *Politische Erinnerungen.* Munique: Droemer Knaur, 1993.

FENSCH, Thomas (org.). *Top Secret: The Kennedy-Khrushchev Letters.* The Woodlands, TX: New Century, 2001.

FISHER, Nigel. *Harold Macmillan: A Biography.* Nova York: St. Martin's, 1982.

FLOYD, David. *Mao Against Khrushchev: A Short History of the Sino-Soviet Conflict.* Nova York: Praeger, 1964.

FOITZIK, Jan (org.). "Berichte des Hohen Kommissars der UdSSR in Deutschland aus den Jahren

548

1953/1954. Dokumente aus dem Archiv für Aussenpolitik der Russischen Föderation". In: *Materialen der Enquete-Kommission des Deutschen Bundestages "Aufarbeitung von Geschichte und Folgen der SED-Diktatur in Deutschland".* vol. 2. Baden-Baden: Deutscher Bundestag, 1995.

FORD, Corey. *Donovan of OSS: The Untold Story of William J. Donovan.* Boston: Little, Brown, 1970.

FRANK, Mario. *Walter Ulbricht: Eine Deutsche Biographie.* Berlim: Siedler, 2001.

FREEDMAN, Lawrence. *Kennedy's Wars: Berlin, Cuba, Laos and Vietnam.* Nova York: Oxford University Press, 2000.

FREEDOM *of Communications:* Final Report of the Committee on Commerce, United States Senate [...] The Joint Appearances of Senator John F. Kennedy and Vice President Richard M. Nixon and Other 1960 Campaign Presentations. 87th Congress, 1st Session, Senate Report n. 994, Parte 3, Washington, D. C.: U. S. Government Printing Office, 1961.

FROH, Klaus; WENZKE, Rüdiger (ed.). *Die Generale und Admirale der NVA: Ein biographisches Handbuch.* Berlim: Christoph Links, 2007.

FURSENKO, Aleksandr et al. (org.). *Archivii Kremlya: Prezidium TsK KPSS, 1954-1964 Chernoviie protokolnie zapisi zasedanii. Stenogrammi. Postanovlenia* [Arquivos do Kremlin: Presidium do Comitê Central do Partido Comunista da União Soviética, 1954-1964, Atas de reuniões, Registros estenográficos]. vol. 1. Moscou: Rosspen, 2004.

FURSENKO, Aleksandr; NAFTALI, Timothy. *Khrushchev's Cold War: The Inside Story of an American Adversary.* Nova York: W. W. Norton, 2006.

_____. *One Hell of a Gamble: Khrushchev, Castro, and Kennedy, 1958-1964.* Nova York: W. W. Norton, 1997.

GARTHOFF, Raymond L. *Detente and Confrontation: American-Soviet Relations From Nixon to Reagan.* Washington, D. C.: The Brookings Institution, 1994.

_____. *Reflections on the Cuban Missile Crisis.* Washington, D. C.: The Brookings Institution, 1987.

GELB, Norman. *The Berlin Wall: Kennedy, Khrushchev, and a Showdown in the Heart of Europe.* Nova York: Dorset, 1986.

GIGLIO, James N. *The Presidency of John F. Kennedy.* 2. ed. Lawrence: University Press of Kansas, 2006.

GITTINGS, John (org.). *Survey of the Sino-Soviet Dispute: A Commentary and Extracts from Recent Polemics, 1963-1967.* Londres/Nova York: Royal Institute of International Affairs, 1968.

GODUTI JR., Philip A. *Kennedy's Kitchen Cabinet and the Pursuit of Peace: The Shaping of American Foreign Policy, 1961-1963.* Jefferson, NC: McFarland, 2009.

GOLDSTEIN, Gordon M. *Lessons in Disaster: McGeorge Bundy and the Path to War in Vietnam.* Nova York: Times Books/Henry Holt, 2008.

GRAHAM JR., Otis L.; WANDER, Meghan Robinson (orgs.). *Franklin D. Roosevelt: His Life and Times — An Encyclopedic View.* Boston: Da Capo, 1985.

GRIBKOV, Anatoli I.; SMITH, William Y. *"Operation Anadyr": U. S. and Soviet Generals Recount the Cuban Missile Crisis.* Chicago: Edition Q, 1994.

GRIMM, Thomas. *Das Politbüro Privat — Ulbricht, Honecker, Mielke & Co. aus der Sicht ihrer Angestellten.* Berlim: Aufbau-Verlag, 2004.

GROMYKO, Andrei. *Memories.* Trad. Harold Shukman. Londres: Hutchinson, 1989.

HALBERSTAM, David. *The Best and Brightest.* Nova York: Modern Library, 2001.

HANAK, Harry. *Soviet Foreign Policy Since the Death of Stalin.* Boston: Routledge, 1972.

HARRISON, Hope M. *Driving the Soviets up the Wall: Soviet-East German Relations, 1953-1961.* Princeton, NJ: Princeton University Press, 2003.

HEIDEMEYER, Helge. *Flucht und Zuwanderung aus der SBZ/DDR 1945/1949-1961, Die Flüchtlingspolitik der Bundesrepublik Deutschland bis zum Bau der Berliner Mauer.* Düsseldorf: Droste, 1994.

HERSH, Seymour M. *The Dark Side of Camelot.* Boston: Little, Brown, 1997.

HERTLE, Hans-Hermann. *Die Todesopfer an der Berliner Mauer 1961-1989: Ein biographisches Handbuch.* Berlim: Christoph Links, 2009.

_____; JARAUSCH, Konrad Hugo; KLESSMANN, Christoph (org.). *Mauerbau und Mauerfall: Ursachen—Verlauf—Auswirkungen.* Berlim: Christoph Links, 2002.

HEYMANN, C. David. *A Woman Named Jackie: An Intimate Biography of Jacqueline Bouvier Kennedy Onassis.* Nova York: Carol, 1994.

HILLENBRAND, Martin J. *Power and Morals.* Nova York: Columbia University Press, 1949.

HILTON, Christopher. *The Wall: The People's Story.* Stroud, Inglaterra: Sutton, 2001.

HITCHCOCK, William I. *The Struggle for Europe: The Turbulent History of a Divided Continent, 1945--2002.* Nova York: Doubleday, 2003.

HONECKER, Erich. *From My Life.* Nova York: Pergamon, 1981.

HORNE, Alistair. *Harold Macmillan: 1957-1986.* vol. 2. Nova York: Viking, 1989.

ISAACSON, Walter. *Kissinger: A Biography.* Nova York: Simon & Schuster Paperbacks, 2005.

JIAN, Chen. *Mao's China and the Cold War.* Chapel Hill: University of North Carolina Press, 2001.

JOHNSON, Loch K. *Strategic Intelligence.* vol. 1. Westport, CT: Praeger, 2007.

JONES, Howard. *The Bay of Pigs.* Nova York: Oxford University Press, 2008.

KAGAN, Donald. *On the Origins of War and the Preservation of Peace.* Nova York: Anchor, 1996.

KAPLAN, Fred. *The Wizards of Armageddon.* Nova York: Simon & Schuster, 1983; Palo Alto, CA: Stanford University Press, 1991.

_____. *1959: The Year Everything Changed.* Hoboken, NJ: John Wiley & Sons, 2009.

KEIL, Rolf-Dietrich. *Mit Adenauer in Moskau — Erinnerungen eines Dolmetschers.* Bonn: Bouvier, 1997.

KENNAN, George F.; JESPERSEN, T. Christopher (orgs.). *Interviews with George F. Kennan.* Jackson: University Press of Mississippi, 2002.

KENNEDY, Edward M. (org.). *The Fruitful Bough: A Tribute to Joseph P. Kennedy.* Edição particular, 1965.

KENNEDY, John F. *Public Papers of the Presidents of the United States: John F. Kennedy — Containing the Public Messages, Speeches, and Statements of the President, 1961-1963.* Washington, D. C.: U. S. Government Printing Office, 1962-64.

_____. *A Compilation of Statements and Speeches Made During His Service in the United States Senate and House of Representatives.* Washington, D. C.: U. S. Government Printing Office, 1964.

_____. NEVINS, Allan (org.). *The Strategy of Peace.* Nova York: Harper & Row, 1960.

KENNEY, Charles C. *John F. Kennedy: The Presidential Portfolio: History as Told Through the Collection of the John F. Kennedy Library and Museum.* Nova York: Public Affairs, 2000.

KERSHAW, Roger. *Monarchy in South-East Asia: The Faces of Tradition in Transition*. Nova York: Routledge, 2001.

KETTENACKER, Lothar. *Germany 1989: In the Aftermath of the Cold War*. Londres: Pearson Longman, 2009.

KLEIN, Edward. *All Too Human: The Love Story of Jack and Jackie Kennedy*. Nova York: Pocket Books, 1997.

KNIGHT, David. *The Spy Who Never Was and Other True Spy Stories*. Nova York: Doubleday, 1978.

KNOPP, Guido. *Die Gefangenen*. Munique: Goldmann, 2005.

KÖHLER, Henning. *Adenauer: Eine politische Biographie*. Frankfurt am Main: Propyläen, 1994.

KOWALCZUK, Ilko-Sascha; WOLLE, Stefan. *Roter Stern über Deutschland: Sowjetische Truppen in der DDR*. Berlim: Christoph Links, 2010.

KOWALSKI, Gerhard. *Die Gagarin-Story: Die Wahrheit über den Flug des ersten Kosmonauten der Welt*. Berlim: Schwarzkopf & Schwarzkopf, 1999.

KROLL, Hans. *Lebenserinnerungen eines Botschafters*. Colônia: Kiepenheuer & Witsch, 1967.

KRONE, Heinrich. *Tagebücher*. vol. 2: *1961-1966*. Org. Hans-Otto Kleinmann. Düsseldorf: Forschungen und Quellen zur Zeitgeschichte, 2003.

KHRUSHCHEV, Nikita S. *Communism — Peace and Happiness for the Peoples*. vol. 1: *January--September 1961*. Moscou: Foreign Languages Publishing House, 1963.

_____. *For Victory in Peaceful Competition with Capitalism*. Nova York: E. P. Dutton, 1960.

_____. *Khrushchev Remembers*. Apres., comentário e notas Edward Crankshaw. Trad. e org. Strobe Talbott. Boston: Little, Brown, 1970.

_____. *Khrushchev Remembers: The Last Testament*. Pref. Edward Crankshaw. Apres. Jerrold L. Schecter. Trad. e org. Strobe Talbott. Boston: Little, Brown, 1974.

_____. *Khrushchev Remembers: The Glasnost Tapes*. Trad. e org. Jerrold L. Schecter e Vyacheslav Luchkov. Boston: Little, Brown, 1990.

_____. *Memoirs of Nikita Khrushchev*. Vol.3. Org. Sergei Khrushchev. Trad. (memórias) George Shriver; trad. (material suplementar) Stephen Shenfield. University Park: Pennsylvania State University, 2004-07.

KHRUSHCHEV, Sergei N. *Nikita S. Khrushchev: Krizisy I Rakety*. Vol. 1. Moscou: Novosti Press, 1994.

_____. *Nikita Khrushchev and the Creation of a Superpower*. Trad. Shirley Benson. University Park: Pennsylvania State University Press, 2000.

KRÜGER, Joachim. "Die Volksrepublik China in der Aussenpolitischen Strategie der DDR (1949--1989)". In: HENG-YÜ, Kuo; LEUTNER, Mechthild (orgs.). *Deutschland und China*. Beiträge des Zweiten Internationalen Symposiums zur Geschichte der deutsch-chinesischen Beziehungen: Berlin 1991. Munique: Berliner China-Studien 21, 1994.

KUDROV, V. M. "Comparing the Soviet and US Economies: History and Practices". In: EBERSTADT, Nicholas; TOMBES, Jonathan (orgs.). *Comparing the US and Soviet Economies: The 1990 Airlie House Conference*. vol. 1: *Total Output and Consumption*. Washington, D.C.: The American Enterprise Institute, 2000.

KVITSINSKY, Yuli A. (Kwizinskij, Julij A.). *Vor den Sturm: Erinnerungen eines Diplomaten*. Berlim: Siedler, 1993.

LANGGUTH, A. J. *Our Vietnam: The War 1954-1975*. Nova York: Simon & Schuster, 2000.

LARSON, Deborah Welch. *Anatomy of Mistrust: U. S.-Soviet Relations During the Cold War.* Ithaca, NY: Cornell University Press, 2000.

LASKY, Victor. *JFK: The Man and the Myth.* Nova York: Macmillan, 1963.

LEAMER, Laurence. *The Kennedy Men: 1901-1963.* Nova York: HarperCollins, 2001.

LEONHARD, Wolfgang. *Child of the Revolution.* Trad. C. M. Woodhouse. Chicago: Henry Regnery, 1958.

LI, Zhisui; THURSTON, Anne F. (orgs.). *The Private Life of Chairman Mao: The Memoirs of Mao's Personal Physician.* Nova York: Random House, 1994.

LINCOLN, Evelyn. *My Twelve Years with John F. Kennedy.* Nova York: D. McKay, 1965.

LONGFORD, Lord. *Kennedy.* Londres: Weidenfeld & Nicolson, 1976.

MACDUFFIE, Marshall. *The Red Carpet: 10,000 Miles Through Russia on a Visa from Khrushchev.* Nova York: W. W. Norton, 1955.

MACMILLAN, Harold. *At the End of the Day, 1961-1963.* Nova York: Harper & Row, 1973.

_____. *Pointing the Way, 1959-1961.* Londres: Macmillan, 1972.

MAJOR, Patrick. *Behind the Berlin Wall: East Germany and the Frontiers of Power.* Nova York: Oxford University Press, 2010.

MARA, Michael et al. (org.). *Kontrollpunkt Kohlhasenbrück — Die Geschichte einer Grenzkompanie des Ringes um West-Berlin.* Bad Godesberg, Alemanha: Hohwacht, 1964.

MARTIN, David C. *Wilderness of Mirrors: Intrigue, Deception, and the Secrets That Destroyed Two of the Cold War's Most Important Agents.* Guilford, CT: The Lyons, 2003.

MARTIN, John Bartlow. *Adlai Stevenson and the World: The Life of Adlai E. Stevenson.* Garden City, NY: Doubleday, 1977.

MARTIN, Ralph G. *A Hero of Our Time: An Intimate Story of the Kennedy Years.* Nova York: Macmillan, 1983.

MASTNY, Vojtech; HOLTSMARK, Sven G.; WENGER, Andreas (orgs.). *War Plans and Alliances in the Cold War: Threat Perceptions in the East and West* (*CSS Studies in Security and International Relations*). Londres/Nova York: Routledge, 2006.

MAY, Ernest R.; ZELIKOW, Philip D. (org.). *The Kennedy Tapes: Inside the White House During the Cuban Missile Crisis.* Cambridge, MA: The Belknap Press of Harvard University Press, 1997.

MAYER, Frank A. *Adenauer and Kennedy: A Study in German-American Relations, 1961-1963.* Nova York: St. Martin's, 1996.

MAYERS, David. *The Ambassadors and America's Soviet Policy.* Nova York: Oxford University Press, 1995.

_____. *George Kennan and the Dilemmas of US Foreign Policy.* Nova York: Oxford University Press, 1988.

MCCAULEY, Martin (org.). *Khrushchev and Khrushchevism.* Bloomington: Indiana University Press, 1987.

MCLELLAN, David S.; ACHESON, David C. (orgs.). *Among Friends: Personal Letters of Dean Acheson.* Nova York: Dodd, Mead, 1980.

MCNAMARA, Robert S. *In Retrospect: The Tragedy and Lessons of Vietnam.* Nova York: Vintage, 1996.

MENNING, Bruce C. "The Berlin Crisis of 1961 from the Perspective of the Soviet General Staff". In: EPLEY, William W. (org.). *International Cold War Military Records and History.* Atas da

International Conference on Cold War Military Records and History, realizada em Washington, D. C., em 21-26 de março de 1994. Washington, D. C.: Office of the Secretary of Defense, 1996.

MERSEBURGER, Peter. *Willy Brandt 1913-1992: Visionär und Realist.* Stuttgart e Munique: Deutsche Verlags-Anstalt, 2002.

MORSEY, Rudolf; SCHWARZ, Hans-Peter (orgs.). *Adenauer: Briefe, 1961-1963* (Rhöndorfer Ausgabe). org. de Hans Peter Mensing. Stiftung Bundeskanzler-Adenauer-Haus, Paderborn, Alemanha: Ferdinand Schöningh, 2006.

MURPHY, David E.; KONDRASHEV, Sergei A.; BAILEY, George. *Battleground Berlin: CIA vs. KGB in the Cold War.* New Haven, CT: Yale University Press, 1997.

NATIONAL ARCHIVES, *Our Documents: 100 Milestone Documents from the National Archives.* Nova York: Oxford University Press, 2003.

NITZE, Paul H.; SMITH, Ann M.; REARDEN, Steven I. *From Hiroshima to Glasnost: At the Center of Decisions — A Memoir.* Nova York: Grove Weidenfeld, 1989.

NIXON, Richard M. *RN: The Memoirs of Richard Nixon.* Nova York: Warner, 1979.

O'BRIEN, Michael. *John F. Kennedy: A Biography.* Nova York: St. Martin's, 2005.

O'DONNELL, James S. *A Coming of Age: Albania Under Enver Hoxha.* Boulder, CO: East European Monographs: Distribuído por Columbia University Press, 1999.

O'DONNELL, Kenneth P.; POWERS, David F.; com Joe McCarthy. *"Johnny, We Hardly Knew Ye": Memories of John Fitzgerald Kennedy.* Boston: Little, Brown, 1972.

OSTERHELD, Horst. *"Ich gehe nicht leichten Herzens…" Adenauers letzte Kantzlerjahre: Ein dokumentarischer Bericht.* Mainz: Matthias-Grünewald, 1986.

OSTERMANN, Christian F. *Uprising in East Germany 1953: The Cold War, the German Question, and the First Major Upheaval Behind the Iron Curtain.* Budapeste/Nova York: Central European University Press, 2001.

PAGEDAS, Constantine A. *Anglo-American Strategic Relations and the French Problem, 1960-1963: A Troubled Partnership.* Londres: Frank Class, 2000.

PARMET, Herbert S. *Jack: The Struggles of John F. Kennedy.* Nova York: The Dial, 1983.

_____. *JFK: The Presidency of John F. Kennedy.* Nova York: The Dial, 1983.

PERLO, V. *Ekonomicheskoye sorevnovaniye SSSR I SShA* [*Competição econômica entre os EUA e a URSS*]. Moscou, 1960.

PERRET, Geoffrey. *Eisenhower.* Nova York: Random House, 1999.

_____. *Jack: A Life Like No Other.* Nova York: Random House, 2002.

PETSCHULL, Jürgen. *Die Mauer: August 1961: Zwölf Tage zwischen Krieg und Frieden.* Hamburgo: Gruner & Jahr, 1981.

PIKE, Vern; PLAISTED, Edward W. *Checkpoint Charlie's Angels* (inédito).

POLLARD, Sidney. *The International Economy Since 1945.* Nova York: Routledge, 1997.

POPPINGA, Anneliese. *Meine Erinnerungen an Konrad Adenauer.* Stuttgart: Deutsche Verlags--Anstalt, 1970.

_____. *"Das Wichtigste ist der Mut": Konrad Adenauer — Die letzten fünf Kanzlerjahre.* Bergisch Gladbach, Alemanha: Gustav Lübbe, 1994.

POTTER, E. B. *Admiral Arleigh A. Burke.* Annapolis, MD: U. S. Naval Institute Press, 2005.

PÖTZL, Norbert F. *Erich Honecker: Eine Deutsche Biographie.* Stuttgart/Munique: Deutsche Verlags-Anstalt, 2002.

PRITTIE, Terence. *Konrad Adenauer, 1876-1967.* Londres: Tom Stacey, 1972.

RABINOWITCH, Alexander (org.). *Revolution and Politics in Russia: Essays in Memory of B. I. Nicola-evsky.* Bloomington: Indiana University Press, 1972.

RASKIN, Marcus G. *Being and Doing.* Nova York: Random House, 1971.

REEVES, Richard. *President Kennedy: Profile of Power.* Nova York: Simon & Schuster, 1993.

RICCIO, Barry D. *Walter Lippmann: Odissey of a Liberal.* New Brunswick, NJ: Transaction, 1994.

ROMM, Mikhail. *Ustnye rasskazy.* Moscou: Kinotsentr, 1991.

ROSTOW, Walt W. *The Diffusion of Power: An Essay in Recent History.* Nova York: Macmillan, 1972.

RUSK, Dean. *As I Saw It: A Secretary of State's Memoirs.* Londres: I. B. Tauris, 1991.

RUSSO, Gus. *Live by the Sword: The Secret War Against Castro and the Death of JFK.* Baltimore: Bancroft, 1998.

RYAN, Cornelius. *The Longest Day: June 6, 1944.* Nova York: Simon & Schuster, 1994.

SAGAN, Scott D. *The Limits of Safety: Organization, Accidents, and Nuclear Weapons.* Princeton, NJ: Princeton University Press, 1993.

SALINGER, Pierre. *With Kennedy.* Garden City, NY: Doubleday, 1966.

SALISBURY, Harrison E. *A New Russia.* Nova York: Harper & Row, 1962.

SAMPSON, Anthony. *Macmillan: A Study in Ambiguity.* Harmondsworth, Inglaterra: Penguin, 1967.

SATJUKOW, Silke. *Besatzer: "Die Russen" in Deutschland 1945-1994.* Göttingen: Vandenhoeck & Ruprecht, 2008.

SAUNDERS, Frank. *Torn Lace Curtain.* Nova York: Holt, Rinehart, and Winston, 1982.

SCHERTZ, Adrian W. *Die Deutschlandpolitik Kennedys und Johnsons: Unterschiedliche Ansätze innerhalb der amerikanischen Regierung.* Colônia: Böhlau, 1992.

SCHLESINGER, Arthur M. *The Crisis of Confidence: Ideas, Power, and Violence in America.* Boston: Houghton Mifflin, 1969.

_____. *Robert Kennedy and His Times.* Nova York: Houghton Mifflin, 1978.

_____. *A Thousand Days: John F. Kennedy in the White House.* Boston: Houghton Mifflin, 1965.

SCHULZ, Eberhard et. al. *GDR Foreign Policy.* Armonk, NY: M. E. Sharpe, 1982.

SCHWAN, Heribert. *Erich Mielke: Der Mann, der die Stasi war.* Munique: Droemer Knaur, 1997.

SCHWARTZ, Morton. *The Foreign Policy of the USSR: Domestic Factors.* Encino, CA: Dickenson, 1975.

SCHWARZ, Hans-Peter. *Konrad Adenauer: A German Politician and Statesman in a Period of War, Revolution and Reconstruction. From the German Empire to the Federal Republic, 1876-1952.* vol.1. Trad. Louise Willmot. Providence, RI: Berghahn, 1995.

_____. *Konrad Adenauer: The Statesman, 1952-1967.* Vol. 2. Trad. Geoffrey Penny. Providence, RI: Berghahn, 1997. Trad. *Adenauer: Der Staatsmann* vol. 2: *1952-1967.* Stuttgart: Deutsche Verlags-Anstalt, 1991.

SERVICE, Robert. *Comrades! A History of World Communism.* Cambridge, MA: Harvard University Press, 2007.

SHEVCHENKO, Arkady N. *Breaking with Moscow.* Nova York: Alfred A. Knopf, 1985.

SIBLEY, Katherine A. S. *The Cold War.* Westport, CT: Greenwood, 1998.

SIDEY, Hugh. *John F. Kennedy, President.* Nova York: Atheneum, 1964.

SLUSSER, Robert. *The Berlin Crisis of 1961: Soviet-American Relations and the Struggle for Power in the Kremlin, June-November 1961.* Baltimore: Johns Hopkins University Press, 1973.

SMITH, A. Merriman. *A President's Odyssey.* Nova York: Harper, 1961.

SMITH, Eric Owen. *The West German Economy.* Nova York: St. Martin's 1983.

SMITH, Jean Edward. *The Defense of Berlin.* Baltimore: Johns Hopkins University Press, 1963.

_____. *Lucius D. Clay: An American Life.* Nova York: Henry Holt, 1990.

SMYSER, William R. *From Yalta to Berlin: The Cold War Struggle over Germany.* Nova York: St. Martin's, 1999.

_____. *Kennedy and the Berlin Wall: "A Hell of a Lot Better Than a War".* Lanham, MD: Rowman & Littlefield, 2009.

_____. "Zwischen Erleichterung und Konfrontation. Die Reaktionen der USA und der UdSSR auf den Mauerbau". In HERTLE, Hans-Hermann; JARAUSCH, Konrad Hugo; KLESSMANN, Christoph, (orgs.), *Mauerbau und Mauerfall: Ursachen—Verlauf—Auswirkungen.* Berlim: Christoph Links, 2002.

SOMMER, Monika; LINDINGER, Michaela(orgs.). *Die Augen der Welt auf Wien gerichtet: Gipfel 1961 Chruschtschow-Kennedy.* Innsbruck/Viena: Katalog Wien Museum, 2005.

SORENSEN, Theodore C. *Kennedy.* Nova York: HarperCollins, 1965.

STACKS, John F. *Scotty: James B. Reston and the Rise and Fall of American Journalism.* Boston: Little, Brown, 2003.

STEEL, Ronald. *Walter Lippmann and the American Century.* Boston/Toronto: Little, Brown, 1980.

STEININGER, Rolf. *Der Mauerbau: Die Westmächte und Adenauer in der Berlinkriese 1958-1963.* Munique: Olzog, 2001.

STEURY, Donald P. (org.). *On the Front Lines of the Cold War: Documents on the Intelligence War in Berlin, 1946 to 1961.* Washington, D. C.: CIA, Center for the Study of Intelligence, 1999.

STÜTZLE, Walter. *Kennedy und Adenauer in der Berlin-Krise 1961-1962.* Bonn e Bad Godesberg: Neue Gesellschaft, 1973.

SULZBERGER, Cyrus L. *The Last of the Giants.* Nova York: Macmillan, 1970.

SURI, Jeremy. *Henry Kissinger and the American Century.* Cambridge, MA: Harvard University Press, 2007.

SYMINGTON, James W. *The Stately Game.* Nova York: Macmillan, 1971.

TALBOT, David. *Brothers: The Hidden History of the Kennedy Years.* Nova York: Free Press, 2007.

TALBOTT, Strobe. *The Master of the Game: Paul Nitze and the Nuclear Peace.* Nova York: Alfred A. Knopf, 1988.

TAUBMAN, William. *Khrushchev: The Man and His Era.* Nova York: W. W. Norton, 2004.

TAYLOR, Frederick. *The Berlin Wall: A World Divided, 1961-1989.* Nova York: HarperCollins, 2007.

THOMAS, Evan. *The Very Best Men: Four Who Dared: The Early Years of the CIA.* Nova York: Simon & Schuster, 1995.

TORRICELLI, Robert G.; CARROLL, Andrew (orgs.). *In Our Own Words: Extraordinary Speeches of the American Century.* Nova York: Kodansha America, 1999.

TRACHTENBERG, Marc. *History and Strategy.* Princeton, NJ: Princeton University Press, 1991.

TRAVELL, Janet G. *Office Hours: Day and Night — The Autobiography of Janet Travell, M. D.* Nova York: World, 1968.

TRIVERS, Howard. *Three Crises in American Foreign Affairs and a Continuing Revolution.* Carbondale: Southern Illinois University Press, 1972.

TROYANOVSKY, Oleg. *Cherez godi i rasstoiania: Istoriia odnoi semyi.* Moscou: Vagrius, 1997.

TURNER, Henry Ashby. *The Two Germanies Since 1945.* New Haven, CT: Yale University Press, 1987.

TUSA, Ann. *The Last Division: A History of Berlin, 1945-1989.* Londres: Hodder and Stoughton, 1997.

UHL, Matthias. *Krieg um Berlin? Die sowjetische Militär- und Sicherheitspolitik in der zweiten Berlin-Krise 1958 bis 1962.* Munique: Oldenbourg Wissenschaftsverlag, 2008.

_____; WAGNER, Armin. "Another Brick in the Wall: Reexamining Soviet and East German Policy During the 1961 Berlin Crisis: New Evidence, New Documents". CWIHP Working Paper, publicado como "Storming On to Paris: The 1961 'Buria' Exercise and the Planned Solution of the Berlin Crisis". In: MASTNY, vojtech; HOLTSMARK, Sven G.; WENGER, Andreas (orgs.). *War Plans and Alliances in the Cold War: Threat Perceptions in the East and West.* Londres/Nova York: Routledge, 2006.

UPDEGROVE, Mark K. *Second Acts: Presidential Lives and Legacies after the White House.* Guilford, CT: The Lyons Press, 2006.

U.S. DEPARTMENT OF STATE (org.). *American Foreign Policy, Current Documents, 1961.* Office of the Historian. Nova York: Arno, 1971.

_____. *Documents on Germany, 1944-1985.* Office of the Historian, Washington, D. C.: U. S. Government Printing Office, 1986.

VOLOBUEV, Oleg V.; SEROV, Alexei (orgs.). *Nikita Khrushchev: Life and Destiny.* Moscou: Novosti Press, 1989.

VON HORNSTEIN, Erika. *Flüchtlingsgeschichten: 43 Berichte aus den frühen Jahren der DDR.* Nördlingen: F. Greno, 1985.

WAGNER, Armin. *Walter Ulbricht und die geheime Sicherheitspolitik der SED: Der Nationale Verteidigungsrat der DDR und seine Vorgeschichte (1953-1971).* Berlim: Christoph Links, 2002.

WALTON, Richard J. *Cold War and Counterrevolution: The Foreign Policy of John F. Kennedy.* Nova York: Viking, 1972.

WEBER, Wolfgang. *DDR — 40 Jahre Stalinismus: Ein Beitrag zur Geschichte der DDR.* Essen: Arbeiterpresse, 1993.

WENGER, Andreas. *Living with Peril: Eisenhower, Kennedy, and Nuclear Weapons.* Lanham, MD: Rowman & Littlefield, 1997.

WETTIG, Gerhard. *Chruschtschows Berlin-Krise 1958 bis 1963: Drohpolitik und Mauerbau.* Munique e Berlim: R. Oldenbourg, 2006.

WHITCOMB, John; WHITCOMB, Claire. *Real Life at the White House: Two Hundred Years of Daily Life at America's Most Famous Residence.* Nova York: Routledge, 2000.

WHITNEY, Thomas P. (org.). *Khrushchev Speaks — Selected Speeches, Articles, and Press Conferences, 1949-1961.* Ann Arbor: University of Michigan Press, 1963.

WILLIAMS, Charles. *Adenauer: The Father of the New Germany.* Nova York: John Wiley & Sons, 2000.

WOFFORD, Harris. *Of Kennedys and Kings: Making Sense of the Sixties.* Nova York: Farrar, Straus & Giroux, 1980.

WYDEN, Peter. *Bay of Pigs: The Untold Story.* Nova York: Simon & Schuster, 1979.

_____. *Wall: The Inside Story of Divided Berlin.* Nova York: Simon & Schuster, 1989.

ZAGORIA, Donald S. *The Sino-Soviet Conflict 1956-1961.* Princeton, NJ: Princeton University Press, 1962.

ZOLLING, Hermann; BAHNSEN, Uwe. *Kalter Winter im August: Die Berlin-Krise 1961-1963. Ihre Hintergründe und Folgen.* Oldenburg/Hamburgo: Gerhard Stalling, 1967.

ZUBOK, Vladislav M.; PLESHAKOV, Constantine. *Inside the Kremlin's Cold War: From Stalin to Khrushchev.* Cambridge, MA: Harvard University Press, 1996.

Créditos das imagens

Índice remissivo

RIAS, 154, 357, 362; turismo, 336; — FECHA-MENTO DA FRONTEIRA: aliados civis; escoltas militares de, 444, 457, 462, 467, 468; restrições a, 349, 350, 440, 445; — Kennedy; alívio com, 374, 375, 378, 475; aquiescência, 417, 434, 463, 464; sobre a possibilidade de, 316; — Khruschóv; aprovação, 296, 297, 329; satisfação, 359, 375, 376; aprovação dos Estados do Pacto de Varsóvia, 319; barreiras permanentes, 362, 364, 397; declaração oficial sobre, 328; desafios logísticos, 285; discussões iniciais sobre, 67; entrevista coletiva sobre, 273, 274; expansão do, 367, 467; limitação ao território da Alemanha Oriental, 318, 383, 384; ordens de atirar para matar, 363; planos e preparativos, 286, 297, 318; planos para derrubada do Muro, 410, 438, 463; primeira menção pública do, 274; punição para a família de fugitivos, 363; separação de amigos e parentes, 350; tentativas de fuga, 362, 363, 364, 365, 366, 367, 386, 387, 398, 461, 471; turismo, 386, 399; única passagem para os ocidentais, 384; violação dos acordos das quatro potências, 351; *ver também* Alemanha Oriental

Berliner Morgenpost, 402, 409, 472

Bild-Zeitung, 369, 385, 408

Bissell, Richard, 184, 185, 186, 187

Bohlen, Charles "Chip": deliberações sobre a política soviética, 102, 104, 105; posição sobre a questão de Berlim, 284; sobre a posição de Khruschóv em relação a Berlim, 165; sobre libertação de prisioneiros de guerra alemães, 122; sobre potencial para uma guerra nuclear, 377

Bolle, Eberhard, 389

Bolshakov, Georgi: como intermediário entre Khruschóv e Kennedy, 195, 196, 197, 200, 201, 404, 413; sobre a Cúpula de Viena, 202, 203, 204, 208; sobre as tensões no Checkpoint Charlie, 466, 467

bomba atômica, 32, 64, 76, 107, 309, 409, 427, 428, 451

bomba de hidrogênio, 49, 107, 307, 409, 418, 421

Bowles, Chester, 80

Brandt, Friedrich, 126, 127, 128, 129

Brandt, Willy: campanha eleitoral, 116, 338, 369, 370, 371, 396; carta para Kennedy sobre o fechamento da fronteira, 371, 372, 373, 374; encontro com Kennedy, 138, 179; na comemoração do 85º aniversário de Adenauer, 123; sobre a Cúpula de Viena, 259

Brasil, 270

Brentano di Tremezzo, Heinrich von, 137, 138, 139, 180, 409

Bruce, David, 82, 160, 166, 435, 483

Brunzel, Klaus-Detlef, 351, 352

Bulgária, 58, 269

Bundy, McGeorge: considerações sobre a política soviética, 101, 104; deliberações sobre Berlim, 106, 159, 285, 311, 432, 467; plano de guerra, 303, 305; preocupação com um holocausto nuclear, 427; sobre a correspondência secreta de Kennedy e Khruschóv, 413; sobre a Crise dos Mísseis, 483; sobre a invasão de Cuba, 184; sobre a missão de Johnson em Berlim, 381; sobre a nomeação de Clay para Berlim, 446; sobre Kissinger, 303; sobre o discurso de Kennedy em Berlim, 487

Burke, Arleigh, 187, 284

Camboja, 77, 270, 416, 418

Campbell, David, 342

Capote, Truman, 221, 222

Carter, Victor, 53

Casa Branca, 13, 22, 59, 60, 71, 72, 76, 77, 78, 100, 105, 139, 162, 167, 168, 174, 181, 182, 183, 206, 219, 221, 239, 267, 270, 276, 284, 285, 298, 300, 303, 305, 306, 308, 311, 373, 379, 380, 382, 394, 403, 422, 425, 428, 432,

436, 452, 453, 465, 467, 472; *ver também* Estados Unidos

Castro, Fidel, 169, 184, 185, 186, 187, 237, 238, 239, 270, 403, 480; *ver também* Cuba

Chayes, Abram, 285, 298, 300

Checkpoint Charlie, 15, 16, 17, 18, 19, 384, 439, 443, 453, 458, 466, 469, 485; como única passagem para os ocidentais, 384; confronto no, 443, 458, 459, 460, 461, 462, 465, 466, 467, 468, 469; escoltas militares de aliados civis, 445, 457, 463, 467, 468

Chen Yi, 134

China: ajuda econômica à Alemanha Oriental, 134, 135; ajuda soviética à, 65, 66; desafio à liderança dos soviéticos no mundo comunista, 28, 62; relações tensas de Mao com Khruschóv, 55, 62, 63, 64, 65, 66, 234, 247; sobre o repúdio do stalinismo por Khruschóv, 66, 420

Chou En-lai, 419, 420

Chuikov, Vasily, 280

CIA, 29, 30, 55, 73, 76, 77, 88, 89, 90, 91, 147, 174, 184, 185, 189, 214, 298, 354, 427, 472

Clarke, Bruce C.: deliberações sobre Berlim, 380; posto de comando no exército, 353, 396; reação às operações de Clay, 400, 410, 411; sobre a visita de Johnson a Berlim, 381

Clay, Lucius D.: com Kennedy em Berlim, 486, 487; confronto no Checkpoint Charlie, 443, 459, 460, 462, 465; defesa de Steinstücken, 400, 401; escoltas para cruzar a fronteira, 443, 444, 456, 463, 467, 468; giro por Berlim Oriental, 383; missão para levantar o moral em Berlim, 373, 378, 379; nomeação para Berlim, 392, 393, 394, 395, 396, 397; patrulhas na Autobahn, 401, 410, 448; planos para derrubada do Muro, 410, 463, 464, 467; Ponte Aérea de Berlim, 393, 397; posição em relação à União Soviética, 378; resistência às medidas adotadas na fronteira, 441; sobre a determinação de Kennedy na Crise dos Mísseis, 484; sobre a importância de defender Berlim Ocidental,

393; sobre estratégia para Berlim, 446, 447, 448, 449, 452

Clifford, Clark, 72

coletivização, 23, 45, 46, 110, 114, 126, 127, 128

comunismo, 29, 55, 58, 64, 65, 66, 103, 105, 113, 119, 125, 148, 156, 162, 192, 232, 233, 234, 329, 392, 394, 420, 442, 450, 470, 474, 486; *ver também* socialismo

Congo, 72, 139, 146, 199, 215, 281

Congresso do Partido, 21, 33, 47, 64, 135, 146, 153, 173, 176, 177, 197, 198, 212, 280, 281, 341, 376, 377, 405, 411, 414, 418, 419, 435, 438, 441, 468

Cortina de Ferro, 18, 182, 314, 338, 364

Couch, Virgil, 431

Crise dos Mísseis, 11, 23, 473, 478, 484, 485; ameaça a cidades americanas, 471, 472; apoio dos aliados a Kennedy, 484; percepção da fraqueza de Kennedy por Khruschóv, 473, 478, 480; reforço do poderio nuclear soviético, 471, 472, 480, 481; relação com a questão de Berlim, 478, 479, 480, 481, 482, 483; retirada dos soviéticos, 484

Cuba: aliança com os soviéticos, 420, 480; apoio dos EUA a Batista, 237; inclinações comunistas de Castro, 237, 239; — INVASÃO DA BAÍA DOS PORCOS: Acheson sobre, 169, 170, 187; alegação de não envolvimento americano, 169, 170, 185, 186; demonstração da fraqueza de Kennedy, 475, 476; erros, 185; fracasso da missão, 183, 184, 185, 186, 187; impacto sobre a confiança dos aliados, 187, 188; Khruschóv sobre, 185, 186, 237, 238; plano, 169, 185, 188; reconhecimento do erro por parte de Kennedy, 237; relação com a questão de Berlim, 169, 170, 186

Cúpula de Paris, 28, 31, 62, 93, 147, 161, 419, 420

Cúpula de Viena, 12, 15, 21, 23, 195, 204, 205, 207, 209, 211, 213, 214, 218, 226, 241, 244, 245, 247, 251, 259, 261, 265, 274, 275, 318, 420, 474, 475, 477, 478

Kennedy, Jacqueline "Jackie", 79, 184, 201, 221, 222, 223, 227, 243, 244, 254, 255, 263, 267, 341, 413

Kennedy, John F.: autoavaliação, 262, 403, 474, 475; Crise dos Mísseis, 480, 481, 482, 483, 484; De Gaulle e, 219, 220, 221, 222, 223, 225, 226, 449, 450, 451; juventude e inexperiência, 60, 109, 187, 253; morte, 487; mulheres, 118, 162, 216, 402, 403; popularidade, 184, 219, 228; proibição de voos de espionagem sobre o território soviético, 97; saúde, 86, 87, 115, 217, 220, 221, 222; situação política, 73, 308, 394, 403, 407; sobre tensões raciais nos EUA, 220; uso de medicamentos, 221, 222; — ACHESON: influência sobre Kennedy, 155, 298; sobre a capacidade de liderança de Kennedy, 188, 282, 311; — ADENAUER: desconfiança em relação a Kennedy, 109, 115, 119, 120, 121, 170, 171, 172, 368, 409; opinião de Kennedy sobre, 115, 118, 120, 121; — BERLIM: compromisso com a segurança de, 60, 61, 72, 76, 84, 181, 314, 373; consequências da maneira desastrada como lidou com, 473; discurso no Salão Oval sobre, 308, 309, 310; motivação em relação a, 473, 474; nomeação de Clay para, 378, 393, 394, 395; pressão do público para agir em, 281; referências a Berlim Ocidental, 249, 252, 312, 313, 314, 477; relutância em discutir, 75, 80, 140, 149, 154, 281; sobre a proposta do status de "cidade livre", 179, 417; sobre direitos de acesso a, 180, 251, 312, 315, 318; visita a, 484, 485, 486, 487; — CUBA, invasão da baía dos Porcos: alegação de não envolvimento americano, 169, 170, 185, 186; demonstração de fraqueza, 475; erros, 185; fracasso da missão, 183, 184, 185, 186, 187; plano, 169, 185, 187; reconhecimento do erro, 237; relação com a questão de Berlim, 169, 170; — EISENHOWER: opinião de Kennedy sobre, 72, 73; sobre a capacidade de liderança de Kennedy, 71, 72; — ELEIÇÃO (1960): papel de

Khruschóv na, 30, 59, 60, 236; posse e discurso de posse, 79, 84, 85, 86, 87, 138; — FECHAMENTO DA FRONTEIRA de Berlim Oriental: alívio com, 374, 375, 378, 475; aquiescência, 417, 434, 462, 463; — KHRUSCHÓV: canal secreto de comunicação com, 197, 404, 405; correspondência confidencial com, 416, 417, 418; desconfiança de Kennedy em relação a, 94, 95, 96, 474; — PODERIO NUCLEAR: divulgação de detalhes, 435, 436, 437; instruções militares à Otan, 431, 432, 433, 434; medo de guerra, 267; plano de guerra, 422, 423, 424, 425, 426, 427, 428, 429, 430; proposta de desarmamento, 407; proposta de proibição de testes, 76, 203, 204, 208, 240, 247; testes nucleares, 276, 407; ver também Estados Unidos

Kennedy, Joseph P. "Joe", 71, 216, 276, 402

Kennedy, Robert "Bobby", 73, 80, 81, 154, 196, 197, 202, 203, 204, 206, 208, 212, 219, 222, 242, 267, 377, 378, 432, 466, 467, 476, 484

KGB, 30, 60, 80, 81, 86, 89, 90, 91, 111, 172, 174, 178, 189, 270

Kharlamov, Mikhail, 404, 405, 406

Khruschóv, Nikita: centro de pesquisa científica na Sibéria, 146; derrubada, 487; formação, 29, 178; gestos conciliatórios, 44, 45, 93, 94, 95, 96; ideologia comunista, 232, 233, 234; libertação de pilotos americanos, 30, 59, 93, 94, 96; morte, 487; perfil psicológico, 29; política de coexistência pacífica, 28, 33, 36, 54, 62; popularidade, 223, 224, 280; posição em relação ao Laos, 199, 240, 247, 406, 416; problemas internos, 146, 147, 148, 149; programa espacial, 172, 173, 177, 178; relação entre questões cubanas e Berlim, 478, 481, 483; relações tensas com Mao, 55, 62, 63, 64, 65, 66, 247; repúdio do stalinismo, 33, 47, 63, 420; sobre a importância da Alemanha Ocidental para a economia soviética, 34, 67; sobre a invasão de Cuba, 185, 186, 188, 189, 238; sobre a reunificação da Alemanha, 150, 174, 211; sobre

Irã, 237; sobre status de "cidade livre" para Berlim, 50, 175, 176, 211, 248; testes nucleares e poderio nuclear, 44, 48, 376, 377, 421, 422, 481; — Crise dos mísseis: capacidade de atingir alvos americanos, 471, 481; fraqueza de Kennedy na, 473, 478, 480; reforço do poderio nuclear, 471, 472, 480, 481; relação com a questão de Berlim, 478, 479, 480, 481, 483; retirada, 484; surpresa com a determinação de Kennedy, 480, 484; — Eisenhower: Cúpula de Paris, 54, 55, 56, 57; desatenção de, 44, 46; reunião em Camp David, 50, 51, 52, 53, 54; ultimato a, 47, 48, 49, 50, 53, 54, 179, 210; — fechamento da fronteira de Berlim Oriental: aprovação, 296, 297, 329; limitação da operação ao território da Alemanha Oriental, 318, 476; planos de Clay para derrubada do Muro, 411, 437; planos para, 285, 286, 317, 318; proposta aos Estados do Pacto de Varsóvia, 318, 319; satisfação com, 359, 375, 376; — Kennedy: canal secreto de comunicação com, 197, 404, 405; correspondência confidencial com, 413, 414, 415, 416, 417, 418; papel na eleição de Kennedy (1960), 30, 59, 60, 236; posições para negociar, 176; ultimato a, 214, 215, 248, 254; *ver também* União Soviética

Khruschóv, Sergei, 48, 168, 189, 286, 375, 478, 484

Kissinger, Henry: plano alternativo para Berlim, 91, 285, 298, 300, 302, 303, 304, 305, 306

Kohler, Foy, 157, 264, 278, 284, 432, 455, 456, 463, 467, 480

Konev, Ivan, 330, 331, 356, 357, 376, 384, 410, 438, 462, 465, 468

Korolyov, Sergei, 177

Kossiguin, Alexei, 34, 35, 36

Kozlov, Frol, 280, 420

Kramer, Erwin, 297, 340

Kreisky, Bruno, 260

Kremlin, 22, 28, 30, 31, 48, 60, 63, 67, 78, 93, 97, 99, 103, 104, 113, 132, 134, 153, 158, 164, 203, 207, 208, 210, 215, 230, 233, 239, 307, 373, 376, 382, 384, 416, 418, 421, 428, 451, 476, 479, 483; *ver também* União Soviética

Kroll, Hans, 34, 35, 36, 296, 409

Krone, Heinrich, 368

Ku Klux Klan, 431

Kulbeik, Helmut, 471

Kuznetsov, Vasily, 93, 484

Kvitsinsky, Yuli, 286, 296, 297

Lamphir, Bob, 458

Laos, 72, 74, 77, 139, 163, 197, 198, 199, 200, 203, 205, 206, 215, 220, 240, 247, 248, 265, 270, 281, 306, 372, 406, 416, 418

Lawford, Peter, 402, 403, 404

Lazai, Hans-Joachim, 386, 387

Lazarev, coronel, 445

Leibing, Peter, 366

LeMay, Curtis E., 427, 432, 483

Lemmer, Ernst, 343

Lemnitzer, Lyman, 19, 380, 426, 432

Leonhard, Wolfgang, 113

Leuschner, Bruno, 111

Lightner Jr., E. Allan, 212, 349, 350, 351, 440, 441, 442, 443, 444, 445, 446, 455, 456

Lightner, Dorothy, 440, 443, 444, 445

Lincoln, Abraham, 20, 73, 266

Lincoln, Evelyn, 86, 266, 308, 309, 310

Lippmann, Walter, 85, 173, 174, 175, 176, 177, 188

Litfin, Günter, 360, 361, 362

Lochner, Robert H., 357, 358, 486

Lodge Jr., Henry Cabot, 53, 59

Los Angeles Times, 341

Lünser, Bernd, 386, 387

Macmillan, Harold: aquiescência às medidas adotadas na fronteira, 441; estratégia para Berlim, 160, 163, 166, 278, 380; oferta para atuar como mediador com Khruschóv, 167, 484; proposta de um "Grande Plano", 162, 167; relação com Kennedy, 161, 162,

216, 230, 233, 239, 268, 312, 317, 318, 319, 330, 347, 479
Paolella, Joseph, 403
Pathet Lao, 247, 406
Pech, Ottomar, 342
Peng Zhen, 65
Pentágono, 11, 100, 157, 159, 214, 252, 278, 282, 284, 301, 308, 353, 380, 397, 429, 432, 436
Pervukhin, Mikhail, 67, 207, 267, 268, 269, 285, 286, 287, 296, 297, 328, 329, 345, 384
Peter, Erich, 327
Peters, Gerhard, 387
Peters, Hans, 348
Petrovna, Nina, 53, 255
Pike, Vern, 382, 383, 400, 457, 458, 459, 460, 461, 462, 463
poderio nuclear, 76, 101, 177, 277, 283, 425, 428
Polaris, 78, 171, 277
Polícia de Fronteira, 17, 327, 343, 346, 350, 352
Politburo, 13, 108, 110, 111, 114, 134, 280, 286, 297, 339
Polônia, 34, 140, 175, 233, 238, 239, 240, 269, 295, 314, 316, 319, 326, 476
Poppinga, Anneliese, 124
Power, Thomas S. "Tommy", 72, 426, 427
Powers, David, 219, 242, 403, 478
Powers, Francis Gary, 30
Pravda, 58, 95, 382
Primeira Guerra Mundial, 34, 161, 193, 428

Raskin, Marcus, 425
Rau, Karl Heinrich, 111
Reader's Digest, 71
República Dominicana, 72
Reston, James "Scotty", 261, 262, 375, 410, 475
Revolução Russa, 90
RIAS (Radio in the American Sector), 154, 313, 357, 358, 362, 486
Romênia, 58, 269
Roos, Albrecht Peter, 398
Roosevelt, Franklin, 73, 81, 223, 395

Rubirosa, Porfirio, 402
Rudenko, Roman, 270
Rusk, Dean, 19, 95, 101, 137, 138, 155, 156, 157, 164, 165, 198, 199, 200, 241, 260, 262, 264, 299, 307, 311, 340, 351, 404, 406, 413, 415, 416, 417, 429, 430, 432, 436, 439, 449, 452, 453, 454, 455, 456, 463, 464, 467, 468, 485

Sabolyk, Robert, 443, 460
Salinger, Pierre, 201, 227, 261, 282, 372, 404, 405, 406, 408, 413, 414
Salisbury, Harrison, 81
Saunders, Frank, 402
Schärf, Adolf, 243
Schlesinger Jr., Arthur, 185, 284, 285, 298, 299, 300, 302, 303, 304, 306, 307
Schmidt, Marlene, 288, 291
Schorr, Daniel, 16, 364, 459
Schuckburgh, Evelyn, 278
Schumacher, Kurt, 121
Schumann, Hans Conrad, 365, 366, 367
Scowcroft, Brent, 11, 473
Segunda Guerra Mundial, 33, 46, 50, 56, 71, 89, 109, 150, 154, 178, 192, 194, 206, 219, 235, 248, 249, 252, 280, 281, 286, 288, 315, 322, 330, 352, 354, 373, 375, 380, 417, 422, 428, 477
Seyr, Veronika, 230
Sherman, Tony, 403
Sibéria, 107, 146, 189
Sidey, Hugh, 245, 485
Siekmann, Ida, 386
Sinatra, Frank, 53, 79, 402
Sindermann, Horst, 332, 333
SIOP-62 (Single Integrated Operational Plan — Plano Integrado Operacional Único), 423, 425
Smirnov, Andrei, 139, 140, 367, 368
Smyser, William Richard, 349, 350, 484
socialismo, 45, 46, 47, 109, 114, 119, 125, 166, 281, 289, 296, 321, 325, 385
Sommer, Monika, 230
Sonntag (jornal), 398

sa científica na Sibéria, 146; chegada de tropas americanas a Berlim Ocidental, 382; confronto no Checkpoint Charlie, 443, 457, 458, 459, 460, 461, 462, 464, 465, 466, 467, 468; dependência econômica em relação à Alemanha Ocidental, 34, 67, 319, 435; derrubada do avião espião americano U-2, 28, 30, 55; mobilização militar perto de Berlim, 76, 351, 353, 354, 429; ocupação de Berlim, 37, 38, 39, 40, 41; oleoduto na Alemanha Oriental, 481; Palácio dos Congressos, 419; Palácio dos Esportes, 44; prioridades da política externa, 62; problemas econômicos, 28, 32, 33, 147, 148; programa espacial, 172, 173, 177; sob Stálin, 33; sobre diretório da ONU, 403; superioridade militar convencional, 227, 305, 452; *ver também* Khruschóv, Nikita

Vasiliev, Gennady, 58
Verner, Paul, 111, 339

Viena *ver* Cúpula de Viena
Von Pawel, Ernest "Von", 353, 354, 355

Wall Street Journal, The, 207, 229
Wansierski, Bruno, 326
Washington Evening Star, 87, 373
Washington Post, The, 201, 227, 431, 458
Watson II, Albert, 336, 352, 353, 354, 355, 400, 401, 410, 442, 443, 448, 464
Weber, Heinz, 486
White, William S., 373
Whitney, John Hay "Jock", 161
Williams, Tennessee, 221
Wismach, Kurt, 321, 322, 323
Witz, primeiro-tenente, 346
Wolf, Markus, 337

Yakubovsky, Ivan, 287, 296, 330, 331

Zeit, Die, 122, 206, 230
Zhukov, Georg, 45, 200, 330

1ª EDIÇÃO [2013] 1 reimpressão

ESTA OBRA FOI COMPOSTA PELA SPRESS EM MINION E IMPRESSA
EM OFSETE PELA GRÁFICA SANTA MARTA SOBRE PAPEL PÓLEN SOFT
DA SUZANO S.A. PARA A EDITORA SCHWARCZ EM JUNHO DE 2021